Ludwig Geiger

Goethe-Jahrbuch

Sechzehnter Band

Ludwig Geiger

Goethe-Jahrbuch
Sechzehnter Band

ISBN/EAN: 9783744680004

Hergestellt in Europa, USA, Kanada, Australien, Japan

Cover: Foto ©ninafisch / pixelio.de

Weitere Bücher finden Sie auf **www.hansebooks.com**

GOETHE-JAHRBUCH

HERAUSGEGEBEN

VON

LUDWIG GEIGER

SECHSZEHNTER BAND

MIT DEM ZEHNTEN JAHRESBERICHT

DER

GOETHE-GESELLSCHAFT

FRANKFURT A. M.
LITERARISCHE ANSTALT
RÜTTEN & LOENING

Goethe-Jahrbuch.

Herausgegeben

von

Ludwig Geiger.

Sechszehnter Band.

Mit dem zehnten Jahresbericht

der

Goethe-Gesellschaft.

Frankfurt a/M.
Literarische Anstalt
Rütten & Loening.
1895.

MIT DER ANSICHT DER VILLA BORGHESE
IN LICHTDRUCK
NACH EINEM AQUARELL GOETHES.

Druckerei von August Osterrieth in Frankfurt a. M.

VORWORT.

Der vorliegende Band weist zwei Neuerungen auf, die mit einem Wort erwähnt werden müssen. Die eine, die Einreihung des in der Generalversammlung gehaltenen Festvortrags, wird allseitig froh begrüsst werden. Diese durch freundliches Entgegenkommen des geschäftsführenden Ausschusses ermöglichte Neuerung machte es nothwendig, dass das Jahrbuch erst nach der Generalversammlung ausgegeben wurde. Dank der Liebenswürdigkeit des Herrn Festredners, der seinen Vortrag schon im Mai zum Druck übersandte, kann diese Ausgabe unmittelbar nach der Versammlung erfolgen. Die zweite Aenderung besteht darin, dass nach einem Beschlusse des Vorstands der Gesellschaft die Bibliographie nur noch eine Aufzählung der Titel bringt. Der durch die Weglassung der Referate, Briefregesten und Auszüge gewonnene Raum konnte für den redactionellen Theil des Jahrbuches bestimmt werden.

Ueber den Verfasser der ersten Abhandlung ist zu bemerken, dass sie von dem Sohne, Herrn Professor Fr. Thudichum in Tübingen mitgetheilt ist. Sie war, wie die Reden des Verfassers überhaupt, nicht zum Druck bestimmt, wurde aber von Schülern, Freunden des Verfassers, den hochstehenden Personen seines Wohnortes mit Vergnügen gehört. Von Manchen wurde der Wunsch, diese Reden gedruckt zu erhalten, geaussert. Unsere Rede ist ganz besonders, ebenso ihres Inhalts wie ihrer Fassung wegen zur Mittheilung für weitere Kreise geeignet. Zugleich ist sie ein geschichtliches Document, entstanden nach Goethes hundertstem Geburtstag und nach dem Scheitern der deutschen Einheitsbewegung. Der Verfasser unserer Rede (vgl. Allg. deutsche Biographie 38, 136 fg.), geb. am 29. März 1794, gest. am 27. December 1873, war ein hervorragender Pädagoge, der sich um die Verdeutschung griechischer Dichter Verdienste erwarb und sich vielfach in durchaus liberaler Gesinnung mit den politischen und religiösen Angelegenheiten seiner Zeit beschäftigte. Goethes Werken, mit denen er aufs Genaueste vertraut war, widmete er zeitlebens begeisterte Verehrung.

Die bedeutsamste Unterstützung erhält das Jahrbuch in gewohnter Weise durch die mit gnädiger Bewilligung Ihrer Kgl. Hoheit der Frau Grossherzogin von Sachsen überlassenen Beiträge aus dem Goethe- und Schiller-Archiv. Es bleibt mir eine angenehme Pflicht, der hohen Besitzerin ehrerbietigen Dank zu sagen. Auch Sr. Kgl. Hoheit, dem Grossherzog sei Dank für die Erlaubniss ausgesprochen, eine Zeichnung Goethes aus den Schätzen des National-Museums auch diesem Bande beigeben zu dürfen. Hr. Geh. Rath Dr. Ruland schreibt über dieses Bild Folgendes:

»Die Goethische Zeichnung, deren Nachbildung diesen Band des Jahrbuches schmückt, ist eine der ziemlich seltenen Aquarelle aus der Zeit der italiänischen Reise, die sich ohne jede bessernde oder künstlerisch abrundende Zuthat einer andern Hand genau so erhalten haben, wie sie der Dichter vor jetzt hundert und sieben Jahren entworfen hat. Selbst in der überaus reichen Sammlung des Goethe-National-Museums finden sich *solcher* Blätter nicht allzu viele; gar manche verrathen die Ueberarbeitung durch einen der befreundeten Künstler, wie Kniep, Meyer oder Verschaffelt. Unsere Zeichnung entlehnt ihr Motiv laut einer Notiz von alter Hand der »Villa Borghese«, dürfte daher wohl in den Januar oder Februar 1788 zu setzen sein, da in derselben Umgebung die Faustsche Hexenküche gedichtet wurde. Sehr leicht, erst mit Blei, dann mit

der Feder, sind die Umrisse hingeworfen und dann in reinen
Aquarellfarben ausgetuscht, mit sehr viel Empfindung für
die zarte Abtönung der einzelnen landschaftlichen Partien.
Das Blatt stammt (nebst einer Tuschzeichnung eines landschaftlichen Motivs aus der Umgebung von Jena,) aus dem
Besitz I. M. der Königin Elisabeth von Preussen, Gemahlin
Friedrich Wilhelms IV.; im April vorigen Jahres verehrte
es S. M. der Kaiser der Frau Grossherzogin. Im Einvernehmen mit dem hohen Geber vertraute Ihre Kgl. Hoheit
beide Blätter dem Goethehause zu treuer Bewahrung«.

Berlin, 20. Mai 1895.
W. 50, Schaperstrasse 8.

LUDWIG GEIGER.

INHALT.

Seite

I. **Neue Mittheilungen.**

  I. Mittheilungen aus dem Goethe- und Schiller-Archiv.
1. Goethe und das Jubelfest der Reformation 1817. Herausgegeben von BERNHARD SUPHAN 3
2. Goethe an einen unbekannten deutschen Patrioten. Herausgegeben von BERNHARD SUPHAN 12
3. Aus schwerer Zeit. Herausgegeben von BERNHARD SUPHAN 16
4. Eine Charakteristik. Herausgegeben von BERNHARD SUPHAN 20
5. Goethe an Schiller. October 1794. Herausgegeben von BERNHARD SUPHAN 30
6. Goethes ungedruckte Uebersetzung der Chöre von Racines Athalie. Herausgegeben von BERNHARD SUPHAN 35
7. Zwei Briefe von Goethe und einer von Caroline von Humboldt. Herausgegeben von OTTO HARNACK . . 43
8. Goethes Beziehungen zur Versammlung deutscher Naturforscher und Aerzte in Berlin 1828. Herausgegeben von RUDOLF STEINER 52
9. Acht Briefe Hegels an Goethe. Herausgegeben von ARNOLD GENTHE 56

  II. Verschiedenes.
1. Goethebriefe in Sachen Böttigers. Herausgegeben von OTTO FRANCKE 80
2. Zehn Briefe von Susanna Katharina von Klettenberg an J. K. Lavater. Herausgegeben von HEINRICH FUNCK 83

II. **Abhandlungen.**
1. GEORG THUDICHUM, Goethe und unsere Zeit. . . . 99
2. Aus VICTOR HEHNS Vorlesungen über Faust. Mitgetheilt von THEODOR SCHIEMANN 107

		Seite
3.	Veit Valentin, Homunkulus und Helena	127
4.	Otto Pniower, Die Abfassung der Scene »Vor dem Thor« im Faust	149

III. Miscellen, Chronik, Bibliographie.

I. Miscellen. Einzelnes zu Goethes Leben und Wirken.

1.	Zwei Zeilen Faust. Von Alexander Tille	181
2.	Zur Deutung der Epimenidesfigur. Von H. Morsch .	182
3.	Ergo bibamus. Von Reinhold Steig	186
4.	Zu der zahmen Xenie »Bürgerpflicht«. Von J. Herzfelder	188
5.	Zu »Alles in der Welt lässt sich ertragen, Nur nicht eine Reihe von schönen Tagen«. Von Ludwig Fränkel	189
6.	Zur »inneren Form«. Von Richard M. Meyer . .	190
7.	»Das Blenden der Erscheinung«. Von Richard M. Meyer	191
8.	Historische Notiz über Aphasie. Von M. Jastrowitz	192
9.	Ein Beitrag zur Familiengeschichte des Geschlechts Goethe. Von P. von Petrovics	193
10.	Zu Goethes Studentenerlebnissen. Von Ludwig Fränkel	197
11.	Neues über Goethes Beziehungen zu den »Propheten« Basedow und Lavater. Von Ludwig Fränkel . . .	198
12.	L. Tieck in Weimar 1793. Von Ludwig Fränkel .	200
13.	Goethe und Graf Anton Prokesch-Osten. Von Anton Schlossar	201
14.	Goethe und Schopenhauer. Von Heinr. Sieveking .	209
15.	Zu Goethe und Winckelmann. Von V. Valentin .	213
16.	Zu Goethes Sesenheimer Idylle. Von Gustav A. Müller	214
17.	Eine Reliquie der Frau von Branconi. Von Heinrich Funck	215
18.	Zum Privileg der Ausgabe l. H. Von Theodor Distel	218
19.	Zu einem Goethebildnisse. Von Theodor Distel .	219
20.	Eine Selbstbiographie Gustav von Loepers. Von Ludwig Fränkel	219
21.	Goethes Werke in italienischer Uebersetzung. Von C. Fasola	220

II. Chronik (Nekrologe).

1.	Otto Devrient. Von Erich Schmidt	241
2.	Karl Köstlin. Von Ludwig Fränkel	245
3.	Rudolf Hildebrand. Von Ludwig Fränkel	251
4.	Franz Kern. Von Ludwig Bellermann	252
5.	Wilhelm Arndt. Von Georg Witkowski . . .	257
6.	Hermann Hager. Von T. A. Stephens	258

III. Bibliographie.
  I. SCHRIFTEN.
    A. Weimarer Goethe-Ausgabe 260
       Bericht der Redactoren 261
    B. Ungedrucktes.
       1. Briefe 274
       2. Briefe, Literatur. Neue Ausgaben, Gespräche 274
    C. Neue Ausgaben der Werke 275
    D. Einzelschriften und Erläuterungen.
       1. Allgemeines. Bibliographisches. Sprachliches.
          Metrisches 275
       2. Dramen 277
       3. Gedichte 281
       4. Prosaschriften 284
    E. Uebersetzungen 285
  II. BIOGRAPHISCHES.
    A. Allgemeines 286
    B. Biographische Einzelheiten 286
    C. Goethes Verwandte 287
    D. Goethes Verhältniss zu seinen Freunden und Nach-
       folgern 287
    E. Stellung zur Wissenschaft und Kunst 290
    F. Notizen von Zeitgenossen über Goethe 290
  III. VERSCHIEDENES.
    A. Bilder und Statuen; Gedenkplätze 291
    B. Dichtungen über Goethe, Compositionen, Parodieen,
       Nachdichtungen Goethischer Werke 292
Register 293

Die epische Poesie und Goethe. Von FRIEDRICH SPIELHAGEN. Fest-
Vortrag, gehalten in der 10. General-Versammlung in
Weimar am 8. Juni 1895 . . . . 1*—29*

Zehnter Jahresbericht der Goethe-Gesellschaft.
Mitglieder-Verzeichniss.

I. Neue Mittheilungen.

I. Mittheilungen aus dem Goethe- und Schiller-Archiv.

1. Goethe und das Jubelfest der Reformation 1817.
GOETHES VORSCHLAG ZUR FEIER, PLAN EINER REFORMATIONS-CANTATE UND ENTWURF ZU EINEM REFORMATIONS-DENKMAL FÜR BERLIN.

Das 1817 den 31. October[1] zu feyernde Reformationsfest setzt die deutschen Geister schon in lebhafte Bewegung. Die Protestanten sehen dieser Epoche mit Freudigkeit entgegen; die Katholiken fürchten höhnenden Uebermuth und befürchten neue Spaltung und Trennung. Es werden viele Vorschläge geschehen, wie dieses Fest zu feyern sey. Mir ist der Gedanke beygegangen, es auf den 18. October zu verlegen.

Als man diesen Tag[2] zur Feyer des Jahresfestes wählte, war es in gewissem Sinne zufällig. Luther hat an diesem Tage gleichsam die unwiderrufliche Kriegserklärung gegen das Papstthum gethan; allein sowohl vorher, als besonders nachher, finden sich wichtige Tage, die man eben so gut hätte wählen können. Die Schlacht bey Leipzig ist dagegen ein entschiedenes Tagesfest. Genug, das ganze Jahr 1817 für das folgende[3] kann als feyerlich von den Protestanten

---

[1] H (Handschrift): 30. November [2] d. h. den 31. October.
[3] Die Worte »für das folgende« scheinen verhört, jedenfalls beeinträchtigen sie an dieser Stelle den Gedanken: 1817 sei im Ganzen als Jubiläumsjahr der Reformation zu betrachten.

angesehen werden. Wenn ich nun also behaupte, dass das
Reformationsfest ein bewegliches Fest sey, an den 31. October[1] nur zufällig geknüpft, so will ich nunmehro die
Gründe anführen, welche mich zu gedachtem Vorschlag,
das Fest zu verlegen, antreiben.

Erstens: Zwey so nahe an einander folgende, nicht
14 Tage von einander entfernte Feste müssen einander
nothwendig schaden, und das zweyte geräth in Gefahr,
weniger glänzend zu werden. Denn das Fest am 18. October
zehrt schon manche ökonomische Kräfte auf, indem der
Deutsche an diesem Tage, zu mancherley Gaben aufgefordert, sie gern, ja reichlich spendet, nachher aber gern
einige Pause wünschen mag.

Zweitens tritt noch eine höhere Betrachtung ein, denn
nicht nur die zu milden Gaben und dem äusseren Glanze
des Festes bestimmten Summen werden erschöpft, sondern
das Gefühl erschöpft sich auch; wer sich am 18. recht
herzlich gefreut, gejubelt und genossen hat, wird am 31.[2]
eine gewisse Leere fühlen und nicht vermögen, sein Gefühl
auf einen ähnlichen Grad von Enthusiasmus zu steigern.

Drittens: Und dann lässt sich in keinem Sinne ein
höheres Fest finden als das *aller* Deutschen. Es wird von
allen Glaubensgenossen gefeyert, und ist in diesem Sinne
noch mehr als Nationalfest: ein Fest der reinsten Humanität. Niemand fragt, von welcher Confession[3] der Mann
des Landsturms sey, alle ziehen vereiniget zur Kirche und
werden von demselben Gottesdienste erbaut; alle bilden
einen Kreiß ums Feuer und werden von *einer* Flamme erleuchtet. Alle erheben den Geist, an jenen Tag gedenkend,
der seine Glorie nicht etwa nur Christen, sondern auch
Juden, Mahometanern und Heiden zu danken hat. Man
denke sich nun den Geist von diesem grossen Weltfeste
zurück auf ein speciales Kirchenfest gelenkt, an welchem
ein reines Gemüth oft keine[4] vollkommene Freude haben
kann, weil man an Zwiespalt und Unfrieden, ein ungeheures
Unglück einiger Jahrhunderte erinnert wird, ja was noch
schlimmer ist, dass er sich sagen muss, dass er sich von

---

[1] H: 30. October [2] H: 30. [3] H: Profession [4] H: seine

denjenigen, mit denen er sich vor vierzehn Tagen aufs
innigste und kräftigste verbunden gefühlt, trennen und sie
durch diese Trennung kränken muss. Und gerade die
Freude einer liebevollen Eintracht wird man hier mehr[1]
vermißen, als die Feuerfackeln und Erleuchtungen aller
Art, welche freylich nicht zu wiederholen sind. Kein
protestantischer Staat, in welchem nicht bedeutende[2] Katholiken sind; diese werden sich in ihre Häuser verschliessen,
so wie umgekehrt in katholischen Staaten der geringern
Anzahl von Protestanten nur in aller Stille ihr Fest zu
feyern vergönnt seyn würde.

Goethe stellt den nationalen Gedanken, allen confessionellen Ansprüchen gegenüber, als das entscheidende Princip auf,
Volksthum und Vaterland gehen ihm über Kirchenthum und
Glaubensform. Dies mag als Hauptsinn des oben mitgetheilten Schriftstücks hier voranstehen. Und noch ein zweites:
die Gräuel und Nöthe einer fast endlosen Kriegszeit haben
ihn nicht beirrt in dem Glauben an die Humanität als eine
selbständige, zwischen den Besonderheiten der Nationen ver-
mittelnde, ihre jeweiligen Feindseligkeiten ausgleichende Macht.

Ueber die Absicht unseres Aufsatzes und die Zeit seiner
Abfassung kann ein Zweifel kaum bestehen. Ich denke ihn
mir entstanden im November 1816 und bestimmt etwa für
die Cotta'sche Allgemeine Zeitung, als ein Promemoria, eine
Ansprache, die sich an die Gebildeten der Nation wendet —
vielleicht auch für ein Berliner Journal.

Von Berlin aus ist Goethe zu den Gedanken, deren
Hauptinhalt wir vorangestellt haben, angeregt worden, im
November 1816, schon vor Luthers Geburtstag.

»Schon eine Weile trage ich mich mit dem Gedanken:
zu dem bevorstehenden Reformationsfeste eine Musik zu
machen« — schreibt ihm Zelter — »die sich vielleicht aus
lauter Lutherischen *Dictis* zusammensetzen liesse. Du bist
wohl so gut mir hierüber Deine Gedanken wissen zu lassen,
wenn Du nicht gar der Mann bist, der allein so etwas zu
beschaffen unterrichtet und ausgestattet wäre. — Staatsrath
Schulz, den ich mit dem Anfange dieses Briefes bekannt
machte, hatte sein Wohlgefallen an dem Gedanken. Du
weisst, dass eine Summe zwischen 30 und 40 Tausend

---

[1] »mehr« dem Sinne gemäss eingefügt.
[2] Es fehlt wohl »Mengen von« oder ein ähnlicher Ausdruck.

Thalern zu einem Monument für *Luther* gesammelt und hier deponirt ist. Ueber die Form dieses Monuments sind die verschiedensten Vorschläge gethan. Etwas *Bildliches* soll jedoch der Kern bleiben; wozu schon *Schadow* Zeichnungen und Modelle gemacht hat. Die besten Künstler jedoch der Hauptstadt wollen die Sache nicht allein auf sich nehmen, und eine ganz allgemeine Concurrenz von Vorschlägen könnte, wie man aus Erfahrungen weiss, die ganze Sache in fortwährendes Stocken führen. Dadurch nun kommst Du in Gefahr einen Besuch von hier aus aufzunehmen, vielleicht von *Schadow* und *Schinkel*, um vors Erste etwas Gemässes auszumitteln, das man ohne Scheu öffentlich vortragen darf, weil alles darauf ankömmt, dass das Erste ein wirklicher *Gedanke* sey«.

Hierauf erfolgt zunächst nur eine kurze, bloss den Empfang bestätigende Antwort auf dem letzten Blatte des Briefes vom 7. November: »Eben als gesiegelt werden soll, kommt Dein Schreiben... Herrn Staatsrath *Schulz* empfiehl mich bestens und danke schönstens... Vom übrigen nächstens.. Es wird überhaupt in gar Manchem Gutes und Vortreffliches geschehen können, wenn sich ausgebildete Männer vereinigen constitutiv zu verfahren. Wir Deutsche stehen gar hoch und haben gar nicht Ursache uns vom Wind hin und her treiben zu lassen. Alle gute Geister loben Gott den Herrn! Goethe«. Das klingt zum Schluss fast wie ein Bismarcksches Wort. Man fühlt es den Sätzen an, wie ihn das eben Gelesene gefasst hat.

Am 14. November bereits sendet er dem Berliner Freunde einen ersten schematischen Entwurf zur Cantate und ertheilt Rathschläge, wie er sich dazu in die rechte Verfassung setzen könne. Er solle sich in Luthers Schriften umsehen, vor allem die »ganz unschätzbare« Vorrede zum Psalter lesen, ferner die Einleitungen in die übrigen biblischen Bücher. »Wahrscheinlich triffst Du hier anwendbare Stellen, zugleich durchdringst Du Dich vom Sinn der ganzen Lehre, deren Geschenk wir feyern wollen«. Und hieran schliesst nun Goethe eine denkwürdige, weitsehende Belehrung. Er verständigt sich mit sich selbst über die Bedeutung der Zeit und dessen, was zu ihrer Erinnerung unternommen werden soll.

»Vielleicht ists hier am Platze zu dem Obgesagten, den Katholicismus betreffend, ein Wort anzufügen. Bald nach ihrer Entstehung und Verbreitung litt die christliche Religion durch sinnige und unsinnige Ketzereyen, sie verlor ihr ursprüngliches Reine. Als sie aber gar rohe Völker und verderbte Gesittete bändigen und beherrschen sollte, waren derbe Mittel nöthig; nicht Lehren, sondern Dienst bedurfte man. Der einzige Mittler zwischen dem höchsten Gott des Himmels und den Erdenmenschen war nicht genug u. s. w. was wir alle wissen; und so entstand eine Art von heidnischem Judenthum, das noch bis auf den heutigen Tag lebt und webt. Das musste alles in den Gemüthern umgeworfen werden, deshalb bezieht sich das Lutherthum einzig auf die Bibel. Luthers Verfahren ist kein Geheimniss, und jetzt da wir ihn feyern sollen, thun wir es nur alsdann im rechten Sinne, wenn wir sein Verdienst anerkennen, darstellen was er seiner Zeit und den Nachkommen geleistet hat. *Dieses Fest wäre so zu begehen, dass es jeder wohldenkende Katholik mitfeyerte.* Doch davon ein andermal. In eben dem Sinne ist auch das Monument schon erfunden, die Weimarischen Kunstfreunde arbeiten vor. Wir machen kein Geheimniss daraus, und wollen wenigstens einen Stein ins Brett setzen«.

»Doch davon ein andermal«. Offenbar haben die Gedanken, die damals schon reif waren und nur im Briefe keine Stelle finden sollten, alsbald in unsrer Niederschrift Gestalt gewonnen. Goethe hat sie im November dictirt; selbst die irrthümliche Angabe, mit der er einsetzt, »den 30. *November*« erklärt sich ungezwungen (wie die öfters vorkommenden ähnlichen Confusionen bei der Briefdatirung) bei dieser Annahme, und schliesslich konnte auch der durchgehende Fehler: »30.« October statt des 31., leichtlich in der ersten Zeit, wo dies Interesse aufstieg, vorkommen. Goethe hat, was er seinem Secretär (John) dictirt hat, nicht durchgesehen, es ist der lässliche Ton des Sprechenden, den wir vernehmen; der Schreiber hat sich mehrmals verhört, an einer Stelle (Seite 3³) in heilloser Weise; im übrigen ist es wohl geglückt, den Text in kritische Pflege zu nehmen. Einer Erläuterung im Einzelnen bedarf der Aufsatz wohl nur an einer Stelle. Dass unter den Völkern des Czaren Muhamedaner und auch heidnische Horden mitgefochten haben in dem grossen Weltkriege, ist bekannt. Weniger vielleicht, wie nahe diese »Alliirten« dem Dichter gekommen sind, und welchen Eindruck das auf ihn gemacht hat. Wir erfahren das aus einem ungedruckten Briefe, den Goethe an seinen alten Freund, den Berghauptmann v. Trebra am 5. Januar 1814 geschrieben hat. »Wer durfte wohl vor einigen Jahren verkünden, dass in dem Hörsaale unseres Protestantischen Gymnasiums Mahometanischer Gottesdienst werde gehalten und die Suren des Korans würden hergemurmelt werden, und doch ist es geschehen, wir haben der Baschkirischen Andacht beygewohnt, ihren Mulla [Priester] geschaut und ihren Prinzen im Theater bewillkommet«. Und ein Kind der Horde hat er, wie es scheint, sogar einmal im Hause als Gast geduldet; »der kleine Baskir«, so ist dieser Besuch im Tagebuch von 1814 unter dem 22. März verewigt.

Wenn Goethe zum Schluss auch die Kehrseite des »Geschenks« unparteiisch aufweist, die Zerrissenheit der deutschen

Zustände und ein über hundertjähriges nationales Elend, so darf man nicht vergessen, dass er früher den Rückgang des geistigen Wohlstandes noch herber empfunden hat. Unter den Xenien steht ein Distichon mit der Ueberschrift »Revolutionen«:

> Was das Lutherthum war, ist jetzt das Franzthum in diesen
> Letzten Tagen, es drängt ruhige Bildung zurück.

Aber wenn nicht das Einzelne, so verlangt doch der Sinn des Ganzen, dass wir dabei noch verweilen. Denn »in eben dem Sinn ist das Monument erfunden«, von dem man bisher nur so viel wusste, als in dem Briefwechsel mit Zelter steht, und in dem gleichen Sinne hat Goethe die Jubiläums-Cantate concipirt. Ich habe im 16. Bande der Weimarischen Ausgabe die Entwürfe dieser Cantate (die schon in dem genannten Briefwechsel stehen) genauer mitgetheilt, zugleich aber die ersten Ansätze der Ausführung, einige schöne Strophen, und diese an gehöriger Stelle in die »Schemata« eingegliedert. Dort ist denn auch alles Wissenswerthe zur Geschichte dieser Dichtung mitgetheilt. Schade, dass das Alles, nach dem Grundplane der Ausgabe, nur anhangsweise geschehen kann; gerade das bisher Unbekannte ist dadurch in Gefahr unbeachtet zu bleiben. Hier aber kann es nur darauf ankommen, nach des Dichters eigener Anleitung den Sinn der Dichtung zu erschliessen.

Der Hauptbegriff des Lutherthums beruhe — so bringt Goethe dem musikalischen Freunde die Idee des gemeinsam zu unternehmenden Werkes nahe — auf dem entschiedenen Gegensatz von Gesetz und Evangelium, und auf der Vermittlung dieser Extreme. »Setzt man nun, um auf einen höheren Standpunkt zu gelangen, anstatt jener zwey Worte, die Ausdrücke: *Nothwendigkeit* und *Freyheit*, mit ihrer Entfernung und Annäherung, so siehst Du deutlich, dass in diesem Kreise Alles enthalten ist, was den Menschen interessiren kann. Und so erblickt denn Luther in dem alten und neuen Testament das Symbol des grossen sich immer wiederholenden Weltwesens. Dort das *Gesetz* das nach *Liebe* strebt, hier die Liebe die gegen das Gesetz zurückstrebt und es erfüllt, aber nicht aus eigener Macht und Gewalt, sondern durch den Glauben; und zwar durch den ausschliesslichen Glauben an den allverkündigten und alles bewirkenden Messias«. Er fügt eine weitere und eine nähere Nutzanwendung dazu. Erstens: »Aus diesem Wenigen überzeugt man sich, wie das Lutherthum mit dem Papstthum nie vereinigt werden kann, der reinen Vernunft aber nicht widerstrebt, sobald diese sich entschliesst, die Bibel als Weltspiegel zu betrachten, welches ihr eigentlich nicht schwer fallen sollte«. Sodann: »Diese Conceptionen in einem singbaren Gedichte auszusprechen, würde ich mit dem Donner auf Sinai, mit dem *Du sollst!* beginnen; mit Christi Auferstehung aber und dem *Du wirst!* schliessen«.

Diesen Erwägungen nun entspricht das Schema, das er zuerst in beschränkter, dann in genau ausgeführter Fassung dem Componisten darlegt. Der Gang, die Leitung der Menschheit von Befangenheit und Gebundenheit zu Freiheit des Geistes und Gemüthes, dieses ist es, was die Dichtung unter Bildern der heiligen Geschichte, die sie an uns vorüberführt, dem inneren Sinne gegenständlich macht. Alles zweckvoll gewählt und geordnet; in reicher Modulation erscheint der Gegensatz, der das Grundthema bildet. Und die Ansätze und Fragmente — das ist ja das Bedeutsame und Lehrreiche in allen solchen Fällen — zeigen uns, welche Bilder zuerst sich vor seiner Seele belebt haben. Dem Dichter, der selber so gern den »hundertköpfigen Gott der Gebirge« auf freien Höhen verehrt hat, dem einst »des gefürchteten Gipfels schneebehangener Scheitel zum Altar des lieblichsten Danks ward«, ihm erscheint der »Dienst auf Höhen und im Freyen« als ein Erweis der Freiheit schon unter der Herrschaft des Gesetzes.

> Wenn wir in das Freye schreiten,
> Auf den Höhen, da ist der Gott!
> Auf den Höhen, rein umsäuselt,
> Wie es auch sich fügen mag.
> Wenn das Lockenhaar sich kräuselt,
> Knaben! Mädchen! hier ist Tag.

Und als Gegenbild treten die Chöre der Baalspfaffen auf:

> Baal, der im Grimme,
> Euch zu vernichten,
> Weiss der Geschichten
> Ende zu deuten.

Das Symbol der freien Hingabe des Herzens ist ihm »Sulamith die Geliebteste«, zu allen Zeiten ein Liebling seiner Phantasie:

> Wenn mich auch die Wächter schlügen,
> Da dem Liebsten forsche nach —
> Einzig ist mir das Vergnügen
> Seiner Liebe, Nacht und Tag.

So ist es denn auch nicht von ungefähr, wenn in dem Schema des zweiten Theils am eingehendsten die Erscheinung der heiligen Drei Könige behandelt ist; auch sie sind früh und spät Lieblingsgestalten des Dichters gewesen, wie sie dem Stern nachziehen und nicht ablassen, bis sie am Ziele angelangt, andachtsvoll ihr Köstlichstes dargebracht haben —

> Denn am Ende sind wir alle
> Pilgernd Könige zum Ziele.

Die Erstlinge der Ausführung geben uns, wie die ersten hervorspriessenden Krystalle, die Vorstellung von dem Gebilde im Ganzen und zugleich das Gefühl der innerlichen Verfassung, aus der es sich erschaffen sollte. Im Schema aber liegt deutlich der constitutive Gedanke vor, dass in der Reformation sich ein von Anbeginn vorhandener göttlicher Plan weiter vollstrecke und auswirke; sie ist gedacht nur als Epoche in einer grossen, stetig fortgehenden Bewegung. Nicht Luther, der Mensch, wird gefeiert in dem geplanten Oratorium, sondern der Geist, dessen Kind auch er gewesen ist.

»In eben dem Sinne ist auch das Monument erfunden«. Was die »Weimarischen Kunstfreunde«, Goethe und Heinrich Meyer, gemeinsam vorgearbeitet haben, um ihrerseits einen Stein ins Brett zu setzen, ist uns noch erhalten. Es sind merkwürdige Skizzen, theils flüchtig mit der Feder, theils mit Blei ausgeführt, auf drei Blättern. Ein mächtiges zweigliedriges Postament, auf Stufen ruhend; auf diesem eine mässige gipfelartige Erhöhung, welche die Hauptfigur trägt, zu Füssen derselben mehrere Gestalten hingelagert. Die stehende Figur, mit langem Gewande angethan, hält in dem einen Entwurf deutlich die Arme ausgebreitet, wie zum Segnen; auf dem andern, wo sie noch flüchtiger skizzirt ist, scheint ihr ein nicht bestimmbares Attribut in die Hand oder den Arm gegeben. An den beiden Etagen des Unterbaues reichlich plastischer Schmuck, theils Vollgestalten, theils Reliefs; ein solches nimmt in der einen Skizze das vordere Feld der ersten Etage ein: eine sitzende Frauengestalt in der Mitte. An den abgeflachten Ecken derselben Etage in Nischen vier Einzelfiguren. Die Namen der hier Dargestellten hat Goethe auf dem Grundriss angegeben — es macht nichts aus, dass sie in dieser Zeichnung nicht an die Ecken gestellt, sondern in den Mittelraum der Seiten eingebuchtet sind, vorn *Luther*, rechts *Augustinus*, links *Athanasius*, an der Gegenseite *Paulus*. Und wer ist es nun, unter dem diese Vier, als Säulen der Christenheit, stehen? zu dem sie aufwärts leiten? Ich glaube, *Jesus* soll es sein, auf dem Gipfel des Berges — zu seinen Füssen gelagert die Jünger, die ihm die liebsten waren: Petrus, Jacobus und Johannes — mit den Seligpreisungen anhebend. Hierzu stimmt der Augenschein, soweit dem bei der blos andeutenden Art der Zeichnung zu trauen ist. An eine idealische, allegorisch-symbolische Gestalt (Glaube u. dgl.) als Hauptfigur zu denken, scheint mir nicht angebracht.

Wie dem aber auch sei — dieses Luther-Monument der »Weimarischen Kunstfreunde« würde in der That jenen Sinn ausgesprochen haben, der sich in der unveröffentlichten Ansprache wie in der unvollendeten Cantate manifestirt: die Reformation sei nicht die Sache Einer christlichen Glaubensgenossenschaft, sondern ein Anliegen der gesammten Christenheit, eine Folge und Wirkung des Geistes, der schon in Paulus, Augustinus und Athanasius lebendig gewesen, der im Heilande den Menschen sichtbar, segenbar erschienen sei. Des Geistes der Freiheit.

In einem Schreiben vom Juni 1830, das Goethe an das Weimarische Staatsministerium richtete, betreffend die Betheiligung seiner Untergebenen an den Festlichkeiten zum Andenken der Uebergabe der Augsburgischen Confession, spricht er seine »wahre Trauer« darüber aus, dass seine bedrohte Gesundheit ihm selber die Theilnahme nicht verstatte: »denn wie hätte es mir wünschenswerth erscheinen müssen, in so später Zeit mich öffentlich als einen treuen und anhänglichen Gewidmeten der protestantischen Kirche zu beweisen und darzustellen«.

In welchem Sinne aber er sich damals und überhaupt als Protestant gefühlt habe, wie ihm dieser Begriff aller kirchlich confessionellen Enge entrückt und in die freie Höhe des Gedankens gehoben war, dafür haben wir gerade aus jener Zeit der Vorbereitungen zum Reformationsjubiläum kräftige Zeugnisse.

In den Tagen des ersten Gedankenaustausches mit Zelter schreibt Goethe über mineralogische Angelegenheiten an Leonhard. Er äussert sich mit grosser Heftigkeit über seinen Gegner Werner und dessen Gangtheorie und erklärt sich über dies Bedürfniss, in Briefen wenigstens scharf und unverholen sich auszulassen, folgendermassen: »Im nächsten Jahr feyert die Protestantische Kirche ihr Jubiläum (sie sollte sich eigentlich nur die evangelische nennen; denn dass Christen wieder auf ihren Ursprung aufmerksam gemacht werden, das ist die Hauptsache). Und so will ich dieses Jahr von meiner Seite das Fest feyern, dass ich wie Luther kein Blatt vor's Maul nehme, nicht etwa öffentlich, denn der Controversen bin ich satt, aber gegen zuverlässige Freunde«. Noch entschiedener aber als in diesen (ungedruckten) vertraulichen Zeilen vom 7. November 1816 tritt der Protest gegen dogmatische Hemmung und Einengung jeder Art in Zeitgedichten hervor. So in den Versen, die das sich Auflehnen gegen jeden Geisteszwang als deutsche Art schlechthin ansprechen: »Den Deutschen Mannen gereicht's zum Ruhm .... Sie lagen nur im halben Schlaf, Als Luther die Bibel verdeutscht so brav. ... Freiheit erwacht in jeder Brust, Wir protestiren all mit Lust«. Und allermeist in den kecken Strophen »Dem 31. October 1817«.

> Dreihundert Jahre hat sich schon
> Der Protestant erwiesen
> Dass ihn von Papst- und Türkenthron
> Befehle bass verdriessen.

> Was auch der Pfaffe sinnt und schleicht,
> Der Pred'ger steht zur Wache,
> Und dass der Erbfeind nichts erreicht,
> Ist aller Deutschen Sache.
>
> Auch ich soll gottgegeb'ne Kraft
> Nicht ungenützt verlieren
> Und will in Kunst und Wissenschaft
> Wie immer protestiren.

Für die Medaille aber zum Jubiläum der Reformation, über deren »Erfindung« er im Juni 1817 »mit Meyern conferirte« und die nun das bescheidne Denkmal seiner künstlerischen Bethätigung zu dem Feste geworden ist, ersann er die Inschrift: *»Segensreiche Wirkung ins vierte Jahrhundert«.*

BERNHARD SUPHAN.

2. GOETHE AN EINEN UNBEKANNTEN DEUTSCHEN PATRIOTEN.

Ew. Hochwohlgebohrn erzeigen mir eine Ehre, die ich zu verdienen wünsche, indem Sie mich auf eine Weise vor unserm Vaterlande nennen, welche zugleich Zutraun in meine Talente und meinen Character zeigt. Nicht ohne schmerzliche Theilnehmung habe ich bisher dem Laufe der Sache zugesehen, als Schriftsteller wenig, und als Privatmann das Mögliche gethan, um durch Klarheit und Mässigung den Partheygeist wenigstens in einem kleinen Zirkel zu mindern und ins Gleichgewicht zu bringen.

Nichts wünschenswerther wäre für einen Schriftsteller, der sich schmeicheln darf ein geneigtes Gehör bey seiner Nation zu finden, [als] als Organ des thätigen, anführenden, rettenden Theils der Nation aufzutreten, da so viele ihr Talent missbrauchen, gefährliche Schwingungen zu vermehren und den kleinen widerstrebenden hindernden Partheysinn zu begünstigen.

Nur der aufgeopfert, oder der aufzuopfern hat, sollte eine Stimme haben, die alsdenn wie nunmehr die Ihrige, mit Ernst und Würde sich hören lässt. Sollten wir auch die unmittelbare Wirkung solcher Aufforderungen nicht

sehen, so wird doch dadurch die Nothwendigkeit eines
thätigen Angriffs jedermann immer deutlicher, die Menschen
werden zu demjenigen nach und nach vorbereitet, dem sie
doch nicht ausweichen können.

Soll ich aufrichtig seyn, so muss ich bekennen, dass
es noch eher möglich seyn möchte, die gebietende Classe
Deutschlands zu einem übereinstimmend wirkenden Ver-
theidigungsplan zu bewegen, als ihnen Zutrauen gegen ihre
Schriftsteller einzuflössen. Die Ursachen die von beyden
Seiten diesem Vertrauen entgegen stehen, sind Ew. hin-
reichend bekannt und meine wenige Erfahrungen können
nur einige traurige Wahrheiten bestätigen. Uebrigens darf
ich versichern, dass in meine Meynungen und Absichten
sich diese Zeit her nichts eingemischt habe, dessen sich
ein biederer Deutscher schämen dürfe. Leider muss man
nur meistentheils verstummen, um nicht, wie Cassandra,
für wahnsinnig gehalten zu werden, wenn man das weis-
sagt, was schon vor der Thür ist. Ich empfehle mich Ew. p.
fernern geneigten Andenken.

  Goethe lehnt in dem vorstehenden Briefe oder vielmehr
Briefentwurf — denn nur das undatirte nicht durchgesehene
Concept[1] ist vorhanden — eine an ihn ergangene Mahnung,
gegen vaterlandsfeindliche Bestrebungen mit dem Gewicht seines
Namens einzutreten, bescheiden und bestimmt ab. Eine Situation, aus der solch eine Erklärung hätte hervorgehen können,
war zum ersten Male vor hundert Jahren oder etwas früher
gegeben. Und in diese Zeit gehört auch das Schriftstück nach
äusseren Indicien. Die Handschrift ist die eines Schreibers —
darüber sind wir im Archiv nach genauer Prüfung einig —
der in Goethes Dienst, nach C. A. H. Burkhardts Ermittelungen, von 1791—1805 gestanden hat, hauptsächlich aber
bis zum Eintritt Geists, d. h. bis October 1795 im Hause beschäftigt ist; es ist derselbe, der in den Briefen an Schiller
vom 12. Mai bis zum 18. August 1795 erscheint, Friedr. Wilh.
Schumann. Nach dem October 1795 hat er schwerlich noch
als Briefconcipient zu thun gehabt. Als ausgebildeter Kanzlist
hat er nur wenige hervorspringende Besonderheiten; diese
wenigen aber, die ihm eigen sind, finden wir in jenen Briefen

---

[1] Mehrere kleine Schreibversehen, aus denen sich weiter nichts
ergibt, habe ich ohnvermerkt richtig gestellt.

an Schiller gleichmässig wie auf dem in Frage stehenden
Bogen. So darf nun auch eine Vermuthung bezüglich der Person,
für welche die Niederschrift bestimmt war, gewagt werden.
Ich denke an *Gentz*. Er allenfalls konnte es sich damals herausnehmen, Goethe aufzumahnen, etwa in der Neuen Deutschen Monatsschrift, die er seit 1795 herausgab. Sie ist mir
hier nicht zur Hand, und die Berliner Freunde, denen ich
die Frage nahe gelegt, haben zur Zeit noch keinen Erweis
aufgebracht. Ich nehme an, Gentz (oder wer es sonst sei),
habe in einer Monographie oder Zeitschrift den Gedanken
vorgetragen: gegen das von Westen andringende revolutionäre
Unheil sollten die führenden Geister der Nation geschlossen
auftreten, und an ihrer Spitze Goethe. Die Zweifel, die Goethe
wegen der »gebietenden Classe« äussert, waren ja zu jener
Zeit (wie der weitere Verlauf zeigte) berechtigt genug, und
die deutsche Litteratur zumal war gerade in den höchsten
Kreisen damals noch keine Macht. Der nur andeutende Ausdruck, dessen Goethe sich zu Anfang bedient: er habe »dem
Laufe der Sache« (der revolutionären Bewegung) zugesehen,
erinnert mich an das Xenion auf Cramer (Xenien 1796, Nr. 56):

    Ja das fehlte nur noch zu der Entwicklung der Sache,
        Dass als Krämer sich nun Kr.... nach Frankreich begiebt. —

Das Schreiben ist mit grosser Reserve verfasst, und doch,
scheint es, hat sich Goethe damit nicht Genüge gethan. Schwerlich ist es in der vorliegenden Gestalt abgesandt worden; es
zeigt, wie oben erwähnt, keine Spur einer Durchsicht.

    Es sei hier eine allgemeine Bemerkung angeknüpft.

Die »Demegorie«, ich meine das politisch-praktische
Einwirken auf das Publikum durch öffentliche Rede oder die
Tages-Presse, lag nicht in Goethes Natur. Nur der Zwang
des Moments hat ihn dazu bringen können, auf die Menge
einzureden, und die Fälle, wo das vorgekommen ist, lassen
sich an den Fingern einer Hand abzählen. »Mögen doch
Völker und Gouvernements sehen, wie sie mit einander fertig
werden! .... ein ächter Literator kann Gott danken, dass er
das Weltwesen historisch zu tractiren befugt ist«. So äussert
er sich einmal gegen Eichstädt (27. Januar 1804). Ansichten
über die Ereignisse des Tages pflegte er mit wenigen vertrauten Freunden unterhaltungsweise auszutauschen. Noch
lieber aber hielt er es so, wie er zu Sulpiz Boisserée sich
auslässt. »Es sei nicht leicht eine Begebenheit (notirt
Boisserée unter dem 8. August 1815), worüber er sich nicht
in einem *Gedicht* ausgesprochen. So habe er seinen Ärger,
Kummer und Verdruss über die Angelegenheiten des Tages,
die Politik u. s. w. gewöhnlich in einem Gedicht ausgelassen,
es sei eine Art Bedürfniss und Herzenserleichterung, Sedes p.
Er schaffe sich so die Dinge vom Halse, wenn er sie in ein

Gedicht bringe. Sonst habe er dergleichen immer verbrannt; aber sein Sohn verehre alles von ihm mit Pietät, da lasse er ihm den Spass« [und gebe ihm diese Sachen zum Aufbewahren]. Goethe war ein grosser Non-Publicist. Dies schliesslich ist der Grund, weswegen er jene Aufsätze, in denen er einmal Tagesfragen zu behandeln versuchte, wie den über die Feier des Reformationsfestes, den das gegenwärtige Jahrbuch ans Licht bringt, und den über die Einführung des Deutschen in Polen, den das von 1892 hervorzog, zurückgelegt und im Pulte behalten hat.

Als Dichter aber und in der Sprache, die *ihm* gemäss war, hat Goethe in *den* Jahren, wohin, dem Augenschein wie dem wahrscheinlichen Zusammenhange nach, unser Schriftstück zu verlegen ist, zu »dem Laufe der Sache« sich wohl geäussert. Zuerst mit Schiller zusammen in den »Xenien«, die der ersten Anlage nach, wie sie das Manuscript von 1796 bietet, nach dem Proömium gleich das Gefecht gegen die Jacobiner und Neufranken in Deutschland, gegen Reichardt, Cramer und Consorten beginnen. Die ganze Serie Nr. 23—94 gehört hierher. Mit dem Schärfsten freilich hielten die Freunde damals zurück; das kann ein Blick auf die mit Stern bezeichneten Distichen in der Xenien-Ausgabe der Goethe-Gesellschaft beweisen und so mögen hier zwei Nummern genügen: *27. *Der Wolf in Schafskleidern* und *94. *Warnung:*

Haltet ihr denn den Deutschen so dumm, ihr Freyheitsapostel!
Jeglicher sieht: euch ists nur um die Herrschaft zu thun.

Deutsche, haltet nur fest an eurem Wesen, und dass euch Frankreich diesseit des Mayns, jenseit des Rheins nicht bethört.

So wenden sich die Xenien, bevor sie den »litterarischen« Sansculotismus deutscher Autoren geisseln, gegen die »Vielen, die ihr Talent missbrauchten, gefährliche Schwingungen« des bürgerlichen Zustandes im Vaterlande »zu vermehren«. Dann aber hat, wie allbekannt, der Dichter den Mahnruf, fest zu bestehen auf dem Eigenen, wiederholt im Schlussgesang von »Hermann und Dorothea«:

Nicht dem Deutschen geziemt es, die fürchterliche Bewegung
Fortzuleiten und auch zu schwanken hierhin und dorthin.
Dies ist unser! so lass' uns sagen, und so es behaupten.

BERNHARD SUPHAN.

3. AUS SCHWERER ZEIT.

An Cotta, den 24. December 1806.

In Hoffnung dass meine Sendung vom 8 December bey Ihnen glücklich angekommen seyn wird, schreib' ich gegenwärtiges und leider zum erstenmal an Sie mit einer unangenehmen Empfindung. Dabey mache ich mir Vorwürfe, dass ich früher über einiges Unangenehme hingegangen bin, und sage das Gegenwärtige mit dem innersten Gefühl unsers guten Verhältnisses, und gerade um dieses Verhältnisses willen, weil es selbst darunter gewiss leiden würde, wenn das Wesen so fortginge.

Die Zeiten waren sehr dringend und doch liess sich beynah bemerken, dass, nachdem »der Freymüthige« *im Herren* seelig entschlafen war, der böse Geist der dort gegen Weimar waltete, sich geschwind nach Ulm zog, und dass, anstatt dass man unser Unglück respectirt hätte, von dorther sich allerley Albernheiten verbreiteten.

Ich bin nicht vornehm genug, dass meine häuslichen Verhältnisse einen Zeitungsartikel verdienten; soll aber was davon erwähnt werden, so glaube ich, dass mein Vaterland mir schuldig ist, die Schritte die ich thue, ernsthaft zu nehmen: denn ich habe ein ernstes Leben geführt und führ' es noch. Ich habe über das Blatt geschwiegen, weil diese Dinge leicht an mir vorüber gehen.

Man hat gedruckt, dass Napoleon der Herzogin Mutter die Visite gemacht habe, die zu der Zeit nicht in Weimar war; man hat von unserer regierenden Herzoginn eine unmögliche Absurdität gedruckt, dass sie den todten Prinz Louis gekränkt habe, und ich sehe dass ein Wiederruf dieser Elendigkeit ist veranlasst worden. Nun finde ich in Nr. 352 einen Brief aus Weimar, wo die von einem Zeitungsredacteur niemals verantwortliche Note vorsteht, »aus einem von dem Verf. nicht zum Druck bestimmten Briefe«.

Wer ist denn also der Redacteur Ihrer Ulmer Zeitung, der immer Briefe erhält, die nicht zum Druck bestimmt sind, damit er ungefähr wisse, wie's in der Welt zugeht, der nicht so viel Sinn, Gefühl und Geschmack hat, zu wissen, was denn eigentlich davon und wie es allenfalls zu drucken ist.

Die niederträchtige Art, wie darinne Vulpius und Falk behandelt werden, tritt zwar nicht ganz aus dem Ton der allgemeinen Zeitung, wie sie zuletzt war; aber sie zeigt sich nun völlig, in dem was sie werden will. Ist es ein Gegenstand einer Zeitung, wie Individuen das sie betreffende Unglück aufnehmen? Und ist es die Zeit einen Geplünderten als Autor anzugreifen? Wollen wir, mein Bester, die Critik, die den Rinaldo Rinaldini verdammt, aufrufen?, wo bleiben, dass ich's gerade heraus sage, diejenigen Artikel, die dem Buchhändler am besten fruchten? Und Falk mag seyn wie er will, so hat seine Resolution als ein ganz unabhängiger Mensch, bey den französischen Instanzen sich als Dollmetscher thätig zu zeigen, der Stadt und dem Lande viel genutzt, und gereicht ihm bey denen, die die Sache innig kennen, zur Ehre. Ekelhaft ist es daher, wenn die gemeinsten Klatschereyen, die wir in Weimar aus guten Gesellschaften ablehnen, uns aus dem Brennspiegel einer Zeitung von Ulm her zurückgeworfen werden. Das Uebel ist gross und unersetzlich genug, das wir leiden, und es wäre schlimm, dass wir es durch unsre eigne Niederträchtigkeit noch verdienten. Wir wollen uns also nur zunächst an die persönlichen Folgen halten. Ich bitte Sie inständigst mir die Zeitung vom neuen Jahr an nicht mehr zu schicken: denn es ist mir abscheulich, etwas von Ihrem guten Willen zu erhalten was mich oder meine Umgebung verletzt und beleidigt. Zweytens folgt daraus, dass es mir und meinen Nächsten ganz unmöglich wird, an Ihrer neuen Tagesschrift auf irgend eine Weise Theil zu nehmen: denn es ist hier nicht von Weimar die Rede, das steht oder fällt im allgemeinen Unglück; wenn es aber so fort gehn soll wie bisher in andern dergleichen Blättern, dass der Misswollende ein breites Feld hat, das im Allgemeinen zu entstellen, was im Besondern Schonung verdient, und dass man hernach den Beleidigten und Verletzten auch wieder ein Plätzchen einräumte, um eine Spalte *gratis* zu haben, und durch die Klatscherey und Nichtigkeit endlich doch einen Jahrgang zusammen brächte; so würde ich das, was mich ganz allein glücklich macht, aufgeben müssen, wenn ich nur wüsste dass Ihr Morgenblatt in der Welt wäre. Wenn Sie in Hubers Briefen abdrucken lassen, was er über mich gesagt hat, so ist das alles Dankes werth: denn es macht ihn und mich historisch; es sind vergangene Erscheinungen und vergangene Empfindungen, die dem, der übrig bleibt, oder denen, die übrig bleiben, belehrend und erfreulich sind. Wenn sich Ihr Redacteur aber in einer politischen Zeitung so weit vergisst, dass er Privatnachrichten einführt, die alsdann durch Zeitungen[1], die sich selbst viel zu viel ehren, als dass sie mit solchen Klatschereyen anfangen sollten, wenn sie aber einmal gedruckt sind, eine Art von Recht haben, sie weiter zu verbreiten; so muss man sagen, dass Deutschland von einer innern Fäulniss weit schlimmer angegriffen ist, als von einer äussern Gewalt, von der man doch wenigstens einsieht was sie will und was sie kann.

Ich bin verdriesslich über mich selbst, nicht dass ich das jetzt sage, sondern dass ich Sie nicht früher aufmerksam gemacht habe.

Man weiss sehr gut, dass der Friede, wie das stehende Wasser, solches Ungeziefer hervorbringt; wenn es aber im Kriege erscheint, dann ist es erst recht ekelhaft.

Ich muss nur eilen diesen Brief zusammenzufalten und fortzuschicken: denn vielleicht hätte ich morgen Bedenken, und schwiege zu diesen *Avanien* wie zu andern. Aber unser Verhältniss ist mir zu lieb. Hätte ich das nicht vom Herzen, so könnte ein Krebsschaden daraus werden; ich würde Ihnen anrechnen, was Sie vielleicht nicht verschulden; ich würde Ihnen anrechnen, dass Sie einen kleinen bisher leuchtenden Punct Deutschlands, der doch auch Ihre Freunde und Genossen, Herdern, Schillern und mich beherbergt hat, wie es früh Nebenbuhler thaten, und wie es jetzt, ohne unser Gebet, das Unglück thun wird, mit zu trüben, zu verfinstern und zu vernichten suchen. Das was zwischen uns bürgerlich ausgesprochen wäre, würde bleiben; aber das Gemüthliche was ich am

---

[1] Ausgelassen ist etwa: »weiter gegeben (befördert) werden«

.en schätze, würde sehr bald absterben, sehr bald, sag'
denn das Gemüthliche stirbt nicht in Graden ab,
dern gleich.

Ich bin alt genug, um mir dieser Folgen deutlich bewusst zu seyn. Thun Sie also was an Ihnen ist. Ich verlange von den Blättern, die Sie herausgeben, nicht mehr Schicklichkeit, als andre, die sich zu schätzen wissen, auch beobachten; und so mag das, was ich in ruhigern Zeiten mit ruhigerm Sinne vielleicht anders gesagt hätte, zu Ihnen gelangen und das Beste für unser gutes Verhältniss, woran mir allein gelegen ist, wirken.

Es genügt zum Verständniss dieses Briefes, der in Riemers Concept vorliegt, die beiden Stellen anzuführen, die hauptsächlich oder doch zu schlimmer Letzt Goethes ingrimmige Entrüstung hervorgerufen haben. Die eine steht in Nr. 328 (24. November), die zweite, noch gemeinere, die den Schluss einer bis zur vierten Spalte fortlaufenden Correspondenz bildet, datirt »*Weimar, 16 November«, an der von Goethe citirten Stelle (18. December 1806). Wir lassen die Frage nach dem hämischen und »von Herzen unanständigen« Gesellen, der sie verfasst hat, auf sich beruhen. Hier der Wortlaut:

*Weimar, 6. Nov. Goethe liess sich unter dem Kanonendonner der Schlacht mit seiner vieljährigen Haushälterin, Dlle. Vulpius, trauen, und so zog sie allein einen Treffer, während viele tausend Nieten fielen. Nur der Ununterrichtete kann darüber lächeln. Es war sehr brav von Goethe, der nichts auf gewöhnlichem Wege thut. Wieland erhielt vom Prinzen Joachim [Murat] aus freien Stücken eine Sauvegarde, und der Marschall Ney besuchte ihn selbst. Goethe hatte die Marschälle Lannes und Augereau, und dann den Kunstfreund Denon zu Gästen. Bertuch rettete sein grosses Institut gleichfalls durch liberale Bewirthung französischer Generale, und indem er bewies, dass er die besten Erfindungen und Einrichtungen den Franzosen verdanke.

— »Unserm famösen Romanfabrikanten V..s ist es auch scharf ans Leben, und seiner Frau ans Nothzüchtigen gegangen; aber wenn es traurig ist, dergleichen zu erleben, so ist es eine Wonne, ihn die Scene erzählen zu hören. In jenen Momenten ist die Gebärmutter seines Geistes, aus der schon so viele Räuber und Ungeheuer hervorgiengen, gewiss aufs neue zu einem Duzend ähnlicher Schöpfungen geschwängert worden, die in den nächsten Messen wie junge Ferkel herumgrunzen werden. F... macht den Galoppin bei den Stadtkommandanten, deren wir seit dem 14 Okt. schon vier angestellt hatten. Seine neueste Monatschrift wird dadurch wahrscheinlich ins Stocken gerathen, aber ich denke, das ist nicht der grösste Schade, den der Krieg über Deutschland gebracht hat, u. s. w.«

BERNHARD SUPHAN.

4. EINE CHARAKTERISTIK.
Problematisch.

Immer thätiger, nach innen und aussen fortwirkender poetischer Bildungstrieb macht den Mittelpunct und die Base seiner Existenz. Hat man den gefasst, so lösen sich alle übrigen anscheinenden[1] Widersprüche. Da
5 dieser Trieb rastlos ist, so muss er, um sich nicht stofflos selbst zu verzehren, sich nach aussen wenden, und da er nicht beschauend, sondern nur practisch ist, nach aussen gerichtet[2] entgegen wirken: daher die vielen falschen Tendenzen zur bildenden Kunst, zu der
10 er kein Organ, zum thätigen Leben, wozu er keine Biegsamkeit, zu den Wissenschaften, wozu er nicht genug Beharrlichkeit hat. Da er sich aber gegen alle drey bildend verhält, auf Realität des Stoffs und Gehalts und auf Einheit und Schicklichkeit der Form überall
15 dringen muss, so sind selbst diese falschen Richtungen des Strebens nicht unfruchtbar nach aussen und innen. In den bildenden Künsten arbeitete[3] er so lange, bis er sich den Begriff sowohl der Gegenstände als der Behandlung eigen machte und auf den Standpunct gelangte,
20 wo er sie zugleich übersehen und seine Unfähigkeit dazu einsehen konnte. Seine theilnehmende Betrachtung ist dadurch erst rein geworden. Im Geschäftlichen[4] ist er brauchbar, wenn dasselbe einer gewissen Folge bedarf und zuletzt auf irgend eine Weise ein dauerndes Werk
25 daraus entspringt oder wenigstens unterweges immer

---

[1] H: anscheinende [2] H: »ihre Richter«, verbessert von Rudolf Haym. [3] H: arbeitet [4] H: geworden in Geschäfften

etwas Gebildetes erscheint. Bey Hindernissen hat er
keine Biegsamkeit; aber er giebt nach oder[1] widersteht
mit Gewalt, er dauert aus oder er wirft weg, je nachdem seine Ueberzeugung oder seine Stimmung es ihm
im Augenblicke gebieten. Er kann alles geschehen
lassen, was geschieht und was Bedürfniss, Kunst und
Handwerk hervorbringen; nur dann muss er die Augen
wegkehren, wenn die Menschen nach Instinkt handeln
und nach Zwecken zu handeln sich anmassen. Seitdem
er hat einsehen lernen, dass es[2] bei den Wissenschaften
mehr auf die Bildung des Geists der sie behandelt, als
auf die Gegenstände selbst ankommt: seitdem hat er
das, was sonst nur ein zufälliges unbestimmtes Streben
war, hat er dieser Geistesthätigkeit nicht entsagt, sondern sie nur mehr regulirt und lieber gewonnen: so wie
er sich jenen[4] andern beyden Tendenzen, die ihm theils
habituell theils durch Verhältnisse unerlässlich geworden,
sich nicht ganz entzieht, sondern sie nur mit mehr
Bewusstseyn und in der Beschränkung die er kennt,
gelegentlich ausübt; um so mehr, da das, was eine
Geisteskraft mässig ausbildet, einer jeden andern zu
statten kommt. Den besondern Character seines poetischen Bildungstriebes mögen andere bezeichnen. Leider
hat sich seine Natur sowohl dem Stoff als der Form[5]
nach durch viele Hindernisse und Schwierigkeiten ausgebildet und kann erst spät mit einigem[6] Bewusstseyn
wirken, indess die Zeit der grössten Energie vorüber
ist. Eine Besonderheit, die ihn sowohl als Künstler
als auch als Menschen immer bestimmt, ist die Reiz-
barkeit und Beweglichkeit, welche sogleich die[7] Stimmung von dem gegenwärtigen Gegenstand empfängt,
und ihn also entweder fliehen oder sich mit ihm ver-

---

[1] H: nach er Vielleicht »oder er« [2] H: er [3] H: Wissenschaftl.
[4] H: jene [5] H: Natur (unter Einwirkung des eben zuvor gesprochenen
Wortes; corrigirt nach S. 1, Z. 14, 15. [6] H: einigen [7] H: welche [sich]
sogleich [in] die [das Eingeklammerte gestrichen]. Goethe wollte also
zuerst etwa sagen: »welche sich sogleich in den gegenwärtigen Gegenstand versetzte«.

einigen muss. So ist es mit Büchern, mit Menschen
und Gesellschaften: er darf nicht lesen, ohne durch
60 das Buch gestimmt[1] zu werden; er ist nicht gestimmt,
ohne dass er, die Richtung sey ihm so wenig eigen
als möglich, thätig dagegen[2] zu wirken und etwas
ähnliches hervorzubringen strebt.

»Problematisch«, von mehr als einer Seite — dies wird
der Eindruck sein, den das hier mitgetheilte Stück bei erster
Lesung macht, und wohl auch noch bei der zweiten und dritten,
die ich bitten möchte vorzunehmen, ehe den folgenden Bemerkungen Beachtung geschenkt wird. Eine Charakteristik,
ein Portrait — falls man auch ein individuelles *Seelen*bild so
nennen darf — eines hochbedeutenden, aussergewöhnlichen
Individuums. Wessen? Das ist das Problem.

Der Bogen, im vorigen Jahre unter einer Masse unbestimmter Concepte (meist von Briefen) aufgefunden, verräth
zunächst nichts weiter, als dass der Schreiber seine Noth gehabt hat, dem bisweilen hastigen Dictat, dessen Inhalt ihm
zu hoch war, zu folgen. Goethe selbst hat in keiner Weise
nachgeholfen und das Concept uncorrigirt bei Seite gelegt.
Keine Ueberschrift, kein Datum. Der Wortlaut ist an manchen
Stellen, die Satztheilung überall gar sehr im Argen. Der
Schreiber ist *Geist*. »Der wackere Spiritus« — so nennt ihn
Schiller — hat hier schlimme Arbeit gemacht. Gut aber doch,
dass *er* sie gemacht hat. In der Verkehrssprache des Archivs
heisst diese Species: »früher Geist«, das will sagen: das Stück
stammt aus einer Zeit, wo der Wackere sein Handwerk noch
nicht verstand. Gelernt hat er es ordentlich erst gegen das
Ende der neunziger Jahre, und im October 1795 hat er begonnen. In Reinschrift bringt er schon früher Löbliches zu
Stande — das grosse Xenien-Manuscript von 1796 ist sein
wohl gelungenes Gesellenstück — als Concipient aber ist er
damals und noch späterhin ein misslicher Gehülfe. So nun
besonders auch in der Masse dessen, was er im nächsten
Jahre zusammengeschrieben hat als Begleiter des Dichters
auf der dritten »italienischen« Reise, die bekanntlich nur bis
in die Schweiz gegangen ist. Jene Manuscripte, die Eckermann zu der in den »Nachgelassenen Werken« gedruckten Reise
in die Schweiz »ajustirt« hat, sind alle von Geists Hand;
sie haben uns bei Aushebung des Tagebuchs (Abtheil. III, Bd. 2)

---

[1] H: bestimmt [2] H: »dagegen« nicht im feindlichen Sinne,
sondern wie Z. 8 »entgegen wirken«

zu schaffen gemacht und werden so noch dem Herausgeber der ganzen Masse viel zu thun geben, wegen des starken Contingents des Verhörten und Missverstandenen, das einen schweren zähen Bodensatz bildet.

Indem ich mit solchen Gedanken die Arbeiten Geists aus diesen ersten Jahren durchging, um einen Anhalt für Zeit oder Anlass oder Zusammenhang des ungedruckten Stückes zu entdecken, das scheinbar ganz unvermittelt einsetzt, musste ich natürlich auch die wohlbekannten Actenfascikel selbst wieder näher in Betracht nehmen, die Goethe als Ausbeute jener Reise nach Hause gebracht hat. Und das gute Glück hat gewollt, dass schon der erste von diesen drei dicken Zeugen bei seiner Confrontirung mit dem »Problematischen« zu einer Aussage zu bringen war. Sie lautet: »Geist hat das Stück zu Frankfurt geschrieben, im August 1797«. Der Beweis kann angetreten werden auf Grund eines zuverlässigen Zeichens; die Sachverständigen werden es gelten lassen. Dies Zeichen ist — das Wasserzeichen. Genau dasselbe kleine Wappenschild mit breiten Balken im Kreuz, das in einer Anzahl der in *Frankfurt* angelegten Bogen durchscheint, und das seit der Abreise von Frankfurt (25. August) verschwindet. Im zweiten und dritten Fascikel tauchen andere Zeichen auf: in Würtemberg der zweiköpfige gekrönte Adler (Reichswappen) und daneben, charakteristisch genug, eine französische Marke (Lorbeerkranz, darin ein aufrechtes Bündel Stäbe mit der Freiheitsmütze, Unterschrift: Republique francaise). Wieder andere in der Schweiz.

Ich kann mir wohl denken, dass manchem Leser diese Art zu recognosciren befänglich, archivpolizeilich vorkommen mag, dass andre die species facti noch nicht genügend vorgetragen und motivirt finden. Jedoch auch der Zweifelnde wird, auf die Vermuthung hin, geneigt sein, mit mir jenen Band zu durchblättern, der von Geists Hand die Aufschrift trägt: »Sammlung zu der Reise nach Frankfurth gehörig«.

Da kommt nun schon mit Folio 18, 19 etwas zu Handen, das eine gewisse Familienähnlichkeit mit unsrem Stücke hat und selbst dem Umfange nach (3 gespaltene Seiten) sich als ein Pendant dazu ansprechen liesse. Das Portrait eines jüngeren Mannes, der, von Schiller empfohlen, sich vorgestellt hat: »Schmidt von Friedberg«. Goethe schildert ihn, dass man ihn mit Augen zu sehen glaubt in seinem ganzen Wesen und Gebahren. »Im ganzen ein hübscher junger Mensch, ein kleiner Kopf auf mässigen Schultern, treffliche Schenkel und Füsse, knapp, reinlich, anständig nach hiesiger Art gekleidet. Die Gesichtszüge klein und eng beysammen, kleine schwarze Augen, schwarze Haare, nahe am Kopf Sanskülotisch abgeschnitten. Aber um die Stirne schmiedete ihm ein ehernes

Band der Vater der Götter. Mit dem Munde machte er wunderliche Verzerrungen, als wenn er dem was er sagte, noch einen gewissen eigenthümlichen Ausdruck geben wollte .... Ich glaube dass er, zu einem beschränkten Handel und Lebenswandel angeführt [angeleitet] recht gut gewesen wäre, da er Energie und eine gewisse Innigkeit zu haben scheint; unter einer Nationalgarde sähe ich ihn am allerliebsten. Vorausgesetzt, dass es ... ein Mensch ist, der ... in mässigem Wohlbehagen lebt, so ist es ein böses Zeichen, dass sich keine Spur von Streben, Liberalität, Liebe, Zutrauen an ihm offenbart. Er stellte sich in dem philisterhaften Egoismus eines Exstudenten dar; dabei aber auch keine Spur von Roheit, nichts schiefes in seinem Betragen, ausser der Mundverzerrung«. Das Portrait war für Schiller bestimmt, und es ist als Beilage des Briefes vom 9. August an Schiller auch in der Weimarer Ausgabe (IV, 12, 219 fg.) veröffentlicht worden. Ich beschränke mich hier also auf das vorstehend Mitgetheilte und hebe vom Ende nur den Satz aus: »Der zurückgezogenen Art nach erinnerte er mich an Hölderlin, ob er gleich grösser und besser gebildet [d. h. von Figur] ist; sobald ich diesen [der damals auch in Frankfurt lebte] gesehen habe, werde ich mit einer nähern Parallele aufwarten«.

Also von dieser Art sollte mehr folgen. In dem Briefe selbst aber (dem ersten, den Goethe an den Freund aus Frankfurt schreibt) ist von einem planmässigen Zusammenhang solcher Aufzeichnungen deutlich die Rede. »Ich gewöhne mich nun alles wie mir die Gegenstände vorkommen und was ich über sie denke aufzuschreiben« u. s. w; und ausführlich ergeht sich Goethe darüber noch ein Mal am 22. August, als die »Sammlung« (Volumen I) schon anschwoll. Mit einer Umsicht und Gründlichkeit, wie noch auf keiner früheren Reise, will er Beobachtungen anstellen und diese selbst, ebenmässig aber auch das, wozu er innerlich angeregt worden, zu Papier bringen und alles schliesslich systematisch nach einem wohlüberlegten Schema einheimsen. Mit diesem Vorsatz ist er ausgezogen und Schiller allein wusste darum — während auf Carl August diese Art, als sie in den Reiseberichten an ihn herantrat, befremdlich, ja verblüffend wirkte. Am 8. Juni 1797 in Jena war das schon besprochen worden. »Ideen zu einem Reiseschema. Abends zu Schiller, mit ihm darüber conferirt«. (Tagebuch.) Ein Folio »Zum Reiseschema« ist denn auch dem ersten Volumen vorgeheftet. Ein Ausschnitt davon mag hier genügen, den Zweck dieser Anstalt zu veranschaulichen.

Zum Besonderen. *Stadt.*
Allgemeine Lage nach Obigem [d. h. nach den »Zum Allgemeinen, *Fluss*« aufgeführten Rubriken].
Besondere Lage.

Entstehen　　　durch nächste Ursache, Terrain
　　　　　　　 durch entfernte, Handel, Transport
Erste Epoche des Entstehens — Fernere
Charactere der Epoche.
Jetziger Zustand.
Einwohner
Form der bürgerlichen Ordnung
Gewerbe　　Das beste, was fabricirt wird; das worauf
　　　　　　 sich ein Ort im allgemeinen oder beson-
　　　　　　 dern etwas einbildet
Gestalt
Betragen
Gewohnheiten
Kleidung
Feste und Lustbarkeiten
Speise überhaupt
　　　Brot　　Bier　　Wein
Policey
　　　Wohlfeile des Marktes
　　　Ruhe
　　　Reinlichkeit
Wirthshäuser
Nächste Gegend — Vorstädte — Felder — Weinberge —
　　　　Gärten — Gartenhäuser — Mühlen.

Das Ganze, das Facit dieser Beobachtungen, was würde es sein? Die Physiognomie, der Charakter eines städtischen Gemeinwesens. Auch dies, auch ein ganzes Volk[1] ist in Goethes Augen ein grosses Individuum. Gleicher Weise, nach einem durchdachten, vom Aeusseren zum Inneren und gelegentlich auch rückwärts gehenden Schema ist auch das Portrait, »der Charakter« jenes Schmidt von Friedberg »gemacht«, und so hatte schon die Beobachtung dieses einzelnen persönlichen Objekts einen vorbedachten Gang genommen. »Ich nahm zur Base meiner Behandlung, dass *Sie* ihn an mich schicken und setzte also in diesem Sinne vieles voraus«, d. h. ein Bildungsniveau von gehöriger, dem Interesse Schillers entsprechender Höhe. Den Charakter von Jemand machen, so nannte man dies Silhouettiren mit der Feder, diese Seelenschilderei. Es kam recht auf in den siebziger Jahren und war wohl früher schon nach französischen Mustern (auf die schon der terminus technicus weist) geübt worden. Noch in den Neunzigern wurde es als Liebhaberei betrieben.

Kehren wir nun zu unserem Aufsatze zurück. Er ist ganz

---

[1] »Was sich mir aber vor allem Andern aufdrängt, ist abermals das Volk, eine grosse Masse, ein nothwendiges unwillkürliches Daseyn«. Venedig, den 29. September 1786.

und gar eine »Psychographie«. Nur das geistige Antlitz offenbar soll er darstellen, den inneren Habitus in allen seinen Besonderheiten, Bedingtheiten und Aeusserungen. Die Frage erhebt sich von neuem: Wer wird hier abgebildet? Ein Individuum jedenfalls; denn es blicken uns lauter individuelle Züge an, nirgends ist Typisches zu entdecken. Und je fester man den Blick auf das Bild richtet, um so mehr treten die Züge eines einzigen heraus.

Dieser einzige nun, das Wort ist gesagt, ist — »der Einzige«, ist Goethe. »Mittelpunkt und Base seiner Existenz ein immer thätiger, nach innen und aussen fortwirkender *poetischer Bildungstrieb*«. »Den besondern Charakter seines poetischen Bildungstriebes mögen andere beurtheilen«. *Er* fühlt in sich als centrale Kraft, was er als Jüngling einst als eine allgemeine Menschen- und Völkergabe angesprochen hatte: »denn in dem Menschen ist eine *bildende Natur*, die gleich sich *thätig* beweist, wann seine Existenz gesichert ist«. (Von Deutscher Baukunst.) »Was frommt dir am Busen die glühende Natur, was hilft dich das Gebildete der Kunst rings um dich her«, fragt er, der Künstler, den »Kenner und Liebhaber« —

    Wenn *liebevolle Schöpfungskraft*
    Nicht deine Seele füllt
    Und in den Fingerspitzen dir
    Nicht wieder *bildend* wird?

Jetzt bietet ihm die geliebte Naturwissenschaft die Formel, deren er bedarf; zu dem organischen »Bildungstriebe« — dem nisus formativus Blumenbachs[1] — bildet der »poetische« das Correlat im Reiche der geistigen Schöpfung. Dieser plastische, dieser Gestaltungstrieb ist es, der den Künstler macht.

»Ich darf wohl sagen: ich habe mich in dieser anderthalbjährigen Einsamkeit selbst wiedergefunden: aber als was? Als Künstler! Was ich sonst noch bin, werden Sie beurtheilen und nutzen«. So gibt Goethe seinem Fürsten die Summe seiner Existenz an in dem berühmten Briefe aus Rom, 17. März 1788. Und mit dem Bekenntniss zur Kunst, »seinem schönsten Glück«, musste unter allen Umständen seine Autocharakteristik anheben.

»Geschmeichelt« ist das Bild nicht; aber Goethe hat auch wahrlich mit Beziehung auf sich selber den Euphemismus nicht geliebt. Seine Freunde sahen ihn anders. »Alles was er ist, ist er ganz, und kann wie Julius Cäsar, vieles zugleich sein« — sagte Herder zu Schiller, und so berichtet dieser an

---

[1] Goethes Naturwissenschaftliche Schriften (Weimarer Ausgabe, II. Abth.) 7, 71 fg. »Bildungstrieb«. Die Definition davon und Angabe der grundlegenden Arbeiten Blumenbachs (Ueber den Bildungstrieb und das Zeugungsgeschäft, 1781) s. in der Allg. D. Biographie 2, 748 fgg.

Körner: »Herder will ihn ebenso und noch mehr als Geschäftsmann, denn als Dichter bewundert wissen«. Aber Herder hat, in derselben Stunde, von dem Freunde auch gesagt: »Er liebt in allen Dingen Helle und Klarheit«. Und Wahrheit, hätte er hinzusetzen können. Goethe dachte nicht eben so günstig von seiner Befähigung im Geschäftlichen. In jenem Schreiben an Carl August, dessen Hauptwerth »unbedingte Aufrichtigkeit« sein soll, spricht er von der Verwaltung der Kämmerei z. B. so: »Hätte ich beym Antritt meiner Interims-Administration mehr Kenntniss des Details, in denen damals einigermassen verworrenen Zuständen mehr Entschlossenheit, bey einem allgemeinen öffentlichen und heimlichen Widersetzen mehr Festigkeit gehabt; so hätte ich Ihnen manchen Verlust und mir manche Sorge, Verdruss und wohl gar Schiefheit ersparen können«. Und wenn er von einem Mangel an »Biegsamkeit im thätigen Leben« redet, so darf man vielleicht daran erinnern, dass er sich »die Kunst, sich künstlich zu betragen« auch in dem poetischen Sendschreiben zum Geburtstage des Herzogs (Ilmenau, den 3. September 1783) abspricht. Die »vielen falschen Tendenzen zur bildenden Kunst« beichtet er ohne die mindeste Schonung im 29. der Venetianischen Epigramme öffentlich:

   Vieles hab' ich versucht, gezeichnet, in Kupfer gestochen,
   Oel gemalt, in Thon hab' ich auch manches gedruckt,
   Unbeständig jedoch, und nichts gelernt noch geleistet;
   Nur ein einzig Talent bracht' ich der Meisterschaft nah:
   Deutsch zu schreiben — —

und nicht weniger offenherzig ist er über diesen Punkt in der »Confession«, mit welcher der historische Theil der Farbenlehre abschliesst. »Ich fühlte hiezu (zur Landschaftsmalerei) wozu ich eigentlich keine Anlage hatte, einen weit grösseren Trieb als zu demjenigen, was mir von Natur leicht und bequem war. So gewiss ist es, dass *die falschen Tendenzen* den Menschen öfters mit grösserer Leidenschaft entzünden, als die wahrhaften« u. s. w. (Werke, Abth. II, 4, 286).

Aecht Goethisch ist der Unwille über die Einbildung, »nach Zwecken zu handeln«. Was er von dem stimmenden und bestimmenden Einfluss der Gegenwart auf sein Sensorium sagt, hat wohl schon Herder im Sinne gehabt, dem ein feines Organ für dergleichen Beobachtungen verliehen war. Auf eine dahin zielende Bemerkung des Freundes antwortet Goethe gelassen: »Ich bin freilich mit meiner Vorstellung sehr an's Gegenwärtige geheftet« (Neapel, 17. Mai 87). Zu der ganzen Gedankenreihe aber, die an die Beobachtung dieser Besonderheit anknüpft, und in gewissem Sinne auch zu dem Ganzen des Aufsatzes, ist hier als Parallele ein gleichfalls ungedrucktes Stück zu geben, das sich, wie jener, unter der Masse der zu bestimmenden Concepte gefunden hat. Der Anfang eines Briefes, von Geist nach Dictat ins Unreine geschrieben.

»Die geselligen und theatralischen Vergnügungen[1] gehen immer ihren Schritt fort, doch soll auch unsere Correspondenz nicht unterbrochen werden; drum will ich für morgen einige Worte vorausschreiben.

Gleich zu Anfang stehe mit Ihrer Erlaubniss eine Betrachtung über mein Subject, die sich in diesen Tagen bestätigt hat. Ich bin nämlich als ein beschauender Mensch ein Stockrealiste, so dass ich bey[2] allen Dingen, die sich mir darstellen, nichts davon und dazu zu wünschen im Stande bin und ich unter den Objecten gar keinen Unterschied kenne als den, ob sie mich interessiren oder nicht. Dagegen bin ich bey jeder Art von Thätigkeit, ich darf beynah sagen, vollkommen idealistisch: ich frage nach den Gegenständen gar nicht, sondern fordere, dass sich alles nach meinen Vorstellungen bequemen soll. Nach dieser Confession kann ich mich über meine gegenwärtige Lage kürzer fassen.

Ifflands Spiel macht mir ein unendliches Vergnügen, weil mir die Bedingungen dieser Erscheinung [am Rande dafür eigenhändig: Einschränkungen seines Talents] an denen sich so manche stossen, im mindesten nicht im Wege sind, *vielmehr . . .*«

Mit dem von Goethe eigenhändig zugesetzten »vielmehr« bricht das Concept ab. Alles spricht dafür, dass die merkwürdige »Confession« *Schiller* zugedacht war, und überzeugend ist mir die Vermuthung von Michael Bernays, dass wir den Entwurf einer Antwort auf Schillers Brief vom 27. April 1798 (Nr. 451) vor uns haben, den Goethe zurückgelegt hat, hauptsächlich, denke ich, um die Erwiederung auf den von Schiller ausgespielten scharfen Trumpf »dass der Realism keinen Poeten machen kann«, für eine gelegenere Zeit zu versparen.

Damit ist denn auch zugleich gesagt, für wen ich mir unsern Essay zunächst bestimmt denke, den ich wohl nun als Selbstportrait bezeichnen darf.

»Zu meinem Geburtstage, der mir diese Woche erscheint, hätte mir kein angenehmer Geschenk werden können, als Ihr Brief, in welchem Sie mit freundschaftlicher Hand die Summe meiner Existenz ziehen und mich durch Ihre Theilnahme zu einem emsigern und lebhafteren Gebrauch meiner Kräfte aufmuntern«. So erwidert Goethe, am Vorabend seines 46. Geburtstages, den Brief Schillers, der ihm ein Bild seines Wesens und Geistesganges gab, wie es sich in dem Geiste des grossen Mitstrebenden spiegelte. Er fügt hinzu: »Alles was an und

---

[1] H: Bewegungen [2] H: von

in mir ist, werde ich mit Freuden mittheilen.« Die schönste und grossartigste deutsche Bundesacte.

Drei Jahre danach, dem Ende des fünften Lebensjahrzehnts sich nähernd, weilt er in seiner Vaterstadt, die er zur ersten Station der geplanten grossen Studienreise gemacht hat. Alles was sich ihm auf dieser Reise darstellt, will er sich objectiviren, alles in einem grossen Skizzenbuch sammeln. Ganz geflissentlich und mehr noch als einst in Italien will er »sein Auge licht sein lassen.« Er wendet es nothwendiger Weise auch nach innen. Er wird sich selbst zum Beobachtungsobject. Die Andern haben ihn mit Freundesaugen gesehen. Er will sich betrachten, wie ein welt- und menschenkundiger Reisender einen andern, der es werth ist, betrachtet — mit »Helle und Klarheit«. Die liebevoll idealisirende Schilderung des grössten seiner Freunde steht ihm vor der Seele; aber sein Dämonion flüstert ihm, dem Zögling der Griechen, das Wort des alten Epicharmos zu:

Νᾶφε καὶ μέμνασ' ἀπιστεῖν. ἄρθρα ταῦτα τῶν φρενῶν.
Nüchtern sei und zweifle wacker! dies erhält den Geist gelenk.

Dies ist meine Ansicht über unser Stück, wie sie sich im Gedankenaustausch mit werthen Freunden, hier, in Karlsruhe, Berlin, Halle und Wien, gebildet und befestigt hat; sie werden sich alle gegrüsst fühlen, wenn ihnen diese Zeilen zur Hand kommen. Niemand sei es verdacht, der, nach allem, was gesagt ist, sein Verdict mit dem Worte abgibt, mit dem das Plaidoyer begann: *Problematisch*. Wen aber das Vorgetragene überzeugt oder doch angemuthet hat, der wird von hier aus gern den Blick in eine frühere Epoche zurückwenden.

Am 5. December 1777 stand Goethe in dem Wernigeröder Superintendentenhause dem wunderlichen jungen Manne gegenüber, der ihm wie ein selbstquälerisches Beichtkind sein Innerstes ausführlich dargelegt und damit zum Theil die Veranlassung zu dem Abenteuer jener Winterreise gegeben hatte. Der Reisende hatte sich, seiner Gewohnheit nach, nicht zu erkennen gegeben, sondern als ein Zeichenkünstler, der von Gotha komme, eingeführt. Alsbald erkundigt sich Plessing nach Goethe und verlangt, er solle ihm »dies seltsame Individuum schildern.« Goethe erfüllt den »mit einigem Ungestüm« vorgebrachten Wunsch. »Ich trug ihm *mit grosser Ingenuität* eine Schilderung vor, die für mich nicht schwer wurde, da die seltsame Person in der seltsamsten Lage mir gegenwärtig stand, und wäre ihm von der Natur nur etwas mehr Herzenssagacität gegönnt gewesen, so konnte ihm nicht verborgen bleiben, dass der vor ihm stehende Gast sich selbst schildere«.

Goethe hat seine Lust daran, sich zu verstecken und zu enthüllen. Es ist das eine kindliche Lust, und eben auch darin ist Goethe ein grosses Kind, oder besser gesagt, der

grosse Mensch, der sich sein kindliches Theil gewahrt und ins
höhere Alter hinüber gerettet hat. »Geheimnissvoll offenbar«
ist eine Maxime Goethes im Leben und in der Dichtung.
Weshalb ist dem Liede vom vertriebenen und zurückkehrenden Grafen der Refrain gegeben: Die Kinder sie hören es
gerne«? So künstlich die »mysteriose« Anlage der Ballade ist,
sie entspricht doch völlig jener Kinderlust, Eingehülltes zu
enthüllen. Auch in der jetzt entdeckten Charakteristik herrscht
eine grosse Ingenuität, auch hier spricht er von sich wie
von einem Dritten. Zu erforschen bleibt aber nächst dem
menschlichen das künstlerische Warum? und Wozu? dieser
Schilderung, eine Stelle also in Goethes Werken, in deren
Zusammenhang sie motivirt erschiene und sich eingliedern liesse.

Bernhard Suphan.

5. GOETHE AN SCHILLER.
October 1794.
Unvollendet.

  Ihr Brief hat mich noch mehr in[1] der Überzeugung
bestärkt, die mir unsre Unterredung[2] hinterlassen
hatte[3], dass wir nämlich[4] an wichtigen Gegenständen
ein gleiches Interesse[5] haben und dass wir, indem wir
5 von ganz verschiedenen Seiten auf die selben losgehen,
doch bey denselben in grader[6] Richtung zusammentreffen, und uns[7] zu unsrer wechselseitigen Zufrieden-
heit darüber unterhalten können.
  Der grösste Theil Ihres Briefes enthält nicht allein
10 meine Gedanken und Gesinnungen, sondern er entwickelt sie auch auf eine Weise, wie ich es selbst
kaum gethan hätte. Die Bezeichnung der beyden
Wege, die unsre Untersuchung genommen, die Warnung vor der doppelten Gefahr, das von einem Por-
15 trait genommene Beyspiel, und was zunächst darauf
folgt, ist von der Art, dass ich auch selbst Wort und
Ausdruck unterschreiben könnte;[8] der Gedanke dass

---

[1] H: an   [2] H: unsrer Unterredung   [3] H: hatten   [4] H: dass
benehmen   [5] H: Intresse   [6] H: im Grad der   [7] H: »uns darüber«,
vgl. Zeile 8   [8] H: »dass sich ... unterscheiden können«; verbessert
von Jacob Minor (»dass ich« schon Michael Bernays).

eine idealische Gestalt an nichts erinnern müsse, scheint mir sehr fruchtbar, und der Versuch, aufzufinden, was sowohl am Gegenstand die Schönheit mindern oder aufheben, als was den Beobachter hindern könne, scheint mir sehr weislich angestellt. Wenn Sie nun aber die anscheinende Ketzereyen vorlegen, dass Bestimmtheit sich nicht mit der Schönheit vertrage, ferner dass Freyheit[1] und Bestimmtheit nicht nothwendige Bedingungen der Schönheit, sondern nothwendige Bedingungen unsers Wohlgefallens an der Schönheit seyen[2], so muss ich erst abwarten, bis Sie mir diese Rätsel auflösen, ob ich gleich aus dem[3] was zwischen beyden Sätzen inne steht, ohngefähr den Weg errathen kann, den Sie nehmen möchten.

Lassen Sie mich dagegen auf meiner Seite in der Region bleiben[4], die ich durchsuche und durchforsche, lassen Sie mich, wie ich immer gethan, von Sculptur und Mahlerey[5] besonders ausgehen, um[6] zu fragen, was denn der Künstler zu thun habe, damit, nach seinen vielfältigen einzelnen Bemühungen, der Zuschauer endlich doch[7] das Ganze sehe, und ausrufe: es ist schön!

Da wir beyde bekennen, dass wir dasjenige noch nicht wissen, wenigstens noch nicht deutlich und bestimmt wissen, wovon wir uns so eben unterhalten,

---

[1] H: »Wahrheit«. Sollte es nicht »*Freiheit* und Bestimmtheit« heissen fragt Minor und verweist auf die Recension von Matthissons Gedichten, die Schiller den 7. Sept. 94 an Goethe sandte. Der betreffende Abschnitt beginnt mit der Definition der Poesie als »Kunst, uns durch einen freien Effect unsrer productiven Einbildungskraft in bestimmte Empfindungen zu versetzen« und schliesst mit dem Satze, »dass beide Forderungen einander nicht nur nicht aufheben, sondern vielmehr in sich enthalten und dass die höchste *Freiheit* gerade nur durch die höchste *Bestimmtheit* möglich ist«. »Auch *Wahrheit* gibt einen Sinn, es ist aber kein terminus, mit dem Schiller damals operirte« sagt Minor und ich bin mehr geneigt als er selbst, die Vermuthung als eine Emendation gelten zu lassen.
[2] H: sey [3] H: denen [4] H: bleibe [5] H: *Sculpturen* und Mahlereyen [6] H: und [7] H: noch

sondern vielmehr suchen; da wir einander nicht belehren
wollen, sondern einer dem andern nachzuhelfen und
ihn zu warnen denkt, wenn er, wie es nur leider
gewöhnlich geschieht, zu einseitig werden sollte: so
lassen Sie mich vollkommene Kunstwerke gänzlich
aus den Augen setzen, lassen Sie uns erst versuchen,
wie wir gute Künstler bilden, erwarten, dass sich unter
diesen ein Genie finde, das sich selbst vollende; lassen
Sie uns ihm nachspüren, wie es[1] sich selbst unbewusst
dabey zu Werke gehe, und wie das schönste Kunst-
product, eben wie ein schönes Naturproduct, zuletzt nur
gleichsam durch ein unaussprechliches Wunder zu entstehen scheine.[2]

 Lassen Sie mich, bey meinen Erklärungen, das
Wort Kunst brauchen, wenn ich immer gleich nur
bildende Kunst, besonders Sculptur[3] und Mahlerey
hierunter verstehe; dass manches auf andere Künste
passe, dass manches gemein sein werde, versteht sich
von selbst. Noch eins lassen Sie mich erinnern: was
sich[4] gewissermassen von selbst verstehet: dass hier
nicht die Rede sey neue und unbekannte oder unerhörte
Dinge zu sagen, sondern das Bekannte, das längst
Ausgeübte so darzustellen, wie es sich in unsrer Gemüthsart sammle.

 Indem wir nur vorerst gute Künstler bilden wollen,
setzen wir in unsern Schülern ein mässiges Naturell
voraus: ein Auge, das die Gegenstände rein sieht, ein
Gemüth, das geneigt sey sie zu lieben, einen mechanischen Trieb der Hand, dasjenige, das das Auge
empfängt, gleichsam unmittelbar in irgend einer[5] Materie
wieder hinzugeben; und so fragen wir denn: wie wir
diese bilden wollen? damit sie in Stand[6] gesetzt
würden, sich über unsre Erwartung in der Folge selbst
auszubilden.

 Leonardo[7] da Vinci fängt seine Schrift über die
bildende Kunst mit denen sonderbaren Worten an:
wenn ein Schüler in der Perspektiv und Anatomie

---

[1] H: er   [2] H: scheinen   [3] H: Sculpture   [4] H: wass ich   [5] H: eine
[6] H: im stand   [7] H: Leonhardi

sich perfectionirt hat, so mag er einen¹ Meister aufsuchen.

Lassen Sie mich auf gleiche Weise annehmen, dass unsre Schüler, was sie sehen schon das² auf eine
85 leidliche Weise nachzubilden wissen, lassen Sie uns sodann unsre Schüler³ in verschiedene Klassen eintheilen, und sehen, was wir sie darinnen zu lehren haben; lassen Sie uns streng verfahren, und keinen eine Stufe weiter rücken, bis er es verdient und sich
90 diese Stufe selbst erobert hat. Künstler, die zu schnell und ohne Vorbereitung in das Höhere der Kunst gerückt werden, gleichen den Menschen, die vom Glücke zu schnell erhoben werden: sie wissen sich in ihren Zustand nicht zu finden, können von dem was ihnen
95 zugeeignet wird, selten mehr als einen [mehr als]⁴ oberflächlichen Gebrauch machen.

Otto Harnack, der römische Kunstfreund, hat zuerst — im vorigen Juli nach langem Fernsein einmal wieder als Gast im Archiv weilend — dies Stück als zur Correspondenz mit Schiller gehörig erkannt und fest an Nr. 18 angeknüpft, *An Schiller*, Weimar, den 19. October 1794: »Gegen Ihren ersten Brief erhalten Sie auch einige Blätter; schon habe ich sie dictirt, muss aber einiges umschreiben. Ich komme mir gar wunderlich vor, wenn ich theoretisiren soll.« Mit Entschiedenheit haben dann auf denselben Zusammenhang Fritz Jonas und Michael Bernays hingewiesen, und mit der Erklärung, dass auch für ihn kein Zweifel darüber bestehe, hat Jacob Minor die Mittheilung dieser Blätter beantwortet, deren Textgestalt ihm mehrere werthvolle Emendationen verdankt. Bei allem, was das Archiv diesmal der Erinnerung an das Bundesjahr 1794 widmet, ist neben meinen ständigen Arbeitsgenossen ein Kreis von Freunden bethätigt, mit denen ich mich persönlich wie im Namen der Anstalt verbunden weiss; am reichlichsten ist diese Beihilfe besonders geleistet zum vorliegenden Stücke; denn auch die Kette der Belegstellen ist von dem Freunde

---

¹ H: einem
² Der Wortlaut ist wohl durch Versetzung des »das« herzustellen. »Goethe will sagen, dass sie die erste Stufe, blosse Nachahmung der Natur, leidlich in ihrer Gewalt haben.« Minor.
³ H: Schulen
⁴ H: einem mehr als (»mehr als« wiederholt).

in Berlin, dem Herausgeber der Briefe Schillers, und gleicher Gestalt von dem ersten und ältesten meiner Goethefreunde, in fester Gliederung mir fertig übergeben, so dass mir nichts zu thun bleibt, als sie hier anzureihen.

Am 1. September 1794 schrieb Schiller an Körner, vor sechs Wochen habe Goethe mit ihm ein Gespräch gehabt über Kunst und Kunsttheorie. Sie hätten darüber sich ihre Hauptideen mitgetheilt, *zu denen sie auf ganz verschiedenen Wegen gekommen seien*. Diese Ideen hätten bei Goethe Wurzel gefasst und er habe ihm Tags zuvor einen Aufsatz geschickt, worin er die Erklärung der Schönheit, dass sie Vollkommenheit mit Freiheit sei, auf organische Naturen anwende. Dies ist der Aufsatz, den Goethe mit Nr. 6 des Briefwechsels sandte. Ein Satz daraus steht in Körners Brief an Schiller vom 17. October 94. (»Beim Anfang stutzte ich über den Satz: dass ein Thier schön sei, wenn ihm nach Befriedigung der nothwendigen Bedürfnisse noch Kraft zu willkürlichen Handlungen übrig bleibe.«) Schiller sandte darauf an Goethe mit Nr. 7 alte Papiere, die denselben Gegenstand betrafen — offenbar die Aufsätze aus dem Anfang 1793, die er an Körner geschrieben: »Freiheit in der Erscheinung ist eins mit der Schönheit« und »das Schöne der Kunst« (Schiller-Körner-Goedeke II, 26. 45). Darnach verabredete er, als er im September bei Goethe war, mit diesem eine Correspondenz über gemischte Materien (an Körner, den 9. October) und sandte, auf Goethes wiederholtes Mahnen, als ersten Brief dieser Serie mit Nr. *16* einen Brief über das Wesen des Schönen. Dagegen »dictirte Goethe einige Blätter« — vgl. Nr. 18. Dies sind die unsrigen.

So weit Fritz Jonas. Zum gleichen Ziele führt Michael Bernays die Reihe der Nachweise und endet mit der Frage: »Wohin ist der Schillersche erste philosophirende Brief gerathen? Ist er hernach für den sechsten Brief des »Sammlers und der Seinigen« benutzt worden? Vgl. Propyläen 2, 2, 87 die Abweisung der Analogie ‚Portrait' mit Goethes Worten hier: ‚Das von einem Portrait genommene Beyspiel.' In jenem Briefe spürt man überhaupt das Wehen des Schillerschen Geistes.«

Dem »philologischen Seher« ist damit eine lockende Aufgabe gestellt. Unsre Schreine bieten nichts zu ihrer Lösung dar; auch von dem Aufsatz Goethes, den Schiller am letzten August 1794 erhalten hat, findet sich keine Spur.

Ich habe der übeln Beschaffenheit des Textes gedacht. Die Vorlage ist von Goethe nicht durchgesehen: zwei Bogen, aktenmässig beschrieben von Paul Götze, Goethes »Diener und Zögling«. Paul Götze, der treffliche »Schildknappe und Scherasmin«, wie ihn Goethes Mutter nennt, war ein rechter Diener nach Frau Ajas Herzen: wacker und anstellig allerwärts — nur nicht zum Schreiben. Wunderlich, wie Goethe

sich beholfen hat. Er liess sich übrigens selbst beim Dictiren
sehr gehen und hat, wenn er im Hausrock war, recht nach-
lässig gesprochen. Dies muss wahrheitsgemäss zur Ehrenrettung
seiner Schreiber anerkannt werden. Correct, schulmässig »hoch-
deutsch« zu sprechen war zu Goethes und Schillers Zeiten
überhaupt noch nicht Mode; darauf hat *Rudolf Hildebrand*
noch in einem seiner letzten Aufsätze hingewiesen, und wir
haben des treuen Freundes und Forschers gerade bei solchen
Beobachtungen (er wünschte eine systematische Sammlung
davon) oft gedacht.

BERNHARD SUPHAN.

6. GOETHES UNGEDRUCKTE UEBERSETZUNG DER CHÖRE VON RACINE'S ATHALIE.
(FRÜHJAHR 1789).

CHÖRE AUS RACINE'S ATHALIE.

[1]
    Durch alle Welten reicht
    Die Herrlichkeit Jehovas.
    Betet an unsern Gott,
    Rufet an seine Kraft!
5   Sein Reich bleibt auf der Erde
      und im Himmel gegründet.
    Gesang! Gesang!
    Bringe Lob ihm und Dank!

CHOEUR DE JEUNES FILLES DE LA TRIBU DE LÉVI.
TOUT LE CHOEUR CHANTE.[1]

I, 4.   Tout l'univers est plein de sa magnificence:
      Qu'on adore ce Dieu, qu'on l'invoque à jamais!
      Son empire a des temps précédé la naissance;
        Chantons, publions ses bienfaits.

---

[1] Die gleiche Ueberschrift, oder bloss »Tout le Choeur«, bei den folgenden Gesängen. Bei Nr. 5: Le Choeur chante au son de toute la symphonie des instruments.

[2]   O Gesetz das göttlich uns gebeut!
10   Welche Weisheit, welch erhabne Güte!
        Euer Verstand, euer Gefühl
        Ruft euch zu[1]:
        Gebt euch hin
        Diesem Herrn,
15   Euer Herz und Gemüth.

[3]   Beglückt! tausendmal
        Das Kind das sich der Herr
        Zu seinem Dienst erkohr.

[4]   Mit Trähnen
20   O mein Gott!
        Mit Entsetzen
        Bestrafe den Frevelnden
        Der nicht dem heilgen Tempel
        Mit Ehrfurcht naht,
25   Jeden Tag Dich verehrt.[2]
        Nur für uns   Ist Gesang
        Nur für uns, die du wählest,
        Als die Erben deines Reichs.
        Nur für uns, ist Gesang
30   Zu erhöhn
        Deine Kraft, dein Reich und Herrlichkeit.

O divine, ô charmante loi!
O justice, ô bonté suprême!
Que de raisons, quelle douceur extrême
D'engager à ce Dieu son amour et sa foi.

II, 9. Heureux, heureux mille fois
        L'enfant que le Seigneur rend docile à ses lois!

[II,9.] Qu'ils pleurent, ô mon Dieu! qu'ils frémissent de crainte,
        Ces malheureux, qui de ta cité sainte
        Ne verront point l'éternelle splendeur.
C'est à nous de chanter, nous à qui tu révèles
        Tes clartés immortelles;
C'est à nous de chanter tes dons et ta grandeur.

[1] Zuerst: »Leitet euch«. [2] Partitur: die Frevelnden, die... nahn, Deinem Dienst sich nicht weihn.

[5]   O wenn des Herren Stimme tröstlich klänge
      Und unser Herz
      Seine Worte vernähme,
   35 Wie die zarte Blüte
      Am frühen Jahr
      Kühler Thau Morgens labt.

[6]   O Versprechen! O Bedräun
      O finsterstes Geheimniss.
   40 Wie viel Weh
      Welches Glück!
      Kündet an
      Dieses Wort.
      Erwartest du nach diesem Feuergrimm
   45 So viele Vaterhuld?

[7]   Hinaus, erwähltes Volk
      — — — — — — —
      — — — — — — —
      — — — — — — —
      Ist euer Fürst. Ist Gott
      Für den ihr streiten sollt.

[III, 7.] Que du Seigneur la voix se fasse entendre,
         Et qu'à nos coeurs son oracle divin
             Soit ce qu'à l'herbe tendre
         Est, au printemps, la fraicheur du matin.

[III, 8.] O promesse! ô menace! ô ténébreux mystère!
         Que de maux, que de biens sont prédits tour à tour!
             Comment peut-on avec tant de colère
                 Accorder tant d'amour?

[IV, 6.] Partez, enfants d'Aaron, partez:
         Jamais plus illustre querelle
         De vos aïeux n'arma le zèle.
         Partez, enfants d'Aaron, partez:
         C'est votre roi, c'est Dieu pour qui vous combattez.

---

   1. An den Componisten seiner »Claudine«, Joh. Friedr. Reichardt, schreibt Goethe, nachdem er zu der bevorstehenden Aufführung des Singspiels in Berlin Glück gewünscht und der

letzten Durchsicht des Tasso-Manuscripts Erwähnung gethan, den 15. Juni 1789 Folgendes: »Zu Schulzens Athalie habe ich Worte untergelegt, das heisst zu den ausgezeichneten Chören,¹ Nach und nach thu ich wohl zum Ganzen. Cramers Unverstand geht über alle Begriffe. Es ist sonderbar dass die Deutschen mit mancherley Kräften und Talenten so wenig Gefühl vom *Gehörigen* in den Künsten haben.« Reichardt hatte ihn »zu Anfang des Jahres«, wie Goethe dem älteren musikalischen Freunde Kayser mittheilt, d. h. bei seinem Besuche im Frühjahr (23. April — 5. Mai) mit der Composition der Athalie, der C. F. Cramers Uebertragung beigegeben war, bekannt gemacht und für die von den Zeitgenossen hoch geschätzte Leistung interessirt, die Goethe selbst, neben Reichardts Tonwerk, als das Merkwürdigste vom Jahre 89 bezeichnet. Ihm lag in der ersten nachitalienischen Zeit das musikalische Drama besonders bequem und nahe, er suchte nach Opernstoffen in der modernen Gesellschaft, in der Nebelwelt Ossians und bei den Asen und Riesen der Edda², und so war es natürlich, dass sich die entschiedene Neigung auch bei einem solchen Anlass sogleich bethätigte. Denn so gute Arbeit der Componist geliefert hatte, so unzulänglich erschien die Leistung des Uebersetzers, der sich zugleich als Herausgeber des Ganzen aufspielte.

Die »Chöre und Gesänge zur Athalia. Clavierauszug der Partitur von J. A. P. Schulz, Capellmeister des Prinzen Heinrich von Preussen, herausgegeben von C. F. Cramer« waren 1786 (Kiel bey dem Herausgeber, und Hamburg) erschienen. Gleichzeitig die Choeurs d'Athalie, mis en musique par J. A. P. Schulz, als fünfter Theil der »Polyhymnia«, »herausgegeben mit beygefügter Uebersetzung des Trauerspiels von C. F. Cramer.«

Weder als Mensch noch als Scribent, geschweige Poet, hat der Verfasser des prätentiösen Buches »*Klopstock*. Er und über ihn«, der Schleppenträger des hohenpriesterlichen Dichters, der Nachbeter seiner Kraftworte und Machtsprüche, jemals vor den Augen Goethes Gnade gefunden, wie diesem ja zu allen Zeiten »der Geruch der Prätention« das Wider-

---

¹ Das heisst zu den als solchen, mit den Worten ‚Tout le Choeur chante' bezeichneten, ausgehobenen Partieen.
² Zu dem in der Weimarer Ausgabe IV, 9, 164 als Nr. 2790 gedruckten Briefe an Reichardt tritt, bezüglich des nordischen Sujets, ein zweites Zeugniss in einem erst jetzt erworbenen ungedruckten Briefe an Denselben vom 8. November 90. »Zur Oper bereite ich mich. Schon habe ich in Gedanken Fingaln, Ossianen, Schwawen und einigen nordischen Heldinnen und Zauberinnen die Opern Stelzen untergebunden und lasse sie vor mir auf und abspaziren. Um so etwas zu machen muss man alles poetische Gewissen, alle poetische Scham nach dem edlen Beyspiel der Italiener ablegen.«

wärtigste gewesen ist. Den strömte nun schon die Vorrede des Buches aus, mit dem der Unbedeutende sich an die Seite des Anerkannten drängte, wie er sich vormals an die Fersen des Messiassängers geheftet hatte.

»Was meine Verdeutschung betrifft; — so habe ich mich bemüht, in der Unterlegung des musicalischen Theiles des Stücks, die Regeln noch genauer zu erfüllen, die ich mir bey der Bearbeitung der *Armide* vorgesetzt hatte,[1] und — ich leugne es nicht — mein Original nicht allein zu erreichen, sondern auch, womöglich zu übertreffen. Es war die Pflicht eines Deutschen, mit seinem Reichthume zu wuchern. Racine that, was er konnte; aber sein Geist erlag unter der Bürde seiner unpoetischen Zunge. Ist's mir mit meinen Bestrebungen nicht mislungen; so schreibe ich das nicht meinem Verdienste und Würdigkeit zu, sondern der Rüstung in der ich stritt; meinem Sylbenmaasse, und meiner Sprache. Sie, die Deutsche, die Königin unter den Lebenden, wenigstens in der Poesie« u. s. w. Goethe dachte damals etwas anders über den musikalisch-poetischen Werth des Deutschen, und ganz anders über diese so prahlhansig bescheiden ausgebotene Verdeutschung. Und der Versuch einer eigenen Uebertragung, zu dem er sich angeregt findet, hat so zugleich den Sinn einer positiven Kritik, die das Verfehlte überwindet und abthut.

Bei der musikalischen Abtheilung des Nachlasses im Goethe-Nationalmuseum befinden sich Stücke einer Abschrift der Schulzischen Musik, Chorpartieen aus dem II. III. IV. Akt ohne die Instrumentalbegleitung.[2] Unter die einzelnen Stimmen im Akt II hat Goethe eigenhändig den Text in eigener Uebersetzung geschrieben, sorgfältig mit Tinte auf der mit Blei vorgezeichneten Unterlage. Diese Handschrift (4 Blätter) ist es, deren Wortlaut *Carl Redlich* unter die ungedruckten »Opernfragmente« in Band 12 der Weimarer Ausgabe aufgenommen hat: sie bietet die letzte Gestalt der oben V. 16—31 gegebenen Abschnitte. Wir wussten nicht, dass wir unter unseren eigenen Schätzen ein Mehreres verwahrten. Gefunden, erkannt und anerkannt wurde dies erst, als ich mit den Fragmenten zu Band 16 (Cantaten u. s. w.) beschäftigt, gleichzeitig jene Papiere genauer musterte, die auf die Feier des Reformationsjubiläums v. J. 1817 Bezug haben (Nummer 1 der diesjährigen Mittheilungen). Mit dem Halbbogen zusammen, der die ersten Ansätze zu der im 16. Bande publi-

---

[1] Der Clavierauszug von *Salieris Armida* bildet den ersten Theil der Polyhymnia. (1783.)
[2] Goethes Musikaliensammlung enthält kein Exemplar der gedruckten Partitur. In dem Subscribenten-Verzeichniss des Clavierauszugs figurirt *Weimar* mit »2 Exemplaria.« Ihro Hochfürstl. Durchlaucht *Anna Amalia*, verw. Herzogin zu S.-W., und Hr. Capellmeister *Wolf*.

cirten »Reformations-Cantate« enthält — Strophen, die ihrem
Inhalt nach beim ersten Anblick fern abliegen vom Reformationsthema und einen Gedanken daran kaum aufkommen
lassen — fand ich zwei andere in demselben Umschlag, den
Kräuter mit der klugen Aufschrift versehen hatte »Entwurf
eines Gedichts«. Zweckmässig war schon bei der ersten Durchmusterung der neu erschlossenen Massen im Archiv als ein
Notabene für weitere Nachforschungen »Fragment einer jüdischen Oper« — »Oratorium« hinzugesetzt worden. In der
That aber, man hätte nichts Verschmitzteres thun können,
die endliche Entdeckung aufzuhalten, als was einst der Schalk
von Zufall gethan hat, der jene eher auf das Hohe Lied hindeutenden Strophen mit diesen so viel älteren fragmentarischen
Nachdichtungen zur »Athalie« in einem Bette zusammenbrachte. Nachdem nun jedoch die Trennung säuberlich vollzogen und jenes eine Blatt den Cantaten-Fragmenten zugewiesen ist (Band 16, 577. 578), bleibt für die »Athalie-Fragmente«, die in der Ausgabe späterhin als Supplemente nachzubringen sind, das Jahrbuch fürs erste die gehörige Stelle,
oder wie es früher hiess, die Behörde.

Das erste Blatt enthält die in flüchtigen Bleistiftzügen
niedergeschriebenen Brouillons, nur die Verse 1—8 mit Tinte
gleich unter dem ersten Versuch fixirt; alles übrige, was Goethe
ins Reine und Sichere gebracht hat, steht auf dem zweiten;
bloss V. 9—15 also sind nur im ersten Hinwurf vorhanden.
Vom Geringfügigen der Schreibung und Varianten kann abgesehen werden, denn es kommt hier auf Anderes an.

2. Goethe vermisst bei Cramer das Gefühl für das *Gehörige*.
Er dehnt den Vorwurf auf die Kunstleistung der Deutschen
überhaupt aus; das erinnert an Friedrichs Schrift De la littérature allemande und deutet voraus auf die Xenien. Das
Gefühl für das Gehörige bedeutet im Sinne Goethes, dem
»Nothwendigkeit«, dem »nothwendige Form« das A und O
der Kunst ist, etwas mehr als »Geschmack« in dem leichten
französischen Sinne. Die Gemässheit des Ausdrucks aber, und
das Masshalten zugleich, dies gerade sollte der Deutsche vom
Franzosen lernen; es war dies Goethes Meinung nicht erst
damals, »als er den Mahomet des Voltaire auf die Bühne
brachte.« Wie knabenhaft musste ihm da das Gebahren Cramers vorkommen, der sich unterfängt, den Meister der Form
zu meistern. »Racine that was er konnte.« *Er* bildet sich
ein, ein Erkleckliches mehr thun zu können. In dem Zusammenhange der oben angeführten Sätze seiner Vorrede erklärt er sich darüber recht unverblümt. »Solche schiefe prosaische Beywörter, als z. E. ‚O divine, o *charmante* Loi!' solche
höchst unlyrische Wendungen, die sich wohl in eine Homilie,
aber nicht in eine Ode schicken: ‚Que de raisons D'en-

gager à se Dieu son amour et sa foi!'.... und Manches dergleichen, waren Flecken im Originale, die abgewischt werden konnten und — mussten! Der Dialog durfte oft uneinförmiger, zur Natur herabgestimmter; die eingeflochtne Sprache der Bibel noch *lutherscher*, eigenthümlicher; die Diction leidenschaftlicher... seyn.« Eben darin aber, in diesem Uebertrumpfen der Vorlage, in der klopstockisirenden Aufspannung und Aufsteifung der Diction, liegt das was Goethe schlechthin »Unverstand« nennt, und was er ungehörig findet. Zur Vollständigkeit der Parallele darf uns Cramers Uebersetzung nicht fehlen.

[1]   Laut durch die Welten tönt Jehovas grosser Nahme!
Unser Loblied erschall! Ihn verehre sein Volk!
Eh' noch Bergen und Felsen die Feste gesenkt ward,
War Gott! war Gott! bringet Lob ihm und Dank.

[2]   O du göttlich, segenvoll Gesetz!
Quell des Lebens! Reich an Heil und Wonne!
Säumet auch wer? schöpfet nicht gern Entzückung
Aus dem Strom dieses Quells, wem der himmlische rann?

[3]   Beglückt, beglückt tausendmal!
Das Kind, das sich der Herr zum Dienst früh auserkohr!

[4]   Doch Wehklag' fasst noch einst, und Entsetzen die Rotte,
Wenn sich Jehova aufmacht. Uns ein Rächer!
Dann tödtet sie seiner Herrlichkeit Glanz!
Aber wir mit Asoor und mit Psaltergesange,
Wir frohlocken dem Retter!
Ein Triumphlied erhöht des Helden starken Arm!

[5]   O möchte Gott! ach, seine Stimm' uns tönen!
Erquickung uns! wie den Blumen der Thau,
Ach, wie der Rose Sarons
Am schwülen Tag kühler Thau Labung ist.

[6]   O Drohung! o Verheissung! o dämmerndes Geheimniss!
Wie viel Weh! wie viel Gluck hüllt in Nacht uns dein
Schos!
Vermählt auch wohl mit so feurigem Zorne
Sich treue Vaterhuld?

[7]   Wohlan! Kinder Aarons!
Wohlan! hinab zum Streit!

[Nie klang, o du heiliges Volk, in gerechterm Kampfe
dem Vorfahr Waffengetön.
[Nie zückt' in gerechterm Kampfe der graue Vorfahr
seine Lanze sein Schwerdt!
Sieg oder Tod!] Für Gott fliesst euer Blut!
Sieg oder Tod! Für Gott entblösset ihr das Schwerdt!
[Kämpfet! Ihr siegt! Für Gott, für Gott fliesst Blut!]

Der Unterschied zwischen einer äusserlichen Technik, die mit Kraftworten und poetischer Bildersprache wirthschaftet, und einer Nachdichtung, die den Ausdruck, dem Original entsprechend, von innen heraus schafft, und, wo es sein muss, erhöht, wird uns mannichfach anschaulich. Nur die eine Stelle [2], die Cramer bemängelt, mag hier ins Auge gefasst werden. In der That fällt die Wendung Que de raisons… aus dem lyrischen Ton heraus; wir empfinden sie als rhetorisch. Aber während Cramer nun als ein rechter Odenphraseur à la Klopstock Abhülfe zu schaffen sucht und einen ganz willkührlichen Ersatz einstellt, beseitigt Goethe das Rhetorische, Frostige in der *Form* des Ausrufs, das Wesentliche behält er bei, ja er macht es sinnenfällig: »Euer Verstand, euer Gefühl *ruft euch zu.*« Benutzt oder beibehalten hat er Cramers Worte nur ein Mal, bei der Tirade Heureux! heureux! aber auch da ein thörichtes Flickwort beseitigt. Wer als Kind erkoren wird, ist eben »früh« erkoren.

Derartige Vergleichungen indessen stellt jeder Leser am liebsten selbst an. Es würde hier also nur noch eine Betrachtung statthaft sein.

Die hier vorgelegte Uebersetzung Racine'scher Chöre bedeutet nur eine Etappe auf einer weiten Wegstrecke. Einer Strecke, die ungefähr so lang ist wie Goethes Dichter- und Autor-Laufbahn. Die Beziehungen Goethes zum classischen Drama der Franzosen sind so alt wie seine frühesten schriftstellerischen Versuche, ja noch älter. Und diese Beziehungen sind völlig nur abgebrochen worden in der kurzen Periode, die bezeichnet ist durch den Vortrag oder Essay »Zum Schäkespears Tag«, durch den ersten und zweiten Götz und durch die Schrift von deutscher Baukunst. Bis zu dem Zeitpunkt also, oder wenig darüber hinaus, wo Herder, erst Anreger, dann Warner, dem jüngeren Freunde zurief: »Shakespeare hat euch ganz verdorben!« Man achtet nicht immer auf jene Neben- oder Unterströmung, sonst wären die Urtheile vom lediglich massgebenden persönlichen Einflusse Carl Augusts, Napoleons nicht so oft nachgesprochen worden. Massgebend ist für Goethe schliesslich doch die eigene Neigung gewesen. Wie bei Iphigenie der Stil »der welschen Tragödia« im Stillen Einfluss geübt hat, bei Elpenor wohl auch stoffliche Einflüsse vorhanden sind u. s. w., braucht hier nur angedeutet zu werden. Es genügt, auf George Carels Abhandlung »Voltaire und Goethe als Dramatiker« (Berlin 1889) zu verweisen. Als Goethe im December 1779, heimreisend mit dem Herzog, in Mannheim mit Iffland zusammentraf, sagte er zu ihm: »Bei Gott! ich wundere mich, dass Sie so jung sind und Resignation genug haben, Alte zu spielen. Wenn ich vierzehn Tage dabliebe, so wollte ich

Ihretwegen den Cid von Corneille umarbeiten, so gefallen Sie mir.« Wenn er an Reichardt schreibt (in der Briefstelle, mit der ich die Reihe dieser Bemerkungen eröffnete): »Nach und nach thue ich wohl zum Ganzen«, so hat er damit vermuthlich nur die übrigen lyrischen Bestandtheile der Athalie, soweit sie in die Tondichtung einbezogen waren, gemeint; zu der Zeit des »Tasso« übrigens, in dem, wie in Racine's Drama, bei beschränkter äusserer Handlung, die Seelenschilderung, die innere Bewegung vorherrscht, wäre die Uebertragung eines ganzen Stückes, auf gegebenen Anlass, an und für sich nicht befremdlich. Zu einer Aufführung der Athalie mit Musik, wie sie zuerst Prinz Heinrich, Friedrichs des Grossen Bruder, in Rheinsberg veranstaltet hatte, ist es indessen in Weimar, so viel mir bekannt, nicht gekommen, trotz des Interesses, das Anna Amalia an der Schulzischen Composition der Chöre genommen hat; aus dem Musikalienschatz der Fürstin stammt das Exemplar der Partitur, das ich zu diesen Nachweisen benutzen konnte.

BERNHARD SUPHAN.

7. ZWEI BRIEFE VON GOETHE UND EINER VON CAROLINE VON HUMBOLDT.

Ueber Goethes Beziehungen zur römischen Kunstwelt hat der fünfte Band der Schriften der Goethe-Gesellschaft berichtet. Wir erkennen dort, wie er in den ersten zwei Jahren nach der italienischen Reise noch mit Geist und Gemüth in Rom weilt und persönliche wie sachliche Interessen ihm Stoff für eine verzweigte und häufige Correspondenz bieten. Allmählich erlischt dann in den stürmischen Kriegsjahren die Erinnerung an das heitere römische Kunstleben; Goethe hat selber in der »Campagne« anschaulich erzählt, wie sich der nüchterne Realismus seiner bemächtigte, wie es ihm unmöglich war, Iphigenie, mit der er einst Angelika Kauffmann so tief gerührt hatte, jetzt überhaupt nur vorzulesen. Doch sorgten in den folgenden zwei Jahrzehnten nahe Freunde Goethes, die sich in der ewigen Stadt für längere oder kürzere Zeit niederliessen, dafür seine latent doch immer fortbestehende und zeitweilig wieder hervorbrechende Sehnsucht nach Rom zu nähren und zu beleben; so von 1795—1797 Heinrich Meyer, so seit 1802 Wilhelm von Humboldt und dessen Gattin, Karoline von Dacheröden. In den letztgenannten Zeitraum führen uns die drei Briefe ein, die hier veröffentlicht werden.

Sie kamen mir in die Hände bei einer Durchsicht der im Goethe-Archiv aufbewahrten Correspondenzen dieser Jahre, welche mir durch die gnädige Bewilligung I. K. H. der Frau Grossherzogin ermöglicht war, und wurden von Bernhard Suphan freundlichst mir zur Commentirung im Goethe-Jahrbuch überlassen.

Als diese Briefe geschrieben wurden, hatte Humboldt selber bereits von Rom Abschied genommen, doch nicht ohne die Hoffnung noch einmal zurückzukehren; sein Sohn Theodor hatte ihn nach Deutschland begleitet; seine Gattin mit den Töchtern war in Rom zurückgeblieben. In ihrer berühmt gewordenen Wohnung in der Via Gregoriana fuhr sie auch in Abwesenheit des Gemahls fort, die Notabilitäten aller Nationen um sich zu sammeln und ihr Haus zu einer Stätte edelster Geselligkeit zu gestalten; vor allem waren es die Künstler, welche hier geistige und materielle Förderung fanden. Keine bessere Empfehlung als an ihr gastfreies Haus wusste daher Goethe dem Italienfahrer mitzugeben, der sich aus Leipzig an ihn gewandt und sich auf ein früheres persönliches Zusammentreffen in Rom berufen hatte.

An
Herrn *Dufour-Feronce*
angesehenen Handelsherrn
nach Leipzig.

Ew. Wohlgebornen
verzeihen, dass ich nicht früher auf ein Schreiben geantwortet, welches mir Ihre vorhabende Reise nach Italien ankündigt. Es ist schon lange, dass ich dieses interessante Land verlassen habe und alle Freunde und Bekannte sind mir nach und nach, besonders zuletzt in Angelica und Hackert, abgestorben. Und doch wollte ich Sie nicht gern ohne ein Wort, ohne einen Auftrag reisen lassen. Ich hoffe dass Gegenwärtiges Sie noch zeitig erreichen wird.

Es liegt ein Brief an Frau von Humboldt bey, die gewiss viel Freude an Ihrer Bekanntschaft, auch ohne meine Empfehlung haben wird, und ich wünschte, dass Sie ihr zugleich ein Exemplar meines Romans der eben die Presse verlässt, überbrächten; vielleicht giebt er Ihnen auch unterwegs einige Unterhaltung. Ich lasse daher in Leipzig ein solches Exemplar mit dem gegenwärtigen Brief an Ihr Handelshaus übergeben, um es Ihnen wenn Sie noch nicht gar zu entfernt seyn sollten, nachzuschicken.

Wie sehr wünschte ich, wie vor so viel Jahren, Ihnen an jenen bedeutenden Plätzen begegnen zu können. Gedenken Sie meiner daselbst und lassen mir die Hoffnung Sie und Ihre Frau Gemahlin, der ich mich bestens empfehle, bey Ihrer Rückkehr, auf die hergebrachte zutrauliche Weise bewirthen zu können.

Das Beste wünschend.

Jena
den 30 Sept.
1809.

An Frau *Baronesse von Humboldt*
geborne *Dachröden* nach Rom.

Die Entfernung, vortreffliche Freundinn, die uns trennt, wird durch die Zeitläufte noch grösser, indem man sich immer mehr des Briefschreibens entwöhnt. Ich ergreife jedoch mit Freuden eine Gelegenheit die sich mir darbietet Ihnen eine kleine Sendung zu machen, indem Herr und Frau Dufour-Feronce von Leipzig eine Tour nach Italien vorhaben. Diese würdigen Personen empfehle ich Ihnen nicht; Sie werden gewiss viel Freude an einer solchen Bekanntschaft haben.

Ihr Herr Gemahl war auf seiner Durchreise mehrere Tage bey uns. Wir haben uns ziemlich wiedergefunden wie wir uns verlassen haben, und auch gleich wieder unsre Unterhaltung angeknüpft, als wenn sie erst gestern wäre abgebrochen worden. Er liess einige kleine Gedichte von mir für Sie abschreiben: ich weiss nicht ob sie zu Ihnen gekommen sind.

In Königsberg ist er wohl und thätig. Unmittelbar habe ich nichts von ihm gehört, aber theils durch Freunde, theils durch den öffentlichen Ruf.

Dass unser guter Wolzogen gegenwärtig in Wiesbaden sehr krank und sein Uebel wahrscheinlich ohne Hoffnung ist können Sie nicht wissen. Ich gebe Ihnen aber diese unerfreuliche Nachricht, weil sie denn doch einmal zu Ihnen kommen muss. Frau von Wolzogen benimmt sich in ausdauernder Vorsorge für ihren Gemahl in diesem traurigen Falle höchst musterhaft.

Frau von Schiller ist wohl und hat einen Theil des Sommers in Rudolstadt zugebracht. Bei Hofe und in dem Ihnen bekannten und interessanten Cirkel ist, soviel mir jetzt vorschwebt, gerade keine Veränderung vorgegangen.

Ihr Söhnlein befand sich bey uns ganz lustig und wohl, und bey allen militarischen Gesinnungen machte es ihm sehr grossen Spass seinen Sepiahandel bey uns durchzusetzen und gute Procente von uns zu nehmen.

Mein August ist vor kurzem von Heidelberg zurückgekommen, wo er sich einige Jahre aufgehalten hat.

Soeben verlässt ein Roman von mir die Presse. Ich will suchen durch H. Dufour Ihnen ein Exemplar zu überschicken. So ein nordisches Product muss unter römischer Umgebung einen ganz eigenen Eindruck machen, und ich habe es daher doppelt Ihrer Nachsicht zu empfehlen. Sie wissen ja schon, dass jeder Ultramontane eine eigene Tournure mitbringt. Leben Sie recht wohl, gedenken Sie mein freundlich und lassen mich durch Herrn Dufour etwas von sich erfahren.

Die beiden Briefe, welche nach Goethes Tagebuch am 1. October 1809 abgesandt sind, erfordern keinen Commentar; nur wenige Notizen seien hier angefügt. Angelika Kauffmann und Philipp Hackert waren beide im Jahre 1807, erstere in Rom, letzterer in Florenz gestorben; mit ihnen waren in der That Goethes nächste Kunstfreunde geschieden, nachdem Bury, Hirt u. a. schon früher Italien verlassen hatten. Der Roman »Die Wahlverwandtschaften« war soeben in den letzten Septembertagen von Goethe vollendet worden, während gleichzeitig schon der Druck vor sich gegangen und fast abgeschlossen war. Goethes Zusammentreffen mit Wilhelm Humboldt war nach einer Trennung von sieben Jahren erfolgt, und für beide lagen bedeutende Erlebnisse in diesem Zeitraum, besonders der Tod Schillers; dazu die gewaltige politische Umwälzung! so war es für Goethe gewiss keine gleichgiltige Phrase, sondern die Bezeugung eines tief befriedigenden Erlebnisses, dass er sich mit Humboldt wieder in der alten Weise zusammengefunden habe. Welche Gedichte Goethes Humboldt seiner Gattin zugesandt hat, ist leider auch aus deren Antwortbrief nicht festzustellen. In Königsberg leitete er damals bekanntlich im Staatsministerium die Section für den öffentlichen Unterricht und trug zur Regeneration des fast zerstörten Staates mit männlichem Geist das Seinige bei.

Wilhelm von Wolzogen, Schillers Schwager, war 1796 in Weimarische Dienste getreten; er erlag dem hier geschilderten Leiden noch im Jahre 1809, wovon Frau von Humboldt in ihrem später geschriebenen Antwortbriefe noch keine Kenntniss zeigt.

Humboldts Sohn, Theodor, bekräftigte später die »militarischen« Neigungen, indem er die Offizierslaufbahn einschlug; Goethes Sohn, August, hatte eben das juristische Studium in Heidelberg beendigt.

Der Ausdruck »Ultramontan« ist natürlich im umgekehrten Sinne als dem uns geläufigen gebraucht, wie auch der Römer den von Norden über die Alpen kommenden Wind die Tramontana nennt.

Die Reise des Dufour'schen Ehepaars kam nicht zur Ausführung; doch wurde Goethes Brief mit dem Geschenke der Adressatin von Leipzig aus übersandt. Ihre Antwort muss im Februar oder März des folgenden Jahrs geschrieben sein; sie ist sowohl durch den Reichthum der sachlichen Angaben als durch Innigkeit des Gefühlslebens, das sich in ihr ausspricht, von ganz aussergewöhnlichem Werth. Um so mehr ist es zu beklagen, dass die Blätter nur in einem ganz verstümmelten Zustand auf uns gekommen sind und daher beträchtliche Theile fehlen, in anderen die Sätze so abgerissen und zerstückelt uns erhalten sind, dass ein wörtlicher Abdruck hier nicht thunlich erscheint (vgl. Jahrbuch VIII, 78); auch in den Abschnitten, die wir im Folgenden wörtlich wiedergeben, sind einzelne eingeklammerte Worte ergänzt.

Caroline von Humboldt an Goethe.

Sie beginnt mit dem Dank für Goethes Brief und den noch zu erwartenden Roman und fährt dann fort:

»Ich vermag Ihnen nicht zu sagen, welche Freude Sie mir damit gemacht haben, und welche süsse Hoffnung ich mir daraus entnehme dass Sie auch mich nun bald gütig und freundlich wieder aufnehmen werden. Ich habe Ihnen so lange nicht geschrieben, blos weil ich fürchtete Ihnen (beschwerlich) zu fallen, aber mein ganzes Herz hat immer mit derselben .... Erinnerung meiner Jugend gehangen, von der Ihr ..... und verehrtes Bild unabtrennbar ist.«

Sie freut sich, dass ihr Gatte und ihr Sohn Goethes Umgang im vorigen Jahr haben geniessen dürfen, erwähnt der Gedichte, die Humboldt ihr zugesandt, und fühlt sich dann gedrängt, den tiefen Eindruck, welchen sie durch den erst vor Kurzem erschienenen Theil des Faust empfangen, dem Dichter zu bekennen. Die Zueignung ist es, bei der sie länger verweilt, um in rührenden, leider nur stückweise erhaltenen Sätzen auszuführen, wie die Verse »das strenge Herz, es fühlt sich mild und weich« — und »mich ergreift ein längst entwöhntes Sehnen nach jenem stillen ernsten Geisterreich« sie gelehrt haben, sich tiefer in Goethes Seele hineinzufühlen.

»Wer hat wie Sie dem Unaussprechlichen (in der M)enschenbrust Ausdruck gegeben, und in dem Labirinth (der Brust ein) Licht angezündet? — Lassen Sie mir die Hofnung (Sie...z)u sehen, vielleicht gelingt es mir Ihnen die Huldigung (.....d)es Herzens, möchte ich sagen, auszudrükken. Lieber Goethe (nehmen Sie) mich mild auf, ich komme mit Freuden, aber ich komme mit Schmerzen nach Deutschland zurück und verlasse Rom, wie man das (Verwan)deste verlässt, das, woran die Seele mit allen schmerzlichsten und freu(digste)n Erinnerungen des Lebens gebunden ist. Ich hoffe Sie haben Humboldt gesehen, denn er ist gewiss nicht in Ihrer Nähe gewesen ohne Sie nicht aufzusuchen. Ich denke im Mai abzureisen, vorher aber noch eine Tour nach Neapel zu machen. Wenn ich Ihnen noch etwas von hier besorgen könnte, so bitte ich schreiben Sie mir hierher.«

Der in diesen Zeilen erwähnte zweite Besuch Humboldts hatte in der That stattgefunden, und zwar im Januar 1810, nachdem der Sitz der preussischen Staatsregierung endlich von Königsberg wieder nach Berlin zurückverlegt war. Die nächsten Sätze des Briefes, welche praktische Angaben über Adresse u. s. w. hinzufügen, sich dann weiter über Wolzogens Befinden verbreiten, sind wieder nur ganz fragmentarisch erhalten. Ein günstigeres Schicksal hat dagegen über den ferneren Blättern gewaltet, die eine ausführliche Schilderung des römischen Kunstlebens enthalten, und deren Sätze wenigstens zum Theil uns unverkürzt erhalten sind. Der Maler, mit dessen Beurtheilung dieser Abschnitt beginnt, dürfte Schick sein, der seit 1803 in Rom wirkte und auch speciell für die Humboldtsche Familie thätig war; Caroline nennt ihn den »allervorzüglichsten, sowohl als Landschaftsmaler, als im Componiren historischer Gegenstände«; dann fährt sie fort:

»Die Riepenhausen studiren fleissig die älteren Mahler und machen selbst angenehme Compositionen. Als Mahler scheinen sie mir nicht so glücklich als sie es als Zeichner sind. Reinhart erhält sich ohngefähr wie Sie ihn kennen, fleissig in der Ausführung, aber kalt. Von Rohde haben Sie wohl vor einigen Jahren mit das beste in W. gehabt — Verstappen, ein Niederländer, empfindet tiefer als er die Natur, und stellt sie nicht weniger wahr, und rührender und poetischer dar. Chaudin, ein Franzose, ist als Landschaftmaler sehr lieblich, und Granet vortreflich in der Darstellung perspectivischer Ansichten, wie das Innere von Kirchen, langen Klostergängen mit einsam wandelnden Cartäusern, u. dergleichen. Vogt, ein Holländer, ist auch brav, aber die gewohnte Aermlichkeit seiner Jugendumgebungen an Himmel und Erde, empfindet sich immer noch in seinen italienischen Bildern.«

Die Künstler, die hier besprochen werden, erregen insofern ein vielseitiges Interesse, als sie gerade an der Grenze der klassischen und der romantischen Kunstübung stehen. Es war damals der Zeitpunkt, in dem sich, zuerst in der Malerei, gegen die besonders durch Carstens und David zur absoluten Geltung erhobene antikisirende Richtung eine Opposition erhob. Wenn Schick ihr im Ganzen noch angehörte, so hatten die Brüder Riepenhausen, welche 1807 nach Rom gekommen waren, sich in der Stoffwahl und Manier sofort der mittelalterlichen Kunst zugewandt; es ist charakteristisch, dass Caroline für sie nur ein recht bedingtes Lob hat. Auch in der Landschaftsmalerei war eine Wendung eingetreten; von der stilisirten, weite Räume umfassenden Vedutenmalerei, für die Philipp Hackert das klassische Muster geworden war, schied sich jetzt eine mehr die stimmungsvolle Wiedergabe des Einzelnen erstrebende, naturgetreuere Malerei. Die genannten Maler Rhoden, Verstappen, Voogd erhielten sich lang in Ansehen; ebenso der Franzose Granet, der fortdauernd die Spezialität pflegte, welche Frau von Humboldt beschreibt.

Die italienischen Künstler der Zeit hatten den entschiedenen Trieb zum Theatralischen, wie er im Gegensatz zu unserem Carstens dem Franzosen David eignete. Die Briefschreiberin kommt auf die damals sehr angesehenen Historienmaler Camuccini und Landi zu sprechen; aber mit wenig Anerkennung; diesen nennt sie der Anlage nach ein Genie, das aber durch Manier beeinträchtigt sei; jenen findet sie *durchaus* manierirt.

Nach dieser raschen Uebersicht der Maler wendet sie sich den Bildhauern zu, und hebt wie billig zuerst den damals aufs Höchste gepriesenen Canova hervor. Wenn wir die fast ganz zerstörten Sätze richtig deuten, so rühmt sie an diesem, dass er seiner mehr zur Darstellung weiblicher Zartheit neigenden Natur auch das »grandiose und kolossale« abzugewinnen suche, eine Bemerkung, für deren Richtigkeit noch heute die Faustkämpfer im Vatikan, wie der Herkules im Palazzo Torlonia zeugen. Ausführlich kommt sie danach auf Thorwaldsen zu reden, von dem sie Folgendes berichtet: (er)

»hat vier grosse runde Basreliefs gemacht, die für das Copenhager Schloss bestimmt sind, die den Jupiter mit der Nemesis, Eskulap mit Higeia, Hercules mit der Hebe und Promotheus der den Menschen eben gebildet hat mit Minerva darstellt, die den Menschen belebt. Alle sind sehr schön. Dieser Künstler findet überhaupt wie durch eine Art Instinkt immer das grosse und arbeitet mit wunderbarer Leichtigkeit.

Alle seine Compositionen tragen das Gepräge einer mühelosen
Erfindung, eines genievollen leuchtenden Momentes — seine
Ausführung ist aber bei weitem nicht das was sie sein könnte.
Für den Kronprinzen von Baiern macht er einen Adonis, —
eine herrliche Heldenfigur ist sein Mars, die leider nur noch
niemand in Marmor bestellt hat. — Rauch hat einige vorzüglich schöne Basreliefs gemacht — diese beiden Künstler
zeichnen sich sehr dadurch aus, dass sie tief in den Geist
der grossen alten Kunstwerke eingegangen, nicht aber sie
servil nachahmen, sondern eigne Gestalten aus ihrem Innern
hervorrufen die die Frucht des in sich verwandelten und sich
angeeigneten Schönen sind. Goethe, ein Schwede, und Alvarrez,
ein Spanier, gehören auch noch zu den besten Bildhauern,
obgleich sie moderner sind als jene. 2 spanische Mahler,
Madrazzo und Aparizio zeichnen sich auch noch aus, besonders
hat der lezte eine sehr grosse Composition gemacht wie
Mönche vom Orden der trinità Christensklaven in der Türkei
loskaufen, eine schöne grosse, mannichfaltige Composition,
in der ein grosses Studium der verschiedenartigsten Charaktere
. . . . .α

 Thorwaldsen, dessen hier mit so grosser Wärme gedacht
wird, befand sich damals schon seit zwölf Jahren in Rom
und war von allen Kennern schon hoch geschätzt, während
er freilich im Getriebe der grossen Welt Canova noch nicht
den Rang streitig machen konnte. Die erwähnten Reliefs sind
in der That nach Kopenhagen gekommen. Das Modell des
Mars hatte zuerst den Kronprinzen Ludwig von Baiern für
den Künstler eingenommen und war von ihm in Marmor bestellt worden; als aber der Prinz den Adonis sah, war er von
diesem noch mehr hingerissen und änderte nun seinen Auftrag,
so dass der Mars nun wirklich unausgeführt blieb. Mit Thorwaldsen verglichen war Rauch damals noch ganz Anfänger;
aber schon nach kurzer Frist sollte ihm jene Aufgabe zugewiesen werden, deren Lösung zuerst seinen Ruhm begründete:
das Grabmal der Königin Louise; von Reliefs hatte er damals besonders zwei vollendet: Hippolyt und Phädra, sowie
Mars und Venus, von Diomedes verwundet. Die beiden erwähnten Bildhauer aus Schweden und Spanien gehörten gleichfalls zu den geschätztesten der antikisirenden Richtung; dass
Caroline ihr Lob durch die Bemerkung, dass sie moderner
seien, etwas einschränkt, ist charakteristisch für den streng
klassischen Standpunkt ihres Urtheils. Die Erwähnung des
Spaniers veranlasst sie, auch noch zwei tüchtige spanische
Maler zu nennen, in Nachwirkung des Interesses, das sie auf
ihrer spanischen Reise für die Kunst dieses Landes gewonnen
und durch die schöne Beschreibung spanischer Gallerieen in
der Literaturzeitung bethätigt hatte; sie nennt diese beiden

Maler Schüler von David, aber solche, welche »die geimpfte
Frucht veredelt« hätten. Weiter kommt sie auf den Kupferstecher Gmelin zu sprechen und nennt besonders seine »cahiers«,
»eine sogenannte Reise«, vermuthlich die damals erscheinenden Ansichten aus den Albaner- und Sabinerbergen. Als einen
der besten Landschaftsmaler rühmt sie den Hannoveraner Dies.
Endlich ist die Rede von einem Techniker, der eine besondere
Geschicklichkeit in dem Absägen der Fresken an den Wänden
besitze und sie hauptsächlich an den Fresken des Sebastiano
del Piombo im Palast Lancellotti bewiesen habe; es wurde
damals diese Manipulation, besonders auf Veranlassung Napoleons, öfters ausgeführt; den Namen des Technikers zu ergänzen bin ich jedoch nicht im Stande, um so weniger, als
diese Fresken jetzt völlig verschollen sind und die heutige
Kunstgeschichte überhaupt keine Arbeiten Sebastianos in jenem
Palast namhaft macht. — Wir stehen nun am Schlusse des
Briefes, von dem Folgendes erhalten ist:

»Aber ich breche hier ab, Theuerster und Verehrtester
Freund, und bitte Sie wegen meiner Schwazhaftigkeit um Ver-
zeihung. Ich bitte Sie Hrn. Riemer zu grüssen wenn er wie ich
glaube noch immer bei Ihnen ist, und meine liebe Lolo
Schiller. — Doch noch ein Wort muss ich hinzufügen und
das über Werner der seit ohngefähr 1½ Monat hier ist und
so von Rom eingenommen, und so glücklich dass es einen
selbst heiter stimmt ihn zu sehen und zu hören. Von Ihnen,
Theuerster Goethe, spricht er mit einer Liebe und Verehrung
die mir freilich schon allein das Herz gewönne. — Auch ein
junger und liebenswürdiger Mensch aus Frankfurth ist hier
der das Glück hat Sie zu kennen Schlosser mit dem es
(sich g)ut spricht. Jagemann wohnt in demselben Hause wo
ich wohne,« . . . . .

Mit der Erwähnung dieses weimarischen Künstlers, der
später durch ein höchst sprechendes Bild Goethes sich bekannt gemacht hat, schliesst die Reihe der in dem Briefe
vorgeführten Künstler; es folgen die Schlussphrasen, die nur
unvollständig erhalten sind. Ueber Zacharias Werner sei noch
hinzugefügt, dass er sich 1807—1808 in Weimar aufgehalten,
von Goethe freundliche Förderung durch Aufführung seiner
Dramen erhalten, persönlich aber doch eine sehr gemischte
Beurtheilung hervorgerufen hatte, so dass Goethe die schwärmerische Beleuchtung des Briefs wohl mit einiger Kritik aufgenommen haben wird.

In der ganzen Fülle thatsächlichen Inhalts und zarter
Empfindung ist dieser Brief zweifellos eines der schönsten
Zeugnisse für die Bedeutung der schon seit den Jenaer Zeiten
von 1796 und 1797 von Goethe hochgeschätzten Frau. Wohl
war er mit Rom noch durch ein werthvolles Band verknüpft,

solange diese innige Freundin und geistvolle Berichterstatterin dort weilte. Aber nicht mehr lange dauerte diese Verbindung. Noch im selben Jahre verliess Caroline von Humboldt Italien, um mit ihrem Gatten, der den Wiener Gesandtschaftsposten übernommen hatte, in dieser Stadt zusammenzutreffen.

O. Harnack.

8. GOETHES BEZIEHUNGEN ZUR VERSAMMLUNG DEUTSCHER NATURFORSCHER UND AERZTE IN BERLIN 1828.
NACH EINEM ACTENSTÜCK SEINES ARCHIVS.

Seit 1822 halten die deutschen Naturforscher und Aerzte alljährlich eine Versammlung ab, an der die Fachgenossen des In- und Auslandes theilnehmen. Die Anregung zu dieser Institution ging von *Oken* aus. Der Zweck der Versammlungen ist: Austausch von Meinungen, persönliches Bekanntwerden der Naturforscher mit einander und Kenntnissnahme der Versammelten von den Sammlungen und wissenschaftlichen Anstalten des Versammlungsortes, zu dem jedes Jahr eine andere grössere deutsche oder österreichische Stadt auserwählt wird. Goethe musste diese Einrichtung mit Freuden begrüssen. Seine Theilnahme war eine besonders rege an den Versammlungen in München 1827 und in Berlin 1828. Im ersten Jahre hat Goethes Interesse noch besondere Erhöhung erfahren durch den Aufenthalt Zelters in München, der mit dem der Naturforscher zusammenfiel. (Vgl. Goethes Briefwechsel mit Zelter. 4, S. 381 ff.) Die Bedeutung der Zusammenkünfte der Forscher trat Goethe besonders lebhaft vor Augen, als er am 30. October 1827 von seinem Freunde, Kaspar Sternberg, eine Beschreibung der Münchener Veranstaltungen erhielt. »Den Beschluss des heurigen Reisecyclus — schreibt Sternberg — machte die Versammlung deutscher Naturforscher und Aerzte in München; ein bewährter Freund, welchen der König nach seinem Portrait, das er in Weimar gesehen, sogleich erkannte, wird bei seiner Rückreise über diesen Verein Nachricht ertheilt haben.« Mit dem »bewährten Freund« ist eben Zelter gemeint. Die Ausführungen des Briefes machten auf Goethe einen solchen Eindruck, dass er eine Stelle daraus entnahm, überarbeitete, mit einigen Sätzen einleitete und auf diese Weise folgenden kleinen Aufsatz über die Bedeutung der Versammlungen deutscher Naturforscher und Aerzte verfertigte:

»Wenn wir eine Europäische, ja eine allgemeine Weltliteratur zu verkündigen gewagt haben, so heisst dieses nicht dass die verschiedenen Nationen von einander und ihren Erzeugnissen Kenntniss nehmen, denn in diesem Sinne existirt sie schon lange, setzt sich fort und erneuert sich mehr oder weniger. Nein! hier ist vielmehr davon die Rede, dass die lebendigen und strebenden Literatoren einander kennen lernen und durch Neigung und Gemeinsinn sich veranlasst finden gesellschaftlich zu wirken. Dieses wird aber mehr durch Reisende als durch Correspondenz bewirkt, indem ja persönlicher Gegenwart ganz allein gelingt, das wahre Verhältniss unter Menschen zu bestimmen und zu befestigen.

Schaue man also nicht zu weit umher, sondern erfreue sich zuerst wenn im Vaterland sich Gesellschaften und zwar wandernde, von Ort zu Ort sich bewegende Gesellschaften hervorthun; weshalb denn uns die Nachricht eines würdigen Freundes von dem letzten in München versammelten Verein der Naturforscher höchst erwünscht gewesen, welche folgendermaassen lautet:

Am erfreulichsten erscheint bei dieser Anstalt: sie ersetzt uns Deutschen den Mangel einer Hauptstadt, in welcher von Zeit zu Zeit die Naturforscher zusammentreffen könnten, um sich über alles was dem Fortschreiten der Wissenschaften frommt oder als Hinderniss im Wege steht, zu besprechen. Ja es gewähren diese gesellschaftlichen Wanderungen aus einem deutschen Hauptort in den andern noch den grösseren Vortheil dass man in den Sammlungen eines jeden Neues vorfindet und durch Vergleichung des schon Gesehenen von der Richtigkeit der gefassten wissenschaftlichen Bestimmung überzeugt wird. Grösser ist vielleicht noch der Vortheil dass Menschen, die sonst unerkannt oder wohl gar verkannt durch ihr ganzes Leben nebeneinander einher gegangen wären, sich nun als Wissenschafts-Verwandte aufsuchen und ein Verhältniss zu einander gewinnen, statt einander zu bekritteln und schmählustig zu recensiren. Das Wichtigste endlich ist wohl dies dass die Staatsmänner, welche durch Andre oder persönlich an diesen Versammlungen Theil nehmen, zu der Ueberzeugung gelangen dass es mit dem redlichen Forschen auch wirklich ehrlich gemeint sei. Die im künftigen Jahre zu Berlin abzuhaltende Versammlung wird wahrscheinlich die Brücke bilden um aus nördlichen und östlichen Staaten verwandte Naturforscher heranzuziehen. So hätte dann das Wandern abermals einen schönen heilsamen Zweck erreicht. Der Himmel gönne dem wissenschaftlichen Streben in unserm deutschen Vaterland noch lange Friede und Ruhe, so wird sich eine Thätigkeit entfalten wie sie die Welt nur in einem Jahrhundert nach Erfindung des Druckes, bei weit geringeren Hilfsmitteln erlebt hat.«

Die Stelle: »Am erfreulichsten erscheint — Hilfsmitteln erlebt hat« ist mit Ausnahme einiger Goethischer Abänderungen gleichlautend mit einem Theile des Sternbergschen Briefes. (Vergl. Briefwechsel zwischen Goethe und Sternberg, S. 178 fg.) In seinem Antwortbriefe vom 27. November 1827 an Sternberg schreibt Goethe: »Wenn ich schon von manchen Seiten her verschiedentliche Kenntnisse erlangte von dem, was in München vorgefallen, so betraf doch solches mehr das Aeussere, welches denn ganz stattlich und ehrenvoll anzusehen war, als das Innere, die Mittheilungen nämlich selbst.... Um so erwünschter eben ist es mir aus zuversichtlicher Quelle zu vernehmen: dass wenigstens der Hauptzweck des näheren Bekanntwerdens und zu hoffenden wahrhaften Vereinigens unserer Naturforscher nicht verrückt worden. Schon dass man sich über den Ort vereinigt, wo man das nächste Jahr zusammenzukommen gedenkt, gibt die besten Hoffnungen, und gewiss ist die Versammlung in Berlin unter den Auspicien des allgemein anerkannten Alexander von Humboldt geeignet, uns die besten Hoffnungen einzuflössen.« (Briefwechsel mit Sternberg, S. 180 fg.) Diese Versammlung in Berlin brachte zwei für Goethe wichtige Thatsachen. Von zwei bedeutenden Naturforschern wurden in öffentlichen Reden Goethes Verdienste um die Naturwissenschaft in warmen Worten anerkannt. *Alexander von Humboldt* hielt die Eröffnungsrede. Er gedachte auch der abwesenden Naturforscher und darunter Goethes mit den Worten: »Wenn ich aber, im Angesichte dieser Versammlung, den Ausdruck meiner persönlichen Gefühle zurückhalten muss; so sei es mir wenigstens gestattet, die Patriarchen vaterländischen Ruhmes zu nennen, welche die Sorge für ihr der Nation theures Leben von uns entfernt hält: *Goethe*, den die grossen Schöpfungen dichterischer Phantasie nicht abgehalten haben, den Forscherblick in alle Tiefen des Naturlebens zu tauchen, und der jetzt, in ländlicher Abgeschiedenheit, um seinen fürstlichen Freund wie Deutschland ureine seiner herrlichsten Zierden trauert.« (Isis Bd. XXII, S. 254.) Und *Martius*, der Münchener Botaniker, sagte an einer Stelle seines Vortrags »über die Architectonik der Blumen« im Hinblick auf Goethes »Metamorphose der Pflanzen«: »Vor Allem bemerke ich, dass die Grundansicht, welche ich hier vorzulegen mir die Ehre gebe, nicht etwa bloss das Resultat meiner Forschungen ist, sondern dass sie theilweise wenigstens von Vielen bereits angenommen worden und überhaupt das Resultat jener morphologischen Ansicht von der Blume ist, die wir unserem grossen *Dichter Goethe* danken. Alles ruht nämlich auf der Annahme, dass in der Blume nur Blätter seien (dass Kelch, Staubfäden, Krone, Pistill nur Modificationen der pflanzlichen Einheit darstellen) oder dass das *Blatt diejenige Einheit sei, mit der wir rechnen können.*« (Isis Bd. XXII, S. 334.) Goethe schenkte denn auch den Vorgängen in Berlin eine ganz besondere Aufmerksamkeit. Ein im Goethe-Archiv noch vorhandenes Heft ist ein Beweis davon. Wir finden in demselben einen Theil der auf die Versammlung bezüglichen gedruckten Actenstücke zusammengeheftet. Es sind folgende: »Uebersichtskarte der Länder und Städte«, welche Abgeordnete zu der Versammlung gesendet haben; eine »Benachrichtigung an die Mitglieder« über die einzelnen Veranstaltungen bei der Versammlung;[1] das »gedruckte Verzeichniss der Theilnehmer mit deren Wohnungsnachweis«; das Programm der Eröffnungsfeier im Concertsaale, die Zelter leitete und bei der Compositionen von Mendelssohn, Zelter, Flemming Rungenhagen und Wollank zum Vortrag kamen; die Eröffnungsrede von Humboldts mit dessen eigenhändiger Widmung an Goethe: »Herrn Geh. Rath *von Goethe* unter innigster dankbarster Verehrung A. v. Humboldt«; der Vortrag »über den Charakter der Vegetation auf den Inseln des Indischen Archipels« von C. G. C. Reinwardt, dem Leydener Botaniker, ebenfalls mit dessen eigenhändiger Widmung: »Sr. Excellenz dem Minister *v. Goethe* aus innigster Verehrung vom Verfasser«; ein »Verzeichniss eines Systems von Versuchen über die Bestäubung der Pflanzen, angestellt in den Jahren 1821—1828 von Dr. A. W. Henschel«, das der Versammlung vorgelegt worden war; endlich eine Zuschrift »an die Herren Naturforscher und Aerzte« von der »Berliner Medaillen-Münze«, die Herstellung von Denkmünzen mit den

---

[1] Einer praktischen Massregel der Veranstalter sei hier gedacht. Es steht in der »Benachrichtigung an die Mitglieder«: »damit von den kostbaren Stunden des Beisammenseins keine der Erfüllung polizeilicher Vorschriften geopfert zu werden brauche, hat die wohlwollende Behörde angeordnet, dass für diesen Fall ausnahmsweise die Meldung durch die Geschäftsführer genüge. Jedes der Mitglieder ist daher von der Gestellung auf dem Fremden-Bureau und der Lösung einer Aufenthaltskarte befreit.«

Bildnissen berühmter Naturforscher betreffend. Im Anschlusse hieran befindet sich noch in dem Hefte der erwähnte kleine Aufsatz Goethes in Johns Handschrift, mit Correcturen zum Theil von Goethes eigener, zum Theil von Riemers Hand. Er liegt in einem besonderen Umschlage der (von Eckermanns Hand) die Aufschrift trägt: »Naturforscher in Berlin.« Als letztes Stück des Heftes ist eine Nummer: »Notizen aus dem Gebiete der Natur- und Heilkunde« vom October 1829 zu verzeichnen, mit Nachrichten über die Heidelberger Naturforscherversammlung vom Jahre 1829, als Beweis, dass Goethes Interesse für diese Zusammenkünfte auch in der Folgezeit ein reges war. Der Umschlag des Heftes trägt (von Johns Hand) die Worte: »Acta die Zusammenkunft der Naturforscher in Berlin 1828« und in der linken Ecke (von Kräuters Hand): »Auswärtige Angelegenheiten.« Erwähnenswerth erscheint noch, die Mittheilung in dem Programm der Eröffnungsfeier, dass an den oberen Seiten des Saales, in dem dieses Fest stattfand, zu lesen ist:

»es entbrennen im feurigen Kampf die eifernden Kräfte,
    Grosses wirket ihr Streit, Grösseres wirket ihr Bund«
Schiller

und »Es soll sich regen, schaffend handeln,
    Erst sich gestalten, dann verwandeln,
    Nur scheinbar steht's Momente still.
    Das Ew'ge regt sich fort in allen:
    Denn Alles muss in Nichts zerfallen,
    Wenn es im Seyn beharren will.«
Goethe.

Das hier Mitgetheilte ist ein Beleg dafür, dass die Naturforscherversammlung vom Jahre 1828 Goethe einen erfreulichen Einblick gewähren konnte, wie sehr auch seine naturwissenschaftlichen Bestrebungen auf das deutsche Geistesleben gewirkt hatten.

RUDOLF STEINER.

9. ACHT BRIEFE HEGELS AN GOETHE.

I.

Hochwohlgebohrner Herr
Hochgebietender Herr Geheime Rath!

Ich weiss nicht ob Ew. Hochwohlgebohren schon davon benachrichtiget sind, dass auch Herr Hof Rath Schütz mit 3000 f Gehalt eine Vocation nach Würzburg hat und dass ihm auch die Veranlassung gegeben worden ist, die Litteratur Zeitung dahin zu ziehen, ich melde es Hochdenenselben im strengsten Vertrauen, weil ich es nicht einmahl von ihm selbst, sondern von der Frau Geheime Kirchen Räthin Griessbachin habe, der er es anvertrauet hat. Herr Geheime Kirchen-Rath Griessbach weiss noch nichts davon, und man sucht es ihm zu verbergen, weil es ihm sehr alteriren möchte. Von Herrn Justiz Rath Hufeland spricht man auch sehr wie auch von Dr. Paulus, dass sie dahin gehen würden. Auf seiner Reise hat Hufeland Würzburg passirt, und es sollen ihm vortheilhafte Anträge gemacht worden seyn. Griessbach giebt sich alle Mühe Thibaut zu halten.

Ich beharre übrigens mit dem grössten und vollkommensten Respekt

Jena d. 3 August
1803

Ew. Hochwohlgebohren
unterthänig gehorsamster
Georg Wilhelm Hegel.

II.

Excellentissime
Hoch- und Wohlgebohrner Herr,
Hochgebietender Herr Geheime Rath!

Ew. Excellenz erdreiste ich mich, die von Herrn Consistorial Rath Marezoll an dem hier gefeyerten Dankfeste für die glückliche Ankunft unsres Durchlauchtigsten Herrn Erbprinzen und Seiner Frau Gemahlin gehaltene Predigt, welche mir derselbe zum Besten für die Armen in Druck überlassen devotest zu übersenden, mich zu Hochdero fernerem gnädigen Wohlwollen unterthänig zu empfehlen und mit dem grössten und vollkommensten Respekt zu beharren

Jena d. 6 December
1804

Ew. Excellenz
unterthänig gehorsamster
Georg Wilhelm Hegel.

III.

[Jena, Ende Januar 1807.]

Euer Excellenz
gnädiges Wohlwollen gegen mich, macht mich so dreist, eine Bitte an Dieselben zu richten, welche ich Euer Excellenz mit der Güte aufzunehmen unterthänig ersuche, die ich immer von Denselben erfahren.

Seine herzogliche Durchlaucht hatten die Gnade, mir eine Unterstützung zur Ausübung meines hiesigen Lehramtes huldreichst zu verwilligen. Indem ich diese Gnade mit dem devotesten Dank verehre, glaube ich bey der Unzureichenheit meines gegenwärtigen Jahrgehalts, um den Vorlesungen die gehörige Zeit und Mühe widmen zu können, die Hoffnung nähren zu dürfen, dass Sie, wenn ich mich dieser Gnade nicht unwürdig gemacht, bey vorkommender Gelegenheit sie zu erweitern geruhen werden. So kann ich auch zu den wohlwollenden Gesinnungen Euer Excellenz das Zutrauen hegen, dieselben um Ihre Unterstützung hierin unterthänig bitten zu dürfen, wenn die erledigte Besoldung des seitherigen Professors Schelver als eine solche Gelegenheit angesehen werden kann.

Ich wage diese Bitte, bey der Disposition über diese Besoldung eine gnädige Rücksicht auf mich zu nehmen in der Voraussetzung, dass soviel mir bekannt ist, sie durch die gnädige Vorsorge Euer Excellenz über den vorherigen Etat vermehrt worden und hierdurch ein Moment enthalten kann, das sich zu einer allgemeineren Disposition eignet. Wenn mir aber dabey die gnädigste Erlaubniss zu theil werden sollte, die gegenwärtig unbenutzte Wohnung des herzogl. botanischen Gartens zu beziehen, so könnte ich der Bestimmung des Fonds durch eine provisorische Inspection dieses interessanten Instituts, die zu seiner Erhaltung nöthig ist, näher kommen. Bey dem Interesse, das Euer Excellenz an demselben nehmen, würde ich diese Verwaltung mit ebensoviel Vergnügen als Eifer führen. Sie würde mir zugleich eine Veranlassung werden, meine botanischen Studien wieder aufzunehmen, die ich sonst mit Neigung getrieben und zu deren Behuf ich mir in der Schweiz ein Herbarium sammelte, wovon ich zum Andenken noch einen

Theil aufbewahre. Bey den Hülfsmitteln, die im botanischen Garten vorhanden sind, und wenn ich mir dabey die Unterstützung Euer Excellenz versprechen dürfte, glaubte ich mich bald in Stand setzen zu können botanische Vorlesungen neben den philosophischen zu halten, welche, indem sie auch sonst für eine Art Luxus häufig angesehen werden, in bedrängten Zeiten manchen Studierenden um so entbehrlicher scheinen.

Ich würde mir noch die Freyheit nehmen, Euer Excellenz von den Nachrichten zu unterhalten, die mir von neu aufgehenden physikalischen und philosophischen Wundern mitgetheilt worden sind, — von einem Manne, der in Tyrol aufgefunden worden, und wie der schon bekannte Bediente Thouvenels die Empfindung von verborgenem Wasser und Metall hat, wenn er sich darüber befindet, — ferner von den dabey wiederaufgenommenen Versuchen, die die freywilligen Bewegungen betreffen, in welche Metall, Schwefel an einem Faden über anderem Metall oder über Wasser mit den Fingern stät gehalten gerathen. Diese Kraft, *Siderismus* genannt, soll noch einen viel höhern Aufschluss über die Räthsel der Natur gewähren oder wenigstens versprechen als ehemals vom Galvanismus erwartet wurde. — Ich muss aber fürchten, zu weitläufig zu werden, und behalte das Detail, das schon sehr ausgebildet worden, einer persönlichen Aufwartung, die ich Euer Excellenz machen zu dürfen bitte, vor. Ich kann nicht umhin, zu wünschen, dass meine obige unterthänige Bitte, deren Inhalt mit siderischen Wundern in keine Vergleichung gesetzt werden kann, mehr Wirklichkeit gewinnen möge, als jene vielleicht ausweisen werden; ich glaube ihr aber einen bessern Grund zutrauen zu dürfen, indem ich in der Gewogenheit Euer Excellenz, in Deren Hände ich sie gänzlich lege, ihre vornehmste Stütze suche. Indem ich um Dero Protection in dieser Angelegenheit und um die Fortsetzung Dero gütigen Gesinnungen unterthänig bitte, bin ich mit den Gefühlen der tiefsten Verehrung

Euer Excellenz
 unterthäniger Diener
 G. W. F. Hegel
 D. u. Professor der Philos.

IV.

[Bamberg, März 1807.]

Euer Excellenz

habe ich nicht nöthig, weitläufig darüber zu seyn, dass der Gehalt, den die Gnade Sr. herzoglichen Durchlaucht mir ausgesetzt hat, und die Einnahme, die die Versehung meines Lehramts in den itzigen Zeitläuften mir verschaffen könnte, für die Mittel meiner Subsistenz nicht hinreichen. Indem sich mir nun bey Gelegenheit einer Reise in literarischen Geschäften hierher nach Bamberg, der Antrag eines Privatgeschäfts, das temporär ist und wodurch ich jenen Zweck einstweilen erreichen kann, darbietet, so habe ich mir die Freyheit genommen, mich an Se. Excellenz, den Geh. Rath von Voigt mit der gehorsamsten Bitte zu wenden, Sr. herz. Durchlaucht mein Gesuch um einen Urlaub auf diesen Sommer von meinem Lehramte, zu Füssen zu legen, — während dessen ich hier privatisieren und bey einstweiliger Gewinnung meiner Subsistenzmittel den glücklichen Zeitpunkt abwarten könne, wo, mit Beyhülfe der gnäd. Unterstützung, die Ausübung meiner Lehrpflichten auf der Universität, mir die Möglichkeit verschafft, diesen Zweck zugleich, mit besseren Beschäftigungen, zu erreichen. Ich nehme mir zugleich die unterthänige Freyheit, dieselbe Bitte an die so oft erprobte Gewogenheit und gütigen Gesinnungen Euer Excellenz zu wagen, und mir die gnädigste Unterstützung Derselben auszubitten.

Erlauben Euer Excellenz zugleich für eine von mir diese Ostern erscheinende Schrift, wovon ich mir die Freyheit nehme, hier ein Exemplar beyzulegen, Ihre gütige Nachsicht zu erbitten, und die ehrfurchtvollste Hochachtung zu bezeugen, mit der ich die Ehre habe zu seyn

     Euer Excellenz
      unterthäniger Diener
     G. W. F. Hegel, D. u. Prof.
      der Philos. zu Jena.

V.

Berlin d. 2. Aug. 1821.

Euer Excellenz

habe so vielen Dank und zugleich die Entschuldigung solcher Verspätung desselben zu machen, dass ich nicht weiss, wo anzufangen. Das wohl verpackte schöne Geschenk also, ist unversehrt angekommen, und ich habe mich nicht genug ergötzen können, itzt an der Unergründlichkeit des Phänomens, itzt an dem Sinnreichen der Darstellung, itzt an der Zierlichkeit der Ausführung, itzt an der Fruchtbarkeit der Folgen, — und es ist nur eben diese vielseitige Ergötzung, die sich in der Erfreuung über die freundliche Güte Euer Excellenz vereinigt, welche mich nicht früher zum gebührenden Worte des Danks hat kommen lassen. Weil doch einmal das Glas beym abstracten Phänomen der Farbe eine Hauptrolle spielt, so ist schon an und für sich das Trinkglas ein so viel vergnüglicheres Stück von Apparat, als der dreyeckige Glasprügel, womit ohnehin der Satansengel, ihn in seinen Fäusten führend, die Physiker schlägt.[1] Von jenem zierlichen Apparat sollten sich wenigstens die Weintrinker unter ihnen verleiten lassen, sich jenen dreyschneidigen Pfahl aus dem Fleische zu ziehen, und vielmehr in das Glas zu gucken, und damit auf das objective Hervorkommen der Farbe, das sich hier in seiner ganzen, freyen Naivität zu sehen gibt. Auch die Phänomene der abgeleiteten Farben treten so annehmlich hervor, wenn wir dazu schreiten, das Trinkglas seine specifischere Bestimmung, mit dem verschiedenfarbigen Wein, erfüllen zu lassen.

So instructiv von je ein Glas Wein gewesen, so hat es nun durch Euer Excellenz Wendung, hieran unendlich gewonnen. Wenn der Wein schon eine mächtige Stütze der Naturphilosophie gewesen, als welche zu zeigen bemüht

---

[1] *Variante im Concept:* »der dreyeckige Glasprügel, welcher ja als der eigentliche Satansengel anzusehen seyn möchte, wenn wir nicht als gute Christen wüssten, dass der Teufel, womit er sich decken möchte, doch eigentlich erst dann Gewalt über den Menschen hat, wenn es ihm gelingt, sich im Kopf und Herzen einzunisten.«

ist, dass Geist in der Natur ist, somit an ihm das nächste und stärkste Document für solche Lehre hat, — wenn schon von den Alten Bacchus wesentlich als mystischer Dionysos erkannt und verehrt worden ist, — der alte Freund Voss mag noch so sehr dagegen sich ereifern, erpoltern und ergeifern —, so will mir nun auch scheinen, dass mir itzt in Euer Excellenz Geschenk, über meines Freundes Creutzer mystischen Weltbecher, erst das rechte Verständnis aufgegangen ist. Was kann er anders seyn, als die allgemeine durchsichtige Umschliessung mit dem gelben von den zwölf goldnen Zeichen durchrankten Zodiakalgürtel, der gewendet so gegen den glänzenden Ormuzd als gegen den schwarzen Ahriman, die bunte Welt der Farben zur Erscheinung bringt? Auf dass sie aber nicht eine Schemenwelt bleibe, dafür sorgen jene goldnen Belaubungen und Früchte, die den Becher mit dem Blute erfüllen, aus dem sich die bunten Schatten, wie die elysischen aus dem Bocksblute, das ihnen Ulysses zu kosten gab, sich zur Kraft und Gesundheit herauftrinken. Es ist aber die Gesundheit Euer Excellenz, die ich zu jedem Experiment aus dem bedeutungsvollen Becher trinke, und in diesem Andenken, mehr noch als in der symbolischen Urgeschichte, Belebung schöpfe, und die Bewährung meines Glaubens an die Transsubstantiation des Innern und Aeussern, des Gedankens in das Phänomen, und des Phänomens in den Gedanken, und den Dank gegen dessen Bewährer feyre.

Bei diesen Vivat's geschieht es denn freylich auch[1], dass sich dabey ein und anderes — Pereat für die Philister mit herauswirft. Es ist mir als ob ich mich erinnerte, dass Euer Excellenz sich vor ein zwanzig Jahren hatten entfallen lassen, dass Sie noch den Physikern die Eselsohren auf den Tisch nageln wollten. Wenn spätere Mildigkeit Sie solcher Gerechtigkeit den Lauf zu lassen abhielte, so möchte die Geschichte der Aufnahme der Farbenlehre jedoch ein interessantes Gemählde, — eine Art Gegenstück zur Aufnahme Werthers abgeben, und eine detaillierte Auseinander-

---

[1] *Concept:* »Bey den Wünschen zur Ausbreitung auf eine Gemeine, die sich daran knüpfen, geht es denn freylich nicht anders, als ...«

und Widerlegung des gegen sie Vorgebrachten von bedeutendem Effect seyn, ja sogar nothwendig scheinen, damit mehr der Zustand einer Verhandlung des Dafür und Dawider herbeygeführt würde. Das Stillschweigen, keine Notiz nehmen ist die beliebteste Waffe der Morgue und der Trägheit, und gegen das Publicum zu die wirksamste um die Autorität zu behalten. Es ist noch ein Glück, dass doch etliche gesprochen haben; aber diss gibt wieder dem lieben Handwerk die Rede an die Hand, Euer Excellenz sogenannte Einwürfe seyen beantwortet worden, und dabey bleiben sie stehen, es sey nichts erwiedert worden. Diese Getröstung wünschte ich den vornehmen Leuten verkümmert zu sehen; dieser Wunsch wird auf's neue rege in mir, da mir so eben ein junger Mann, meines Collegen in Kiel, von Bergers, Allg. Grundzüge der Wissenschaft 2. Th. bringt, worin es »von der Kritik der für- und wider-Versuche u. der Schlüsse aus ihnen« simpliciter und per parenthesin heisst: »(in welcher Hinsicht *wir* auf die lichtvolle Darstellung u. Beurtheilung der Streitfrage von unserem Freunde E. H. Pfaff in sr Schrift u. s. w. *verweisen*«). Wenn ich mich dieser sogenannten Schrift des etc. Pfaff noch recht erinnere, so ist darin vornehmlich auf einen Versuch mit Linsen gefusst; ohnehin sind Sie uns in der Farbenlehre diese Seite vom Reflex des Urphänomens noch schuldig geblieben, und dieser Umstand würde sogar dem Abthun Pfaffs die polemische Gestalt, wenn Sie dieselbe nicht in Prosa, — denn in Versen greifen Sie wohl dazu, — annehmen wollten, abstreifen. — Solches simples Verweisen ist aber doch in der That gar zu getrost und zu behaglich, als dass es Euer Excellenz so ruhig gebahren lassen sollten; es ist auch gar allein nur so lange möglich, als der Freund das letzte Wort noch behalten hat.

Jener junge Mann, Herr Dr. von Henning, der soviel ich weiss, die Ehre hat, Euer Excellenz bekannt zu seyn, eröffnet mir heute die Absicht, die sämmtlichen öffentlichen Beurtheilungen der Farbenlehre in einer Schrift durchmustern zu wollen; er besitzt Eifer, Einsichten und gute Vorkenntnisse von der Sache, und ich habe gute Hoffnung von ihm; doch ist er sonst sehr beschäftigt, und kann nicht etwa, was wohl erforderlich wäre, ein halb Jahr ausschliesslich auf diese Arbeit wenden; ich werde nicht unterlassen, ihn aufzumuntern, und ihm soviel bey mir steht, an die Hand zu gehen. — Ich sollte diss etwa nicht in demselben Zusammenhange sagen, in welchem ich den Wunsch, ein solches Unternehmen durch Euer Excellenz ausgeführt zu sehen, äussere; jedoch, indem ich die Hoffnung hiezu, wenigstens zur Abhandlung für sich interessanter Punkte durch E. E. nicht aufgebe, hoffe ich, dass die Arbeit meines Freundes in ihrer Art noch von Nutzen seyn könnte. Wenn es mit derselben weiter gedeyht, werde ich Nachricht geben, u. Sie erlauben dann vielleicht auch, hin u. wieder Raths bey Ihnen zu erhohlen.

Und zum Schlusse erlauben Euer Excellenz mir noch einen herzlichen und dankbaren Trunk aus dem Kelche nicht nur des Glaubens sondern auch Sehens, für itzt und im Voraus auf den 28sten d. auf Ihre theure Gesundheit, — nam de te cetera sumis.[1]

                Euer Excellenz
                     ergebenster Hegel.

VI.

Magdeburg d. 15. Sept. 1822.

Euer Excellenz
habe noch meinen verbindlichsten Dank für die gütige Übersendung des vierten Hefts zur Naturwissenschaft abzustatten; ich habe mich darin vielfacher Anregungen und Beziehungen, belehrender Notizen u. s. f., und in Allem Ihres freundlich theilnehmenden, um- und überschauenden Geistes zu erfreuen gehabt, ausserdem gefunden, dass Sie einen Brief von mir nicht nur freundlich haben aufnehmen, sondern ihn auch mit dem Titel Aufmunterung haben bezeichnen und ihn haben abdrucken lassen wollen. Wenn wir mit so vielfachen und reichen Genüssen und Förderungen beschenkt werden, haben wir dem wenigstens mit

---

[1] *nam* könnte auch *non* gelesen werden; ebenso ist die Lesung des letzten Wortes unsicher.

dankbarer Anerkennung zu entgegnen[1] und können nur etwa diss hinzufügen auch andere zum theilnehmenden Mitgenuss zu befördern, und an Aussenseiten, Consequenzen und dergl. zu posseln.[2]

Hn D. von Henning meines Orts zum Einstudieren in die Farbenlehre aufgemuntert zu haben, muss mich umso mehr freuen, da Sie zu dem, was er bereits geleistet, nun auch das Zutrauen fügen, ihm die Redaction der weitern Specialien, Ausführungen, Erläuterungen u. s. f. zu übergeben und diesen Abschluss des Werkes nun auch an uns zur Belehrung bringen zu wollen.[3] Da er nun bald selbst bey Ihnen, oder es schon itzt seyn wird, wird er Ihnen über Weiteres etwa erzählen können; — vielleicht weiss er sich mündlich auch über eine Ansicht, die ich von der Wirkungsweise des Prisma gefasst,[4] verständlicher zu machen; ich werde mir aber späterhin noch Mühe geben, mir selbst das Aperçu klarer zu machen und den Gesichtspunkt, aus dem dasselbe ein Interesse haben könnte, — für eine nähere Bestimmung derselben zu fassen, denn nur um eine solche etwa könnte es zu thun seyn. Er wird Ihnen auch sagen können, dass mir das Grau beynahe ganz vergangen ist.

Da Sie und Hr. Geh. Rath Schultz sich das Schema der Farben gegenseitig herüber und hinüber schieben (er hat mir das Letztere hierüber betreffende von Ihnen an ihn gezeigt) so will ich hierüber nur einiges kürzlich

---

[1] *Concept:* »Da wir mit so vielfachen tiefen und reichen Genüssen und Förderungen beschenkt worden sind, und beschenkt werden, (— wenigstens ich, da um S. 36 auf mich anzuwenden, man es nicht nehmen kann, dass ich seit 30 Jahren, seit dem Aufwachen meines Selbst- und Weltbewusstseyns, täglich und stündlich von Ihnen angeregt, belehrt, — überhaupt an Ihren Productionen fort gelebt und an denselben gross gezogen worden bin,) müssen wir dem mit dankbarer Anerkennung entgegnen«.

[2] *Concept:* »an den Aussenseiten .... etwas hinzuposseln«.

[3] *Concept:* »Dahin scheint es nun wohl, wollen Sie dann auch Justiz an der gegen Sie geübten Polemik oder vielmehr gegen Sie ausgeübten Vornehmheit verweisen«.

[4] *Concept:* »über meine Ansicht der Wirkungsweise des Prisma, von der Ihnen in Briefen bereits gesprochen«.

bemerken, was Hr. von Henning weitläufiger expliciren mag; es schlägt etwas philosophierendes darein ein. — Ich weiss vor Erst nicht andres, als nach Ihnen zu S. 241 (des 4. Hefts) und allenthalben,

          Roth   Violett und Gelbroth stellen wir, als
Gelb   Blau *gemeine quantitative* Mischlinge, hier
          Grün   einstweilen auf die Seite.

Vors erste hat nun der Gegensatz von *Gelb* und *Blau* keine Schwierigkeit, resp heller u. dunkler Grund — und Trübes — oder Durchleuchten und Durchschatten — des Trüben, das, resp. gegen jenes dunkle gegen dieses helle Trübung ist.

Aber zweytens *Roth* und *Grün*, sind zwey anders bestimmte Extreme gegeneinander, ein zweyter Gegensatz von anderer Natur. — Für das Wesentliche überhaupt halte zunächst, dass schon Gelb und Blau *qualitative* Extreme sind, und wir hier für sich nicht mit *quantitativen* Unterschieden ausreichen, die sonst nur in die Farbenpyramide gehören, und von keinem wirklichen Interesse — im Gegentheil — für Theorie und Contemplation sind. — Ferner sind nun *Roth* und *Grün* gleichfalls als qualitative Verschiedenheiten zu fassen, — gegeneinander sowie dieser zweyte Gegensatz gegen den ersten; — dazu liegt alles bey Ihnen vor und ich habe Sie nie anders verstehen können, obgleich Sie selbst sich des Gebrauchs solcher formellen Bestimmungen, als qualitativ und quantitativ, enthalten.

Erstens den zweyten Gegensatz, im Unterschiede von dem ersten, habe ich als den *gleichschwebenden* aus Ihren Darstellungen fassen zu dürfen und müssen geglaubt, als das Gleichgewicht der Synthese, — indifferentes Durchdringen der Grundlage und des trüben Mittels, so dass eigentlich der Unterschied von Grundlage und Mittel nicht mehr eine Bedeutung hat; Ihnen brauche ich die Bestätigungen und Documentierungen aus dem Werke nicht anzuführen. — Diss zu Grunde gelegt, so ist nun diese synthetische Einheit unter den Unterschied zu stellen und gestellt, — das einemal, blosse *Neutralität,* Auflöslichkeit — etwa selbst *Mischung* — wie mechanisch — des bl. u. gelben Pulvers; aber auch das chemische Gleichgewicht ist

Neutralität. — *Roth* dagegen wäre die *individuelle* Einheit — zum *Subjectiven* verinnigt, — um es mit einem Kunstterminus kurz auszudrücken; — die Form der Einheit als *Individualität* bedarf bey Ihnen am wenigsten einer Erläuterung. — Roth erklärten Sie darum zum *Königlichen* der Farbe, — wir zum *lieblichen* Innigen — der Rose; — mit leichter Scheinens-Veränderung das eine und das Andere.

Ich wünschte, dass Sie in dieser Stellung der Sache unter unsere Formen, Ihren Sinn erkännten; so dürfte ich unsere Explication gerechtfertigt glauben.

Schliesslich bemerke, dass ich mir die Freyheit genommen, ein paar Aufsätze, in der Gestalt, wie sie sind, ins Reine schreiben zu lassen, und sie beyzuschliessen. — Sie danken ihren Ursprung ganz den Unterhaltungen mit Hn Schultz und von Henning vom vorigen Winter, und betreffen einige Nebenumstände: der erste hat vielleicht ein weiteres Interesse, um ein bey Gelegenheit des Doppelsehens hereinkommen wollendes *Nahes* und *Fernes* — zu entfernen. —[1] Einen dritten habe nicht mehr zu redigieren Zeit gewinnen können; er betrifft gleichfalls ein Pfaffpfäffisches Experiment, auf das er sich besonders viel zu Gute thut, und das Sie selbst zur Farbenlehre S. 454 ff. ihm angegeben — über Newtons 2ten u. 8ten Versuch; — es ist daran ein Umstand, der besondere Beachtung verdient.

Doch ich muss schliessen;[2] in Berlin konnte diesen Brief nicht mehr schreiben; muss darum auch wegen der Wirthshausblässe der Dinte um Entschuldigung bitten. Mit herzlichster Verehrung habe die Ehre mich zu nennen
  Euer Excellenz
   gehorsamsten Diener
    Prof. Hegel.

P. S. Mit den Figuren bitte Nachsicht zu haben; ein Theil ist gleichfalls mit hiesiger blasser Dinte; — der Wein war nicht so durchwässert.

---

[1] *C.:* »der andere ist über ein Pfaffisches Experiment. — Einen dritten habe ebauchiert, gleichfalls über ein Pfaffisches Experiment...«
[2] *Concept, datiert* »12. 9. 22«,: »ich will mich morgen in den Wagen setzen und noch ein paar 100 Meilen herumfahren um dann ein paar 100 Tage wieder desto ruhiger sitzen zu können«.

VII.

Berlin, d. 24. April 1825.

Die endliche Abreise meines Freundes, des Hn Professors Cousin aus Paris, der dahin zugleich mit der Absicht abgeht, Euer Excellenz sich in Weimar zu presentiren, wird mir zur nähern Veranlassung, auch mich Ihrem gütigen Andenken wieder darzustellen. Es ist ein Jahr, dass Sie die Güte gehabt, Ihr Andenken an mich aufs freundlichste mir durch eine Zuschrift zu erkennen zu geben, welche meine gründliche Hochachtung und herzlichste Liebe zu Ihnen, wenn es möglich gewesen, noch gesteigert hätte, und die mich aufs innigste gerührt hat.

Ueber die bisherige Unterlassung der Erwiederung habe ich meine Entschuldigung zu machen; jedoch ist sie nicht eine Unterbrechung des Umgangs mit Ihnen gewesen. Denn nicht nur haben die gelegentlichen Mittheilungen aus der Fülle der Freunde, welche Sie hier besitzen, die fortdauernden erfreulichen Nachrichten von Ihrem auch diesen Winter ununterbrochenen, frischen Wohlbefinden gewährt, sondern auch Ihre dem Drucke übergebenen Thätigkeiten, haben uns mit Belehrungen, nachhaltigen Anregungen und Genüssen versorgt, und die Erquickung selbst, die Sie uns damit gewähren, hilft dazu, die Beziehung zu Ihnen zu einem einseitigen Umgange zu machen, in welchem Sie die ganzen Kosten der Unterhaltung tragen; sie führt das Bedürfniss mit sich, den Athem, so zu sagen, anzuhalten, um den Genuss des Duftes, der von Ihrem Geiste ausströmt, nicht zu stören, und sich selbst, nicht zum Worte kommen zu lassen.

Jedoch durch Ihre freundliche Erwähnung meiner Neigung, die Sie als etwas Ihnen werthgeachtetes bezeigen, kann ich mich aufgefodert, ja berechtigt fühlen, von den nähern Motiven der Anhänglichkeit und selbst Pietät zu sprechen, in der ich mich zu Ihnen empfinde; denn wenn ich den Gang meiner geistigen Entwicklung übersehe, sehe ich Sie überall darein verflochten, und mag mich einen Ihrer Söhne nennen; mein Inneres hat gegen die Abstraction, Nahrung zur widerhaltenden Stärke von Ihnen erhalten, und an Ihren Gebilden wie an Fanalen seinen Lauf zurechtgerichtet.

Indem solche Wirkungen in der Beziehung auf Aufregungen der innern Natur erscheinen, mag das Bewusstseyn weniger der Täuschung ausgesetzt seyn, als wenn es die Beschaffenheit und den Werth von *Resultaten* und Leistungen auf die bethätigenden Anfänge bezieht, und jene nach diesen bemessen zu können meynt, ebenso wenn es Anregungen in zu beabsichtende Zwecke verwandelt und nach solchen die Productionen seiner Natur und seines Talents zu bestimmen oder nach solchen zu beurtheilen zu müssen gemeynt. — Zu letzterer Betrachtung geben mir zunächst die interessanten Mittheilungen Veranlassung, welche Sie uns von Schillerschen Briefen gemacht haben, — und deren Sie zu mehreren Hoffnung gegeben; — Widersprüche, welche sich unter andern auch auf das Berührte zu beziehen scheinen, darin zu sehen, hat mich nach meiner Weise insbesondere angezogen, und mir den innern Kampf der Trefflichkeit des Mannes näher vor Augen gebracht.

Sie erlauben vielleicht in der Folge, besonders wenn Sie uns weitere Eröffnungen an die Hand gegeben haben werden, mich deutlicher darüber zu machen; mein Freund dringt mich zu schliessen; wie in so vielem, so sympathisiert er in Verehrung und Liebe für Sie, mit

Euer Excellenz
ergebenstem
Hegel.

VIII.

Euer Excellenz

sehe ich mich nun im Stande, auf Ihr gütiges Schreiben vom 9ten des v. M. nach meiner Vorstellung von den Verhältnissen, und nach gepflogener Besprechung über die nähern Wünsche des Hn D. Schubarth und das Interesse, welches Dieselben dafür nehmen, folgendes und zwar zunächst das Allgemeine angeben zu können, dass die Absichten dieses jungen Mannes für sich keinen Anstand haben mögen, aber Schritte dafür und Bedingungen, wie bey Allem in der Welt, insbesondere bey Staats-Dienstverhältnissen, daran geknüpft sind, die wohl mehr oder weniger Billigkeit aber nicht ein gänzliches Absehen davon zulassen. Die Anbefehlung des Königs selbst zur Bedachtnahme auf die Anstellung eines jungen Mannes, enthält für sich die Beschränkung auf die Bedingung, dass sich die Befähigung des Empfohlenen auf reglementsmässigem Wege constatiere. Herrn D. Schubarth's frühere vermeintliche Hoffnungen, die in seinem hiemit wieder zurückfolgenden Briefe[1] erwähnt sind, enthielten wohl auch das Unrichtige, dass er dabey zu sehr auf die nur persönliche Verwendung baute. Derselbe hat nun vor allem aus, was er, wie ich höre, bisher nicht gethan habe, dem Herrn Minister in einer Eingabe seine Absichten, sich dem Lehrfach zu widmen und sein dem gemässes Gesuch mit Unterstützung desselben durch die dienlichen Zeugnisse, unter anderem Angabe seiner literarischen Productionen, darzulegen; sein, jedoch im Auslande erlangter Doctorgrad, nebst jenen Leistungen, dürften soviel wohl bewirken, dass die förmliche Staatsprüfung etwa nicht gefodert, sondern ein mit weniger Umständen verknüpfter Modus substituiert und genügend gefunden wird. Er soll nur von der Überzeugung und dem Zutrauen ausgehen und durch dasselbe sich zu den ohnehin nöthigen Schritten um so lieber bewegen lassen, dass dieselben mit keiner Art von Abgeneigtheit, sondern mit förderlichem Wohlwollen werden aufgenommen werden, und dass die Rücksicht auf das freundschaftliche Interesse, welches Sie für dessen Wohlergehen hegen, das seinige sowohl zur Erleichterung des etwa voran durchzumachenden als zur geneigten weiteren Förderung von dessen schliesslichen Wünschen, wirksam beyträgt.

Indem diese Angelegenheit eine vergnügliche Veranlassung gewesen, von Ihnen eine schriftliche Ansprache zu erhalten, so sind aber ausserdem die Berührungen, die ich von Ihnen empfinde, so mannichfaltige und ununterbrochene, dass ich gleichsam in täglicher Unterredung mit Ihnen begriffen bin. Von den directen Berührungen habe ich insbesondere hier die dankbare Erwähnung für das Geschenk der Medaille nachzuholen, deren frohe Ver-

---

[1] *am Rande:* (im Augenblicke des Siegelns finde ich diesen Brief nicht).

anlassung zur allgemeinen Mitfeyer geworden, und mit der das hohe Fürstenpaar den edeln Bund der Freundschaft hat zeigen und verewigen, und mit der auch Sie mir ein gütiges Erinnerungszeichen haben geben wollen.

— Ein Unwohlseyn hat den Abschluss dieses Briefes um etliche Wochen aufgehalten; ich füge kürzlich über die Auffoderung, die Sie nach der gütigen Aufnahme der Bitte unserer kritischen Gesellschaft, an mich machen, einen Punkt anzudeuten, über den ihr eine Mittheilung von Ihnen angenehm seyn könnte, diss hinzu, dass wir uns eine solche ganz allein davon abhängig vorstellen, dass Ihnen irgend etwas aufstossen könnte, über das es Ihnen interessant sein möchte, sich ausführlicher als in Kunst und Alterthum und in den naturwissenschaftlichen Heften auszusprechen. Um aber doch etwas nahmhaft zu machen, so ist uns die demnächst (auch unabhängig von einer Theilnahme Tiecks) — erscheinen werdende Sammlung von *Lenz* Schriften eingefallen, deren Zeit und schriftstellerischer Charakter wohl Niemand so lebendig vor Augen steht als Ihnen, und an die Sie bey dem gegenwärtigen Geschäft der Herausgabe Ihrer Werke etwa beyläufig von selbst sich erinnern. Sollten Sie sich aber wieder einmal in optische Angelegenheiten einlassen wollen, so wäre jedes Compendium der Physik oder dergleichen, was neuerlich erschienen, ein Anknüpfungspunkt dafür; ob Purkinjes subjective Grüblichkeiten Sie zu einem Einlassen genug ansprechen, möchte ich wohl zweifeln; aber Materialien zu einem Anhang der Farbenlehre liegen Ihnen in Überfluss vor; an Wünschen ja vielleicht an Ansprüchen zu einem solchen Anhange fehlt es uns nicht; ich dürfte vielleicht die Form eines Artikels für unsere Jahrbücher hiefür vorschlagen, der, wenn die Reihe in der Herausgabe der Werke, an die Farbenlehre kommen wird, die Stelle eines Anhangs oder eines Theils eines solchen einzunehmen geeignet seyn könnte. — Ich wiederhohle aber dass ich mich auf solche Vorschläge nur auf Ihre ausdrückliche Aufforderung eingelassen habe.

In einigen Wochen erlaube ich mir, Ihnen die 2te Ausgabe meiner Encyklopädie der philosophischen Wissenschaften zu überschicken, in Beziehung auf einen Versuch, den ich darin gemacht, eine Ordnung und Stufenfolge von dem Phänomene der sogenannten Brechung an bis zur fixen Farbe anzugeben, indem ich jene als die erste Differentiirung in dem Durchsichtigen betrachtete, die dann zur Verdunklung im spröden fortgehe u. s. f. — Hr von Henning liest diesen Sommer vor einer grossen Anzahl von Zuhörern wieder über die Farbenlehre; ich hatte ihm bey seiner vorjährigen Reise nach Gotha nebst meinen Empfehlungen auch die Bitte an Sie aufgetragen ihm den Kopf zu waschen, dass er die Skizze, nach der er diese Vorlesungen hält, noch nicht, wie er seit langem gewollt, und versprochen, zum Drucke vollendet habe; er scheint, weder sich getraut zu haben, den Auftrag nicht auszurichten, noch Ihrer bekannten Milde ungeachtet ihn auszurichten, und ist dem einen und dem andern entgangen, dass er dissmal nicht bey Ihnen eingesprochen; er muss aber doch daran.

Nun noch meine besten Wünsche für Ihre fortdauernde Gesundheit und Munterkeit, und die Bitte um die Erhaltung Ihres gütigen Wohlwollens gegen mich, das zu den wohlthuenden Empfindungen meines Lebens gehört.

Mit der alten unbegränzten Verehrung
Ihr
gehorsamster Prof. Hegel.

Berlin
d. 29 Juni 1827.

Von seiner Jenenser Zeit an hat Hegel mit Goethe in beständigem, wenn auch nicht allzu reichlichem Verkehr gestanden, der zu einem wahrhaft freundschaftlichen wurde, als Hegel sich mit der Goetheschen Farbenlehre eingehender beschäftigte und seine Zustimmung in Briefen sowohl wie in seinen Schriften (Logik und Encyklopädie) aussprach. Goethe äussert wiederholt seine Freude über die Zustimmung und Theilnahme des Philosophen (vergl. ausser den Briefen an Hegel z. B. Annalen 1817, Brief an Staatsrath Schultz vom 10. März, an Reinhard vom 29. März 1821) und bekennt, dass er in seinen chromatischen Arbeiten durch Hegel wesentlich gefördert sei (vergl. ausser den Briefen an Hegel den an Reinhard vom 5. März 1821). Wenn er auch in der Philosophie Hegels nicht das fand, was er bei den anderen

Philosophen vergeblich gesucht hatte, so schätzte und bewunderte er doch den Menschen und Denker (vergl. Brief an Knebel vom 14. März 1807, an Reinhard vom 5. März 1821: »dieser wundersam scharf und fein denkende Mann«, Eckermanns Gespräche mit Goethe, 17. Febr. 1829, sowie die in H. Beneckes Buch über den Philosophen W. Vatke pag. 41 mitgetheilte Anekdote). Hegel seinerseits schloss sich nicht nur soweit es die Farbenlehre betraf eng an Goethe an, sondern er wurde, seinem eigenen Ausspruche nach, in dem ganzen Entwickelungsgange seines Denkens stets von Goethe beeinflusst. Und es ist in der That eine lohnende Arbeit, dem Einfluss Goethescher Denkweise in Hegels Schriften nachzuspüren.

Was bis heute von dem Goethe-Hegelschen Briefwechsel veröffentlicht ist (im Jahrbuche und in »Briefe von und an Hegel, herausg. von Karl Hegel, Berlin 1887«), dürfte noch nicht alles sein, z. B. ist der Brief Goethes an Hegel, etwa aus dem Jahre 1827, den Diezel in seinem Verzeichniss unter Nr. 7568 erwähnt, ebensowenig bekannt wie der im Concept zu Nr. 6 erwähnte Brief Hegels über eine Wirkungsweise des Prisma. Dass auch nach 1827 der Briefwechsel fortgesetzt wurde, machen die Beziehungen, die Goethe zu den von Hegel mit geleiteten Berliner kritischen Jahrbüchern unterhielt, durchaus wahrscheinlich. Immerhin geben uns die obigen Briefe eine bessere und genauere Anschauung von Hegels Verhältniss zu Goethe, als wir bisher haben konnten.

1. Der Brief befindet sich Fol. 1 eines starken Fascikels eingegangener Briefe an Goethe, bezeichnet: »Vol. 1, Acta, die Stiftung einer Neuen Allgemeinen Literatur-Zeitung zu Jena betr. 1803«, von der es in den Annalen 1803 heisst: »die Aktenstücke jener Tage sind in der grössten Ordnung verwahrt; vielleicht ergötzen sich unsere Nachkommen an dem Hergang dieser für uns wenigstens höchst bedeutenden Begebenheit«. Chr. G. Schütz, der mit G. Hufeland zusammen die Jenaische Allgemeine Literatur-Zeitung geleitet hatte, nahm zwar nicht den Ruf nach Würzburg an, wohl aber ein für ihn sehr günstiges Angebot Halles wegen Verlegung der Allgemeinen Literatur-Zeitung dorthin. Mit Ersch giebt er daselbst die Hallesche Literatur-Zeitung heraus, während Goethe eine neue Jenaische unter Eichstädts Leitung ins Leben ruft. — Hufeland und der mit Hegel befreundete Theologe Paulus gingen nach Würzburg, während der Jurist Thibaut erst 1805 Jena verliess, um nach Heidelberg zu gehen.

2. Die hier erwähnte Predigt (abgedruckt in »Marezoll, Predigten an Festtagen u. s. w. gehalten, 1. Theil«) behandelte die Frage: »Wie wir kirchliche Dankfeste feyern müssen, wenn sie wahre Feste der Religion für uns werden sollen«. — Bei Gelegenheit der Vermählung des Erbprinzen, der am

9. November mit seiner Gemahlin in Weimar eintraf, hatte Goethe bekanntlich den Titel »Excellenz« erhalten.

3. Hegel war im Februar 1805 zum ausserordentlichen Professor ernannt worden (ohne Gehalt). Seine Vorlesungen brachten ihm jedoch wegen der immer geringer werdenden Theilnahme der Studenten nur sehr wenig ein, und die Besoldung von 100 Thalern, die ihm Goethe verschafft hatte (vergl. Goethes Brief an Hegel vom 27. Juni 1806, Tageb. 27. Juni 1806, Hegels Brief an Niethammer vom 6. August 1806), war nicht genügend, um ihn aus seinen Geldnöthen zu befreien, die durch die Kriegsunruhen noch verschlimmert wurden (vergl. Goethes Brief an Knebel vom 24. Oct. 1806: »Bedarf Hegel etwas Geld, so gieb ihm bis etwa auf 10 Thaler«). Da sich überdies die Hoffnung, durch eine Professur in Heidelberg »eine äusserlich etwas gesicherte Lage« zu finden, zerschlagen hatte, so kann es kaum wunderbar erscheinen, wenn Hegel in seiner Verzweiflung sich um die freigewordene Professur des nach Heidelberg gegangenen Botanikers Schelver bewirbt, obwohl er trotz des auf seiner Reise in die Berner Oberalpen (1796) angelegten Herbariums sich nie eingehender mit Botanik beschäftigt hatte. Das Gesuch war vergeblich: die Stelle wurde dem jungen Dr. Fr. S. Voigt übertragen, dessen naturwissenschaftliche Arbeiten Goethe schon damals aufmerksam verfolgte (Tageb. 1807, 21. Febr., 5. und 7. März).

Die Nachricht von den »siderischen Wundern« war Hegel durch Schelling zugegangen. In einem Brief vom 11. Januar 1807 berichtet Sch. ausführlich über den »Erz- und Wasserfühler« (Campetti war sein Name) und giebt zur Veranschaulichung der neuen Entdeckungen auch einige Experimente an, deren Ausführung jedoch Hegel nicht recht gelingen wollte (vergl. seinen Brief an Schelling vom 23. Febr. 1807). Jener Erz- und Wasserfühler verursachte übrigens in der gelehrten Welt grosse Aufregung. Der verdiente Physiker J. W. Ritter beschäftigte sich besonders eingehend mit der Sache; auf seine Veranlassung wurde eine Commission der Münchener Akademie mit Prüfung der Frage betraut. Ritter selbst gründete eine Zeitschrift »Siderismus«, und hatte viele Gelehrte von Fach auf seiner Seite (Fr. Baader, Gehler u. A.); erst nach Jahren kam er zur Einsicht seines Irrthums. Schelling versuchte in einem Aufsatz in der Jenaischen Literatur-Zeitung die Wichtigkeit jener siderischen Versuche nachzuweisen (1807 Nr. 36). Goethe dagegen scheint die Sache nicht so ernst genommen zu haben; in dem erwähnten Briefe Hegels an Schelling wenigstens heisst es: »Göthe'n habe ich neugierig darauf [siderische Versuche] gemacht, der einstweilen seine Spässe dabey anbrachte«.

Die Abfassungszeit des undatirten Briefes lässt sich annähernd bestimmen nach folgenden Anhaltspunkten: 1) Schellings Brief über die siderischen Versuche ist vom 11. Januar 1807, Schelver resignirte auf seine Stelle am 24. Januar 1807 (vergl. Briefwechsel zw. Goethe und Knebel, I, 293); 2) der von Hegel in Aussicht gestellte Besuch bei Goethe fand am 31. Januar statt (vergl. Tageb. 1807).

4. Da die Verhältnisse in Jena für Hegel so ungünstig lagen, die Universität überdies durch den Weggang einer grossen Anzahl bedeutender Männer geradezu verwaist war, so ergriff er mit Eifer das Anerbieten, das ihm sein Freund Niethammer von Bamberg aus Mitte Februar machte: die Redaction der Bamberger politischen Zeitung zu übernehmen (vergl. H.-Br. Nr. 28). Es war weniger das in Aussicht gestellte Gehalt (540 fl.), das ihn zur Annahme des Anerbietens bewog, als vor allem die Hoffnung, in Bayern einen für seine wissenschaftlichen Bestrebungen günstigeren Boden zu finden: er wollte dort ein »kritisches Journal der deutschen Literatur« gründen, um dadurch zu einer sichern Anstellung zu gelangen. In seinem Brief an Niethammer vom 20. Februar betont er ausdrücklich, dass er das Redactionsgeschäft nur als etwas vorübergehendes ansehe, auf bestimmte Zeit könne er sich nicht binden. Im März 1807 ging er nach Bamberg, um den Contract abzuschliessen und gleich die Geschäfte anzutreten. Erst von da aus richtete er an die beiden Kuratoren der Universität sein Gesuch um Entbindung von den Vorlesungen während des Sommers. Seinen Jenenser Freunden gegenüber hatte er nur von einem vorübergehenden Besuch in Bamberg gesprochen (vergl. Brief Knebels an Goethe vom 13. März 1807, Brief Hegels an Schelling vom 23. Febr. 1807). Er war schon im December des vorigen Jahres auf wenige Wochen dorthin gegangen, um den Druck seiner Phänomenologie zu fördern, der durch den Verleger sehr verzögert wurde. Im März erschien das Werk als Band 1 des »Systems der Wissenschaft«. — Bis zum November 1808 redigirte Hegel die Zeitung, um dann nach Nürnberg als Rector des dortigen Gymnasiums zu gehen.

5. Während seines Aufenthaltes in Nürnberg beschäftigte sich Hegel unter Seebecks Leitung eifrig mit chromatischen Studien, die er auch als Professor in Heidelberg fortsetzte; er schloss sich dabei ganz an Goethes Theorie an, für die er in einem Brief des Jahres 1817, sowie in seiner damals veröffentlichten Encyklopädie eintrat. Goethe war sehr erfreut über Hegels Zustimmung (vergl. H.-Br. Nr. 164); am 7. October 1820 sendet er ihm mit einem Briefe (H.-Br. Nr. 174) die Abhandlung über die entoptischen Farben; Hegel dankt in einem sehr ausführlichen Schreiben (H.-Br. Nr. 176), das

Goethe ausserordentlich beifällig aufnahm; er druckte es im Auszuge in Heft 4 »Zur Naturwissenschaft« pag. 294 ab und schreibt z. B. an Reinhard (5. März 1821): »bei Gelegenheit des entoptischen Aufsatzes hat er [Hegel] sich so durchdringend geäussert, dass mir meine Arbeit wirklich durchsichtiger als vorher vorkommt«. Er dankt Hegel in warmen Worten am 13. April 1821 (H.-Br. Nr. 179) und sandte ihm zugleich ein das Hauptmoment seiner Farbenlehre veranschaulichendes Trinkglas[1]; in dem gelb gefärbten Glase steckt ein Stück schwarzes Seidenzeug, welches das Gelb des Glases als Blau durchscheinen lässt. Derartige Trinkgläser mit trübem Schmelz, die »die Lehre vom Trüben, woraus alle physischen Farbenphänomene sich entwickeln lassen, so vollkommen zur Erscheinung bringen«, hatte Goethe in Karlsbad entdeckt (Zur Naturwissenschaft I. 4 § 9); er verschenkte sie mehrfach. Das für Hegel bestimmte begleitete er mit der Zuschrift: »Dem Absoluten empfiehlt sich schönstens zu freundlicher Aufnahme das Urphänomen«. — In seinem Dankschreiben spielt Hegel auf den Voss-Creuzer'schen Streit an: der mit ihm befreundete Heidelberger Philolog G. F. Creuzer hatte 1820 begonnen, eine 2. Ausgabe des Werkes »Symbolik und Mythologie der alten Völker« herauszugeben, worin er u. a. nachzuweisen versuchte, dass die griechische Mythologie nicht autochthon sei, sondern nur eine Entwickelungsstufe in dem grossen, von Centralasien auslaufenden Gange der Religionsgeschichte; Homers Dionysus z. B. sei »der stierförmige, aus Indien herstrahlende Sonnengott Bacchus«. Gegen Creuzer äusserte sich Voss in einer ausführlichen Besprechung der Symbolik in sehr heftiger Weise (J. L.-Z. Mai 1821, Nr. 81—87). Hegel schreibt über das Werk selbst an Creuzer (H. Br. Nr. 182): »Wie sehr ich mich, besonders durch meine Aesthetik dadurch gefördert finde, kann ich Ihnen nicht genug sagen,« und fährt dann fort: »Aber was ich zu diesem peinlich geschnitzten Holzklotz sagen solle, den unser guter alter Voss Ihrem Carrarischen Marmorbild gegenüber gestellt und ihn alle möglichen plumpen Grimassen und Bocksprünge machen lässt — weiss ich nicht«. — Mit dem »mystischen Weltbecher« sind wohl die geheimnissvollen »bacchischen Trinkgefässe, Symbole von Bacchus, dem Weltschöpfer« gemeint, die in der Symbolik besprochen werden (vergl. auch Creuzers Schrift »Dionysus«, Vol. I, pag. 25: »de cratere, poculo aliisque vasis, tanquam mundi symbolis«. —

Der Kieler Professor Chr. H. Pfaff war in seiner Schrift »Ueber Newtons Farbentheorie, Herrn von Goethes Farben-

---

[1] Dasselbe befindet sich im Besitz des Herrn Geheimrath Professor Karl von Hegel in Erlangen.

lehre und den chemischen Gegensatz der Farben, Lpzg. 1813« als Gegner Goethes aufgetreten, ohne dass eine Erwiderung von diesem erfolgt wäre (vergl. Annalen 1816). Auf diese Schrift Pfaffs hatte Berger in seinem Werke verwiesen; Professor J. E. von Berger war übrigens mit Hegel befreundet; im Concept steht »meines verehrten v. Bergers« und »meines geehrten Freundes v. B.« (vergl. auch Brief Bergers an Hegel vom 5. Juli 1821). — Der Privatdozent Dr. L. von Henning war besonders durch Hegel veranlasst worden, sich eingehender mit der Goethischen Farbenlehre zu beschäftigen.[1]

6. Vorlesungen über die »Farbenlehre« zu halten wurde Henning zur grossen Freude Goethes durch die Hilfe des Staatsraths Schultz und die Fürsorge des Ministers Altenstein ermöglicht, der in dem Universitätsgebäude zu Berlin ein mit dem nöthigen Apparat ausgestattetes Auditorium einrichten liess, wo dann im Sommer 1822 zum ersten Mal die Goethische Farbenlehre vorgetragen wurde. Goethe schätzte den jungen Gelehrten, der ihm einen so willkommenen Dienst leistete, sehr hoch; noch in demselben Jahre forderte er ihn auf, die Redaction des chromatischen und physischen Theils für die neue Ausgabe seiner sämmtlichen Werke zu übernehmen (vergl. Brief an Henning vom 15. Juni 1822). Um wegen der Vorlesungen das Nähere mit Goethe persönlich zu besprechen, begab sich Henning Mitte September nach Weimar, wo er sehr freundlich aufgenommen wurde. Die Einleitung zu seinen Vorlesungen hatte er bereits drucken lassen. Goethe nennt sie sehr lobenswerth und bemerkt (Brief an Staatsrath Schultz vom 5. September 1822), er verspüre darin gar sehr den Einfluss von Schultz, Hegel und Schubarth. Diese drei hatten nämlich mit Henning gemeinschaftlich im Winter des vergangenen Jahres eifrig chromatische Studien betrieben (vergl. Brief Schultz's an Goethe vom 16. Sept. 1822), deren Frucht auch die drei im Briefe erwähnten Aufsätze Hegels sind, über die nichts weiter bekannt ist. (Oder gehört dahin das bei Rosenkranz, Leben Hegels pag. 339 erwähnte Manuscript über die physiologischen Farben?) — In Berlin am 12. September hatte Hegel den Brief begonnen, gleich darauf trat er eine grössere Reise an (nach den Niederlanden) und beendete den begonnenen Brief erst in Magdeburg, wo er am 14. eintraf. Er wollte über Cassel weiter fahren, doch da die Post dorthin erst nach zwei Tagen ging, wollte er den Umweg über

---

[1] Concepte zu den Briefen Nr. 5 und 6 (unvollständig), sowie zwei von einander bedeutend abweichende zu dem Brief vom 24. Febr. 1821 (H.-Br. Nr. 176) fanden sich unter einer grösseren Anzahl Hegel-Manuscripte in dem Nachlasse meines Grossonkels Karl Rosenkranz; die äusserst zahlreichen Correcturen beweisen, mit wie peinlicher Sorgfalt Hegel bei der Abfassung dieser Briefe zu Werke ging.

Erfurt machen und Goethe aufsuchen. »Wie schön«, schreibt er am 15. an seine Frau (H.-Br. Nr. 194), »Goethen das Packet, das ich von hier aus schicken musste, selbst zu bringen und von da auf der grossen Heerstrasse weiter zu gehen!« Da sich aber eine bessere Fahrgelegenheit nach Cassel fand, wurde aus dem Plane nichts.

7. Für die Uebersendung der Manuscripte, die er noch nicht habe benutzen können, und des Briefes dankt Goethe im Mai 1824 (H.-Br. Nr. 208); er glaubt durch Hegels Theilnahme »nach einigen Seiten hin bedeutend gewonnen zu haben«. Es vergeht fast ein Jahr, ehe Hegel wieder schreibt. Er giebt seinem Freunde, dem französischen Philosophen Victor Cousin, der seit November 1824 sich in Berlin aufhielt und vor seiner Rückkehr nach Paris Goethe in Weimar besuchen wollte, einen Brief mit. Goethe empfing den französischen Gelehrten trotz eines Unwohlseins in liebenswürdigster Weise (vergl. H.-Br. Nr. 211). — Die erwähnten Schillerschen Briefe sind die an Goethe gerichteten Briefe des Jahres 1802, abgedruckt in »Kunst und Alterthum«, 5. Band, 1. Heft; es kommt hier besonders der Brief vom 6. Juli in Betracht.

8. Es vergingen fast zwei Jahre, ohne dass Briefe zwischen Goethe und Hegel gewechselt wurden. Goethe schickte zwar in der Zwischenzeit als Zeichen seiner Freundschaft die Medaille, welche man zur Feier seines 50jährigen Aufenthalts in Weimar gestiftet hatte; den nächsten Anlass zu brieflichen Mittheilungen gab aber erst die Begründung der »Jahrbücher für wissenschaftliche Kritik« im März 1827. Hegel wandte sich gemeinschaftlich mit Varnhagen von Ense an Goethe, um ihn zur Theilnahme an der zu begründenden Zeitschrift zu bewegen (vergl. J. B. XIV). Ihre Bitte war nicht vergeblich, nur will Goethe erst eine Zeit lang zusehen, um die Zwecke und Absichten des neuen Unternehmens genauer kennen zu lernen. In einem späteren Briefe (vom 9. Mai) bittet er dann Hegel, einen Punkt andeuten zu wollen, über den ihm eine Mittheilung für die Jahrbücher angenehm sein würde. Das von Hegel angezogene Werk des Physiologen J. E. Purkinje, der von Goethe hochgeschätzt wurde, ist das 1826 vollendete Buch »Beobachtungen und Versuche zur Physiologie der Sinne«. Goethe schrieb übrigens in der Folgezeit selbst einige Rezensionen für die Berliner Jahrbücher. — Der Hauptzweck jenes Briefes an Hegel war jedoch gewesen, diesen zu bitten, sich in Berlin für K. E. Schubarth, der eine Anstellung an der Berliner Universität suchte, verwenden zu wollen. Schon in den vorhergehenden Jahren hatte Goethe — jedoch vergeblich — versucht, dem jungen Mann, dessen Schicksal ihm sehr am Herzen lag, eine gesicherte Stellung in Berlin zu verschaffen. Hegel entsprach

der an ihn gerichteten Bitte, hatte aber als Dank für seine Bemühungen zwei Jahre später von Seiten Schubarths die heftigsten Angriffe zu erfahren; vergl. »Ueber Philosophie überhaupt und Hegels Encyklopädie insbesondere. Von Schubarth und Carganico 1829«. —

Die zweite Ausgabe der Encyklopädie war durch eine gänzliche Umarbeitung und bedeutende Erweiterungen ein ganz neues Buch geworden; die Farbenlehre wird in § 317 bis 320 behandelt. Hegel hatte ebensowenig wie sein Schüler Henning die Beschäftigung mit der Farbenlehre aufgegeben. Letzterer setzte nicht nur seiner chromatischen Vorlesungen im Sinne Goethes fort, sondern er trat auch mit eigenen Entdeckungen hervor (vergl. Sulpiz Boisserée pag. 481). —

Für Hegels Bemühungen in der Schubarthschen Angelegenheit dankte Goethe im August 1827 (H.-Br. Nr. 234) und im October desselben Jahres fand der Besuch Hegels in Weimar statt, den er in dem Brief an seine Frau vom 17. October ausführlicher beschreibt. Dass damit die Beziehungen zwischen Goethe und Hegel aufgehört haben sollten, ist wie eingangs bemerkt, höchst unwahrscheinlich, wenn auch keine Briefe aus den späteren Jahren bekannt sind.

ARNOLD GENTHE.

II. VERSCHIEDENES.

1. GOETHEBRIEFE IN SACHEN BÖTTIGERS.
HERAUSGEGEBEN VON OTTO FRANCKE.

In letzter Zeit hat der Herausgeber des Goethe-Jahrbuchs durch zwei Abhandlungen[1] das Interesse der Literaturfreunde auf die Verhandlungen gelenkt, die des Weimarischen Gymnasialdirectors und Consistorialraths *C. A. Böttiger* Weggang von Weimar einleiteten; besonders eingehend und anregend erzählt er die Geschichte von Böttigers Berufung nach Berlin. Ein ziemlich klares und abschliessendes Bild der in die Zeit von 1799 bis 1804 fallenden Verhandlungen Böttigers mit seiner vorgesetzten Behörde gewährt ein Actenfascikel des Weimarischen Staatsarchivs mit der Aufschrift: »Unterhandlungen mit dem Herrn Oberconsistorialrath und Directors (!) des Gymnasii Böttiger bei dessen Vocation nach Kopenhagen 1799. und nach Berlin 1803. und nach Dresden 1804«. (B 4435.) Unter andern finden sich darin ein paar Billette Goethes, die für das spätere Verhältniss der beiden Männer charakteristisch sind und an dieser Stelle mitgetheilt werden sollen.

Böttiger erhielt im Anfang des Jahres 1799 einen Ruf nach Kopenhagen als »Director einer philologischen Anstalt« mit einem Gehalte von 1800 Rthl. und 500 Rthl. Wittwenpension. Diesen Antrag benutzte er dazu, das Staatsministerium in Weimar um Anstellung noch eines Lehrers am Gymnasium zu bitten, damit ihm so eine Erleichterung seiner Thätigkeit geschaffen würde. Indessen waren Goethe und der Minister Voigt nach einer »Unterredung mit Herrn Vicepräsidenten Herder« der Meinung, dass Böttigers Gesuch abschläglich

---

[1] a) Blätter für literar. Unterh. 1893, S. 693 ff., b) Euphorion, I, 2, 350 ff.

zu bescheiden sei. Der Antwort Voigts an Böttiger liegt ein Billet Goethes bei, der übrigens mit Bleistift dem Voigtschen Rescript eigenhändig ein paar Bemerkungen hinzugefügt hatte. Das Billet lautet:

Bey dem zurückkommenden Conzept wüsste nichts zu erinnern (!) als das Wenige was ich mit Bleystift an den Rand gesetzt habe. Alles ist der Sache u. den Umständen gemäss u. ich wüsste weder dem Inhalt etwas beizufügen noch an einer Wendung etwas zu desideriren. Leben sie recht wohl. Ich befinde mich bey meinem wunden Rücken nicht in den besten Umständen.

Sonnabend Abend   G.

Indessen war damit die Sache nicht abgethan. Böttiger theilte am 31. Januar dem Minister mit, dass er, falls man in Kopenhagen seine nunmehr auf 2500 Rthl. Gehalt erhöhte Forderung nicht annehmen werde, sehr gerne in Weimar bleiben wolle. Allerdings sei es seinen »Copenhagener Freunden wahrer Ernst bey seinem Rufe,« und schliesslich müsse er wohl auch noch einen anderen Entschuldigungsgrund haben, den ihm »der Herzog selbst an die Hand geben möge;« diesen werde er »jetzt wo das Ultimatum von Copenhagen noch nicht zurück ist, mit den loyalsten Gefühlen ergreifen.« Der Schluss von Böttigers Schreiben lautet: »Das Geben setzt freilich überal ein Nehmen voraus, das Nehmen ist aber nicht nothwendig. Das Nehmen zeigt nur des Menschen wahre Gesinnung.« Diesen Brief schickte Goethe an Voigt mit den folgenden Zeilen zurück:

Da sich voraussetzen lässt dass unser loyaler Mann weder gehen kann noch will, da der erwartete Brief wahrscheinl. mit zu den luftigen Waffen dieses ganzen Spiegelgefechtes gehört, so hätte man freylich nicht nötig sich zu übereilen, besonders da man, wie die Sache jetzt steht, sich mehr oder weniger bey jedem Schritt in Desavantage zu setzen in Gefahr ist.

Sollte aber Serenissimus geneigt seyn pro redimenda vexa, gleich etwas zu thun, so wünschte ich dass man gleich fest bestimmte was man thun wollte und es ihm als Ultimatum ganz laconisch hingäbe, um sich nicht aus dem Vortheile herausschrauben zu lassen und bey gewissem *Geben* das ungewisse *Nehmen* immer gesteigert zu sehen.

Der ich recht wohl zu leben wünsche.

                  G.

Eine Unterredung mit dem Herzog am 1. oder 2. Febr. hatte den Entschluss Böttigers zur Folge, für jetzt in Weimar zu bleiben. Allein schon 1803 machte ihn die oben erwähnte Berufung nach Berlin wieder schwankend und im Jahre darauf folgte er endgiltig einem Rufe nach Dresden als Director des Instituts der kurfürstlichen Silberpagen.

Am 23. März hielt er in der überfüllten Aula des Gymnasiums die vielberufene Abschiedsrede, die er auf Wunsch der Herzogin drucken lassen sollte.[1] Doch unterliess die Jenaische Censur nicht, dabei einige Stellen zu streichen. Eine solche am Schlusse der Rede lautete in der ursprünglichen Fassung nach einem Briefe Böttigers an Voigt vom 29. März 1804 folgendermassen: »Er (der Herzog) ist stets ein huldreicher und gnädiger Fürst gegen mich geweßen u. hat mir noch in den letzten Tagen die unvergesslichsten Beweisse seiner Gnade gegeben. Aber auch er *hat nur eingeschränkte Kraft und kann nicht alles auf einmal*. Er musste seine in Asche und Trümmer liegende Fürstenwohnung wieder erbauen. Nun diese durch seine Beharrlichkeit in erneuter und erhöheter Pracht und Herrlichkeit dasteht, wird sein belebender Blick auf diese Schule fallen und in diese Steine, die einer seiner Vorfahren so glänzend zusammenfügte, da wo es *aus Mangel an Hülfsmitteln* noch an Zusammenstimmung und daraus entspringender Kraft *fehlen* möchte, ein schöpferisches: es werde! rufen. Dass Er den reinsten Willen dazu hat, darf ich hier dankbar und laut versichern. Beglücke Du, Allmächtiger« p. p. In seinem Schreiben an Voigt verwahrt sich Böttiger gegen die Insinuation, diese Stelle im herausfordernden Sinne gesprochen zu haben; indessen sie wurde gestrichen. Ebenso wurde die andere, die auf seine erkaltende Freundschaft mit Herder anspielt (a. a. O. S. 338), um die Worte gekürzt: »Möge, wer Unkraut gesäet, auch die Früchte ernten« (nach: »Auch ich, bey Gott, war nicht Schuld« u. s. w.) In dieser Angelegenheit schrieb nun Goethe an Voigt folgende zwei Billete:

Diese Böttcheriade (!) zu pariren wird allerdings verdienstl. seyn. Es ist recht sonderbar, dass der Mann nicht einsieht dass die Stelle wirklich beleidigend ist.

Mit der Erklärung wegen des kindischen Vorsatzes und Antrags bin ich völlig einverstanden u. werde den Ehrenmann darnach berichten.

G.

---

[1] Die Rede ist abgedruckt in O. L. B. Wolffs Encyclopädie der deutschen Nationalliteratur, Lpz. 1835, I, S. 338 ff.

Hierzu machte Goethe noch folgenden Zusatz:

Beykommendes war eben gesiegelt. Für die Mittheilungen danke zum schönsten. Ritters (?) Brief behalte ich noch. Böttcher (!) ist unglücklicher weise zugleich bösartig u. unklug. Wer wird eines Misverhältnisses zu einem Manne wie Herder öffentlich erwähnen? Wer wird sich dabey durch Anschuldigung anderer entschuldigen wollen? Doppelt u. dreyfache Ungeschicklichkeit.

Eichstädten desshalb einige Winke zu geben würde wohl heilsam seyn.

Morgen ein mehreres.

Gründonnerstag 1804.

2. ZEHN BRIEFE VON SUSANNA KATHARINA VON KLETTENBERG AN J. K. LAVATER.

Herausgegeben von Heinrich Funck.

I.

Theurer Lavater!

Ich lege den Dritten Theil Ihrer Aussichten in die Ewigkeit weg und ergreife auf der Stelle die Feder, um Ihnen die Freude, die nicht zu schildernde Wonne zu bezeugen, welche meine Seele bey Durchlesung des 17. 18. u. 19ten Briefes[1] durchdrang.

Ich kenne, schätze und lese mit Nutzen und Vergnügen Ihre Schriften. Aber ich bete Ihnen nicht an und sage beyleibe nicht zu allem Ja und Amen.

In den Aussichten in die Ewigkeit sind viele Dinge, die ich nicht brauchen kann; die sind nicht *vor mich* geschrieben. Was Sie darinnen sagen, habe ich oft und viel in sanfter Einsamkeit und ungestörter Stille mehr *gefühlt* als gedacht.

Ich bin ein Frauenzimmer, die Gabe des Denkens und des richtigen bestimmten Ausdrucks ist ohne Widerspruch dem männlichen Geschlecht eigen. Wir aber sind desto empfindsamer. Sie nennen mir, was ich gefühlt, und indem ich Ihnen

---

[1] Der 17te Brief handelt »Von den gesellschaftlichen Freuden«, der 18te und 19te enthalten »Betrachtungen über die Vergebung der Sünden« und »über die Folgen der Leiden und Geduld.«

das bezeuge, so theile ich Ihnen vielleicht etwas von meinen Empfindungen mit, die eben mit dem Gedanke nicht allezeit verpaart gehen.

Wenn ein gefühliges Herz Lavaters Predigten liest, so schmelzt es. Ich wette, Lavater hat selbst nicht so viel dabey empfunden, es kann auch nicht seyn, er hätte sonst nicht reden können. Wenn unsere Seele ganz Empfindung ist, so höret der Ausdruck auf; sie mag nicht denken; es bemühet, es störet den unaussprechlich sanften Genuss.

So denke ich bey Ihren Predigten. Der Zweyte Theil des Tagebuchs lehrt mich aber, dass unser theurer, herzlich geliebter Lavater überhaupt den wonnesame Genuss, die unaussprechliche Empfindung der von seinem Verstand erkannten Wahrheit *noch nicht hat*. Seelig sind, die nicht sehen und glauben! Fühlen und empfinden ist sehen — wie leiblich sehen ein äusserst zartes Gefühl ist — Glauben Sie also ohne Sehen fort, so lange es der Herr so haben will. Sie werden hier in ihrem Körper noch die Gabe des Sehens, des Empfindens, des Schmeckens bekommen. Die Stunde steht bey dem Herrn.

Darf ich aus ganz eigner und von keinem Menschen gelernten, nur wenigen, wenigen kund gewordenen Erfahrung Ihnen einen Vortheil angeben, der zur Empfindung hilft, so wäre es der Rath: Machen Sie sich viel, ja unablässig viel mit Christus als *Mensch* zu schaffen — und zwar sind mir die Stunden seiner Menschheit, darinnen Er durch die Umstände so ganz von andern Menschen ausgezeichnet ist, in der Krippe, am Kreuz u. s. w. die seeligsten, die fruchtbarsten.

Das habe ich empfunden, die Empfindung währet 17 Jahre, und nimmt immer zu und wird werden, bis ich vor seinem Throne stehe; welche Quelle von Seeligkeit sie mir aber schon hienieden ist, o Freund! das schreibt sich nicht. Sie haben unfehlbar recht, dass die Imagination uns zur Quelle des Verderbens wird, ich weiss es aus Erfahrung. Wenn nun die Imagination mit Bilder solcher Dinge angefüllt wird, die uns reelle Seeligkeit schaffen, sollte sie da nicht auch unsere Heiligung befördern?

Das heisst gelallt. Drücken Sie es philosophisch so eigentlich als möglich aus und geniessen mit den sanftesten Empfindungen eines Kindes die Seegen der Menschheit Jesu.

Meinen Namen, den neuen, werden Sie in der Stadt Gottes hören. Der, den ich jetzo führe, kann Ihnen sehr gleichgültig seyn. Ich bin von Herzen

Dero
ergebene Freundin.

Am 9ten Jenner
1774.

II.

Hier gebe ich Dir, Geliebter Bruder, die mir mitgetheilte Predigten mit dem aufrichtigsten Dank zurück. Sie haben mir Seegen und Erquickung bey dem Durchlesen gegeben und vornehmlich den grossen Nutzen verschafft, Dich *kennen* zu lernen. Ich würde mich der nach Zürich in diesem Frühjahr geschriebene Briefe sehr schämen, wann ich mir die geringste Lehrsucht vorwerfen könnte. Die war nicht die Veranlassung meines Schreibens. Es war ein gewisses je ne sais quoi, das im tiefsten Grund eine Leitung Gottes ist, die wir nach ihrer Weite und Breite nicht verstehen, von welcher ich vor der Hand so viel einsehe, zwey sich vorher ganz unbekannte Menschenseelen von einer Ähnlichkeit im Denken zu überzeugen, die ihnen klar zeiget, dass sie einen Lehrmeister haben.

Darin habe ich gefehlt, dass ich glaubte, wer das sähe, was ich sähe, müsste auch fühlen, was ich fühle. Du siehest mehr und fühlst weniger. Aber Deine Bestimmung ist anders wie die meinige. Wann auch sonst kein Grund da ist, der Deine Führung nöthig macht, so ist das genug. Du bist ein Prediger, der einem Haufen Menschen, die in eignen Tugenden verbildet und gar fromm sind, fühlbar machen soll, dass sie nichts taugen, dass sie gottlose sind. Wer den Beruf hat, der muss sich selbst Sünder fühlen, dann nur was von Herzen geht, dringt zu Herzen. Halte treulich aus und werde nicht müde. Wer einmahl die verborgenste aller Wissenschaften, die Erkenntnis seines Verderbens hat, dem ist die Wahrheit, die Göttlichkeit der Lehre Jesu bald bewiesen. Wer glaubet? wer fühlet jene grosse Weisheit?

Du hast auf Deiner Reise eine Menge Menschen kennen lernen. Wie viele Sünder waren darunter, wie viele Herzen, die sich als gottlose fühlten? Und wer sich nicht so fühlte, auf dem seinen Glauben an Jesum gebe ich *nichts*, er steht im Kopf und auf der Zunge. Den Armen, ganz allein den Armen, wird das Evangelium geprediget.

So gehe dann, Liebster Bruder, in diesem der Natur harten Gang und Beruf treulich fort. Du bist nicht allein, das weisst Du wohl, und Dein öfterer wirklich hoher Genuss reizt den Wunsch nach immer mehrem. Der bleibt nicht aus. Wäre Dir nach Deinen besondern Umständen eine *sichtbare* Offenbarung nöthig, so bekommst Du sie gewiss. Sei nur stille und treu. —

Verabredungen wegen Unterhaltung unserer geschwisterlichen Verbindung zu machen, halte ich vor überflüssig. Wir vergessen uns in diesem Leben nicht und finden uns dorten froh und nahe beysammen wieder. Inzwischen wird sich von Zeit zu Zeit das Benöthigte geben.

Am 27. Julii 1774.

Deine treue Schwester Cordata.

III.

Willkomme in Carlsruh! mein theuerster Bruder! ich eile mich da finden zu lassen. Ich eile und schreibe langsamer, bedächtlicher, schwerer als ich lange nicht geschrieben habe. Was mir fehlt? ich weiss es gar wohl und möchte es nicht wissen. Was hilft aber das? Nichts sich geläugnet, nichts verdeckt, das Bekenntnis einer Schwachheit ist halbe Cur.

Der Abschied, ja der Abschied hat eine Wunde gemacht, die — — das sollte nicht seyn, in keinem Wege sollte das seyn. War es nicht unerwartete Freude, war es nicht ein Seegen, den ich nicht hoffen durfte, Dich persönlich kennen zu lernen, und nun verringert die schmerzhafte Empfindung den Dank?

Das beugte mich bisher, das beugte mich seit dem 1ten August sehr lebhaft. Beynahe hätte es mich zum schreiben untüchtig gemacht. *Das* wollte ich nicht sagen, und etwas anders konnte ich nicht sagen. Seit heute früh um 4 Uhr aber kann ich es sagen, und nun ist der Paroxismus gebrochen.

Die Worte Pauli 2. Cor. V. v. 16 (darum von nun an kennen wir niemand nach dem Fleisch, und ob wir auch Christum gekannt haben nach dem Fleisch, so kennen wir ihn doch jetzt nicht mehr) schlossen das Herz auf. Noch fühle ich sie nur stärkend, besänftigend, ich trage sie aber gewiss eine Weile in der Seele herum. Vielleicht klären sie sich mir zu deutliche Begriffe in etwas auf.

Hast Du nicht etwa eine Predigtabhandlung oder sonst etwas dergl. darüber, mein lieber Bruder? In dem Fall wollte mir gelegentlich die Communication erbitten, und hast Du nichts, so zeichne Dir den Text doch an und theile mir mit, was Dir darüber gegeben wird. Sie sind mir in diesen Augenblicken erstaunlich gross. Das Andenken des schönsten unter den Menschen, des besten unter den Söhnen, die ewig unauslöschliche Eindrücke seines holden Umgangs, so hinübersetzen, sich so aufschwingen, dass die Erwartung einer Zukunft, die all das Genossene wie ein Traumbild machet, unser ganzes Herz anfülle, das sind Lebenskräfte einer neuen Welt, die aber doch nach meinem Favorit-Gedanke ganz gewiss physisch auf uns wirken müssen, weil sie Eindrücke in unserer Einbildungskraft nicht auslöschen, sondern — ich kann nicht sagen erhöhen — dann wir bekommen kein ander Bild — sag Du es.

Genug, mir ist es unendlich sanft, niemand nach dem Fleisch zu kennen. Mein kleiner Freund, den Du nun in etwas kennen wirst, ist mir eine kräftige Übung dieser Lection schon oft — o wie oft! — in einem Freundschaftsgang von *20 Jahren* geworden. Nun wie gefällt er Dir, mein Bester? Du darfst es mir ganz frey sagen. Seiner Verdienste wegen habe ich ihn nie geliebt. Kennt Liebe Verdienste? Waren es Davids Verdienste, die ihm das Herz Jonathans auf ewig verbanden? Und würde Jonathan aufgehört haben Davids Freund zu seyn, wenn er die Auftritte mit Bathseba u. d. g. erlebt hätte? Nein, der liebt nicht, der wann sein Freund die Galeeren verwirkt hätte, ihm nicht auf den Ruderbänke noch zugethan ist. J'en appelle à votre coeur.

Adieu, mein Theuerster. Der Jehova, der uns Jesus heisst, begleite ferner Deinen Aus- und Deinen Eingang. Zähle mich zu Deinen guten Genien. In den Feldern von Tübingen hoffe ich Dir nächstens zu begegnen.

Am 4ten August 1774.

IV.

Vielen Dank, mein lieber Bruder, für Dein liebes Briefchen. Einen Brief an Dich habe den 6ten huj. nach Tübingen abgehen lassen, der wird auf der Post zu finden seyn, den 9ten einen nach Schafhausen an Gaupp. Du siehst, wie meine Seele Dich begleitet. Das wäre aber nicht viel, wann sie allein handelte. Allein handelt und wirkt sie hier nicht. Die Zeit würde mir bey einer Sache lange verdriesslich werden, die so unerheblich wäre. Unser *grosser Freund* ist der eigentlich Wirkende, das glaube mir zu gefallen, wann Du keine näheren Gründe hast, Du hast aber viele, wenn gleich nicht alle. *Hier* bitte Dein Motto anzuwenden: Es muss gewartet seyn! Inzwischen koste, benutze die bitteren Gefühle und sage, so lange *die* dauren, niemahlen mehr von Gefühllosen.

Herzlichen Dank vor die übersendete Einlage. Den 10ten habe einen allerliebsten Brief von der denkende, fühlende, liebkosende Seele¹ erhalten. L'amour n'a rien d'impossible, unsere Correspondence kommt aller Geschäften ungeachtet doch in Gang, und das wird *Dich* sehr erleichtern bey dem Schwarm, der Dich bey Deiner Rückunft erwartet. Lasse o ja | Ψ+. Ψ | Ψ Ϝ. lasse mir diese Bäbe oder Pfenninger gleich melden, ich sehne mich Dich in Zürich zu wissen. Die aufgetragenen Commissions besorge Θ L + − | ϙ L + ϙ Ψ + Ψ ϙ L Ψ.

Am 13. August 1774.

V.

Frankfurt am 27. Aug. 74.

Seyd mir tausendmahl willkomme! seid willkomme Ihr liebe Zeilen aus *Zürch!* 3 von da sind mehr werth als 3 Bogen sonsten woher.

---

¹ Frau Barbara (Bäbe) Schulthess im Schönenhof in Zürich.

Ich weiss gar wohl, warum ich Dich so sehnlichst dahin wünschte, mein lieber Bruder.

Deine Reise war eine Arbeit im Weinberg Deines Herrn. Er wird Dich reiche Früchte sehen lassen. Allein es war Arbeit bey Last in schwüler Hitze. Der erste Seegen wird seyn, dass Dir das Ausgestandene nicht schadet und Dein Husten sich bald wieder verliert. Wir wollen ihm aber den Abzug gerne erleichtern. Schone Dich so viel Dir möglich. Ruhe, d. h. arbeite nicht bis zum Ermüden, gehe bey der Hitze nicht spazieren. Nimm Dich im Essen und Trinken wahr, nichts Reizendes wie es Nahme habe, keinen lieben Schweizerkäs, nichts *Saures* und nichts Säurlicht-Süsses weder aus der Küche noch aus der Apothek. Glaube denen nicht, welche das Saure als eine treffliche Kühlung rühmen. Es kühlt ohne Schaden Leute, die ein fettes schweres Blut haben. Aber jemand, in dessen Adern ein Sal volatile rollt, dem ist es Gift und Schaden. Nitrum und alle Salzen sind nicht minder böse. Kühlunge vor Dich müsse Mandelmilch, Gelee von Hirschhorn u. d. g. seyn, die gewiss gute Dienste thun, und weil ich doch im Medici-Ton bin, so wollte noch einmahl feyerlichst gegen den Hofmännschen Liqueur protestiren. Er ist nicht vor Dich, mein Theuerster. Das fürchterliche Acidum vom Olei vitriol. ist aller Dulcification zu trutz doch immer noch tief versteckt darinnen. Könntest Du dann zur Stärkung nicht die edle Cortex Peruv. nehmen? Stärkend ist sie *gewiss*, hat keine Hitze, keine Säure, und *wenn sie keine Obstruction* macht, dann ist sie eine himmlische Arzeney.

Nun, Lieber, ein ganzes Blat voll *theur* erlangter Warnehmung. *Die* waren nun vor der Hand das Nöthigste. Ich habe Dir aber noch so viel zu melden, dass Du vor jetzo noch keine Zeit es zu lesen hast. Nächstens will ich mit Dingen, die nicht so viel werth sind, als die von Dir in Handen habende Papieren, den neuerfundnen Weg pr Basel nach Zürch suchen. Dann von allerley.

Deine Zeilen an G.[1] gabe ihm insgeheim zu lesen. Seinen Vater verdriesst es, wann Du nicht an ihn (den Alten) schreibst und Dich förmlich ob mir mit 3 Wort bedanckst. Versäume es nicht, der Jüngling bekommt sonst Verdruss.

Lebe wohl und hange an dem unsichtbaren, nahen, nahen Freund, den Du so lebhaft fühlest, wenn er Dir in die Seele haucht; Lavater wie kalt bistu! Krieche in Seine Strahlen, in das Zeugnis von Ihm und wärme Dich. Ich bin so lebhaft bey Dir, dass ich bald nicht weiss, ob Du in einer andern Stube oder in einem andern Lande bist.

Ich umarme Dein liebes Weibchen — ich — die Deine —
Cordata.

---

[1] Goethe.

VI.

Frankfurt am 12. 7tember 1774.

Meines Nachbar sein Güterwagen geht morgen nach Basel, ich sende Dir, mein Theuerster, Anlagen mit vielem Dank zurück. Was ich dazu geschrieben, lese, wann es *möglich* ist, mit dem Auge eines Unstudirten, mit dem Herzen eines Bruders. Das ist Dir gewiss möglich. Manches mag wunderbar klingen, ich rede Erfahrungen und will sie nicht mit Schulwörter ausdrücken, die mir so uneigentlich dünken, die mich so lang geneckt. Auf die Erfahrung lasse ich es getrost ankommen. Möchtest Du, Lieber Bruder, bald *schmecken*, wie wohl es einem Herzen thut, das mit lebhafter Empfindung sich als den grössten Sünder fühlt und jetzo grade in diesen Jammerstunden sagen kann: Wie meine Wunde blutet, wie sie brennet, lasst seyn, ich sterbe nicht an diesem Schaden. Ich habe ein aur. potabil. empfangen, einen unverweslichen Tropfen genossen, der bildet alles um, der gestaltet mich, so wie mein Haupt zur Rechten der Majestät gestaltet ist.

Gestern habe einen Brief von Hasenkamp[1] empfangen, den ich nicht mit senden kan, weil er noch nicht beantwortet ist. Ein andermahl. In dem dabey befindlichen Glückwunsch des Duisburger Gymnasiums an H. Meister[2] stiess mir S. 10 die hier mit Bleystift geschriebene Stelle (das Lebendigmachen eines Geistlich todten Menschen ist ein Wunder — ist Mittheilung eines neuen Lebens — aber dieses Wunder thut Gott an Niemand, der nicht vorher aus natürlichen Kräften thut, was er thun kan, ein besserer Mensch zu werden) sehr vor die Stirne. Ich habe sie in meine Sprache übersetzt, höre einmahl, wie es sich da ausnimmt:

Die Auferweckung eines verstorbenen Menschen ist ein Wunder. Aber kein Verstorbener kan auferweckt werden, zu keinem nahet sich der erhabene wunderthätige Arzt als zu solchen Körper, die sich waschen, reinliche Kleider anziehen und in einen wohl zugerichteten Sarg legen. Habe ich es übersetzt oder ridiculisirt? Sage es mir, letzteres wolte ich nicht. Es wird auf dem andern Blat mit Naturkräften eingeleitet, die Frage ist aber von geistlichen Kräften. Natürl. gute Augen habe ich, aber ich kan keine Geister sehen und würde nie meine Sehnkraft dazu tüchtig machen können.

Im Grunde ist es auf Lavater geredet, das zeiget Seite 11. Der soll recht fromm werden und dadurch die höhere Beruhigung erlangen. Ich mag nichts weiter auf die quälende

---

[1] Rector Hasenkamp in Duisburg; an ihn hatte Lavater den 30. Juli von Frankfurt aus geschrieben.

[2] Meister, Prediger in Duisburg, vormals in Bernburg, Hasenkamps Busenfreund und ein grosser Verehrer Lavaters.

Kraftmittel sagen. Mein Magen verdauet nicht. Nun esse die härteste Speise. Man muss ihn zwingen. Esset allein, gebt mir Arzeney.

Davon schreibe ich aber kein Wort an Hasenkamp. Ich antworte kurz und liebreich, das ist meinem Herzen in meiner Zeit gemäss. Ich sage nichts davon, dass *Du Du* an der Correspondenz schuld bist.

Nun Theuerster! mehr geschrieben als Du Zeit zu lesen hast. Untersage es mir, wann es Dir beschwerlich fält. Sende mir immer, was Du mir senden kanst. Du erfreust mich sehr damit. Oft bin ich bey Dir und Sonntags zwischen 2 und drey unfehlbar in der Waysenhauskirche.

Ich grüsse alles, was mich liebt.

Cord.

VII.

Eine halbe Stunde vor Abgang der Post empfange Anlage.

Ja, Bruder, was G.[1] meldet, sagte ich, und hernach redete ich viel mit *dem*, von dem ich in meinem letzten rühmte, dass Er mich noch nie ohne Antwort entlassen. Nie hat Er das gethan, und nun bin ich in einem doppelt dreyfach dringenden Anliegen, davon die Wundersache ½ ist. Nur dass ich nicht müde werde, an der Erhörung ist bey dem Anhalten kein Zweifel.

Der Brief in Schönhof[2] vom 18ten, den Ihr Lieben jetzo in Handen haben werdet, enthält weitläufig meine Gedanken wegen der Sache. Künftig wird sich noch mehr davon sagen lassen. Die Briefe nächstens zurück und dann noch mehr.

Wunder mögen geschehen, ich weiss es nicht, Gebet muss erhört werden, ist also ein Ding. Warum wissen wir so wenig davon, weil wir nicht viel bitten. O des schändlich bösen Herzens, das lieber mit einem Hündchen tändelt als mit Christo redet. Adieu m mahl Ihr Lieben.

Den 24. 7tember 74.

VIII.

Hier kommen endlich die Briefe von Gassner zurück, die G.[3] so lange behalten.

Was er dazu denkt, soll, wird er selbsten melden. Ich bin stille, sehe alles an, bete: Herr, Dein Reich komme! und will nicht gerne zu früh miracle! rufen.

Bewahrheitet sich aber die Sache, hat der Mann nur

---

[1] Goethe. [2] an Frau Barbara (Bäbe) Schulthess. [3] Goethe.

die zwey kranken Nonnen hergestellt,[1] dann, ja dann, verewigte Reformatores der Kirche, dann, nehmt es mir nicht ungütig, wenn ich glaube, ihr habt die Kirche nicht nur reformirt, sondern auch retranchirt, und wie leicht geschiehet so was! Wie leicht ist mit dem Schutt des Aberglaubens auch der so unansehnliche — mächtige Kinderglaube hinausraisonnirt worden.

Aber catholisch werde ich doch nicht, ich werde eigentlich nichts, als immer mehr durch Gottes Gnade das, was ich bin.

Wunder gibt es — noch einmahl zu sagen — *unzählige* unter seinem Volk. Lavater hat solche nicht nur gesehen, sondern selbst gethan, thut sie erforderlichen Fall noch immer, da schwöre ich vor. Aber die sind ihm nicht genug, weil sie in die Welt hinaus nichts beweisen. Wir wollen sehen, was aus der Sache wird, immer etwas Gutes, weil davor gebetet wird.

. . .
Frankfurt am 4. 8tober 1774.

IX.

Dem Geliebten Lavater an seinem Geburtstag 1774.

Der Herr ist wahrhaftig auferstanden und Simoni erschienen riefen die versammelte Freunde Jesu denen von Emaus kommenden entgegen. Diese erzählten ihnen, was *sie* erfahren hatten; da sie aber dieses redeten, trat Jesus mitten unter sie und sprach zu ihnen: Friede sey mit Euch.

Begegne auch dem Freund, der sehnlichst nach Dir dürst,
Du Auferstandener, *ihm*, Holder Lebensfürst!
Solt etwa (unbemerkt) Dir was im Wege stehn,
Raums weg, Du kanst ja durch verschlossne Thüren gehn.
S. C. von Klettenberg.

X.

Mein L..! mein Bruder! von dem mich keine Entfernung, ja selbst das Grab nicht trennet, in welchem Trauerton schreibst Du mir?

Kein Tag gehet hin, wo ich nicht mit Deinem und meinem Freund von Dir und über Dich rede mit Gefühl und Trost. Thomaswonne, die ich Dir so gerne gönnete, erflehete ich Dir eine Stunde vorher, ehe ich Deinen Brief vom 23. empfing.

---

[1] Diese angeblich im Namen Jesu von Gassner bewirkte Heilung zweier kranken Schwestern aus Münsterlingen war zu Meersburg geschehen, wohin der Bischof von Konstanz den »Wunderthäter« hatte rufen lassen.

Wie *immer*, so auch da war mein Herz voll froher Zuversicht der *gewisssten*, der *unfehlbarsten* Erhörung, und nun erhalte ich Dein Billet. Ist das Erhörung? Ja es ist. Keine Minute bin ich wankend geworden. Freylich ist es Erhörung. Du bist krank, so gehört der Arzt vor Dich. Wärest Du Deinem Gefühl nach gesund, ruhig, und ich hätte doch eben nicht einfach zu glauben, dass schon eine gründliche Ausheilung bey Dir vorgegangen, wie viel banger wäre mir.

Du stirbst nicht, mein Theurster. Er ist gestorben, Du sehnest Dich nach Ihm, und solltest sterben? Ehe wird Himmel und Erde vergehen. Aber Deine Leiden, o wie durchbohren sie mein Herz, Dir wird geholfen, meine Seele saget mirs, meine Seele, die das unwandelbare Wort wie einen Anker fasset, der in das innerste Heiligthum gehet und den dicken Vorhang, mit welchem es verhüllet ist, durchdringt. Allein die Menschheit seufzt: O du Herr, wie lange! Auch das hört Er und sagt mir darauf, ja Lieber Bruder, mit unbeschreibl. Empfind. sagt Er mir: Fürchte Dich nicht, glaube nur.

Mit einer Kühnheit, die Er schenkte, durfte ich Ihm gestern Abend sagen: Meine Seeligkeit hängt an Lavaters Seeligkeit; geht der verloren, so gehe ich auch verloren, errettest Du den nicht, wie sollte ich glauben, dass ich errettet bin und den Tod überwinden werde, und unbeschreiblicher Friede und Versicherungen, die man fühlen muss, um ihren Werth zu kennen, brachten ein lautes, ein frohes, ein ganz zuversichtliches *Amen* hervor, ein Amen, das mit Dank verknüpft ist. Ja *Du*, mein Lieber! ja ich, *ich* nicht minder wie *Du*, wir werden Ihm noch in der Zeit und unaufhörlich in der Ewigkeit vor diese Angststunden danken.

Ich leide, aber ich bete tief in Staub gebückt seine Wunderführung an, die mich mit Dir verbunden, die mich zu einem Zeugen, mehr als Zeugen, zum Mitgenossen Deiner Leyden machet, dann der Ausgang ist gewisse Seeligkeit.

Unbeschreibl. Wonne, o Jesu! strahlt mir durch diese dicke Finsternisse entgegen, wenn ich im Glauben die Stunde ahnte, in welcher Du Dich dem Jammervollen als Besieger der Sünde und des Todes offenbahren wirst. O wahre Thomaswonne, getrost in Tod und todesmässige Angst hineingegangen. Nach durchrungner Nacht geht die Sonne auf, erscheinst da in Deiner Lebenskraft. Amen, Amen. Wirf Dein Vertrauen nicht weg, mein Herzensfreund, der gringste Grad hat grosse Belohnung.

Deinem ängstlichen: Verlohren! antworte ich mit den grossen Worten Ev. Joh. 3. V. 14. 15 (Und wie Mose in der Wüste eine Schlange erhöhet hat, also muss des Menschen Sohn erhöhet werden, auf dass alle, die an ihn glauben nicht verloren werden, sondern das ewige Leben haben). Und das, Geliebter, ist das einige, was ich ohne Ausnahme von Dir fordere, wie ein von Schlangen Gebissener, so sehe den gekreuzigten Nazarener an. Denke nichts dabey als: Dein Blut komme über mich, ist Er Gott oder blosser Mensch, lass es Dir gleich viel seyn. Er ist Dein Helfer. Lass Dir erst helfen, hernach forsche, wer der Wunderhäter ist. Die Rechte der Majestät ist eine schwindelnde Höhe, *erfliegen* lässet sie sich gar nicht, langsam muss sie erstiegen seyn, und der Weg geht über Golgatha.

Da, mein Freund! *Da* unter Seinem Kreuze verlasse ich Dich wie Johannes. Was wusste der, wer sein Freund eigentlich war? War ihm auch nicht nöthig zu wissen. Er liebte den Gekreuzigten, er hing an ihm, genug. Das andere, er konnte nicht ahnen, *der Gekreuzigte*, weiter konnte kein Gedanke kein Gefühl gehen. So sey es Dir. So bleibe es mir, bis ich Ihn sehe, und bis dahin bin ich über den Ausdruck Dein.

Den 29. November 74.

Herzliche Grüsse an Pfenninger, an Bäbe, bald antworte ich ihr.

Von den Briefen, welche Susanna Katharina von Klettenberg an Lavater geschrieben, war bis jetzt nur Einer bekannt gewesen. Derselbe wurde von ihr unter dem Namen Cordata am 20. Mai 1774 gemeinschaftlich mit Goethe an den Propheten in Zürich gerichtet und von S. Hirzel in seiner Schrift zur Feier des 21. Mai 1867 »Briefe Goethes an helvetische Freunde« S. 2–5 veröffentlicht.

Dem Herausgeber obiger zehn Briefe lagen noch zwei weitere Originalschreiben der Fräulein von Klettenberg an Lavater vor: eines vom 2. Juli 1774 und eines vom 7. Juli desselben Jahres, welche Lavater beide in Ems empfing.

1. Bis jetzt wurde allgemein angenommen, dass Lavater seine Verbindung mit dem Fräulein von Klettenberg in Frankfurt Goethe zu danken hatte. Allein die fromme Leiterin von Goethes Jugend hat, wie Nr. 1 unserer Briefe lehrt, ohne die Vermittelung ihres jungen Freundes mit Lavater als einem ausserordentlichen religiösen Schriftsteller angeknüpft. Vor allem war es des Züricher Pfarrers vielgelesenes Werk »Aussichten in die Ewigkeit, in Briefen an Herrn J. G. Zimmermann«, also dasselbe Buch, welches den Bückeburger Herder zu einem Freunde Lavaters gemacht, das es auch ihr angethan hatte.

2. Dieser Brief ist an demselben Tage geschrieben, an welchem Lavater das Emser Bad verliess, Goethe daselbst bei Basedow zurücklassend. Auf seiner Hinreise nach Ems hatte Lavater in den Tagen vom 23. bis zum 28. Juni sich in Frank-

furt aufgehalten und damals Fräulein von Klettenberg persönlich kennen gelernt. Den 26. Juni waren ihr in Frankfurt von ihm die Predigten übergeben worden, deren Zurücksendung an Lavater sie mit den von uns unter Nr. 2 mitgetheilten Zeilen begleitete. Drei von diesen Predigten waren über 2 Kor. V, ihren Favorit-Text.

Die Lieder hingegen, welche sie ebenfalls in Frankfurt von ihm erhalten hatte, waren ihm bereits in den ersten Tagen seines Emser Aufenthaltes wieder von ihr zugestellt worden. »Mein Savoir faire« — schrieb sie in ihrem Briefe vom 2. Juli über dieselben — »ist nicht gross genug, sie zu verschönern; einige, so ich mit N. B. gezeichnet, konnte ich gar nicht geniessen. Verzeihe mir meine Leckerhaftigkeit; die wirst Du noch oft inne werden.« Dieses Urtheil musste Lavater um so werthvoller sein, als es von einer Glaubens- und Geistesverwandten gefällt war, deren eigene christliche Lieder, »ein reiner inniger Ausdruck ihrer religösen Stimmung und Erfahrung«, ihm in Frankfurt Thränen entlockt hatten.

3. Dieses Schreiben wurde von Fräulein von Klettenberg abgefasst, nachdem Lavater auch auf der Rückreise von Ems sich in Frankfurt aufgehalten und die alte Reichstadt am 1. August wieder verlassen hatte; es ist nach Karlsruhe gerichtet, wo Lavater Sonntag den 7. August in der Hofkapelle über die Gotteskindschaft des Christen an derselben Stelle predigte, an der wenige Jahre zuvor Herder über die Bestimmung des Menschen gesprochen hatte.

4. Wenn Fräulein von Klettenberg den 6. August einen Brief an Lavater nach Tübingen abgehen liess, den 9. einen solchen nach Schaffhausen sandte und den unsern hier am 13. August nach Zürich adressirte, so eilten ihre Briefe dem allenthalben auf seiner Heimreise aufgehaltenen berühmten Manne weit voran. Denn Lavater kam am Abend des 8. August erst in Ludwigsburg an, am 12. reiste er von Stuttgart nach Tübingen.

5. In diesem Briefe beweist sich Fräulein von Klettenberg ganz als die treubesorgte Freundin und vortreffliche Beratherin und insbesondere als die halbe Aerztin, als die wir sie nach den Schilderungen in Goethes »Dichtung und Wahrheit« und nach den »aus ihren Unterhaltungen und Briefen entstandenen« Bekenntnissen einer schönen Seele in »Wilhelm Meister« uns vorstellen.

6. 7. 8. Wer wird nicht, wenn er diese drei Briefe der Klettenberg an Lavater gelesen, an folgende Stelle der »Bekenntnisse einer schönen Seele« erinnert:

»In der neueren Zeit haben einige Verfechter der Religion, die mehr Eifer als Gefühl für dieselbe zu haben scheinen, ihre Mitgläubigen aufgefordert, Beispiele vor wirklichen Gebetserhörungen bekannt zu machen, wahrscheinlich weil sie sich Brief und Siegel wünschten, um ihren Gegnern recht diplomatisch und juristisch zu Leibe zu gehen. Wie unbekannt muss ihnen das wahre Gefühl sein, und wie wenig ächte Erfahrung mögen sie selbst gemacht haben.

Ich darf sagen, ich kam nie leer zurück, wenn ich unter Druck und Noth Gott gesucht habe. Es ist unendlich viel gesagt, und doch kann und darf ich nicht mehr sagen. So wichtig jede Erfahrung in dem kritischen Augenblicke für mich war, so matt, so unbedeutend, unwahrscheinlich würde die Erzählung werden, wenn ich einzelne Fälle anführen wollte. Wie glücklich war ich, dass tausend kleine Vorgänge zusammen, so gewiss als das Athemholen Zeichen meines Lebens ist, mir bewiesen, dass ich nicht ohne Gott auf der Welt sei: Er war mir nahe, ich war vor ihm. Das ist's, was ich mit geflissentlicher Vermeidung aller theologischen Systemsprache mit grösster Wahrheit sagen kann.«

9. Hatte die edle, hingebend fromme Klettenberg in ihrem Briefe vom 12. September (Nr. 6) dem Freunde in Ansehung seiner »Begierde nach mehrerer Offenbarung«, seines Dranges, die Fülle der eigenen Persönlichkeit durch eine höhere Macht zu kräftigen, mütterlich warnend zugerufen: »er solle recht fromm werden und dadurch die höhere Beruhigung erlangen«, so geht sie in diesem ihrem Glückwunsch zu Lavaters 33. Geburtstagsfeste liebevoll auf das »damals noch bescheidene Hoffen« und Schmachten seines Innersten ein.

10. An seinem Geburtstag im Jahre 1774 konnte Lavater trotz aller Erfolge seiner diesjährigen Reise nicht freudig auf das verflossene Lebensjahr zurückblicken. Am 6. Mai, also nicht lange vor der Reise, hatte er seinen alten treuen Vater verloren, und während seines Badeaufenthaltes im fremden Lande war ihm daheim ein geliebter junger Sohn gestorben.[1] Beim Hinscheiden des 76jährigen Greises waren schwere Zweifel an der Auferstehung, am Wiederaufleben in ihm wachgerufen worden, und er, dem es in staunenerregender Weise gegeben war, die Glaubensbedürftigen zum kühnsten Aufschwunge hinaufzuheben oder in den ermuthigendsten Aussichten zu befestigen, hatte damals Freund Herder angerufen, ihn im Glauben an die Unsterblichkeit der Seele zu bestärken. Als Lavater aber von seiner Reise in den inzwischen noch kleiner und stiller gewordenen Kreis seiner Lieben zurückgekehrt war, kehrten die kaum beschwichtigten Zweifel in noch stärkerem Masse bei ihm wieder, und Furcht vor dem ewigen Tode beklomm sein Herz. Auf Zeilen, welche Lavater in dieser

---

[1] In ihrem Schreiben vom 7. Juli condolirt Fräulein von Klettenberg wegen dieses Todesfalles Lavater; in einem ebenfalls mir vorliegenden Briefe vom 8. Juli spricht sie Lavaters Frau ihre Theilnahme aus.

sehr trüben, geängstigten Stimmung an seine Seelenfreundin in Frankfurt gerichtet hatte, antwortete sie, »die christlichste Christin, die er kannte«, in dem von uns an letzter Stelle mitgetheilten Briefe.

Dieses Schreiben voll Liebes- und Glaubensgluth, welches gewiss wohlthätig auf das Gemüth des zagenden und bekümmerten Herzensfreundes wirkte, war das letzte, welches Lavater von der »schönen Seele« empfangen sollte. Denn schon im nächsten Monat, am 16. December 1774, wurde Susanna Katharina von Klettenberg kurz vor erreichtem ein und fünfzigsten Jahr durch einen sanften Tod aus diesem Leben abgerufen. So löste sich das schöne Freundschaftsband zwischen der hochgebildeten, christlich frommen Freundin des jungen Goethe und dem christlichen Denker und Seher in Zürich noch in demselben Jahre, in welchem dasselbe zu beider Gewinn und hohem Genuss von jener geknüpft worden war.

Indem ich hier abbreche, sei mir gestattet, noch dem gütigen Besitzer der von mir mitgetheilten Originalbriefe, Herrn Antistes Dr. Finsler in Zürich, für die Erlaubniss zur Veröffentlichung besten Dank zu sagen.

II. Abhandlungen.

I.

GOETHE UND UNSERE ZEIT.

VON

GEORG THUDICHUM.

Schulrede, gehalten den 14. September 1849.

Es ist ein ernstes Gefühl, gleich nahe der Freude wie der Trauer, das unser Gemüth am Ende einer grossen Unternehmung in Bewegung setzt. Denn auch wenn sie gelungen ist, so stellt sich uns beim Rückblick die ganze Summe der Gefahr und Mühe von Neuem vor die Seele, und auch in dem was wir erreichten, zeigt sich uns die demüthigende Wahrnehmung unserer Unzulänglichkeit: Zufall, Geschick, Vorsehung, wie wir es nennen wollen, immer ein Höheres waltet über all unserem Beginnen. Umgekehrt, wenn misslungen ist, was wir erstrebten, so bleibt uns gleichwohl nicht eine nur herbe Empfindung, sondern auch sie ist von gemischtem Wesen, weil jede kräftige Strebung den Thätigen erhebt und befriedigt und weil keine Bemühung für das Gute und Ganze wirkungslos vorübergeht.

Diese Gedanken überkamen mich vor Kurzem, als ich meinen Sinn auf den heutigen Tag richtete, und ihn mit dem bei mir verglich, wo ich vor Jahresfrist dieselbe Feier einzuleiten hatte. Damals dünkte uns wohl Manches bereits gelungen, was nun nicht geworden ist, Vieles lag vor uns, was wir jetzt hinter uns sehen, Manches, was wir wünschten, erscheint uns vielleicht nicht mehr wünschenswerth, es ist Vieles anders geworden, und nicht Alles zum Besseren. Das starke, das freie, das einheitliche Vaterland

scheint Vielen weiter entrückt, als jemals. Mir, ich gestehe
es, scheint noch kein Grund vorhanden, muth- und hoff-
nungslos vor uns hinzusehen. Nicht nur, dass wenn die
Bemühungen der Zeit einen Werth hatten, sie in irgend
einer Verknüpfung der Ereignisse wieder hervortreten
werden; es sind auch wesentliche Fortschritte gemacht,
wichtige Erwerbungen gesichert worden. Die Stärke ruht
in dem Gemeingefühl, die Freiheit in der einheitlichen
Gleichheit: jene Versammlung, einst vom ganzen deutschen
Volke gewählt, über alle seine Angelegenheiten berathend
und beschliessend, sie ist eine Thatsache, die nicht bloss
der Geschichte, die für immer und mit fortwirkender Gewalt dem Bewusstsein der Nation angehört; eine Reihe
ausgleichender, freiheitfördernder Gesetze sind schon dem
Leben einverleibt, schon als gewohnt in unseren Gedanken-
kreis übergegangen; ein Geist der Zeit hat sich deutlich
kund gegeben; er ist nicht ein zerstörender Dämon, aber
er ist ein mächtiger Genius, bald mit mildem Blick und
segnender Geberde, bald auch mit zürnender Miene, den
Demantschild und das flammende Cherubschwert in seinen
Händen.

Die Geschichte zeigt ein Wirken der Gerechtigkeit,
doch ist es oft schwer zu erkennen, sie offenbart einen
Fortschritt, aber er ist stockend und dunkel; zu jener gehört die Ausgleichung alles Uebermasses, zu diesem die
Wahrnehmung, dass geistige Kräfte immer zuletzt ein
Uebergewicht behaupten. Sie allein sind fähig sich zu
vervollkommnen, während das Leben der Materie nach stets
gleichen Regeln verläuft. So lange ein Volk noch Religion
und Wissenschaft, ausreichende, sich lebensfähig bewegende
Schulen und geistig regsame Kirchen, so lange es Poesie
und Kunst besitzt, wird es nicht untergehen. An diesem
Besitzthum richtete sich unsere Nation vor vierzig Jahren
auf, und man erinnert sich noch gar wohl, wie dieses Bewusstsein den Deutschen tröstete in einer Zeit politischer
Erniedrigung. Unterdessen ist er auch in Angelegenheiten
des öffentlichen Lebens viel reicher und mündiger geworden,
fast bis zur Unterschätzung seines intellectuellen Reichthums.
Denn in der Freude des neuen Besitzes wird der frühere
für einige Zeit zurückgelegt, bis er allmählich neben jenem
in seine Rechte wieder eintritt. Insbesondere ist der von
Blut so ruhige Deutsche in allem Theoretischen enthusiastisch, alles von der idealistischen Seite auffassend. Aller
Enthusiasmus aber ist ausschliessend, es ist nur ein Schritt
von ihm zur Unduldsamkeit.

Vor wenigen Tagen war der hundertjährige Gedächtnisstag der Geburt unseres grössten Dichters. In seiner

Vaterstadt Frankfurt sowie in einigen anderen Städten Deutschlands hat man eine Feier veranstaltet, ziemlich überall dieselbe, mit lauer Theilnahme, kühlen Berichten darüber, und schon erscheint der grosse Tag wie vergessen. Wir unseres Theils waren lebens- und hoffnungsfrohe Jünglinge, als wir vor dreissig Jahren den siebenzigsten Tag des hohen Mannes begingen. Auf einem weitschauenden Berge unter dem Gewölbe ragender zum Tempel ausgeschmückter Bäume, an dem herrlichsten blauen Tag versammelte sich die Umgegend zu Gesängen, Reden, Bekränzung der Büste des Dichters, dann beim ländlichen Mahl und zu geselligen Gruppen und Tanzgenuss, bis uns der reinstrahlende volle Mond jedem zu seiner Behausung zurückleuchtete.

In wie fernen Zeiten schien damals das heutige Jahr zu liegen! Man gedachte wohl diesen Tag, wer ihn sehen würde, viel feierlicher zu begehen; und nun sind wir stille gewesen; gleichwohl mit Recht; denn einen schwachen Abglanz der akademischen Festlichkeiten grosser Städte hier im Kleinen vorzuführen, wäre kümmerlich erschienen; ein mehr volksmässiges Fest aber war nicht zu bereiten, dazu fehlte es an Stimmung und Verständniss; der Gegner nicht zu gedenken. Goethe hatte auch schon zur Zeit jener ersten Feier mehrere, und namentlich zweierlei Gegner: die Orthodoxen und die Radikalen. Die letzteren nannten ihn schon frühe einen Aristokraten; es trat diese Gegnerschaft in der Literatur hervor, so durch Müllners Mitternachtsblatt, nachmals in Menzels, in Börnes imaginärer Feindschaft gegen den geheimnissvollen Alten, selbst Wilhelm Schlegels Angriffe haben etwas von dieser Färbung. Der Widerwille der Orthodoxie sodann ist nicht weniger alt. Gleich nach jener Feier im Jahre 1819, um nicht früherer Zeiten zu gedenken, hatte ich mehrere Disputationen mit Theologen zu bestehen, die zum Theil in Goethe selbst den Dichter nicht anerkennen wollten; es klang die Weisheit der falschen Wanderjahre des Pastors Pustkuchen in weiten Kreisen nach: alles was sich dem unbequemen Gefühl der Verehrung eines grossen Mannes zu entziehen froh war, stimmte ein in den Chorus. Das spann sich dann fort in Hengstenbergs Kirchenzeitung, die seiner Zeit das Denkmal einer edlen Geistesfreundschaft, den Briefwechsel zwischen Schiller und Goethe, ein heidnisches Wesen nannte, das zeigte sich bei dem Schillerfest in Stuttgart, worüber eine ganze kirchliche Partei unwillig war. Dass solche zwei, sonst nicht leicht verbündete Richtungen denselben Mann tadelten, könnte gegen ihn zu sprechen scheinen, es lässt sich auch zu seinen Gunsten als Wirkung der rechten Mitte erklären, in welcher, nach der Weisen Urtheil,

die Wahrheit liegen soll. Da liegt sie auch, da liegt der
Rath; aber die That in entscheidenden Momenten wird oft
von dem Aeussersten ausgehen müssen, weil in weltlichen
Dingen der Menschheit kaum jemals ein ruhig ebener Fortschritt, eine Entfaltung ohne Kampf gegeben wird.

Wir wollen uns in Bezug auf jene doppelten Gegner
Goethes Eigenthümlichkeit vergegenwärtigen. Geboren in
der uralten Reichsstadt von einer angesehenen, patricischen
Familie, ja in jugendlichen Fantasieen seine Abkunft aus
höchsten Regionen ableitend, in einer Zeit wo man den
Unterschied der Stände noch mit einer religiösen Ehrerbietung betrachtete; von Jugend auf gewohnt, durch die
Ueberlegenheit seines Geistes jede Umgebung zu beherrschen,
durch Anmuth sie zu fesseln; frühe vom Sonnenglanz des
Ruhmes beleuchtet; so kam er ein Jüngling in die Umgebung
der Grossen der Erde, an einen Hof, der fähig war, ihn
nicht bloss als eine Zierde zu betrachten, sondern auch die
Grossheit des Mannes zu würdigen, zu einem Fürsten von
verwandtem Geiste, der seinen Beamten zu seinem Freunde
machte. Und dieses in einer Zeit des glücklichsten Friedens,
wo es schien, als sollten die mittelalterlichen Zustände auf
dem Wege der innerlichen Umbildung den Anforderungen
höherer politischer Reife von selber weichen. Wenn nun
diese fünfundzwanzigjährige Ruhe plötzlich durch einen
ungeheuern Umsturz in dem Nachbarlande gestört wurde,
kein Wunder, dass ein so organisirter und so gestellter
Mann, dazu ein Dichter, dessen Beruf ein geistiger ist, eine
zwar sehr kräftige, aber auch gegen jedes Rohe und jedes
Unmass höchst empfindliche Natur, dass ein solcher Mann
sehr bald ein entschiedener Gegner der französischen Staatsumwälzung wurde. Er hat sogar den Krieg in der Champagne mitgemacht, doch nicht als Soldat, sondern im Gefolge
seines Herzogs, ohne Zweifel um sich auch von diesem
Phänomen eine selbstgeschöpfte Anschauung zu erwerben.
Für seine Poesie hat er dem Schauplatz jener weltgeschichtlichen Begebenheit ein paar untergeordnete Dramen abgewonnen, auch einige Erzählungen, alle zum Nachtheil
des Ereignisses; selbst das unvergleichliche Gedicht Hermann
und Dorothea enthält eine Protestation gegen die fürchterliche Bewegung. Auch alle folgenden Versuche der Völker
für die Freiheit erschienen ihm unheimlich; er sah wohl
bei seinem Weit- und Tiefblick nur zu deutlich Missgriffe
und Misslingen voraus. War ihm doch selbst der Befreiungskrieg von 1813 bedenklich. Er hat es ganz unumwunden
vorausgesagt, dass weder eine Freiheit noch eine Einheit
daraus hervorgehen werde. Dass er aber demungeachtet
Sinn und Gefühl für die Freiheit und für das Streben

der Völker nach ihr, wie ein jeder edle Mann, in sich getragen, das lese man im Götz, im Egmont, selbst noch in der Helena in seinem zweiten Faust, der von einer Ironie gegen die Politik des Herrscherthums ganz durchdrungen ist. Ich spreche hier keine Apotheose, ich spreche eine Apologie. Goethe hat sich thätig nie in Krieg und Frieden, in die Transactionen der Cabinette gemischt, hätte er es gethan, so konnte er nicht ganz das sein, was er nun geworden, der grösste vielseitigste lyrische Dichter aller Zeiten, unter den dramatischen einer der grössten, das dritte Vorbild in der deutschen Prosa nach Luther und Lessing, der Anfangspunkt der Würdigung unserer deutschen Baukunst, einer der vielseitigsten Menschen in Denken und Wissen, die je gewesen sind. Ihm, der so vieles für die Menschheit gethan, der in treuer Erforschung der Wahrheit mit fleissiger Benutzung der Zeit ihr seine Kräfte gewidmet hat, ihm verzeihe man es, wenn er vielleicht zuweilen ein wenig zu gering von den Menschen in der Masse dachte. Am Ende können wir uns alle der Wahrheit nicht entziehen, dass unser Geschlecht nicht durch die Gesammtheiten, sondern durch einzelne grossbegabte Naturen weiter gefördert wird; dass das Geschick erst die Führer geben muss, wenn die Menge ein Ziel erreichen soll. Wollen wir ihn indessen auch nach diesem Gesichtspunkte für aristokratisch ansprechen, so war er seinem Naturelle nach dem Volke zugehörig, derb, kraftvoll, alles Natürliche, Selbständige, Originelle höchlich liebend, indess das Vornehme gemessen und ablehnend ist.

Man weiss, wie ihn religiöse Angelegenheiten von früher Jugend an beschäftigten. Auf seinem Dachzimmer schmückte sich der Knabe einst einen Altar zu einem selbstgeschaffenen Gottesdienst; Lissabons Untergang spannte seine Gedanken an über die göttliche Gerechtigkeit; denn seine Umgebung, wie noch heut zu Tage so viele Menschen, standen über diese Frage auf dem alttestamentlichen Standpunkt, den doch Christus ausdrücklich verworfen hat. Die Verdammungstheorie ist kräftiger, durchschlagender. Man möchte sie mit dem Mittelalter vergleichen, wo man sich in der allgemeinen Unsicherheit die draussen herrscht, hinter Wall und Graben gar behaglich sicher fühlt. Die innerliche Richtung in Sachen der Religion, die man Mysticismus nennt, wusste er wohl zu würdigen, sein Verkehr mit der sanften kränkelnden Klettenberg ist in den Bekenntnissen einer schönen Seele abgespiegelt. Seine Natur hatte überhaupt vermöge des Ahnungsvollen, das in ihr lag, vielleicht mehr Verwandtschaft zur Religion, als der wesentlich sittliche und philosophische Schiller. Gegen den

Orthodoxismus und Formalismus aber, der sonderbarer
Weise heute zu Tage oft genug mit der mystischen Richtung verwechselt wird, verhielt er sich nur polemisch. Er
hat selbst mehr als einmal die ganze Bibel studirt, er hegte
eine Ehrerbietung dafür als für das erste aller Bücher; er
zeigte sich gegen das Christenthum nie verneinend, Voltaires
verwegene Angriffe auf dasselbe versetzten ihn in seiner
Jugend in den heftigsten Unwillen; aber er war ein ganzer
Protestant, erkannte also keine Auctorität an zwischen sich
und dem Christenthum; seinem unbegrenzten Wahrheitstrieb musste der Zwang, worauf alle Bekenntnisse so leicht
hinauslaufen, höchst unbequem, die einförmige Terminologie,
in die sich alle religiösen Brüderschaften sehr bald festsetzen,
kurzsichtig und geschmacklos erscheinen. Doch betrachtete
er neben kräftigeren Schlägen, die er zuweilen den Kutten
austheilte, mitunter diese Erscheinung auch objectiv, mit
einer fast unmerklichen Ironie. Man lese nur die ergötzliche Kritik der Predigten des jüngeren Pastors Krummacher, eines Hauptrepräsentanten der orthodoxen Richtung. Diese war ihm denn auch von jeher abgeneigt. —
Sein Jugendfreund Stolberg, als er schwachmüthig und dann
ein römischer Katholik wurde, wandte sich betrübt von
ihm; dessen Schwester Auguste, einst in ihren Jugendtagen
das Gustchen, an das Goethe, ohne sie zu kennen, exstatische
Briefe gerichtet, schreibt im Greisenalter an ihn, um ihn
zu bekehren, damit er nicht neben den Himmel komme.
Seine Antwort ist ein Zeugniss tiefen Gemüthes und edler
Grossheit. Ich habe oben schon anderer orthodoxischen
Antipathieen gedacht; sie erwachten jetzt bei dem Jubelfest
mit frischer Kraft, unter Protestanten und Katholiken.
Liest man nicht, dass in diesen Tagen ein Münchener Zelot
ihn wieder einen Heiden gescholten hat. Ich spreche auch
hier nur eine Apologie, keine Apotheose. Er hielt sich
vielleicht allzu ferne von der thätigen Theilnahme an der
kirchlichen Gemeinschaft, es war gleichsam nicht consequent,
bei einer in Staatssachen so conservativ monarchischen Gesinnung in der Religion den Ton der unbedingten Demokratie anzustimmen. Allein jeder Mensch hat ein Bedürfniss
der Freiheit, dem er nach irgend einer Seite genügen muss;
ebenso bedarf er eines positiven Anhaltes; er wird sich ihn
suchen, wenn er ihm von dem Leben nicht aufgedrungen wird.

Es soll nicht gesagt sein, dass die bisher erwähnten
Gegner Goethes die einzigen seien, aber sie sind doch die
hauptsächlichsten, denn sie stehen in geschlossenen Reihen
gegenüber. Auch der alltägliche Neid hat ihn vielfältig
verkleinert; dann haben manche wohlgeartete, zartgesinnte
Gemüther Zweifel getragen, sich dem Dichter hinzugeben,

der bisweilen sinnliche Gegenstände kühner, als bedächtige Sitte es billigen kann, der Einbildungskraft vorführt. Ich bin weit entfernt, es ihnen zuzuschreiben, wenn der Gedächtnisstag ohne tiefen Eindruck vorübergegangen ist. Wo tausend Wunden bluten, ist ein Volk zu Festen wenig aufgelegt. Und doch sollen wir, von Verlusten bedroht, mit erhöhtem Bewusstsein zu dem uns kehren, was unverlierbar ist, von Sturm und Verwirrung umgeben, nach dem Gebiete ausschauen, das unter der Gewähr eines dauernden Friedens steht. Wie uns die Religion aus dem drückenden Gefühl unserer sittlichen Unzulänglichkeit emporhebt, so führt uns die Poesie aus dem Niedrigen, Verdunkelten, Gebrochenen des menschlichen Daseins in eine höhere Wirklichkeit des Ganzen und Schönen, und die Brust, entladen von der Dunstluft der engen und tiefen Erde, athmet frei in dem weltenumgebenden, weltenverbindenden, lichtverwandten Aether.

Nicht immer wird die Beseeligung, die er Andern bietet, dem Dichter selbst zu Theil. Als Seher blickt er in Tiefen, die sein Gemüth überwältigen, wie der Prophet bebend vor der aufgeschlossenen Zukunft steht; von einem Geist erfüllt, dessen Wirken ihm selber oft wie dämonische Eingebung erscheint, ist er in Gefahr, unter die Knechtschaft seiner eigenen Kräfte zu gerathen. Kranke, launenhafte, melancholische, verirrte, ja ganz zerrüttete Dichterseelen sind eine nicht seltene Erscheinung. Um so erhebender ist der Anblick, wenn mit dem Genie das gleiche Mass der Willenskraft, des waltenden Verstandes, der gesetzgebenden Vernunft sich vereinigt; und wenn dann die Natur, nach allen Seiten freigebig, noch leibliche Vorzüge und Gaben des Glücks hinzufügt, so erscheint uns einmal nach einem vollkommneren Massstabe, was sie vermag, und der Dichter wird selber zum Gedicht.

Warum weht es uns aus Goethes Jugendgeschichte mit Paradiesesluft der eignen Jugend an? Nicht allein, weil er sie unnachahmlich geschildert hat, sondern weil sie, an sich in ihrer Art vollkommen, die Freude und Sehnsucht in uns erweckt, die wir beim Genuss einer edlen Dichtung empfinden. Früh entfaltet, verlässt er das älterliche Haus, ein herrlicher Jüngling, von kräftigem hohem Wuchs, von edlen und bedeutenden Zügen, mit grossen Augen voll tiefer Gluth, behenden Gliedern, wohltönender Stimme, und dazu ein Dichter, der den unmittelbaren Laut der Natur anstimmte mitten in einer Zeit der angelernten Künstlichkeit, mit geradem wahrheitsliebendem Sinn, entschlossenem Muth, mässig in Sitten, höchst thätig und arbeitsam; so liebten und fürchteten ihn die Männer, so begleitete ihn die Bewunderung und Gunst der Frauen. Es durfte sich keine einer solchen Vorliebe schämen, Goethe ist recht eigentlich der Sänger des Frauenwerthes. Von Gretchen bis zu Iphigenien, durch alle Stufen und Schichten des Menschenlebens, welch' eine Reihe von Bildern grosser und reiner, edler und milder, süsser und tiefsinniger weiblicher Wesen! Was man auch sagen mag, er hat unter den deutschen Dichtern zuerst die Liebe in ihrer höheren Schöne empfunden und dargestellt. Vergleiche man nur, was Dichter vor ihm von Liebe gesungen haben: anakreontisches Getändel, zweideutige Schalkheit oder erkünstelte Andacht, fast ohne Ausnahme. So tief und warm und ächt empfand Goethe auch als Mann, wo er neben dem Dichter den vollkommenen Staatsbeamten, Hofmann, Gelehrten und Kunstkenner darstellte. Niemand war empfänglicher für Freundschaft, bereitwilliger, fremdes Verdienst, des Andern Vorzüge zu verstehen und anzuerkennen; Neid war nicht seine Schwäche. Bis in das höchste Alter, bis zu seinem Ende blieb ihm die volle Gegenwart seiner wunderbaren Begabung; im letzten Winter, ehe der erste Tag des Frühlings ihn hinwegnahm, vollendete er noch den zweiten Faust und legte das Werk unter sieben, nach seinem Tode zu erbrechende Siegel. Achtundzwanzig Jahre vor ihm war sein Schiller heimgegangen, Zelter und Meyer starben ihm noch in demselben Jahre nach; der erstere hatte es ausdrücklich vorausgesagt. Niemand war fähig, ein Lied auf seinen Tod anzustimmen, wie er einst Schiller im Schmerz der Freundschaft es nachgesungen hatte.

Goethe war eine ächt deutsche Natur, in Gesichtszügen, Gemüthsart, Gewohnheiten und Denkweise. Niemand schreibt mit grösserer Ursprünglichkeit deutsch als er; deswegen ist er für die Fremden fast unübersetzbar. Er ist der deutscheste unsrer Dichter und Schriftsteller. Ein Volk, das Geister von solcher Tiefe, Ursprünglichkeit und Umfassung hervorbringt, kann nicht dem Verfall gewidmet sein. Und wenn es nach früheren Zeiten politischer Grösse in vier Jahrhunderten fast nur Kränze geistigen Ruhmes, unschätzbarster Erfindungen, religiöser Weltbefreiung, erklommener Höhen, erforschter Tiefen gesammelt hat; so wird, wenn seine Zeit gekommen ist, die Weltregierung ihm auch für seine Kraft und Bedeutung als Volk unter den Völkern einen grossen Mann ausrüsten, der es, als sein Mose, aus langem Irrsal der Wüste in das gelobte Land selbstbewusster friedlicher Stärke und auf dem Gesetz erbauter Freiheit einführen wird.

2.

Aus Victor Hehns Vorlesungen über Faust.

Mitgetheilt von

Theodor Schiemann.

Wenn wir das Werk, das wir bisher im Allgemeinen betrachtet, (vgl. G.-J. XV, 119 ff.) noch einmal von Scene zu Scene durchlaufen, um auch das Einzelne mit aufzunehmen, so treffen wir zuerst auf ein Gedicht, *Zueignung* überschrieben.

Wann dies Gedicht enstanden, ist ungewiss. Vielleicht als der Dichter 1788, vielleicht als er 1798 den Faust wieder vornahm. Da es in achtzeiligen Stanzen geschrieben ist, so kann es nicht über das Jahr 1785 zurückgehn, wo Goethe zuerst in den »Geheimnissen« sich dieser südlichen Form bediente. Es spricht in milden elegischen Klängen von unendlicher Weichheit die Empfindung des ernsten Mannes aus, der das Buch wieder öffnet, in welchem seine Jugend einst ihre Wonnen und Qualen dichterischen Gestalten anvertraute. *Schwankend* nennt er sie, aus *Dunst* und *Nebel* steigen sie auf, sein *trüber* Blick hat sie gesehen: denn sie gehörten dem unbestimmten dunklen Drange jugendlicher Begeisterung an, über deren dumpfe Befangenheit seitdem der reife Künstler sich zu freier Beherrschung der Form, zur Begrenzung ganz durchsichtiger Gebilde erhoben hatte. Sie drängen sich ihm wieder zu, die stillen, ernsten Geister früherer Tage, der Zauberhauch, der sie umwittert, verwandelt ihm die innerste Seele, Thränen füllen sein Auge, die Gegenwart entschwindet ihm und das längst Entschwundene wird ihm zur Wirklichkeit. So fühlt er sich gestimmt, das in seinem Innern verklungene Gedicht von neuem aufzunehmen und fortzusetzen.

Mit dem zartesten Redezauber, wie er nur Goethe gegeben ist,[1] wird in diesem Gedicht die Wehmuth laut, die uns ergreift, wenn in späteren Lebensjahren ein Blatt, ein Erinnerungszeichen die Bilder früherer Zeiten, Bestrebungen, Zwecke und Empfindungen von damals wieder in uns weckt. Dann »wiederholt die Klage des Lebens labyrinthisch irren Lauf,« liebe Schatten steigen auf, erste Lieb und Freundschaft tönt wie eine halbverklungene Sage in unserem Herzen wieder. (Ach so viele Guten so viele Freud' und Streben theilende Seelen sind vor uns dahingegangen, oder sind jetzt in der Welt zerstreut.)

Ganz anders ist die Stimmung in dem »Vorspiel auf dem Theater,« das gleichfalls einem Moment sein Dasein verdankt, wo der Dichter sein altes Faustmanuscript wieder vornahm. Es handelt sich hier um das *Wesen der dramatischen Poesie* überhaupt, das in seine Momente auseinandergelegt, gleichsam chemisch zersetzt ist. Diese Momente oder Einseitigkeiten sind vertreten durch den *Direktor*, den *Dichter* und die *lustige Person*. Denn man muss sich hüten, in den Worten des Dichters die wahre und totale dramatische Poesie zu sehen und in dem, was die beiden Anderen sagen, nur die Afterbilder ihres echten Wesens. Der Dichter erscheint als abstrakter Idealist, als Dichter der Empfindung; mit der Wirklichkeit sich zu befassen, ist ihm Entweihung. Der echte dramatische Dichter aber schwelgt nicht lyrisch in dunklen Gefühlen; er sieht und bildet seine Gestalten sogleich mit unmittelbarer Beziehung auf das Brettergerüst, über welches sie schreiten sollen, auf die Volksmenge, welcher sie sich darstellen sollen. Der Dramatiker soll einen derben Sinn für Realität haben, er soll im handelnden Leben sich die Nerven gestählt haben; er soll der Gegenwart zugewandt sein und mit hellem Auge Jedes auf seinem Platze ergreifen, Jedes in den ihm eigenen Contouren schauen. Der Dichter unseres Vorspiels aber hat ein zartes, vor der herben Wirklichkeit zurückbebendes Gemüth; bei dem Anblick der bunten Menge, klagt er, entflieht ihm der Geist und reine Freude findet er nur in der engen stillen Himmelseinsamkeit, wo das Herz aufgeht. So sehnt er sich auch in die Jugend zurück, als die vorzugsweise *poetische* Zeit. Damals, ruft er mit schmerzlicher Sehnsucht, ver-

---

[1] Wie er nur Goethe gegeben ist, mit Bleistift von der Hand des alten Hehn.

hüllten Nebel mir die Welt, und das Leben, eine noch geschlossene Knospe, versprach einst Wunder zu offenbaren. Es herrschte die Lust am Trug und der *Drang* nach Wahrheit. Der Dichter möchte sich also in der jugendlich formlosen und hoffnungsvoll dunklen Empfindung am liebsten bewegen, wo uns der *Drang* nach dem Wesen dämmernd forttreibt und ein schöner Wahn das trunkene Auge trübt. Er ruft elegisch trauernd: Gieb ungebändigt jene Triebe, das tiefe schmerzensvolle Glück, des Hasses Kraft, die Macht der Liebe, Gieb meine Jugend mir zurück! — er wünscht also die volle Herrschaft der *Subjectivität*, die Uebermacht persönlich innerlichen Lebens, die Energie unwiderstehlicher subjectiver Empfindungen sich zurück. Die lustige Person erwidert ganz im Sinne des poetischen Realisten, die Jugend brauche man in Krieg und Schlacht, im Vollkampf des Lebens noch zu erringender Güter, man brauche sie im Umgang mit Mädchen, beim Tanze, beim nächtlichen Trinkgelage, aber wenn es sich drum handle, das Saitenspiel zu rühren, so sei es ein Vortheil, wenn dieses schon bekannt und geübt sei, wenn im holden Wahnsinn der Phantasie das selbstgesteckte Ziel, die mit bewusster Einsicht gezogenen Grenzen dem Auge des Dichters nicht entschwinden. Der *gemeinen* Wirklichkeit, der zufälligen, verworrenen Masse individueller Existenzen, dem gleichgültigen Leben gegenüber erhebt der Dichter übrigens in den schönsten und wahrsten Worten den Werth *des Ideals* und der poetischen Läuterung durch die Phantasie, die freie Nothwendigkeit in dem geweihten Bezirk der Kunst. Wenn die Natur, sagt er, des Fadens ewge Länge, Gleichgültig drehend, auf die Spindel zwingt, Wenn aller Wesen unharmonsche Menge Verdriesslich durch einander klingt (d. h. wenn in der Natur nichts rein sich Jedem darstellt, Alles gegenseitig sich im Raume stört und trübt — verdriesslich und unharmonisch — jede Gattung ihre eigenen, nur auf eigene Realisirung gerichteten Zwecke verfolgt, solcher Gestalt eine die andere verkümmert und beschränkt, wenn Alles im endlichen Leben Noth und Abhängigkeit ist und die Natur gleichgültig gegen Schönheit und *Vollendung im Einzelnen* nur dafür sorgt, dass die Masse der Erscheinungen nie sich verläuft, sondern sich immer reproducirt,) — wenn dies der Charakter der Wirklichkeit ist, so theilt der Dichter die fliessend immer gleiche Reihe Belebend ab, dass sie sich rhytmisch regt, er ruft das Einzelne zur allgemeinen Weihe, wo es in herrlichen Accorden schlägt (d. h. die Poesie, die Kunst bindet durch die idealisirende Thätigkeit der Phantasie den trüben Weltstoff in organischer Gliederung, einigt das Zerstreute, theilt rhytmisch einschneidend das Fliessende ab und glüht und schmilzt das Individuelle, so dass es schlackelos durchsichtig und rein die eigene bestimmte Idee darstellt und in dieser die allgemeine spiegelt. Dies ist die allgemeine Weihe, zu der das Einzelne erhoben wird, der herrliche Accord, in welchem die idealen Wesen der Phantasiewelt zusammenschlagen.)

Die lustige Person ist — wie ich schon sagte — Repräsentant *des poetischen Realismus*. Der Lustige fordert, dass der Dichter ins volle Menschenleben hineingreife: ein Jeder lobts, nicht Vielen ist's bekannt, und wo ihrs packt, da ist's interessant. Er fordert behagliche Mittheilung, Rücksicht auf die horchende Menge, Eingehen auf deren Launen und Bildungsstand; er will, der Dichter solle Phantasie mit allen ihren Chören, Vernunft, Verstand, Empfindung, Leidenschaft, jedoch Alles nicht ohne Narrheit hören lassen. Er lobt die Art, wie die Alltagsdichter in ihren Romanen das grosse Publikum anzuziehen wissen, durch geschickte Praxis und Routine, durch rührende Liebe, die Hindernisse findet, sentimentalen Schmerz, der den zärtlichen Gemüthern anziehend ist; kurz die Dichtung soll ein Trank sein, aus allerlei Ingredienzien gebraut, in welchem daher jeder Mund das ihm Zusagende herausschmeckt. Heitere Komödien, Stücke, wo es recht zu lachen giebt, sind die Hauptstärke dramatischer Praktiker. In den Augen des *Dichters* sind die Forderungen und Rathschläge der lustigen Person eine *Profanation* der Muse, ein blosses Handwerk. Und doch muss man sagen, darf dem dramatischen Dichter auch das von der lustigen Person geltend gemachte Moment nicht fehlen: die blosse Idealität, empfindlich gegen jede Berührung der gemeinen Aussenwelt, ist wirkungs- und wesenlos, und höchstens bleibt ihr die *Berufung auf die Nachwelt* — worauf aber die lustige Person erwidert: Wenn ich nur Nichts von Nachwelt hören sollte! Ideal-subjective Dichter, in Verstimmung über ihre Zeit, über den Unverstand der Menge, über die gemeinen Ansprüche des *theatralischen Marktes* hat es genug gegeben; Bühnen- und Romanpraktiker gleichfalls genug; das echte Genie, der echte Volksdichter vereinigt beides zu der Einheit totaler Dramatik, wie etwa Shakespeare.

Der Direktor steht noch eine Stufe tiefer, als die lustige Person, und ganz in dem Gebiete redlicher Rücksichten und Zwecke, die eigentlich nichts mit der Poesie mehr gemein haben. Er statuirt nichts Ideelles mehr in der dramatischen Dichtung — sein Augenmerk ist die *Theaterkasse*. Er will sehr prosaische und gemeine Wünsche mit Hilfe der Poesie befriedigt sehen, er speculirt auf die Schwächen,

den rohen Heisshunger, die Verderbtheit des Publikums.
Kein schönerer Anblick für ihn, als wenn die Menge bei
einem renommirten Stück an der Eingangsthür des Theaters
sich drängt und (wie)[1] bei einer Hungersnoth am Bäcker-
laden, so um ein Billet sich die Hälse bricht. Er weiss,
dass die *Masse* des Dargebotenen vor Allem die Menge
lockt, das Vielerlei dessen, was auf den Brettern sich be-
giebt, Reichthum an rohem Stoffe. Dass die Dichtung ein
Ganzes, ein organisches Gebilde sei, hilft zu nichts, denn
die Zuschauermenge ist nicht fähig, eine Dichtung als
Ganzes aufzufassen, es zerpflückt sie doch in Einzelheiten.
Demgemäss sind auch die Forderungen und Rathschläge
an den Poeten. Dieser soll nicht auf Stimmung und Begeisterung warten, auf die heilige Stunde, wo ihm die
Muse naht, er soll frischweg *fabriciren;* dabei möglichst
viel zu *schauen* geben, Sonnenaufgänge, den Mond am
Himmel, Wasserfälle und Feuerflammen, Thiere, z. B. Pferde
über die Bühne schreiten lassen, kurz, Theatermaschinen
und Decorationen nicht schonen. Dies Alles passt sehr
treffend auch auf den heutigen Zustand der Bühne und ihre
tiefe Gesunkenheit, wo ein kindischer und roher Geschmack,
die Entnervung der vornehmen Zirkel, die unsere Hoftheater besuchen, besonders das Ballet, die Pracht in Costümen,
Decorationen, staunenswürdige Theatermechanik und dergleichen begünstigt, und die leise Stimme echter Dichtung
kein Ohr mehr findet, die ernste Erholung wahrer Kunst
eine keinem mehr zuzumuthende *Anstrengung* ist. Man
muss unserem Director übrigens zugestehen, dass auch das,
worauf er dringt, kein ganz ausser Acht zu setzendes Moment ist. Ein dramatisches Meisterwerk ist erst dann vollendet und alle seine Zwecke sind erst dann erreicht, wenn
es zu sichtbarer Gegenwart geworden, d. h. wenn es
in Scene gesetzt ist. Damit geht es aber in ein ganz äusser-
liches, ihm fremdes Medium ein, ist gebunden an tausend
kleine, niedrige Rücksichten, trägt den ganzen Fluch der
gemeinen Endlichkeit. Der Unternehmer will bestehen,
die Schauspieler müssen bezahlt werden, die Gallerie will
schauen, will kräftig gerührt sein, das Darzustellende darf
die Grenze und Mittel der Bühne überhaupt und der bestimmten Bühne nicht überschreiten. Was Kunst — ruft
der Direktor, der Intendant; wenn das Haus leer bleibt,
so hilft aller Adel der Dichtung nichts. Die dramatische
Kunst soll also auch durch diese letzte, herbste, endliche
Vermittelung noch hindurch, sie soll aus ihrem Geister-
himmel auch zu diesen Forderungen der allerniedrigsten

---

[1] wie — fehlt im Manuscript.

Wirklichkeit hinabsteigen und den Theaterdirektor, den Regisseur und Kasseführer um ihr prosaisches Gutachten befragen.

Beide Gedichte, die Zueignung und das Vorspiel stehen mit dem Drama selbst in keinem organischen Zusammenhang und sind nicht integrirende Theile desselben. Das Vorspiel enthält nur die Gesichtspunkte, die sich dem Dichter ergaben, als er die Faustpapiere wieder durchblätterte und den Geist der Dichtung auf das wirkliche Publikum und die bestehende Theaterpraxis bezog. In der Person des Dichters redet offenbar Goethe selbst; in den schönen, schmerzvollen, anklagenden Worten desselben liegt der bittere Kampf ausgesprochen, den sein Inneres auch in dieser Hinsicht mit den Schranken der Wirklichkeit geführt. In dem Augenblicke, wo er das Vorspiel dichtete, steht er aber in sittlicher Höhe schon *über* diesen Gegensätzen; er weiss in heiterer Anerkennung und leichter Ironie auch die Realität, als positiv berechtigte Macht, dem Subjectivismus, der Idealität des dichterischen Träumens und einsamen Bildens zur Seite zu stellen. Das Vorspiel steht zwar nicht in directem Zusammenhang mit der Tragödie Faust, aber das in der letzteren behandelte Problem bildet im Grunde auch in der kleinen vorausgeschickten Dichtung die der Lösung entgegenzuführende Dissonanz. Nur dass Alles in kleinen Rahmen gefasst, auf eine specielle Sphäre zusammengezogen ist. Der Dichter des Vorspiels ist ein Faust, mit allem Edlen zugleich und Unzulänglichen von Fausts Gesinnung, mit dem Schmerze, der sich daraus ergiebt. Wie Faust in Erkenntniss und Leben *überhaupt,* so verschmäht der Dichter in specie die Vermittelung, das Hinaustreten in die Vereinzelung der endlichen Erscheinungswelt; er will die Poesie als Innerliches, als Ideales, als Unentweihtes. Wie in Faust Alles Drang, Ahnung, Anschauung ist, wie Faust Alles *auf einmal* sein, geniessen und erleben möchte, so sehnt sich der Dichter nach der totalen, ganzen, darum dämmernden Empfindung, nach der *unmittelbaren* Production, die noch durch kein Licht des Bewusstseins gestört und gebrochen ist. Und wie Faust die Realität in doppelter Gestalt gegenübersteht, als Mephistopheles und Wagner, so dem Dichter die lustige Person und der Direktor — ohne dass diese Figuren natürlich im Einzelnen sich genau deckten. So geht also dem Gemälde im grossen Stil ein Miniaturbild voraus, das aber mit jenem Gruppirung und Beleuchtung theilt. Man hat unter anderen Vorschlägen, wie der erste Theil des Faust fortzuführen sei, auch den gethan, Faust als Künstler sterben zu lassen, und den allgemeinen Gegensatz so auch durch diese Sphäre hindurchzuführen. Faust würde dann als ein innerlich schauendes, von Begeisterung erfülltes Mal- oder Dichtergenie [zu betrachten] sein, als Künstler[1], dem sich eine Welt im Kopfe drängt, der aber nichts *machen* kann, der die *Mittel der Darstellung* nicht besitzt oder nicht will — der über den Abgrund zwischen innerem Phantasiebesitz und äusserer Vermittelung der Technik nicht hinaus kann. Er würde sprechen wie der Maler in Emilia Galotti, er fühle, dass er ein grosser Künstler sei, nur seine Hand sei es nicht — ein sehr falscher Ausspruch, ganz in Fausts Sinne; denn nur insoweit ist Einer Genie und Künstler, als seine innere Welt bis in die Fingerspitzen, bis in den letzten Pinselstrich u. s. w. unaufhaltsam hinaustritt. Diese ästhetische Collision nun, in die man Faust zu versetzen gewünscht hat, ist zum Theil durch Goethes *Vorspiel* schon vorweggenommen; so wie dasselbe in Goethes Kunstgedichten aus früherer Zeit, z. B. Kenner und Enthusiast u. s. w., als wiederholte Klage hindurchklingt.

Ueber das Vorspiel wäre noch zu bemerken, dass es, wie der ganze Faust, eine leichte Färbung des *nationalen Alterthums* an sich trägt, und dadurch wiederum volks- und dorfmässig anklingt, weil das Alte in den unteren Volksschichten noch erhalten ist, während die oberen von den neuen Formen des Geistes und der Sitte schon ergriffen sind. Wir haben eine herumziehende Truppe, ein wanderndes Theater, eine auf öffentlichem Platze aufgeschlagene Bretterbude. Die Volksmenge strömt zusammen, sitzt gelassen erwartungsvoll da, bereit sich in Erstaunen setzen zu lassen. Die lustige Person, die der Direktor ganz wie den Dichter zur Mitwirkung und Theilnahme an dem aufzuführendem Stücke auffordert, dürfen wir uns als den *Schalksnarren* denken, der in seiner edlen Gestalt und seiner Idee gemäss ja gerade die abstract unendliche Richtung immer auf die Bedingungen der reellen Welt hinweist, indem sie das Erhabene, das Transcendente jener durch Komik, durch endliche Anknüpfung zu Fall bringt, ohne deshalb mit der Gesinnung rein in die gemeine, unreine Endlichkeit aufzugehen. Der Ausdruck »in deutschen Landen« darf wohl nicht so gedeutet werden, als wären die Schauspieler *Fremde*. Zwar sind die ersten Deutschland durchziehenden Schauspielertruppen aus England und Holland gekommen, aber daran dachte der Dichter schwerlich; es heisst wohl nur überhaupt: was glaubt Ihr, dass wir thun müssen, um das deutsche Publikum, wie es nun einmal ist, für uns zu interessiren? — Dass vom Lesen der Journale gesprochen wird,

---
[1] ursprünglich: als Künstler erscheinen.

ist ein kleiner Anachronismus, der unbefangen in das Bild
eingeht, ohne dessen Einheit zu stören und vergleicht sich
der ähnlichen zwischen Aelterem und Modernem schwan-
kenden Haltung mancher Scenen des Dramas selbst. Nichts
ist überdies im Munde des Direktors passender, als die
Klage über Journalkritik, denn wie die Autoren über Recen-
senten, die Maler über Aesthetiker erbittert sind, so pflegen
die praktischen Theatergeschäftsleute die Journalkritiken
zu verwünschen, die das Publikum verwöhnt, reflectirt,
superklug in seinem Beifall und seine Theilnahme wählerisch
machen.

Der Prolog[1] im Himmel lässt den Herrn, die Erzengel,
den Teufel in Person streiten und Fausts Schicksal und
Streben besprechen. Der einzige Ton in dem eine solche
Himmelsscene dramatisch möglich war, ist der ganz kindlich
volksmässige, der rein anthropomorphische und mythische;
selbst die Erhabenheit musste die naive des Volks sein
und durfte von leichter Ironie überflogen erscheinen. Und
so hat es denn auch der Dichter gehalten. Die Scene erinnert an die alten kindlichen Gemälde und Holzschnitte,
die uns beim Ansehen ein Lächeln abgewinnen: Decoration
von Wolken unterhalb, von Sonne, Mond und Sternen
droben, auf dem Thron Gott der Herr mit langem Barte
sitzend, um ihn symmetrisch geordnet der Hofstaat der
Erzengel und himmlischen Heerscharen, Engel mit dicken
Backen in die Posaunen stossend u. s. w. Die drei Erzengel preisen die Grösse der rettenden Sonne, den Um-
schwung der Erde, Sturm und Ungewitter, zuletzt die Natur-
werke überhaupt. Goethe liebt Stern- und Himmelsphantasien
nicht, wie Klopstock und der junge Schiller, die Astronomie
war ihm, dem sonst so innig sich hingebenden Naturjünger,
eine bedeutungslose, verhasste Wissenschaft; das Leere und
Abstracte der quantitativen Unendlichkeit, das Anschauungs-
lose des mathematisch-astronomischen Himmels trieb ihn
zur Flucht, zu dem erfüllbaren Naturleben der Erde; auch
hier, in dem Gesang der Erzengel, hören wir nicht klop-
stockisch von der Unermesslichkeit der Sternensaat, von
Milchstrassen und dergleichen, sondern nachdem die *Lichterscheinung* der Sonne, wie sie dem Menschen erscheint,
gepriesen worden, geht der Dichter rasch auf Meer und
Land, auf Sturm, Donner und Blitz über. Wenn von dem
Wettgesang der Sonne die Rede ist, von dem *Donnergang*

---

[1] Nachtrag in der Handschrift des alten Hehn: Dieser ganze
Prolog ist dem ersten Kapitel des *Hiob*, wo auch eine *Wette* um Hiob
zwischen dem Herrn und dem Satan geschlossen wird, nachgebildet.
Auch dort kommt Satan mit den andern Kindern Gottes an einem
Audienztage vor den Thron des Herrn.

ihrer Reise, so ist folglich dabei nicht an pythagoräische Sphärenmusik zu denken (diese hat ja nur die Bedeutung, dass dieselbe Herrschaft strenger Grössenverhältnisse, dieselbe Rhythmik, dasselbe Gesetz der Intervalle und Zahlen in der Musik wie in den Bewegungen und Raumabständen der Himmelskörper waltet), sondern vielmehr sinnlich concreter an die in unserer Seele so leicht vorgehende Verwandlung des *Lichteindrucks* in akustische Vorstellungen; eine majestätische Lichtentwickelung erscheint uns unwillkürlich zugleich als erhabenes Brausen und Donnern, als prächtiger Klang. Wie ein Erdenfürst macht der Herr grade eine Reise durch seine Provinzen und erkundigt sich nach dem Befinden Aller. Mephistopheles kommt, auch seinerseits Bericht zu geben. Mephistopheles naht dem Throne des Herrn wie der Hofnarr dem irdischen Kaiser. Ihm ist Manches erlaubt und der »grosse Herr« benimmt sich sehr leutselig und tolerant gegen den Schalk, wie Einer, der das Bewusstsein hat, doch viel mächtiger zu sein. (Ein leidenschaftlicher Streit zwischen beiden Repräsentanten entgegengesetzter Principien würde unerträglich sein.) Er parodirt, mit ironischem Seitenblick, die Erhabenheit der Engel, er sagt, er verstehe nicht pathetisch hohe Worte zu machen. Lieber spricht er über die Menschen — ganz wie sinnlich realistische Menschen, die sich lieber um das nächste Erdenleben, als um Himmelsfernen kümmern. In seinen Worten liegt der ganze Zwiespalt menschlichen Daseins, zufolge dessen es mit dem Streben ins Unendliche, mit der idealen Vernunftfreiheit doch in die Schranken endlicher Bedürftigkeit und animalischer Triebe eingeschlossen ist — der ganze Gegensatz von Geist und Natur, Idee und Wirklichkeit. Mephistopheles vergleicht die Menschen mit der Grille, die immer springt und doch immer im Grase sitzen bleibt — mit Verlaub vor Euer Gnaden, setzt er komisch anthropomistisch hinzu. Es folgt dann seine Schilderung des Faust und die Wette beider hoher Herren um ihn, die eine Anticipation des im Drama selbst folgenden Pactes ist. Wir sehen schon hier deutlich, dass beide Principien, das Gute und das Böse, an Faust Theil haben, dass er also ein echter Mensch ist; Mephistopheles will ihn zwingen, Staub zu fressen, wie die Schlange, er will ihn ganz in die Thierwelt herabdrücken, der Herr dagegen hält die These fest, ein guter Mensch in seinem dunklen Drange sei doch des rechten Weges sich bewusst. Es handelt sich also darum, was im Menschen mächtiger ist, Gemeines oder Edles, und was zuletzt siegen muss. In den Schlussworten des Herrn liegt auch schon die Lösung der Frage ausgesprochen: schliesslich errungen ist der Sieg an keinem einzelnen Punkte der

Zeit oder des Lebens; das Böse dient als fortwährende Sollicitation und wird ewig überwunden. Herrlich sind die Worte, die der Herr, von Mephistopheles sich abwendend, noch zuletzt zu den Engeln spricht:

> Das Werdende, das ewig wirkt und lebt,
> Umfass euch mit der Liebe holden Schranken,
> Und was in schwankender Erscheinung schwebt,
> Befestiget mit dauernden Gedanken.

Die Engel sollen sich der Harmonie alles Lebens freuen, in welchem Alles *wird* und indem es lebt, in die *Beschränkung* eingeht; indem die Erscheinungen wechseln, indem alles Einzelne nur schwebt und schwankt, vollzieht und erhält sich in diesem Strom des Vergänglichen das ewig Dauernde, das Wesen und die Idee.

Nach Weisses Urtheil ist dieser Prolog im Himmel gleichfalls später gedichtet, als das Drama selbst. Weisse wurde zu dieser Annahme durch die Beobachtung bestimmt, dass dieser Prolog deutlich ein metaphysisches Problem an der Stirn trage, dass die Haltung desselben eine allegorische sei; in einem so dichterischen Dichter aber, wie Goethe, der nur in Anschauungen, in Charakteren, Handlungen u. s. w., kurz in der *Plastik des Einzelnen* lebe, könnten *reine Begriffe* wie hier, nur erst spät aus der Reflexion auf die bereits vorliegende Dichtung und aus dem Entschluss, sie fortzusetzen, entstehen. Hingegen ist von Anderen geltend gemacht, dass Mephistopheles und der Herr, obgleich sie das Böse und Gute, Endlichkeit und Idee *bedeuten*, doch nicht *allegorische* Gestalten seien, sondern *mythische*, d. h. Verkörperungen, die unbewusst von der religiösen Volksphantasie schon vorgenommen sind und dem Dichter als fertige concrete Gestalten entgegengetragen wurden. Mephistopheles entstand ja nicht aus der *Reflexion* des Dichters auf das durch die Welt und das Leben sich hindurchschlingende Böse, sondern absichtslos liess er eine längst vorhandene Figur reden und sich bewegen. Dieser Einwurf ist richtig; dennoch aber zeigen einzelne Züge dieses Prologs eine grössere Bewusstheit, als ursprünglich dem *schaffenden* Dichter innewohnte, eine Reflexion, die nicht immer richtig ging. Mephistopheles ist in den Theilen des Dramas, die für die ursprünglichen gelten dürfen, eigentlich nur ein ironischer, cynischer, practischer Verstandsmensch, *ein Mensch*, Faust begleitend, sein Gegenspiel bildend, wie dem idealen Schwärmer zu seinem Unwillen Realisten im Leben entgegenzutreten pflegen; hier im Prolog ist er Princip, er heisst der *Geist der verneint* u. s. w. Ich glaube, dass der Prolog mit *der* Scene gleichzeitig ist, wo Faust und Mephistopheles zuerst Bekanntschaft machen; dort fallen ganz ähnliche Worte und auch dort tritt die Metaphysik ziemlich nackt hervor. Im Uebrigen ist auch der Prolog, sei er früher oder später gedichtet, poetisch so frisch, die Sprache so energisch, bei aller derben Popularität so graziös schalkhaft, dass die Stunde, die ihn eingab, eine nicht minder günstige war, als diejenige, welcher wir das erste Fragment überhaupt verdanken.

Bei Eröffnung des Dramas finden mir nur den Helden in seinem düsteren gothischen Museum, im Selbstgespräch. Es ist Nacht und eine Lampe erhellt die Scene, der Mond bricht durch die trüben Scheiben des Fensters. Faust spricht seinen Ueberdruss an dem Schulwissen, seine Verachtung desselben in kurzen kernigen Versen aus, die in ihrer populären Einfalt von selbst sich dem Gedächniss einprägen. Wir lernen ihn sogleich als Sceptiker kennen, aber als keinen absoluten, denn nicht an der Existenz der Wahrheit, nicht an der Möglichkeit einer Erkenntniss überhaupt verzweifelt er, er macht vielmehr immer neue und vergebliche Versuche, sich ihrer zu bemächtigen, sondern nur an aller bisherigen Methode, durch welche diese Erkenntniss vermittelt werden sollte. Gegen *diese,* die Scholastik, den Formalismus spricht er seinen Hohn aus. Wenn er sagt:

> Zwar bin ich gescheidter als alle die Laffen
> Doktoren, Magister, Schreiber und Pfaffen;
> Mich plagen keine Skrupel noch Zweifel, —

so ist dies kein Widerspruch zu dem Uebrigen, denn er meint darunter die kleinen nichtigen, vereinzelten Zweifel des Dogmatismus, der bei einem Nebenpunkt skrupulös Halt macht und doch das ganze verknöcherte System mit allen Argumenten und Definitionen, mit seiner herkömmlichen Polemik und Apologetik beschränkt gläubig annimmt, ohne die Grundlage kritisch zu untersuchen. Ueberdrüssig, unbefriedigt, schmerzvoll an Wissen und erspriesslicher Thätigkeit verzagend, hat er sich der Magie ergeben, um durch Geistes Kraft und Mund, durch mystische Vermählung in den totalen Lebensabgrund hinabzusteigen, aus dem alles vereinzelte, gebrochene Dasein sich fortwährend erhebt. — Nach einer begeistert sehnsüchtigen Apostrophe an das Naturleben, mit seinem Mondlicht, seinen Bergen und Nebeln, nach einem Rückblick auf die todte gefangene Welt seiner Schulgelehrsamkeit und ihres mechanischen Apparates, wirft er sich in Gedanken in den vollen Strom der niederen lebendigen Wirklichkeit, getragen von den Geistern und ihrer geheimnissvollen Kraft. Er schlägt das magische Buch des Nostradamus auf und erblickt das Zeichen des Makrokosmus. Nostradamus gehört mit zu der Färbung des Jahrhunderts, die dem Goethischen Faust nicht fehlt. Nostradamus, eigentlich Notre Dame, ein Franzose aus der Provence, gleichfalls in der ersten Hälfte des 16. Jahrhunderts lebend, war berühmt als Astrolog und Prophet und Arzt. (Arzenei = Magie, Sympathie, Cabbalistik.)[1]

Er schrieb mystische, sog. Centurien, voll dunkler Weissagungen. Dass hier ein kleiner Anachronismus vorliegt, wie einige Ausleger bemerkt haben, indem Faust etwas älter ist, als Nostradamus, hat nichts zu bedeuten. Eine ganz genaue Genealogie brauchen wir vom Dichter nicht zu verlangen, wenn die von ihm zusammengestellten Erscheinungen nur im *Allgemeinen* demselben Zeitalter angehören, auf demselben geistigen Grunde ruhen und innerlich verwandt sind. Ein Paar Jahre Unterschied ist hier gleichgültig, ja es ist des Dichters Pflicht, hierin den Zufall, der in Einzelheiten der Geschichte sein Wesen treibt, zu corrigiren und die Idee einer Zeit rein zur adäquaten Erscheinung zu concentriren. Ein viel schlimmerer Anachronismus ist es z. B., wenn Schiller seinen Posa in das Reformationsjahrhundert versetzt, eine Gestalt, die damals ganz unmöglich war. Fausts Spruch:

<blockquote>
Die Geisterwelt ist nicht verschlossen;
Dein Sinn ist zu, Dein Herz ist todt!
Auf, bade, Schüler unverdrossen
Die irdsche Brust im Morgenroth —
</blockquote>

ist angeblich aus Nostradamus entnommen und bezieht sich auf sog.: crepusculum . . . .[2] Dies (auch im Volksbuche von Faust berichtet) ist ein Zauberspruch, den Faust soll früh morgens vor Sonnenaufgang ausgesprochen haben, ohne dass angegeben wird, welches dessen Wirkung war. Bei Goethe ist der verstandlose Zauber zu humaner Weisheitsregel umgebildet und hat der Spruch den schönen Sinn, nach der niederschlagenden Betrachtung von der Vergeblichkeit alles Wissens dennoch aufzumuntern zum Streben nach dem Ideal und der Wahrheit, denn das eine ist uns nicht unerreichlich, die andere ist nicht unzugänglich; es kommt nur darauf an, zu der steilen Höhe unverdrossen sich hinaufzuarbeiten, den im Endlichen gefangenen Sinn zu öffnen, das von niedrigen Sorgen belastete Herz frei dem Himmel der Idee entgegenzuheben. Der Spruch wäre ein schönes Motto, das zum Eingang in philosophische Studien auffordert: denn die Geisterwelt ist nicht verschlossen — und er ist auch von Hegelianern oft in diesem Sinne gebraucht

---

[1] In der Handschrift des alten Hehn: im Zeitalter des Theophrasts. Mystik. [2] Nicht zu entziffern.

worden. Der Makrokosmus bedeutet bekanntlich das Universum, das All, im Gegensatz zum Mikrokosmus, der Seele des Menschen, die die dort *ausgebreiteten* Kräfte, in einen *engen* Raum zusammengezogen, in sich einschliesst und ein Reflex des Universums ist. Das Zeichen, welches Faust erblickt, ist also das des *Weltgeistes*. Die Vorstellung der grossen Weltharmonie erhebt ihn über die eigenen kleinen Leiden, über die Enge der Persönlichkeit. Mit glühendem Entzücken verliert er sich in die Fluth von Leben, die das Universum durchrauscht. In den schönsten Bildern, im Klange goldener musikalischer Versrhythmik, mit der Wärme religiöser Anschauung spricht Faust die Wahrheit aus, dass Alles Prozess ist, Fluss, ineinandergreifende Bewegung, Vermittelung, Werden. Die Himmelskräfte steigen auf und nieder, reichen sich die goldenen Eimer und Segen duftet von ihren Schwingen. Die Welt ist nur der ewige Prozess der Selbstoffenbarung der Idee, welcher Zeit und Raum unermüdlich erfüllt und nur in der *Unendlichkeit des Ganzen* ewig vollendet, in ewiger Harmonie ruhend und befriedigt ist. Der Klang der Reime, die Gestalt der Worte athmet hier ganz das Gefühl dieses grossen Naturaccordes, in welchem alle Dissonanz des Einzelnen sich auflöst. Aber das weite Leben, in welches die Vorstellung des Makrokosmus einführt, ist eben zu weit, zu fern, zu unermesslich; die Welt, wie sie in dem Umkreis der Erde, der Menschengeschichte, des uns zunächst umgebenden Lebens vor uns daliegt, fordert den mit tausend Kräften Ausgerüsteten, den von Sehnsucht nach Wirksamkeit und Erfahrung, nach Leid und Lust bewegten auf, in sie einzutreten, sich an ihr wagend zu versuchen. Faust fühlt sich von dem Geist jugendlichen Thatendranges, von voller Lebenskraft durchglüht:

> Ich fühle Muth, mich in die Welt zu wagen,
> Der Erde Weh, der Erde Glück zu tragen,
> Mit Stürmen mich herumzuschlagen
> Und in des Schiffbruchs Knirschen nicht zu zagen.

Gewiss spricht hier Faust nur wieder die Empfindungen des jungen Dichters aus, der im Selbstgefühl überwallender Kraft an der Schwelle des Lebens stand, bereit, auf *alle* Bahnen sich zu wagen. Auf Fausts mystischen Bann erscheint der *Erdgeist* in einer röthlichen Flamme. Die Flamme drückt symbolisch in ihrem Zucken, Schlängeln, Auf- und Niedersteigen das Weben und Schaffen des Naturdämons aus. Faust erträgt die Gewalt der Erscheinung nicht, und da er sich fast seiner Verwandtschaft mit dem mächtigen Geist inne geworden zu sein glaubt, verschwindet

Jener, den Wurm verachtend, der ihn bannte. Der Sinn dieses Verschwindens ist (siehe oben), dass die blosse intellectuelle Begeisterung, die im Rausch heraufbeschworene forcirte Anschauung ihrer Natur nach momentan, dass nur die durch mühsame *Vermittelung* erworbene Kenntniss ein eigentlicher Besitz ist. Jener Moment genialer Ahnung des Weltzusammenhangs kommt wie ein übermächtiger Geist über uns, in den Lebenstiefen uns ergreifend. Die Vorstellung des grossen Weltzusammenhangs droht in ihrer Gewalt das menschliche Gefäss zu sprengen — so ruft Faust aus: Weh, ich ertrag Dich nicht! Wenn der Geist verschwindend sagt: Du gleichst dem Geist, den Du begreifst, Nicht mir! — so kann der Sinn nur sein: durch gewaltsamen Bann, durch unmittelbare Intuition ergreifen wir den Geist der Natur nicht wahrhaft; dies ist nur möglich durch die Arbeit des Erkennens; wir gleichen nur der Gottheit, insofern wir durch Erfahren und Denken ihres Reichthums geduldig uns bemächtigt. Der Geist schneidet dem Faust aber die vermeinte Identität mit der Welt ohne Weiteres ab; das subjective Schauen gleicht nur sich selbst, nicht den Dingen. Die Worte des Erdgeistes gehören zu den schönsten, mächtigsten Stellen des Dramas, sowohl wo er Fausts Sehnsuchtsdrang, als wo er sein eigenes Wesen schildert. Natur und Geschichte, als ein ewig neu gebärender Schooss, als das in ewigem Wechsel sich vollziehende *Leben* des Absoluten, wallt in den daktylischen Rhythmen: In Lebensfluthen, im Thatensturm Wall ich auf und ab, Webe hin und her — bildlich-hymnisch an uns vorüber. Die Verse: Du flehst erathmend mich zu schauen — erinnern in manchen Eigenthümlichkeiten so sehr an Goethes früheste Oden (Wanderers Sturmlied, Schwager Kronos), dass sie mit Sicherheit in diese Zeit gesetzt werden dürfen. Dahin gehören Worte wie erathmen, erschwellen: »Nun schon wieder Den erathmenden Schritt Mühsam Berg hinauf« und ein Compositum wie: Freudebeben (jene Oden sind besonders reich an kühnen Zusammensetzungen), das alterthümliche *sich drang* u. s. w.

Dass der Dichter den *Geist des Planeten* von Faust bannen und vor ihm erscheinen lässt, ist ein Wagniss, ein so ungeheuerliches, dass es nur durch Tiefe nnd Phantasiekraft der *poetischen Darstellung* dieses Erscheinens *verdeckt* wird. Sonst müsste man wohl sagen, dass ein Geist, der alle Naturformen und -kräfte, alle Begebenheiten und Thaten repräsentirt, nicht wie andere im Dienste des Magiers stehende Geister citirt werden könne. Weisse hat hier eine Vermuthung ausgesprochen, die so wahrscheinlich ist, dass sie ziemlich allgemein angenommen worden ist —

die, dass der Dichter dem Erdgeiste in seinem ursprünglichen Plane eine durchgreifende, bedeutende Rolle zugedacht hatte, dass von dem Erdgeist die Lenkung des Ganzen ausgehen sollte, *er* es war, der dem Faust z. B. den Mephisto beiordnete u. s. w. In der That, es wäre ganz passend, dass der Geist irdischer Geschichte, der irdischen Physis den Faust ins Leben, in die Mitte der Natur geleitet, und indem der Strebende sich mit dem Bösen verwickelt, als Geist des Allgemeinen über sein Schicksal waltet. Mit diesem ersten Entwurf würde Fausts Monolog in Wald und Höhle vortrefflich stimmen, ja dieser Monolog findet seine Erklärung allein durch die Annahme eines solchen Entwurfs. Dort heisst es: »Erhabner Geist, Du gabst mir, gabst mir Alles, warum ich bat. Du hast mir nicht umsonst Dein Angesicht im Feuer zugewendet«. Wer kann dieser Geist anders sein, als der Erdgeist? Dann heisst es: »Du gabst zu dieser Wonne... mir den Gefährten, den ich schon nicht mehr entbehren kann« — so dass also der Erdgeist es ist, der ihm den Mephistopheles zutheilte. Später muss dieser Plan aufgegeben sein; es geschah alles ohne Hülfe des Geistes. Die Scene nämlich, wo dieses Eingreifen des Geistes uns vorgeführt werden sollte, war nicht ausgeführt — später fehlte Stimmung und Kraft dazu, und den Ersatz gab vielleicht der hinzugedichtete Prolog im Himmel. Auch dieser Umstand bestätigt, dass die Anfangsscene, wo der Erdgeist erscheint, eine der frühesten ist — was auch die Sprache, die bilderreiche originale Kraft des Ganzen schon vermuthen liess. Auffallend ist nur, dass der Monolog in Wald und Höhle in dem weichsten und seelenvollsten Stil der Iphigenien- und Tassojamben gedichtet ist — so dass man nicht begreift, warum der Dichter in diesem späteren Erguss dem *alten* Plane sich anschloss. Der gleich folgende Dialog zwischen Faust und Mephistopheles ist dagegen so kernig, in den schwungvollen, leidenschaftlichen Stellen so phantasievoll und naturkräftig, dass er mit der ersten Scene gleichzeitig sein muss.

Faust wird in seinem inneren Schwelgen und Verzweifeln von dem nüchternen Wagner unterbrochen. Das gewöhnliche Schicksal des subjectiven Idealisten. Immer tritt die Realität in Gestalt eines Menschen, eines niedrigen Geschöpfes, eines bösen Zufalls störend in seine Träume und erregt seinen tiefsten Unwillen. Der *Dichter* Goethe, mit seiner inneren Welt verkehrend, pflegte dieselbe Klage zu führen. Später sagt Faust, da Mephisto seine Empfindungsschwärmerei in freier Natur unterbricht: Ich wollt', Du hättest mehr zu thun, als mich *am guten Tag* zu plagen. Auch dies ist ganz Goethisch. Er pflegte die *guten* Stunden,

d. h. die welche Stimmung gewährten, hütete sie sorgfältig und fühlte tiefen Schmerz, wenn die Forderungen des Lebens zerstreuend in diesen Bezirk griffen. (Man vergleiche das kleine Gedicht *Guter Rath* in der Abtheilung *Kunst*.)

Ueber Wagners Charakter, das geistige Verhältniss beider Redenden ist schon gesprochen worden. Schon Wagners äusserer Aufzug: Schlafrock und Nachtmütze zeichnet sein Inneres. Aus Fausts Worten sprechen die Theorien der Genialitätsepoche, das Evangelium der Natur, des Unmittelbaren, der Originalität, gegenüber der verkörperten, leblosen Formation in Poesie und Leben, gegenüber der Selbstgenügsamkeit beschränkter Schulgelehrten. Das tragische Geschick dessen, der in genialer Spontaneität mit dem Bestehenden sich nicht begnügt und die vorausempfundene Wahrheit in die von zäher Gewohnheit beherrschte Welt zu setzen unternimmt, schildern die herrlichen Worte:

> Die Wenigen, die was davon erkannt,
> Die thöricht gnug ihr volles Herz nicht wahrten,
> Dem Pöbel ihr Gefühl, ihr Schauen offenbarten,
> Hat man von je gekreuzigt und verbrannt.

Wagners Schlussatz:

> Mit Eifer hab ich mich der Studien beflissen,
> Zwar weiss ich viel, doch möcht ich Alles wissen —

zeichnet seinen geistigen Standpunkt. Es ist dasselbe, was Ciceros Unterscheidung von multa und multum besagt. Er will an dem Faden beschränkter Reflexion Kenntniss an Kenntniss, Notiz an Notiz aufreihen, das Fachwerk positiver Gelehrsamkeit vollständig ausfüllen, aber die *wesentliche Erkenntniss*, die dem Einzelnen erst wahrhaft seine Stelle, seinen Begriff anweist, ist ihm verschlossen. Er gräbt nach Schätzen, sagt Faust von ihm, und freut sich der Regenwürmer, die er findet. Nachdem Faust seinen Famulus fortgeschickt, nimmt er den Faden seiner Selbstbetrachtungen wieder auf. Noch hallt das Donnerwort des Erdgeistes, vor dem er zusammengestürzt war, in ihm wieder. Die ewige Blindheit, zu der er verurtheilt zu sein glaubt, die Hoffnungslosigkeit, die ihn auf alles Erkennen verzichten lässt, treibt ihn zu dem Versuche, die Schranke persönlichen Daseins einzureissen, zum Selbstmord. Da er des Objects sich zu bemächtigen verzweifelt, da die unerträgliche, schmerzliche Spannung zwischen seinem Subject und der Welt der Dinge durch kein Mittel mystischer Anschauung, keinen Hebel der Magie zu vernichten ist, so versucht er durch Weglöschen des subjectiven den Gegensatz aufzuheben. Er will persönlich aufhören und dann in das allgemeine Leben zerfliessen. (»Ins hohe Meer werd ich hinausgewiesen, Die Spiegelfluth erglänzt zu meinen Füssen, Zu neuen Ufern lockt ein neuer Tag«.) Schon geniesst er im Geist die Götterwonne, auf leichten Schwingen den Aether zu durchdringen, an der schaffenden Macht der Natur selbstlos theilzunehmen. Jedes Wort in dem Selbstgespräche, welches mit diesem Entschlusse endigt, zeigt uns das Subject mit dem *Gefühle der Unendlichkeit*, eingeschlossen in die Schranken der Endlichkeit, die es durch freie Anerkennung ihrer Nothwendigkeit nicht zu überwinden gelernt hat; denselben Absolutismus der Subjectivität, wie im Werther, die sich gegen alle Realität als beengend sträubt; die Idealisten schmerzlich sich verwundend an den harten Ecken der wirklichen Welt, die überall begrenzt und bedingt und nur durch geduldiges Eingehen in all ihre Vermittelungen umzuschaffen ist; die Erschöpfung dessen, der ein Leben über vergeblich gerungen.

»Dem Herrlichsten was auch der Geist empfangen,
Drängt immer fremd und fremder Stoff sich an.«

»Die uns das Leben gaben, herrliche Gefühle,
Erstarren in dem irdischen Gewühle«.

Wenn sonst, klagt Faust, die Phantasie mit kühnem Flug zum Ewigen sich erweiterte, so zieht sie sich nun ins Engste zusammen und Alles ist gescheitert im Zeitenstrudel. Auf Haus und Hof, auf Weib und Kind sich zu beschränken, widert ihn an; *in dieser Beschränkung zugleich frei und allgemein zu sein, hat er noch nicht gelernt*. Die Instrumente, die ihn von allen Seiten umgeben, erinnern ihn an seine ohnmächtigen Versuche, der lebendigen Natur zu nahen; sie sollten Schlüssel sein, zwar ihr Bart ist kraus, doch heben sie nicht die Riegel. (Geheimnissvoll am lichten Tag — Schrauben.)

Und was sie Deinem Geist nicht offenbaren mag,
Das zwingst Du ihr nicht ab mit Hebeln und mit Schrauben.

Wie Faust überhaupt unmittelbar erkennen will ohne die logische Methode, ohne die Vermittelungen der *Dankbarkeit*, so möchte er sich auch ohne Natur*forschung*, ohne Berechnung und Betrachtung, ohne die Hebel der experimentalen Empirie des Naturlebens bemächtigen; er dringt auch hier, alle Zwischenglieder überspringend unmittelbar auf das Letzte, auf die absolute Idee. *Darin* liegt seine Genialität, wie das Unzulängliche seines Strebens; die erstere der seelenlos *mechanischen* Naturansicht gegenüber, der geistlichen Empirie, welcher die eigentlich productive Naturidee immer ein unbekanntes Jenseits bleibt. Aber der blosse Schwung unmittelbarer Begeisterung bleibt dennoch ohne wahrhaftes Resultat; ermüdet und gebrochen gibt Faust auch in diesem Punkte alle Möglichkeit des Erfolges auf. Der Todtenkopf ruft ihm zu, dass auch dort einst ein Gehirn wie seines, den Tag gesucht und ewig in Dämmerung befangen gewesen. Hätt' ich lieber mein Weniges verprasst, als damit belastet hier im Moderduft des Museums mein Dasein zu verlieren — in diesem Ausruf erkennen wir die Stimme des einsamen Theoretikers, den bei seinen Abstractionen plötzlich die Sehnsucht nach Existenz, nach dem Leben und der glücklichen Blindheit des Handelnden, Geniessenden ergreift. Die Instrumente, sein kleines Vermögen, er hat beides noch von dem Vater ererbt, aber, fügt er hinzu, »was Du ererbt von Deinen Vätern hast, erwirb es, um es zu besitzen« — und spricht damit die Wahrheit aus, dass nur das Selbsterworbene uns wahrhaft gehört, die Signatur unserer Persönlichkeit und That an sich trägt. So gehen seine Gedanken hin und her, in mannigfachen Wendungen Unmuth, Demüthigung, Ungenügen, grübelnden Ueberdruss aussprechend — da fällt sein Blick auf die Phiole, die das Gift enthält, den Auszug tödtlich freier Naturkräfte, *noch ein Ausweg* blitzt in seinem Geiste auf: im tiefen Dunkel der Verzweiflung wirds auf einmal helle, wie im nächtgen Wald uns plötzlich Mondenglanz umweht. Die Betrachtungen über den Tod, die nun folgen, die ekstatischen Phantasien über die Wonne der Auflösung in die allgemeine Substanz — der junge Dichter schöpfte sie aus seinen eigenen inneren Erfahrungen in der Wertherperiode — sind ein Punkt, den ich schon früher besprochen habe. Erschütternd ist der Contrast, wenn Faust selbst an die fröhlichen Gastmähler erinnert, an denen kreisend die kristallne Flasche einst den Vätern in der Hand geglänzt; die künstlich eingeschnittenen Bilder bringen ihm manche heitere Jugendnacht zurück, an der Seite muntrer lebensprudelnder Gesellen zugebracht, wo es des Trinkers Pflicht gewesen, auf einen Zug die Höhlung auszuleeren. Die braune Fluth, die jetzt das Glas erfüllt, macht schneller trunken. Faust bringt den letzten Trunk jetzt dem Ostermorgen zum Gruss und setzt die Schale an den Mund. Da erschallt der Glockenklang und Chorgesang des Osterfestes dringt mit der Erinnerung an den Sabbatfrieden der Kindheit auf den Selbstmörder ein und zieht ihm das Glas von den Lippen. Dem Gebrochenen, Verzweifelnden erscheint die Idee der *Versöhnung*, ihn rettend im letzten schrecklichen Augenblick. Sie erscheint ihm verhüllt in der Form des Glaubens, in der

Form einer wunderbaren einst und einmal geschehenen *Thatsache*; aber die hier in der Hülle sinnlicher Vorstellung doch gegenwärtige Idee ergreift ihn durch ihre Wahrheit und durch ihren unendlichen beseligenden Gehalt und strömt ihm momentane Genesung ins zerstörte Herz. In Fausts Worten: »Was sucht ihr, mächtig und gelind« — erklingen wiederum die weichsten und innigsten Laute elegischer Wehmuth und waltet der Zauber der süssesten Seelenmelodik. Versenkt in das Andenken glücklicher Jugendtage, wo die Seele in reiner Einheit mit sich und der Welt in den schönen Bildern des religiösen Mythus ahnend schwelgte; zerschmilzt er in Thränen und fühlt sich der Welt wiedergegeben. Des Dichters eigene gläubige Kindheit spiegelt sich hier wiederum in Fausts Schilderung früherer Empfindungen.[1] Und nicht bloss die brünstige, ahnungsvolle Glaubenszeit, wo der Himmelsliebe Kuss das noch nicht zur Scheidung erwachte Gemüth umfing, bringt ihm der Ostergesang wieder vor die Seele, auch die Frühlingslust überhaupt, die sich an dies Fest knüpft, das freie Glück der Knabenfröhlichkeit, die im Frühling dem beengenden Hause entspringt, die holde dämmernde Sehnsucht des Dichterknaben, dem die Welt eine verschlossene Knospe ist und den unbestimmte Phantasien im einsamen Walde zu heissen Thränen bewogen. Das Osterfest ist die Feier der auferstehenden Natur, der aus Handwerks- und Gewerbsbanden, aus niedrigen Häusern, dumpfen Gemächern auferstehenden Menschen. Momentan kann Faust durch solche Erinnerungen, durch die herantretende kirchliche Symbolik mit Hoffnung durchströmt werden, dauernd nicht. Den Glauben hat er verloren, unwiederbringlich verloren. »Die Botschaft hör ich wohl, allein mir fehlt der Glaube«. Zurück kann er nicht, *einmal erwacht,* kann ihn der holde Traum nicht mehr befangen. Er muss wieder auf die Bahn, bis zu dem Ziel, wo er *denkend* durch absolutes Wissen dieselbe Einheit, denselben Frieden wiedererringt, den einst der naive Glaube der Kindheit mit sich führte, bis zu der Zeit wo die Vernunft, die jene mythischen Vorstellungen als eingehüllte Ahnung in sich trugen, in ihrer eigenen Denkgestalt Phantasie und Herz und sein ganzes persönliches Dasein heiligt und beseligt und harmonisch erwärmt. Diejenigen thun also schweres Unrecht, die wie nicht bloss Göschel, sondern auch der sonst so einsichtsvolle Weisse, verlangen, Faust solle definitiv seine Stellung dadurch erlangen, dass er die rührenden Kindervorstellungen sich wieder aneignet und dogmatisch an die fromme Phantasie der Kirche glaube,

---

[1] Siehe Dichtung und Wahrheit.

die da meinen, sein Unglück, seine Zerrissenheit rühre von der Lostrennung von der Religion her. Wenigstens Goethes Sinn bei dieser Stelle und in diesem ganzen Drama war dies nicht. Der Dichter liess die kindlichen Vorstellungen des Glaubens stehen, ja ihm, wie seinem Faust konnten sie momentan eine unbestimmte Rührung wecken, wie dies auch sonst geschieht, wenn der in den Kämpfen des Denkens ringende Bewusste den Kinderspielen, dem Naturdasein, dem Thier- und Pflanzenleben, überhaupt der bewusstlos gebundenen, rings umfriedigten Existenz gegenübersteht — aber in jene Befangenheit zurücktreten *wollte* er nicht und konnte es nicht, wenn er es auch wollte. Faust soll zum Frieden *hindurch* dringen, indem er die Vermittelungen des Denkens, der Erfahrung, der Selbsterziehung durchläuft, die Endlichkeit als nothwendige Stätte der Verwirklichung des Unendlichen begreifen lernt, kurz das Schrankenlose, abstract Anfängliche seines Strebens sich in sich erfüllt. Faust muss nur *reif* werden, aber durch die schmerzlichen Kämpfe und Versuchungen, ganz so wie Goethe selbst es wurde. Die humane Geistesfreiheit, deren edelste Blüthe eben Goethes Dichtungen und sein Faust sind, diese Grundlage auch der ästhetischen Emancipation konnte Goethe nie in den Sinn kommen, aufzugeben — und das Unglück des Abfalls von der Kirche bildet sicherlich nicht den Gegenstand des Faustdramas, wie z. B. der theologisirende Vilmar in seinem soeben erschienenen zweiten Theil andeutet. In den kurzen beflügelten Daktylen der Chorgesänge herrscht ein Auferstehungsjubel, indem selbst schwere dogmatische Sätze (wie der von der Erbsünde: die schleichenden erblichen Mängel) und moralisch symbolische Anwendungen (wie das Bestehen der Prüfung, das geläuterte Hervorgehen aus derselben; »Reisset von Banden freudig euch los« u. s. w.) leicht hinaufgewirbelt werden. Manche sprachliche Kühnheit, z. B. in der Wortstellung spielt mit unter, schwimmt aber in dem vollen hymnischen Strom unbemerkt vorüber. Das Ganze schliesst mit dem Endaccord der seligen Gewissheit: Euch ist der Meister nah, Euch ist er da!

3.

HOMUNKULUS UND HELENA.

EINE ÄSTHETISCHE UNTERSUCHUNG

VON

VEIT VALENTIN.

Goethe hat die Helena in seiner Faustdichtung als den »Gipfel« bezeichnet, von dem aus »sich erst die rechte Aussicht über das Ganze zeigen wird«, und Schiller antwortet ihm, nachdem ihm Goethe den Monolog der Helena vorgelesen hatte, die Art jedoch, wie ihr Erscheinen begründet und mit der mittelalterlich-christlichen Welt der übrigen Dichtung in Verbindung gebracht werden sollte, noch nicht feststand: »Gelingt Ihnen diese Synthese des Edeln mit dem Barbarischen, wie ich nicht zweifle, so wird auch der Schlüssel zu dem übrigen Theil des Ganzen gefunden sein« (Briefe vom 23. September 1800). In beiden Aussprüchen, die in die Zeit der Umgestaltung der alten Dichtung in die neue Dichtung, also in die Zeit des Prozesses der Einfügung aller Einzelheiten in den Rahmen eines künstlerischen Ganzen, fallen, tritt in erster Linie die Betrachtung der Gesammtdichtung als eines einheitlichen Ganzen hervor und sodann als Folgerung die Einordnung eines einzelnen Gliedes in das Ganze, so dass dieses Glied der Gipfel wird, von dem aus das Ganze übersehen, der Schlüssel, mit dessen Hilfe das Verständniss des Ganzen gewonnen werden kann. Aber freilich kann dies nur eintreten, wenn die »Synthese des Edeln mit dem Barbarischen«

gelungen sein wird; von diesem Gelingen wird aber dann erst die Rede sein können, wenn das Erscheinen der Helena begründet, also aus dem Gange der Handlung heraus verständlich gemacht wird.

Wäre nun Helena die historische Helena, so könnte ein sachlicher Zusammenhang, der ihr Auftreten begreiflich erscheinen liesse, für die Begründung dieses Auftretens wohl genügen. Allein ein sachlicher Zusammenhang, der es begründen könnte, fehlt vollständig: das Auftreten der Helena in der Zeit des Faust oder ein Zurücktreten des Faust in die Zeit der Helena ist, sobald es sich um die historische, als die wirkliche Helena zu betrachtende griechische Frau handelt, von vornherein ausgeschlossen. Nun soll es aber auch gar nicht die wirkliche Helena, nicht die als noch lebendig anzunehmende Helena sein, die erscheint, sondern die aus dem Todtenreiche wieder zum Leben zurückgeführte: diese Zurückführung beseitigt einerseits den aus der Ungleichzeitigkeit der als historisch gedachten Persönlichkeiten von Faust und Helena sich ergebenden Widerspruch. Andrerseits aber ruft diese Zurückführung aus dem Hades eine andere Schwierigkeit hervor, indem sich die Frage erhebt: wie kann denn Helena zurückgeführt werden, und zwar nicht als empfindungsloses Schattenbild, sondern in körperlicher Realität, so dass sie sich mit Faust vermählen, von ihm empfangen, ihm einen Sohn gebären kann? Es giebt zur Lösung dieser Schwierigkeit einen recht bequemen Ausweg: man fasst Helena einfach abstract als die höchste Schönheit der Antike und bezeichnet Fausts Vermählung mit Helena als die Vermählung des germanischen und des hellenischen Geistes. Es klingt das obendrein sehr philosophisch: nur wird dabei übersehen, dass in der Faustdichtung keineswegs nur Allegorien auftreten, dass Goethe vielmehr in ihr ganz ausdrücklich die Allegorien von den Gestalten unterscheidet, denen er ein reales Leben zuerkennt. Faust und Helena sind aber solche reale Gestalten, und die Frage heisst nicht: wie lässt sich ihre Verbindung symbolisch verstehen? sondern: wie lässt sich ihre Verbindung realistisch verstehen? Dass hinter der Realität noch Symbolisches vorhanden sein kann, ist selbstverständlich: nur muss man den Begriff »symbolisch« recht verstehen. Symbolisch ist mit allegorisch nicht gleichbedeutend, wie es oft fälschlich gebraucht wird. Es bedeutet einfach etwas über die Grenze der historischen Gestalt Hinausgehendes, was aber die Gestalt selbst als historisch nicht aufhebt. Faust ist dichterisch zunächst und für sein Auftreten innerhalb der vom Dichter vorgeführten Handlung rein historisch, als eine körperlich, zeitlich

und örtlich begrenzte Persönlichkeit, als dieses eine ganz
bestimmte Individuum zu nehmen: mit jeder anderen
dichterischen Gestalt hat er aber gemein, dass man in ihm
und unter ihm eine ganze Reihe gleichgearteter Menschen
erkennen kann, deren jeder, sobald man ihn einzeln betrachtet, sofort die entscheidendsten Unterschiede aufweisen
würde, die aber, abgesehen von allem, was sie individuell
differenzirt, mit Faust im Grundwesen ihres Strebens und
Forschens zusammentreffen. So kann auch Helena symbolisch gefasst werden als Vertreterin alles Schönen, wie
es sich im Weibe gestaltet, und speziell alles Schönen, wie
es nach antiker griechischer Anschauung im Weibe sich
verkörpert: im Drama erscheint sie jedoch als eine Wirklichkeit, die durch Zeit und Ort begrenzt ist, die ihren
scharf individualisirten Charakter hat, die sich vollständig
als die historische Helena gibt. Und doch ist sie es nicht:
sie ist eine wiedererstandene, wiederbelebte, die sich als
wirkliche Helena fühlt und nur gelegentlich zum Bewusstsein kommt, dass sie nur ein gespenstisches Dasein führt,
ein Umstand, der nicht ihre Wirklichkeit, sondern nur das
Historische in dem Sinne aufhebt, als ob wir es mit der
noch als lebend anzunehmenden, nicht bereits einmal in
den Hades eingegangenen Helena zu thun hätten. Eine
solche Gestalt einzuführen, das war die Schwierigkeit, über
die man nicht mit verallgemeinernden Redewendungen hin-
auskommt: soll diese reale Helena auftreten, so muss sie
realen Ursprung haben, ebenso gut wie jede historische
Persönlichkeit ihren realen Ursprung hat. Dieser liegt bei
der historischen Persönlichkeit in der natürlichen Erzeugung.
Bei der wiederbelebten Helena ist von einer natürlichen
Zeugung keine Rede: so muss der Belebungsakt ein künst-
licher sein. Bleiben wir über diesen künstlichen Belebungsakt im Unklaren, dann glauben wir an die Realität der
Erscheinung überhaupt nicht: wir halten sie für ein Schemen,
wie jene »Idee« der Helena, die Faust von den Müttern
mitbringt und die bei der ersten Berührung in Dunst aufgeht. Diese »Idee« der Helena genügte, in Faust die unauslöschliche Sehnsucht zu erwecken die wirkliche Helena
zu besitzen: sie genügte aber nicht, diese wirkliche Helena,
die er liebend umarmen könnte, thatsächlich zu sein. Um
eine solche wirkliche, d. h. reale Helena körperlich lebendig
werden zu lassen, bedarf es eines künstlichen Belebungs-
aktes: diesen zeigt uns der Dichter, damit wir zum Bewusstsein ihrer vollen Realität gelangen, Schritt für Schritt.

Schritt für Schritt? Aber tritt denn nicht Helena plötzlich und unvermittelt, vollständig fertig und erwachsen vor
uns hin? In meinem Buche »Goethes Faustdichtung in ihrer

künstlerischen Einheit dargestellt« (Berlin 1894, E. Felber) habe ich aus dem Zusammenhang nachzuweisen gesucht, dass dies nicht der Fall ist, dass speziell Homunkulus mit Helena und ihrem Gefolge im engsten kausalen Verhältniss stehe: aber wenn wirklich Homunkulus mit dem Dasein der Helena etwas zu thun hat, wo sagt denn das der Dichter, und wo zeigt es uns die Handlung? Es ist in der That wahr: der Dichter sagt nirgends mit nackten Worten: Homunkulus ist der Lebenskeim für Helena und ihre Begleiterinnen. Aber der Dichter ist kein Standesbuchführer und schreibt nicht für den pedantisch nachrechnenden Verstand: er gibt der »ewig beweglichen, immer neuen seltsamen Tochter Jovis, seinem Schosskinde, der Phantasie« den höchsten Preis und verlangt, dass seine Hörer und Leser es ebenso machen: wer einen rechnerischen Nachweis verlangt, wird stets mit der Antwort: aber hier ist noch eine Lücke, bei der Hand sein können; wer dagegen des Dichters Andeutungen mit Hilfe der für das Verständniss jeder Dichtung nothwendigen Phantasie fortbilden kann, dem wird auch diese Dichtung nicht schweigen, sondern so viele Beweismittel bieten, dass in der That der Beweis als erbracht gelten darf. Er soll hier auf analytischem Wege angetreten werden.

Es wird sich zunächst fragen, ob überhaupt zwischen dem zweiten und dem dritten Akte des zweiten Theiles ein engerer Zusammenhang besteht, so dass die beiden erst zusammen einen besonderen Theil bilden, von denen der eine als Vorbereitung für den anderen zu gelten hat, oder ob wir es mit verhältnissmässig selbständigen, ebenbürtig neben einander fortschreitenden Theilen des Ganzen zu thun haben. Ist dies letztere der Fall, stehen die beiden Akte einander so selbständig gegenüber, dass jeder für sich ein kleines Ganzes bildet, so kann von einem sachlichen Zusammenhang des Homunkulus und der Helena nicht die Rede sein: es sind, jedes für sich, Persönlichkeiten, die innerhalb ihres Kreises Bedeutung haben, ihre Wirkung auf die Hauptperson ausüben und, sobald diese Wirkung vorüber ist, für immer verschwinden. Dass dies nicht der Fall ist, dass vielmehr zwischen den beiden Akten der allerinnigste Zusammenhang besteht, so dass sie als etwas enge Zusammengehöriges, als besondere Einheit betrachtet werden müssen, wird nun aber durch die Rolle bewiesen, die Mephistopheles in ihnen spielt: er hat im zweiten Akte das »Bildniss« der einen der drei Phorkyaden auf sich übertragen, und im dritten Akte tritt er in dieser Gestalt auf; ja er behält sie bis zum Schlusse der Handlung in diesem Akte bei: erst nachdem diese vollständig vorüber ist, »richtet sich Phorkyas im Proszenium riesenhaft auf, tritt von den Kothurnen herunter, lehnt Maske und Schleier zurück und zeigt sich als Mephistopheles.« Und wenn es weiter heisst: »um, insofern es nöthig wäre, im Epilog das Stück zu kommentiren«, so wird gerade dadurch die Zusammengehörigkeit des zweiten und des dritten Aktes aufs Schlagendste bewiesen: das »Stück«, zu dem möglicherweise ein Epilog nöthig werden könnte, kann nicht da anfangen, wo die Umwandlung des Mephistopheles als fertig erscheint, sondern muss auch den Theil in sich begreifen, wo diese Verwandlung vor sich geht: man verstände ja sonst überhaupt nicht, wer unter der Phorkyas sich versteckt. Zugleich aber wird aus dem »Epilog« deutlich, dass das »Stück« hier fertig ist: somit gehören alle die Theile zu dem Stück, auf welche diese Umgestaltung des Mephistopheles sich erstreckt. Dazu kann aber vom zweiten Akt nicht etwa nur der Theil von der Umwandlung des Mephistopheles an gehören: diese ist das Endergebniss seines Herumsuchens in der Zauberwelt der klassischen Walpurgisnacht, die nicht zerrissen werden kann: somit muss der Anfang des »Stückes« bis zum Anfang der klassischen Walpurgisnacht zurückgehen. Allein in dieser wird Mephistopheles mit dem schlafenden Faust aus Wagners Laboratorium geführt: hier tritt Homunkulus ins Leben, von hier aus, räth er, den Faust um ihn zu heilen, nach Griechenland zu bringen; dies zu thun und ebendahin ihn zu begleiten, überredet er aber auch den Mephistopheles und sie ziehen zusammen fort: so muss auch dieser Theil zu dem »Stück« gehören. Hieraus folgt, dass Laboratorium, klassische Walpurgisnacht und Helenadrama zusammen eine untrennbare Einheit bilden und als ein kleines Ganzes für sich angesehen werden müssen: als solches Ganzes bedeutet es für Faust, vom Standpunkte seiner Entwickelung betrachtet, eine Stufe; innerhalb des Aufbaues der künstlerischen Gestaltung der Dichtung dagegen ist es als Episode zu bezeichnen, Bezeichnungen, die sachlich dasselbe besagen, und nur nach dem Gesichtspunkte des Betrachters verschieden erscheinen. Bilden aber diese Szenen in ihrer Gesammtheit eine einheitliche Stufe, so können zwar Nebenpersonen auftreten und verschwinden, ohne dass wir fragen, woher und wohin: ihre Berechtigung liegt in ihrem Zusammenhange mit den Hauptpersonen. Bei diesen selbst aber ist es etwas Anderes. Hier erhebt sich sofort die Frage: Was wird aus Homunkulus? Ist er damit fertig, dass er ins Meer zerstoben ist? Aber damit ist ja sein Hauptbestreben zu entstehen noch gar nicht erfüllt. Er verbindet sich mit den Elementen: »so herrsche denn Eros, der alles begonnen« — was wird denn aber aus dieser Herrschaft des Eros? Wenn Homunkulus nur die Aufgabe hätte, Faust zu der in Helena verkörperten Schönheit zu führen, eine Aufgabe, die er zudem gar nicht erfüllt, wozu dies Bestreben des Homunkulus zu entstehen, wozu seine Vermählung mit dem Meere, wo alles wirkliche Leben, alles Entstehen beginnt, wo der Uranfang des Uebergangs des Unorganischen zum Organischen stattfindet? Freilich giebt es ja auch auf solche neugierige Fragen eine ganz bequeme Antwort: der weimarische Olympier hat uns mit dem Homunkulus überhaupt zum besten gehabt, das lächerliche Menschlein ist nur ein Spass und vielleicht nicht einmal ein gelungener Spass (Th. Ziegler, Münch. Allg. Ztg. Beilage Nr. 16, 1894)! Damit hört freilich das Fragen nach der Logik der Dichtung auf. Hält man aber an einer solchen auch für ein Kunstwerk fest, so dass sie der allgemeinen Logik entspricht, sobald man die vom Dichter gemachten Voraussetzungen zugiebt, so wird man eben doch fragen müssen: Gelingt dem Homunkulus sein Entstehen? Was wird denn aus seiner Vermählung mit dem Meere, die der Zeugungsakt eines entstehenden Organismus, aber noch nicht dieser selbst ist, und wer ist denn das Erzeugte? Und umgekehrt wird man bei Helena und ihrem Gefolge fragen müssen: Wo kommen denn die Frauen her? Wären es die historischen, als natürlich lebend zu denkenden Gestalten, die hier auftreten, so wäre die ebenso einfache wie triviale Antwort: nun, aus Troja. Aber diese Frauen kommen gar nicht aus Troja! Der Dichter lässt sie nicht als die historischen Frauen auftreten, sondern auch innerhalb der Dichtung sind sie nicht natürlich lebende, sondern künstlich lebende Wesen. Woher aber kommen denn diese?

Wenn wir einen Organismus in seinem Bestande verstehen lernen wollen, so bleibt nichts Anders übrig als ihn zu zerlegen: wir erkennen dann wenigstens seine Bestandtheile; ob auch das, was diese zusammengehalten hat, bleibt freilich oft genug fraglich. Da müssen wir es um so dankbarer begrüssen, wenn uns der Dichter selbst in der Zerlegung unterstützt und, indem er sie selbst vornimmt, auch selbst zum Führer wird: denn so können wir wenigstens mit Sicherheit erkennen, wie er sich das Ganze gedacht hat. Glücklicherweise ist dies aber auch gerade das, was wir hier suchen.

Die Zerlegung der künstlich lebenden Gestalten erfolgt dadurch, dass der Dichter sie vor unseren Augen sterben lässt: es geschieht dies so, dass sie sich in die Bestandtheile auflösen, aus denen sie entstanden sind. Verfolgen wir also ihr Sterben, so werden wir uns auch über ihr Entstehen klar werden können.

Die erste Auflösung tritt bei dem einen der Mädchen im Gefolge der Helena ein, bei der »derben Kleinen«, die Euphorion erhascht und die er »zu erzwungenem Genusse« herbeischleppt, damit sie mit heissem Kusse die Seine werde. Aber nicht nur er thut Kraft und Willen kund: auch in ihr lebt ein entschiedener Wille: »In dieser Hülle Ist auch Geistes Muth und Kraft; Deinem gleich ist unser Wille Nicht so leicht hinweggerafft«. Sich zum Spiele will sie Euphorion umfangen: »sie flammt auf und lodert in die Höhe« und ruft dem Bedränger zu: »Folge mir in leichte Lüfte, Folge mir in starre Grüfte, Hasche das verschwundne Ziel«. Die Zusammenfügung der Bestandtheile, die dies künstliche Dasein ausmachen, ist hiernach so locker, dass der Wille der Auflösung schon genügt um diese herbeizuführen. Sie erfolgt unter Flammenerscheinung, so dass ein Theil in leichte Lüfte übergeht, der andre in starre Grüfte: jener ist der geistige Bestandtheil, dieser der stoffliche, der den Elementen entnommene. Das Ganze war also ein Unorganisches, das mit einem Belebenden verbunden gewesen ist: es trug somit die Natur jedes organischen Daseins. Aber eines bleibt hierbei unerklärt: die besondere Gestaltung, die dieses organische Dasein anschaulich werden liess, die »Idee«, die in ihm Körperlichkeit und Leben erhalten hatte.

Die Antwort hierauf giebt uns die Auflösung der übrigen Mädchen, die den Chor der gefangenen Trojanerinnen bilden. Sie sollen, nachdem der Zauber gelöst ist und der frühere Zustand wieder eintreten kann, der Königin in den Hades folgen. Sie wollen es nicht, da sie, als Sklavinnen auch dort nur zurückstehen müssen: »im Hintergrunde Tiefer Asphodeloswiesen, Langgestreckten Pappeln, Unfruchtbaren Weiden zugesellt, Welchen Zeitvertreib haben wir? Fledermausgleich zu piepsen, Geflüster, unerfreulich, gespenstig«. Sie haben diesen unerfreulichen Zustand schon kennen gelernt, denn sie sind schon im Hades gewesen: dort aber sind nur die Schattenbilder der einstmal irdisch lebendig Gewesenen. Das Schattenbild bewahrt Erscheinung und Charakter des Individuums, also gerade das, was dieses zu einer besonderen, einzelnen bestimmten Persönlichkeit macht: so ist die als Königin lebendig Gewesene auch im Hades noch Königin und wird demgemäss behandelt, die gewesene Sklavin bleibt Sklavin und erfährt auch im Hades die Zurücksetzung, die ihr irdisches Loos gewesen ist. Ein solches Dasein verschmähen die Mädchen: sie sind bereit diese werthlose Persönlichkeit aufzugeben und lieber, statt in dem Hades der Persönlichkeit ein ewiges, aber schattenhaftes und missachtetes Dasein für alle Zeit zu sichern, in der ewig lebendigen Natur unpersönlich, aber in körperlichem und lebendig thätigem Dasein fortzudauern. Wenn sie aber ihre Persönlichkeit aufgeben, der belebte Stoff in der Natur jedoch nicht ungestaltet bleiben kann, so muss das noch Uebrigbleibende in den ewigen, Gestaltung gebenden, Gestaltung nehmenden und wiedergebenden Gang der Natur eingehen: die belebten aber gestaltlosen Elemente finden ihre Neugestaltung da, wo die vier Elemente, sobald sie belebt und zu organischer Bildung fähig werden, sie auch sonst in der Natur finden: ein Theil steigt mit den Bäumen in die Luft hinauf, ein andrer schmiegt sich dem Felsen, der Erde, an, der dritte Theil eilt mit den Bächen, dem Wasser, weiter, der vierte umrauscht den Rebenhügel und lebt im Feuer des Weines und des bacchantischen Taumels. Dies vermögen aber nur die Elemente, die von einem Belebenden erfüllt sind: nur dann greifen sie mitwirkend in das Walten der ewig lebendigen Natur ein, die auf die Geister vollgiltigen Anspruch erhebt. Neben dem todten Stoffe, der geistig belebt war, welche zwei Bestandtheile hier zusammen bleiben, erscheint nun deutlich der dritte Bestandtheil, das Schattenbild aus dem Hades, das die Formgestaltung, die Persönlichkeit gab: dieser Theil erscheint den Sklavinnen werthlos und wird von ihnen gerne preisgegeben, wenn nur das Belebende erhalten bleibt: dies aber bedarf zu seiner Daseinsverkörperung, zur Ausübung seiner Bethätigungsanlage, des todten Stoffes, wie er sich in den vier Elementen darstellt, als seiner Unterlage. So wird das Wesentlichere, Stoff und Belebendes, dem Tageslicht zurückgegeben, dagegen das für diese geringen Persönlichkeiten minder Werthvolle, das Persönliche, geopfert: »zwar Personen nicht mehr, Das fühlen, das wissen wir«.

Wo die Persönlichkeit einen grösseren Werth hat, wird sie bei der Auflösung bewahrt, dagegen die beiden anderen Bestandtheile preisgegeben: so ist es schon bei der Chorführerin Panthalis: »nicht nur Verdienst, auch Treue wahrt uns die Person«. So verlangt es sie heiss bei ihrer Königin zu sein, und verächtlich ruft sie den Gefährtinnen zu: »Wer keinen Namen sich erwarb, noch Edles will, Gehört den Elementen an, so fahret hin«! Sie selbst geht zum Hades, um als Schattenbild bei dem Schattenbilde der Königin zu weilen. Die Auflösung selbst geschieht hier nicht vor unseren Augen: wohl aber ist dies bei der Königin selbst der Fall. Mit dem Untergang ihres Glückes, dem Hinscheiden des Kindes, ist der Bund von Glück und Schönheit aufgelöst: »Zerrissen ist des Lebens wie der Liebe Band«. Beides bejammert sie, und noch einmal wirft sie sich in die Arme des Gatten; dann aber wendet sie sich Persephonen zu. Ihr Schattenbild geht zu ihr hinab, das

Körperliche verschwindet, indem das nun gestaltlos Stoffliche sich zu anderem Unorganischem gesellt und eben dadurch nicht mehr als Besonderheit erkennbar ist, das Belebende bleibt im Kleid und Schleier zurück. Deutlich offenbart sich hierbei die dämonische Natur des Belebenden: es ist nicht dieselbe Kraft, die in der Natur das Unorganische zum Organischen belebt: die Dämonen möchten es in ihr Reich zu sich reissen, aber die ihm innewohnende göttliche Natur zieht es empor. Da es überirdischen Wesens ist, so vermag es auch noch Anderes mit sich zu nehmen: »Helenens Gewande lösen sich in Wolken auf, umgeben Faust, heben ihn in die Höhe und ziehen mit ihm vorüber«. Sobald das gestaltgebende Schattenbild sich abgelöst hat, kommt dem Belebenden, Geistigen keine besondere Gestaltung mehr zu: gleich leichtem Gewölke zeigt es bald diese, bald jene, an irgend eine Wirklichkeit erinnernde Gestaltung, um alsbald wieder auseinander zu fliessen, bis es dem irdischen Auge ganz entschwindet.

So erscheinen hier die drei Bestandtheile klar geschieden: das stofflose Schattenbild, das aus der Unterwelt stammt, das gestaltlose unbelebte Körperliche, der unorganische Stoff, und das Belebende, das rein Geistige. Dieses Belebende ist der Träger des Wollens: ein einfacher Willensakt genügt, um die künstliche Verbindung des Ganzen zu lösen: so war es bei dem Mädchen, das dem Liebeswerben Euphorions entgehen wollte, so ist es bei Helena, die ihrem Kinde folgen will. Bei den Sklavinnen zeigt sich, wie dies Belebende sogar die Kraft hat, wenigstens mit dem einen der beiden Bestandtheile, mit dem Stofflichen, vereinigt zu bleiben. In diesem Belebenden muss daher folgerichtigerweise auch das gesehen werden, was die Verbindung überhaupt herstellt: was durch seinen Willen die Lösung herbeiführt, bewirkt auch durch seinen Willen und seine Kraft die Vereinigung. Dieses Belebende ist nun aber nicht im Verlaufe der geraden Entwickelung des natürlichen Lebens entstanden, sondern es ist dämonischen Ursprungs und Wesens und greift daher willkürlich an irgend einer Stelle innerhalb der Gesammtentwickelung ein. Sobald die Verbindung des dämonischen Belebenden mit dem Stoffe stattgefunden hat, braucht nicht wie bei dem Belebenden in der wirklichen Natur die Entwickelung von der einfachsten organischen Bildung bis zur höchsten stattzufinden: wenn durch ein gutes Geschick die Gestaltung entgegenkommt, indem der Hades Schattenbilder früher lebendig Gewesener entlässt, so bietet sich diese fertige Gestaltung willkommen dar, und die künstliche Neuschöpfung ist alsbald fertig. Freilich ist dies Dasein nur ein »Zauber«, der als »wüster Geisterzwang« empfunden wird: aber dieser Zauber ereignet sich in der Zauberwelt der Walpurgisnacht, in deren »Wunderglanz« sich hellenischer Sage Legion versammelt. Das ist der Boden, auf dem solches Zaubergebilde geschaffen werden und leben kann: mit dem Aufhören der künstlich heraufbeschworenen Vergangenheit und ihrer künstlichdämonischen Wiederbelebung löst sich auch solch Zaubergebilde auf. Sobald die Aufgabe gelöst ist, die diese Wiederbelebung für den Faust hat, schwindet die wiederbelebte Welt dahin: dieses Dahinschwinden ist meisterlich in der Auflösung der künstlich Wiederbelebten und in der Verschiedenartigkeit der Auflösung, je nach dem verschiedenen Charakter der wiederbelebten Persönlichkeiten zum Ausdruck gebracht: mit dem Uebergang der von den Mädchen übrigbleibenden belebten Elemente in den regelmässigen Gang der ewig lebendigen Natur wird auch die Handlung wieder in die Regelmässigkeit des wirklichen Daseins ebenso allmählich zurückgeführt, wie wir aus der wirklichen Welt im Laboratorium durch die Schaffung des Homunkulus und die Forttragung Fausts auf dem Zaubermantel ganz allmählich in die Zauberwelt der klassischen Walpurgisnacht geführt worden sind.

Eine besondere Stellung nimmt unter den Gestalten dieser Zauberwelt Euphorion ein. Seine Zeugung geht auf natürlichem Wege durch Vereinigung von Mann und Weib vor sich: dennoch gehört auch er seinem Wesen nach zu der Zauberwelt. Dies beweist das gegen den natürlichen Verlauf in kürzester Zeit erfolgende Reifen des Lebenskeimes und das rasche Wachsthum nach der Geburt: das zeitliche Moment hat in der Zauberwelt keine Bedeutung. Wie seine Erzeugung, geht auch sein Sterben auf natürliche Weise vor sich: die überwältigende Vorherrschaft seiner dämonischen Natur treibt ihn den Flug zu wagen, den seine körperliche Natur nicht zulässt: an diesem Widerspruch geht er zu Grunde. Der äussere Grund seines Sterbens ist aber der Sturz, der jeden anderen ebenso getödtet hätte. Wie er nun stirbt, da zeigen sich die drei Bestandtheile der dämonisch-künstlichen Existenzen auch bei ihm: das Körperliche verschwindet, indem der gestaltlose Stoff sich mit dem übrigen unorganischen Stoffe vereinigt und somit in seinem besonderen Dasein nicht mehr erkannt wird, das Schattenbild geht zu Persephone, wohin es die Mutter nach sich zieht, das Belebende, das Dämonische, steigt als »Aureole wie ein Komet zum Himmel auf«, sowie schon während seines kurzen Fluges, so lange das Dämonische über das Körperliche siegte, »sein Haupt strahlt, ein Lichtschweif zieht nach«. Bei Helena bleibt das Belebende in dem Gewande zurück, das dann als Wolke in die lichten Lüfte zieht und endlich entschwindet: so fehlt bei ihr die Lichterscheinung, die sonst das Belebende, charakterisirt, wo es rein als solches auftritt. Aber es fehlt nur für den Augenblick: in der Umgestaltung der Wolke bei ihrer Entlassung, bei ihrem Hinstreben nach dem Osten, in den sonnenbeglänzten Pfühlen, auf denen das junonenhafte Frauenbild erscheint, in dem lichten Nebelstreif, in der alles überglänzenden schönen Form, die sich in den Aether erhebt, kommt auch diese Natur deutlich zum Ausdruck.

Das den unorganischen Stoff zum Dasein in Organismen befähigende Belebende, wie es in der wirklichen Natur waltet, ist seinem Wesen nach überall das gleiche. So wie es aber selbst, je nach der Gestaltung, die der einzelne Organismus erreicht, stets auf einer anderen Stufe der Entwickelung in der Formenwelt erscheint, so gewinnt es auch aus dem persönlichen Wesen des einzelnen Organismus einen der besonderen Natur dieses Einzelorganismus entsprechenden Charakter in der Gestaltung seiner seelischen und geistigen Ausbildung. So wie dies in dem natürlichen Dasein der Fall ist, so muss es auch bei der künstlichen Belebung eintreten. Ueberall, bei Helena, bei Panthalis, bei den Mädchen, bei Euphorion, hat das Belebende stets die Natur des Geistigen, das, wo es allein für sich erscheint, für die Sinne gleichmässig als Flamme, Leuchten, Helligkeit zur Erscheinung kommt: aber wie mannichfaltig äussert es sich geistig und seelisch je nach dem besonderen Schattenbilde, das es mit dem rohen Stoffe verbunden hat: nur den sinnlichen Eindrücken unterworfen bei den Mädchen, zu unwandelbarer Treue und etwas grösserer Besonnenheit fortgeschritten in der Chorführerin, zum höchsten Seelenadel und geistiger Selbständigkeit gesteigert bei Helena. Wo es aber durch die höchste Schönheit durchgegangen ist, erscheint es als Verkörperung der ästhetischen Richtung des seelischen Lebens, die, sobald sie schöpferisch auftritt, sich als Kunst offenbart und zwar hier als die sich des Wortes bedienende, der Harmonie der Musik sich vermählende Kunst, als Dichtung als »Poesie«.

Nun hat aber der Dichter diese künstlich dämonische Natur der Wiederbelebten nicht erst durch ihre Auflösung offenbart: schon während der Handlung tritt sie deutlich hervor. Im Streitgespräche zwischen dem Chor und Phorkyas ruft diese dem Chor zu: »Zum Orkus hin! da suche deine Sippschaft auf!« Sie wirft den dem Hades Entstiegenen die Lüsternheit nach Blut vor, durch das die Schatten der Unterwelt wieder Erinnerung erhalten: so drängen sie sich nach dem Blute, wie bei des Odysseus Besuch in der Unterwelt.

Die Chorführerin erkennt durch ihre dämonische Natur sehr wohl, dass unter der Phorkyas ein Dämon versteckt ist und droht zu sagen, wer sie sei, und Phorkyas erwidert: »So nenne dich zuerst, das Räthsel hebt sich auf«: beide Existenzen sind dämonischer Natur und geben sich hier in Rollen, die sie, die eine freiwillig, und die andre unfreiwillig angenommen haben, die sie aber jedenfalls beide freiwillig wieder aufgeben können. Und Helena wird durch Phorkyas dahin gebracht, ihrer früheren wirklichen, ihrer darauffolgenden schattenhaften Existenz und ihrer schon einmal eingetretenen Heraufholung aus dem »hohlen Schattenreich« sich zu erinnern, so dass sie sich bewusst wird, auch jetzt nur ein Idol zu sein und somit ein künstlich erneutes, nicht ihr wirkliches Dasein zu führen: sie fühlt sich dahinschwinden und wird sich selbst ein Idol. Aus ihrer Ohnmacht erwacht, muss sie erst von Phorkyas ermuthigt werden, in diesem Dasein zu verharren, und im Bewusstsein ihrer königlichen Würde rafft sie sich auf, wenn sie auch aus der Oede, die im Schwindel sie umgab, nur schwankend heraustritt. Und wie der Chor und auch Helena über die Offenbarung, dass sie das Opfer selbst sind, erschreckt dastehen, höhnt Phorkyas sie aus, dass sie darüber erschrecken aus dem Leben zu scheiden, das ihnen, den Gespenstern, gar nicht gehört, sucht sie dann aber wieder zu ermuthigen, da sie sie zu ihrem Plane noch braucht. Wie sich die Nebel um die Frauen breiten, gerathen die Mädchen in Furcht, sie möchten gegen das Versprechen der Phorkyas in den Hades durch Hermes zurückgeführt werden: »Blinkt nicht der goldne Stab Heischend, gebietend uns wieder zurück Zu dem unerfreulichen, grautagenden, Ungreifbarer Gebilde vollen, Ueberfüllten, ewig leeren Hades?« So bleibt für die Wiederbelebten selbst das Bewusstsein stets wach oder wird leicht wiedererweckt, und der Miterleber der Handlung wird von dem Dichter über die Natur der hier auftretenden Gestalten aus der antiken Welt keinen Augenblick im Unklaren gelassen. Sollte der Dichter ihn nun darüber im Unklaren gelassen haben, wie dieses Zauberdasein entstanden ist? Und gewinnt dieses Zauberdasein nicht erst dadurch die Wahrscheinlichkeit einer Wirklichkeit, wenn der Dichter es uns vor Augen entstehen lässt? Wie sollen wir an eine Verbindung des wirklichen Faust mit der antiken Helena glauben können, die keine natürliche Wirklichkeit ist und sein kann, wenn uns ihre künstliche Wirklichkeit nicht so glaubhaft als möglich gemacht wird? Nicht das natürliche Dasein, wohl aber ein künstliches Dasein müssen wir entstehen sehen, um an seine Wirklichkeit zu glauben. Die Aufgabe diese

Wirklichkeit uns glaubhaft zu machen, hat die klassische Walpurgisnacht zu erfüllen: es ist nicht ihre einzige Aufgabe, aber es ist eine der wichtigsten, die sie hat.

Und nun zeigt uns der Schluss der klassischen Walpurgisnacht, wie die Elemente alle vier gefeiert werden, voran das Wasser und das Feuer. Was war geschehen? Das Glas des Homunkulus ist an dem Wagen der Galathea zerschellt; da flammt es auf, ergiesst sich, die Wogen zerschellen sich gegeneinander funkelnd, alles rings ist vom Feuer umronnen: dies wird aufgefasst als ein erneutes Beginnen des Wirkens des Eros: »So herrsche denn Eros, der alles begonnen.« Es vollzieht sich also ein Zeugungsakt: die unbelebten Elemente werden belebt, werden befähigt Organismen zu werden; sie werden es da, wo überhaupt alles Leben beginnt, wo zuerst diese Verbindung des Unorganischen mit dem Belebenden, dem Geistigen, das sich mit dem todten Stoffe vermählt, seinen Anfang nimmt: das Geistige wird hier zuerst verkörperlicht, der Stoff wird hier zuerst organisch belebt.

Wo aber kommt dies Belebende her? Zweifellos ist es das, was Homunkulus war: wo also kommt dieser her? Er ist selbst seiner Entstehung nach künstlich: Wagners Bestreben »die holde Kraft, die aus dem Innern drang Und nahm und gab, bestimmt sich selbst zu zeichnen, Erst Nächstes, dann sich Fremdes anzueignen,« wie sie bei der natürlichen Zeugung als das Belebende, das das Stoffliche an sich Heranziehende zu wirken pflegt, soll durch eine künstliche Schöpfung ersetzt werden und »künftig höhern, höhern Ursprung haben.« Sein oft wiederholter Versuch — »O dass ich's diesmal nicht verliere!« — würde jedoch auch jetzt keinen Erfolg haben, wenn nicht eben Mephistopheles erschiene und seinerseits das Unternehmen gelingen liesse: so hat die in der Phiole geschaffene belebende Kraft, die dazu bestimmt ist Nächstes und Fremdes sich anzueignen, dämonischen Ursprung. Homunkulus spricht denn auch Mephistopheles sofort seinen Dank dafür aus, dass er »im rechten Augenblick« da sei, da »ein gut Geschick« ihn hereingeführt habe. Dieses Belebende, das sich noch keinerlei Stoff angeeignet hat, ist durchaus geistiger Natur: der Dichter kann aber rein Geistiges nicht erscheinen lassen, ohne ihm eine Begrenzung zu geben, die erste Bedingung für die Art eines Daseins, wenn es als sinnlich Wirkendes erfasst werden soll. So erscheint dies Belebende hier von der Phiole eingeschlossen: zerbricht diese, so zerfliesst es schrankenlos ins Weite. Nun kann aber auch ein rein Geistiges mit sinnlichen Wesen nicht handeln und nicht sprechen: so lässt es der Dichter, dem alles sich zu sinnlicher Gestaltung verwirklichen muss, in menschenähnlicher Gestalt erscheinen. Diese Gestalt ist nur eine vorläufige: sie verliert sich, wenn das Belebende, das Geistige, sich in tausend Funken in das Wasser ergiesst; sie ist aber zugleich eine das künftige Ziel der gesuchten Entstehung, der wirklichen Verkörperung andeutende menschliche Gestalt. Wagner nennt sie ein »artig Männlein;« der schärfer blickende Thales bezeichnet sie als »hermaphroditisch«, und Proteus giebt die verständnissvolle Antwort, dass ihm sein Streben so desto eher glücken müsse: »so wie er anlangt, wird sich's schicken« — die belebende Kraft ist zu weiblicher Verkörperung ebenso angelegt wie zu männlicher: der Geschlechtsunterschied ist in der Potenz noch nicht entschieden: er wird je nach der besonderen Art der Verkörperlichung eintreten. Es ist wunderbar, mit welchem Geschicke der Dichter dem Belebenden, das, wenn es auch als wissenschaftlicher Begriff abstrakten Charakter trägt, doch eine echte und wahrhafte Realität ist, hier, wo es in konkretester Weise auftritt, nicht nur Sinnlichkeit der Erscheinung, sondern auch Individualität und Persönlichkeit verliehen hat: wie Mephistopheles ist auch Homunkulus der »Theil einer Kraft«, der doch als ein Ganzes vor uns steht. Nun ist aber dies Belebende zugleich erfüllt mit dem Thätigkeitstrieb, der ihm nicht als Fremdes innewohnt, sondern sein eigenstes Wesen bildet: »Dieweil ich bin, muss ich auch thätig sein«. So lässt sich dies Belebende, das eine Kraft ist, die darauf drängt sich zu bethätigen, wohl auch als »Lebensenergie« bezeichnen, natürlich in dem Sinne, dass der Dichter sie nicht als wissenschaftliche Abstraktion nominalistischen Charakters, sondern als konkrete Lebensmacht realistischer Natur fasst, die hier, in begrenzter Quantität, so weit sich diese Kategorie auf Geistiges anwenden lässt, das seinem Wesen nach grenzenlos ist, dadurch erscheinen kann, dass sie nicht ein »Theil« der natürlich wirkenden Lebensenergie, sondern eine künstlich geschaffene ist: »was künstlich ist, verlangt geschlossnen Raum«, während dem Natürlichen das Weltall kaum genügt.

Als Wesen rein geistiger Natur sieht Homunkulus nirgends Schranken. Selbst die Träume erkennt er, und er sieht beim ersten Anblick Fausts daher sofort, womit dieser ausschliesslich beschäftigt ist: er, der Helena erstrebt, träumt von ihrer natürlichen Erzeugung. Homunkulus erkennt, dass Faust seine Sehnsucht nur durch Erneuerung des Daseins der Helena erfüllen kann und dass der Boden für diese nur künstlich mögliche Wiederbelebung allein in der Zauberwelt der eben stattfindenden klassischen Walpurgisnacht gefunden werden kann: in ihr wird das ganze

Alterthum wieder lebendig — daher kann auch in ihr allein
Helena gefunden werden. So drängt er Mephistopheles
dazu, den Schlafenden dorthin zu bringen: er leuchtet vor.
Damit ist Faust gegenüber seine Aufgabe als Homunkulus
beendet. Sobald Faust erwacht und nach Helena fragt,
weiss er nicht zu sagen, wo sie ist, und vermuthet nur, sie
möchte hier zu erfragen sein; er kann daher Faust nur
den Rath geben, er solle »von Flamm' zu Flamme spürend
gehen«: von da an begegnet er Faust nicht wieder. Faust
muss sich vielmehr selbst umthun, seine eigene Kraft anwenden und endlich selbst zu Persephone hinabsteigen, um
das Schattenbild der Helena zu erbitten. Es ist daher schon
sachlich falsch, wenn Homunkulus als der Führer Fausts
zu der in Helena verkörperten vollendeten Schönheit der
Antike aufgefasst wird. Homunkulus hat etwas ganz
Anderes zu thun: er hat an sich selbst zu denken und
Mittel und Wege zu erspüren, wie er entstehen kann.
Dies Streben führt ihn endlich ans Meer: am Wagen der
schönsten der Doriden, der Galathea, von der Schönheit
begeistert, lässt er sein Glas zerschellen: könnte das Ziel
seiner Verkörperlichung etwas Anderes sein als, da er
darauf angewiesen ist, sich Fremdes anzueignen, die Gewinnung einer denkbar schönsten körperlichen Menschen-
gestaltung? Aber wenn er, dem Rathe des Thales folgend,
dem löblichen Verlangen nachgeben und die Schöpfung
von vorn anfangen wollte, so wäre freilich auf dem Wege
durch die »tausend, abertausend Formen« der Weg bis zum
Menschen sehr weit: da klingt es viel tröstlicher, wenn
Proteus ihn dagegen ermahnt, ihm in die feuchte Weite
zu folgen: »Da lebst du gleich in Läng' und Breite, Beliebig
regest du dich hier«. Unter des Proteus, des Ver-
wandlungsgottes Führung braucht er also nicht von vorn
anzufangen, er kann sich nach Belieben regen: es wird nur
darauf ankommen, dass sich ihm die Gelegenheit bietet
eine Gestalt der »höheren Orden« zu finden, die zur Belebung ebenso des durch das Geistige zu organischer Gestaltung befähigten Stoffes bedarf, wie ihm, wenn er den
Stoff belebt und zur Organisirung befähigt hat, nur die
Gestalt fehlt, um sofort als fertiges vollständiges Wesen
da zu sein. Und wenn nun Faust aus der Unterwelt das
Schattenbild der Helena bringt, die als Königin von ihrem
Frauengefolge begleitet ist, wenn andrerseits Homunkulus
sein Glas zersprengt und die vier Elemente belebt, indem
er den aus ihnen bestehenden Stoff organisirungsfähig
macht, wenn dann sofort Helena mit ihrem Gefolge künstlich
belebt erscheint, welches künstlichen Zustandes alle Frauen
sich wohl bewusst sind, wenn ferner die enge Zusammen

gehörigkeit der Handlungen in der klassischen Walpurgisnacht und im Helenadrama durch die Persönlichkeit des Phorkyas-Mephistopheles zweifellos bezeugt ist, wenn schliesslich die Auflösung all dieser künstlich belebten Gestalten und die Zurückverwandlung der Phorkyas in den Mephistopheles die künstlich zusammengefügten Bestandtheile mit geradezu wissenschaftlicher Genauigkeit in eben die Theile zerlegt, die vor unseren Augen entstanden sind und theilweise vor unseren Augen sich zusammengefügt haben: kann dann noch ein Zweifel sein, dass die Brücke von Homunkulus zu Helena wirklich geschlagen ist, dass der dritte Bestandtheil, der die Schattenbilder der Helena und ihres Frauengefolges mit dem Körperlichen verbunden hat, eben nichts Anderes ist als die von Wagner und Mephistopheles künstlich geschaffene Lebensenergie, die uns der Dichter in einer Quasipersönlichkeit zuerst als Homunkulus vorführt?

Wenn man dagegen behaupten will, der Dichter habe trotz alledem nirgends ausdrücklich und mit Worten ausgesprochen, dass Homunkulus die die Schattenbilder der Unterwelt mit dem rohen Stoffe verbindende belebende Kraft ist, so wird etwas sehr Wichtiges übersehen, die Frage, ob der Dichter das überhaupt hat ausdrücklich aussprechen können? Der Dichter berichtet nicht episch, er hat also nicht die Möglichkeit erläuternde Zwischenbemerkungen hinzuzufügen: er tritt als Dramatiker auf, und wir dürfen von ihm nur solches verlangen, was dem Wesen der dramatischen Form nicht widerspricht. Dieses besteht darin, dass der Dichter vollständig hinter den von ihm vorgeführten Personen verschwindet: diese Personen sprechen und handeln, aber sie sprechen und handeln so, wie sie nach Massgabe der ihnen vom Dichter zugeschriebenen Kenntnisse und der sachlichen Lage, in der sie auftreten, es vermögen. Homunkulus hat kein anderes Bestreben als zu entstehen: das einzige von allem, was ihn dazu begeistert und ihn veranlasst, den entscheidenden, so lange aufgesparten Schritt, die Zersprengung des Glases, zu thun, ist die Erscheinung der Schönsten unter den schönen Göttinnen des Meeres: das sagt in dichterischer Wendung verständlich genug, dass sein Ziel die Verkörperung in höchster weiblicher Schönheit ist. Freilich nennt er nicht Helena; er sagt nicht: ich zerschmettre mein Glas, um als Helena wieder zu erscheinen. Wie hätte er das nach Massgabe seines Daseins gekonnt? Aber er sieht ein höchstes Ziel, er begeistert sich, er zerfliesst ins Meer: was weiter, nicht aus ihm — denn von diesem Augenblick an existirt ja die dichterisch ihm vorläufig verliehene Quasipersönlichkeit nicht mehr —, sondern aus der Lebensenergie wird, welches Lebensbild, welche »Idee« oder welches Abbild einer »Idee« der von der Lebensenergie ergriffene, zur Organisirung hindrängende Stoff gewinnen wird, hängt von der nun schrankenlos gewordenen Kraft nicht mehr allein ab: hier bedarf es des Zusammentreffens mit anderen günstigen Umständen: diese hat der Dichter vorangebahnt durch das Auftauchen der Helena und ihrer Frauen aus der Unterwelt. Ohne ihre Begegnung mit dem von der Lebensenergie belebten, Gestaltung suchenden Stoff bliebe ihr Erscheinen auf der Oberwelt für Faust wirkungslos: erst wenn die Schattenbilder wirklich körperlich und lebendig geworden sind, haben sie, wenn auch dieses Dasein nur ein künstliches ist und bleibt, doch so viel Realität gewonnen, dass sie mit dem aus der natürlichen Realität stammenden Faust in körperliche Verbindung treten können. Andrerseits kann aber auch Helena nicht sagen: ich habe den Uebergang vom Schattenbild zur lebendigen Körperlichkeit durch Homunkulus erhalten. Was ist ihr Homunkulus? Was weiss sie von ihm? Wie die Lebensenergie sie berührt und erfüllt, ist Homunkulus nicht mehr als Homunkulus vorhanden, und Helena hat als Schattenbild noch kein Bewusstsein dessen, was mit ihr geschieht: erst nach Vollziehung der Vereinigung erwachen in ihr Erinnerung und Bewusstsein. Wenn aber weder Homunkulus noch Helena ihren Zusammenhang verkünden können, so war der Dichter im Rechte sich mit den wahrlich nicht geringen Andeutungen zu begnügen und von seinen Lesern und Hörern zu erwarten, dass sie, wenn sie Homunkulus da verschwinden und hier Helena erscheinen sehen, die geringe Kraftleistung von Phantasie, um die Brücke zu schlagen, wo Ausgangs- und Zielpunkt gegeben und die Richtfäden herüber und hinüber gezogen sind, selbst aufzuwenden vermögen. Und macht denn der Dramatiker nicht überall die gleiche Forderung, dass wir den hinter der Scene sich abspielenden Vorgang zwischen dem von ihm gegebenen Anfang und dem wieder von ihm gegebenen späteren Zustande aus eigner Kraft ergänzen? Und wenn wir hier mitten in einer Zauberwelt leben, soll da ein wunderbarer Vorgang, der so sorgfältig vorbereitet ist — die ganze klassische Walpurgisnacht mit ihrem Vorspiel im Laboratorium ist eben diese, gerade um des Wunderbaren des Vorganges willen so sorgfältig und so ausführlich gegebene Vorbereitung — den Miterleber noch überraschen? Wir sehen Faust zuletzt, wie er in die Unterwelt hinabsteigt und finden ihn wieder, mitten in einer mittelalterlichen Burg als Burgherrn — werden wir das dem

Dichter nicht glauben, weil er uns nicht sagt, wie Faust aus Thessalien in die Burg in die Nähe von Sparta gekommen ist? Was der Zusammenhang von Homunkulus und Helena noch Wunderbareres an sich hat, wird durch die Sorgfalt, die breite Ausführung des Werdens und Gewinnens der drei Bestandtheile, reichlich ausgeglichen: obendrein aber wird ihre Zusammenfügung vollgiltig durch ihre schliessliche Trennung bewiesen, die ohne vorherige Vereinigung nicht hätte eintreten können.

Der Anerkennung dieses durch die Dichtung mit aller einem dramatischen Dichter nur möglichen Deutlichkeit gegebenen Zusammenhanges stellt sich in der traditionellen Erklärung der Faustdichtung ein sehr gewichtiger Umstand entgegen. Sie erhielt ihren Charakter in der Zeit des Herrschens der deduktiven Philosophie: erst wird nach dem gefragt, was eine Erscheinung für das Allgemeine bedeutet, dann sucht man das, was sie im Einzelnen ist, mit dieser Bedeutung in Einklang zu bringen. Goethe hat natürlich seinen »Faust« nur geschaffen, um seine Philosophie in ihm niederzulegen und bedient sich dazu räthselhafter Gestalten, statt seine Meinung in klaren Worten auszusprechen. So muss man erst erkennen, was diese räthselhaften Gestalten bedeuten: dann wird sich finden, was sie im Drama wirklich sind. Nach meiner Auffassung muss diese Methode endgiltig verlassen werden: es muss erst gefragt werden, was die räthselhaften Gestalten in dem Gange des Dramas sind, ohne vorher zu bestimmen, was sie sonst noch bedeuten sollen. Ist dieser feste Boden gefunden, so mag man, wenn das Ergebniss dessen, was sie sind, nicht genügt, zu dem übergehen, was sie etwa ausser dem, was sie sind, noch bedeuten mögen. Wenn die Aufgabe des Homunkulus darin besteht, die Lebensenergie für den Stoff herzugeben, mit dem die der Unterwelt entsteigenden Schattenbilder sich zeitweilig künstlich verbinden, und wenn die Lebensenergie nach Wiederauflösung dieser künstlichen Gebilde theils zum Urquell alles Lebens zurückkehrt, theils sich mit der in der wirklichen Natur wesenden Lebensenergie verbindet, um unter Aufgebung der ihr künstlich geliehen gewesenen Persönlichkeit das Loos der allgemeinen natürlichen Lebensenergie zu theilen, so bedeutet Homunkulus allerdings sonst weiter gar nichts. Die ihrem Wesen nach schrankenlose Lebensenergie, die für ein einzelnes bestimmtes Dasein zugleich der Grund alles geistigen und seelischen Lebens ist und eben darum auch eine schrankenlose, noch nicht durch die Grenzen einer bestimmten Persönlichkeit gehemmten Intelligenz ist, tritt in die sinnliche Wahrnehmung und die Möglichkeit der

Mithandlung in der vorläufigen Gestaltung des Homunkulus. Dieser erkennt das Ziel der Sehnsucht Fausts und den Ort, wo sie möglicherweise erfüllt werden kann. Er beredet Mephistopheles, Faust dorthin zu bringen: er leuchtet vor, aber Mephistopheles bringt Faust auf seinem Zaubermantel dorthin. Dort verweist Homunkulus den fragenden Faust auf seine eigene Kraft, und dieser geht ebenso seine eigenen Wege wie Homunkulus und Mephistopheles, jeder für sich und ohne dem anderen weiterzuhelfen. Solchen Thatsachen gegenüber sind die schönen Erläuterungen dessen, was Homunkulus bedeutet, freilich hinfällig, wie wenn er als der Humanismus erklärt wird, durch den die Menschheit eine innere Wiedergeburt erfuhr: was will ein solcher abstrakter Begriff, dem kein reales Korrelat entspricht, der nur die begriffliche Zusammenfassung einer in einer Reihe von Einzelwesen bestehenden geistigen Richtung, nicht aber selbst sachlich etwas ist, einer Realität gegenüber, wie die thatsächlich den todten Stoff erweckende Lebensenergie es ist, die begrifflich, aber nicht sachlich eine Abstraktion ist?

Mit dieser falschen philosophirenden Methode, der das Dichtwerk nicht der Gegenstand, sondern der Vorwand für ihre Darlegungen ist, geht eine falsche Auffassung von Goethes Dichtweise in seinen späteren Jahren Hand in Hand. Er soll vorzugsweise »Typen« geschaffen haben: wäre das wahr, so hätte er in eben dem Maasse aufgehört Dichter zu sein, in dem ihm sein Bestreben Typen zu schaffen gelungen wäre. Goethe ist vielmehr bis zum letzten schöpferischen Augenblick echter Dichter geblieben, für den Gestalten schaffen und sie individuell und realistisch auszustatten, identisch war. Gleichgiltig dabei war ihm der Name: diesen hat er öfters verallgemeinert, mit der ganz offenbaren Absicht, die Persönlichkeit wie er sie brauchte, ungehemmt von den historischen Erinnerungen, die ein individueller Name wach rufen müsste, realistisch ausgestalten zu können. Hätte er in der Faustdichtung für den »Kaiser« die Bezeichnung »Maximilian« beibehalten, so hätte er sich eine Fessel aufgelegt, die ihn gehindert hätte, seinen Kaiser so zu gestalten, wie er ihn für seinen Zweck brauchte. Also gerade um ihm ungestörte realistische Wahrscheinlichkeit zu geben, vermeidet er den historischen Vergleich: er verallgemeinert den Namen, um den Träger individualisiren zu können, ohne dass ihm Jedermann hätte sagen können: aber das passt ja nicht zu Maximilian. Es ist dasselbe Verfahren, das Goethe mit den Personen in der »Natürlichen Tochter« eingeschlagen hat, und hier wie in der Faustdichtung unterlag er der falschen Auffassungsweise, er habe die Personen typisirt, während er nur die Namen typisirte, um die Personen um so unbefangener individualisiren zu können. Ebenso vermeidet er die Beschränkung durch Oertlichkeit und Zeit, die nicht etwa eine unbeschränkte Verallgemeinerung ist, sondern durch die er nur einen grösseren Spielraum gewinnt, so dass die historische Kontrolle für die Einzelheiten aufhört. Mit um so grösserer Entschiedenheit wahrt aber der Dichter den Einzelgestalten ihren Charakter, ihre Individualität: sie sind realistisch, nicht weil sie irgendwo und irgendwann einmal gerade so dagewesen sind, sondern weil, wenn sie unter den gegebenen Voraussetzungen da wären, sie gerade so existiren könnten und existiren müssten. In diesem Sinne müssen die Gestalten der Faustdichtung realistisch aufgefasst werden: von dieser Voraussetzung aus ist zu erforschen, was sie im Gange der Handlung sind. Ist der Gang der Handlung und die Stellung jeder einzelnen Gestalt innerhalb der Handlung und ihrer Bedeutung, d. h. ihre Wichtigkeit, ihr Werth für die Handlung, festgestellt, so mag schliesslich, wenn damit die dichterische Wirkung noch nicht erschöpft zu sein scheint, noch gefragt werden, was die einzelnen Gestalten noch in abstrakter Weise bedeuten. Verfolgt man den hier geforderten Weg, so kommt man freilich nicht dazu, dass Faust die Menschheit bedeute: der Dichter hat einen einzelnen, individuellen Menschen, der einer bestimmten Nation, Zeit und Oertlichkeit angehört, geschaffen. Wohl aber werden sich Viele mit seinem Streben verwandt fühlen und eben deshalb sein Geschick um so besser verstehen, um so sympathischer verfolgen. Gibt man dem Dichter seine Voraussetzung zu, dass Faust mit Mephistopheles einen Vertrag mit bestimmtem Ziele schliesst, so muss man auch die Folgen zugeben: ist Fausts Gegenwart ausgekostet, ohne dass Faust den Augenblick erlebt hätte, dessen Verweilen er hätte wünschen mögen, und soll die Frage allseitig gelöst werden, ob ein solcher Augenblick in den höchsten Erlebnissen des Menschendaseins überhaupt zu finden ist, so kann Faust nicht auf den Zufall seines historischen Daseins und das was ihm seine Gegenwart zu bieten vermag, beschränkt bleiben: es muss die Vergangenheit für Faust lebendig werden. Dies kann nicht in der historischen Wirklichkeit geschehen — so bleibt nur eine künstliche Wiederbelebung der Vergangenheit übrig. Dieses wundersamste und seltsamste Ereigniss realistisch glaubhaft zu machen, war eine schwere Aufgabe. Der Dichter lässt in der klassischen Walpurgisnacht das Alterthum wieder aufleben, aber in schemenhaftem Dasein: soll sich Faust mit ihm verbinden, so muss es realistisch lebendig werden. Dies erreicht er durch die Zusammenführung der eine reale

Gestaltung ermöglichenden drei Bestandtheile: Stoff, Lebensenergie, Schattenbilder. Sobald sie ihre Aufgabe gelöst haben, zerlegt er sie vor unseren Augen wieder, wie er uns ihre Entstehung und theilweise Verbindung (Stoff und Lebensenergie) hat miterleben lassen. So lange Faust diese Realität des Alterthums nicht braucht, genügen für die Durchlebung der Vergangenheit die Schemen, von den Greifen bis zu Chiron und dessen Erzählung. Wo das Ereigniss einzutreten hat, das allein den höchsten Augenblick hätte gewähren können, der Besitz des Besten, was das hellenische Alterthum geschaffen hat, der idealen Schönheit des Körpers, da muss die Realität in greifbarer Körperlichkeit eintreten. So wird Helena allerdings der Gipfel, auf den die ergebnisslos gebliebene Gegenwart hinweist, von dem aus das ganze Alterthum selbst überschaut wird und von dem aus nur noch ein Weg übrigbleibt, der Aufbau einer Zukunft, wie sie bisher noch nicht da war, die Schaffung einer neuen Welt. Die »Menschheit« hat diesen Weg gar nicht durchzumachen: die Menschheit ist umfassender als die im 16. Jahrhundert in Deutschland lebenden Menschen; der Humanismus führt aber selbst diese Menschheit gar nicht zurück, sondern er führt antike Elemente in die Gegenwart herein und gestaltet sie in ihrer Art zu leben und zu denken vollständig um. Helena ist aber auch der Schlüssel der ganzen Handlung. Das Glück tritt dem Menschen nicht von aussen nahe, er muss es sich durch eigene Thätigkeit schaffen. So muss Faust die Erfahrung machen, dass auch das Höchste, was die Menschheit als Beglückendes geschaffen hat, die herrlichste Schönheit körperlicher Art, kein Glück geben kann. Dagegen vermag die Seelenschönheit das Beglückende zu werden, aber wiederum nicht, wenn sie von aussen an den Menschen herantritt, sondern wenn sie der Mensch in sich selbst erschafft, und zwar ausschliesslich durch eigene Kraft: dies ist der Weg, den Faust zu gehen hat, und zu dessen Ziel er gelangt, nachdem er die Magie kraftvoll von sich abgeschüttelt hat und der Natur wieder als Mensch allein gegenüber steht. So hat Helena für Fausts Entwickelung eine massgebende Bedeutung. Nun ist es aber durchaus nicht schwer, sie selbst und Fausts ganze Entwickelung symbolisch aufzufassen und in ihr ein Menschengeschick zu erkennen, das weit über die einzelne Persönlichkeit hinausgeht und, nicht etwa für die Menschheit, wohl aber für alle diejenigen giltig ist, die gleichen Strebens und verwandten Charakters sich fühlen. Nur darf man hierbei nicht übersehen, dass man damit den Boden der Dichtung verlässt, dass man alles Konkrete in Abstraktion auflöst, und dass damit das Wesen der Dichtung, die Realität der individuellen Erscheinung und ihres Geschickes, verloren geht. Freilich erfährt damit die Dichtung kein anderes Schicksal als jede Erscheinung der natürlichen Wirklichkeit auch, sobald sie symbolisch aufgefasst und über die Grenzen des Individuellen hinaus verallgemeinert wird. Dies zu thun ist durchaus das Recht des denkenden Beobachters. Aber so gut der Denker weiss, dass in dieser Verallgemeinerung nicht der Zweck der natürlichen Schöpfung liegt, sondern dass er sie über diesen Zweck hinaus für sein Denken und dessen Ziel verwerthet, so soll er auch nicht übersehen, dass es auch nicht im Zwecke der Dichtung liegt, dass ihr Problem Gegenstand philosophischen Denkens wird, dass wenigstens, sobald ihr Problem dessen Gegenstand wird, die Lösung auf einem durchaus anderen Gebiete gesucht wird, auf dem gerade das Wesentliche der Dichtung, das Konkrete ihrer Gestalten, verloren geht. Wer daher die Dichtung als solche verstehen will, muss in Dichters Lande gehen: wer sie ins Gebiet der philosophischen Betrachtungsweise hinüberzieht, hat natürlich volles Recht dazu — nur muss er sich nicht wundern, wenn ihm die Dichtung selbst unter der Hand verschwindet.

4.

DIE ABFASSUNG DER SCENE »VOR DEM THOR« IM FAUST.

VON

OTTO PNIOWER.

Im Jahre 1850 schrieb *Heinrich Düntzer* in seinem Buch: Goethes Faust. Zum ersten Mal vollständig erläutert S. 196: »Wann die Scene der Spaziergänger geschrieben sei, ist nicht zu bestimmen..... Eine Hindeutung auf sie könnte man in einem Briefe an die Gräfin Auguste zu Stolberg vom 3. August sehen wollen, wo Goethe von Offenbach aus mit dem Blicke auf Frankfurt und auf die artigen Dörfchen zur Rechten schreibt: »Selig seid ihr, verklärte Spaziergänger, die mit zufriedener anständiger Vollendung jeden Abend den Staub von ihren Schuhen schlagen und ihres Tagewerks göttergleich sich freuen« (vergl. auch S. 77 fg.). In der zweiten 1857 erschienenen Auflage des Buches formulirt er seine Ansicht so, dass er sagt, ein Theil der Scene, etwa bis zu den Worten: »Und was man weiss, kann man nicht brauchen« (V. 1067) scheine aus dem Jahre 1775 zu stammen.

Dagegen erklärte *v. Loeper* in seiner ersten, etwa 15 Jahre später erschienenen Ausgabe des Faust (Hempel o. J. S. XVI), »dass der grösste Theil der Scene in der Zeit von 1797—1806 entstanden sei«. Das schon im Wilhelm Meister (2. Buch 11. Kap.) erwähnte Lied »Der Schäfer putzte sich zum Tanz« musste er natürlich, da der Roman schon 1795 erschien, für älter halten. In Bezug auf die Einschränkung »der grösste Theil« äusserte er, dass, wenn man in den bekannten Versen vom »Krieg und Kriegsgeschrei« (V. 860 ff.) eine Beziehung auf den Krieg zwischen der Pforte und Russland in den siebziger Jahren des vorigen Jahrhunderts erblicke, der erste Entwurf der Scene in die Frankfurter Zeit zu setzen sei.

Bestimmter und zuversichtlicher liess sich *Kuno Fischer* in seinem Buch: Goethes Faust. Entstehung und Komposition des Gedichts, Stuttgart 1878 vernehmen, indem er die »unvergleichliche Scene noch in Frankfurt entstanden sein und die alte Reichsstadt zu ihrem Hintergrunde haben lässt, wie auch aus ihr selbst erhelle«, eine Ansicht, die er in der neuesten Ausgabe des Werkes vom Jahre 1893 wiederholt. Sie zu beweisen beruft er sich auf die schon von *Düntzer* herangezogene Stelle des Goethischen Briefes an die Gräfin Stolberg.

Es war wohl die Wirkung der Autorität von *Kuno Fischer*, dass *Loeper* in der zweiten Ausgabe des Faust (Hempel, 1879) es mit grösserer Sicherheit als in der ersten aussprach, »dass die Scene »Vor dem Thor« das Gepräge alten Frankfurter Ursprungs trage« (S. XVII). Doch behält er weiterhin, da wo er sich über die Verse vom Krieg und Kriegsgeschrei äussert, den Wortlaut der ersten Fassung der Einleitung bei. Die vom Einfangen des Pudels handelnden Verse 1145 ff. hält er aber für später gedichtet und setzt sie in den April 1800.

Von diesen Ansichten *Kuno Fischers* und *Loepers* nimmt *Wilhelm Scherer* (Aus Goethes Frühzeit S. 102) in dem Sinne Notiz, dass er die Briefstelle allerdings von Gewicht nennt und sich bemüht zwischen dem in jenem Briefe zu Tage tretenden Zustand Goethes und der Stimmung, von der Faust in der Scene erfüllt ist, eine Verwandtschaft aufzuzeigen. Jedoch meint er, dass die Partie damals nicht vollendet wurde. Nur ihre *Anlage* gehöre in diese Zeit. vgl. S. 110.

Schröer in seiner Ausgabe des Faust (Heilbronn 1881) hält den Osterspaziergang für im wesentlichen vorweimarisch.

Viktor Hehn (Gedanken über Goethe 1887, 2te Aufl. 1888 S. 150f.) zählt die Scene zu denjenigen, die durch unmittelbare Energie des Lebens besonders hervorglänzen und darum der Jugendzeit zugesprochen werden müssen. Nach ihm ist ihr bei weitem grösster Theil in Frankfurt entstanden, nämlich alles bis auf den kurzen Abschnitt des Schlusses von Vers 1144 an.

Die endliche Eröffnung des Goethe-Archivs im Jahre 1885 führte, besonders durch die mit ihr im Zusammenhang stehende Entdeckung einer älteren Fassung des Faust, die wir *Erich Schmidt* verdanken, wie in der Faustforschung überhaupt so auch in Bezug auf die Frage nach der Entstehungszeit der Scene »Vor dem Thor« eine neue Phase herauf. Während bis dahin, wie wir sahen, beinahe alle Forscher die Abfassung dieser Partie mehr oder weniger vollständig in die Frankfurter Zeit setzten, wurde sie jetzt von berufener Seite ganz und gar in die dritte Periode der Goethischen Arbeit am Faust, in die Zeit von 1797—1801 verlegt. Indem *Erich Schmidt* in dem Fund den ganzen Bestand dessen sah, was der Dichter bis zu seinem Aufbruch nach Weimar am Drama producirt hatte, sich aber in der von ihm entdeckten Abschrift des Fräuleins von Göchhausen, dem sogenannten Urfaust, von der Scene nichts fand, ergab sich für ihn mit Nothwendigkeit der Schluss, dass von ihr in der Frankfurter Zeit noch nichts vorhanden war. Zur näheren Begründung dieser Ansicht berief er sich auf die von Scherer später im Colleg geäusserte, gegen früher modificirte Auffassung, wonach die in der Scene herrschende typische Charakteristik sie der mittleren Epoche der Goethischen Entwickelung zuweise. Die Anklänge in dem Briefe an die Gräfin Stolberg erklärte er, so verführerisch sie auch seien, für eine Rückdatirung der Scene nach Frankfurt für nicht ausreichend. (Urfaust S. XXIX fg.)

Diese Entscheidung erweckte Widerspruch. Ich selbst versuchte (Seufferts Vierteljahrsschr. f. Litgesch. 2, 149 ff.) zunächst *Erich Schmidts* Meinung, dass der Urfaust alles biete, was der Dichter an dem Drama bis zu seinem Aufbruch nach Weimar gedichtet hatte, dadurch zu erschüttern, dass ich mich bemühte für den zuerst im Fragment von 1790 mitgetheilten Schluss der Vertragscene d. h. die Verse 1770 bis etwa 1841 vorweimarischen Ursprung nachzuweisen, so dass der Urfaust um dieses Stück reicher erschien als die Abschrift des Fräuleins von Göchhausen. Darauf glaubte ich auch für die Scene »Vor dem Thor« in einem beschränkten Sinne vorweimarischen Ursprung annehmen zu dürfen. Grund dazu gab mir der schon hervorgehobene Umstand, dass der Dichter das Lied aus dieser Scene »Der Schäfer putzte sich zum Tanz« im Wilhelm Meister in einer Zeit (1795), die der im Frühjahr 1797 nach einer achtjährigen Pause erfolgten Wiederaufnahme der Arbeit am Faust vorausliegt, zwar erwähnt, es aber nicht mittheilt, angeblich, »weil die Leser es vielleicht für abgeschmackt oder wohl gar für unanständig finden könnten«. Denn dieser Grund schien nur ein vorgeschützter und der wahre der Vorenthaltung der zu sein, dass mit seiner Mittheilung dem Faust nicht vorgegriffen werden sollte.

Im einzelnen glaubte ich in der schroffen, unausgeglichenen Contrastirung von Faust und Wagner, wie sie sich Vers 940—48 äussert, Spuren der jugendlichen Dichtweise Goethes zu erkennen. Ferner schienen mir die V. 1075—1099, in denen Fausts Sehnsucht, beflügelt durch den Aether zu schweben in so ergreifenden, machtvollen Klängen ertönt, wegen ihrer pantheistischen Stimmung und ihrer Verwandtschaft mit Stellen aus dem Werther und den auf älteren Aufzeichnungen beruhenden »Briefen Werthers aus der Schweiz« auf die Frankfurter Zeit zu deuten. Die Hauptarbeit an der Scene und ihre endgültige Abfassung setzte ich dagegen mit Rücksicht auf den im ganzen in ihr waltenden Stil in die Zeit von 1797—1801.

Mit viel grösserer Entschiedenheit machte kurz nach mir, aber zunächst ganz unabhängig von mir *Rudolf Kögel* für die Scene vorweimarische Entstehung geltend. (Seufferts Vierteljahrsschr. 2, 555 ff.) Durch ihren natürlichen, frischen Ton, ihre lebendige dramatische Strömung namentlich am Anfang, schien sie sich ihm merklich von allem abzuheben, was Goethe seit der Rückkehr aus Italien geschaffen hat. Vor allem wies er zu Gunsten seiner Ansicht auf das ausgeprägt Frankfurtische Localcolorit hin, das er im Beginn der Scene mit Hilfe einer Zarnckeschen Beobachtung aufzeigte. Auch die von anderen schon hervorgehobenen Beweismomente machte er sich zu eigen: dass das Lied vom Schäfer im Wilhelm Meister erwähnt wird, dass mit der Anspielung auf die Türkenkriege der im Jahre 1774 beendete russisch-türkische Krieg gemeint sei. Im ganzen nimmt *Kögel* nicht etwa nur vorweimarische Bruchstücke oder eine Skizze aus jener Zeit an, sondern er hält die Scene »wie sie steht und liegt« für jugendlich. Nur zwei Partien erklärt er für später, d. h. in der Zeit von 1797—1801 gedichtet: die Schlussverse von 1118—76, weil sie mit dem älteren in der Scene »Trüber Tag. Feld« (Werke, Weim. Ausg. 14, S. 226 Z. 20) noch sichtbaren Plan im Widerspruch stehen. und die Verse 903—40. Diese das Erwachen der Natur und der Menschen begrüssenden Worte Fausts weist er aus zwei Gründen der späteren Zeit zu. Einmal sticht die in ihnen herrschende Ruhe und Gehaltenheit, ihr an das Rhetorische streifende Pathos von dem sonstigen Tone der Scene ab; dann knüpfen sie schon an den sicher erst nach 1797 gedichteten zweiten Monolog Fausts nach Wagners Abgang (V. 602 fg.) an, indem sie gleich diesem das Osterfest voraussetzen. Ursprünglich aber war als Zeit der Scene eine spätere Jahreszeit als Ostern, etwa Pfingsten gedacht, wie die V. 1071 erwähnten »grünumgebenen Hütten«, die im V. 1022 von Faust ausgesprochene Absicht sich niederzusetzen, endlich der im Freien aufgeführte Tanz beweisen.

Kögels und meiner Argumentation tritt nun neuerdings *Erich Schmidt* in der Vorrede zur dritten Auflage des Urfaust entgegen (S. LXI ff.), nicht ohne eine Reihe neuer in das Gebiet der Stilkritik fallender Momente vorzubringen, die den späten Ursprung der Scene erweisen sollen. Er zeigt, wie Goethe im Eingang der Scene bei der Vorführung der Masse verfährt, wie er kein Ensemble gibt wie im Götz, sondern die Menge in Gruppen gliedert und sich in der Charakteristik auf die Hervorhebung der typischen Züge beschränkt. Und wie in der äusseren und inneren Technik die Stilprincipien des älteren Goethe zu Tage treten, so trägt auch die Diction mit ihren bündigen, sententiösen Schlagworten das Gepräge der Dichtweise der späteren Zeit. Er hebt weiterhin hervor, wie sich in der Scene Fausts Wesen von demjenigen unterscheidet, das er in den in der Jugendzeit gedichteten Partien offenbart, wie er ernster, gehaltener und älter erscheint als dort; wie er gegen Wagner duldsam und entfernt nicht so scharf ist wie in der ersten Unterredung. Auch in der Handhabung der Metrik erkennt *Schmidt* die Art des älteren Dichters. Es herrscht eine Reinheit der Skandirung, die bei blossem Retouchiren nimmermehr zu gewinnen ist und eine Mannichfaltigkeit, wie sie in den in der Frankfurter Zeit gedichteten Scenen nicht zu treffen ist.

In Betreff der Erwähnung des Tanzliedes im Wilhelm Meister äussert er sich dahin, dass sie für den vorweimarischen Ursprung der Scene nicht zu verwerthen sei. Dazu hätte man erst dann ein Recht, wenn sich einmal zeigen liesse, dass schon in der ersten Fassung der Lehrjahre d. h. im Jahre 1783 — denn damals entstand das vierte, heute zweite Buch des Romans — seiner in derselben Weise gedacht wurde, dass es also schon damals vorhanden war und wenn sich zweitens beweisen liesse, dass es für den Faust bestimmt war. Denn warum sollte Goethe das Lied nicht ohne jeden Gedanken an das Drama gedichtet haben und in der Zeit, da die Arbeit an ihm sonst ruhte, d. h. 1790 bis 94, zu der Ansicht gekommen sein, dass es sich für die Scene »Vor dem Thor«, deren Idee im ganzen längst gefasst war, trefflich eigene, so dass er erst dann davon Abstand nahm, es im Roman mitzutheilen? Aber der Grund des Verschweigens muss auch nicht nothwendig darin gesucht werden, dass es für den Faust bestimmt war. Auch innere, poetisch-technische Gründe konnten den Dichter bewegen, es zu unterdrücken. So gibt *Schmidt* nur die *Möglichkeit* zu, dass Goethe seit 1790 gewillt war, das Lied in den Faust einzurücken.

Von den Versen, die Fausts Sehnsucht nach einem freien Aetherflug aussprechen (V. 1074 fg.), erkennt *Schmidt* an, dass sie Wertherischen Rhapsodien verwandt seien, aber er findet zugleich einen Zug von Unjugendlichkeit in ihnen, insofern sie nicht rein subjectiv seien. Den wörtlichen Anklang an die Stelle im Werther, die nahe Berührung mit derjenigen in der Schweizerreise chronologisch auszunutzen, hält er für unzulässig.

Auch *Kögels* Argument von dem in der Scene sichtbaren Frankfurtschen Localcolorit lässt er nicht gelten. Man muss dem Verfasser von Dichtung und Wahrheit zutrauen, dass ihm die Topographie seiner Vaterstadt auch noch im Mannesalter so gegenwärtig und lebendig war, dass er sie mit genauer Ortskenntniss zum Hintergrunde der Scene machen konnte. Zudem war der Dichter 1797 wiederum dort und er benutzte seinen Aufenthalt, um die Stadt wie ein Fremder nach allen Richtungen hin zu betrachten und sich über die Eindrücke Rechenschaft zu geben.

Endlich vermag *Schmidt* Kögels Beobachtung von der Collision verschiedener Jahreszeiten nicht für richtig zu halten. Auch zu Ostern könnte man es auf ein Tänzchen im Freien, zumal in wärmerer Rhein- und Mainlandschaft wohl ankommen lassen.

So ist das Ergebniss seiner Betrachtungen, dass kein Grund vorliege, Theile des Scenencomplexes der Jugend zuzuschreiben. Die Scene ist, so wie sie ist, um die Wende des Jahres 1801 entstanden. Nur so viel ist zuzugeben, dass dem Dichter schon in der Jugend eine Scene im Freien zur Einführung des Mephistopheles in Pudelgestalt vorgeschwebt habe.

Ueberblickt man die Reihe dieser so verschiedenen Meinungen, dann bekommt man vielleicht von der Fähigkeit der ästhetisch-philologischen Kritik einen nicht eben hohen Begriff. Man möchte geneigt sein, ihr das Recht abzusprechen, mit Hilfe von Stilkriterien chronologische Fragen zu entscheiden und angesichts dieser Differenzen noch heute für zutreffend halten, was *Loeper* vor beinahe 15 Jahren schrieb: »Die Entwickelungsperioden eines Dichters bestimmen sich nur a potiori. Dies zeigt, was Goethe anbetrifft, an sich schon die Wiederaufnahme des Faust in seiner classicirenden Periode, in der Zeit der Achilleis und der Propyläen. *Um mit nur annähernder Sicherheit eine einzelne Scene einer bestimmten Zeit zuzuweisen, bedarf es deshalb in den meisten Fällen eines äusseren Anhalts.*« (Anzeiger f. dtsch. Alterth. 7, 453)

Sollte es aber in der That um die literarhistorische Forschung nicht besser bestellt sein? Sollte man wirklich nicht in der Lage sein, zwei so verschieden geartete Perioden wie die Sturm und Drangzeit Goethes und die Epoche seiner männlichen Reife im Stil, in der Ausdrucksweise und Technik von einander zu unterscheiden? Scheint doch gerade in unserem Falle das Urtheil so leicht! Wer möchte etwa das Bettlerlied mit dem sententiösen, mehr aus der Seele des Dichters als im Sinne der dargestellten Person gesprochenen Satz »*Nur der ist froh, der geben mag*« für jugendlich halten? Wer erkennt nicht in den Worten des ersten Schülers: »*Die Hand, die Samstags ihren Besen führt, Wird Sonntags dich am besten caressiren*«, in ihrer Formulirung nicht minder als in ihrem Gehalt, den männlichen Dichter mit seinem überlegenen Humor? So verräth auch ein in der Scene zweimal beobachtetes technisches Verfahren den dem jugendlichen, mehr instinctartigen Produciren längst entwachsenen, zum Experiment geneigten Künstler, der mit seinem Freunde Schiller die Theorie der einzelnen Dichtungsgattungen erörtert und sich über das eigene dichterische Vermögen, die Principien seines Schaffens Rechenschaft abzulegen bemüht ist.

Es handelt sich um eine besondere Art der Aneinanderreihung von Motiven. Das zweite Bürgermädchen erzählt (V. 880 fg.), dass ihr die Alte den Geliebten, soldatenhaft, mit mehreren Genossen gezeigt habe und kaum hat sie das ausgesprochen, da erscheinen in der Reihe der vorzuführenden Typen gerade die Vertreter des Soldatenstandes. Und noch einmal, wie Wagner sich eben (V. 945 fg.) über das lärmende Treiben des Volkes, das sie Gesang nennen, beschwert, beginnt sogleich »Gesang und Tanz« des Volkes. Man sieht: der Dichter verknüpft die Vorgänge nach ihrer inneren Verwandtschaft. Er folgt dabei etwa dem Vorbilde des Traumes oder des träumerischen, sich selbst überlassenen Denkens, wo eine Vorstellung die verwandte hervorruft.

Und wie in diesen Zügen, so wird man noch in vielen anderen, zum Theil schon bemerkten die Dichtweise des älteren Goethe nicht verkennen. In Wahrheit liegt denn auch nicht hier das Problem vor, zwei durch eine mehr als zwanzigjährige Entwickelung getrennte Epochen mit Hilfe von Stilkriterien von einander zu scheiden, sondern das bei weitem schwierigere, aus einer in jedem Falle in der späteren Periode überarbeiteten und da erst endgiltig abgefassten Scene die ältere Grundlage herauszuschälen. Wer aber möchte sich, um ein nahe liegendes Beispiel zu wählen, getrauen, an der versificirten Kerkerscene des Dramas, wenn es ihm an äusseren Anhaltepunkten fehlte, lediglich mit dem Mittel der Stilanalyse den stricten Beweis zu führen, dass sie auf einer mehr als 20 Jahre älteren Fassung beruhte? Ich glaube, ein stichhaltiger Beweis wäre nicht möglich. Ganz ebenso verhält es sich zunächst mit der Scene »Vor dem Thor« und darum gereicht es der Forschung keineswegs zur Beschämung, wenn die allein mit Stilkriterien arbeitende philologische Scheidekunst hier versagt, wenn sie nicht mit Sicherheit zu bestimmen vermag, ob sie, so wie sie ist, der Jugendzeit oder der männlichen Epoche des Dichters angehört.

Glücklicherweise aber stehen der philologischen Betrachtung neben der Stilanalyse noch andere Hilfsmittel zu Gebote, Hilfsmittel, die zu greifbareren Resultaten führen als jenem Verfahren beschieden sind, das ebenso sehr auf das subjective Gefühl des Betrachtenden angewiesen ist wie auf das Mitempfinden derer, an die es sich wendet. Es sind jene *äusseren* Anhaltepunkte, die auch Loeper an der citirten Stelle als das ultimum refugium des Literarhistorikers ansieht.

Solche äusseren Anhaltepunkte ergeben sich beispielsweise, wenn man den Einfluss der Lektüre bestimmter Bücher auf die Gestaltung der Scene nachweisen und zugleich bestimmen kann, wann die betreffenden Werke vom Dichter gelesen wurden. Ich bin auf diesen Gesichtspunkt durch *Georg Witkowskis* Schrift über die Walpurgisnacht (Leipzig 1894) aufmerksam geworden, der auf den glücklichen Gedanken kam, für die Lösung der Fragen, woher dem Dichter die Motive für die romantische Walpurgisnacht flossen und wann die Scene gedichtet ist, das Ausleihejournal der Weimarer Bibliothek zu Hilfe zu rufen, in dem die Daten des Entleihens und der Rückgabe der Bücher verzeichnet sind. Und zwar hat er die Lektüre Goethes, soweit sie von der Bibliothek bestritten wurde, innerhalb der Zeitgrenze 1797—1801 durchmustert.

Gerade diese Jahre kommen auch für die Scene »Vor dem Thor« in Betracht, wenn wir hier zunächst von der Zeit 1773—75 absehen, für die natürlich auch, was der Dichter las, zu berücksichtigen wäre, nur dass uns für diesen Abschnitt kein ähnlich bequemes Mittel zur Nachforschung zu Gebote steht. So habe ich denn für diese Untersuchung das *Witkowskische* Verzeichniss benutzt, das er mir auf meine Bitte noch brieflich ergänzt hat. Weil aber unter den entliehenen Büchern für meine Zwecke manches wichtig sein konnte, was für *Witkowski* nicht in Frage kam, ersuchte ich meinen Freund *August Fresenius* um einen neuen Auszug, den er mit gewohnter Sorgfalt anfertigte. Aus der Jenaer Bibliothek hat Goethe in dieser Zeit, wie mir *Georg Steinhausen* auf meine Anfrage mittheilte, nur ein Werk zur Farbenlehre Thylesius de coloribus entliehen.

Ich muss darauf gefasst sein, dass dieser Versuch, die Chronologie der Scene zu bestimmen, bei dem Einen Kopfschütteln, bei dem Anderen Entrüstung, bei den Meisten jedenfalls Bedenken erregen wird. Beruht er doch auf der Voraussetzung, dass dem Dichter fürs Produciren Motive von aussen zuflossen, dass bei der Gestaltung der Scene seien es Reminiscenzen, seien es bewusste Studien mitwirkten, eine Auffassung, von der der klassische Philologe getrost und nicht zum Nachtheil der Wissenschaft seit langem Gebrauch machen darf, die aber im Bereich der deutschen Literaturgeschichte so wenig gilt, dass wer sie anwendet, sich wenn nicht schwerere Vorwürfe, so doch den zuzieht, dass er den Dichter zum Fabrikanten stemple. Vieles lockt mich, die Berechtigung dieser viel gescholtenen Betrachtungsweise theoretisch und methodologisch unter Berücksichtigung der hergebrachten Einwände gegen sie zu erweisen, aber ich muss es mir an dieser Stelle begreiflicherweise versagen. Nur auf den Dichter selbst mich als Zeugen zu berufen sei mir gestattet.

Als Goethe schon gewohnt war sich historisch aufzufassen, führte er das Phänomen, das seine Persönlichkeit der wissenschaftlichen Betrachtung bietet, nicht zum geringsten auf *Ueberlieferung* zurück. In einer Regung, in der sich ebenso schalkhafter Humor offenbart wie gründliche Weisheit, bescheidene Demuth wie tiefsinnige Erkenntniss, stellte er in der Ausgabe letzter Hand an das Ende der Sammlung seiner Lyrica vier Gedichte, die diese Ansicht zum Grunde haben. Indem er gerade an dieser Stelle diesen Gedanken ausspricht, rückt er diejenigen Produkte, die am meisten den Charakter von »Confessionen« tragen und als der persönlichste Ausfluss seiner Individualität gelten müssen, in einen höheren, unpersönlichen, man darf sagen, weltgeschichtlichen Zusammenhang, wenn er sie als das Resultat einer durch Jahrhunderte überlieferten und fortentwickelten Bildung hinstellt.

In dem ersten dieser Gedichte *»Wenn Kindesblick begierig schaut«* betrachtet Goethe den Menschen als ein Individuum, dem nichts mehr zu schaffen möglich sei, der alles gethan findet und dem keine Selbständigkeit eigen sei. Heisst es doch am Schluss:

»Und endlich wird ihm offenbar:
Er sey nur was ein andrer war«.

Auch das nächste lässt den Dichter ganz und gar als Produkt des Gewesenen und schon Geleisteten erscheinen:

»Gern wär ich Ueberliefrung los
Und ganz original;

> Doch ist das Unternehmen gross
> Und führt in manche Qual.
> Als Autochthone rechnet' ich
> Es mir zur höchsten Ehre,
> Wenn ich nicht gar zu wunderlich
> *Selbst Ueberliefrung wäre«.*

Das folgende bekannte *»Vom Vater hab ich die Statur«* variirt das Thema nach einer andern Richtung, indem der Dichter seine Individualität physiologisch, von der Seite der Erblichkeit ins Auge fasst. Auch hier am Schluss die scherzhaft-ernsthafte Frage: *»Was ist denn an dem ganzen Wicht Original zu nennen?«*

Der letzte Spruch *»Theilen kann ich nicht das Leben«* hängt mit der in den drei vorhergehenden entwickelten Anschauung nur lose zusammen und bringt einen uns hier nicht berührenden Gedanken zum Ausdruck. Aber auch er spricht vom *Innen* und *Aussen* und beruft sich auf das *Ganze* d. h. in diesem Zusammenhang auf die Individualität des Dichters, wie sie durch Abstammung gegeben, durch Erziehung, Einwirkung des Lebens, Art der Thätigkeit u. s. w. allmählich gestaltet wurde. Anders als vorher stellt der Dichter also hier neben das Moment der Ueberlieferung das des Persönlichen, Individuellen, der ursprünglichen Natur.

Schärfer und deutlicher als hier rückt Goethe in einem anderen Gedicht, in dem fünften Spruch des Cyclus »Gott, Gemüth und Welt«, diese beiden Momente und anscheinend als gleichwerthige Factoren neben einander.

> »Ich wandle auf weiter bunter Flur
> Ursprünglicher Natur;
> Ein holder Born, in welchem ich bade,
> Ist Ueberlieferung, ist Gnade«.

Wie Goethe aber das Mischungsverhältniss von ursprünglicher Natur und Ueberlieferung in seiner Individualität abschätzte, lehrt eine Stelle aus dem Gespräch mit Eckermann am 12. Mai 1825: »Man spricht immer von Originalität, allein was will das sagen! Sowie wir geboren werden, fängt die Welt an auf uns zu wirken, und das geht so fort bis ans Ende. Und überall, was können wir denn unser Eigenes nennen als die Energie, die Kraft, das Wollen? Wenn ich sagen könnte, was ich alles grossen Vorgängern und Mitlebenden schuldig geworden bin, so bliebe nicht viel übrig!«

Und dass in diesen Worten keine vorübergehende, in der Laune gefallene Aeusserung vorliegt, sondern eine festgegründete Anschauung des Dichters, beweist, wenn es nicht schon die besprochenen Gedichte vermögen, die letzte theoretische Auseinandersetzung, die wir von Goethe überhaupt besitzen. In dem letzten Briefe, den er dictirte, in dem Schreiben an *Wilhelm v. Humboldt* vom 17. März 1832, lässt er sich des Näheren über das Verhältniss des Erworbenen zum Angeborenen aus. Nach einer längeren von Humboldt angeregten Ausführung über das Bewusste und Unbewusste beim dichterischen Produciren schreibt er: »*Das beste Genie ist das, welches alles in sich aufnimmt, sich alles zuzueignen weiss, ohne dass es der eigentlichen Grundstimmung, demjenigen, was man Character nennt, im mindesten Eintrag thue, vielmehr solches noch erst recht erhebe, und durchaus nach Möglichkeit befähige*«. Ich verhehle mir nicht, dass der Satz nicht so zu verstehen ist, dass dasjenige Genie das grösste sei, das die stärkste Empfänglichkeit für das von aussen Andringende besitzt und dass Goethe die Grösse des Genies nicht allein nach dem Grade seiner Eindrucksfähigkeit bemisst. Vielmehr legt er den Accent darauf, dass sich die Aufnahme des Anzueignenden *unbeschadet der ursprünglichen Natur des Empfangenden* vollziehe. Dennoch liegt der Anschauung als Voraussetzung der Gedanke zu Grunde, dass es Zeichen des Genies sei, äussere Eindrücke in stärkerem Maasse auf sich wirken zu lassen, als es dem Durchschnittsmenschen eigen ist.

Dieser Gedanke, dass das Angeborene, die ursprüngliche Natur, der Charakter, wie es Goethe auch nennt, nicht unter der Last des Angeeigneten erliege, dass die Individualität gewahrt bleibe und aus dem Erworbenen nur Kraft und Stärkung gewinne, ist das Ergebnis der Selbstbeobachtung. Goethe nahm von sich an, dass er, was er von aussen an sich zog, innerlich verarbeitet und individuell umgestaltet wiedergebe. Zwei poetische Confessionen sprechen das aus. Einmal der vorletzte Spruch aus der zuerst im zweiten Bande der Ausgabe von 1815 erschienenen Sammlung »Sprichwörtliche«:

»Diese Worte sind nicht alle in Sachsen,
Noch auf meinem eigenen Mist gewachsen;
Doch was für Samen die Fremde bringt,
Erzog ich im Lande gut gedüngt«.

Dann ein erst aus seinem Nachlass bekannt gewordenes Gedicht, das den Titel »Bildung« führt:

»Von wem auf Lebens- und Wissens-Bahnen
Wardst Du genährt und befestet?
Zu fragen sind wir beauftragt.

Ich habe niemals danach gefragt
Von welchem Schnepfen und Fasanen,
Kapaunen und Welschenhahnen
Ich mein Bäuchelchen gemästet.

»So bei Pythagoras, bei den Besten
Sass ich unter zufriedenen Gästen;
Ihr Frohmahl hab ich unverdrossen
Niemals bestohlen, immer genossen«.

In dem Briefe an Humboldt spricht sich Goethe noch weiter darüber aus, wie die beiden Pole: das eigene Innere und das von aussen Kommende sich mischen. »Die Organe des Menschen, sagt er, durch Uebung, Lehre, Nachdenken, Misslingen, Förderniss und Widerstand und immer wieder Nachdenken verknüpfen, *ohne Bewusstsein in einer freieren Thätigkeit* das Erworbene mit dem Angeborenen, so dass es eine Einheit hervorbringt, welche die Welt in Erstaunen setzt«. Ferner — was sich auf den Ausgangspunkt der Erörterung, die Frage nach dem Bewussten und Unbewussten beim Produciren selbst bezieht —: »Hier treten nun die mannichfaltigen Bezüge ein zwischen dem Bewussten und Unbewussten. Denke man sich ein musikalisches Talent, das eine bedeutende Partitur aufstellen soll. Bewusstsein und Bewusstlosigkeit werden sich verhalten wie Zettel und Einschlag, ein Gleichniss, das ich so gerne brauche«.

Wenn nun aber Goethe in dieser Weise, in Prosa und Poesie, ernsthaft erörternd und humoristisch spielend, Zeugniss davon ablegt, wie viel er der Einwirkung von aussen, also natürlich auch der Literatur verdanke, ist es dann in der That so absurd, bei der Ergründung seiner Dichterpersönlichkeit oder dem Vorstadium dazu, bei der Frage nach der Entstehung seiner Werke sich darnach umzuschauen, was seiner ursprünglichen Natur angehört und was er von Anderen sich angeeignet hat? Oder da dies Problem im Ganzen schwerlich lösbar ist, in einem einzelnen Falle, wenn die äusseren Umstände dazu auffordern, den Nachweis zu versuchen, dass dies oder jenes Motiv von da oder dort her angeregt oder selbst geschöpft sei? Setzt man mit einem solchen wissenschaftlichen Versuch wirklich den Dichter herab und stempelt ihn zum Fabrikanten? Und vor allem macht man sich durch ein derartiges Bemühen so furchtbar schuldig, dass moralische Entrüstung und pathetische Warnungen Platz greifen müssen?

Auf die Gefahr hin, sie von Neuem herauszufordern, wage ich es wiederum, mit diesem Gesichtspunkt zu operiren und in der Scene »Vor dem Thor« zunächst den Spuren der Einwirkung der Lektüre auf den Dichter nachzugehen. Obwohl es nach der vorausgeschickten Erörterung nicht nöthig scheint, will ich doch ausdrücklich bemerken, dass es mir fern liegt, allemal wo ich eine solche Einwirkung als vorliegend erachte, eine bewusste Herübernahme oder gar ein mühseliges Aufstöbern des Motivs anzunehmen. Dank einer ungeheuren Eindrucksfähigkeit flog dem Dichter dergleichen an, ohne dass er sich seiner Herkunft bewusst war. In bestimmten Fällen allerdings ging Goethe geradezu auf die Suche nach Motiven. So ist uns das aus der Zeit seines Balladenstudiums bezeugt. Da handelte es sich freilich nicht um Einzelheiten, um Motive zur Bereicherung des Details, sondern hier waren es ganze Stoffe, die er zum Zwecke dichterischer Gestaltung suchte. Indessen scheute er auch im Interesse der Gestaltung geplanter Stoffe den Weg der Lektüre nicht. Als es darauf ankam, überlebte Anschauungen und Gefühle darzustellen, Vorstellungen dichterisch zu verkörpern, die seinem Denken fern lagen und durch die Phantasie allein künstlerisch nicht zu bewältigen waren, machte er bewusste Studien, um sich für die Production gewissermassen vorzubereiten. Und zwar geschah das eben für den Faust. Excerpte aus der Literatur über das Zauber- und Gespensterwesen, die Erich Schmidt aus dem Nachlass veröffentlicht hat (Werke 14, 296 ff.) zeigen das. Wie leicht konnte bei diesen Studien wie bei anderen die eine oder andere Einzelheit in seiner Phantasie haften bleiben und ohne dass er sich dessen bewusst wurde, dichterisch fruchtbar werden! So und nicht anders möchte ich es verstanden wissen, wenn ich für dieses oder jenes Motiv Einwirkung der Lektüre geltend mache. Im Ganzen soll dabei beherzigt werden, was Schiller (28. Juli 1800) an Körner schreibt, als er ihm sein Leid klagte, wie wenig poetische Anregung ihm das Studium der gedruckten Literatur bei den Vorbereitungen zur Jungfrau von Orleans gewährt habe, jener Satz: »Auch Goethe sagt mir, dass er zu seinem Faust gar keinen Trost in Büchern gefunden habe«, wozu man Goethes Aeusserung bei Eckermann über den Faust im Gespräch vom 16. Februar 1826 halte.

1) Schon vor längerer Zeit hatte Düntzer darauf hingewiesen, dass das 21. Capitel des ersten Theiles des von Pfitzer bearbeiteten Volksbuches vom Dr. Faust die Gestaltung des Schlusses unserer Scene beeinflusst habe und Erich Schmidt erkennt an, dass hier die Einwirkung mit Händen zu greifen sei (Urfaust LXIX fg.). Darnach ist die Ausführung in den Versen 1126 ff. behandelten Motivs, dass die Luftgeister von den vier Himmelsgegenden her ihre den Menschen feindliche Thätigkeit ausüben, eine Frucht der Lektüre des Volksbuches. Nun ist aber bei Pfitzer im 31. Cap. (ed. Keller S. 250 ff.) in den Anmerkungen, wo des langen und breiten erörtert wird, ob »noch heutiges Tages die Zauberer, Hexen und Unholden an ferner abgelegene Örter leibhafftig fahren oder gebracht werden« wiederum von Luftgeistern die Rede. Indem der

Autor nachweisen will, dass »viel wahrhafftig mit den Leibern durch die Lufft hindurch fahren und solche Fahrt mit ihnen anzustellen, dem bösen Geist nicht unmöglich seye«, exemplificirt er auf die heiligen Engel, von denen die Bibel so oft berichtet, dass sie »fromme und gottselige Leute von einem Ort zu dem andern durch die Lufft leibhafftig geführet haben«, um daran die Bemerkung zu knüpfen, dass was einem guten Engel zu thun möglich ist, auch dem bösen Geist nicht unmöglich sei. Er berichtet dann von einer Anzahl Fälle, wonach Zauberer von bösen Geistern weit weg in fremde Länder geführt worden seien. Man sieht, wie nah sich das mit dem berührt, was V. 1118 ff. ausgeführt wird:

O gibt es Geister in der Luft,
Die zwischen Erd' und Himmel herrschend weben,
So steiget nieder aus dem goldenen Duft
Und führt mich weg zu neuem buntem Leben!

Den Pfitzerschen Faust entlieh Goethe am 18. Februar 1801 aus der Bibliothek und lieferte ihn am 9. Mai zurück, d. h. einen Monat nachdem er die eigentliche Arbeit am ersten Theil des Dramas einstellte. Denn nach dem Ausweis des Tagebuches war er vom 7. April dieses Jahres bis zum März 1806, wo er daran ging, das am ersten Theil des Faust Gedichtete druckfertig zu machen, mit dem Werke ganz und gar nicht beschäftigt.

Wenige Tage bevor Goethe der Weimarer Bibliothek den Pfitzer entnahm, nämlich am 14. Februar lieh er sich von dort *Balthasar Bekkers* »Bezauberte Welt«, (Amsterdam 1693) welches Buch er zusammen mit jenem zurücklieferte. Auch aus diesem Werke hat Witkowski a. a. O. S. 20 ff. Stellen angeführt, die den Dichter zu den citirten Versen angeregt haben können. Hier heisst es Band 1, S. 8: »Von den Göttern lasset uns nun zu den Daemones, d. i. Mittelgeistern schreiten. Thales von Mileten, wie Plutarchus meldet, lehret ehemals: Mundum plenum esse Daemonum, dass die Welt voller Geister wäre: nemlich in der Lufft, da sie ihre Wohnung hinsetzten; und ferner über den gantzen Erdboden, da sie unter den Menschen umbgiengen. Das Griechische Wort Daimon kompt her von Dajo, das ist, wissen, gleich als wenn man »viel wissend« sagte, aus der Ursache, dass diese Daemones dafür gehalten wurden, dass sie alles wüsten, was des Menschen Glück oder Unglück belangete, und gleichsam als Mittler der Menschen bey den Göttern seyn: Warumb sie auch zwischen *Himmel und Erde*, nemlich wie gesagt wird, *in der Lufft* und also zwischen den himmlischen Göttern und den irdischen Menschen gesetzet sind«.

S. 9 heisst es: »Und war insonderheit die Lehre des Pythagoras, der in den Gottesdienstigen Dingen mehr Anhang als jemand anders unter den alten Heyden gehabt, auch annoch unter den Unchristen hat, dass diese Daemones und Heroes den Menschen Träume, Kranckheiten und Genesung zu bringen (vgl. V. 1128), ja auch selber dem Vieh und lastbaren Thieren wie Diogenes Laertius davon zeuget« u. s. w. — Dann ist noch einmal S. 88 ff. von jenen durch die Welt schwebenden Geistern die Rede, die »die Gesundheit der Menschen kräncken, Krankheiten erwecken, das Gemüth mit Träumen erschrecken, den Verstand mit Thumheit schlagen und die Menschen mit so viel Plagen zwingen, dass sie zu ihnen umb Hülffe laufen kommen«. — Endlich ist Bd. 2, S. 222 ff. ausführlich von Luftgeistern die Rede.

Nicht leicht ist die Frage zu beantworten, welche von diesen Darstellungen, die Pfitzersche oder die Bekkersche den Dichter zu den Versen 1118 ff. angeregt haben. Den Versen 1130 ff. steht entschieden die Pfitzersche, die Erich Schmidt (a. a. O.) citirt, näher. Bei den Versen 1118 ff. dagegen möchte man mit Rücksicht auf die Uebereinstimmung im Wortlaut geneigter sein, die Ausführungen Bekkers als diejenigen anzusehen, die in der Erinnerung des Dichters stärker hafteten und so an der Conception der Verse grösseren Antheil haben. Für die Verse dagegen, in denen vom Zaubermantel die Rede ist:

Ja, wäre nur ein Zaubermantel mein!
Und trüg' er mich in fremde Länder u. s. w.

bietet Bekker nichts, was als Anregung angesehen werden könnte, da er vom Zaubermantel nirgends spricht, während bei Pfitzer das ganze Capitel, dem wir oben die Sätze entnommen haben, davon durchzogen ist und auch schon den Titel führt: »Von dreyen jungen Freyherren, welche D. Faustus auf ihr Begehren gen München.... auf dem Mantel dahinführete.« Auch in den den Text so überwuchernden Anmerkungen zu dem Capitel ist von einem Zauberer die Rede, der »samt andern von N. aus Sachsen gen Paris in Frankreich, mehr als hundert Meilen zur Hochzeit ungeladen gefahren seye auf dem Mantel«. Somit könnte hier wieder die Entscheidung zu Gunsten des Pfitzerschen Buches ausfallen, wenn nicht zu berücksichtigen wäre, dass dieses Motiv mit der Person des Faust eigentlich gegeben scheint und gleichsam ein Associationsmotiv ist. So schreibt Goethes Mutter an seinen Sohn August (7. Januar 1803): »Ja Lieber Augst wenn ich Doctor Faust Mandel aufzufinden wüsste, da käme ich dich besuchen«. Und Goethe selbst aus Rom schon am 11. August 1787: »Faust soll auf seinem Mantel als Courier meine

Ankunft melden«. Allerdings ist dieser Brief aus der
»Italienischen Reise« nicht authentisch, d. h. es fehlt uns
für ihn, da Goethe die Briefe vom zweiten römischen
Aufenthalt nach der Redaction der Reisebeschreibung zum
grössten Theil vernichtete (G. bei Eckermann 10. April
1829, Werke IV, 8, 384), die reale Vorlage. Zwar besitzen
wir von diesem Tage einen Brief an den Herzog Karl
August, der übrigens, obwohl in ihm von dem bevorstehenden Abschluss des Faust gesprochen wird, diese
Wendung nicht enthält (Werke IV, 8, 241), doch sind an
ihm, wie die römische Brieftabelle ausweist (a. a. O. S. 420)
noch zwei Briefe an Herder und Fr. v. Stein abgegangen.
In ihnen kann also vom Faust mit diesem Ausdruck die
Rede gewesen sein. Ebenso gut möglich ist es aber, dass
Goethe erst bei der Redaction der Stelle, die wohl in das
Ende der 20er Jahre fällt, entweder jene, uns in dem Briefe
an den Herzog überlieferte prosaische Notiz oder eine
andere für Herder oder Frau v. Stein bestimmte in diese
bildliche Bezeichnung verwandelte, wobei dann schon die
Erinnerung, sei es an das eigene Werk, sei es an das Volks-
buch im Spiele war. (Vgl. Faust v. 6983 und Varianten,
Paralipom. 63 Z. 19 ff., G. an Schultz d. 19. November 1820.)

Auch ein andrer, noch zu erörternder Umstand führt
zu keiner Entscheidung in der aufgeworfenen Frage.

Es muss auffallen, dass Faust von den Luftgeistern in
so hypothetischer Form spricht: »O gibt es Geister in der
Luft, Die zwischen Erd' und Himmel herrschend weben«
u. s. w. Wie kann streng genommen Faust, der Zauberer,
der sich der Magie ergeben, einen tiefen Blick in die
Geisterwelt gethan und eben noch vor unsern Augen den
Erdgeist beschworen hat, einen wenn auch noch so leisen
Zweifel an der Existenz der Dämonen aussprechen? Wenn
das doch geschieht, so ist das, falls dem Dichter nicht
eine begreifliche Identificirung seines Helden mit ihm
selbst entschlüpft ist, vielleicht darauf zurückzuführen, dass
Goethe diese Frage in dem, was er damals zu Studien-
zwecken las, so eingehend ventilirt fand. Die Ausdrucksweise würde dann auf einer unbewussten Nachwirkung
seiner Lektüre beruhen, ein leiser, unwillkürlicher Nachklang des Gelesenen sein. Aber selbst wenn diese Beobachtung sicher wäre, würde sie uns in dem vorliegenden Problem nicht fördern. Denn jene Frage wird bei Bekker
nicht minder eifrig als bei Pfitzer erörtert.

Noch ein drittes Werk, das Goethe bei seinen Studien
zum Faust in dieser Zeit benutzte, der »*Anthropodemus
Plutonicus*« des Johannes Praetorius (Magdeburg 1666), das
ihm für das Drama Motive spendete (Witkowski S. 24),

dessen Lektüre ihm den letzten Anstoss zur Dichtung der Braut von Korinth gab (Erich Schmidt, G.-J. Bd. 9 S. 229 fg.) und das er selbst besass, behandelt gleichfalls das Thema der Luftgeister. Es enthält ein eigenes Capitel »Von Lufft-Leuten« (Bd. 2 S. 1 ff.) und der Autor kommt im Capitel »Von Nixen« (2, 67) noch einmal kurz darauf zu sprechen. Auch der Mantelfahrt gedenkt er, wenn auch flüchtig (2, 15. 67). Im Einzelnen findet sich jedoch zwischen seiner Darstellung und unseren Versen keine derartige Uebereinstimmung, wie sie zwischen Pfitzer und Bekker einerseits und Goethe andererseits besteht, so dass sein Werk hier ausser Betracht bleiben kann.

Als Resultat unserer Ausführungen ergibt sich, dass die Verse 1130 ff. allein auf Pfitzer beruhen, dass für die von V. 1118 bis dahin reichende Partie hingegen nicht zu ermitteln ist, ob auf sie mehr die Bekkersche oder die Pfitzersche Darstellung eingewirkt hat. Aber wie es sich auch damit verhalte, so viel darf man annehmen, dass auch sie Goethes Studium des einen oder des anderen Buches zur Voraussetzung hat, so dass beide Partien nicht früher als um die Wende unseres Jahrhunderts gedichtet sein können.

2) Für die viel citirten Verse 1112 fg.

»Zwei Seelen wohnen, ach! in meiner Brust,
»Die eine will sich von der andern trennen« u. s. w.

hat man schon eine ganze Reihe von Parallelen herangezogen. Der eine erinnerte an Racine, der andere (Düntzer) an eine Stelle aus Rousseaus Héloise. Noch andere wiesen auf Verse in der Wielandschen 1773 erschienenen Cantate »Die Wahl des Hercules«, die nach Inhalt und Wortlaut gleich anklingen. Auch eine Stelle aus Xenophons Cyropaedie wurde nicht übersehen. Jetzt hat nun aber auch Witkowski (a. a. O. S. 22) auf eine Stelle aus Bekkers Bezauberter Welt aufmerksam gemacht, die sich mit den Worten des Gedichtes verwandt zeigt. In dem Capitel, in dem er die Lehre der Manichäer bespricht, sagt er (I, 102): »Sie halten gar dafür, dass jeder Mensch zwo Seelen habe, derer eine allezeit wieder die andere streite«.

Merkwürdig genug hat aber Goethe in dieser Zeit auch die Stelle aus dem Xenophon vor Augen gehabt. Am 3. Januar des Jahres 1801 entnahm er der Bibliothek von der Oxfordschen Ausgabe des griechischen Historikers den dritten Theil, der die Hellenika enthält, zugleich aber von der Uebersetzung der Xenophontischen Werke, die *August Christian Borhek* 1778 zu Lemgo hatte erscheinen lassen, den ersten und zweiten Theil. Beide Bücher lieferte er am 7. Februar desselben Jahres zurück. Der erste Theil der Uebertragung nun enthält die Cyropaedie, in deren sechstem Buch sich jene Auseinandersetzung über die doppelte Natur des Menschen findet. Ich lasse sie hier in Borheks Wiedergabe folgen. Kyros fragt den Araspes, der sich erst vor Kurzem vor ihm gerühmt hatte, stärker als die Liebe zu sein, der dann aber von heftigster Neigung zu Panthea, die er zu bewachen hatte, ergriffen wurde, er fragt ihn: »Wirst Du auch die schöne Panthea verlassen können? Ja, sagte Araspes, ich habe zwey Seelen, mein Kyros. Diese Philosophie habe ich dem gottlosen Sophisten Eros zu danken. Denn wenn ich nur eine einzige Seele hätte, wie könnte sie zugleich tugendhaft und lasterhaft sein, zugleich lobenswürdige und schändliche Thaten lieben, und zu einerley Zeit etwas wollen und auch nicht wollen? Ich muss also offenbar zwey Seelen haben, und wenn die tugendhafte Seele die Oberhand hat, so handle ich auch tugendhaft; hat aber die böse Seele die Oberhand, so begehe ich unanständige Thaten«.

Erich Schmidt bemerkt (Urfaust¹ S. LXII), dass Fausts Zweiseelentheorie von dieser Xenophontischen Antithese zwischen sinnlich und platonisch, bös und gut erheblich abweiche und gewiss ist das der Fall. Bedurfte es denn aber, um Goethe zu seinen Versen anzuregen, der völligen Uebereinstimmung? Genügte nicht diese so charakteristische, völlig poetisch-mythologische Art, in der hier die Gegensätze der menschlichen Natur ausgedrückt werden? Schwierig ist nur zu entscheiden, ob diese Xenophontische Stelle oder die Worte bei Bekker das Motiv weckten.

Ich sage: weckten. Denn gewiss kann nur von einem Wecken des Gedankens die Rede sein. Ihn zu entlehnen hatte Goethe wahrhaftig nicht nöthig. Ist dies anzunehmen schon selbstverständlich, so lässt es sich zufällig sogar beweisen. In der vorletzten Erzählung der »Unterhaltungen deutscher Ausgewanderten«, die im Jahre 1795 — also zwei Jahre vor der Wiederaufnahme des Faust — geschrieben wurde, schildert Goethe einen von egoistischen Trieben und zugleich von edlen Regungen erfüllten Jüngling. Er beschreibt die widersprechenden Eigenschaften seines Charakters und fährt dann fort: »Man sieht hieraus leicht, dass diejenigen, die mit ihm umgingen, oft, um seine Handlungen zu erklären, zu der Hypothese nehmen mussten, dass der junge Mann wohl zwei Seelen haben möchte«. (Hempel 15 S. 83 fg. vgl. S. 89. »Die gute Seele schien die Oberhand zu gewinnen«.)

In Bezug auf die Frage, ob Xenophon oder Bekker die Anregung zuzuschreiben ist, verhält es sich vielleicht so, dass der Dichter bei jenem die ihm durch Wielands im

Jahre 1760 erschienene Erzählung »Araspes und Panthea« nahe gelegte Episode las und später noch auf die Stelle bei diesem stiess, so dass beide zusammen den Niederschlag des Gedankens im Faust bewirkten.

3) An demselben Tage, an dem Goethe der Bibliothek die Pfitzersche Faustbearbeitung und Bekkers »Bezauberte Welt« entlich, entnahm er ihr noch ein drittes Buch, den »Höllischen Proteus« des *Erasmus Francisci* (Nürnberg 1708). Seinen ganzen, sehr umständlichen Titel findet man bei Witkowski S. 18. Der Verfasser war dem Dichter damals nicht mehr unbekannt. Schon im December des Balladenjahres (1797) hatte er sich in der Bibliothek seinen »Neu polirten Geschicht-, Kunst- und Sittenspiegel« (Nürnberg 1670) geben lassen, um darin nach poetischen Stoffen zu suchen, und über einen Dialog zwischen einem chinesischen Gelehrten und einem Jesuiten, den er darin fand, correspondirte er mit Schiller mehrfach (Br. v. 3., 6., 12., 13. Januar 1798). In dem »Höllischen Proteus« nun findet sich ein Capitel, das 77te. »Die bestraffte Vor-Schau des Bräutigams«. Hier heisst es (S. 810 ff.), »dass viel mannsüchtige Dirnen, welche, zu erkündigen, wer ihr Liebster und Heiraht werden solle, *auf Anleitung alter aberglaubischer, und wol gar zaubrischer Vetteln, bey gewissen heiligen Zeiten, gemeiniglich aber in der Nacht vor dem S. Andreas-* oder hochheiligem Christfest, an einem Kreutzwege, oder vor dem Küchenheerd, sich niedersetzen alsdann entweder zum heiligen Andrea die abergläubische Frage thun oder sonst andre besondre Worte sprechen und also auf die Erscheinung deß vermeynten Bräutigams warten«. Auch weiterhin ist in den Anecdoten, die Francisci nach dem auch sonst durchgeführten Princip gewissermassen zur Illustration der nach seiner Ansicht teuflischen Sitte erzählt, von der *Andreasnacht* die Rede. So berichtet er S. 819 von von einer »führnehmen Jungfrau, die sich von einer ihrer Mägde bereden liess, sich in der Andreas-Nacht gantz allein zum Feuerheerd zu setzen und nur das Vaterunser rückwärts zu sprechen: Alsdann werde sie ihren künftigen Bräutigam zu sehn bekommen«.

Es ist augenscheinlich, dass Goethe aus der Lektüre dieses Capitels die Anregung zur Gestaltung der »Alten« empfing, die den spazirenden Bürgermädchen ihre prophetischen Künste anpreist (V. 872 ff.) und deutlich, dass die Verse

»Sie liess mich zwar in *Sanct Andreas Nacht*
Den künft'gen Liebsten leiblich sehen«

dieser Lektüre ihren Ursprung verdanken.

Auf das Capitel »Die bestraffte Vor-Schau des Bräutigams« folgt bei Francisci eins, das den Titel führt: »Das Unglück-weissagende Krystall«. Es besteht ausschliesslich aus der Erzählung einer unter den Auspicien der Zauberei geschlossenen unglücklichen Heirath. Ein Mädchem, dem die Eltern verbieten, denjenigen zu ehelichen, den sie liebt, weil sie ihre Verbindung mit einem andern wünschen, lässt sich von einer Vettel des Nachts ihren Geliebten im *Krystall* zeigen. Er erscheint ihr »gestiefelt und gespornt; hatte einen grauen Reisemantel mit güldenen Knöpffen um, unter welchem er zwo neue Pistolen hervor langte und in jeder Hand eine hielt«. Der weitere Verlauf der Erzählung berührt uns hier nicht.

Darf man annehmen, dass Goethe auch dieses Capitel las, so gelangt man zur Vermuthung, dass die Verse
»Mir zeigte sie ihn im *Krystall*
Soldatenhaft mit mehreren Verwegenen«
unter dem Einfluss des Gelesenen entstanden sind.

Den psychologischen Vorgang der Gewinnung des Motivs kann man sich leicht vorstellen. Der Dichter mochte sich von jeher, schon seit der Conception der Scene im ganzen, mit dem Gedanken getragen haben, unter der Volksmenge es auch an Soldaten nicht fehlen zu lassen. Hatte er aber diese Absicht, so sieht man, wie leicht sich ihm jene »bewaffnete Gestalt mit güldenen Knöpfen und Pistolen« zu einem Soldaten wandeln konnte.

Jedenfalls mag man nun annehmen, dass auch dieses einzelne Motiv der Lektüre des Franciscischen Buches zuzuschreiben sei oder nicht, so viel gebietet oder erlaubt die Thatsache, dass Goethe es in Händen hatte, anzunehmen, dass im ganzen in den Versen 871—86 Spuren seiner Einwirkung sichtbar sind.

Die Verwandschaft der Verse mit der Franciscischen Darstellung wird noch deutlicher, wenn wir zu ihnen halten, was sich in der übrigen Literatur über Zauber- und Hexenwesen, die Goethe zu derselben Zeit las, über Krystallseherei findet. Was Pfitzer an Anecdoten darüber vorbringt (Tl. 1, Cap. 5. Keller S. 88 ff.), bietet kein Beispiel einer Bräutigamsschau, sondern durchweg handelt es sich in ihnen um die Nachweisung von Dieben und Mördern. Auch wird der Andreasnacht nicht Erwähnung gethan. Ebenso zeigt die Anecdote in der Daemonolatria des Remigius, die Goethe am 23. Februar 1801 entlieh, »Der Wahrheit suchende Crystal« II, 475 fg., keine irgend anklingenden Motive. Jedoch darf nicht übersehen werden, dass Goethe nicht erst aus dem Buch des Francisci von der Weissagekunst mittels des Krystalls erfuhr. Denn schon im Grosskophta, der, im Sommer 1787 in Italien geplant, so wie wir ihn

kennen, 1791 entstand, lässt er den Grafen bei der Geister-
citirung sich der Krystallkugel bedienen (Hempel 10, 155.
175. 187., vgl. Werke IV, 8, 245). Daraus folgt für uns,
dass der Dichter allerdings nicht erst des Franciscischen
Werkes bedurfte, um auf dieses Motiv zu kommen. Auf
der andern Seite aber, wie nahe liegt nun die Annahme,
dass, wenn er im »Höllischen Proteus« auf ein Capitel
stiess: »Das Unglückweissagende Krystall«, er begierig
darnach griff und es las!

Uebrigens theilt Francisci jene Erzählung, in der das
Mädchen den Geliebten gestiefelt, gespornt und bewaffnet
im Krystall erblickt, schon in dem vorhin erwähnten »Neu
polirten Geschicht-, Kunst- und Sittenspiegel« mit. Die
Frage, ob Goethe von ihr schon, als er in diesem Buche
las, Notiz nahm und die dichterische Anregung auf der
damaligen Lektüre beruht, oder erst der des »Höllischen
Proteus« entsprang, ist für uns von untergeordneter Bedeutung. Denn in jedem Falle muss für die Verse 878 fg.,
in denen von der Andreasnacht die Rede ist, die Lektüre
dieses Buches hinzugetreten sein, da sie im Geschichts-
spiegel nicht erwähnt wird.

4) Oft citirt pflegen aus derselben Ensemblescene auch
die Worte des zweiten Bürgers zu werden:

»Nichts Bessers weiss ich mir an Sonn- und Feiertagen,
Als ein Gespräch von Krieg und Kriegsgeschrei,
Wenn hinten, weit, in der Türkei
Die Völker auf einander schlagen«. (V. 860 ff.)

Wir sahen, wie in der Stelle von Einigen eine Anspielung
auf den Krieg, der zwischen der Pforte und Russland in den
siebziger Jahren des vorigen Jahrhunderts stattfand, erblickt
und sie zum Beweise des vorweimarischen Ursprunges
der Scene verwendet wurde (S. 150. 52). Man fühlte sich
in dieser Annahme um so sicherer, als Goethes Mutter,
die bekanntlich mit Vorliebe aus den Werken ihres Sohnes
citirte, in Briefen, die vor der Veröffentlichung der Scene
»Vor dem Thor« geschrieben wurden, wiederholt von der
Wendung »Kriegs und Kriegsgeschrei« Gebrauch macht.
(Briefe von Goethes Mutter an ihren Sohn. Schriften der
Goethe-Gesellsch. Bd. 4 S. 20, 14; 50, 3; 287, 12.) So meint
auch der Herausgeber der Briefe, *Bernhard Suphan* (a. a. O.
S. 365), dass der Frau Rath »die Stelle aus dem Faust sicher
von den *siebziger Jahren* her bekannt gewesen sei«. Aber
Suphan übersah, worauf *Hehn* im Jahre 1887 (Bd. 13 dieses
Jahrbuches S. 197) in seinem Aufsatz »Goethe und die
Sprache der Bibel« hingewiesen hatte, dass die Wendung
»Krieg und Kriegsgeschrei« viel älter als der Faust ist und

aus der Bibel stammt. Matth. 24, 7 heisst es: »Ihr werdet hören Kriege und Geschrei von Kriegen«. Das ist ja nicht genau derselbe Wortlaut, den wir im Faust und bei Goethes Mutter finden, bei der allemal von »Krieg(s)- und Kriegsgeschrei« die Rede ist, aber könnte sich die gemeinsame Abweichung von der Bibel nicht daraus erklären, dass der Dichter in dem Verse des Faust eine bei seiner Mutter oder in einem weiteren Kreise beliebte Wendung, die er oft aus ihrem Munde hörte, sich zu eigen machte? So betrachtet können die Worte nicht mehr als Beweis für die jugendliche Entstehung der Partie, in der sie vorkommen, verwendet werden und wenn wir es sonst wahrscheinlich zu machen vermögen, dass die ganze Stelle, in der sie erscheinen, der späteren Zeit angehöre, so können sie nicht im Stande sein, diese Annahme zu widerlegen. Und es fehlt nicht an Anzeichen dafür, dass auch diese Verse im Beginn des Jahres 1801 gedichtet sind.

Um diese Zeit beschäftigte sich Goethe, ich weiss nicht aus welchem Anlass, mit Werken der türkischen Ethnographie. So liess er sich am 17. Februar *Ferriols* Beschreibung des türkischen Hofes geben (Nürnberg 1719), ein Werk, das hauptsächlich aus Abbildungen von Typen aus dem Hof- und Volksleben dieser Nation und einer kurzen Beschreibung der Kupferblätter besteht. An demselben Tage entlieh er *»Happelius Thesaurus Exoticorum* oder eine mit ausländischen Raritäten und Geschichten wohlversehene Schatzkammer« u. s. w. Hamburg 1688, welches Werk unter anderm eine ausführliche Darstellung »Von dem Gebieth und Landschafften des Türkischen Kaysers« enthält, auch eine eingehende Schilderung der Türkenkriege unter Kaiser Leopold I. gibt, besonders des damals gerade bestehenden grossen, der im Jahre 1683 begonnen hatte. Wenige Tage später, am 21. Februar, entnahm Goethe der Bibliothek ein Werk: *»Geschichte der Kriege in und ausser Europa«*, das in Nürnberg von 1776—82 erschien und über alle in und ausser Europa seit dem »Aufstande der Brittischen Colonien in Nordamerika« geführten Kriege berichtete. Goethe liess sich von dem Werke die Theile XI—XXX geben. In diesen ist im 11., 13., 15., 20. u. 30. Bande im behaglichen Chronikenstil von dem drohenden Ausbruch eines Krieges zwischen Türken und Russen, Kämpfen in der Krim, einem Ueberfall in der Moldau u. s. w., kurz von den türkischen Kriegsangelegenheiten in den Jahren 1777 u. 78 die Rede, bei denen es sich um den von den Russen erstrebten und 1783 auch erreichten Besitz der Halbinsel Krim handelt. Einmal — worauf aber nicht Werth gelegt werden soll — (Bd. 13, S. 93) heisst es: »Man liess also die Tar-

taren sich untereinander herumschlagen«. Vom 17. Februar
bis zum 23. war nun Goethe, wie sein Tagebuch ausweist,
täglich mit dem Faust beschäftigt. Mit der Arbeit an ihm
begann er in dieser Zeit sein Tagewerk. Darf man da
nicht annehmen, dass ihm der Gedanke an die Türkenkriege, dem er den zweiten Bürger Ausdruck geben lässt,
aus der Lektüre jener genannten Werke — es bedurfte
dazu nur eines Hineinblickens — aufstieg?

5) »Mein Vater war ein dunkler Ehrenmann, ...
Der, in Gesellschaft von Adepten,
Sich in die schwarze Küche schloss,
Und, nach unendlichen Recepten,
Das Widrige zusammengoss.
Da ward ein rother Leu, ein kühner Freier,
Im lauen Bad der Lilie vermählt
Und beide dann mit offnem Flammenfeuer
Aus einem Brautgemach ins andere gequält« u. s. w.

Diese Partie ist die einzige in der ganzen Scene, die
sichtbare, auf dem Wege des Studiums erworbene Kenntnisse
voraussetzt. Während man sich bei den bisher betrachteten
Stellen in Bezug auf die Herkunft der Motive ohne das
Verzeichniss der aus der Bibliothek entliehenen Bücher
vorstellen könnte, dass sie auf gelegentlicher literarischer
Kenntnissnahme beruhn, vor ihrer dichterischen Verwerthung
einmal gleichsam im Vorübergehn erhascht wurden, kann
man sich für sie bei dieser Annahme nicht beruhigen. Auch
war dichterische Phantasie allein nicht fähig diese Verse
hervorzubringen. Wie Goethe in ihnen einen bestimmten
chemischen Vorgang im Auge hat — man vgl. zu der
Stelle Loeper in seiner Ausgabe — so sind auch die alchymistischen Ausdrücke, die er verwendet, nicht von ihm
erfunden, sondern sie waren im 16. Jahrhundert und später
wirklich üblich.

Loeper bringt a. a. O. die Verse mit Goethes alchymistischen Studien in Verbindung, die er in der Zeit seiner
Krankheit in Frankfurt 1769 und 70 trieb. — Die Ausdrücke
Der rothe Leu für Gold oder Quecksilberoxyd, Lilie für
Salzsäure u. s. w. stammen von *Paracelsus* oder sind
wenigstens charakteristisch für ihn. *Gmelin* in seiner Geschichte der Chemie, einem Werk, das Goethe ebenfalls
aus der Weimarer Bibliothek entlieh, allerdings nach dem
April 1801 und schon in der grossen Pause, die sich von
diesem Monat bis zum März 1806 ausdehnt, Gmelin (Bd. 1,
S. 204) spricht von den neuen Namen, den dunklen Ausdrücken, deren Paracelsus sich zu bedienen liebte, um seinen
Ausführungen das Ansehn von Tiefsinn, seiner Lehre den

Anstrich von Neuheit zu geben und erwähnt dabei »*des rothen Löwen*« des weisslichten Adlers, der *Lyli* der Alchimey (de tinctura physicorum S. 336) u. s. w.

Nun hat Goethe in der Jugend während seiner Krankheit allerdings Paracelsus studirt, wie er im achten Buch von Dichtung und Wahrheit erzählt (Hempel 21, S. 118 f.). Doch meint *Schöll* (Briefe und Aufsätze S. 100), auf Grund der Notizen aus Paracelsus, die er in Goethes Ephemerides aus dem Jahre 1770 fand (S. 76. 99. 100), dass diese Studien des jungen Dichters damals nicht eben tief und gründlich gewesen seien Ich weiss nicht, und es wird sich wohl auch schwer feststellen lassen, ob dieser skeptische Standpunkt Schölls berechtigt ist, jedenfalls aber möchte die Ansicht, dass in unsern Versen ein Nachklang jener jugendlichen Studien Goethes vorliegt, zunächst nicht zu verwerfen sein. Hat sich doch Goethe nach seinem Bekenntniss in Dichtung und Wahrheit ausser mit Paracelsus noch mit einer Reihe anderer alchymistischer Werke abgegeben. (Vgl. D. j. G. 3, 687.)

Allein Goethe hat sich mit Paracelsus und der Alchymie nicht bloss in seiner frühen Jugend beschäftigt, sondern auch im Mannesalter und damals sicherlich intensiver. Es geschah, als er für seine Geschichte der Farbenlehre jene gewaltige Literatur durchstudirte, die sich ihm von den ältesten Zeiten bis zu seinem Auftreten darbot. In seiner Darstellung gibt er denn auch eine Charakteristik der Persönlichkeit des Paracelsus, wie er überhaupt die Zeit der Alchymie schildert (Hempel 36, S. 135 ff.). Ist man da nicht berechtigt, auch *die* Möglichkeit ins Auge zu fassen, dass die Verse eine Frucht dieser späteren historisch-naturwissenschaftlichen Studien sind?

Dagegen kann nicht sprechen, dass es mir bisher nicht gelungen ist, in den vom Dichter 1797—1801 aus der Weimarer Bibliothek entliehenen Büchern die Quelle zu ihnen zu finden. Denn wie viel andere Gelegenheiten gab es für Goethe zu jener Literatur zu gelangen! Und noch wissen wir nicht, welche in dieses Gebiet gehörigen Bücher er selbst besass. Auch lässt sich dafür, dass die Partie, zu der die hervorgehobenen Verse gehören, die *spätere*, die kritische Beschäftigung Goethes mit der Alchymie zur Voraussetzung hat, einiges geltend machen.

In den Volksbüchern wird, gewöhnlich im Eingang, der medicinischen Studien Fausts Erwähnung gethan, aber stets sehr flüchtig. Dass schon sein Vater Arzt gewesen sei und er ihm als Gehilfe zur Seite stand, dass dann beide bei Gelegenheit einer Pest ihre Wirksamkeit geübt haben, das findet sich nirgends. Wo von Fausts Eltern die Rede ist, heisst es, er war eines Bauern Sohn. Es ist darum die

Frage berechtigt: wie kam Goethe auf den neuen Zug, den er seinem Helden hier Vers 993—1036 andichtet?

Wenn ich zunächst zu dem schon so oft zu Hilfe genommenen Verzeichniss greifen darf, so kommt daraus ein Buch in Betracht, das Goethe zusammen mit dem Pfitzerschen Faust am 18. Februar 1801 der Bibliothek entlieh. Es ist *Joh. Georg Neumanns* Wittenbergische Dissertation vom Jahre 1683: Disquisitio historica de Fausto, über die näheres bei Szamatolski, das Faustbuch des Christlich Meynenden S. VI zu finden ist. In diesem Buch konnte Goethe lesen (Cap. I § 9): Meigerus enim quandam Fausti artem recitans, nequam hunc hominem *probum piumque filium* appellat. Ob wir in den Versen 1024 ff. einen Nachklang dieser Stelle besitzen? Ich wage es nicht zu entscheiden, aber übersehen werden durfte sie, da Goethe das Buch vor Augen hatte, jedenfalls nicht.

Weiter führt eine andere Spur.

Jene alchymistischen Ausdrücke: »der rothe Leu«, die »Lilie« u. s. w. wurden, wie wir sahen, von Paracelsus angewendet. Nun hat Loeper a. a. O. S. LI auf die Verwandtschaft der beiden Gestalten, des Faust und des Paracelsus hingewiesen und sie damit erklärt, dass sich in der Phantasie des Dichters das Bild seines Helden mit dem des Paracelsus mischte. Paracelsus war der Ueberlieferung nach der Sohn eines Arztes, der ihn zuerst in die Wissenschaft einführte. Er hat in Innsbruck eine Pest erlebt und einen Tractat »Von der Pestilenz« geschrieben (erschienen Salzburg 1554). Sein Streben war — nach der Tradition — auf die Erfindung des Steins der Weisen oder einer Universalmedicin gerichtet, alles Momente, die im Drama wiederkehren. Auch kann ein vorübergehendes Identificiren des Goethischen Helden mit diesem Manne nicht Wunder nehmen. Wie der Faust der Sage war er ein genialer Wüstling, voll Uebermuth und Leidenschaft, ein Verächter der Wissenschaft seiner Zeit und der Vergangenheit, und auch der Zug einer grenzenlosen Selbstüberhebung fehlte ihm nicht.

Ist diese Combination richtig, dann scheint für die Partie die Voraussetzung einer eingehenderen Beschäftigung Goethes mit Paracelsus oder einer Darstellung über ihn wohl erforderlich und für die Verse als genetischen Hintergrund die Zeit der *historischen* Studien Goethes zur Farbenlehre anzunehmen nothwendig. Diese Studien können nicht vor 1795 angesetzt werden, wenn man erwägt, dass Goethe in den Annalen zum Jahre 1806 von seinen Vorarbeiten zur Farbenlehre sagt, dass sie zwölf Jahre alt seien (doch vgl. Werke IV, 9, 261, 264 ff.) und wenn man hinzunimmt, dass die historische Beschäftigung der theoretischen nothwendig erst folgte. So fällt denn auch der erste Entwurf einer Geschichte der Farbenlehre in den Januar 1798 (Goethe an Schiller den 20. dieses Monats) und das eigentliche Literaturstudium begann nach den brieflichen Aeusserungen an den Freund im Februar desselben Jahres (Br. vom 3. 14. 17. Vgl. das älteste Schema zu Dichtung und Wahrheit aus dem J. 1809. Werke W. A. 26, S. 360. z. J. 1798.) An der Geschichte der Farbenlehre zu dictiren begann Goethe sogar erst kurz vor Schillers Tod, im April 1805 (vgl. den drittletzten Brief Goethes an ihn). Daraus ergibt sich für die chronologische Bestimmung unserer Partie als terminus a quo frühestens das erste Jahr der dritten Phase der Arbeit am Faust d. h. das Jahr 1797.

Indessen ist dieser Schluss, das fühle ich selbst, so lange nicht zwingender Natur, so lange nicht feststeht, wie tief jene erste Beschäftigung Goethes mit Paracelsus reichte. Es sei deshalb zur Stütze der Ansicht, dass die Partie der dritten Phase der Arbeit am Faust angehöre, noch eine andere Beobachtung — dieses Mal stilkritischer Natur — zu Hilfe gerufen.

Die Anredeform bei Goethe ist ein schwieriges Capitel und Differenzen in ihrer Handhabung chronologisch auszunutzen möchte gewagt erscheinen, wenn man bedenkt, dass in einem Werke wie den Wahlverwandtschaften, das gleichsam in einem Zuge geschrieben ist, Verschiedenheit herrscht (G.-J. Bd. 15, S. 161). Einiges über die Art der Anrede bei Goethe findet man bei *Hehn*, Gedanken über Goethe S. 274 ff.

Ich habe den Urfaust und den ersten Theil des Gedichtes darauf hin durchgesehen und manche Inconsequenz in der Anwendung gefunden. Stets redet, was den Urfaust betrifft, Faust den Teufel als seinen Diener mit »Du« an, Mephisto seinen Herren dagegen im Allgemeinen mit »Ihr«, doch recht oft auch mit »Du«. So gleich in der Scene »Strasse« V. 480 »Sprichst ey wie der Hans Lüderlich«. In der Prosascene »Trüber Tag. Feld« gebraucht Mephisto Faust gegenüber durchweg das Du, was sich wohl aus dem leidenschaftlichen Charakter der Scene erklärt. Darnach ist weder für den Urfaust noch für das Fragment noch für den vollendeten Theil im *wörtlichen* Sinne richtig, was in der Hexenküche Mephisto zu Faust sagt: »Bist mit dem Teufel *du und du*« (V. 2585). Doch herrscht im Urfaust im Allgemeinen grössere Consequenz. Die starke Unsicherheit, namentlich dass Mephisto Faust gegenüber schon in einem sehr frühen Stadium der Bekanntschaft überwiegend das »Du« gebraucht, tritt erst mit dem Fragment (in der

Schlusspartie der Vertragsscene), stärker freilich in der dritten Phase, in der Zeit der Vollendung des ersten Theiles, z. B. in der ersten Scene »*Studirzimmer*« auf.

Die grössere Consequenz im Urfaust äussert sich beispielsweise darin, dass in der Schülerscene zwischen Mephisto und dem Studenten beiderseits durchgehend »Ihr« gebraucht wird. Dasselbe Verhältniss besteht zwischen Faust und Wagner. Einmal gebraucht Faust gegenüber dem Famulus »er«, jedoch mit vorangehendem »Mein Herr Magister« V. 195, wofür seit dem Fragment als Folge einer sachlichen Aenderung, vielleicht nicht stilgemäss, das blosse »er« steht. Wagner redet Faust ausnahmslos mit »Ihr« an.

Wie steht es nun aber damit in unserer Partie? In ihr bedient sich Faust ausnahmslos des »Du«, das auch Wagner bis auf zwei Fälle, wo er »Ihr« sagt (V. 1056 und 1157), anwendet. *Hehn* (a. a. O.) erklärt diese Anredeform mit der lebhafteren Action. Herrscht aber 1011 ff. schon lebhafte Action? Der wahre Grund wird ohne Zweifel in dem grossen Zeitabstand zu suchen sein, der zwischen der Abfassung der ersten Unterredung Wagners mit Faust und der in unserer Scene liegt. Er bewirkte, dass sich im Geiste des Dichters das äussere wie das innere Verhältniss der beiden Männer zu einander verschob, worauf auch anderes deutet. (S. 153.) Dann lag auch dem Goethischen Stil der neunziger Jahre die Beobachtung derartiger charakteristischer Züge ferner. Will man dem gegenüber, dass an diesem Umstand eine laxere Auffassung des Costüms Schuld ist, darauf hinweisen, dass der alte Bauer Faust consequent mit »Ihr« anredet, dass hier also die Form beobachtet wird, so ist der Einwand nicht stichhaltig, da in diesem Falle denn doch ein zu grosser Rangunterschied vorliegt, als dass er vom Dichter vernachlässigt werden konnte.

Erkennt man dieser Beobachtung Beweiskraft zu, dann würden nicht bloss die Verse 993—1063 der dritten Phase zuzuschreiben sein, sondern im *wesentlichen* alles folgende bis zum Schluss, da auch weiterhin Faust und Wagner sich duzen. Davon ist ein Theil, die Verse 1110 ff., schon aus anderen Gründen (S. 165 ff.) dieser Zeit zugewiesen worden. Nach den unter 3) und 4) gegebenen Ausführungen muss aber auch die Ensemblescene V. 808—902 unbedingt der späteren Zeit angehören. So bleiben in Bezug auf die Entstehung zweifelhaft V. 903—992. Davon ist in der dritten Phase sicher nicht entstanden V. 949—980 d. h. das Lied vom Schäfer, da darauf, wie wir wissen, schon in der 1794 beendeten zweiten Fassung des Wilhelm Meister angespielt wird. Es fragt sich nun wie frühe es zu setzen ist.

Die Antwort darauf hängt zunächst davon ab (S. 153),

ob diese Erwähnung des Gedichtes sich auch schon in der ersten Fassung des Romans befand, wo sie im vierten, am 12. November 1783 vollendeten (Düntzer bei Hempel 17, S. 7) Buche hätte stehen müssen. Ueber die Beschaffenheit dieses alten vierten Buches belehrt uns bis jetzt nur eine von Knebel in seinem Tagebuch notirte Stelle, aus der Düntzer a. a. O. einen Satz citirt. Dieser Satz lässt aber nicht erkennen und auch nicht die ganze von Knebel übernommene Stelle, wie mir Düntzer auf eine Anfrage freundlich mittheilte, ob schon damals des Gedichtes Erwähnung geschah. War das der Fall, dann war das Lied wohl auch schon damals für den Faust bestimmt und das der Grund und nicht der vom Dichter vorgeschützte (S. 151), weshalb Goethe von seiner Mittheilung absah. Denn nur so würde sich erklären, dass keines der zahlreichen Sammelhefte Goethischer Gedichte aus den achtziger Jahren von ihm etwas weiss.

Muss so der alles entscheidende Punkt, wie alt das Gedicht ist, offen bleiben, so ergibt sich doch aus der Erwähnung des Liedes im Wilhelm Meister die *Möglichkeit*, dass schon in der ersten Phase der Arbeit am Faust, die mit Goethes Uebersiedlung nach Weimar abschliesst, etwas von unserer Scene vorhanden war. Und dafür spricht auch noch anderes. So halte ich das von Koegel hervorgehobene Moment (S. 152), wonach für die Scene ursprünglich eine etwas spätere Zeit als Ostern gedacht war, für ein unwiderlegliches Symptom einer älteren Intention. Denn wenn auch in einer südlichern Gegend Deutschlands ein Tanz im Freien um Ostern möglich ist (S. 154), so bleiben doch noch die »grünumgebenen Hütten« (V. 1071). Und gerade diese Worte finden sich am Eingang derjenigen Partie, für deren Existenz in der ersten Phase ein beachtenswerthes Moment eintritt. Es ist diejenige, in der jener im Gehalt und Ausdruck gleich starke Anklang an die Wertherstimmung vorliegt (S. 152. 154). — Dass nach der Ausführung über die Anredeform diese Partie der dritten Phase zufiel, spricht nur scheinbar dagegen. Denn natürlich ist die Darlegung so zu verstehen, wie der Ausdruck auch andeutete, dass V. 993 bis zum Schluss im *Grossen und Ganzen* spät sind. Die Möglichkeit des Einschubes eines aus der ersten Phase übernommenen Stückes wird durch diese Annahme nicht ausgeschlossen, besonders dann nicht, wenn sich in ihm keine Anrede findet. Das ist aber bei dieser Partie, die wir bis zum V. 1099 rechnen, der Fall. Selbstvergessen gedenkt Faust bei dem Ergusse selbst gar nicht seines Partners. Nur im Beginn begegnen die Imperative »lass« und »betrachte«. Sie können aber sehr wohl auf die Rechnung der späteren Redaction gesetzt werden.

Ich würde die Ansicht, dass dieses Stück noch der Frankfurter Zeit entstammt, auf den blossen Anklang an den Werther und die Stimmung jener Epoche hin nicht verfechten, wenn nicht noch andere Spuren des Hineinarbeitens älterer Bestandtheile sichtbar wären. Zweimal in der Scene finden wir Faust zu einem schwungvollen, schwärmerischen Erguss fortgerissen und beidemal folgen als Contrast Wagners nüchterne, der poetischen Stimmung seines Begleiters scharf entgegengesetzte Worte V. 903—40 und 941 ff.; V. 1074—99 und 1100 ff. Ferner lässt V. 1121 ff. Fausts Wunsch mit Hilfe des Zaubermantels in fremde Länder getragen zu werden eine gewisse Verwandtschaft mit jenen Versen merken, in denen er der Sehnsucht durch den Aether zu fliegen Ausdruck gibt. Solche Wiederholungen innerhalb kurzer Strecken deuten, wie ich früher einmal ausführte, auf eine Unterbrechung des dichterischen Processes, auf fallen gelassene und später wieder aufgenommene Fäden.

Nun muss jener erste Erguss darum der dritten Phase angehören, weil er das Osterfest voraussetzt (S. 152). Jenen zweiten dagegen weist der Anklang an den Werther und die sommerliche Voraussetzung in die Jugendzeit. Daraus folgt wieder, dass das Motiv vom Zaubermantel, weil es eine gewisse Art der Wiederholung bildet, spät ist, was auch schon unsere Ausführungen (S. 163 ff. und über die Anredeform) wahrscheinlich machten. Denn diese Auffassung des Verhältnisses von V. 1122 fg. zu 1074 ff. schliesst keineswegs den Einfluss der Lektüre Pfitzers aus, da man sich den Vorgang ganz gut so vorstellen kann, dass die eigenen älteren Verse den Dichter für jenes in der Lektüre ihm begegnende Motiv empfänglich machten.

Betrachten wir, was Wagner auf Fausts emphatische Worte erwidert, so zeigt sich die zweite Entgegnung V. 1099 fg. als der späteren Zeit angehörig. Denn das Motiv, dass das Pergament die höchste Wonne, ja die Seligkeit selbst spende, ist wieder eine jener Wiederholungen, die wir als Symptome der Wiederaufnahme der Arbeit kennen. Es stammt aus der ersten Unterredung Fausts mit Wagner (V. 566). Auch deutet die innige Wärme, mit der der Dichter den Stubengelehrten das Wohlgefühl des emsigen Forschens aussprechen lässt, auf die Mannesjahre Goethes. Die Verse lassen erkennen, dass der Dichter die Freuden eines hingegebenen Studiums, die er als Jüngling noch nicht kannte und darum bespöttelte, inzwischen reichlich empfunden hatte. Sie erinnern in dieser Beziehung an die herrlichen Worte Fausts,

> Ach, wenn in unsrer engen Zelle
> Die Lampe freundlich wieder brennt,
> Dann wird's in unserm Busen helle,
> Im Herzen, das sich selber kennt.

die wohl im April 1800 gedichtet sind (Urfaust [5], LXX).

Gehört so die zweite Entgegnung Wagners der dritten Phase an, so muss die erste im wesentlichen in die Zeit der Jugend fallen, wenn jene ihr gegenüber als Wiederholung erscheint. Da aber, wie wir wissen, die Expectoration Fausts, auf die sie jetzt folgt, der ersten Phase nicht angehört, so muss ihr eine andre vorangegangen sein. Ich vermuthe: es war die zweite (v. 1068 ff.). Sie leitete somit die Scene oder wenigstens das Gespräch Fausts mit Wagner ein. Sie muss daher unbedingt einen anderen Anfang gehabt haben als jetzt und die Thatsache, dass an dem heute vorliegenden Wortlaut der Verse, in denen die beiden Anreden mit Du erscheinen (1068 ff.), die spätere Redaction starken Antheil hat (S. 177), wird um vieles wahrscheinlicher.

Es bleibt noch ein kurzes Stück übrig, das wir in Bezug auf die Frage nach der Entstehung noch nicht ins Auge gefasst haben: die Verse 981—92. Ihre Form wie ihr Inhalt gestatten nicht, sie von den folgenden zu trennen, so dass wir an älteren Bestandtheilen nicht mehr gewinnen als ungefähr 1068—1099, worauf ungefähr 941 ff. folgten und aller Wahrscheinlichkeit nach als einziges Stück einer geplanten Ensemblescene das Lied vom Schäfer. Mehr war in keinem Falle von der Scene vorhanden, als Goethe im November 1775 in Weimar eintraf.

Diese Winzigkeit der Bruchstücke aber macht es begreiflich, dass nichts davon in den Urfaust gelangte. Als Goethe Frl. v. Göchhausen seinen Torso zur Abschrift überliess, entfernte er diese Fragmente, die nicht mehr als ein lückenhaftes Präludium der Scene, von ihrer Bedeutung und ihrem Wesen keine Vorstellung zu geben vermochten. Der Zustand des Manuscripts, das aus *ungehefteten Lagen* bestand (Ital. Reise, Br. v. 1. März 1788, vgl. auch an Schiller 5. Mai 1798), gestattete ohne Weiteres die Herausnahme der Blätter. Erst in der dritten Phase aber, aller Wahrscheinlichkeit nach im Februar 1801 — das lehren wohl unsere Ausführungen — dichtete er mit ihrer Benutzung die Scene »Vor dem Thor«.

III. MISCELLEN, CHRONIK, BIBLIOGRAPHIE.

1. MISCELLEN.

Einzelnes zu Goethes Leben und Werken.

1. Zwei Zeilen Faust.

In einer 1752 in Strassburg gedruckten Predigt: »Denkmahl welches dem Hoch-Seeligen Herrn Dr. Joh. Michael Lorentz, bey Erklärung des Evangelii Luc. VII. 11 et seq. den XVI. Sonntag nach Trinit. Anno 1752 Sein Nachfolger stifften wolte«, findet sich unter einer grösseren Anzahl von Versübersetzungen kurzer lateinischer Citate, die über die ganze Predigt zerstreut sind, S. 56 folgende Stelle: »Unterdessen tadelt ja auch keiner, wann er siehet und leset, wie das Sinnbild der Zeugung von denen Sternen bey ausnehmenden Gemüths-Gaben gebraucht wird, mit der Aussdrückung:

    Aethereo descendit ab ortu
    Es muss ein Geist von grossen Gaben
    Den Ursprung aus den Sternen haben«.

Dies Verschen erinnert unmittelbar an zwei Zeilen Faust, an die Worte Wagners:

    So muss der Mensch mit seinen grossen Gaben
    Doch künftig reinern, höhern Ursprung haben.

Einem Zufall kann eine derartige Uebereinstimmung wohl nicht ihr Dasein verdanken. So bleibt nur eine andere Erklärung: als Goethe 1770 bis 71 in Strassburg weilte, fiel ihm das Bändchen in die Hände. Seine frommgläubigen Stimmungen im Anfang dieser Zeit machen die Lektüre nicht unwahrscheinlich. Dabei nahm sein Gedächtniss, vermuthlich unbewusst, die zwei Verse auf, und gab sie, als er nach Jahrzehnten die Laboratoriumsscene im zweiten Theil Faust schrieb, wieder, unbewusst, woher sie stammten. Für Goethes dichterisches Schaffen ist der kleine Zug nicht unbezeichnend.

                                  ALEXANDER TILLE.

2. Zur Deutung der Epimenidesfigur.

M. Koch, in den Berichten des freien Deutschen Hochstiftes zu Frankfurt a. M. 1893, macht bei Gelegenheit der Kritik von Rabany, Kotzebue, sa vie et son temps etc., Paris 1893, in einer kurzen, dreizeiligen Notiz darauf aufmerksam, dass durch Kotzebues Bericht über seine Erlebnisse in Paris 1790 der Stoff von Flins Posse: le réveil d'Épimenide in Weimarschen Kreisen bekannt wurde. In der That, Kotzebues Schrift: »Meine Flucht nach Paris im Winter 1790 (herausg. z. B. von P. Cassel, 1883. Bibliothek Deutscher Kuriosa VI. und VII. Bd.) enthält eine ausführliche Analyse dieser Komödie, welche daselbst S. 103—111 zu lesen ist. Meist besteht sie in einer Uebersetzung. Kotzebue sah das Stück 24. Dez. 1790 als Nachspiel zum »Brutus«. Er fuhr, wie er sagt, mit Widerwillen hin und völlig befriedigt wieder hinweg. Am Schluss heisst es: »Ich halte das Stück in seiner Art für vortrefflich und wohlthätig für den Zeitpunkt, in welchem es erscheint. Das Gute der Revolution ist glänzend herausgehoben und das Böse ohne Schonung gerügt. Der lebhafte Beifall, mit welchem die Franzosen auch das letztere aufnehmen, ist ein Beweis, wieviel Gutes eine Bühne wirken kann, wenn sie ihr Amt gehörig verwaltet, das Amt eines Sittenpredigers«.

Es ist also wohl zweifellos, dass Goethe diesen Stoff ebenso wie die Hofgesellschaft zu Weimar kannte; ebenso sicher aber erscheint es, dass Grimms Correspondance als Quelle daneben herläuft, besonders für die weit spätere Zeit der Abfassung 1814.

Die Mühe des Vermuthens, Aufsuchens, Zusammenstellens scheint in diesem Fall auch in allgemeiner Beziehung lehrreich zu sein, wenn anders es nämlich wieder einmal gelungen sein sollte, einen jener verschütteten, oft gar nicht mehr erkennbaren Wege von Zufälligkeiten aufzudecken, auf denen unsre Dichter zu ihren literarischen Stoffen als solchen gelangten. Natürlich — das sei hinzugefügt — machte diese so gewordene Bekanntschaft Goethe noch bei weitem nicht zu dem Dichter desjenigen Epimenidesdramas, welches für ihn selbst, seine Zeit und Nation so eigenthümlich ist.

So hat die im G. J. XIV. ausgesprochene literargeschichtliche Vermuthung unerwartet eine neue Stütze gefunden; auch die dort gegebene, wenigstens neu begründete Deutung der Epimenidesfigur wird von einer Seite Anerkennung finden müssen, von der aus sie zunächst nur bestritten zu werden scheint. — Freilich hat man auch geredet,[1] es wäre eine Geschmacklosigkeit gewesen, wenn Goethe sich selbst zum Mittel-

---

[1] Blätter für liter. Unterh. 1893 Nr. 30; zustimmend dagegen Pniower in der Nation 1893 Nr. 43; jetzt auch O. Harnack, Anz. f. das Alterth. XXI, S. 124.

punkt eines Dramas gemacht hätte. Ja, in wie vielen Dichtungen, Dramen und Romanen hätte dann der Dichter nicht dieselbe Geschmacklosigkeit begangen! Ebensowenig darf man von einer Selbsterniedrigung sprechen, als wenn der Dichter mit einem »pater peccavi« öffentlich Abbitte gethan für seine Zurückhaltung vor und während der Befreiungskriege. Und hat man denn vergessen, dass Goethe selbst eigene, vergangene Lebensepochen in seinen Stücken noch ganz anders verurtheilt hat? Denkt man nicht daran, dass andere Dichter ihren Irrthum über grosse, geschichtliche Ereignisse, wie z. B. über die französische Revolution, wie Klopstock in seiner Ode: Mein Irrthum, öffentlich bekannten? — Und endlich wie missversteht man die edel und würdevoll gehaltene Rolle des kretischen Weihepriesters im Festspiel, wenn man nur den reuevollen Sünder in ihm erblickt! Ist er nicht immer, besonders aber am Schluss ein gewaltiger Prophet, freilich einer von den seltenen, wahren Propheten, die gelernt haben, um dann erst zu lehren, die aber dann von höheren, weiteren Gesichtskreisen aus Leben und Welt beschauend, Gegenwart und Zukunft ihrer Nation zu deuten berufen sind? »Schön ist's, dem Höchsten sich vertraun. Er lehrte mich das Gegenwärtige kennen; Nun aber soll mein Blick entbrennen, In fremde Zeiten auszuschaun« — spricht so ein armer Sünder? Wer Goethes Wesen in der Zeit nach Schillers Tod, in der Epoche seiner Vollendung nur einigermassen versteht, der wird in Versen wie: »Sie bewahrten dich im Stillen, dass du rein empfinden kannst« — den ganzen erhabenen Stolz eines sein Jahrhundert warm mit empfindenden, aber klar überschauenden Geistes erkennen.

Und doch kein Geringerer als Ottokar Lorenz spricht in seinem Buche (Goethes politische Lehrjahre 1893, vergl. P. Bailleu, Hist. Zeitschr. 73, 1.—) noch von dieser armen Sünderbank,[1] auf die man den Dichter habe setzen wollen. Merkwürdig, seine eigene Schrift, so wenig der Verfasser es Wort haben mag, gibt die richtige, entgegengesetzte Auffassung der Epimenidesrolle, wie sie auch im G.-J. XIV. ausgesprochen wurde. Natürlich muss man den Irrthum Goethes, den er dichtend sühnt, nicht in der allzu grossen Verehrung Napoleons erblicken wollen und nun fortfahren: »Hier hat Goethe seine Ansicht nie geändert, seine Hochachtung für den Kaiser blieb, kann er doch nicht gemeint haben, dass er früher geschlafen und 1815 erwacht sei«. Wahrhaftig, Napoleons[2] wegen ist das

---

[1] Das literargeschichtliche Resultat des Aufsatzes im G.-J. XIV. findet dagegen Anerkennung, vergl. S. 119.

[2] Was Goethes Meinung über Napoleon, die Siege der Verbündeten anbelangt, sollte man recht vorsichtig sein und nur *sehr gut* bezeugte Aeusserungen des Dichters für baare Münze nehmen, wie die Worte an Arndt von den »Ketten«, die O. Lorenz S. 124 treffend in Schutz

Stück *nicht* geschrieben, nicht seinetwegen hat Goethe zur Epimenidesmaske gegriffen; um der deutschen Nation willen, um derer willen, welche ihre Kraft verkannten, hat Goethe das Stück gedichtet. Und diese Auffassung theilt Ottokar Lorenz, sich selbst unbewusst, mit Allen, die sie für richtig halten; gibt er doch in ausführlicher Besprechung zweierlei zu: 1. dass Goethe an die Widerstandsfähigkeit der deutschen Nation den Franzosen gegenüber nicht glaubte (S. 101), 2. dass er sich von den Siegen der Verbündeten in Bezug auf Deutschlands Zukunft wenig versprach (S. 124 u. a.). Die erste Ansicht zu beichten, stellt der Dichter sich eben dem schlafenden Epimenides gleich, eine Gleichstellung, die Ottokar Lorenz S. 14 verspottet, aber sich selbst dabei verspottend; die zweite liess ihn die Rolle des warnenden Propheten im Stücke spielen, der die »Einigkeit« hervorführt, dessen patriotische Empfindung durch trüben Blick in die Zukunft massvoller gehalten ist, als die mancher jüngeren Zeitgenossen.

Ja, Ottokar Lorenz, als echter Historiker, weiss diesen Skepticismus Goethes aus der ganzen Stimmung der Zeit heraus vortrefflich zu beleuchten und zu erklären. Nach 1806, vor der Schlacht bei Leipzig, gab man sich in Deutschland fast allgemein solchen Gedanken hin, man söhnte sich aus mit den rheinbündlerischen Zuständen, man hielt ein Auflehnen gegen den Imperator für unmöglich. Aber auch in Preussen fühlten weite Schichten des Volkes bis in die höchsten Kreise hinauf nicht anders; auf eine Briefstelle Hardenbergs bei Beguelin S. 50 verweist Ottokar Lorenz selbst; noch bezeichnender aber erscheint mir, was in den Denkwürdigkeiten von Amalie v. Beguelin (her. v. A. Ernst 1892) S. 218 über den König Friedrich Wilhelm III. zu lesen steht, »der sich so ins Unglück eingewöhnt, dass er den Glauben ans Glück aufgegeben hatte und kaum mehr an die Möglichkeit des Wechsels und an den glücklichen Erfolg eines zu beginnenden Krieges dachte«. Diese Meinung über den König muss ziemlich so in der Luft gelegen haben; nun wird es auch klar, wie Iffland in seinem Briefe an Goethe vom 2. Juni 1814 schreiben konnte, in der Person des Epimenides hätte er selbst beim Lesen nebst andern Berlinern anfänglich eine Anspielung auf den König gesucht; freilich ahnte er dabei nicht, wie Friedrich Wilhelm III. und der Dichter hier fast dieselbe Rolle spielten und den gleichen

---

nimmt, oder ipsissima verba in Briefen. Deshalb haben für mich die auf eben derselben Seite von Lorenz angeführten Stellen aus Biedermanns Gesprächen stets sehr wenig Gewicht gehabt, sie stammen erst aus den Berichten von allerhand Personen her, auf die man sich nicht verlassen kann. Auch sonst ist in dem Buche Manches berücksichtigt, das solcher Berücksichtigung nicht werth ist, z. B. Stellen aus Falks Buch S. 102 ff.

Pessimismus wie unzählige Andere hegten, selbstverständlich, dass der Fürst, der, nach Ifflands Worten, bei Anlass des Krieges »so ausdauernd und persönlich unternehmend« sich zeigte, nur mehr zeitweise in Epimenidesstimmung sich befand. Wie dem auch sein mag, sehr gering war die Anzahl derer, die gleich Stein, Scharnhorst, Gneisenau und ihren Genossen dachten und uns wirklich gerettet haben.

Auch dieses den Boyen'schen Erinnerungen entsprechende Ergebniss der Schrift von Ottokar Lorenz ist zum Verständniss des Goethischen Stückes nicht unwichtig. Das letztere erhält nun von einer andern Seite helles, neues Licht. Goethes Festspiel wächst weit hinaus über eine Art von persönlicher Confession. Der Epimenides in demselben ist der *Typus*, freilich nicht jener kleinmüthig Verzagten in dieser Zeit, sondern jener stolz Resignirten,[1] die, sich auf sich selbst vornehm zurückziehend und die nationale Kraft missachtend, reichlich im deutschen Vaterlande von Frankfurt a. M. bis Memel vorhanden waren und erst nach der Leipziger Schlacht aufgerüttelt wurden; auch im Epimenides offenbart sich also das, was uns Goethes Dichtungen werth macht: mögen sie aus des Dichters innerstem Herzensdrange heraus geschrieben sein, immer hängen sie mit dem Leben seiner Nation zusammen und gewähren ein Abbild seiner geistigen Strömungen.

Ob wohl nun gewisse Leute aufhören werden, bei der Lektüre von Goethes Biographie sich wie »talentvolle Primaner zu gebärden und den Wunsch zu hegen, der Dichter des »Götz« hätte auch müssen geharnischte Sonette dichten?«

So möge denn Goethes »Des Epimenides Erwachen« nach diesem Buche von Ottokar Lorenz immer richtiger im deutschen Vaterlande gewürdigt werden, vor allem aber möge jener herrliche Schlusschor wieder einmal von deutscher Männer Lippen erklingen. Ein günstiges Omen ist in einem gediegenen Aufsatz von H. C. Kellner (Leipziger Zeitung, Wissenschaftliche Beilage Nr. 125 von 1894, am Tage der Leipziger Schlacht) zu erblicken, welcher, von echt patriotischen Gefühlen eingegeben, dem Gedanken Worte verleiht, es möchte jener Chor: »So rissen wir uns ringsherum Von fremden Banden los", der auf Anregung von Frau Cosima Wagner von Felix Mottl componirt ist, das für uns werden, was selbst durch die grosse Zeit von 1870/71 uns noch nicht gebracht ist: ein *deutscher* Nationalhymnus.

H. MORSCH.

---

[1] Wie Ottokar Lorenz, nachdem er die Stimmung der Zeit selbst so geschildert, Goethes »Resignation« bestreiten kann (S. 128), ist gegenüber der Tagebuchnotiz v. 18. Nov. 1806 mir unklar.

3. *Ergo bibamus.*

Es ist bekannt, dass Goethe 1810 zu Jena in behaglicher Rückerinnerung an Basedow, den »starken Trinker«, sein Ergo bibamus dichtete und es von dort aus an Zelter nach Berlin für die von diesem begründete Liedertafel schickte. Den ersten Druck bieten daher die »Gesänge der Liedertafel« vom Jahre 1811, Seite 106 und 107, und nach demselben sind in der Hempelschen, Loeperschen und Weimarer Ausgabe die meisten Abweichungen von dem seit 1815 in Goethes Werke eingeführten Texte notirt. Auf Grund der Acten der Liedertafel, deren Einsicht mir Herr Professor Blumner gewährte, lässt sich jedoch unsre Kenntniss berichtigen und erweitern.

Man weiss aus einem Briefe Zelters (1, 396), mit welchem Enthusiasmus das Lied von ihm und seinen Freunden aufgenommen wurde. Nach dem knappen Protokoll der Liedertafel vom 3. April 1810 »erfreute der Meister (d. i. Zelter) die Gesellschaft durch Vorlesung eines neuen von Goethe für die Liedertafel eingesandten Liedes mit dem Motto Ergo bibamus«, und dann am 1. Mai »erfreute der Meister die Mitglieder durch die Composition des Goethischen: Ergo bibamus«. Goethes eigenhändiges Manuscript wurde zu den Acten genommen, in denen es heute noch erhalten ist: ein Quartblatt, mit prächtigen lateinischen Zügen beschrieben, auf jeder Seite zwei Strophen. Es ist die einzige Handschrift des Gedichtes, die hier aus den Acten der Liedertafel hervortaucht, und darnach lautet es in getreuer Wiedergabe:

Ergo Bibamus

Ein Spätling zum 10. März.

Hier sind wir versammelt zu löblichem Thun,
    Drum Brüderchen Ergo Bibamus!
Die Gläser sie klingen, Gespräche sie ruhn,
    Beherziget Ergo Bibamus!
Das heist noch ein altes ein tüchtiges Wort,
Es passet zum ersten und passet so fort,
Und schallet ein Echo vom festlichen Ort,
    Ein herrliches Ergo Bibamus.

Ich hatte mein freundliches Liebchen gesehn,
    Da dacht' ich mir Ergo Bibamus.
Und nahte mich traulich, da lies sie mich stehn,
    Ich half mir und dachte Bibamus.
Und wenn sie versöhnet Euch herzet und küsst,
Und wenn ihr das Herzen und Küssen vermisst,
So bleibet nur, bis ihr was besseres wisst,
    Beym tröstlichen Ergo Bibamus.

Mich ruft das Geschick von den Freunden hinweg
    Ihr Redlichen Ergo Bibamus.
Ich scheide von hinnen mit leichtem Gepäck,
    Drum doppeltes Ergo Bibamus.
Vnd was auch der Filz von dem Leibe sich schmorgt
So bleibt für den Heitren doch immer gesorgt
Weil immer dem Frohen der Frölige borgt.
    Nun Brüderchen Ergo Bibamus.

Was sollen wir sagen zum heutigen Tag?
    Ich dächte nur Ergo Bibamus.
Es ist nun einmal von besonderem Schlag,
    Drum immer aufs neue Bibamus.
Er führet die Freude durchs offene Thor,
Es glänzen die Wolcken, es theilt sich der Flor,
Da leuchtet ein Bildchen ein göttliches vor
    Wir klingen und singen Bibamus.

Vergleicht man den Text der Handschrift mit dem des ersten Druckes vom Jahre 1811, so muss die Sorglosigkeit überraschen, mit der damals verfahren worden ist. Schon die handschriftliche Vorlage für den Druck der »Gesänge«, jetzt der königl. Bibliothek gehörig, weist die Fehler auf. Abgesehen von der Orthographie und Interpunktion, sind einzelne Zeilen des Gedichtes, wie 2³, 3⁷ und 4⁸, in unzulässiger Weise entstellt. Diese Art der Varianten fällt also künftig als nichtgoethisch fort, und es verbleiben nur 2³ »traulich« (statt »freundlich«), 3¹ »mein« (statt »das«), 3⁶ »Heitren« (statt »Heitern«), 3⁸ »nun« (statt »drum«), 4⁷ »leuchtet . . vor« (statt »scheint uns . . vor«). Bedeutungsvoll sind darunter »traulich« und »leuchtet . . . vor.« Denn »traulich« kann von Goethe erst in nachträglicher Besserung als wechselnder Ausdruck für das kurz vorher gebrauchte »freundlich« gewählt sein, ebenso wie das sprachlich und rhythmisch gefälligere »leuchtet . . vor« als nachträgliche Besserung des Ursprünglichen anerkannt werden muss. So tritt uns aus dem der Liedertafel gehörigen Manuscript eine in Goethes Sinne vollkommenere Gestalt des Gedichtes entgegen, als diejenige ist, welche als die massgebende in seinen Werken geführt wird. Man darf annehmen, dass für den Druck der Ausgabe von 1815 die seiner Zeit zurückbehaltene conceptartige Niederschrift Goethes benutzt wurde.

Von dem höchsten Interesse ist aber doch der von dem Manuscript allein gebotene Zusatz Goethes zur Ueberschrift. Um ihn zu verstehen, muss man sich vergegenwärtigen, dass Zelter, als er Goethe für die im Februar 1810 erhaltene »Rechenschaft« dankte, die Worte hinzufügte (1, 387): »Das nächste Mal, den 10. März, auf den Geburtstag der Königin, soll es aufgeführt werden«. Goethe konnte sich nicht verhehlen, dass

die »Rechenschaft« in keiner inneren Beziehung zu dem
Königlichen Geburtstag stehe, und um so mehr scheint er
den Wunsch gehegt zu haben, die Festesstimmung durch ein
eigens für diesen Tag gedichtetes Lied zu erhöhen. Aber es
stellte sich ihm zur rechten Zeit nichts Passendes ein, bis er
dann plötzlich am 26. März (Tagebuch 4, 105), kurz nach einem
vorausgegangenen Briefe an Zelter, abermals sein bekanntes
blaues Couvert nach Berlin laufen liess. Darin befand sich
als »ein Spätling zum 10. März« sein Ergo bibamus.

Die Beziehung auf die Königin Luise ist also sicher. In
früheren Jahren hatte Goethe wohl die Empfindung gehabt,
die Königin sei ihm nicht gnädig gesinnt. Aber dann war
er tief ergriffen worden, als er erfuhr, dass die Königin zur
Zeit des nationalen Unglücks in seinem Wilhelm Meister Trost
gesucht und gefunden habe, und er hat sie später als »eine
der ersten Frauen ihrer Zeit« gerühmt. Dass aber eines seiner
gesungensten Gedichte eine Apotheose der Königin enthalte,
war uns nicht bekannt. Der »heutige Tag .. von besonderem
Schlag« ist also der Geburtstag der Königin Luise, der den
Flor des gewöhnlichen Lebens zertheilend in eine höhere
Schicht des Daseins erhebe, wo die Wolken glänzen und ein
göttliches Bildchen den Blicken vorleuchtet — das Bild der
Königin Luise. So aufgefasst, erhält erst Goethes Lied seinen
vollen, königlichen Abschluss.

In den »Gesängen der Liedertafel« blieb freilich der entscheidende Zusatz Goethes nicht ohne Absicht fort. Als die
Liedertafel sich anschickte, ihre Gesänge drucken zu lassen,
war kaum ein Jahr seit dem Tode der Königin vergangen.
Mit ernster Trauer ehrten die preussischen Patrioten das Andenken ihrer verklärten Königin. Mit dieser Stimmung liess
sich jetzt die frohe Laune des Gedichtes nicht vereinigen, die,
als die Königin noch lebte, an ihrem Platze war. Man ordnete
es daher auch nicht den »Gesängen zur Huldigung des Zehnten
März 1810« zu, die — neun an der Zahl — eine besondere
Gruppe bilden, sondern reihte es unter die Trink- und Wein-
lieder ein; und so ist es hinfort allgemein als ein Lied
der Freude, losgelöst von seiner ursprünglichen Bestimmung,
empfunden und gesungen worden.

REINHOLD STEIG.

4. Zu der zahmen Xenie »Bürgerpflicht«.

(Weimarer Ausg. I, Bd. 5, S. 153.)

Dieses aus dem Nachlass gehobene Gedichtchen, das nach
seinem Neudruck in der W. A. sofort in den verschiedensten
Tagesblättern als etwas ganz Neues abgedruckt wurde, obgleich es schon längst bekannt war, ist übrigens nur die

poetische Gestaltung eines schon lange in Prosa vorgelegenen Goethischen Gedankens.

Vgl. »Dichtung und Wahrheit« (Weimarer Ausgabe I, Bd. 28, S. 141, Z. 17—20).

»Weil aber im Frieden der Patriotismus eigentlich nur darin besteht, *dass jeder vor seiner Thüre kehre,* seines Amtes warte, *auch seine Lection lerne, damit es wohl im Hause stehe«* etc.

J. HERZFELDER.

---

5. Zu »Alles in der Welt lässt sich ertragen, Nur nicht eine Reihe von schönen Tagen«.

Im Goethe-Jahrbuch XV, 268 fg. hat E. O. von Lippmann hierzu aus Luther eine Stelle beigebracht.

Ob nun aber Goethe gerade in diesem Falle die Luthersche Fassung des oft variirten Themas vorschwebte, ist sehr fraglich. Denn wir begegnen doch dem Spruch auch anderwärts zu oft. Bei Wilh. Körte, Die Sprichwörter und sprichwörtlichen Redensarten der Deutschen, 2. Aufl., S. 434 z. B. folgenden Nummern: 7288. »Es müssen starke Beine sein, die gute Tage tragen« (ähnlich bei Ovid und im Italienischen); 7289. »Es mag nicht sein ein dummer Mann, der gute Tage vertragen kann« (vgl. Aristoteles, Politik VII, 15): 7290. »Gute Tage nehmen das Herz hin« (französisch: Bon temps et bonne vie Père et mère oublie); zu 7291 »Gute Tage kosten Geld« citirt Körte ohne Verfasserangabe die Goethischen Verse. Ein vielgelesener Parömiolog des 17. Jahrhunderts, J. G. Seybold, bietet in seinen »Selectiora Adagia Latino-Germanica«, Ausg. v. 1669 S. 46 als Verdeutschung von »Bis miserum est fuisse fuisse felicem«: »Nach guten Tagen lässt es sich der bösen übel gewohnen«; S. 368 für »Ubi uber, ibi tuber«: »Bey guten Tagen und dem Wein, da pflegt das Zipperlein zu seyn«. So liessen sich aus den verschiedensten Sprichwörtersammlungen Seitenstücke mit mehr oder weniger nahestehendem Wortlaute beibringen. Einiges liefert aber Goethe selbst. Man vergleiche da nur, was F. Jonas im Goethe-Jahrbuch XII, 260 zum 23. der »Sprüche in Prosa« (»Für das grösste Uebel unserer Zeit, die nichts reif werden lässt, muss ich halten, dass man im nächsten Augenblick den vorhergehenden verspeist, den Tag im Tage verthut u. s. w.«) zusammengestellt hat. Am engsten deckt sich Nr. 72 der im G.-J. XV abgedruckten Gedankenspäne, wo S. 14 steht: »Gut Tag zu tragen müssen starcke Beine seyn«, von Suphan durch »Sprichwörtlich« Nr. 56 und Joh. Agricola's Sammlung von 1529, I, 35 erläutert. Es kann uns genügen, dass Goethe bei der Pflege

seiner hervorragenden Anlagen zur gnomischen Poesie den
älteren Leistungen unserer Sprichwörtersammler und Spruch-
dichter liebevolle Aufmerksamkeit zugewandt hat, die öfters
eine, meist überaus geschickte Anleihe im Gefolge hatte.

LUDWIG FRÄNKEL.

6. Zur »inneren Form«.

Unerwartet traf ich einen sehr frühen Gebrauch dieses
merkwürdigen Ausdrucks bei einem englischen Autor. *Sir
Thomas Browne*, wegen der Höhe seiner ethischen Anschauungen
und der Schönheit seines Stils in England mit Recht gefeiert,
ausserhalb seines Vaterlandes kaum bekannt, lebte von 1605
bis 1682. Er ist einer jener Denker, die vielfach die Ergebnisse späterer Zeiten voraus nehmen; so in seiner Skepsis
über den Werth der Culturfortschritte und Erfindungen (S. 41,
ich citire nach der hübschen Auswahl von J. A. Symonds,
London 1886 in der »Camelot Series«), wenn er auch wieder
spöttisch bemerkt: »Einige haben behauptet, dass Schnee
schwarz ist, dass die Erde sich bewegt« (S. 108). Selbst im
Ausdruck trifft er oft mit berühmten Worten neuerer Zeit
merkwürdig zusammen, wenn er z. B. (S. 162) von der »langen
Gewohnheit des Lebens« spricht wie Egmont von der »schönen
freundlichen Gewohnheit des Daseins« (the long habit of
living indisposeth us for dying«) oder den von Helmholtz
glänzend durchgeführten Vergleich des Lebens mit der Flamme
(»Nord und Süd«, Juli 1885, S. 32) gebraucht (»Life is a pure
flame« S. 168). Ob Sir Thomas dem jungen Goethe bekannt
war, weiss ich nicht; möglich wäre es schon: sein Interesse
an der Physiognomik (z. B. S. 229) könnte Lavater veranlasst
haben, von ihm Kenntniss zu nehmen, und Brownes Ausführungen über die überirdische Optik (S. 73) könnten dann
auf die »Aussichten in die Ewigkeit« (Teil II, S. 87 ff.) eingewirkt haben. Lavater und die Physiognomik aber haben
ja unzweifelhaft mitgearbeitet, als in Goethes geistiger Werk-
statt jener Begriff der »inneren Form« entstand. Wenn nun
also doch folgender Passus in dem jungen Physiognomisten
weiter gewirkt hätte: »I told moreover, that there is a phyto-
gnomy, or physiognomy, not only of men, but of plants and
vegetables; and in every one of them some *outward figures*
which hang as signs or bushes of their *inward forms*« (S. 86)?
Diese Denkweise, das Aeussere lediglich als Symbol des Innern
aufzufassen, war ja auch Goethen völlig gemäss: »Nichts ist
drinnen, nichts ist draussen, denn was innen, das ist aussen«
(»Epirrhema«; Parallelstellen s. Goethes Gedichte m. Einl. u.
Anm. v. G. v. Loeper 2, 541). Bei einer soweit gehenden Ver-

wandtschaft der Anschauungen darf schliesslich auch darauf aufmerksam gemacht werden, dass Browne die grosse Idee der Stufenleiter der Geschöpfe bereits in mystischer Vorzeichnung besitzt: »First we are a rude mass, and only in the rank of creatures which only are, and have a dull kind of being, not yet privileged with life or preferred to sense or reason; next we live the life of plants, the life of animals, and at last the life of spirits: running on, in one mysterious nature, those five kinds of existences, which comprehend the creatures, not only of the world, but of the universe« (S. 53). Im Keim liegen hier jene beiden Ideen der Descendenzlehre: dass alle Geschöpfe sich zu einer gesetzmässigen Reihenfolge ordnen, und dass jeder Einzelne diese Stufenfolge durchlebt. So schrieb Frau v. Stein wohl unter Goethes Einfluss an Knebel: »Herders neue Schrift macht wahrscheinlich, dass wir erst Pflanzen und Thiere waren« (vgl. Kalischer in Hempels Goethe-Ausgabe, B. 33, S. LXIV fg.). Aber hier ist ein directer Zusammenhang zwischen Sir Thomas Browne und Goethe gewiss abzustreiten: nur aus verwandten Grundgedanken keimten ähnliche Folgerungen auf. Ob aber für die »innere Form« nicht ein wirklicher Einfluss des englischen Weltweisen (denn das ist er im höchsten Sinne) auf den jungen Dichter denkbar ist, das scheint mir doch der Erwägung werth.

RICHARD M. MEYER.

7. »Das Blenden der Erscheinung«.
Faust V. 1239.

Düntzer commentirt „der Reiz der Sinnenwelt". Das trifft wohl zu, erschöpft aber nicht. Das »blenden« muss ganz wörtlich genommen werden. Die sterblichen Augen vertragen den Glanz der Erscheinungen nicht. Diese Idee beherrscht besonders den alten Goethe; aber der Verfluchungsscene müssen wir doch schon dieselbe Auffassung zuschreiben, die später so stark und deutlich hervortritt. Zwei Stellen im zweiten Theil des »Faust« sind für das Verständniss der ersten entscheidend:

> Hinaufgeschaut! — Der Berge Gipfelriesen
> Verkünden schon die feierlichste Stunde,
> Sie dürfen früh des ewigen Lichts geniessen,
> Das später sich zu uns hernieder wendet.
> Jetzt zu der Alpe grün gesenkten Wiesen
> Wird neuer Glanz und Deutlichkeit gespendet,
> Und stufenweis herab ist es gelungen; —
> Sie tritt hervor! — und leider schon geblendet,
> Kehr ich mich weg, vom Augenschmerz durchdrungen.

(Weim. Ausg., V. 4695—4703). Die zunächst ganz wörtlich gemeinten Ausdrücke werden dann sofort bildlich ausgelegt. Und blendend, wie die göttliche, ist die irdische Schönheit:

> Aug' und Brust ihr zugewendet
> Sog ich an den milden Glanz,
> Diese Schönheit wie sie blendet
> Blendete mich Armen ganz. (V. 9238—41.)

Es bleibt da kein Mittel, als die Augen vor dem Glanze zu verschliessen:

> So dass wir wieder nach der Erde blicken,
> Zu bergen uns in jugendlichstem Schleier. (V. 4713—14.)

Wir schliessen die Augen, wie schon der Sänger es »im Saal voll Pracht und Herrlichkeit« thut; ja wir vereinigen beides, die Beugung zur Erde und das Verschliessen der Augen: so betet der Doctor Marianus »von dem Glanz der Mater gloriosa geblendet« auf dem Angesicht an, so gebietet ein wunderbares Resultat der Forschung, »vor dem geheimnissvollen Urgrunde aller Dinge uns anbetend niederzuwerfen« (Hempel 33, 165). Suchen wir das Göttliche in seinen Offenbarungen zu erschauen, so sind unsere schwachen Augen geblendet; »wir schauen es nur im Abglanz, im Beispiel, Symbol, in einzelnen und verwandten Erscheinungen« (Versuch einer Witterungslehre, Hempel 34, 42); am farbigem Abglanz haben wir das Leben.

RICHARD M. MEYER.

---

8. *Historische Notiz über Aphasie.*[1]

Der Symptomcomplex der Aphasie ist, wie Trousseau angiebt, zuerst 1820 von Lordat aufgestellt worden. Bouillaud verdanken wir neben der schärferen Formulirung des Begriffs die ersten Hinweise auf eine anatomische Begründung durch eine Erkrankung der Vorderlappen des Grosshirns 1825. Zuvor könnte es scheinen, habe man die Aphasie in ihrer jetzigen Bedeutung als Unfähigkeit das Wort geistig zu erzeugen, während die Organe der Articulation unbehindert functioniren, nicht gekannt. Da ist es denn von Interesse zu wissen, dass ein Autor schon im vorigen Jahrhundert mit feinem Gefühl für diese bedeutsame Differenz einen Fall von Aphasie mit rechtsseitiger Lähmung ganz nebenher und doch mit vollster Deutlichkeit beschrieben hat. Dieser Autor ist kein geringerer als Goethe.

---

[1] Aus der Berl. klin. Wochenschr. 1875 Nr. 23 abgedruckt. Die Notiz dürfte Goethefreunden, denen sie in jener Fachzeitschrift entgangen ist, willkommen sein.

Im 6. Capitel des 1797 erschienenen 7. Buches von Wilhelm Meisters Lehrjahre findet sich die merkwürdige Stelle (Hempel 17, 423), welche lautet: »Aber leider dauerte dieser frohe Zustand nicht lange; ganz unvermuthet ward mein Vater von einem Schlagflusse befallen, der ihm die rechte Seite lähmte und den reinen Gebrauch der Sprache benahm. Man musste alles errathen, was er verlangte, denn er brachte nie das Wort hervor, das er im Sinne hatte. Sehr ängstlich waren mir daher manche Augenblicke, in denen er mit mir ausdrücklich allein sein wollte; er deutete mit heftiger Geberde, dass Jedermann sich entfernen sollte, und wenn wir uns allein sahen, war er nicht im Stande, das rechte Wort hervorzubringen«.

Kürzer erwähnt jedoch schon vorher van Swieten die Aphasie ebenso unverkennbar. Commentaria in Boerhav. aphorismos. Edit. secund. 1755, Abschnitt Apoplexie, §. 1018. Auffallend ist, dass er der dabei so gewöhnlichen rechtsseitigen Hemiplegie, nicht wie Goethe, gedenkt, umsomehr als er wenige Zeilen hinterher von Malpighi erzählt, dass dieser durch einen Schlagfluss nach zurückgegangener rechtsseitiger Lähmung doch »magnam in memoria et ratiocinio laesionem habuit et quavis minima de causa lacrymabatur«.

M. JASTROWITZ.

9. Ein Beitrag zur Familiengeschichte des Geschlechts Goethe.

Der Umstand, dass man den am 28. September 1686 zu Artern verstorbenen Hans Goethe, bis zu welchem der Stammbaum unseres Dichters sich zurückführen lässt, als einen Grosssohn des 1619 zu Stolberg verstorbenen Superintendenten Mathaeus Gothus bezeichnet hat, veranlasste mich, u. a. auch in Stolberg nach dieser Richtung Nachforschungen anzustellen, die Dank dem freundlichen Entgegenkommen Sr. Durchlaucht des Prinzen Albrecht Ilgen zu Stolberg das folgende Resultat ergeben haben.[1]

Der Name derselben Familienglieder variirt in denselben Urkunden als: Kothe, Götze, Gotte, Gothe (latinisirt Gothus, Gothinus), Gothse, Göthe. Dr. Johann Kothe war 1448 zu Stolberg Pfarrer, der Vorgänger des vielbekannten Dr. Ulrich Rispach. Kersten Kothe wird bei einem Zinsverkauf im Jahre 1456 als Mitglied des Rathes (Weinmeister) aufgeführt; Der-

---

[1] Quellen: 1. Die Urkunde der Kirche St. Martini zu Stolberg. 2. Die Stolberger Rathsrechnungsbücher von 1590—1700. 3. Die Stolberger Kirchenbücher von 1645—1701. 4. Die Kirchenbücher von Uftrungen. 5. Ein Stolberger Rathshandelsbuch von 1672—1675. 6. Eine Leichenpredigt beim Begräbniss des sel. Matth. Gothus sen., verfasst von seinem Diakonus Mag. Matthaeus Cocus. 7. *Zeitfuchs*, Stolberger Kirchen- und Stadt-Historie.

selbe ist Bürger(Raths)meister im Jahre 1465 (Urkunde vom
1. Mai 1465). Sebastian Kothe verkauft am 11. Mai 1508
mit seiner Ehefrau einen Zins von ihrem Hause und Hofe in
der Hintergasse. Ob diese Familie und wie lange sie in Stolberg
weiter gelebt hat, lässt sich nicht nachweisen. Der Name
Kothe kommt in den späteren Urkunden nicht mehr vor, dagegen sind Ende des 17. Jahrhunderts Hintersassen z. B. mit
Namen Andreas Göthe (1676) vorhanden; auch 1691 im
Kirchenbuch erwähnt, deren Abstammung sich nicht nachweisen lässt. Möglicherweise sind sie Nachkommen der vor-
erwähnten Kothes gewesen. Ueberhaupt ist, einen Zusammenhang dieser Familie mit der des Dichterfürsten herzustellen,
noch nicht versucht worden.

Wir kommen aber nun zu dem bereits erwähnten ehe-
maligen Superintendenten Matthaeus Gothus (Gothinus), den
man als einen Ahnen Goethes bezeichnet hat. In der Funeralien-
sammlung der Fürstlichen Bibliothek zu Stolberg ist vorhanden:
»Christliche Leichpredigt bei der Sepultur des weil. Ehrwürdigen,
Achtbaren und Wohlgelahrten Herrn Matthaei Gothi, Senioris,
Gräfl. Stolbergischen Hof- und Stadtpredigers und deroselben
Grafschaft und Herrschaft wohlverdienten Inspectoris (gest. 30.
Decbr. 1619, beerdigt in der St.-Martini Kirche 2. Jan. 1620)
durch M. Andream Cocum, Diaconum daselbst. Gedruckt zu
Leipzig 1620.« Aus dieser natürlich sehr sicheren Quelle hat
der Chronist Zeitfuchs offenbar geschöpft, was er bei Erwäh-
nung des Mag. Gothus sen. anführt. Dies ist wörtlich Folgendes:
»Derselbe ist in der Nachbarschaft zu Ellrich in der Grafschaft Honstein von unbescholtenen, ehrlichen Eltern in diese
Welt erzeuget und geboren worden im Jahre Christi unseres
Erlösers Geburt 1548. Sein lieber Grossvater seliger hat
Philipp Götze geheissen, zu Heustrau, einem Dorfe in Franken,
unter dem Bisthumb Würtzburg. Derselbe ist dessen Orts ein
geehrter und nützlicher Mann gewesen — und ist 114 Jahre
alt geworden. Dieser Philippus Götze hat unter seinen Kindern
3 Söhne hinterlassen, welche sich heraus an den Hartz be-
gaben: 1. Bernhart Götze, Bürger und Rathsherr zu Ellrich;
2. Lorentz Götze, Einwohner zu Ilfeld; 3. Michael Götze,
auch Bürger und Rathsverwandter zu Ellrich. Dieser Michael
Götze ist nun unseres sel. Herrn Matthaei Gothi Senioris
Vater gewesen. Die Mutter hat geheissen Katharina Winiken
ehrlichen Geschlechts. Diese zwei Eheleute haben 9 Kinder
erzeuget und ist wohlermeldeter Philippus Götze anno 1563
am heil. Ostertage selig im Herrn entschlafen. Im Jahre 1569
kam der auf der Klosterschule Ilfeld unter dem berühmten
Mag. Michael Neander vorgebildete Scholar auf Empfehlung
desselben als Hofpräzeptor nach Stolberg zur Unterweisung
der jungen Grafen Botho Ludwig, Georg und Christophorus —

verheiratete sich anno 1573 mit der ehr- und tugendsamen Barbara, damals Jungfrawen, des achtbaren und wohlgeachteten Hansen Glintzen seligen von Stralsonde auss Pommern, Gräflichen Stolbergischen Müntzmeisters allhier hinterlassenen ehelichen Tochter.» Aus der Ehe entstammten folgende Kinder:

1. Michael Gothus, Rector in Stolberg, dann Pfarrer in Hayn, Harz. Hinterliess bei seinem frühzeitigen Tode einen Sohn Christian.

2. Mag. Matthaeus Gothus secund., Rector in Stolberg von 1604—1614, dann Diakonus.

3. Mag. Nicolaus Gothus, Rector in Stolberg, dann Pastor in Uftrungen von 1626—69. Nach seiner Emeritirung zog er zurück in seine Vaterstadt und ist im Jahre 1672 am 3. November »in seines Herrn Vaters Grab in der Kirche St. Martini gelegt worden«.

4. Valentinus Gothus, versah beim Tode des Vaters den Dienst als Kornschreiber und Organist zu Harpke in Sachsen bei dem Edelen, gestrengen und Ehrnvesten Junkern von Veltheim.

5. Heinrich Gothus hat als ein kunstreicher Mahler das Organisten-Ambt zu Denstad in Thüringen verwaltet.

Es scheint, als ob der Einzug eines zu den höchsten geistlichen Würden in Stolberg berufenen Mannes, wie Mag. Matth. Gothus war, auch andere Glieder seiner Sippe veranlasst hätte, sich in Stolberg anzusiedeln. In den Jahren 1590—1610 wurden als Besitzer eines Hauses (Apotheke) in der eigentlichen Stadt Stolberg (Markt) Christian Gönte (Götte) und nach seinem Tode dessen Wittwe Ursula in den Rathsrechnungen aufgeführt. Dass dieselben in einem Familienzusammenhange mit den obengenannten Götzes gestanden haben, geht offenbar daraus hervor, dass der unter 4 genannte Sohn des Mag. Gothus sen. — Valentinus als Besitzer des Hauses vom Jahre 1625 ab genannt wird. Derselbe, Notarius publicus Caesareus, war zweimal Bürgermeister von Stolberg, das letztemal in seinem Todesjahre 1688.

Von den vorgenannten Kindern des Mag. Matthaeus Gothus lässt sich die weitere Nachkommenschaft nur noch nachweisen in Bezug auf die Familie des ad 3 genannten Nicolaus Gothus. Derselbe hat sich schon auf seiner Stelle in Stolberg verheirathet. In Uftrungen wurden ihm folgende Kinder geboren:

    a) Anna Martha, geb. 4. Septbr. 1632, starb 1639,
    b) Joh. Georg, geb. 26. April 1635; weiteres steht im Kirchenbuche nicht,
    c) und d) Zwillingssöhne, alsbald wieder verstorben.

Derselbe scheint sich zum zweiten Male mit Maria Vronicken (?) verheirathet zu haben. Es werden wenigstens nach dem Tode

des Vaters in Stolberg 3 Kinder genannt, die als in Stolberg geboren nicht im Kirchenregister von Uftrungen eingetragen sind:
- a) eine Tochter Anna Dorothea, verehel. Hoffmann, später verehel. Görlitz in Rottleberode (wahrscheinlich aus der ersten Ehe der Mutter),
- b) Heinrich Gothus, verheirathet 1648 mit Jungfer Anna Dienemann,
- c) Nicolaus Gothus, verheirathet 1664 mit Anna Margarete Hoffmann, Landwirth in Rottleberode, starb in Uftrungen am 30. Oktbr. 1689 gleichzeitig mit seinem ältesten Sohn Martin, der zu Stolberg bei seinen Grosseltern lebte. —

Hierzu seien noch folgende Kirchenbuchsnotizen aus Stolberg, für welche zur Zeit keine Erklärung zu finden, hinzugefügt:

1660 am 17. October ist Frau Elisabeth Gothus begraben und ihr die Martinsglocken geläutet worden (zum Zeichen, dass es sich um eine hochgeachtete Person handelte).

1675 am 21. April ist Frau Maria Gothus begraben worden und ihr die Martinsglocken geläutet.

1676 am 21. Juni ist Andreas Göthe eine Dochter gedauft, der Nahm Angel Maria (dass es sich auch hier um eine Verwandtschaft mit Matthaeus Gothe handelt, möchte aus der Namengebung hervorgehen, da eine der Töchter des Genannten Angelia hiess).

1680 am 26. Februar ist Sibilla Gothes begraben worden.

1687 ist Hans Göthen ein Sohn getauft Johann Heinrich.

1691 ist Hanss Andreas Gothen ein Sohn getauft Johann Matheus.

1692 ist Hans Gothen ein Kind begraben.

1696 ist Hans Gothen eine Dochter gedauft Dorothea Christina.

1700 ist Nicolaus Gothus mit Margarete Hepach copuliert.

Die Nachkommenschaft des Hans Gothe hat in Stolberg noch längere Zeit existirt. Johann Christoph Gothe wird in einem kirchlichen Lebenslauf als Bürger und Zimmermann und als Sohn des 1687 geborenen Meister Johann Heinrich Gothe — ebenfalls Bürgers und Zimmermanns genannt. Ebenso ist in dem kirchlichen Lebenslauf der Frau Anna Magdalena, verehel. Gothin, deren Ehemann als Meister Emanuel Gothe, Bürger, Lein- und Zeugweber, ohne Anführung der Vorfahren des Letzteren erwähnt († 1737).

Das ist's, was sich aus den vorhandenen Urkunden über die Familien, die einen ähnlichen Namen wie Goethe in Stolberg geführt haben, nachweisen lässt — man wird an der Hand solchen Materials leider zugeben müssen, dass hier von einem Zusammenhang der Familie unseres Dichters mit den Gothen und Goethen in Stolberg zur Zeit wenigstens nicht gut die Rede sein kann. Ich gedenke daher nach dieser Richtung zunächst keine weiteren Nachforschungen anzustellen, hoffe vielmehr, dass es eher gelingen dürfte, in Schwarzburg-Sondershausen das Gewünschte zu ermitteln, nachdem es feststeht, dass Hans Christian Goethe, der 1694 in Artern gestorben, beim Hufschmied Dietrich Werthern in Sondershausen in der Lehre gewesen ist; seit 1645 finden sich Träger des Namens Goethe in Berka bei Sondershausen, und entsprechende Nachforschungen sind bereits im Gange, über deren Ergebniss eventuell seiner Zeit zu berichten sein wird.

P. VON PETROVICS.

10. Zu Goethes Studentenerlebnissen.

Witkowski hat im Goethe-Jahrbuch XV, 206 ff. auf Grund reicher Archivalien ausführlich den Leipziger Studentenaufruhr von 1768 behandelt, dem Goethe nur als stummer Zuschauer beigewohnt hat. Goethe liefert (Dichtung und Wahrheit VIII., Mitte) vom Hauptwall ein lebensvolles Bild, verliess aber am nächsten Tage die Stadt für lange. Die Radausucht war eben in jenen fidelen Jahren, mag er diese auch, sogar zum augenblicklichen Schaden seiner Gesundheit, etwas stürmisch genossen haben, ebensowenig nach seinem Geschmacke wie in der bald folgenden Zeit dauernder Behaglichkeit. Deshalb ist es anziehend, an eine zu wenig beachtete Thatsache zu erinnern, die neuerdings (1892) bei Gelegenheit des Neudrucks der farbigsten Schilderung Leipziger Studentenlebens des 17. Jahrhunderts,[1] J. G. Schochs »Comoedia vom Studentenleben«, der Herausgeber Fabricius hervorzog. Bei der Charakteristik der Beani oder Penale (unserer »Füchse«) bemerkt Letzterer S. 106: »Man dichtete ihnen Gestank an; »Phui, quam hic beanus foetet, commilitones optumi«! (Wichgrav) und noch 1767 bekam Goethe in Leipzig ein Rencontre, weil er im Theater, auf einen Livländer Namens Bergmann weisend, gesagt hatte: »Hier stinkts nach Füchsen!« Daselbst S. 118 können wir auch ersehen, dass es bei den damaligen Zusammenstössen zwischen Studios und »Polypen« (damals »Schnurren«) keineswegs harmlos zuging.

---

[1] Scheube, Aus den Tagen unserer Grossväter (1873), S. 180: »in Leipzig, dem ‚Kleinparis', das seine Leute bildet, hält sich die Studentenwelt im Allgemeinen von den gröbsten Rohheiten der übrigen Universitäten ferne. Vgl. Dchtg. u. Wahrh. VI., gegen das Ende.

Zur Kulturgeschichte der Leipziger akademischen Bürger aus Goethes Periode hat H. Zimmer, J. Fr. W. Zachariä und sein Renommist (Leipzig 1892) S. 49 ff. (vgl. S. 44 Anm. 2 über berührte Leipziger Oertlichkeiten) gar mancherlei beigebracht.

Ueber das von Witkowski a. a. O. benutzte urkundliche Material hinaus geht nun die mit Hilfe neuer, insbesondere Dresdener archivalischer Quellen und eines auf der Leipziger Universitätsbibliothek erhaltenen handschriftlichen Berichts vorgenommene Untersuchung »Zur Geschichte des Leipziger Musenkrieges im Jahre 1768«, die Otto Günther in den »Mittheilungen der Deutschen Gesellschaft zu Leipzig« IX, Heft 1 (Sonderabdruck Leipzig 1894, J. J. Weber) bot. Damit werden »Goethes Studentenjahre, Novellistische Schilderungen aus dem Leben des Dichters (anonym, Leipzig 1844, Franz Peiter)« völlig Roman; L. Blume, Goethe als Student in Leipzig (1884) verliert nicht an Werth.

LUDWIG FRÄNKEL.

---

11. Neues über Goethes Beziehungen zu den »Propheten« Basedow und Lavater.

In einem Leipziger Briefe G. J. Zollikofers an Basedow vom 4. December 1776[1] heisst es: »Der *Hertzog* von *Weimar* soll ja zu Dessau seyn. Ohne Zweifel ist *D. Göthe* mit ihm gekommen, und *Kaufmann*[2], ein so genauer Freund von beyden, ist auch noch da. Möchte doch diese Zusammenkunft dem Institute[3] nützlich seyn.[4] Was könnten nicht solche Männer zum Besten desselben thun?« Von einem solchen Interesse der beiden Briefwechsler für den jungen Goethe war bisher ebensowenig etwas bekannt, wie von einem praktischen Eintreten des letzteren für Basedows Dessauer Reformschule. Des Schweizers Zollikofer, der als »ein aufgeklärter Philosoph« galt »und dabey Geschmack, Kunstkennerschaft,

---

[1] Abgedruckt von Otto Franke, Aus dem Nachlasse des Dessauer Philanthropins. Eine Auswahl von Briefen: Neue Jahrbücher für (Philologie u.) Pädagogik, 141. u. 142. Bd. S. 542.
[2] Natürlich der merkwürdige Genie-Apostel Christoph Kaufmann (vgl. Düntzers Monographie 1882).
[3] Das von Basedow im Winter 1774 eröffnete Philanthropin.
[4] Franke verweist für diesen Besuch auf W. Hosäus, Grossherzog Karl August und Goethe in ihren Beziehungen zu Herzog Leopold Fr. Franz von Anhalt-Dessau: Mittheil. f. anhalt. Gesch. I, 505 ff. Dass Basedow damals dringend nach einer, wenigstens moralischen, thatkräftigen Unterstützung seines Unternehmens ausblickte, erklärt sich aus der hereingebrochenen Krise, die ihn zur zeitweiligen Uebergabe der »Kuratur« an Campe veranlasste; vgl. G. P. R. Hahn, Basedow und sein Verhältniss zu Rousseau (Leipzig. Dissert. 1885; enthält sonst nichts hierzu), S. 16 u. 111.

Beredtsamkeit« besitzen sollte[1], Theilnahme für Goethe dürfte auf Einfluss Lavaters zurückzuführen sein, und aus dessen überaus vertrautem Verhältniss zu Goethe sowie aus des letzteren damaliger Neigung für Rousseausche Anschauungen mag Basedow eine etwaige Begünstigung seines dem »Emile« angelehnten Strebens erhofft haben. »Er ist vorgedrungen bis zu den Ohren der Fürsten«, bemerkt K. G. Küttner (Charaktere teutscher Dichter und Prosaisten, S. 397) 1781. Die Bekanntschaft Goethes und Lavaters mit Basedow datirte von dem gemeinsamen Zusammensein beim Emser Sommeraufenthalt 1774, und zwar trafen sie sich zuerst am 12. Juli.[2] Obzwar wir über die dabei gepflogenen Unterhaltungen, die der von Basedows Seltsamkeiten gefesselte Goethe bis tief in die Nacht ausdehnte, von Goethe selbst wie von Lavater, Gessner u. a. ausführliche Berichte erhalten haben, erfahren wir von einer Besprechung über das damals unmittelbar vor seiner Geburt stehende Philanthropin nichts. Es schloss sich daran der Rheinausflug des verschiedenartigen Trios, wo Goethe zwischen Koblenz und Neuwied die bekannten Verse schrieb, die das geflügelte Wort »Prophete rechts, Prophete links, Das Weltkind in der Mitten« enthalten. Als Lavater Mitte Juli 1786, nachdem sich inzwischen Goethes Stellung zu ihm völlig verändert hatte, Weimar besuchte, ging er, wohl mit dem Fürsten von Dessau, dessen Gemahlin eine anhängliche Verehrerin von ihm war, auch nach Dessau.[3] Ob er damals auch Basedow nochmals gesehen hat, ist freilich fraglich; denn dieser wirkte damals, im Genusse seiner »Pensionen«, als Schulmeister in Magdeburg[4], wie er ja schon vier Jahre nach der Gründung seine mit so viel Lärm ins Leben gerufene Anstalt verlassen hatte, freilich ohne seinen Grundsätzen damit untreu zu werden.[5] Dass in jener Zeit zwischen Goethe und Lavater die alte Stimmung längst erstorben, ja, von irgend welcher Herzlichkeit keine Ahnung mehr war, belegt nicht blos die conventionelle Art des Umgangs bei

---

[1] K. Fr. Bahrdt in seinem anonymen »Kirchen- und Ketzer-Almanach... ausgefertigt (1787«, S. 208. Basedow kommt da (S. 21—24) schlecht weg, viel besser der ausführlich (S. 111—118) behandelte Lavater, wohl weil er den »Ketzer Bahrdt« besuchen wollte (S. 117); dies muss in den Juli 1786 fallen (s. o.). Vgl. Raumers Histor. Taschenbuch IV, 7, S. 242, 285 f., für Goethe u. Bahrdt 238 u. 353, 41.
[2] Vgl. Düntzer, Freundesbilder aus Goethes Leben, S. 24 ff., wo das Material in aller Breite vorgelegt wird.
[3] S. Düntzer a. a. O. S. 106.
[4] Bahrdt S. 23 f. Doch scheint man noch meist Dessau als seinen Wohnsitz betrachtet zu haben, so Friedr. Schulz', (anonyme) »Litterarische (Anecdoten auf einer) Reise durch Deutschland« (1786 und 1790) S. 81—85, die über Personalien gut Bescheid wissen.
[5] Vgl. Hahn a. a. O. S. 16 u. 112 f.

dem rasch abgebrochenen Weimarer Aufenthalte[1], sondern noch deutlicher die Thatsache, dass Goethe in der jetzt veröffentlichten eingehenden Correspondenz zwischen Lavater und Hamann[2] völlig unerwähnt bleibt, obwohl sonst alle möglichen Zeitgenossen von irgend welcher geistigen Bedeutung darin gestreift werden. Dann ward die Erkältung rasch ärger und ärger, und für die Zeit der »Xenien«, die in drei[3] herben Nummern dem Wundermann auf den Leib rückten, bemerkt der Commentar E. Schmidts und B. Suphans[4]: »Goethes Bruch mit dem noch 1779 schier vergötterten Züricher war bekanntlich längst und unheilbar vollzogen«, und er blieb fürder auch trotz des bedauernden Lavater krampfhaften Einlenkversuchen[5] unbehoben. Das hatte Lavater wohl kaum schon erwartet, als er am Vorabende seines fünfzigsten Geburtstages, am 14. November 1790, der Baronin Türckheim, d. i. Goethes ehemaliger Braut »Lil(l)i« (Schönemann), einige Widmungsverse auf ein Kärtchen setzte, die nun jüngst[6] G. A. Müller abgedruckt und in ihrem nahen Bezuge zu einem Briefe Lavaters an Lili vom 25. April desselben Jahrs erläutert hat.

LUDWIG FRÄNKEL.

12. L. Tieck in Weimar 1793.

Gotthold Klee, der Herausgeber einer trefflich erläuterten Auswahl von Ludwig Tiecks Werken (Leipzig 1892, in »Meyers Klassiker-Bibliothek«) veröffentlichte nach der auf der Königl. Bibliothek zu Dresden liegenden Handschrift in »Forschungen zur deutschen Philologie. Festgabe für Rudolf Hildebrand zum 13. März 1894« (Lpz. 1894) einen ausführlichen brieflichen Bericht über eine im April 1793 unternommene Reise von Berlin nach Erlangen, den er seiner Schwester Sophie erstattete. Darin heisst es S. 185 f.: »Wir fuhren über Weimar, den

---

[1] S. Düntzer a. a. O. S. 104—109.
[2] Herausgegeben von Heinr. Funck i. d. »Altpreussischen Monatschrift« XXXI. 95—147; die Vernachlässigung Goethes ist ihm trotz seiner Notiz S. 147 nicht aufgefallen. Vgl. J. Minor, Hamann, S. 47 f.
[3] Düntzer a. a. O. S. 113 führt vier auf, da er auch das Klopstock geltende »der erhabene Stoff« (Deine Muse besingt), das schon Ad. Stern in seinem »Xenien«-Abdruck (Reclams Universalbibliothek) S. 107 — mit Ed. Boas — richtig gedeutet hatte, gegen Lavater, nämlich gegen dessen Gedicht »Jesus Messias«, gerichtet wähnt.
[4] Schriften der Goethe-Gesellschaft VIII. 147.
[5] Düntzer S. 116.
[6] Frankfurter Zeitung vom 23. Mai 1894, Erstes Morgenblatt. Der beigezogene Brief ist gedruckt in »Lilis Bild«, dem von Bielschowsky 1893 neu herausgegebenen Buche des Grafen Ferdinand Eckbrecht Dürckheim. Obwohl letzterer Enkel Lilis (vgl. Fränkel, »Das Archiv« III. [1890] 90), sind die Familien mit T und D auseinanderzuhalten.

Schnekkenberg ausgenommen ist die Gegend bis *Weimar* durchaus eben und uninteressant. Wir besuchten einen Verwandten des Predigers, wo wir Kuchen assen, und sehr guten Kaffé und Wein tranken, dann durchliefen wir nur im Fluge den *Stern* (so heisst der schöne Garten dort) und fuhren dann wieder weiter. O dass ich Göthe und Herder nicht sehen konnte! — Göthe, der gleichsam mein Gespiel von meiner Geburt an gewesen ist, dessen Götz[1] und Werther wir so oft zusammen gelesen haben, dessen Werke ich las als ich sie nicht verstand, in denen ich jedesmahl etwas neues entdekke, und der gleichsam erst mit *mir* klüger und verständiger geworden ist, — ich fuhr mit einer schmerzhaften Empfindung wieder aus dem Thor«.

Ludwig Fränkel.

13. Goethe und Graf Anton Prokesch-Osten.

Der Mann, dessen Name mit demjenigen Goethes hier in Verbindung gebracht ist, erfreute sich besonderer hoher Achtung des Dichterfürsten, dem Prokesch seinerseits ausserordentliche Verehrung und Bewunderung entgegenbrachte. Seit 1818 war Anton Prokesch, allerdings damals noch nicht geadelt, aber schon durch glänzende Talente und Kenntnisse ausgezeichnet, zum Adjutanten des Fürsten Carl Schwarzenberg berufen, jenes ruhmvollen Feldherrn, welcher insbesondere durch die Schlacht bei Leipzig seinen Namen für alle Zeit unvergessen erhalten hat. Als Generaladjutant fungirte gleichzeitig beim Fürsten der Oberst Graf Johann Paar. Beide Offiziere — Prokesch bekleidete erst den Rang eines Oberlieutenants in der österreichischen Armee — geleiteten den schon leidenden Feldherrn auf allen seinen Reisen. Goethe hatte diesen sowie den Grafen Paar in Carlsbad kennen und schätzen gelernt, woselbst der kranke Feldmarschall Heilung seiner Leiden suchte. Durch Graf Paar wurde dem Dichter in Jena Anton Prokesch »zugeführt«, wie Goethe in den »Tag- und Jahresheften« 1820 (Weim. Ausg. XXXVI. S. 183) erwähnt. Graf Paar aber »war mir in Carlsbad einer der liebsten und eifrigsten Gesellschafter. Aus Wohlwollen zu mir befreundete er sich mit der ihm bisher ganz fremden Geognosie« u. s. w.

---

[1] Vorher, S. 182, heisst es: »Vor *Naumburg* kömmt man an ein verfallenes Ritterschloss, es liegt göttlich unter lauter Felsen, die Gegend wird hier immer wilder, ich dachte unauthörlich an Götz von Berlichingen und Göthe, denn dieser [Klopstock!] ist auf der [Schul-]Pforte, nicht weit von Naumburg auf der Schule gewesen, er hat sich gewiss recht oft in den herrlichen Gegenden hier herum getrieben«, und dann S. 188: »In *Bamberg* hatte ich wieder Empfindungen, die ich als Kind bei den Scenen in Götz von Berlichingen hatte, die dort spielen«.

erwähnte Goethe in der Anmerkung zu dem ersten der beiden
»An Grafen Paar« überschriebenen Gedichte, welche »Carlsbad
12. August« und »Carlsbad 16. August 1818« datirt sind (W. A.
IV. S. 21 — Hempel II. S. 436. 437). Der Graf »versicherte
mich durch unerwartetes Erscheinen (in Jena) und durch fort-
gesetzte vertrauliche Gespräche seine unverbrüchliche Neigung«
bemerkt die oben erwähnte Stelle der »Tag- und Jahreshefte«
weiter. Die Vorstellung des jungen Offiziers Prokesch durch
Paar und wohl auch schon frühere Gespräche Goethes mit
dem Grafen lenkten des Dichters besondere Aufmerksamkeit
auf den jüngeren Adjutanten. Goethes scharfer Blick, des
weltgewandten Menschenkenners Feingefühl und tiefes Verständniss hatten die hohe Begabung überhaupt, durch welche
sich Prokesch auszeichnete so wie auch dessen besondere
poetische Veranlagung bald erkannt, vielleicht wusste Goethe
sogar, dass Prokesch im Jahre 1813 an seinen Freund Theodor
Körner nach dessen Heldentode jene tiefempfundenen Strophen
gerichtet, deren einige ich in dem Werkchen: »Hundert Jahre
deutscher Dichtung in Steiermark« (Wien 1893) Seite 62 als
Probe früherer poetischer Schöpfungen des talentirten Prokesch
zum Abdrucke brachte.

Bevor ich auf verschiedene weitere Beziehungen zwischen
diesem und Goethe übergehe, erscheint es doch nothwendig,
in ganz gedrängter Kürze die Hauptpunkte aus dem Leben
Prokesch-Ostens anzuführen; bemerkt sei hierzu, dass die
ausführlichste Biographie des Mannes Wurzbach in seinem
»Biograph. Lexikon des Kaisert. Oesterreich« (XXIII. Thl.
S. 349—353) und eine nach dem Tode des Grafen Prokesch
abgefasste ebenfalls eingehende Lebensbeschreibung von Zeissberg in der »Allgemein. deutschen Biographie« (XXVI. Bd.
S. 631—645) veröffentlicht haben, woselbst auch ausführlich
der Quellen Erwähnung gethan ist. Anton Prokesch war
am 10. December 1795 zu Graz geboren, da sein Vater bald
starb, vermählte sich die Wittwe mit dem freisinnigen Professor der Geschichte und Poeten Julius Schneller, welcher
schon dem begabten Jüngling eine glänzende Zukunft vorher-
sagte und diesem überaus zugethan war. Prokesch hatte die
Rechtswissenschaft studirt, trat aber im Jahre 1813, von Begeisterung für den Kampf gegen Napoleon ergriffen, als
Fähnrich in die österreichische Armee ein, machte die Feld-
züge von 1813 bis 1815 mit, wobei er sich durch Muth und
Entschlossenheit auszeichnete, und verblieb in der mili-
tärischen Laufbahn. Seiner trefflichen mathematischen Kenntnisse wegen wurde er 1816 als Lehrer der höheren Mathematik
an der Cadettenschule zu Olmütz angestellt, sodann, wie erwähnt, dem Fürsten Schwarzenberg als Adjutant zugewiesen.
Nach dessen Tode als Hauptmann in Triest garnisonirend,

strebte er eine Reise nach dem Orient an und erhielt von
der Regierung die Bewilligung zu derselben. Von 1824 an
bereiste er dann auch Griechenland, Kleinasien, kam nach
Constantinopel und Aegypten und begann eine bedeutende
militärisch-politische Rolle zu spielen. Später zurückgekehrt,
lernte er in Graz 1831 den Herzog von Reichsstadt kennen,
der ihm freundschaftlich zugethan war. Wir finden den schon
Geadelten bald darauf bei der Gesandtschaft in Rom, womit
seine diplomatische Laufbahn wichtig zu werden beginnt;
1834 ist er bevollmächtigter Minister am griechischen Hofe,
später 1849 in derselben Stellung am Hofe zu Berlin, seit
1855 Internuntius in Constantinopel. Prokesch wurde 1863
zum Feldzeugmeister ernannt, in den Grafenstand erhoben
und trat 1871 in den Ruhestand, den er bis zu seinem 1876
erfolgten Tode zu Graz verlebte. Von den zahlreichen, insbesondere die Reisen im Orient oder die zeitgenössische Geschichte und Militärwissenschaft behandelnden Werken dieses
höchstbegabten geistvollen Mannes seien hier nur die pietät-
voll abgefassten »Denkwürdigkeiten aus dem Leben des
Feldmarschalls Fürsten Karl v. Schwarzenberg« (Wien 1822)
erwähnt und seine Bücher über den Herzog von Reichsstadt
angedeutet.

Bemerkenswerth für weitere Leserkreise erscheinen die
1844 in Stuttgart erschienenen »Kleinen Schriften«. Im
6. Bande dieser siebenbändigen Sammlung finden wir die
Gedichte, welche nachweisen, dass warmes poetisches Fühlen
und Denken in Kopf und Herz dieses Mannes wohnte, der
5. Band umfasst werthvolle archäologische, literarische und
ähnliche Aufsätze, auch dem Freunde Graf Paar hat er im
4. Bande ein kleines biographisches Denkmal gesetzt. Der
Sinn für alles Schöne und Edle, welcher dem vielseitig gebildeten Manne innewohnte, zeigt sich besonders in den
Briefen, die er mit seinem Stiefvater Schneller (welcher 1832
zu Freiburg i. B. starb) wechselte. Ernst Münch hat in den
schon sehr selten gewordenen »Hinterlassenen Werken Julius
Schnellers« (Stuttg. 1834, Band 2) diesen Briefwechsel herausgegeben. Prokesch gibt dem verehrten Pflegevater darin
seine ganze Denkweise, sein Leben und Streben, seine literarischen Beziehungen, seine Pläne für die Zukunft, kurz sein
ganzes Innere kund. Leider scheinen viele der Briefe von
Prokesch selbst verloren gegangen zu sein. Am 27. August
1820 berichtet er in einem auszugsweise mitgetheilten Schreiben
über seinen Besuch bei Goethe in Weimar. Es ist mir gelungen, dieses Schriftstück durch die Liebenswürdigkeit des
Herrn Grafen A. v. Prokesch-Osten in Gmunden, des Sohnes,
zu erhalten und ich bin in der Lage, dasselbe hier voll-
inhaltlich zum Abdrucke bringen zu können. Dasselbe lautet:

Weimar 27. Aug. 1820.

Mein theurer Vater! Wenn mein Auge von Stolz erfüllt, mit beleidigender Eile über die nichtszählende Menge hinblikte, wenn meine Brust im Triumphgefühl sich zu verhärten schiene gegen die Freuden und Leiden der Alltagswelt ... es ist nicht so, doch wenn es so wäre, so tadle man mich nicht, denn ich fühle mich gehoben in Kraft und Glauben an mich selber. Ich bin des Lobes des grossen und kleinen Pöbels seit lange satt, und dessen Urtheil, eben weil er kein selbstständiges hat, kränkte mich, so gut es gemeint war; aber der Ausspruch eines grossen Menschen ist vom Himmel beglaubigt, und mit Jubel werf' ich ihn auf die Richterwage meines Innern. Errathen Sie, dass ich von *Göthen* rede? — Nicht hier, sondern schon vorgestern, in Jena traf ich ihn. Mit ihm durchfuhr ich die Gegend; an seiner Seite besuchte ich die Cabinete und Büchersammlungen; in seinem Garten lebt' ich mit ihm, theilte Mittags und Abends seine ländliche Tafel. Mit kindlicher Heiterkeit zeigte er mir einige Versuche, die auf den 3. Theil der Morphologie Bezug haben; wir sprachen über seine Jugend, seine Schöpfungen, seine Verhältnisse. Bis gegen Mitternacht las er mir aus seinem Divan, dann schloss er mich in seine Arme, und ich schied.

Von diesem Manne umarmt! — Ich gebe die seligste Umarmung der Liebe dafür! — Sie fragen, wie kamst Du zu Göthen? — Je nun, da muss ich in der Ordnung meine Reise nachzeigen. Ich ging, wie Sie wissen, nach *Dresden*. Dort verweilte ich drei Tage, eine kurze Zeit, um die herrlichen Gallerien, und die herrlichen Umgebungen zu besehen; ich war 18 Stunden unter 24 auf den Beinen; ein vierter Tag hätte mich erschöpft. Das Land ist von Copien der vorzüglicheren Gemälde der Gallerien überfüllt, ich war also vorbereitet in das Heiligthum zu treten. Da ich nicht gesonnen bin ein Buch zu beginnen, so schweig' ich von diesem Gegenstande. Mehrere Künstler hab' ich kennen gelernt, darunter auch den Landschaftsmaler *Fridrich*, dessen düstre Seele in stolzer Einfachheit aus seinen Nachtstücken und Todtenlandschaften wieder hervortritt. — Am 21. Abends verliess ich die Hauptstadt und ging nach Löbichau zur vormals wegen Schönheit und Geist so berühmten Herzogin von Kurland. Sie ist der Knoten eines Gebindes von allen Gelehrten des Landes. Jean Paul war eben weggereiset, Tieck wurde erwartet, Tiedge und die Gräfin Recke traf ich dort. Sie wissen, wie hoch ich die Urania schätze; ermessen Sie, wie sehr mich der geistreiche, gemüthliche treuherzige Verfasser erfreuen musste. Hofr. Böttiger gab jeden Tag vor Tische einen zweistündigen Vortrag (4—6 Uhr) über ästhetische Gegenstände. Diesmal erschöpfte er in den drei Tagen, die ich dort verweilte, das zarte Wesen der Arabeske. — Am 25. war es eben, dass ich Göthen in *Jena* besuchte. — Am 26. traf ich in Weimar ein, und heute in der Nacht kehr' ich nach Leipzig zurück. Kammerrath v. Göthe (der Sohn), an den der Vater mich wies, wurde mein Führer durch den schönsten Park Teutschlands; ich besah jede heilige Stelle, Göthes, Herders, Wielands Wohnungen und Grabstellen. Können Sie zweifeln, dass ich bei Schillers Wittwe war? — Mit freudigem Zittern trat ich in sein bescheidenes Haus. Seine Söhne sind in Würtemberg und Köln; seine Töchter hier, beide sehr liebenswürdig. Welcher Geist umfing mich dort! Die stille schwärmerische Tiefe des Vaters lebt in den Kindern fort.

Soll mein Brief hier auf die Post kommen, so muss ich schliessen. Zeigen Sie denselben den Meinigen, denn was mich liebt, soll sich mit mir freuen. Ich füge nichts weiter bei, als dass ich in unveränderter Treue und Liebe bin

Ihr Ant. Prokesch.

Die Zeit nach der Abfassung dieses Schreibens, nach dem Besuche bei Goethe in Weimar[1], brachte Prokesch in Leipzig zu, wo er bei dem schwer kranken Fürsten Schwarzenberg weilte und diesem zur Seite stand, bis zu dessen Tode, welcher am 15. October 1820 in derselben Stadt erfolgte, die acht Jahre früher den Feldherrn als ruhmreichen Sieger gesehen. Prokesch war es, welcher die Nachricht von diesem Tode nach Wien überbrachte.

Am 29. October 1820 schrieb Schneller aus Graz an den vom Tode Schwarzenbergs erschütterten Stiefsohn Prokesch die Antwort auf dessen Mittheilung, sowie auf die Nachricht vom Besuche bei Goethe. Es sei aus diesem Schreiben (bei Münch Bd. 2, S. 30) eine Stelle angeführt: »Goethes Leben und Schwarzenbergs Sterben haben Sie mit eigenen Augen und in dem kurzen Zeitraume von hundert Tagen gesehen. Es sind zwei unauslöschliche Eindrücke. Halten Sie dieselben immer gegenwärtig vor Ihrer schönen Seele. Sie nennen die Geschichte mit Verachtung; gerade bei diesen zwei Anlässen

---

[1] Prokesch erzählte selbst noch im hohen Alter begeistert von diesem Besuche bei Goethe, so unter Anderen auch dem Baron Anton Warsberg, welcher in der Beilage zur Augsburger Allg. Zeitg. No. 352 vom 17. Dez. 1876 ein pietätvolles Lebensbild des Grafen Prokesch veröffentlichte und nach der Mittheilung des ihm befreundet gewesenen Grafen dessen Besuch in Jena schilderte. Daraus die Stelle: »Goethe führte ihn in den Garten und hielt dort, auf- und abwandelnd, lange Gespräche mit ihm. Der junge Prokesch widersprach heftig seinen Ansichten, das gefiel dem Altmeister nur um so besser. Er zeigte ihm die Sammlungen Jenas, hielt ihn zum Essen, dann auch noch für den Abend bei sich zurück und las ihm bis Mitternacht aus seinem Divan vor. — Mit einer Umarmung schieden die zwei merkwürdigen Männer. Sie haben sich später nie wieder gesehen«.

kann man es weniger thun als sonst. Die Sage und Kunde der Welt würdigt jedes Verdienst von Göthe, und die Geschichte wird die grossen Folgen seiner Geistesrichtung zeigen. Sage und Kunde stimmen überein über den sittlichen und menschlichen Werth des Fürsten. Man hält ihn für einen Edelmann im höchsten Sinne des Wortes, aber die Geschichte muss sich wehren, dass die Ueberschätzung seiner kriegerischen Verdienste von der Mitwelt nicht auch in die Nachwelt übergehe. Schwarzenbergen ist viel gehuldigt worden; Huldigungen werden verschwinden, aber die Ehren müssen bleiben« u. s. w. Es ist bekannt, dass Schneller ein begeisterter Verehrer Napoleons war, eine Verehrung, welche mit ein Grund wurde, dass der Professor später Oesterreich ganz verliess und sich nach Freiburg im Breisgau wandte. Prokesch lebte die nächste Zeit in Ober-Ungarn, wohin er wegen der Landesaufnahme entsendet wurde, und in Wien. Er vollendete die erwähnten »Denkwürdigkeiten aus dem Leben Schwarzenbergs«, war aber daneben mit der Lektüre literarischer Erscheinungen auf allen Gebieten beschäftigt, insbesondere scheint er die Lektüre Goethes nunmehr noch eifriger als früher betrieben zu haben, einige aphoristische Bemerkungen in den »Gedankenspänen« (Kleine Schriften, 5. Bd. S. 55 ff.) über die »Wahlverwandtschaften« (S. 105) und den »Wanderer« (S. 110) dürften dies bestätigen.

Um diese Zeit war es, als jene bösartige Schmähschrift Ch. H. G. v. Köchys erschien, welche den Titel führte: »Göthe als Mensch und Schriftsteller. Aus dem Englischen übersetzt und mit Anmerkungen versehen v. Friedrich Glover.« Unwahrheiten, Entstellungen, aus dem Texte Goethischer Werke sinnlos herausgerissene Citate sollten Goethe als Mensch und Dichter herabsetzen, das Machwerk entlockte aber nur einen Schrei der Entrüstung. Prokesch war nach dem Durchlesen dieses Pamphlets nicht minder empört, in heiligem Zorne entwarf er einen Brief, welcher (mit seiner Einwilligung) bald darauf in der Stuttgarter Zeitschrift »Hesperus« No. 28 vom 1. Februar 1823 und No. 29 vom 3. Februar 1823 unter der Rubrik: »Korrespondenz und Neuigkeiten« abgedruckt erschien und zwar unter dem Titel: »Freundschaftliches Schreiben an den G...fen J. P. zu Lüttich, über eine Flugschrift gegen Goethe. Von ersterem eingesendet.« Datirt ist dieses Schreiben: »W** 10. Novemb. 1822«, also aus Wien. Dass unter dem G...fen J. P. Graf Paar gemeint sei, wäre leicht zu errathen, auch wenn Prokesch nicht später den Namen klargestellt hätte. Uebrigens ist der Aufsatz nicht anonym, sondern mit A. Prokesch unterzeichnet.

»Als wir bei der Trennung«, schreibt Prokesch darin dem Freunde, »einander versprachen, uns fortwährend in gegenseitiger Kenntniss aller neuen Erscheinungen im Gebiete der Literatur zu erhalten, die irgend Aufmerksamkeit verdienen möchten, besorgten wir wohl schwerlich, dass uns die übernommene Verpflichtung auch unangenehme Stunden bringen könnte. Heute wenigstens kann ich Ihnen eine solche nicht ersparen, da ich Sie leider auf eines der elendesten literarischen Machwerke unserer an so mancher Erbärmlichkeit reichen Zeit aufmerksam machen muss. Ich spreche von einem Werkchen, das soeben zu Braunschweig unter dem Titel erschien (folgt der Titel). Was schamlose Frechheit, die nur mit dem Dummstolze des Verfassers eine Vergleichung leidet: was Rohheit und Gemeinheit des Charakters nur im Stande sind auszubrüten, das finden Sie in dieser Flugschrift mit einer Vollendung geleistet, welche Herrn Glover die sichere Bürgschaft giebt, unter uns Deutschen wenigstens noch lange hierin unübertroffen zu bleiben«.

Prokesch entwirft nun in seinem Schreiben die Art der Anlage dieses Pamphlets und fährt an einer weiteren Stelle fort: »Nichts scheint billiger als die Forderung, dass derjenige, welcher so verletzende und der öffentlichen Meinung so widersprechende Behauptungen in die Welt hinausschickt, sie durch Beweise belege, die *aus dem ganzen Leben* und aus der Mehrzahl der Werke des Mannes, den er brandmarken will, entnommen sind. — Herr Glover, sowohl als sein Engländer befassen sich jedoch mit keinem der früheren Werke Goethes; die ersten Bände von »Dichtung und Wahrheit« scheinen ihnen zu genügen, um aus diesem gefährlichen Streite als Sieger hervorzugehen. Hier ihr einziges Arsenal; keines der übrigen wird genannt, und man muss gestehen, dass in der ganzen Schrift sich auch nicht eine Zeile findet, welche vermuthen liesse, Herr Glover und sein unbekannter würdiger Freund seien im Stande, Kunst überhaupt, Dichtkunst insbesondere, und vorzüglich die Goethische zu beurtheilen«. Der mit so gerechter Entrüstung auftretende Verfasser bespricht sodann einzelne der hässlichsten Stellen der Skandalschrift, anlässlich des Satzes: »so hält er (Goethe) sich denn für so überaus wichtig, dass er überzeugt ist, es könne nichts, was ihn angeht und von ihm ausgeht, als unbedeutend angesehen werden«, findet sich bei Prokesch die prächtige Stelle: »Wenn dem *so* wäre, ob Goethe ein Recht hat, dies vom deutschen Volke zu erwarten, er, der es aufziehen half, der es mit der Liebe eines Vaters am Herzen trug und trägt? Sie, mein werther Freund, so wie ich, weder ein Klient Goethe's, noch ihm nahe genug im Leben, um sein Freund zu heissen, Sie sein Verehrer wie ich, und ihm persönlich bekannt: empört Sie dieser unbescheidene Vorwurf nicht? Sie entsinnen sich des Inhalts unserer Gespräche mit ihm, als wir vor zwei Jahren den Greis in seinem einfachen

Hause zu Jena besuchten: Sie entsinnen sich der Verwunderung, die ich gegen Sie (nicht ohne Beschämung) aussprach, statt des durch Rang, Verdienst, Weltlob und Bewusstsein mit Recht weit über uns gehobenen Mannes, im Benehmen, in seinen Aeusserungen nur den milden, liebevollen Vater zu sehen — den Greis, der mit Innigkeit an den Busen der Natur sich schmiegt, den Menschen, der, keine gesellige Form mit hochmüthiger Demuth verachtend, hinter jeder nur das Reinmenschliche aufsucht, und so gerne findet; den Weisen, der von seinen Leistungen mit einer Bescheidenheit sprach, die jetzt kaum der Unbedeutendste unserer unbedeutenden Schriftsteller (ich rede nicht von Herrn Glover) mehr für nöthig achtet; den Dichter endlich, der in seinen Werken nur Unvollkommenes, nur Anfänge anerkannte, wenn er auch wohl wusste, dass jede Leistung des wahren Künstlers, auch die grösste, nur ein angefangener Ausdruck ist, zu dem hienieden das Ende nimmer gegeben wird«.

Mit solchen schönen und edlen Worten übernimmt der junge geistvolle Goetheverehrer die Abfertigung des Pamphletisten, noch auf so manches Einzelne übergehend, und fügt am Schlusse noch bei: »Verzeihe der würdige Meister der deutschen Dichtkunst, dass ich den Namen eines unwürdigen Sudlers so oft neben dem Seinigen setze! Ich weiss, dass die niedrige Hoffnung, die alten Tage unseres Goethe zu trüben, — ihm das Gefühl seines Werths, den Trost der letzten Lebensstunden zu rauben, eine vergebliche ist; aber wer, der solcher Absicht fähig, verdient nicht, dass man ihn von Pranger zu Pranger führe?«

Die ganze Apologie des beredten Vertheidigers macht einen vortrefflichen Eindruck und nimmt für den gelehrten vielbelesenen österreichischen Officier auch denjenigen ein, der die weiteren literarischen Veröffentlichungen desselben nicht kennt. Es schien mir am Platze, hier mehrere Stellen aus dem Aufsatze anzuführen, da der letztere in den Kreisen der Goethe-Gemeinde so gut wie gar nicht bekannt zu sein scheint, obgleich er mit geringen Aenderungen auch in den mehrerwähnten »Kleinen Schriften« Bd. 5, 365 ff. abgedruckt ist. Allerdings dürften diese »Kleinen Schriften« nur in dem engeren Kreise der Freunde des Verfassers verbreitet sein. Ueber Glover-Köchy hat das Goethe-Jahrbuch mehrfach Notizen gebracht, so in den Bänden III (S. 275), IV (S. 454), VI (S. 424), VII (S. 309). — Aus der Datirung des in Briefform gehaltenen Aufsatzes vom 10. November 1822 geht übrigens hervor, dass Glovers Pamphlet wirklich schon im Jahre 1822 ausgegeben war. Köchy selbst hat in neuerer Zeit seinen Biographen in Teichmann gefunden, welcher in der »Allgemeinen deutschen Biographie« Bd. 16 (1882) den kurzen Lebenslauf und die bemerkenswerthesten Werke des »Goethefeindes« verzeichnet hat. Dass Prokesch selbst poetisch thätig war, erwähnte ich schon Eingangs, seine Gedichte sind im 6. Bande der »Kleinen Schriften« enthalten und füllen ganz diesen starken Band. In meinem ebenfalls schon genannten Werkchen »Hundert Jahre etc.«, ist die poetische Thätigkeit des späteren Diplomaten mit eingestreuten Proben in Kürze gekennzeichnet.[1] Ein Brief Goethes selbst an Prokesch hat sich bis jetzt nicht vorgefunden, obgleich wohl anzunehmen ist, dass der Dichter in Weimar an den von ihm so geschätzten Oesterreicher geschrieben hat. Vielleicht lässt ein glücklicher Zufall ein solches Schreiben doch noch zu Tage treten. ANTON SCHLOSSAR.

14. Goethe und Schopenhauer.

Im Jahre 1813 hatte Schopenhauer, unberührt von dem grossen Kriege um die Befreiung unsers Vaterlandes, in Rudolstadt seine Schrift »über die vierfache Wurzel des Satzes vom zureichenden Grunde« geschrieben, welche ihm das jenenser Doctordiplom verschaffte. Im Laufe des November begab er sich nach Weimar.[2]

Goethe hatte die Schrift des Sohnes seiner Freundin Johanna Schopenhauer mit Interesse gelesen und veranlasste Schopenhauer, an seinen Studien über die Farbenlehre theilzunehmen. Die beiden grossen Männer traten in den engsten Verkehr. Goethe wusste Schopenhauer ganz zu seinen Ansichten zu bekehren. Aber Schopenhauer wollte über Goethe hinaus. In seiner Schrift »über das Sehen und die Farben« machte er den Versuch, die goethischen Betrachtungen in eine Theorie der Farbe zusammenzufassen, aus der heraus sich die einzelnen Phänomene ableiten liessen. Dies Treiben des »Philosophen, der hereintritt und beweist, es müst' so sein« musste den objectiven Sinn Goethes unangenehm berühren. Ihre Wege schieden sich. In dem Epigramm:

»Trüge gern noch länger des Lehrers Bürden,
 Wenn Schüler nur nicht gleich Lehrer würden«[3]

hat Goethe unter anderm seinem Unmuth Luft gemacht.

---

[1] Goethe selbst hat die Gedichte vor deren Drucklegung günstig beurtheilt, so schreibt Professor Schneller am 23. November 1830 an Prokesch, da es sich um die Drucklegung dieser Lieder handelt: »Die Reiselieder, wofür Du eine Schwäche zu haben vorgiebst und wodurch Du den schönsten Beweis Deiner Stärke gabst, werden das Urtheil aller Welt bestimmen, wie Goethe es vor seinem Zusammenseyn mit Dir ausgesprochen«. (Schnellers hinterlass. Werke. Bd. 2. S. 371).

[2] Kuno Fischer, Schopenhauer (Heidelberg 1893), Seite 30, 31.

[3] Schopenhauers sämmtliche Werke, hrsg. v. E. Grisebach, Leipzig, Reclam VI, Seite 19 und 189.

Indessen blieb seine Achtung vor dem »bedeutenden Kopfe« seines Schülers ebenso bestehen, wie dessen Verehrung für den grossen Meister. 1818 sandte Schopenhauer Goethe sein damals in Dresden vollendetes Hauptwerk: »Die Welt als Wille und Vorstellung«.[1] Von höchstem Interesse muss uns das Urtheil Goethes über dieses Werk sein. In einem Briefe der Schwester, welchen Schopenhauer im März 1819 erhielt, steht darüber Folgendes:[2] »Goethe habe das Werk mit ungewöhnlichem Eifer gelesen. Vorzüglich gefalle ihm die Klarheit der Darstellung und der Schreibart, obschon die Sprache von der der Andern abweiche, und man sich erst gewöhnen müsste, die Dinge so zu nennen, wie Schopenhauer es verlange«.

Aber diese Beurtheilung geht doch nur auf das Aeussere; Dem, was er von dem Inhalt der Schopenhauerschen Lehre, namentlich von seinem »Idealismus« dachte, hat Goethe am Schlusse der Baccalaureusscene im zweiten Theile des Faust Ausdruck gegeben. Ueberhaupt scheint dem Dichter bei dieser Scene sein Verhältniss zu Schopenhauer vorgeschwebt zu haben.

Die herrschende Ansicht, dass Goethe hier auf den Fichteschen Idealismus anspiele, stützt sich auf die Erzählung der Frau von Kalb, »Goethe habe ihr wenigstens 12 Jahre vor der vollständigen Herausgabe des ersten Theils des Faust (1808) ein Gespräch zwischen Mephistopheles und einem überschwenglichen Idealisten vorgelesen, worin dieser jenem zu Leibe gehe und ihn an Absolutheit übertrumpfe, wobei sie sich besonders der Aeusserung erinnerte, dass man alle 30jährigen todtschlagen solle, die man Fichte zuschrieb«.[3] Allein von frühen Fassungen unserer Scene ist nichts erhalten und in dem Briefe, welchen Schopenhauer an Goethe schrieb, als er ihm sein Lebenswerk übersandte, findet sich eine Stelle, welche auch an das:

   Hat einer 30 Jahre vorüber,
   So ist er schon so gut wie tot

erinnert. Die Stelle lautet: ... ich »bin der Meinung, dass Helvetius Recht hat zu sagen, dass bis zum 30sten, höchstens 35sten Jahre im Menschen durch den Eindruck der Welt alle Gedanken erregt sind, deren er fähig ist«.[4]

Dafür, dass die Ausarbeitung der Scene in eine spätere Zeit fällt, sprechen die Schlussverse:

   »Der Teufel der ist alt;
   So werdet alt, ihn zu verstehen«!

Vor allem ist doch die Aeusserung, die Goethe selbst Ecker-

---

[1] Schopenhauer — Grisebach VI, Seite 243.
[2] Ebenda VI, Seite 190.
[3] H. Düntzer, Goethes Faust, zum ersten male vollständig erläutert. Leipz. 1850, I, Seite 84.
[4] Schopenhauer — Grisebach VI, Seite 244.

mann gegenüber gethan hat, nicht zu verachten,[1] »er habe
im Baccalaureus die Anmasslichkeit personificirt, die besonders
der Jugend eigen sei, wovon man in den ersten Jahren nach
den Befreiungskriegen so auffallende Beweise gehabt habe«.

Prüfen wir im einzelnen, welchen Stellen der Gedanke
an das Verhältniss Goethes zu Schopenhauer zu Grunde liegen
kann. Ich möchte nur andeuten, dass man in dem Verse:

> Seht, dort hinten in der Zelle
> Sitzt noch einer dunkel-helle!

in dem merkwürdigen Worte dunkel-helle eine Anspielung
auf die Goethe-Schopenhauersche Farbenlehre finden könnte,
welche den dunkeln Farben violett, blau, grün die hellen gelb,
orange, roth entgegensetzte.

Für unsre Ansicht kommen hauptsächlich die Stellen in
Betracht, in denen darauf hingewiesen wird, wie anders als
bei ihrer ersten Bekanntschaft sich Mephistopheles und der
Baccalaureus jetzt gegenüberstehen. Damals war es ein eifriger
Schüler, den der Meister nicht gering schätzte, der es würdig
war, dass man ihm reine Wahrheit einschenkte. Heute ist
er ein anderer da, er hat Erfahrungsfülle gewonnen, sieht auf
den Lehrer herab und ist »zum Lehren selbst bereit«. —
Dem entspricht es, dass Goethe sehr viel von den Fähigkeiten
Schopenhauers hielt, ja einmal soll er jungen Damen, die sich
über die mürrische Zurückgezogenheit Schopenhauers lustig
machten, zugerufen haben: »Kinderchen, lasst mir den dort
in Ruhe, der wächst uns noch einmal Allen über den Kopf«.[2]
In dem denkwürdigen Briefe vom 23. J. 1818 redet Schopenhauer selbst von den »philosophischen Dialogen, die Goethe
einst mit ihm gepflogen«.[3] Der Meister hatte ihm am Schlusse
ins Stammbuch geschrieben:

> Willst du dich deines Werthes freuen,
> So musst der Welt du Werth verleihen.[4]

Jetzt war Schopenhauer selbständig geworden. Er hatte
eben sein grosses Werk vollendet, das er Goethe mit einem
Briefe zuschickte, der doch eine reichlich selbstbewusste Sprache
führte. Wie mussten Goethe, der doch das Werk noch gar
nicht gelesen hatte, die Worte berühren: »Mir gab ein günstiges
Schicksal die Musse von aussen und den entschiedensten Trieb
von innen, um früh und frisch zu liefern, was mancher, z. B.
Kant, nur als Früchte der Jugend einmarinirt im Essig des
Alters auftischen konnte. Ist das nicht jener »auffallende

---

[1] Wie es Düntzer thut a. a. O., II Seite 110, Anm. 4.
[2] Schopenhauer — Grisebach VI, Seite 185/86.
[3] Ebenda Seite 244.
[4] Ebenda VI, S. 185.

Beweis von der Anmasslichkeit der Jugend«, den Goethe gegen Eckermann erwähnte?

Ihren Höhepunkt erreicht unsre Scene in den Worten des Baccalaureus:

> Die Welt, sie war nicht, eh' ich sie erschuf;
> Die Sonne führt' ich aus dem Meer herauf;
> Mit mir begann der Mond des Wechsels Lauf.
> u. s. w.

Duntzer bemerkt hierzu: »Wie wenig eine solche..... das einzelne Subject zum ersten Ausgangspunkte der Welt machende .... Paradoxie im Sinne Fichtes war, bedarf keiner Bemerkung«.[2] Wohl aber war sie durchaus im Sinne Schopenhauers. Sind doch die ersten Kapitel des ersten Buches[1] »der Welt als Wille und Vorstellung« nichts als die Ausführung dieses Gedankens! Uebrigens wird uns auch berichtet, der Gegensatz der Weltanschauung sei einst im Gespräche zu Tage getreten. Schopenhauer habe erklärt, die Sinnenwelt sei unsre Vorstellung, und die Sonne wäre nicht, wenn wir sie nicht sähen; darauf habe Goethe ihn gross angeschaut und gesagt: »Vielleicht wären Sie nicht, wenn die Sonne Sie nicht sähe«.[4]

Als Goethe Schopenhauers Werk las, gefielen ihm besonders zwei Stellen, die er sich notirte. Die eine stellte den Satz auf: der Künstler anticipire die Idee des Schönen vor der Erfahrung, in der andern war die Rede vom »erworbenen Charakter«.[5] Aber am Schluss der herrlichen Ausführung musste Goethe lesen: »Soviel über den erworbenen Charakter, der zwar nicht sowohl für die eigentliche Ethik als für das Weltleben wichtig ist«.[6]

Sollte nicht der Vers:

> Erfahrungswesen, Schaum und Dust
> Und mit dem Geist nicht ebenbürtig

auf diese Stelle zielen?

Wie musste den Dichter, der immer auf dem Kriegsfusse mit der idealistischen Philosophie gestanden hatte, diese neue Geringschätzung der Natur und der Erfahrung berühren! Seine Kritik ist scharf genug:

> Original, fahr hin in deiner Pracht! —
> Wie würde dich die Einsicht kränken:
> Wer kann was Dummes, wer was Kluges denken,
> Das nicht die Vorwelt schon gedacht?

---

[1] Schopenhauer — Griesebach, Seite 244.
[2] a. a. O. Seite 116.
[3] z. B. § 1. § 2: Das Subject ist sonach der Träger der Welt.
[4] Kuno Fischer, a. a. O. Seite 32.
[5] Schopenhauer — Grisebach, VI, Seite 191.
[6] Schopenhauer I, Seite 362 (399), VI. Buch § 55 am Ende.

Wenn Goethe zuletzt die Hoffnung ausspricht:
> Doch sind wir auch mit diesem nicht gefährdet,
> In wenig Jahren wird es anders sein: u. s. w.

so hat er sich getäuscht. Wirklich ist alles, was Schopenhauer später schuf, wie er es in jenem Briefe sagte, nur die Entwickelung, freilich eine unvergleichlich schöne, der Gedanken seines ersten Werkes gewesen.

Wir wollen nicht behaupten, dass Goethe in der Baccalaureusscene lediglich eine Kritik Schopenhauers hat geben wollen. Alte Erinnerungen an Fichte, die Ueberschwenglichkeiten der teutonischen Jugend haben ihm gewiss zugleich vorgeschwebt. Nur das scheint behauptet werden zu können, dass Goethe hier vorzüglich an Schopenhauer gedacht hat, So vollzieht sich doch überhaupt das Schaffen des Dichters, dass er eine Reihe von Vorstellungen, unter denen vielleicht eine hervorsticht, den Grundton angibt, harmonisch zusammenfasst und zu einem neuen Bilde gestaltet.

HEINR. SIEVEKING.

15. Zu Goethe und Winckelmann.

In seinem Aufsatze »Ueber Goethes naturwissenschaftliche Arbeiten« G.-J. 1891 S. 190 ff. schildert Rudolf Steiner das methodische Vorgehen Goethes in seinen naturwissenschaftlichen Studien. Er weist darauf hin, wie Goethe, wenn er einem Gesetz auf der Spur war, es zunächst in hypothetischer Form aufstellte, um es so als Leitfaden bei weiteren Beobachtungen zu gebrauchen. »Solchen Hypothesen theilt er eine ganz besondere Aufgabe bei der wissenschaftlichen Forschung zu«. Steiner entnimmt darüber einer ungedruckten Aufzeichnung Goethes den Satz, der gewiss jedem Leser durch den treffenden Ausdruck aufgefallen ist: »Hypothesen sind Gerüste, die man vor dem Gebäude aufführt, und die man abträgt, wenn das Gebäude fertig ist; sie sind dem Arbeiter unentbehrlich: nur muss er das Gerüste nicht für das Gebäude ansehen«. Es mag interessant sein, die wohl zweifellose Quelle dieses trefflichen Bildes danebenzustellen, um zugleich zu erkennen, in welcher Weise Goethe Ueberliefertes auszugestalten wusste. Winckelmann schreibt gegen Schluss seiner Vorrede zur Kunstgeschichte: »Muthmassungen, aber solche, die sich wenigstens durch einen Faden an etwas Festem halten, sind aus einer Schrift dieser Art eben so wenig als die Hypothese aus der Naturlehre zu verbannen; sie sind wie das Gerüste zu einem Gebäude, ja sie werden unentbehrlich, wenn man, bei dem Mangel der Kenntnisse von der Kunst der Alten, nicht grosse Sprünge über viel leere Plätze machen will«.

V. VALENTIN.

16. Zu Goethes Sesenheimer Idylle.

Den Mitgliedern der Goethe-Gesellschaft und den Lesern des Goethe-Jahrbuches wird die folgende Mittheilung gewiss nicht unwillkommen sein. Muss doch alles, was in unserer in Zerstörung thätigen Zeit für die Erhaltung denkwürdiger Stätten geschieht, als ein Glück begrüsst werden.

Zu Meissenheim in Baden liegt bekanntlich auf dem eingeebneten Kirchhof die Jugendgeliebte Goethes, Friederike von Sesenheim. Eine Anzahl deutscher Literaturfreunde hat 1866 auf Anregung Friedrich Gesslers das völlig verwahrloste Grab dieser verklärten Frauengestalt wiederhergestellt und mit einem Denkstein geschmückt, auf dem Eckarts[1] Verse zulesen sind:

»Ein Strahl der Dichtersonne fiel auf sie,
So reich, das er Unsterblichkeit ihr lieh«!

Von den stillen Besuchern dieses denkwürdigen Plätzleins ahnten und wussten jedoch nur wenige, dass die neben diesem Grabe liegende ruinirte und abgeschliffene Steinplatte, deren einstige Inschrift spurlos verschwunden ist, die Ruhestätte jener Schwester Friederikens deckte, die Goethe in »Dichtung und Wahrheit« als Olivie gefeiert hat. Maria Salome war ihr eigentlicher Name; sie war die ältere, emsige, fröhliche Martha des Pfarrhauses von Sesenheim; mit ihr tanzte der junge Goethe oftmals gar muntere Reigen. Sie starb 1807 als Gattin des neben ihr begrabenen Pfarrers G. Marx in Meissenheim.

Einer Anregung des Unterzeichneten zufolge, haben sich im April 1894 einige Literaturfreunde zusammengethan, um auch dieses Grab seinem armseligen Zustand zu entreissen und es dauerndem Gedächtniss zu erhalten. Es ist Oliviens Grab wie jenes ihres Gatten im Anschluss an dasjenige Friederikens mit einem Gitter umschlossen, frisch hergerichtet und mit einer Syenitplatte geschmückt worden, die man jedoch in die alte Steinplatte einliess und mit folgender Inschrift versah:

> Hier ruht
> *Unsterblich wie Friederike*
> „Olivie",
> Maria Salome Marx, geb. Brion
> von Sesenheim.
> Geb. 1749.   Gest. 1807.
> »Wer einem Dichter hold begegnet,
> Dess Name bleibt fortan gesegnet.«

---
[1] Dem Schreibfehler *Düntzers* folgend (Friederike von Sesenheim, S. 140) schreiben neuestens zahlreiche Literaten ebenso falsch wie unpoetisch: »Dichtunge.

Nachdem sowohl die Gemeinde durch Herrn Bürgermeistern Häs, wie auch der freundliche Pfarrer, Herr Hafenreffer, ein grosser Freund der Geschichte und Literatur, der wohlgemeinten Absicht zugestimmt hatten, wurde noch im Monat Mai die Arbeit vollendet. Eine besondere Erwähnung verdient an *dieser* Stelle, trotz des bescheidenen Verbotes eines öffentlichen Dankes, die rührende Thatsache, dass von den wenigen Goetheverehrern, an die wir mit unserer Mittheilung herantraten, die ehrwürdige neunzigjährige Stiftsdame *Ulrike von Levetzow*, Goethes letzte und lieblichste Herzensfreundin, die *erste* war, welche für diese Gräber, die an Goethes *Jugendliebe* erinnern, eine reiche Spende gesandt hat.

Gustav A. Müller.

---

17. Eine Reliquie der Frau von Branconi.

Um seinen Freund zu schildern, wie er war, musste Ulrich Hegner in seinen »Beiträgen zur nähern Kenntniss und wahren Darstellung Johann Kaspar Lavaters« auch etwas von des berühmten Gottesmannes sinnlicher Neigung zu dem andern Geschlechte sagen. Er that dies mit möglichster Discretion der Wahrheit und wählte, wie er selbst bemerkt,[1] zu Lavaters Ehre eine der ausgezeichnetsten Personen ihres Geschlechts, die schöne geistreiche *Branconi*, jene Geliebte des Erbprinzen, nachmaligen Herzogs Karl Wilhelm Ferdinand von Braunschweig, welche von bedeutenden Zeitgenossen, wie Johann Georg Zimmermann, Lavater und Goethe, für eine in jeder Hinsicht ausserordentliche Persönlichkeit erklärt wurde. Das kleine Bruchstück, welches der treue Schilderer und feinsinnige Kenner von *Lavaters* Eigenthümlichkeit und Bedeutung aus dessen Correspondenz mit der braunschweigischen Aspasia 1836 in den »Beiträgen« der Oeffentlichkeit übergab, erregte nicht geringes Aufsehen, weil darin das schöne Weltkind seinen Gefühlen für den geistlichen Freund folgenden überschwänglichen Ausdruck verlieh: »O toi cheri pour la vie, l'ame de mon ame!... Je t'envoye quelque chose qui te fera plaisir — je sais combien j'en ai quand je reçois quelque chose de toi. — Ton mouchoir, tes cheveux sont pour moi ce que mes jarretieres sont pour toi — Toi qui sait surprendre si agreablement, toi source de tout amour etc.« Der Recensent von Hegners Buch in der Jenaischen allgemeinen Literaturzeitung meinte, den Brief der Branconi vom

---

[1] Vgl. Hedwig Waser, J. K. Lavater nach U. Hegners handschriftlichen Aufzeichnungen und Beiträgen zur nähern Kenntniss ... Lavaters. Zürich 1894, S. 100.

22. Februar 1781 veröffentlichen, heisse Brennesseln, nicht Rosen auf das Grab eines ehrenwerthen Verstorbenen pflanzen und ungerechte Verdächtigungen rufen. Und doch konnte über die leibliche und geistige Anmuth des Züricher Propheten, über die an ihm vielbewunderte welt- und menschenüberwindende Macht kein Zweifel bestehen, wie andrerseits die Reinheit von Lavaters Wandel denen, die ihn genau kannten, über jeden Zweifel erhaben war. Ja Goethe hatte in seinem Werk »Aus meinem Leben« sogar versichert, dass man an Lavaters Seite jungfräulich geworden sei, um ihn nicht mit etwas Widrigem zu berühren.

In der Familie Lavaters aber rief der Abdruck jener Briefstelle durch Hegner eine so grosse Entrüstung hervor, dass die damalige Besitzerin von Lavaters Nachlass, wie Ludwig Hirzel erzählt,[1] alle darin befindlichen Briefe der Branconi dem Untergang weihte. Ein einziges Schreiben jedoch der bezaubernd schönen Sirene an den frommen Christusjünger, welches Hirzel unbekannt blieb, entging der Vernichtung. Es enthält eine Nachschrift von der Hand *Carl Matthaeis*,[2] und darum legte Lavater das Schreiben nicht in den bekannten Kasten, worin seine Correspondenz mit der Branconi und anderen feurigen Freundinnen, »eine Gemeinschaft der Heiligen«, wohlverwahrt ruhte, sondern zu den Briefen des vertrauten Freundes und treuen Partisans, unter denen es sich bis auf den heutigen Tag erhalten hat.

Unser Originalschreiben der Frau *von Branconi* an *Lavater* lautet:

den Weinacht Tag 1784.

»Nim noch ein Wort in diesem Jahre aus meinem glühenden Herz für dich, du einziger auf Erden, der immer bleibt, wass er ist, weil er ist wass Keiner einen Tag kann. Ich sehne mich nach dich und streke offt meine Arme gegen den Himmel und rufe mit reinem Gefühl: ach Lavater, mein zärtliger Freund, wo bist du? — Mattei soll dir melden wass mein Carl anbetrift. Meine Reise war vom Himmel gesegnet, und ich hoffe bald wird er nach sey Regiment einträten; unser Abschit wird mein Herz zermalmen! Wie offt denke ich an unserem leztem adieu! Noch sehe ich dein holtes Gesicht et les larmes me viennent aux yeux. Gott möge dir ein gutes Neies jahr; küsse die geliebte Mama, die in meine Seele lebt — wie in der ersten Minute, wo ich sie lernte schäzen und lieben; küsse Heinrich, den vortrefligen Jüngling. Aus Paris kann ich wenig dir sagen, aber ein Mahl

---

[1] Ludwig Hirzel, Lavaters Briefe an die Marquise Branconi, Im neuen Reich 1877, II, S. 681.

[2] Ueber ihn vgl. Carl Scherer, Carl Matthaei, Goethe-Jahrbuch XV, 1894, S. 216—244.

werde ich dir mündlich dihs erzehlen; von diesem Cahos — wo gros und klein, gut und schlim, Ehre und Schande, Laster und Tugent in groser Menge liegt. adieu Bester, Gott mit dir und mir auf Ewig«.

Was die Verfasserin obigen Briefes von ihrem »letzten Adieu« sagt, bezieht sich auf ihren Besuch bei Lavater im April des Jahres 1784. Am 22. April kam sie, wie wir einem Briefe Matthaeis vom 1. Mai 1784 an Lavater entnehmen, von diesem Ausflug in die Schweiz nach Strassburg zurück.

Den Sommer verbrachte Frau von Branconi im Norden auf ihrem Landgut Langenstein bei Halberstadt, wo sie im September bekanntlich Goethes Besuch empfing. »Soll ich Dir Dein 1×1 schicken?«, frug Matthaei, als sie wieder in Strassburg waren, den 24. October bei dem Züricher Freunde an, »ich habe sorgfältig geblättert; Goethe auch. Goethe hat *eine* Karte geändert und sie nach seiner Art definirt; ich war mit allen einig; die Menschen, denen ich es stellenweise vorlass ohne zu sagen, was und wessen, waren es ebenso; bis itzt ist nichts als wahrer reiner Menschensinn drinn«.

Das handschriftliche Werk Lavaters, von welchem Matthaei hier spricht, »Wahrheit und Klarheit«, ein »Einmaleins der Menschheit«, bestund aus ein paar tausend numerirten kurzen Sätzen, propositiones simplices, über Logik, Metaphysik, Moral, Politik, Glückseligkeitslehre, Christenthum, über Natur, Menschen, Gott, Religion, Glückseligkeit u. s. w., die alle so klar und so wahr werden sollten, wie 1×1=1. — Ueber dieses Product seines Geistes hatte Lavater bereits am 19. April 1782 an Pfeffel in Colmar geschrieben: »Noch ein wichtigeres Werkchen hab ich vor: Ein *Einmaleins* der Menschheit. Ich weiss nicht, ob ich Ihnen schon ein Wort davon gesagt; mich dünkt ja. Wo nicht, so mag Ihnen Pfenniger in Olten was davon sagen«. Einige Monate später eröffnete er demselben vertrauten Freund: »Mein Einmaleins arbeitet unaufhörlich in meinem inwendigen Menschen. Es ist mir nicht wohl, bis Sie wenigstens ein Capitelchen davon gesehen haben. Die Gewissheit ist doch das süsseste der Menschheit: Wahrheit haben, der Wahrheit wie seines Daseyns gewiss seyn und wissen, alle Freunde der Wahrheit durch Gewissheit zu erfreuen. Alle ihre Feinde verstummen machen zu können, ist wohl reine göttliche Seligkeit«. Und als einmal Jung-Stilling gegen den Glauben an Gebetserhörung wie gegen einen gefährlichen Irrglauben sich äusserte, erwiderte er diesem Bruder in Christo: »Wenn Du mein handschriftliches Einmaleins über Bitten, Fragen, Antworten, Verheissen, Erhöhren gelesen hättest, so würden Dir über Deine mir äusserst unchristlich scheinenden Behauptungen alle Sinne vergehen«. Matthaei aber hatte inbetreff des in Rede stehenden intimen Lavaterschen Geisteswerkes unter dem 20. März 1783 an den Propheten die Frage gerichtet: »Kann ich der Fürstin von Dessau etwas von *Klarheit* und *Wahrheit* sagen? Sie frägt mich gewiss darnach, ob es fertig ist, wie weit«.[1]

In seiner Nachschrift zu obigem Briefe der Branconi schildert Matthaei das Pariser Leben seiner schönen Gebieterin dem Freunde in folgenden Worten: »Ich schreibe dies, und sie sieht es nicht. Ich sage Dir, sie lebt auch hier wie Gottes edelste Perle, sich stets gleich, mit 2—3 Freunden, nimmt an der unabsehbaren Menge Sachen, Vergnügungen, Abwechslungen mäsig und rein für sich hervor, was ihr nützlich ist; in der Stille nur für die Zukunft ihrer Kinder bemüht und oft an Dich und an Hotze einen Blick voll Thränen schickend«. Am Schlusse seines Schreibens ruft Matthaei Lavater zu: »Denk mein und der edeln, himmelsreinen, himmellieben Branconi in Deinem Gebet für Gott, dass wir einander stets bleiben, was wir einander sind. O Du Lieber, wie ist Dein Andenken bitter und süss, wie bangt es bisweilen, so weit von Dir zu seyn«!

Die Briefe *Matthaeis* an *Lavater*, unter denen sich unsere Reliquie vorfand, befinden sich im Besitz von Lavaters Urenkel, Herrn Antistes Dr. Finsler in Zürich, dem für die Erlaubniss der Veröffentlichung bester Dank gesagt sei. Mit Hülfe dieser Briefe des »ruhelosen Wandrers« und anderer mir vorliegenden Correspondenzen, welche die »schöne Frau« und ihren Begleiter betreffen, lässt sich der Lebensweg der Branconi, welcher bisher vielfach in undurchdringliches Dunkel verhüllt war,[2] wenigstens von da an, wo Matthaei sein Schicksal an das ihrige kettete, nunmehr Jahr für Jahr verfolgen, und es sollen demnächst an einem andern Ort die interessanten Aufschlüsse gegeben werden.

HEINRICH FUNCK.

18. *Zum Privileg der Ausgabe l. H.*

Ueber das Privileg für die neue vollständige Ausgabe der Werke *Goethes* enthält das gedruckte Protokoll der achten Sitzung der deutschen Bundesversammlung vom 24. März 1825 (S. 63—66 der Protokolle) das Nähere. Besonders für das königlich-sächsische Privileg mache ich auf die Acten des K. S. Hauptstaatsarchivs: III., 14^b, Fol. 114 Nr. 45, Fol. 362 Nr. 4$^{(1)}$, Bl. 656/7 und VII., 3, Fol. 143^b Nr. 3 (Vol. X^a, Bl. 189 ff.) aufmerksam.

THEODOR DISTEL.

---

[1] Zwei weitere Nachrichten über Lavaters Einmaleins siehe in dem von mir mitgetheilten Briefwechsel zwischen Hamann und Lavater, Altpreussische Monatsschrift XXXI, 1 u. 2, 1894, S. 27. — Vgl. auch A. Stöber, Röderer und seine Freunde, Alsatia 1868—72, S. 112 u. 115.

[2] Vgl. E. V. Zenker, Die Marquise Branconi; Beilage zur Allgemeinen Zeitung 1889, Nr. 199, und Carl Scherer a. a. O. S. 236 u. 238.

19. Zu einem Goethebildnisse.

Zarncke meldet in seinem »kurzgefassten Verzeichnisse der Originalaufnahmen von Goethes Bildniss« (1888, S. 31, Taf. III, 10), dass die lebensgrosse Kreidezeichnung des Dichters, welche sich im Besitze der Frau Pastor *Engel* in Greiz befindet, aus dem Nachlasse *Friedrich Rochlitz'*, Goethes Freunde († 1842, 16. Dec. in Leipzig) stamme und bemerkt dazu, Ersterer scheine — aus dort angeführten Gründen — sie für eine Originalzeichnung *Kügelgens* gehalten zu haben.

Das betreffende Bild (56 cm. h. und 42 cm. br.) wurde dem *Meissner*'schen Ehepaare in Leipzig (Kirchen- und Schulrath Dr. Konrad Benjamin Meissner und Antonie, geb. Schmidt) vermacht, die genannte Frau Engel ist dessen einzige überlebende Tochter, als Schöpfer desselben ergeben die Rochlitzschen Nachlassacten jedoch *Ehregott Grünler*.

THEODOR DISTEL.

20. Eine Selbstbiographie Gustav von Loepers.

Als ich vor einigen Jahren an der Neubearbeitung des literargeschichtlichen Theils eines grossen encyklopädischen Unternehmens betheiligt war, gelangte unter anderen von der Redaction erbetenen authentischen Biographie-Materialien eine alle wesentlichen Lebensdaten enthaltende Skizze über Gustav von Loeper, aus seiner eigenen Feder stammend, in meine Hand. Man hatte ihm, wie den sonstigen aufgenommenen Persönlichkeiten, die in der vorhergehenden Auflage schon vertreten gewesen waren, Ausschnitte der letzteren behufs Revision zugesandt. Er schickte diese aber — am 4. Juni 1890 — »mit dem ergebenen Bemerken zurück, dass mir die beiden gedruckten Artikel[1] nicht recht genügen, und ich darunter einen neuen gesetzt habe, der mehr Zusammenhängigkeit und Vollständigkeit besitzt, zu dessen Annahme ich daher rathen würde. Da dieser Abriss nun aber nur stark gekürzt vor die Oeffentlichkeit getreten ist, andererseits aber Ludwig Geigers warmen Nekrolog im Goethe-Jahrbuch XIII, 243—246 gleichsam nach der statistischen Seite hin in willkommen originaler Weise ergänzt, so mag dies autobiographische Document, anderthalb Jahr vor dem Tode (13. December 1891) niedergeschrieben, das Bild dieses »hervorragenden Goethe-Kenners«[2] für den Kreis, in dem er als Mitgründer und auch officiell als eifriger Vicepräsident der Goethe-Gesellschaft eine Rolle gespielt hat, auffrischen:

---

[1] Der betreffende Artikel und die Nachträge im Supplement.
[2] Diese allgemeine Charakteristik im Eingange des ursprünglichen Artikels hat der bescheidene Mann bei der Durchsicht weggelassen.

»Loeper (Joh. Ludw. Gustav von), Jurist und deutscher Literaturforscher, geb. 27. Sept. 1822 zu Wedderwill in Pommern, studirte Jura und Cameralia in Berlin und Heidelberg und ward, nach längerer richterlicher Thätigkeit, i. J. 1854 im Ressort des K. Hausministeriums zu Berlin angestellt. Sein Wirken hier während der folgenden 32 Jahre umfasste sämmtliche Zweige der Kron-Verwaltung, galt aber vorzüglich der Praxis des Staats- und Privatfürstenrechts und des Herkommens im Hause Hohenzollern, ihm lag die Führung aller in dies Gebiet einschlagenden grösseren Processe ob, und er durfte sich rühmen, keinen einzigen verloren zu haben. Besonders glückte ihm die processuale Durchführung der Ansprüche des K. Hauses auf den Allodialnachlass der ausgestorbenen Bernburger Linie des Hauses Anhalt und der Gewinn der grossen Herrschaften Schwedt in Brandenburg und Oels in Schlesien für die Krone. Seit 1876 zugleich Director des K. Hausarchivs und beim Jubiläum der Universität Heidelberg von dieser wegen seiner Leistungen auf dem Gebiete des Privatfürstenrechts zum juristischen Ehrendoctor ernannt, trat er October 1886 als Wirklicher Geheimer Rath mit dem Excellenz-Prädikat in den Ruhestand, um sich, seit der Erschliessung des Goethe-Archivs zu Weimar, den seit vierzig Jahren zur Erholung betriebenen Literaturstudien ausschliesslich zu widmen. Seine Arbeiten für die Hempelsche Goethe-Ausgabe, besonders seine erklärenden Ausgabe des »Faust« (1869, 2. Aufl. 1879), der Prosasprüche (1870), des »Divan« (1872), von »Dichtung und Wahrheit« (1874 bis 1877), der »Gedichte« (1882—1884), und getrennt davon der Briefe an Sophie Laroche und Bettina Brentano u. a. m. hatten ihn als Kenner Goethes bekannt gemacht. In Folge dessen ward ihm in Gemeinschaft mit W. Scherer und E. Schmidt 1885 die Herausgabe der neuen, jetzt zum Theil in andern Händen ruhenden, Weimarer Goethe-Ausgabe übertragen, er auch in den Vorstand der in demselben Jahre auf seinen Betrieb gegründeten Weimarischen Goethe-Gesellschaft gewählt. Gegenwärtig[1] ist er mit den Vorbereitungen zu einer neuen Goethe-Biographie beschäftigt«.

LUDWIG FRÄNKEL.

21. Goethes Werke in italienischer Uebersetzung.

Vor kurzer Zeit hat Giosuè Carducci in einem polemisirenden Vorwort zu Ettore Sanfelices Uebersetzung des Shelleyschen Prometheus gesagt, dass in Italien zwar viel übersetzt, doch

---

[1] Ein eingefügtes *meist auf Reisen lebend* ist nachträglich durchgestrichen.

leider wenig gelesen werde. Seine Worte fallen mir nun ein, da ich der folgenden Bibliographie Goethischer Werke in italienischer Uebersetzung Einiges voranschicken will: denn so gross auch unser Antheil an den Werken Goethes, bei Betrachtung des folgenden Verzeichnisses scheinen mag, so ist doch eine gebührende Kenntniss dieses Meisters in Italien noch nicht vorhanden. Es fehlt überhaupt bei uns noch an der Vorbildung, um in die deutsche Welt dieses und manches anderen Dichters einzudringen: bei uns wird das Deutsche leider fast nur zu äusseren Zwecken gelernt.

Ich habe selbst die Erfahrung gemacht, dass die meisten Uebersetzungen, abgesehen von solchen die fürs Theater oder die Unterhaltungslektüre bestimmt sind, nur ein Interesse des Uebersetzers, höchstens seiner nächsten Umgebung, bekunden; schwerlich gelingt es einer Uebersetzung sich weitere Kreise zu erobern, wie z. B. derjenigen des Carducci von Platens »Das Grab im Busento«, welche sogar in eines der bekanntesten Lesebücher (leider ohne Platens Namen zu nennen) aufgenommen worden ist.

Was Goethe anbelangt, so haben sehr oft seine Uebersetzer weder der deutschen noch der italienischen Literatur einen guten Dienst erwiesen. Ich denke ein ander Mal noch ausführlich zu besprechen, was ich, bei Zusammenstellung der folgenden Bibliographie, an schlechten aber auch an guten Uebersetzungen habe kennen lernen; hier soll nur die nackte Bibliographie gegeben werden.

Einige allgemeine Betrachtungen muss ich mir doch hier schon vorweg nehmen: fast sämmtliche italienische Uebersetzungen von Goethischen Werken — und das gilt für die Uebersetzungen aus dem Deutschen im allgemeinen — haben gemeinsam den Fehler, dem verschiedenen Charakter der beiden Sprachen nicht gerecht zu werden. Das Italienische mit seinen Neigungen zur architektonischen Abrundung im Satzgefüge, mit seiner Vorliebe für rhetorische Ausschmückung, mit seinen würdigen Anklängen an das Alterthum, sticht ganz und gar ab von der einfachen, die Herzensregungen unmittelbar wiedergebenden Sprache der Deutschen. Dies fällt namentlich auf bei einer auch nur oberflächlichen Vergleichung des Faust mit seinen italienischen Uebersetzungen.

Dasselbe gilt auch von Goethes Lyrik: ihr gegenüber merkt man eine Aengstlichkeit und Zaghaftigkeit der Uebersetzer, die nur sprachlich erklärlich ist. Die Vorzüge der italienischen Sprache sind ihr eben oft gar hinderlich, die einfachen Naturlaute, die innersten Seelenregungen wiederzugeben, die in allen Goethischen Gedichten ihren Ausdruck finden. Man vergleiche nur, wie die einfachen Worte:

»Meine Ruh ist hin,
Mein Herz ist schwer,
Ich finde sie nimmer
Und nimmermehr«

übersetzt worden sind.

Wenn aber auch einige der im Folgenden verzeichneten Uebersetzungen missrathen, andere blos da sind, um mit dem Namen Goethe irgend einem Sammelwerk Glanz zu verleihen, so bekunden doch alle die hohe Werthschätzung für den Mann, dessen mächtige, vielseitige und tiefe Productivität ein wahres Naturräthsel ist. Doch auch viele gute und gewissenhafte Uebertragungen sind im Lauf der Jahre entstanden und verdienten wohl aus vergessenen Zeitschriften und verschollenen Büchlein hervorgeholt zu werden; vielleicht findet sich ein umsichtiger Sammler, welcher unter dem vielen dürren Geäst die blühenden Reiser zu lesen versteht.

C. FASOLA.

Gedichte.

1. Zueignung: a. Dedicatoria. Gli amori di Volfango Goethe. Traduzioni di Domenico Gnoli. Livorno, Vigo, 1875. pagg. XVI—385. 8°.
    b. Dedica. I canti ed altre poesie di Wolfango Goethe, tradotte in versi da Pio Bracchi. Ferrara, Taddei, 1878. 24°.
    c. Dedica. Goethe W., Poesie varie (inedite di P. Bracchi) Manosc. H. IV. 23. Biblioteca Comunale di Mantova.
    d. Dedicatoria. Goethe, Canti d'amore e poesie varie. Traduzione di Antonio Zardo. Milano, Hoepli, 1886. Collez^e diamante.

Lieder.

2. Motto (zu den Liedern): siehe 1. c.
3. Vorklage: a. Lamento di Proemio s. 1. a. — b. Scrupolo s. 1. b. — c. Lamento anticipato s. 1. c.
4. An die Günstigen: a. Ai benevoli s. 1. a. — b. Ai benevoli s. 1. b. — c. Ai benevoli s. 1. c.
5. Der neue Amadis: a. Il nuovo Amadigi: s. 1. a. — b. Il novello Amadigi s. 1. b. — c. Il novello Amadigi s. 1. c.
6. Stirbt der Fuchs, so gilt der Balg: a. Muore la volpe s. 1. a. — b. Muor la volpe, resta la pelle s. 1. b. — c. Muor la volpe, resta la pelle s. 1. c.
7. Heidenröslein: a. La rosetta della landa s. 1. a. — b. La rosa dei campi s. 1. b. — c. La rosa dei campi s. 1. c.
8. Blinde Kuh: a. Mosca cieca s. 1. a. — b. A gatta cieca s. 1. b. — c. A gatta cieca s. 1. c.
9. Christel: a. Cristina s. 1. a. — b. Cristina s. 1. b. — Cristel s. 1. c.

10. Die Spröde: a. La fanciulla ritrosa s. 1. a. — b. La ritrosa s. 1. b. — c. La ritrosa s. 1. c.
11. Die Bekehrte: a. La fanciulla convertita s. 1. a. — b. La convertita s. 1. b. — c. La convertita s. 1. c.
12. Rettung: a. La mia salvezza s. 1. a. — b. Salvamento s. 1. b. — c. Salvamento s. 1. c.
13. Der Musensohn: a. Il figlio delle Muse s. 1. a. — b. Il figlio delle Muse s. 1. b. — c. Il figlio delle Muse s. 1. c. — d. Il figlio delle Muse s. 1. d.
14. Gefunden: a. Trovato s. 1. a. — b. Scoperta s. 1. b. — c. (ohne Titel) Fiori d'oltralpe. Saggio di traduzioni poetiche per l'autore dei versi »In Solitudine« (T. Cannizzaro). Messina, Tip. Via Rovere, 1882. — d. Trovato. Novelle e liriche tradotte dal tedesco da Allegrina Cavalieri Sanguinetti. Modena, Moneti e Namias, 1884. — e. Il fiorellino trovato. Traduzione di Giovenale Sicca. Per Nozze Saredi Parodi-Bollero. Roma, officina ind. Carte-Valori, 1885. — f. Trovato. Traduzioncelle e Imitazioni di Franc. Benelli. Zurigo, 1868.
15. Gleich und Gleich: a. Simile col simile s. 1. a. — b. L'una per l'altra s. 1. b. — c. Simile col simile s. 1. d.
16. Wechsellied zum Tanz: a. Canto alternato per la danza s. 1. a. — b. Canto alternato durante la danza s. 1. b.
17. Selbstbetrug: a. Illusione s. 1. a. — b. Delusione s. 1. b. — c. Illusione s. 1. d. — d. (Selbstbetrug) Trad. di Luigi Mellano. La Lingua tedesca. Periodico quindicinale diretto da Vitt. Gruenwald e E. Krusekopf. Anno VII. N° 9. Livorno, 1893. — e. Il proprio inganno s. 14. f.
18. Kriegserklärung: a. Dichiarazione di guerra s. 1. a. — b. Dichiarazione di guerra s. 1. b. — c. Dichiarazione di guerra s. 1. d.
19. Liebhaber in allen Gestalten: a. Amante sotto ogni forma s. 1. a. — b. L'amante sotto tutte le forme s. 1. b.
20. Der Goldschmiedsgesell: a. Il garzone d'orefice s. 1. a. — b. Il garzone d'orefice s. 1. b.; wieder abgedruckt per Nozze. Vicenza, Paroni, 1878.
21. Lust und Qual: Diletto e dolore s. 1. b.
22. März: a. Marzo s. 1. a. — b. Marzo s. 1. b.
23. Antworten bei einem gesellschaftlichen Fragespiel: a. Risposte a domande proposte in un giuoco s. 1. a. — b. Risposta a quistioni fatte in giuoco di società s. 1. b.
24. Verschiedene Empfindungen an einem Platze: a. Diversi sentimenti nello stesso luogo s. 1. b.
25. Wer kauft Liebesgötter: a. Chi compra gli amori s. 1. a. — b. Gli amorini in vendita s. 1. b.
26. Der Misantrop: a. Il misantropo s. 1. a. — Il misantropo s. 1. b.

27. Liebe wider Willen: a. Amore contro voglia s. 1. a. —
b. L'innamorato a suo dispetto s. 1. b.
28. Wahrer Genuss: a. Vero godimento s. 1. a. — b. Vero godimento s. 1. b.
29. Der Schäfer: a. Il pastore s. 1. a. — b. Il pastore s. 1. b. — c. Il pecoraio s. 14. f.
30. Der Abschied: a. Il congedo s. 1. a. — b. Addio s. 1. b. — c. Il congedo s. 1. d. — d. (Der Abschied) Libro dell' amore. Poesie ital. raccolte e straniere tradotte da M. A. Canini. Venezia, Tip. dell' Ancora, 1888. Vol. separazione.
31. Die schöne Nacht: a. La bella notte s. 1. a. — b. La bella notte s. 1. b.
32. Glück und Traum: a. Felicità e sogno s. 1. a. — b. Felicità e sogno s. 1. b.
33. Lebendiges Andenken: a. Un ricordo vivente s. 1. a. — b. Ricordo vivente s. 1. b. — c. Ricordo vivente s. 1. c.
34. Glück der Entfernung: a. Felicità della lontananza s. 1. a. — b. Felicità della lontananza s. 1. b. — c. Virtù della lontananza s. 1. c.
35. An Luna: a. Alla luna s. 1. a. — b. Alla luna s. 1. b. — c. Alla luna (und noch eine dritte Fassung) s. 1. c.
36. Brautnacht: a. La notte nuziale s. 1. a. — b. La notte degli sposi s. 1. b. — c. La prima notte delle nozze. Traduzione di C. V. Giusti. Nella Nuova Rivista Internazionale (Periodico di scienze lettere ed arti, compilato da C. V. Giusti, Prof. G. Rigutini, Dr. G. A. Scartazzini,) Anno I. N° 3. Firenze, Tip. del Vocabolario, 1880.
37. Schadenfreude: a. Gioia maligna s. 1. a. — b. Gusto crudele s. 1. b. — c. Piacer crudele s. 1. c. — d. Gioia maligna s. 1. d.
38. Unschuld: a. L'innocenza s. 1. a. — b. L'innocenza s. 1. b. — c. Innocenza s. 1. d.
39. Scheintod: a. Morte apparente s. 1. a. — b. Morte apparente s. 1. b.
40. Nähe: a. Vicinanza s. 1. a. — b. Vicinanza s. 1. b. — c. Vicinanza s. 1. c. — d. Vicinanza s. 1. d. — e. Vicinanza s. 14. f.
41. Novemberlied: Il canto di novembre s. 1. c.
42. An die Erwählte: a. Alla donna eletta s. 1. a. — b. Alla prescelta s. 1. b.
43. Erster Verlust: a. La prima perdita. Saggio di poesie alemanne. Versioni di Antonio Bellati. Milano, 1832. — b. Prima perdita s. 1. a. — c. Prima perdita s. 1. b. — d. Prima perdita s. 1. d. — e. Prima perdita. Versioni poetiche di Giulio Pisa. Milano, Dumolard, 1894.
44. Nachgefühl: a. Rimembranza s. 1. a. — b. Sensazione s. 1. b. — c. Rimembranza s. 1. d. — d. Rimembranze.

Il matrimonio di Geltrude e alcune poesie tradotte dal tedesco da Allegrina C. Sanguinetti. Modena, Moneti e Namias, 1887.

45. Nähe des Geliebten: a. Presenza. Canti popolari dell' Alemagna. Saggio di traduzione per Giovanni Fissore. Savigliano, tip. Racca e Bressa, 1857. — b. Vicinanza dell' amata s. 1. a. — c. Vicinanza dell' amato. — Imitazione dal tedesco di W. Goethe. Rivista Europea (Rivista Internazionale) Vol. II. Firenze, 1877. Traduzione di Giovanni Tamini. — d. Vicinanza dell' amante s. 1. b. — e. Vicinanza della persona amata s. 36. c. — f. Desiderio dell' amato s. 14. d. — g. Alla donna amata. Affetti e Fantasie. Traduzione di Enrico Salvagnini. Bologna, Zanichelli, 1885. 16°. — h. Vicinanza dell' amata s. 1. d. — i. (Nähe des Geliebten) Eros. Liriche. Versione di F. Contaldi. Giulianova, tip. del commercio, 1888. Per nozze Trifoni — de Albentiis. — k. Prossimità dell' amata s. 14. f. — l. Presso l'amata. Ombre e Riflessi di Giuseppe Biadego. Verona, Münster, 1876. — m. Vicinanza dell' amato. Traduzione di Santoro Fajella. Nuptialia. Salerno, Jovane, 1890. — n. Io penso a te. Trad. di Cesare de Lollis. Fanfulla della Domenica. Anno XIV. Roma, 1892. — o. Presso l'amato. Trad. di Lea M. in Mente e Cuore. Periodico per le Famiglie e per le Scuole. Anno III. No. 1. Trieste, 1895.
46. Gegenwart: a. Presenza s. 1. a. — b. Presenza s. 1. b. — c. Presenza s. 1. d.
47. An die Entfernte: a. Lontananza. Saggio di traduzioni di P. d'Arco Ferrari. Firenze, Le Monnier, 1857. 16° picc. — b. All' amica lontana s. 1. a. — c. All' amica lontana s. 1. b. — d. All' amica lontana s. 45. g. — e. All' amica lontana s. 1. d. — f. (An die Entfernte) s. 30. d.
48. Am Flusse: a. Sul fiume s. 1. a. — b. In riva al fiume s. 1. b. — c. Sul fiume s. 1. d. — d. Sul fiume s. 45. l.
49. Wehmuth: a. Tristezza s. 1. a. — b. Malinconia s. 1. b. — c. (Wehmuth) s. 30. d. — d. Tristezza s. 1. d.
50. Abschied: a. Congedo s. 1. a. — b. Separazione s. 1. b. — c. Separazione s. 1. c.
51. Wechsel: a. Volubilità s. 1. a. — b. Mutazione s. 1. b. — c. Volubilità s. 1. d.
52. Beherzigung: Riflessione s. 1. b.
53. Ein Gleiches: a. Chi s'aiuta Dio l'aiuta s. 1. a. — b. (Ein Gleiches) s. 1. b. — c. Similitudine s. 1. c. — d. Serio pensiero s. 1. d.
54. Meeresstille: a. La calma del mare s. 1. a. — b. Calma di mare s. 1. b. — c. Bonaccia s. 1. d. — d. Calma marina s. 43. d.

55. Glückliche Fahrt: a. Viaggio felice s. 1. a. — b. Buon viaggio s. 1. b. — c. Tragitto felice s. 1. d.
56. Muth: a. Coraggio s. 1. a. — b. Coraggio s. 1. b. — c. Coraggio s. 1. c. — d. Coraggio s. 1. d.
57. Erinnerung: a. Un ricordo s. 1. a. — b. Consiglio s. 1. b. — c. Avvertimento s. 1. c. — d. Un ricordo s. 1. d.
58. Willkommen und Abschied: a. Il benvenuto e l'addio. Saggio di poesie alemanne. Versioni di Antonio Bellati. Milano, Fontana, 1832. Edizione nuovissima. — b. Il benvenuto e l'addio s. 1. a. — c. Arrivo e partenza s. 1. b. — d. Arrivo e partenza s. 44. c. — e. (Willkommen und Abschied) s. 30. d. — f. Il benvenuto e l'addio. Fiori tedeschi di vari autori. Trad. di Gaetano Oliva. Messina, 1875. — g. Ritorno e partenza. Illustrazione popolare. Milano, 1890. N° 24.
59. Neue Liebe neues Leben: a. Amor nuovo, vita nuova s. 1. a. — b. Nuovo amore, nuova vita s. 1. b. — c. Amor nuovo e vita nuova s. 43. d.
60. An Belinde: a. A Belinda s. 1. a. — b. A Belinda s. 1. b. — c. A Belinda s. 43. d.
61. Mailied: a. Canzone di Maggio s. 58. a. — b. Canto di Maggio s. 1. a. — c. Canto di maggio. Cento liriche tedesche tradotte da Francesco Cipolla. Verona, Münster, 1877. — d. Canto di maggio s. 1. b. — e. Canto di maggio. Per Nozze Berti-Mangini. Livorno, Vigo, 1878 in 8°. — f. Canto di maggio s. 1. d. — g. Canto primaverile. Anima. Versi di Filippo Benvenuto. Napoli, E. Detken, 1893. — h. Canto di Maggio s. 14. f. — i. Canto di Maggio. Le Primavere liriche della Germania di Gaetano Nardelli. Roma, Paravia, 1891. — k. Canto di Maggio. Trad. di Gualtiero Petrucci. Varietà. Periodico di Napoli. Anno IV. N° 159. 1894.
62. Mit einem gemalten Band: a. Col dono di un nastro dipinto s. 1. a. — b. Con un nodo variopinto s. 1. b. — c. Col dono di un nastro dipinto s. 1. d.
63. Mit einem goldenen Halskettchen: a. Col dono d'una catenella d'oro s. 1. a. — b. Con un piccolo monile d'oro s. 1. b. — c. A Federica col dono d'una catenella d'oro, Erato. Versi di Saverio Baldacchini. Napoli, Stamp. del Vaglio, 1857.
64. An Lottchen: a. A Carlotta s. 1. a. — b. A Carlotta s. 1. b.
65. Auf dem See: a. Sul lago s. 1. a. — b. Sul lago s. 1. b. — Sul lago s. 1. d.
66. Vom Berge: a. Dal monte s. 47. a. — b. Dal monte s. 1. a. — c. Dal monte s. 1. b.
67. Blumengruss: Saluto coi fiori s. 1. b.

68. Im Sommer: a. Nell a state s. 1. a. — b. D'estate s. 1. b. — c. Nella state. Letture die Famiglia. Anno XXXVI. N° 1. Firenze, Bencini, 1884. Trad. di A. Zardo. Wieder abgedruckt s. 1. d.
69. Mailied: a. Canto di Maggio s. 1. a. — b. Maggio s. 1. b. — c. Canzone di Maggio s. 1. d.
70. Frühzeitiger Frühling: a. Primavera precoce s. 1. a. — b. Primavera precoce s. 61. c. — c. Primavera precoce s. 1. b. — d. Primavera precoce s. 1. d. — e. (c. Tit.) s. 61. i.
71. Herbstgefühl: a. Sentimenti d'autunno s. 1. a. — b. Impressioni d'autunno s. 1. c.
72. Rastlose Liebe: a. Amore senza riposo s. 1. a. — b. Amore senza riposo s. 1. b. — c. (Rastlose Liebe) s. 30. d. Bd. 1885. — d. Amore senza riposo s. 1. d. — e. Amore non ha posa s. 44. d. — f. Amore senza posa. Traduzioni di Emilio Teza. Milano, Hoepli, 1888.
73. Schäfers Klagelied: a. Lamento del pastore s. 1. a. — b. Lamento del pastore s. 1. b. — c. Il lamento del pastore s. 36. c. — d. Lamento del pastore s. 14. d. — e. Lamento del pastore s. 1. d. — f. Il lamento del pastore. Poeti Tedeschi. Versioni di Angelo Calvino. Roma, Eredi Bocca, 1888.
74. Trost in Thränen: a. Consolazione nelle lagrime s. 47. a. — b. Consolazione nel pianto s. 1. a. — c. Conforto nelle lagrime s. 1. b. — d. Conforto nelle lagrime s. 1. d. — e. Conforto nelle lagrime s. 44. d. — f. Consolazione nelle lagrime. Ida Provenzal. Versi. Livorno, Giusti, 1891. — g. Conforto al pianto s. 45. m.
75. Nachtgesang: a. Canto notturno s. 1. a. — b. Serenata s. 1. b. — c. Canto notturno s. 1. c.
76. Sehnsucht: a. Desiderio fantastico s. 1. a. — b. Aspirazione s. 1. b. — c. Sehnsucht. Giuseppe Finze. Fantasmi. Torino, Loescher, 1892.
77. An Mignon: a. A Mignon s. 1. a. — b. A Mignon s. 1. b. — c. A Mignon s. 1. c. — d. A Mignon s. 1. d.
78. Bergschloss: a. Il castello della montagna s. 1. a. — b. Castello in Montagna s. 1. b. — c. Il castello della montagna s. 68. c.
79. Geistesgruss: a. Il saluto dello spirito s. 47. a. — b. Il saluto dello spirito s. 1. a. — c. Il saluto d'uno spettro s. 1. c.
80. An ein goldenes Herz, das er am Halse trug: a. Ad un cuor d'oro che portava al collo s. 1. a. — b. Ad un cuor d'oro ch'egli portava al collo s. 1. b. — c. Ad un cuor d'oro che portava al collo s. 1. d.
81. Wonne der Wehmuth: a. Voluttà del dolore s. 1. a. — b. Voluttà della malinconia s. 1. b. — c. (Wonne der Wehmuth) s. 30. d. Bd. v. 1885. — d. Voluttà del dolore. Cordelia. Giornale per le giovinette. Anno X. N° 41. Firenze, 1891.

82. Wanderers Nachtlied: a. Canto notturno del viandante s. 1. a. — b. Canto notturno del viaggiatore s. 1. b. — c. Canto notturno del viandante s. 36. c.
83. Ein Gleiches[1]: a. (Ein Gleiches) s. 1. a. — b. Canto notturno del viaggiatore s. 61. c. — c. Lo stesso soggetto s. 1. b. — d. Similitudine s. 1. c. — e. Al mio cuore. Traduzione di C. U. Posocco, da Goethe. La Favilla. Rivista letteraria dell' Umbria e delle Marche. Dir. L. Tiberi. Anno X. Perugia, 1878. pag. 471. — f. Lo stesso argomento s. 36. c.
84. Jägers Abendlied: a. Canto serale del cacciatore s. 1. a. — b. Canto notturno del cacciatore s. 1. b. — c. Canto del cacciatore alla sera s. 14. d. — d. Canto serale del cacciatore alla sera s. 1. d.
85. An den Mond: a. Alla luna s. 58. a. — b. Alla luna s. 1. a. — c. Alla luna s. 1. b. — d. Alla luna s. 1. d. — e. Alla luna s. 44. d.
86. Einschränkung: a. Giusto limite s. 1. a. — b. Angustia s. 1. b.
87. Hoffnung: a. Speranza s. 1. a. — b. Speranza s. 1. b. — c. Speranza s. 1. d.
88. Sorge: Pensiero cruccioso s. 1. b.
89. Eigenthum: a. Proprietà s. 1. a. — b. Possesso s. 1. b. — c. Proprietà s. 1. d.
90. An Lina. a. Lina s. 1. a. — b. A Lina s. 1. b. — c. A Lina s. 45. g.

Gesellige Lieder.

91. Zum neuen Jahr: Il nuovo anno s. 1. b.
92. Stiftungslied: a. Canto d'inaugurazione s. 1. b. — b. Il canto della scritta s. 1. c.
93. Frühlingsorakel: L'oracolo di primavera s. 1. c.
94. Die glücklichen Gatten: Gli sposi felici s. 1. b.
95. Bundeslied: Canto dell' alleanza s. 1. b.
96. Dauer im Wechsel: Durata e mutamento s. 1. b.
97. Generalbeichte: Confessione generale s. 1. b.
98. Cophtisches Lied: a. Cantilena cofta. L'Eco. Giornale di scienze, lettere, arti, commerci e teatri. Milano, P. Lampato, 1828. N° 26. — b. Canto cofto s. 1. b.
99. Vanitas! Vanitatum vanitas!: Vanitas etc. s. 1. b.
100. Frech und froh: Audacia e allegria s. 1. c.
101. Kriegsglück: Fortuna in guerra s. 1. c.
102. Offene Tafel: Tavola bandita s. 1. c.
103. Epiphanias: Epifania s. 1. c.
104. Die Lustigen von Weimar: I buontemponi di Weimar s. 1. c.

---

[1] Pietro Dazzi's Uebersetzung dieses Gedichtes, die unter dem Titel »Pace« in der Gazzetta del Popolo di Firenze erschienen ist, habe ich leider nicht finden können.

105. Schweizerlied: a. Canto svizzero s. 1. c. — b. Uf'm Bergli s. 14. c.
106. Finnisches Lied: Canto finnico s. 1. b.
107. Zigeunerlied: Canto zingaro s. 1. c.

Aus Wilhelm Meister.

108. Mignon (II. Gedicht): Mignon s. 45. g.
109. Der Harfenspieler: Il suonator d'arpa s. 43. e.

Balladen.

110. Mignon: a. L'anelanza di Mignone. Poesie scelte dai migliori classici tedeschi, recate in italiano col testo a fronte dal prof. Luigi F. A. Argenti. Milano, Pirotta, 1826. in 12° grande. — b. Mignon. Saggio di traduzioni di Paolo d'Arco Ferrari. Firenze, F. Le Monnier, 1857. 16°. — c. Mignone. Gemme straniere raccolte del cav^e Andrea Maffei. Firenze, F. Le Monnier, 1860. — d. Mignon. Estratto dal giornale »Il Trentino« Viaggio in Italia di Goethe lavoro di Silvio Andreis. Trento, G. B. Monanni, 1868. (trad. in prosa). — e. Mignon s. 1. a. — f. Mignon s. 1. d. — g. Conosci tu il suol? (Dal W. Meister.) Trad. di G. A. Cesareo. Magazzino. Riv. di lett. arti e scienze. Messina, 1882.
111. Der Sänger: a. Il menestrello. Rose e Viole. Canti e leggende popolari di varie nazioni, raccolte e pubblicate da C. Arlia. Torino, G. Favale, 1886. — b. Il menestrello s. 44. d. — c. Il Bardo. L'armi e l'arpa. Versi di Domenico Panizzi. Reggio Emilia. Degani e Masini, 1871. — d. Il menestrello. Trad. di Antonio Tari. Napoli Letteraria, 1884.
112. Ballade vom vertriebenen und zurückgekehrten Grafen: a. Ascoltano i fanciulli e n'han diletto s. 110. c. — b. Ballata del conte esigliato e ritornato. Ballate. Traduz. di A. Zardo. Milano, 1890.
113. Das Veilchen: a. Canzonetta. Idea della bella letteratura alemanna. Trad. del sig. Abate A. De' Giorgi Bertòla. Lucca, 1784. Tomo I. pag. 162. — b. La Viola s. 58. a. — c. La violetta. Per nozze. Trad. di A. Zardo. Padova, Prosperini, 1876. Wieder abgedruckt s. 1. d. — d. La viola mammola s. 14. d.
114. Erlkönig: a. Il folletto s. 58. a. — b. Il fantasma. Traduzione libera. Rivista Viennese 1839. Tomo II. pag. 415 ff. — c. Il re degli alni s. 47. a. — d. Il folletto s. 110. c. — e. Il re dei Silfi. Fiori lirici tedeschi, recati in italiano da Gio. Peruzzini. Firenze, Barbèra, 1870. vol. unico. — f. Il re delle Ninfe s. 73. f. — g. Il re degli Ontani. Cordelia. Giornale per le giovinette. Firenze,

1892. Anno XII. Nº 7. Unterschrieben Emma. — h. Il re degli alni s. 43. e. — i. Il re degli Ontani Traduz. di Gaspare Buffa. Gazzettino del circolo filolog. stenogr. di Genova. Anno I. Nº 13. 1874. — k. Il re dei folletti. Ciampoli. Fiori Erotici. Lipsia, Otto Lenz, 1882.

114a. Johanna Sebus. Giovanna Sebus. Saggio di Traduz. delle più apprezzate liriche alemanne di Giacomo Pederzani. Prescia, Minerva, 1842.

115. Der Fischer: a. Il pescatore s. 58. a. — b. Il pescatore s. 57. a. — c. Il pescatore s. 110. c. wieder abgedruckt per Nozze Binelli-Oddi-Baglioni. Perugia, Buoncompagni, 1878. 8° pag. 6. — d. Il pescatore s. 1. d. — e. Il pescatore s. 44. d. — f. Il pescatore. Ballata. Versione di Giuseppe Vigolo per Nozze Gruber-Lorenzi. Padova, Salmin, 1888. 8°. — g. Il pescatore. Trad. di B. Cotronei. Rassegna della letteratura italiana estraniera. Anno I. Nº 8. Catania, 1890. — h. Il pescatore s. 43. e.

116. Der König in Thule: a. Il re di Tule s. 47. a. — b. Il re di Thule s. 14. c. — c. Il re di Tule. Rime Nuove di Giosuè Carducci. Bologna, Zanichelli, 1887. — d. Il re di Thule. Saggio di versioni poetiche dal tedesco per Livio Cibrario. Torino-Roma, L. Roux, 1892. — S. ausserdem unter Faust.

117. Das Blümlein wunderschön. Lied des gefangenen Grafen: a. La viola del pensiero s. 58. a. — b. Il fioretto bello a meraviglia. Canzone del conte prigioniero s. 110. c.

118. Ritter Curts Brautfahrt: Viaggio nuziale del cavalier Curt s. 1. c.

119. Der Schatzgräber: a. Il cercator di tesori s. 111. a. — b. Il cercator di tesori s. 114. e. — c. Il cercator di tesori s. 1. d. — d. Il cercatore di tesori, trad. di A. Foà. La lingua ted. Periodico. Anno III. Nº 5. Verona, 1889.

120. Der Rattenfänger: Il pigliasorci s. 1. c.

121. Der Edelknabe und die Müllerin: Il signorino e la molinara s. 1. c.

122. Der Junggesell und der Mühlbach: a. Il garzone e il ruscello s. 47. a. — b. Il garzone e il ruscello del mulino s. 1. d.

123. Wirkung in die Ferne: Effetto in distanza s. 1. c.

124. Die wandelnde Glocke: La campana semovente s. 47. a.

125. Der Todtentanz: a. La danza dei morti s. 58. a. — b. La danza dei morti s. 110. c.

126. Die Braut von Corinth: a. La sposa di Corinto s. 58. a. — b. La sposa di Corinto s. 110. c. — c. La fidanzata di Corinto; trad. di A. Zardo. Padova, M. Giammartini, 1873. 8°. — d. La fidanzata di Corinto s. 73. f.

127. Der Gott und die Bajadere: a. Il nume e la baiadera (Leggenda indiana) s. 98 a. L'Eco, 1828. N° 26. — b. Il Dio e la baiadera s. 110. c. Wieder abgedruckt und in Musik gesetzt vom Zögling Giano Brida. Milano, Pirola, 1861. 8°. — c. Il Dio e la Baiadera. Trad. di Anselmo Guerrieri-Gonzaga, »Italia« herausg. von Karl Hillebrand in Florenz. Vol. I. Leipz., 1874. — d. Il Dio e la Baiadera. Trad. di C. V. Giusti. La Nuova Rivista Internazionale s. 36. c. N° 3.

Antiker Form sich nähernd.

128. Die Geschwister: I due fratelli. Cordelia s. 81. d., unterschr. »Jolanda«.
129. Zeitmass: Cronometro s. 128.
130. Warnung: Consiglio s. 128.
131. Erkanntes Glück: a. Felicità conosciuta s. 1. a. — b. Felicità conosciuta s. 1. d.

Elegien.

132. Römische Elegien: a. Elegia III. L'Eco, 1828. N° 34. s. 98. a. — b. Elegia V. s. 110 d. — c. Elegie romane. Italia 1875. Vol. II. s. 127. c. — d. Elegie romane. Trad. di A. Maffei. Fir., Succ. Le Monnier, 1875. — e. Le elegie romane I. II. III. IV. V. X. XI. XIV. XVI. XVII. Traduz. di E. Teza. Pisa, Nistri, 1877. Dieselben. Milano, Hoepli, 1888. — f. Elegia XIII. Trad. di Bruno. L'occhialetto. Rivista settimanale. Anno XVI. Napoli, 1888 (in prosa). — g. Frammenti inediti delle elegie romane di Goethe. E. Teza. Rivista contemporanea. Dir. A. De Gubernatis. Vol. I. Anno I. Fir., 1888. — h. Elegie romane. Trad. di Luigi di S. Giusto col testo originale a fronte. Torino-Roma, L. Roux e C. edit., 1893. 16°. — i. Elegia XIII. Trad. di Vito Giuffrida. Intermezzo. Riv. di Lett., Scienze ed Arti. Alessandria, Chiari, 1890. — k. Elegia I. Giuochi di Nervi di L. Michelangeli. Bologna, Zanichelli, 1884.
133. Alexis und Dora: Alessi e Dora. Trad. di A. Maffei. Fir., Succ. Le Monnier, 1875. ediz. diam.
134. Der neue Pausias und sein Blumenmädchen: a. Il nuovo Pausia (Fragm. Vers 19—50 Weim. Ausgabe) s. 1. a. — b. Il nuovo Pausia. Trad. di V. Giuffrida. Napoli Letteraria. Rivista Settim. Anno IV. 1887.
135. Euphrosyne: a. Eufrosina. Trad. di A. Guerrieri-Gonzaga. Milano, 1877, pagg. 14. — b. Eufrosina s. 114a.
136. Amyntas: Aminta s. 132. d.
136a. Hermann und Dorothea: a. Arminio e Dorotea. Elegia. Trad. di A. Maffei. Fir., Succ. Le Monnier, 1887. — b. Hermann und Dorothea. Elegia. Trad. di L. Virbio. Genova, Tip. R. Ist. Sordo-Muti, 1889.

Epigramme.

137. Epigramme. Venedig, 1790: Epigrammi scelti. III. IV. XXVI. XXVIII. XXXI. XXXIV. XXXVII. XXXVIII. XXXIX. XL. XLII. XLIII. XLV. XLVIII. LXXVI. LXXVII. LXXXVI. LXXXVIII. LXXXIX. XC. XCI. XCII. XCIII. XCV. XCVI. XCVII. XCVIII. XCIX C. CI. CIV. s. l. a.

Sonette.

138. Wachsthum: Il crescere s. l. a.
139. Die Liebende schreibt: a. La donna scrive s. l. a. — b. L'amorosa scrive s. 45. g.
140. Die Liebende abermals: L'amorosa continua s. 45. g.
141. Sie kann nicht enden: Ella non puó terminare s. 45. g.

Vermischte Gedichte.[1]

142. Deutscher Parnass: Il Parnaso tedesco s. l. c.
143. Ilmenau (am 3. Septbr. 1783): Ilmenau s. l. c.
144. Mahomets Gesang: Canto di Maometto s. l. b.
145. Elysium. An Uranien: Eliso. Ad Urania s. l. a.
146. Pilgers Morgenlied. An Lila: a. Canto mattinale dal pellegrino s. l. a. — b. (ohne Titel) s. 30. d.
147. Gesang der Geister über den Wassern: a. Canto degli spiriti sull'acque s. l. b. — b. Canto degli spiriti sull'acque s. 44. d. — c. Canto degli spiriti sopra l'acque. Trad. di Decio Cortesi. Fanfulla della Domenica Anno XII. N° 39. Roma, 1890.
148. Meine Göttin: La mia Dea s. l. c.
149. Harzreise im Winter: Viaggio d'inverno sull' Harz s. l. c.
150. An Schwager Kronos: a. A Kronos postiglione s. l. c. — b. Crono il Postiglione. Poesie minime di S. Pinelli. Bol., Zanichelli, 1882.
151. Wanderers Sturmlied: Canto del viaggiatore durante la tempesta s. l. c.
152. Seefahrt: a. Tragitto di mare s. l. c. — b. Viaggio di mare s. l. d.
153. Adler und Taube: a. L'aquila e la colomba s. l. d. — b. Aquila e colomba. Vers. di J. Baccini. Cordelia. Anno X. N° 27. Fir., 1891. Wieder abgedruckt im Bd. »Poesia?« Fir., Bemporad e F., 1892.
154. Prometheus: a. Prometeo s. 127. c. — b. Prometeo s. l. b. — c. Prometeo s. l. d. — d. Prometeo. Saggi glottologici e letterari di Pietro Merlo. Milano, Hoepli, 1891. — e. Prometeo. Trad. di Romeo Lovera. Bollettino di filologia moderna. Salò, 1894.

---

[1] Das Bächlein (»Du Bächlein silberhell und klar«) wird in allen deutschen Lesebüchern für Italiener Goethe zugeschrieben; übersetzt ist es u. d. T. »Il ruscello« von Luisa Claus. Giornale dello Studente. A. III. N° 13—14. Lodi, 1886.

155. Ganymed: a. Ganimede s. 127. c. — b. Ganimede s. 1. c. — c. Ganimede s. 1. d.
156. Gränzen der Menschheit: a. I limiti dell' umanità s. 127. c. — b. I limiti dell' uomo s. 1. b.
157. Lili's Park: a. Il parco di Lili s. 1. a. — b. Il parco di Lilli s. 1. c.
158. Liebebedürfniss: Bisogno d'amore s. 1. c.
159. An seine Spröde: Alla donna crudele s. 1. c.
160. Anliegen: Sollecitazione s. 1. c.
161. Die Musageten: I musageti s. 1. c.
162. Morgenklagen: a. Lamento del mattino s. 1. a. — b. Lamenti mattutini s. 1. c.
163. Der Besuch: a. La visita s. 127. c. — b. La visita s. 1. a. — c. La visita s. 1. b.
164. Der Becher: a. La coppa s. 1. a. — b. Il nappo s. 1. c. — c. Il nappo s. 1. d.
165. Nachtgedanken: a. Pensieri notturni s. 1. a. — b. Pensieri notturni s. 1. c. — c. Pensiero di notte s. 45. g.
166. An Lida: a. A Lida s. 1. a. — b. A Lida s. 1. c.
167. Für ewig: Per sempre s. 1. a.
168. Zwischen beiden Welten: Fra due mondi s. 1. a.
169. Um Mitternacht: A mezzanotte s. 1. c.
170. Trilogie der Leidenschaft.
    α. An Werther: a. A Werther s. 1. c. — b. A Werther, Versione di Riccardo Ceroni preposta alla trad. dei dolori del giovine Werther. Milano, Sonzogno, 1893. N° 63 della Bibl. Univ.
    β. Elegie: Elegia s. 1. a.
    γ. Aussöhnung: a. Riconciliazione s. 1. a. — b. Ritorno alla pace s. 1. c.
171. Aeolsharfen. Gespräch: a. Arpe eolie s. 1. a. — b. Arpe eolie s. 1. d.
172. April: Aprile s. 1. c.
173. Mai: Maggio s. 1. c.
174. Juni: Giugno s. 1. c.
175. Frühling über's Jahr: Primavera vicina s. 1. b.
176. St. Nepomuks Vorabend: La vigilia di S. Giovanni Nepomuceno. Carlsbad, 1820. Versione di G. Milanese. La Scintilla. Rivista lett. settim. Anno I. N° 3. Venezia, 1887.
177. Epilog zu Schillers Glocke: Epilogo alla Campana di Schiller. Versione inedita del Dott. Giovanni Rasori. Firenze, 1867.

Kunst.

178. Der Wanderer: Il viandante s. 1. d.
179. Amor als Landschaftsmaler: a. Amore paesista. Traduz. premiata di Adele Buondelmonte. Rivista Viennese Tomo IV. Vienna, 1838. pag. 342 ff. — b. Amore paesista

s. 1. a. — c. Amore paesista s. 1. c. — d. Amore paesista
s. 1. d. — e. Amore paesista. Fuscelli di G. L. Patuzzi.
Verona, Drucker, 1881. — f. Amore pittore di paesaggi
s. 154. e.

Parabolisch.

180. Ein Gleichniss: a. Una similitudine. L'Eco, 1828. N° 73
s. 98. a. — b. Una similitudine s. 58. a.
181. Die Freude: La felicità s. 81. d.
181a. Legende vom Hufeisen. Leggenda del ferro di cavallo
s. 111. d.

Epigrammatisch.

182. Verschiedene Drohung: Minaccie diverse s. 1. a.
183. Beweggrund: Motivi s. 1. a.
184. Keins von allen: a. Come si fa? L'Eco, 1828. N° 41
s. 98. a. — b. (Keins von allen) s. 43. e.
185. Gesellschaft: (Gesellschaft) s. 43. e.
186. Zeit und Zeitung: (Zeit und Zeitung) s. 43. e.
187. Das Alter: La vecchiaia. L'Eco, 1828. N° 41 s. 98. a.

Gott und Welt.

188. Die Metamorphose der Pflanzen: a. Metamorfosi delle
piante (Fragm. Vers 71—80, Weim. Ausg.) s. 1. a. —
b. La metamorfosi delle piante. Traduz. di A. Guerrieri-
Gonzaga. Rassegna settimanale Vol. I. N° 15. Firenze,
1878. p. 274 ff.
189. Metamorphose der Thiere: La metamorfosi degli ani-
mali s. 187. b.

Cantaten.

190. Die erste Walpurgisnacht: La prima notte di Valpurga.
Leggenda di W. Goethe. Versione ritmica del M° A. Parisotti. Roma, tip. Cappuccini e Ripamonti, 1880. pagg. 15.

Aus fremden Sprachen.

191. An die Cicade. Nach dem Anakreon: Alla cicala. Imitazione da Anacreonte s. 81. d.
192. Sie liebt mich! (Nachlass Verm. Ged., Weim. Ausg.
Bd. 5, S. 17): Il libro dell' amore di Marcantonio Canini.
Ven., 1885 (s. 30. d.)

Westöstlicher Divan.

I. Wiedergefunden: Ritrovandosi. Traduzione di Decio Cortesi
Fanfulla della Domenica. Anno XII. N° 45. Roma, 1890.
II. Vollmondnacht: Plenilunio. Ebenda (s. l).

Dramen.

Clavigo: a. Clavijo. Tragedia di Wolfango Goethe. La Favilla.
Rivista di letteratura e di educazione. Perugia. Anno V.
1874 e Anno VI. 1875. Traduzione di Cesare Ragnotti †
prof. al Liceo di Perugia. — b. Clavigo. Tragedia di

W. Goethe. Traduzione di Casimiro Varese. Firenze, Succ. Le Monnier, 1878. — c. Clavigo. Teatro scelto di Volfango Goethe recato in Versi italiani da Pietro Rota. Milano, Gnocchi, 1860. 2 voll.

Claudine von Villabella. Claudina di Villabella s. Clavigo c.

Egmont:[1] a. Il conte Egmonte. Tragedia di W. Goethe. Prima versione dal tedesco di Niccolò Antinori. Milano, 1838. Firenze, Le Monnier, 1853. 16°. — Egmont. Tragedia di W. Goethe. Trad. di Casimiro Varese; con note storiche e il giudizio di F. Schiller. Firenze, Succ. Le Monnier, 1876. — c. Egmont. Tragedia di W. Goethe. Trad. di A. Foà. Rivista Europea (Rivista Iternazionale) Vol. XXV. Roma-Fir., 1881. Auch im Sonderabdruck. — d. Egmont s. Clavigo c.

Faust: a. Fausto. Tragedia di Volfango Goethe. Trad. di Giovita Scalvini. Milano, Silvestri, 1835. 16°. pagg. XL—256. Con ritratto dell' autore. XI. Bd. der Biblioteca scelta di op. ted. trad. in lingua ital. — b. Fausto. Tragedia di W. Goethe. Trad. in versi di Federico Persico. Napoli, 1861. — c. Fausto. Tragedia di W. Goethe. Trad. di G. Scalvini e Giuseppe Gazzino. II. ediz. coll' aggiunta della leggenda del Widmann. Fir., Le Monnier, 1862. Milano, 1882. Bibl. univ. Sonzogno. — d. Fausto parte I^a. Tragedia di W. Goethe. Trad. di A. Guerrieri-Gonzaga. Milano, 1862. Fir., Succ. Le Monnier, 1873. 1. vol. Fragmente waren schon 1860 im Mondo illustrato di Torino erschienen. — e. Faust Parte I^a, II^a. Tragedia di Volfango Goethe. Tradotta da Andrea Maffei. IV. ediz. riveduta e corretta. Fir., Succ. Le Monnier, 1878. 2 voll. in 16°. Mit einem Discorso sul Faust von E. Cecchi, und der Romanza: Margherita all' arcolaio, nelle note di Vincenzo Lutti. Fragmente waren schon 66 u. 67 in der N. Antol. erschienen. — f. Faust. I e II parte s. Clavigo c.[2]

Fragmente von italienischen Uebersetzungen des Faust.

a. Faust. parte I. Trad. e sunto di M. S.: Indicatore. Milano, 1831. Tomo VIII. pag. 386 – 399. — b. Margherita davanti l'imagine della Vergine. Trad. in prosa di C(esare). C(antù). Indicatore. Milano, 1833. Tomo IV. Serie II. pag. 220 ff. — c. La canzone di Margherita all'arcolaio,

---

[1] C. V. Giusti hat ausser den Dramen des jungen Goethe und verschiedenen Goethischen Gedichten, auch noch den Egmont und den Torquato Tasso übersetzt. Es wäre wünschenswerth, dass für diese beiden Arbeiten eines so feinen Kenners der deutschen Literatur sich bald ein Verleger fände.

[2] E. Teza in Padova hat eine metrische Uebersetzung des Faust geliefert, die noch ungedruckt ist.

tradotta dal Faust di Goethe nello stesso ritmo dell' originale da Angelo De Gubernatis. Rivista Bolognese di scienze e Letteratura. Anno II. Vol. I. Fasc. V. Bologna, 1868. — d. Frammenti d'una traduz. inedita del Faust di Goethe. Traduzione di G. Boglietti. Religione e Amore: Dialogo fra Margherita e Faust. Cantina di Auerbach in Lipsia. La Favilla. Rivista di letteratura e di educazione. Anno III. Perugia, Buoncompagni, 1871. pag. 508—518. — e. Ghita all'arcolaio. Ghita ponendo fiori avanti un'imagine della Mater dolorosa. Traduz. di Domenico Gnoli s. l. a. pag. 14—17. — f. Gretchen am Spinnrad. M. A. Canini, Ven., 1885 s. 30 d. pag. 433. — g. Frammento del Faust (Gretchen am Spinnrad) Eros. Liriche. Vers. di F. Contaldi. Giulianova, tip. Comm , 1888. (Per Nozze Trifoni - de Abentiis.) — h. Canzone di Margherita. Versi di Vincenzo Baffi. Napoli, Ghio, 1858. — i. Preghiera di Margherita nel Faust; von eben demselben Uebersetzer Poesie. Napoli, Rondinella, 1861.

Die Geschwister: a. Fratello e sorella. Commedia in un atto di Volfango Goethe. Traduzione (in versi martelliani) di C. V. Giusti. Nuova Rivista Internazionale. Periodico di lettere, scienze ed arti. Anno II. N° 5. Fir., 1880. pag. 321—343. — b. Fratello e Sorella (handschriftlich) übersetzt vom Schauspieler E. Zacconi für die dramatische Truppe Zacconi - Pilotto.

Goetz von Berlichingen: a. Goetz di Berlichingen dalla mano di ferro. Versione di Fr. Vergani. Mil., Bonfanti, 1837. Vol. III. des Museo drammatico. 8°. pagg. 226. — b. Goetz di Berlichingen dalla mano di ferro. Dramma di Volfango Goethe, tradotto da R. Ceroni. Milano, Fanfani, 1843. Vol. I. dell' Alemagna letteraria. 16°. pagg. 160. — c. Goetz di Berlichingen. Traduzione in versi di Ettore Toci. Livorno, Vigo, 1876. pagg. VIII—384. — d. Goetz di Berlichinga dalla mano di ferro s. Clavigo c.

Iphigenie auf Tauris: a. Ifigenia in Tauride. Versione italiana di Edvige de Battisti di S. Giorgio de Scolari. Verona, Libanti, 1832. 8°. Torino, 1842. — b. Ifigenia in Tauride. Trad. di A. Maffei. Fir., Succ. Le Monnier, 1875. Mil., 1885. 16°.

Die Laune des Verliebten: a. I capricci dell' amante. Commedia pastorale in un atto di W. Goethe. Trad. (in versi martelliani) di C. V. Giusti. Rivista internaz. britan. germ. slava ecc. N° IV. Vol. I. Fir., 1876. pag. 117—126. — b. Il capriccio dell' amante. (Atto Unico.) Saggi di traduzioni Goethe - Heine - di R. Varvaro. Palermo, Lao, 1884. 16°. pagg. 68. — c. Die Laune des Verliebten. Fragment (Vers 98—112 Weim. Ausg). Trad. di Luigi Mellano. La lingua tedesca. Periodico. Livorno, Belfort, 1891.

Die Mitschuldigen: I complici. Commedia in tre atti di W. Goethe. Traduzione (in versi martelliani) di C. V. Giusti. Rivista internaz. brit. germ. slava ecc. Vol. I. N° XVII. XVIII. Fir., 1876. pagg. 532—535, 558—562.

Die Natürliche Tochter. La Figlia Naturale s. Clavigo c.

Stella: Stella. Tragedia di W. Goethe. Trad. di Casimiro Varese (nach der neuen Redaction von 1805). Firenze, Succ. Le Monnier, 1878.

Torquato Tasso: a. Torquato Tasso. Traduzione di G. Sorelli. Firenze, 1820. 12. — b. Torquato Tasso. Tragedia di Volfango Goethe tradotta da G. Rota,[1] La Cronaca. Giornale di scienze, lettere, arti ecc. diretto da Ignazio Cantù. Anno II. Sem. I e II. Milano, Redaelli, 1856. — c. Torquato Tasso. Tragedia di W. Goethe. Trad. di J. Cabianca. Rivista di Firenze, diretta da Atto Vannucci. Anno II. Vol. IV. 1856. pag. 362 ff. — d. Torquato Tasso. Trad. di Casimiro Varese. Firenze, Succ. Le Monnier, 1876. 16°.

Episches.

Hermann und Dorothea: a. Jagemann (versi sciolti) Halle, 1804. 8°. — b. G. Barbieri (Prosa), Milano, 1824. — c. A. Maffei (versi) 1864. 8°. — d. Ermanno e Dorotea. Traduz. di Benedetto Magnani. Genova, 1870. — e. Erminio e Dorotea di V. Goethe. Trad. di A. Guerrieri-Gonzaga. Fir., Le Monnier, 1873. S. auch Nuov. Antologia Vol. XXII. Fir., 1873. pag. 155 ff. (Clio). — f. Ermanno e Dorotea. Canto VII. Traduz. di E. Teza. Traduzioni. Milano, Hoepli, 1888. — g. Ermanno e Dorotea di V. Goethe. Versione metrica di Luigi Virbio. Genova, Tip. R° Istituto Sordo-Muti, 1889. 8°. pagg. 101. h. Arminio e Dorotea. Studio e traduz. di Vittorio Betteloni. Milano, E. Rechiedei e C. edit. (Tip. Capriolo e Massimino) 1892. 16°. pagg. 191. — i. Brano di Hermann und Dorothea. Trad. di G. Chiarini. N. Antologia. III. Serie. Roma, 1893.

Erzählendes (Prosa).

Novelle: Novella nell'originale ted. con due versioni, una letterale e l'altra libera. Firenze, Le Monnier, 1886. 16°. pagg. VI-139.

Die wunderlichen Nachbarskinder-Novelle: I due strani fanciulli. Novella di W. Goethe, per la prima volta tradotta in italiano da E. Laugeri. Rivista Europea. Anno II. Firenze, 1871. Vol. I. pag. 301 ff.

---

[1] Goedeke (Grundr. Bd. 4. 1891. S. 677) hat die wahrscheinl. druckfehlerhafte Angabe »G. Roda 1842«.

Der neue Paris. Knabenmärchen: Il nuovo Paride. Racconto di Goethe, tradotto in italiano da Adolfo Courtheoux. Illustrazioni di A. Montaldi. Biblioteca Illustrata della Gazzetta musicale di Milano, 1889. Vol. II. pag. 5—20 (Dall' Autobiogr. libro II).

Die Wahlverwandschaften: La scelta dei parenti. Prima versione italiano di A. C., Milano, Angelo Ceresa, 1835 (s. auch Rivista Viennese. Tomo II. 1839 pag. 268, wo der passendere Titel »Affinità d'elezione« vorgeschlagen wird).

Werthers Leiden: a. Werther, opera di sentimento del Dott. Goethe, celebre scrittore tedesco, trad. da Gaetano Grassi, coll' aggiunta di un' apologia in favore dell' opera medesima. Poschiavo, 1781. 8°. Mil., 1800. 8°. Basilea, 1807. 8°. Livorno, 1808. Fir., 1808. 12°. Firenze, Piatti, 1823. 16°. voll. 2. — b. Gli affanni del giovane Verter, dall'originale ted., trad. in lingua toscana da C. Ludger. Londra, 1788. 12°. — c. Verter. Opera originale tedesca del Signor Goethe trasportata in italiano dal D. M. S(alom). Venezia, 1796. — d. Werther. Tradotto del tedesco per L. C. de Salse. Parigi, 1803, II. 8°. — e. Werther. Lettere sentimentali pubblicate dal Dott. Volfango Goethe. Torino, 1857. 8. Mil., 1879. 8°. Fir., tip. Salani, 1884. 32°. — f. I dolori del giovine Werther. Versione ital. di R. Ceroni. Fir., 1857. 8°. 1873. 12°. Mil., 1883. 8°. Firenze, Succ. Le Monnier, 1887. 24°. pagg. LXXX-438. — g. Fragment. Dai dolori del giovine Werther. Trad. di Guido Ascoli. La lingua ted. Periodico. Anno VII. N° 19. Livorno, Belfort, 1893. — h. Frammenti del Werther s. 61. i.

Wilhelm Meisters Lehrjahre: Gli anni del noviziato di Alfredo (sic) Meister, romanzo di G. Volfango Goethe. Versione dal ted. Milano, per G. Silvestri, 1835. 16°. pagg. 332. Della Biblioteca di opere ted. tradotte in italiano volume X.

Biographische Schriften.

Diario del viaggio di G. V. Goethe dal Tirolo fino al termine della sua dimora in Venezia. Poligrafo di Verona. Tomo VIII. 1831 e Tomo IX. 1832. unterschrieben B—S. — Verona, 1893. pagg. 8.

Wolfango Goethe a Vicenza nel Settembre del 1786. Ricordo di Nozze. Lettere die Goethe da Vicenza tradotte da Giacomo Zanella. Vicenza, Paroni, 1863. Wieder abgedruckt: Illustrazione popolare. Giornale per le Famiglie Vol. XXXI. N° 2 e 3. Milano, Treves, 1894.

Ricordi di viaggi in Italia. Trad. dal tedesco di A. di Cossilla. Milano, Manini, 1875, 16°. pagg. 396.

Goethe. Venezia nel 1786. Traduzione nell' Illustrazione popolare, Milano, 1893. N° 35—41.

Memorie biografiche di Goethe (Traduz. e sunti) di E. Mayer. Antologia diretta da G. P. Vieusseux. Tomo 19. 20. 21. Firenze, tip. Pezzati, 1825—26.

Memorie della mia Vita. Verità e poesia die G. V. Goethe. Libro I. Traduz. di Carlo Andreis. Rivista Triestina di scienze, lettere ed arti. Anno I. Vol. I. 1877.

Autobiografia (Poesia e Verità) di G. W. Goethe (Buch I—XII). Trad. di A. Courtheoux. Bibl. Univ. Mil., Sonzogno, 1886.

L'elezione e l'incoronazione di un re dei Romani (Ricordo giovenile di W. Goethe). Trad. di Francesco Muscogiuri. Nuova Antologia. Serie II. Vol. XXII. Roma, 1880. pag. 619—647. (Fragment mit Einleitung.)

Kleinere Schriften.

Aus »Kunst und Alterthum«, Brano d'una critica di G. V. Goethe sul Romanticismo, trad. da E. Mayer. Antologia fondata da G. P. Vieusseux. Tomo XX. pag. 24ff. Firenze, 1825.

Interesse di Goethe pel Manzoni. Trad. dal ted. Lugano, Ruggia, 1827. 8°. pagg. 72.

Giudizio di Goethe sull' Adelchi, trag. di A. Manzoni, L'Eco. Giornale di scienze, lett., arti, comm. e teatri. Milano, P. Lampato, 1822. N° 22. pag. 85 ff.

Opinione di Goethe sul Manfredo di Lord Byron. Dal giornale di Goethe über Kunst und Alterthum. Trad. di R. C. Indicatore. Tomo III. Serie II. Milano, 1833. pag. 144—147.

Lettera del celebre scrittore tedesco protestante Dott. Wolfango Goethe in onore di San Filippo Neri, pubblicata per la prima volta in italiano con brevi cenni biografici ed osservazioni, da Giuseppe Bondini. Roma, Monaldi, 1856.

Parole di G. V. Goethe in un albo a suo figlio. Trad. di G. Pisa. Natura ed Arte. Anno III. N° 9. Mil., Vallardi, 1893. pag. 787 ff.

Aus Eckermanns Gespräche mit Goethe. Dialoghi con Goethe negli ultimi anni di sua vita, di G. P. Eckermann. Rivista Viennese. Tomo II. pag. 104 ff. 269 ff. Vienna, 1838. Unterschr. G. B(olza).

Wissenschaftliche Werke.

Saggio sulla metamorfosi delle piante di G. W. Goethe. Traduzione di Pietro Robiati. Milano, 1842. (In Battezzatis Bücherkatalog von 1891 stehen auch die bibliographischen Angaben; 8°. pagg. XII—120.)

Principii di filosofia zoologica e anatomia comparata di Volfango Goethe. Prima traduzione italiana per Michele Lessona. Roma, E. Perino edit., 1885. pagg. 94.

Verzeichniss
der Uebersetzer soweit sie genannt sind.[1]

Andreis, Carlo.
Andreis, Silvio.
Antinori, Niccolò.
Argenti, Luigi.
Arlìa, Costantino.
Ascoli, Guido.
Baccini, Ida.
Baffi, Vincenzo.
Baldacchini, Saverio.
Barbieri, G.
Battisti, Edvige de.
Bellati, Antonio.
Benelli, Francesco.
Benevento, Filippo.
Bertòla, Aurelio.
Betteloni, Vittorio.
Biadego, Giuseppe.
Boglietti, G.
Bolza, G. B.
Bondini, Giuseppe.
Bracchi, Pio.
Buffa, Gaspare.
Buondelmonte, Adele.
Cabianca, J.
Calvino, Angelo.
Canini, Marcantonio.
Cannizzaro, Tomm.
C(antù). C(esare).
Carducci, Giosuè.
Ceroni, Riccardo.
Cesareo, G. A.
Chiarini, Giuseppe.
Ciampoli.
Cibrario, Livio.
Cipolla, Francesco.
Claus, Luisa.

Contaldi, F.
Cortesi, Decio.
Cossilla, A. di.
Cotronei, B.
Courtheoux, Adolfo.
Damiani, Domenico.
Dazzi, Pietro.
Fajella, Santoro.
Ferrari, P. d'Arco.
Finzi, Giuseppe.
Fissore, Giovanni.
Foà, Augusto.
Gazzino, Giuseppe.
Gervasio, L. (L. de S. Giusto).
Giuffrida, Vito.
Giusti, C. V.
Gnoli, Domenico.
Grassi, Gaetano.
Gubernatis, Ang. de.
Guerrieri, Anselmo.
Jagemann.
Laugeri, E.
Lea, M.
Lessona, Michele.
Lollis, Cesare de.
Lovera, Romeo.
Ludger, C.
Maffei, Andrea.
Magnani, Benedetto.
Mayer, Enrico.
Mellano, Luigi.
Merlo, Pietro.
Michelangeli, Luigi.
Milanese, G.
Muscogiuri, Franc.
Nardelli, Gaetano.

Oliva, Gaetano.
Panizzi, Domenico.
Parisotti, Alessandro.
Patuzzi, G. L.
Pederzani, Giacomo.
Persico, Federico.
Peruzzini, Giovanni.
Petrucci, Gualtiero.
Pinelli, Luigi.
Pisa, Giulio.
Posocco, C. U.
Provenzal, Ida.
Ragnotti, Cesare.
Rasori, Giovanni.
Robiati, Pietro.
Rota, Giuseppe.
S(alom), M.
Salse, L. C. de.
Salvagnini, Enrico.
Sanguinetti, A., Cav.
Scalvini, Giovita.
Sicca, Giovenale.
Sorelli, G.
Tamini, Giovanni.
Tari, Antonio.
Teza, Emilio.
Toci, Ettore.
Varese, Casimiro.
Varvaro, R.
Vergani, Francesco.
Vianello, Luigi.
Vigolo, Giuseppe.
Virbio, Luigi.
Zacconi, Ermete.
Zanella, Giacomo.
Zardo, Antonio.

[1] Die Pseudonyme sind im Verzeichniss unberücksichtigt geblieben.

2. CHRONIK.

NEKROLOGE.

1. OTTO DEVRIENT.
Von Erich Schmidt.

Otto Devrient hat ein gutes Recht darauf, dass seiner in der pietätvollen Todtenschau der Goethegesellschaft gedacht werde, die ja auch dramaturgische Bemühungen zu ihren, leider unerfüllten, Aufgaben zählt und dem Dahingeschiedenen vor allem für seine Wiederbelebung des ganzen »Faust« zu bleibendem Danke verpflichtet ist. Ein Spross der berühmten Schauspielerfamilie, deren gut niederdeutscher Name de Vrient seit drei Geschlechtern in französischer Gestalt lebt, wurde D. am 3. October 1838 in Berlin geboren, als Sohn Eduards. Die gediegene Bildung des Vaters, sein grosses, in der Geschichte der Schauspielkunst älterer Zeit allerdings auf unzulängliche Quellenforschung gestütztes schriftstellerisches Talent, die hohe, manchmal puritanisch angehauchte Auffassung des Kunstberufs, die classischen Ideale, die zielbewusste Bühnenpädagogik, wie sie der Karlsruher Intendant übte, wirkten bestimmend auf ihn und erzogen ihn rasch zu einem tüchtigen Darsteller, einem aller blossen Routine fremden Regisseur, einem ernst strebenden Dichter und Historiker, einem ehrenfesten Mann ohne jede komödiantische Unart. Nach längerer Thätigkeit in Karlsruhe, Stuttgart, Berlin, Leipzig und wieder Karlsruhe, wo E. D. im Herbst 1877 starb, siedelte O. D. 1873 auf drei Jahre nach Weimar über; eine Zeit, die in seiner lang überlegten und gründlich vorbereiteten, zuletzt durch die Centennar-

feier von Goethes Einzug ans Licht gerufenen Faustbearbeitung
gipfelt. 1876 trat er an die Spitze des Mannheimer Theaters.
1877 bis 1879 Intendant in Frankfurt a. M., konnte er keinen
festen Fuss fassen, und es mag den Uneingeweihten für diese
wie für die spätere Berliner Campagne bedünken, als habe
D.'s künstlerischem Idealismus ein Mangel an Geschäftsgewandt-
heit und ein gewisser, schon beim Vater fühlbarer lehrhafter
Eigensinn im Wege gestanden, was die Mimen, das Publikum,
die Presse einer Grossstadt schlecht vertragen. D. wollte und
konnte weder auf Dingelstedts, noch auf Laubes Art imponiren,
obgleich ihm ein starkes Selbstgefühl innewohnte. Dagegen
war er an einem kleinen Hoftheater ganz am Platze und ent-
faltete von 1884 bis 1889 in Oldenburg eine gesegnete Wirksamkeit, im Repertoire Classisches und Modernes, Heimisches und
Fremdes nach den gegebenen Verhältnissen weislich mischend,
selbst fort und fort als vielseitiger Schauspieler thätig und
bewundert. Auf die friedliche Residenz hat er gewiss aus
Berlin bald sehnsüchtig zurückgeschaut und seine — auch von
Karl Werder, dem theaterfrohen Pathen, eine Zeit lang lebhaft
begünstigte — Bestallung als Director des Kgl. Schauspiel-
hauses verwünscht, die nur spärliche und angefochtene Erfolge
brachte und nach allerlei theils uns unbekannten, theils hier
nicht zu erörternden Wirren und Aergernissen schon 1890 ein
jähes Ende nahm. Ebendamals in seinem häuslichen Glück
schwer getroffen, zog D. nach Jena, der lieben Heimstätte
seines Lutherspiels (1883), wo er sicher war, Frieden und Musse
zur Arbeit und anregenden Verkehr zu finden. Er war Ehrendoctor der Universität. Eifrig erschien er bald hier, bald da,
um an der Spitze freier bürgerlicher Vereinigungen meisternd
und begeisternd als Doctor Martinus zu wirken. Dann vollendete
er den »Gustav Adolf« und errang mit diesem Jubiläumsstück,
einer frei gezimmerten Historie, zwar nicht den gleichen,
aber doch mancherorten regen Beifall, der sich gewiss noch
gesteigert und ausgebreitet hätte, wäre dem allzu rührig für
seine Kunst und seine Familie sich aufreibenden Mann ein
längeres Leben beschieden gewesen. Doch er ist auf dem
Schlachtfeld gestorben: ein Herzschlag traf ihn am 24. Juni
1894, als er in Stettin dem Helden von Lützen die dramatische Verherrlichung rüstete.

Ich habe für meine Person den frohen Glauben an eine neue
Blütheperiode norddeutsch-protestantischer Volksschauspiele
nie gehabt und mich auch im Stillen oft darüber gewundert,
dass gerade ein Devrient von der aus innerm und äusserm
Beruf geübten Kunst an den kunstlosen Dilettantismus appellire.
Zudem liess sich beobachten, wie kläglich das Wormser
Unternehmen scheiterte und wie im Volksdrama meist solche
»Dichter« ihr Heil suchten, die den rechten Theaterboden zu

heiss, das Publikum aber zu kühl gefunden hatten. Nicht so D. War sein Vater ein Herold für das noch unberühmte und nicht veramerikanerte Oberammergau gewesen, so glaubte er ehrlich an ein frisches Wiedergedeihen bürgerlicher oder ländlicher Kunstübung in unserem, was Feste angeht, immer schwung- und farbloseren mittel- und norddeutschen Volk und an seine Mission. Im Kgl. Schauspielhaus ohne den »kurzen Imperativ«, verstand er als Feldherr und Protagonist Männer und Frauen, Alt und Jung der Kleinstädte rasch zu werben und zu schulen. Er hatte in jungen Jahren einen vielversprechenden, auch von G. Freytag freundschaftlich begrüssten Anlauf zu historischen Jambenstücken genommen; nun zeigte er, im erfreulichen Gegensatze zu seinen weltlichen und gar pastörlichen Nachtretern, dass er dem grössten deutschen Volksmann nicht blos eine tiefe nationale und protestantische Begeisterung widme, sondern auch kräftige Rede, behaglich strömende Knittelverse, bewegtes dramatisches Leben, sei es im Wurfe der Massenauftritte, sei es in der Traulichkeit des Hauses. Eine runde Composition war von dem inscenirten Lebensbilde nicht zu verlangen. D. selbst erwarb sich als Darsteller überall ein volles berechtigtes Lob.

Von Goethischen Gestalten hat D. im Laufe der Jahre verkörpert den Georg Franz Bruder-Martin, Brackenburg Ferdinand Macchiavell Alba, Eridon, Fabrice, Pylades, Tasso, Carlos, Altmayer Schüler u. a. — gewiss ein reicher, mannigfaltiger Rollenkranz. Seine bedeutendste That bleibt, wie gesagt, die Einrichtung beider Theile des »Faust« für Weimar 1876, aber auch in Köln Berlin (Victoriatheater) Düsseldorf Leipzig Breslau Oldenburg unter seiner doppelten Mitwirkung gespielt, von Lassen mit Musik begleitet, die bisweilen des Guten zuviel thut, doch z. B. dem Schäferlied, dem Lemurensang sich meisterlich anschmiegt. Die Aufführungen in Weimar waren die besten; für D. wohlverdiente Triumphe. Gar manche sind aus der Ferne zugereist, um das »Habe nun, ach« wie das »Gerettet ist das edle Glied« am rechten Orte zu geniessen. Kunstsinnige Frauen wissen von diesen weihevollen Abenden zu erzählen, Kenner wie Loeper und Scherer waren entzückt. Als ich diese Aufführungen sah, hatte ich bereits im Burgtheater Wilbrandts einmal näher zu würdigende, auf drei Abende zerlegte Einrichtung beider Theile wiederholt, zwar nicht ganz scrupellos, aber mit tiefer Bewunderung gesehen, und der zweite Theil war mir daher in Weimar oder Leipzig keine neue Offenbarung. Die darstellenden Kräfte mussten gegen die Wienerischen abfallen. Gleichwohl hege ich eine ehrliche Hochachtung für D.'s Leistung sowohl principiell als im besondren und wegen der Wirkung auch in die Ferne; denn es ist doch gut, etwa den auf Vischer schwörenden

Feind des »ledervollen« Helenaactes oder der »papierenen grauen Weiber« ohne fruchtlose Wortgefechte ins Theater schicken zu können. D., wieder an väterliche Constructionen anknüpfend, nannte Goethes »Tragödie« ein Mysterium in zwei Tagwerken; aber auf den Namen der mehrmals gedruckten und auf Grund populärer Vorträge mit einer geschichtlichen Einleitung versehenen Redaction kommt es viel weniger an, als auf die sogenannte Mysterienbühne. Diese baute sich natürlich nicht in drei Stockwerken auf, doch fand eine Höhle oder ein Gewölbe mannigfache und zumeist sehr geschickte Verwendung, ebenso die zinnen- oder bügelartige Erhöhung eines Bühnentheils hinten. Die vielen Verwandlungen suchte D. möglichst zu vermeiden, doch muss ich gestehen, dass mir Pausen bei dunkler Scene viel lieber wären, als nur die Ecke eines Gärtchens zu erblicken, Gretchen nicht in, sondern vor dem Dom zu sehen und gar in ihre Stube, deren stiller Zauber uns umfangen muss, nur mittelst einer höchst sonderbaren Klappenvorrichtung von aussen hinein zu schauen. Solche Zweifel schwinden gegenüber der Gesammtleistung. Die, übrigens von D. selbst im Laufe der Zeit vielfach beseitigten, Eingriffe in den Wortlaut sind nicht tragisch zu nehmen, zumal da keine Pfuschereien nach Art Wollheims da Fonsecca unterliefen; und was die besonders in der Mummenschanz, der Classischen Walpurgisnacht, in allen Chorpartien des Helenaactes und im himmlischen Finale bis zur Gewaltthätigkeit unabweisbar gebotenen Striche anlangt, so gewahrte man überall den denkenden Kopf, der die fortleitenden Hauptmotive und das vorzüglich Bühnengerechte aus der Ueberfülle herauszuarbeiten bemüht war. Sein Mephistopheles endlich zeigte den klaren Sprecher und wirkte im Schalkhaften besser als im Dämonischen; auch verband D. mit der geistigen eine bei seiner Körperfülle doppelt bewundernswerthe Behendigkeit der Action.

In Oldenburg soll D. eine treffliche Aufführung des »Egmont« inscenirt haben. In Berlin unternahm er es 1890, den von Goethe selbst so unglücklich verarbeiteten »Götz«, auf die erste »Geschichte Gottfriedens« zurückgehend, vorzuführen; eine eklektische Methode, die uns auch mit der furchtbaren Helfensteinscene Metzlers erschütternd zu Leibe ging und dem leidigen Scenenwechsel durch eine halbe Verdeckung der getheilten Bühne — einen »Guckkasten«, wie die meisten Kritiker höhnten — zu steuern suchte. Bei manchen Bedenken habe ich den Eindruck behalten, dass D. keine unbefangene Beurtheilung gefunden hat. Seine Arbeit ist im Verlag von Breitkopf & Härtel erschienen, wie alles, was er in den letzten Jahrzehnten geschaffen.

Als ihn der Tod abrief, war er voller Pläne. Er dachte

daran, seines Vaters Geschichte der Schauspielkunst neu herauszugeben; ein sehr schwieriges Unternehmen. Vor allem aber lag ihm eine grosse Biographie Eduard D.'s am Herzen, für die er ein reiches, höchst interessantes Material an Briefen und Tagebüchern besass. Kilians Geschichte des Karlsruher Hoftheaters hat für Nicht-Karlsruher ihre Anziehungskraft durch die von O. D. beigesteuerten vertraulichen Berichte des Reformators über seine ersten Leiden und Freuden erhalten, und diese Blätter müssen bei allen Lesern den Wunsch nach vollem Schöpfen aus dem Nachlass erwecken. Dem Vater zur Freude, uns zur Hoffnung hat sich Dr. Hans Devrient, der mir in Berlin ein lieber Schüler war, in Jena unter Litzmanns Leitung emsig der Theatergeschichte zugewandt, so dass eine treue und geübte Hand die entglittenen Fäden fortspinnen wird.

2. KARL KÖSTLIN.
Von Ludwig Fränkel.

Am 12. April 1894 ist in Tübingen *Karl Reinhold (von) Köstlin* gestorben, in demselben weltabgelegenen Städtchen, dessen Universität er seit seiner Habilitation — als Privatdocent der Theologie im Jahre 1849 — als hochangesehenes Mitglied geziert hat. Er entstammte der bekannten württembergischen Gelehrtenfamilie, von der zahlreiche Angehörige seit einem Jahrhundert der deutschen Geisteskultur rüstig gedient und auf verschiedenen Gebieten des Wissens Rühmliches geleistet haben. Er selbst, ein Sohn des bedeutenden Theologen K. W. Gottlieb Köstlin, der, bis 1854 Ephorus des Uracher Seminars, bei ihm bald darauf starb, und am 28. September 1819 zu Urach geboren, hat ein einfaches Leben geführt, ohne einschneidende Ereignisse, überhaupt ohne sonderliche Berührung mit der Oeffentlichkeit. Und auch während seiner 45jährigen Tübinger Docententhätigkeit erging er sich, an dem äusserlich ein stark altväterischer Anstrich stets auffiel, im allerengsten Kreise, am liebsten auf den Verkehr mit seinen Büchern und seinen Gedanken beschränkt; nur ein vorübergehender Berliner Aufenthalt als Student und einige kürzere Reisen entführten diesen ganzen Schwaben der Heimath. Trotzdem umgab ihn stets eine aufmerksame Hörerschaar, wenn er auch Schüler im näheren Wortsinn wenig besessen hat. Seinen Collegien wohnten eben Studenten aller Fakultäten bei, weil er über die eigentliche Fachgelehrsamkeit stets hinausgriff und begeistert zur Würdigung alles Hohen und Grossen zu mahnen verstand. Die Theologie, in der er als überzeugter Anhänger der freieren, sogenannten »kritischen« Richtung seines Tübinger Lehrers Fr. Chr. Baur zwei Arbeiten zur Geschichte und Auffassung der Evangelien (1843 und 1853) veröffentlicht hatte, hing er bald an den Nagel und wandte sich der schon stets mit Vorliebe betriebenen Philosophie, insbesondere der Aesthetik zu, wurde auch 1857 ausserordentlicher, 1863 ordentlicher Professor dafür. Sein völlig selbständiges Lehrgebäude der Aesthetik, nebst den in Universitätsprogrammen später gelieferten Ergänzungen, sein allseitiges Buch über »Hegel in philosophischer, politischer und nationaler Beziehung« (1870), seine aufbauende »Geschichte der Ethik«, die mit dem ersten, die Griechen betreffenden Theile (1887) Bruchstück blieb, seine Neuauflagen von Schweglers grossen Werken zur Geschichte der Philosophie bezeugen ein eindringliches Streben auf dem Felde der philosophischen Theorie und ihrer Kritik.

Allein seine Wirksamkeit auf dem der praktischen Aesthetik geht uns hierselbst näher an. Er hat sich nun zwar auch mit kunstgeschichtlichen Forschungen beschäftigt und muss als einer der nennenswerthesten Aesthetiker der Tonkunst gelten — wie der von ihm herrührende 5. Theil der »Aesthetik« seines Lehrers und Freundes Friedrich Vischer, seine Abhandlung über R. Wagners »Ring des Nibelungen« (1877) und viele Abschnitte seiner Bücher beweisen — aber vorzugsweise schenkte er doch seine Theilnahme der schönen Literatur, vor allem Goethe. Der seinem Geschlechte eingeborene, öfters erfolgreich bethätigte poetische Sinn und ein ungemein feines Gefühl für Nachempfindung haben ihn hier sehr Werthvolles und Gehaltreiches leisten lassen. Ueber drei Jahrzehnte hindurch hat er regelmässig jedes zweite Semester eine Vorlesung »über Goethe und seine Werke« oder »über Goethes Faust nebst Einleitung in die Faustsage und Faustliteratur« gehalten.[1] Veröffentlicht hat er 1860 das Buch »Goethes Faust, seine Kritiker und Ausleger« und ein Jahr darauf sein scharfes »Sendschreiben an Herrn Professor Heinrich Düntzer in Köln«, die sich mit den in des letzteren »Würdigung des Götheschen Faust, seiner neuesten Kritiker und Erklärer« enthaltenen Angriffen auf seine Behauptungen auseinandersetzt. Es ist an diesem Orte nicht möglich, die Fülle neuer Gesichtspunkte, die seine neue Erklärungsweise darbietet, vorzuführen. Der Hinweis muss ausreichen, dass er gegenüber der mikrologischen Deutesucht wieder die Rücksicht auf das Allgemeine, die Idee und ihre Durchführung, die Verknüpfung der einzelnen Gedankenprobleme mit dem Gange der Handlung in den Vordergrund schiebt, ohne die

---

[1] Vgl. G.-J. XV, 309—311, für früher K. Engel, Verzeichniss der Faustschriften S. 347, Nr. 1364,16. Köstlin schrieb Göthe.

Wichtigkeit der Einzelheiten und deren Auffassung bei seinen Vorgängern irgendwie zu vernachlässigen. »Gründlichkeit und Gediegenheit« des Inhalts, »Klarheit der entwickelten Anschauungen und Urtheile«, »geschmackvolle, frische und belebte Darstellung« lobten die Besprechungen aus der Feder von Kennern. Die abstract speculative Methode will Köstlin durch ein mehr objectives, die Wege des Schöpfers nachwandelndes Verfahren ersetzen. Scherers »Geschichte der deutschen Literatur« nennt ihn auch mit Recht unter den wenigen bleibenden Kommentatoren des Goethischen Lebenswerkes.

Aber auch wo Köstlin andere neuere Dichter unserem Verständnisse nahe zu bringen sucht, verliert er den Blick auf Goethe nie aus den Augen und misst an ihm, dessen Kunst, der eingeräumten kleinen Schwächen ungeachtet, für ihn die volle Meisterschaft krönte, die Fähigkeit kleinerer Geister. So geht seine tüchtige Einleitung zu seiner Ausgabe der »Dichtungen« Hölderlins (1884) an dessen Verhältniss zu Goethe nicht vorüber (S. VIII f.), und die charakterisirende Notiz »mit Goethe zu reden« (S. XXIII) ist gewiss äusserst bezeichnend. Seine Festrede »Zum hundertjährigen Geburtstag Uhlands«, am 27. April 1887 gehalten, ein Muster literarpsychologischer Porträtirung in knappem Rahmen — 20 Seiten —, lässt helle Streiflichter »auf die Fehde zwischen Goethischer und Uhlandischer Poesie« und »auf ihre Stellung zu einander« fallen. Ohne an des Altmeisters Genius zu tasten, wahrt Köstlin doch seinen beiden Landsleuten, in deren Natur und Geistesart er sich sinnig versenkt hatte, das Recht der Individualität. Diese, das Innerliche des künstlerischen Schaffens, kommt bei ihm niemals zu kurz, obzwar sein geläutertes Urtheil, seine Lust an sauberer, sprachlich unanfechtbarer — und darum bisweilen etwas geklügelter — Definition der Begriffe, seine vom Grübeln losgerungene und abgeschliffene Darlegung mit besonderem Hang und Erfolg von der äusseren Seite in das Wesen des Schönen einzudringen und es auf die Form zurückzuführen sich bemühen. Köstlin bewegt sich damit in dem Fahrwasser Herbarts und hat an Robert Zimmermann, dem Vertreter der »Aesthetik als Formwissenschaft«, einen unabhängigen Genossen gefunden. Die Beilage zum Doctorenverzeichniss der Tübinger philosophischen Fakultät 1877/78, »Ueber den Schönheitsbegriff«, spiegelt diese Grundsätze lebendig wieder. Für den Zweck, der zur heutigen Schilderung des verblichenen Denkers veranlasst, sind die »Aesthetik« (1863—69), sein Hauptwerk, und die »Prolegomena zur Aesthetik«, Beilage zum Doctorenverzeichniss 1889, die treueste Concentration seiner betreffenden Ansichten, in Betracht zu ziehen und ich glaube dem Ziele des Goethe-Jahrbuches wie der Eigenthümlichkeit Köstlins am besten gerecht zu werden, wenn ich eine Anzahl der vielen zerstreuten feinen Beobachtungen über Goethe aus jenen Blättern in buntem Wechsel, jedoch in möglichstem Anschlusse an seine Prägung, heraushebe:

Diejenigen Aussprüche und Annahmen, die sich auf Allgemeines, auf Goethes Wesen überhaupt erstrecken, befolgen vollständig jene Lehre von der Wichtigkeit der »Form«. Goethe liess dem Inhalte neben der Form sein Recht angedeihen. Helena, Achilleis, Pandora sind nicht auf die Dauer lebensfähig, weil der Inhalt, an sich weder interessant noch schön genug, bloss schön, kunstreich behandelt ist. In Goethes und Schillers Classicismus sehen wir einen einseitigen Cultus der Schönheit vor uns; ihr Irrthum ist ganz derselbe, in welchem Goethe befangen war, als er, obwohl sonst seiner ganzen Persönlichkeit nach das stoffliche Element keineswegs zu verkennen geneigt, doch dem deutschen Publikum darüber grollte, dass es gegen seine classicistischen Werke kalt blieb, »Hermann und Dorothea« dagegen mit Wärme aufnahm, weil er hier, »was das Material betrifft, den Deutschen einmal ihren Willen gethan« hatte. Goethe ist von Haus aus Lyriker, nur mehr in Folge mangelnden Willens zur Selbstbegrenzung Dramatiker, und drum auch nur als Lyriker und epischer Erzähler classisch, wie auch »Wilhelm Meister« überallhin zahlreiche Perspectiven eröffnet. Die aus dem Vollern geschöpften Dichtungen Goethes, im Unterschied von der Einfachheit seiner Iphigenie und ähnlicher Werke, verbinden Einfachheit, gesättigt mit Vielfachheit. Goethe neigt zur freien, oft allzufreien Mannigfaltigkeit der ästhetischen Elemente. Er stellt z. B. in seinem »Sammler« das Bedeutende und Bedeutsame neben das Charakteristische lediglich in dem Sinne, dass ein Object der Kunst nicht blos Charakter und Eigenthümlichkeit, sondern einen bedeutenden »Gehalt« habe, wie er sich auch sonst ausdrückt. Es ist für Goethe ganz bezeichnend, dass er vom Realismus gesunder, aber derber Natürlichkeit zum Cultus des Reinen sich erhob, während er die abstractere Idee der Vollkommenheit allerdings in den »Geheimnissen« auch darzustellen begann, aber zu ihrer poetischen Verkörperung die Stimmung auf die Dauer nicht festzuhalten vermochte. Schiller hat Phantasie, ins Hohe und Höchste gehende Phantasie, aber weniger Einbildungskraft; Goethe hat diese, und darum vermochte er so ausserordentlich anschauungsreiche Bilder alles Wirklichen, selbst des Gewöhnlichen und Kleinen zu geben. Bei Shakespeare und Goethe, so sehr sie die Künstler des »schönen Scheines« sind, überall das stärkste Auftreten gegen alles eitle, heuchlerische, erlogene Scheinwesen. Aus der ebenmässigen Mischung der Eigenschaften in der hellenischen wie in der gothischen Baukunst ergibt sich, dass es keineswegs so zufällig ist, als es aussehen mag, dass Goethe gerade von diesen Beiden so begeistert ward und, obwohl er lange Jahre hindurch von griechischer Einfachheit und Formgemessenheit sich gefesselt fand, dessenungeachtet später, als die Gothik ihm wieder nahe trat, sich glücklich pries, »was er in der Jugend sich gewünscht, im Alter in Fülle zu haben«. Goethe war ein Normalmensch und zwar ein voller und ganzer, obwohl er eine einseitige Gefühlsreceptivität und ein einseitiges Bedürfniss nach persönlicher Unabhängigkeit und Ungebundenheit an sich hatte, die »ihm viel zu schaffen machten« und in sein Leben manche Störung brachten.

Eine Menge von treffenden Thesen erstreckt sich auf den »Faust«; hier nur einige wenige davon. Goethes Faust spricht uns menschlich an durch den Inhalt, wie viele Goethische Gedichte. Goethe liebt es vor Allem, den durch die Schwierigkeiten und Conflicte des Lebens beengten und befangenen Charakteren Gestalten von hellem und verständigem Geist gegenüberzustellen; so sein Liebetraut, Carlos, Pylades, Alfons, ja selbst der Schalk Mephistopheles ist den Thoren der »Empfindung und Leidenschaft« gegenüber der Weise, welcher Worte »der Vernunft und des Verstandes« redet . . . . . Das schönste Bild der Weisheit aber hat abermals Goethe in dem seinem Faust vorausgehenden Chore, dem Prolog im Himmel, gegeben. Alles ist anmuthig, was leicht und mild hinwallt, wie z. B. die ganze Dichtung Goethes selbst im Tragischen und Furchtbaren, selbst in Gestalten wie Mephistopheles anmuthig ist wegen der nicht allzu tief gehenden leichten Lebendigkeit und des Anflugs humaner Milde, welche er auch diesen zu verleihen vermochte. Ein glänzendes Beispiel für die Fertigkeit, das Würdig- und Wichtigernste, das Erhabenste und Gefühlvollste mit humoristischer Heiterkeit zu behandeln, ist die behaglich humoristische Stimmung, in welcher im Prolog zu »Faust« bei aller Erhabenheit »der Herr« gehalten ist, um nicht durch abstracte und nude Erhabenheit ins Kleinliche und Hyperpathetische zu fallen. Im Gebiete des Neckischen verlangt die Wirkung den Schreck, da erst dieser der Sache Kraft und Schneide gibt, weswegen denn auch alles länger dauernde Scherzhafte »mit etwas (scheinbar) Gefährlichem und Schreckhaftem schliessen soll«, damit es nicht fade werde (so die Scenen in Auerbachs Keller und beim kaiserlichen Maskenfest). Da der Spott noch glimpflicher, harmloser ist, so kann er sich humoristisch geberden, wie z. B. das Flohlied des Mephistopheles ein humoristisches Spottlied ist, weil das Günstlingswesen durch die Vergleichung mit dem Floh zwar einerseits allerdings sarkastisch genug behandelt, aber auch in das heitere Licht des wenig Bedeutenden, wenig Gefährlichen gerückt ist. Ein moderner Antiker, Goethe, der dem Rührenden nicht übermässig huldigte, hat das Recht desselben sehr entschieden ausgesprochen und sehr wahr und schön dargestellt in der classicistischen »Helena«, im zweiten Theile Fausts. Zu den positiven Absurditäten zu rechnen ist der »dramatisch-humoristische Unsinn« in der Hexenküche im Faust, namentlich das Einmaleins (obwohl hinter diesem Unsinn theilweise auch satirische Beziehungen stecken). Endlich der kundige und kluge Satz: »Nichts ist verwunderlicher, als die Fortsetzungen, die Viele zum ersten Theile von Goethes Faust proponirten; einen eigenen Faust mögen sie uns geben, nicht aber einen ‚Tragelaphen‘, der weder der ihrige noch der Goethische mehr wäre; ist es doch schon Schade genug, dass dieser letztere selber durch die Stilverschiedenheit der Epochen, die ihm stückweise das Dasein gaben, zwar kein Tragelaph geworden ist, aber doch ein ‚Hippogryph‘, vorn wie ein jung in die Welt hinein rennendes Füllen, kraftreich, frisch und hell von Augen, hinten alt, bedächtig, ernsthaft, wundersam mythologisch und mystisch verbrämt, so dass Viele sich nicht das Herz zu diesem absonderlichen Pegasus, der darum doch nicht blind oder lahm, oder des Flugs zur Höhe unfähig ist, fassen mögen, sondern missmuthig vor ihm davonlaufen und das Weite suchen«.

Hier ist der Ort an Köstlins offne Stellung zu seinem nächsten lands- und fachmännischen Collegen, Vischer, zu erinnern. Enthält das Vorwort zur »Aesthetik« das Bekenntniss: »Schmerzlich ist es mir, der Aesthetik der Hegelschen Philosophie so vielfach entgegentreten .... und insbesondere gegen die letzte gewaltige Burg, welche sie sich in dem berühmten Werke Friedrich Vischers errichtet, auch meinerseits angriffsweise vorgehen zu müssen .... um so mehr, als ich an einem Theile des letzteren selber Einiges mitgethan habe«, so gehört der letzte Absatz der Vorrede zum Faust-Büchlein ins Album des einzigen Genialen aller »Faust«-Fortsetzer (Faust, III. Theil. Von »Deutobold Allegoriowitsch Mystificinsky« erschien übrigens erst 2 Jahre danach): »Eine Verlegenheit war es mir, mit meinem verehrten Lehrer und Freund Vischer diesmal nicht immer Hand in Hand gehen zu können. Aber ich hoffe ihn selbst für eine mildere Ansicht über Faust zu stimmen und bitte ihn, meine Entgegnungen gegen die seinige von diesem Gesichtspunkte aufzunehmen. Hätte nicht auch er Goethe angegriffen, so hätte ich vielleicht für diesen nicht die Waffen erhoben«. Mögen die ungezählten fruchtbaren Anregungen, die Karl Köstlins, sogar dem Rufe nach viel zu wenig verbreitete Werke bergen, auch für das Verständniss Goethes, den er kannte und verehrte wie nur Jemand, nicht verloren gehen. Wie weit der Horizont des tiefgründigen Kopfes sich spannte, lehrt der Schlusssatz seiner »Prolegomena«, wohl das Letzte, was er in die Druckpresse sandte: »Eine vollständige Darstellung aller Zweige des Schönen, wie sie auch von mir erstrebt worden ist, wird stets unsere Hauptaufgabe bleiben«. Wahrlich, wo gäbe es ein kühneres und zugleich idealeres Programm?

3. RUDOLF HILDEBRAND.
Von Ludwig Fränkel.

In der Frühe des 28. Octobers ist *Rudolf Hildebrand* nach langjährigen schweren Leiden gestorben, zu Leipzig, ebenda wo er 1824 geboren war, klassische Sprache und Literatur alter wie neuer Zeit studirt und, erst als Lehrer an dem altehrwürdigen Gymnasium zu St. Thomä, dann als Universitätsprofessor in anregendster Weise gelehrt hatte. Von erstaunlich ausgebreiteter Belesenheit auf dem Felde deutschen Schriftthums, hat er sein feinsinniges und durchaus selbständiges Verständniss für Ideenreichthum und poetische Kunst Goethe immer gern zugewendet. Nicht als ob er, einer der tiefgründigsten Kenner deutschen Sprachgeistes, Wortgestalt und Ausdrucksform des Meisters kleinlich zersiebt hätte. Im Gegentheil war er stets darauf aus, die grossen inneren Zusammenhänge aufzudecken und Sinn und Gestalt der Dichterrede festzustellen. Im akademischen Colleg und im seminaristischen Privatissimum — wo die nie versiegende Quelle seiner, den betroffenen Literatur-Denkmälern ebenbürtigen Gedankenfülle am leichtesten strömte — hat er Goethes und Schillers geistige Verbindung, ihre Philosophie und Weltanschauung, den »jungen Goethe«, Goethes Lieder und Lyrik, gelegentlich auch den Faust einer lautlos horchenden Jüngerschaar erläutert. »Goethekenner, wie wenige seiner Zeitgenossen, führte er, die sich um ihn versammelt hatten, ein in ein wahrhaftes Verständniss dieses wunderbaren Dichtergeistes, ohne dass die Würdigung Schillers, als des Goethe ebenbürtigen Freundes, zu kurz kam. Keine der zur Zeit vorhandenen Goethe-Darstellungen bietet den Schülern Hildebrands das, was sie bei ihm gefunden«, so heisst es in einem Beitrag Zur Erinnerung an Rudolf Hildebrand, von »einem Mitgliede seines Privatissimums«, im Leipziger Tageblatt vom 4. November 1894, 2. Beilage. Auch für seine ungeschminkte und eindringliche Goethe-Auslegung gilt es: Wer die Jugend hat, hat die Zukunft.

Ausserdem aber pflegte Hildebrand im Vorbeigehen bei germanistischen und pädagogischen Fragen einzelne Seiten

Goethischer Art von überraschend einfachen Gesichtspunkten aus zu beleuchten und allenthalben Belege aus den verstecktesten Gefilden seines Dichtens herbeizuholen. Dies geschah sowohl nebenbei in den reizvollen Auslassungen über seine Lehrmethode für die Muttersprache, wie sie das köstliche Büchlein »Vom deutschen Sprachunterricht, sowie von deutscher Bildung und Erziehung überhaupt« (3. Auflage, 1887) vorträgt und den unvergleichlich eingehenden Artikeln in Grimms »Deutschem Wörterbuche« — man schlage z. B. »Geist« und »Genie« nach — das er seit 1864 mitherausgab, als in gesonderten Spenden, die er mit Vorliebe in der, seit 1887 unter seiner eifrigen Beihilfe von seinem Schüler Otto Lyon geleiteten »Zeitschrift für den deutschen Unterricht« der Oeffentlichkeit darbot. Einiges davon ward 1890 in das schmächtige, jedoch viele umfänglichere aufwiegende Bändchen aufgenommen, das seine »Gesammelten Aufsätze zur deutschen Philologie und zum deutschen Unterricht« auswählte. Die Krone darin ist wohl die knappe Abhandlung über das vielumstrittene Haidenröslein; sie dürfte am bequemsten den Goethelaien in Hildebrands Art einführen. Daneben liefert seine Betrachtung »zu dem Gedichte Ilmenau 8. September 1783« Goethe-Jahrbuch XV, 140—147, sein erster, endlich abgerungener Beitrag für unsere Central-Arbeitsstätte (noch am 6. October, drei Wochen vor dem Tode, hat er einen Aufsatz für Band XVI in Aussicht gestellt), ein hübsches Beispiel, wie der vom Genius Begeisterte auch mit zunächst unscheinbaren Dingen zu fesseln verstand. Die im letzten Jahrzehnt lebhaft erwachte Theilnahme für Goethe und seine Poesie hat er mit Genugthuung begrüsst (die Weimarer Sammlungen beschenkte er wiederholt) und, allen einseitig gelehrten Auswüchsen dieses Strebens abhold, für den allgemeinen Bildungsstand Bedeutendes davon erhofft. Gemüth und Herz solle der heutige Mensch an Goethes reiner Kunst, deren Stilgesetze er völlig undogmatisch zu verfolgen und zu verdeutlichen wusste, erquicken, erheben, veredeln. In ihr erblickte dieser feine und originelle Geist, der in härtester Krankheit die glückliche Naivetät ästhetischer Genussfreudigkeit nie eingebüsst hat, den Gipfel unseres nationalen Empfindens und Dichtens.

4. FRANZ KERN.[1]

Von Ludwig Bellermann.

Meine verehrten Herren! Es ist unmöglich, dass wir heute in gewohnter Weise uns hier versammeln, ohne des Mannes

---

[1] Worte der Erinnerung, gesprochen am 19. December 1894 in der Gesellschaft für deutsche Literatur in Berlin. *Franz Georg Gustav*

zu gedenken, der uns vor wenigen Tagen durch den Tod entrissen wurde. *Franz Kern* gehörte unserer Gesellschaft seit ihrer Gründung im Jahre 1888 an, er war unter denen, die sie gründeten; er hat ihr stets lebhafte und thätige Theilnahme gewidmet und uns wiederholt durch inhaltreiche, treffliche Vorträge erfreut und unsere Sitzungen belebt.

Aber diese äusseren Thatsachen können in keiner Weise das bezeichnen, was er uns gewesen ist. Franz Kern war ein Mann, dessen Persönlichkeit überall, in allen Kreisen, wo er verkehrte, ihm von selbst und ungesucht Bedeutung und Ansehen vom höchsten Gewicht sicherte. Ich halte es daher für eine Pflicht, dass wir uns das Bild des Verewigten mit wenigen Strichen noch einmal vor Augen führen.

Wenn ich mich frage, was seiner Persönlichkeit ihr besonderes Gepräge gab, so tritt uns wohl zunächst die innere

---

Kern, geboren in Stettin, 9. Juli 1830, studirte in Berlin von 1848—1851 unter Boeckh, Lachmann, Trendelenburg; 1852 Collaborator am Marienstiftsgymnasium in Stettin; 1859 Subrector in Pyritz; 1860 Adjunct und später Professor in Schulpforta; 1866 Director des grossherzoglichen Gymnasiums und Mitglied des Oberschulcollegiums in Oldenburg; 1869 Director des städtischen Gymnasiums in Danzig; 1871 Director des Stadtgymnasiums in Stettin; Michaelis 1881 Director des Kölln. Gymnasiums und des königl. pädagogischen Seminars in Berlin, gest. 14. XII. 95. *Goetheschriften von Franz Kern.* Selbständig: Goethes Torquato Tasso. Beiträge zur Erklärung des Dramas. Berlin 1884. — Goethes Tasso und Kuno Fischer. Berlin 1892. — Goethes Torquato Tasso, Schulausgabe mit Anmerkungen. Berlin 1892. — Torquato Tasso mit Einleitung und Anmerkungen (grosse Ausg.) Berlin 1893. — Drei Charakterbilder aus Goethes Faust. Oldenburg 1882. (Zweite Ausg. Berlin bei R. Stricker.) — Fr. Kreyssigs Vorlesungen über Goethes Faust. Zweite Aufl., neu herausgegeben von F. Kern. Berlin 1890. — Goethes Lyrik, ausgewählt und erklärt für die oberen Klassen höherer Schulen. Berlin 1889. — Ueber Goethe auch sonst Vieles, z. B. in der Schrift »Zur Methodik des deutschen Unterrichts«; »Deutsche Dramen als Schullectüre« (Iphigenie); »Lehrstoff für den deutschen Unterricht in Prima«. — In Zeitschriften: Ueber die Sprache Goethes in der Natürlichen Tochter. (Zeitschr. f. d. deutschen Unterricht. 2. Jahrg. 4. Heft. S. 283 ff.) — Goethes natürliche Tochter im deutschen Unterricht. (Zeitschr. f. d. deutschen Unterricht. Jahrg. I. S. 61.) — Zur Kritik u. Erklärung von Goethes Tasso. (Ztschr. f. d. deutsch. Unterricht. 6. Jahrg. S. 474 ff.) — Ueber die Handlung in Goethes Tasso. (Jahrb. f. Pädagogik 1880. S. 585 ff., aufgenommen in die »Beiträge«.) — Goethes Egmont im deutschen Unterricht. (Zeitschr. f. d. deutschen Unterricht. 2. Jahrg. S. 319 ff.) — Das Dämonische in Goethes Egmont. (Ebenda S. 325 ff.) — Zur Erklärung von Goethes Gedicht »Grenzen der Menschheit«. (Jahrbücher f. Pädagogik. Band 120. S. 196 f.) — Ein Interpunktionsfehler in Goethes Iphigenie. (Zeitschrift für Gymnasialwesen.) (In den 70er Jahren?) — Zu Goethes Gedicht Königl. Gebet. (Voss. Zeitg.) — Helena und Gretchen im zweiten Theile des Faust. (Sonntagsbeil. Voss. Zeitg. 1889, Nr. 37.) — Zu Goethes Proserpina. (Sonntagsbeil. Voss. Zeitg. 1889, Nr. 17.) — Goethes Achilleis und der letzte Gesang der Ilias. (Sonntagsbeil. Voss. Zeitg. 1890, Nr. 2 u. 3.)

Harmonie seines ganzen Wesens entgegen, wie sie nur bei einer ungewöhnlich glücklichen Mischung der geistigen Kräfte gefunden werden kann. Das stete, ruhige Gleichgewicht des Denkens und Fühlens, jenes selbstverständliche Vorherrschen der ruhigen Vernunft und des besonnenen Urtheils, ungetrübt und unverdunkelt von Vorurtheil, Erregung oder Leidenschaft, diese eigenthümliche Tugend, die die Griechen mit dem Namen der »Sophrosyne« bezeichneten, war in ihm zu einer seltenen Vollkommenheit entwickelt und liess auf alle Aeusserungen seines Wesens einen milden und harmonischen Schimmer strahlen. Ein unbesonnenes, leichtfertiges Wort oder eine rasche That leidenschaftlicher Uebereilung ist wohl nie von ihm ausgegangen.

Das zeigte sich in seinem wissenschaftlichen Denken, wie in dem Verhalten seiner menschlichen Persönlichkeit.

Er hat verschiedene Gebiete des Wissens mit Gründlichkeit durchforscht und mit Sicherheit beherrscht, und es wäre eine Aufgabe, nicht für ein kurzes Wort der Erinnerung, sondern für eine eigene tiefgehende Abhandlung, seiner wissenschaftlichen Entwickelung nachzugehen und sie im einzelnen darzulegen. Als die beiden Hauptgebiete, auf die sich ihm alles vereinigte, tritt die Welt des Griechenthums und die Welt unserer deutschen Dichter hervor. Es liegt dem gegenwärtigen Anlass fern, auf seine gründlichen, klaren, in vieler Hinsicht bedeutenden Forschungen über die vorsokratische Philosophie einzugehen; aber dass er den Ausgang seiner wissenschaftlichen Thätigkeit von der Philosophie nahm, ist doch für ihn bezeichnend geblieben: die wichtigen Probleme des speculativen Forschens, auf erkenntnisstheoretischem wie auf metaphysischem Gebiete, die jene frühen Denker behandelten, haben ihn stets beschäftigt und begleitet und seine vorurtheilslose philosophische Weltanschauung mitbegründet. Der philosophisch geschulte Geist trat überall bei ihm hervor, ebenso in seinen gründlichen, scharfsinnigen, zum Theil bahnbrechenden Forschungen zur deutschen Grammatik, wie in seiner Behandlung dichterischer Werke, der griechischen sowohl, wie insbesondere unserer deutschen Classiker. Immer suchte er das feinsinnige, geschmackvolle Urtheil des Aesthetikers auch begrifflich zu begründen, überall dem tieferen, inneren Gedankenzusammenhang nachzuspüren. Es ist auch kein Zufall, dass ihn aus dem grossen Kreise der Goethischen und Schillerschen Poesie nichts so dauernd fesselte, als gerade die Gedankenlyrik der beiden grossen Dichter. Auch seine eingehende Beschäftigung mit Faust und Tasso verleugnet diesen Charakter nicht und seine innige Vertrautheit mit Rückerts Weisheit des Brahmanen und Schefflers Cherubinischem Wandersmann kann das nur bestätigen.

Ich halte es für gerechtfertigt, alle diese Gebiete hier zu streifen, wenn auch in unseren regelmässigen Sitzungen von manchen derselben nicht leicht die Rede sein konnte. Aber ich sehe gerade den Werth und die anregende Bedeutung unserer Gesellschaft mit darin, dass sie uns nicht nur sachlich anziehende Mittheilungen bringt, sondern auch die Persönlichkeiten näher führt; und unser verstorbener Freund war gewiss jemand, der sich im geselligen Gespräch gern und zwanglos gab. Wie in seinen Schriften, so trat auch im persönlichen Verkehr und da noch leichter und freier, der Reichthum und der Adel seines Geistes hervor. Dies ist wohl das Bild, das die meisten von uns am lebendigsten in ihrer Erinnerung behalten werden. Was ich vorher von seiner harmonischen Persönlichkeit sagte, das zeigte sich in solchen Stunden in besonders schöner und gewinnender Weise, am meisten natürlich im vertrautesten Kreise, wie es mir insbesondere in lebhafter, dankbarer Erinnerung bleiben wird.

Hier zeigte sich alles, was sein Wesen ausmachte: wissenschaftlich klarer Blick, vorurtheilsloses Suchen der Wahrheit, unerschrockenes, folgerichtiges Denken; feinsinniges Urtheil, ein sicherer gebildeter Geschmack, der sich an der classischen Schönheit genährt hatte und an ihr mit überzeugter Begeisterung festhielt; und das alles gepaart mit einer Freiheit und Bequemheit des Gespräches und des persönlichen Gedankenaustauches, die besonders dazu beitrug, den Umgang mit ihm fruchtbringend und erfreulich zugleich zu machen. Und wie gern war er in heiterer Geselligkeit mit gleichgestimmten Freunden zusammen, wie kam da auch Scherz und Humor und die fröhliche Laune des Augenblicks zur Geltung, und wie hielt er da aus, unerschütterlich an körperlicher und geistiger Kraft, wenn die Stunden auch noch so schnell dahinflogen, oder gar zuweilen, wie in Platos Symposion, der Morgen nahte. Diese Frische seines Geistes, mit der er zu jeder Zeit noch in die Erörterung einer wissenschaftlichen oder persönlichen Frage eintrat, war erstaunlich.

Was aber die Harmonie seines Wesens erst vollständig machte, war, dass alle diese Eigenschaften aus einem menschlich edlen, wahrhaft hochgesinnten Herzen quollen. Ein niedriger, ein selbstsüchtiger Gedanke hatte hier keinen Raum und ist mit dem Bilde, das wir von ihm haben, schlechterdings unvereinbar. Wenn derjenige ein Idealist ist, dem das Wahre, das Schöne und das Gute höher steht als jedes äussere Gut, und der überzeugt ist, dass das wahre Glück des Menschen niemals durch äusseren schimmernden Erfolg, durch keine bunte noch so schillernde Lust, sondern nur durch die inneren Besitzthümer unserer Seele hervorgebracht wird, so war Kern ein Idealist im schönsten und edelsten Sinne; und er hat dieser seiner tiefen Ueberzeugung sowohl im Gespräch als auch an vielen Stellen seiner Schriften und Abhandlungen, insbesondere auch in seinen herrlichen Schulreden oft mit schlichten, aber beredten Worten Ausdruck gegeben. Aus dieser Gesinnung quoll ihm der tiefe Friede mit sich selbst, der ihm die höchste Errungenschaft eines Menschen war.

Hieraus ging auch seine Herzensgüte hervor, seine erprobte Freundestreue und nicht zum wenigsten das freundliche, helle Glück, das er im Kreise seiner Familie fand. Wer ihm je näher gestanden, oder auch nur persönlich oder amtlich öfter mit ihm zu verkehren hatte, der wird bestätigen, was seine vertrautesten Freunde am tiefsten und reichsten an ihm erfuhren: Klarheit und Sicherheit, Milde und Wohlwollen waren die ununterbrochenen Aeusserungen seines gereiften Geistes; sie waren es so sehr, dass unlautere Regungen in seiner Gegenwart nicht leicht laut wurden, dass die Stimme der Leidenschaft sich beschwichtigte. Darum war er auch in seinem Amte als Director den Lehrern seiner Anstalt wie den Schülern ein so belebendes Vorbild, darum hingen sie an ihm mit so herzlicher Liebe und Verehrung; und seine vorwiegend ruhige Art beeinträchtigte in keiner Weise das Anregende seines Wesens. Ich kann diese Seite seines Wirkens hier eben nur streifen; es genüge das kurze Wort, in das einer der Lehrer des Köllnischen Gymnasiums sein Urtheil über Kern zusammengefasst hat: »Wenn man ihn sah, freute man sich.«

So stand der vortreffliche Mann vor uns, und alle diese herrlichen, zu harmonischem Zusammenhang sich vereinigenden Eigenschaften kamen ja auch unserer Gesellschaft zu Gute. Alle seine Kräfte standen noch auf der vollen Höhe ihrer Blüthe; bis vor wenigen Monaten konnte er als das Bild ungeschwächter körperlicher und geistiger Gesundheit und Frische gelten. Aber es hatte sich in ihm ein Uebel ausgebildet, das nun, nach geringen Vorboten, im October dieses Jahres stärker auftrat und ihn mit Athemnoth und Beängstigungen quälte. Die Aerzte fassten es von Anfang an sehr ernst auf, da es die edelsten Theile, vor allem das Herz, bedrohte. Aber schneller noch, als man befürchtete, machte das Leiden seinem Leben ein Ende. Ganz sanft und ohne neue Beängstigung entschlief er in den Frühstunden des 14. December. Schwerere Qualen wurden ihm erspart; ehe das Schlimmste eintrat, dessen Bild seine Geliebten ängstigte, schlummerte er still hinüber in das Reich des ewigen, schmerzlosen Friedens.

Meine Herren! Wenn man einem so ausgezeichneten Manne persönlich so nahe und herzlich vertraut gestanden hat, wie es mir vergönnt gewesen ist, so drängt es uns vor einem Kreise befreundeter Männer, die in seiner Werth-

schätzung und Verehrung einig sind, wenigstens etwas von
dem auszusprechen, was wir an dem edlen Verewigten verloren haben. Lassen Sie mich aber zum Schluss auch das
noch aussprechen, dass wir ja alles dies doch nicht ganz
verloren haben. Denn die reichen Wirkungen seines Geistes
und seines Herzens bleiben uns, wir werden sie dem Tode
zum Trotz festhalten; seine wissenschaftlichen Anregungen,
seine befruchtenden Gedanken, sein Wahrheitsmuth, sein idealer
Sinn, seine Herzensgüte und seine Freundestreue, kurz alles
das von ihm, was wir gestern *nicht* zu Grabe getragen haben,
wird uns unverloren bleiben. Sein Andenken unter uns kann
niemals verlöschen.

5. WILHELM ARNDT.
Von Georg Witkowski.

Am 10. Januar 1895 wurde Wilhelm Arndt in der Fülle
der Kraft, 56 Jahre alt, durch einen plötzlichen Tod dahin-
gerafft. Er war von Beruf Historiker, und zwar bildete für
ihn, der von Georg Waitz die tiefsten Anregungen empfangen
hatte, Urkundenlehre und Quellenkritik das eigentliche
Schaffensgebiet. Wie so viele ältere Mitglieder der Goethe-
gemeinde gelangte auch Arndt von der liebevollen Beschäftigung mit Goethes Leben und Werken zu ernster wissenschaftlicher Arbeit an dem grossen Bau der Goethe-Philologie.
Entsprechend der Hauptrichtung seiner Studien nahm er
sich auf diesem, von ihm nur in Mussestunden bearbeiteten
Felde vor allem der Pflege des Wortes an und begrüsste
desshalb freudig die Wendung zur strengen Kritik, die sich
durch den Einfluss des ihm persönlich befreundeten Wilhelm
Scherer vollzog. Noch ehe sich die Pforten des Goethe-
Archivs der Forschung erschlossen, erhob Arndt in einem
Grenzboten-Aufsatz »Zu Goethes fünfzigjährigem Todestage«
die Forderungen einer vollständigen Sammlung der Briefe, einer
kritischen Ausgabe der Werke und einer wissenschaftlichen
Biographie, von denen die ersten beiden gegenwärtig erfüllt
werden, die Erfüllung der dritten in Aussicht steht. Die
Grundsätze, die er hier aufstellte und die im Wesentlichen
den später in der Weimarer Ausgabe befolgten entsprachen,
hatte er schon zuvor in mehreren vortrefflichen Veröffentlichungen angewandt. Zuerst gab er Goethes Briefe an die
Gräfin Auguste zu Stolberg in zweiter Auflage heraus.
(Leipzig 1881.) Der erste Druck, der 1839 in dem Taschen-
buche »Urania« und in wenigen Sonderabzügen erschienen
war, galt beinahe für verschollen; Arndt erhöhte das Verdienst seiner Erneuerung, indem er in Einleitung und Anmerkungen alles zum sachlichen Verständniss Nothwendige

zusammenstellte. Durch Hinweise Goethes wurde er auf die
Entdeckung der in Gotha befindlichen Handschriften von
»Jery und Bätely« und den »Vögeln« geleitet und publicirte
diese werthvollen Funde, die beide Stücke in einer früheren
als der bis dahin bekannten Gestalt boten, in mustergiltiger
Weise. (Leipzig 1881 und 1886.) Auch für die Weimarer
Ausgabe war ihm die Bearbeitung dieser kleinen Dramen
übertragen; das erste erschien im 12. Bande, das zweite wird
der 17. Band enthalten. Nicht minder zeigte sich Arndts
peinlich gewissenhafte Sorgfalt für die Correctheit des Textes,
seine umfassende Kenntniss der Goetheliteratur bei den kleineren
Brieffunden, die er in den Grenzboten und in den fünf ersten
Bänden des Goethe-Jahrbuchs darbot. Hier seien nur die
Sammlungen »Zu Goethes Geburtstag 1880« und »Briefe
Friedrich Leopold Stolbergs an Johann Heinrich Voss über
die Schweizerreise des Jahres 1775« (in den Grenzboten).
sowie »Goethes Briefe an Leopold von Henning« (im dritten
Bande des Goethe-Jahrbuchs) hervorgehoben. Kurze Zeit
hat Arndt auch an der Universität Leipzig, der er, zuletzt
als ordentlicher Professor, angehörte, Vorlesungen über Goethes
Leben und Werke gehalten. Damit wäre der äussere Umfang
seiner Thätigkeit auf dem Gebiete der Goethe-Wissenschaft
erschöpft. Aber wichtig und ertragreich war auch das stille
Wirken Arndts für die Sache, der seine volle Neigung gehörte.
Handschriftenkundig wie wenige, konnte er, zumal nach
Eröffnung des Archivs, in zahlreichen Zweifelfällen mit seinem
Wissen und seiner reichen Erfahrung aushelfen und schmerz-
lich wird man noch oft zumal an der Stelle, die vor allen
andern im Dienste Goethes steht, den allezeit bereiten treuen
Berather vermissen.

6. HERMANN HAGER.

Von T. A. Stephens.

Am 28. Februar d. J. starb zu Manchester im 48. Lebens-
jahre Dr. Hermann Hager, einer der Vice-Präsidenten der
dortigen Goethe-Gesellschaft und seit 16 Jahren Lector der
deutschen Sprache und Literatur am Owens College daselbst.
Dr. Hager nahm unter der deutschen Lehrerschaft Englands
eine besonders hervorragende Stelle ein; wesentlich hat er
auch als Examinator der Universitäten Oxford, Cambridge
und London, sowie der Victoria-Universität, deren berathen-
der Behörde er selbst angehörte, viel dazu beigetragen, dem
Studium des Deutschen in England academische Würdigung
zu verschaffen. Zu Reichenbach in der Lausitz geboren, studirte
er in Leipzig unter Ritschl, Lange und Curtius classische,
unter Zarncke germanistische Philologie. Die Früchte seiner

griechischen Studien waren, ausser seiner Doctordissertation »Questiones Hyperidae«, zahlreiche und gehaltvolle Beiträge zur letzten Ausgabe von Sir W. Smiths »Dictionary of Antiquities«, zumeist über attisches Rechtswesen, in welchem Fach er eine sehr werthvolle Büchersammlung hinterlassen hat.

Als im Jahre 1886 die Gründung einer englischen Goethe-Gesellschaft im Anschlage war, berief Dr. Hager eine Versammlung zum Zweck der Errichtung einer Zweiggesellschaft in Manchester, wo das Bestehen einer zahlreichen und kunstsinnigen deutschen Colonie dem Unternehmen Erfolg versprach. Dr. A. W. Ward war der erste Präsident und Dr. Hager der erste Schriftführer der mit einer nicht unbeträchtlichen Anzahl von Mitgliedern ins Leben getretenen Manchester Goethe-Society, welche, zuerst in Verbindung mit der English Goethe-Society, später als selbständige Gesellschaft, mehrfache Beweise ihrer Existenzberechtigung gegeben hat.

Alle die mit ihm in Berührung gekommen sind, werden darin übereinstimmen, dass ein grosser Antheil an diesem Erfolge der gewinnenden und allgemein beliebten Persönlichkeit Dr. Hagers zuzuschreiben ist, insbesondere seiner Unermüdlichkeit neue Vorträge für die Vereinsabende zu sichern, sowie seiner steten Bereitwilligkeit jedem Mitarbeiter aus dem Schatze seines reichen Goethe-Wissens mitzutheilen. Der Umfang seiner eigenen Beiträge wurde durch die Ansprüche einer anstrengenden Berufsthätigkeit nur zu sehr eingeschränkt, nicht minder auch durch die Gewissenhaftigkeit des echten Gelehrten, die an Inhalt und Form allzeit die strengen Anforderungen des eigenen hohen Ideals stellte. Eine Inhaltsangabe seiner Vorträge über Goethe und Homer und über Goethes Plan für die Helena ist in den Transactions of the Manchester Goethe-Society 1886—1893 zu finden; andere kürzere Beiträge behandelten die kritischen Grundsätze der Weimarer Goethe-Ausgabe, die früheste Aufführung von Marlowes Dr. Faustus in Deutschland, Goethes Beziehungen zu Cogswell, Moritz's »Ueber die bildende Nachahmung des Schönen«, u. a. Im Jahre 1891 trat Dr. Hager von der Thätigkeit als Schriftführer zurück und wurde zu einem der Vice-Präsidenten der Gesellschaft erwählt.

Ein seltenes Spiel des Zufalls wollte es, dass Dr. Hagers Tod am Morgen des Tages erfolgte, der für die erste Aufführung von Goethes Clavigo in England festgesetzt war, unter Benutzung einer Uebersetzung, an der er selbst mit gewohnter Bereitwilligkeit Theil genommen hatte.

3. BIBLIOGRAPHIE.

SCHRIFTEN.

A. WEIMARER GOETHE - AUSGABE.

Goethes Werke. Herausgegeben im Auftrage der Grossherzogin Sophie von Sachsen. Weimar, H. Böhlau.

Siehe G.-J. XIII, 259 mit der Anmerkung. Erschienen sind i. J. 1894 folgende Bände: 1. Abtheilung, Band 13¹: Palaeophron und Neoterpe, Vorspiel 1807; Was wir bringen, Berliner Prolog 1821; Nachspiel zu Ifflands Hagestolzen u. A.; Theaterreden; Goetz von Berlichingen, für die Bühne bearbeitet. (Redactor *B. Suphan*, Herausgeber *R. M. Werner*, *A. Fresenius*, *J. Wahle*, *W. Creizenach*, *A. Sauer*.) Band 16: Puppenspiel: Jahrmarktsfest, Das Neueste von Plundersweilern, Fastnachtsspiel, Satyros; Prolog zu den n. Offenbarungen Gottes, Parabeln, Legende, Hans Sachs, Mieding u. A., Epilog zur Glocke, Geheimnisse; Maskenzüge; Karlsbader Gedichte. Des Epimenides Erwachen; Requiem für den Prinzen von Ligne; Schillers Todtenfeyer; Cantate zum Reformations-Jubiläum 1817. (Redactor *Erich Schmidt*, Herausgeber *W. Fielitz*, *R. Heinzel*, *G. Roethe*, *D. Jacoby*, *E. Schröder*, *R. M. Werner*, *J. Wahle*, *B. Suphan*.) Band 17: Triumph der Empfindsamkeit, Vögel, Gross-Cophta, Bürgergeneral. (Redactor *C. Redlich*, Herausgeber *M. Roediger*, *W. Arndt*, *E. Elster*.) Band 24: Wilhelm Meisters Wanderjahre, Erster Theil. (Redactor *C. Redlich*, Herausgeber *Eugen Joseph*.) 2. Abtheilung, Band 4: Zur Farbenlehre, Historischer Theil II. Mit 17 Bildertafeln. (Redactor *B. Suphan*, Herausgeber *S. Kalischer*. Siehe G.-J. XV, 315.) Band 10: Mineralogie und Geologie. (Redactor *B. Suphan*, Herausgeber *R. Steiner*.) 3. Abtheilung, Band 6:

Tagebuch 1817, 1818. (Redactor *B. Suphan*, Herausgeber *Ferdinand Heitmüller, J. Wahle.*) 4. Abtheilung, Band 15, 16: Briefe von 1800—1803. (Redactor *B. Suphan*, Herausgeber *Eduard von der Hellen.*)

BERICHT DER REDACTOREN UND HERAUSGEBER.
ERSTE ABTHEILUNG.

Ueber die Bände 13¹ und 24 lässt sich Abschliessendes erst im J.-B. 1896 berichten, wenn die Folgebände vorliegen, die den Apparat nachbringen. Zweckmässig aber ist es, an dieser Stelle bereits hinzuweisen auf die im Druck befindlichen »Lesarten«, die den grössten Theil von 13 II einnehmen. In der Einleitung derselben hat *August Fresenius* die bisherigen Ergebnisse langwieriger Forschungen dargelegt, die sich auf die sämmtlichen Cottaschen Gesammtausgaben erstrecken. Diese Ergebnisse in einer kurzgefassten Gestalt kennen zu lernen, wie sie der kritischen Praxis unmittelbar zu statten kommen, wird Jedem, der an dem Fortgang der Weimarer Ausgabe mit thätigem Interesse Antheil nimmt, von Werth sein; sie werden daher hier in dem, nach eingehender Durchberathung mit *B. Suphan* von *Fresenius* formulirten Wortlaut mitgetheilt.

1. Wie von den Göschenschen Ausgaben der »Schriften« nicht die achtbändige (S), sondern die vierbändige (S^1) als Druckvorlage für die erste Cottasche Ausgabe (A) gedient hat,[1] so ist wieder für einzelne Bände der zweiten Cottaschen Ausgabe (B) nicht A, sondern A^1, d. h. die zur Michaelismesse 1808 erschienene[2] zweite Auflage der ersten Cottaschen Ausgabe, Druckvorlage und Fehlerquelle gewesen. Bis jetzt ist dies festgestellt für den 6. und 7. Band von B, d. h. für Götz, Egmont, Stella, Clavigo, Iphigenie, Tasso und Natürliche Tochter. Man hat also mit der Möglichkeit, dass der Text von B auf A^1 beruhe, auch in andern Fällen zu rechnen und muss sich bei Benutzung der ersten Cottaschen Ausgabe davor hüten, A mit A^1 zu verwechseln. Die Bände

---

[1] Entscheidend dafür ist die Briefstelle, die Wilhelm Arndt 1886 in seiner Einzelausgabe der Vögel veröffentlicht und neuerdings in der Weimarischen Ausgabe Bd. 17, S. 356 wiederholt hat. Sie hebt in Bezug auf A Bd. 5—7 und 9—12, soweit der Inhalt dieser Bände sich mit S^1 deckt, jeden Zweifel. Dagegen folgt aus ihr nichts für den 1.—4. und für den 8. Band, denn die Vorlagen dieser Bände — über die wir übrigens auch einige directe Nachrichten haben —, waren im October 1806 längst in Cottas Händen.

[2] Angezeigt im Intelligenz-Blatt des Journal des Luxus und der Moden 1809 Nr. 1, S. V. Vgl. Hirzel, Verzeichniss einer Goethe-Bibliothek 1884. S. 65.

6 und 7 beider Auflagen unterscheiden sich schon äusserlich: sie tragen in A die Jahreszahl 1807, in A^1 die Jahreszahl 1808. Dass bei den übrigen Bänden Verschiedenheiten der Jahreszahlen vorkommen, ist wenig wahrscheinlich, man wird aber, sobald man erst Exemplare beider Auflagen zu collationiren in der Lage ist, A^1 leicht an den neu hinzugekommenen Fehlern erkennen.[1]

2. Neben B wird künftig stets B^1, die in Wien bei Kaulfuss und Armbruster erschienene »Original-Ausgabe« von Goethes Werken zu berücksichtigen sein. Warum und in welcher Weise sie benutzt werden muss, dafür sei hier nur auf die grundlegende Untersuchung von Seuffert (G.-J. 15, 166—177) verwiesen.

3. Von der Taschenausgabe letzter Hand (C^1) gibt es, wie jetzt auch urkundlich feststeht,[2] mehrere Drucke, und zwar aller Wahrscheinlichkeit nach vom 11. Bande an zwei, bis zum 10. aber drei, bei einzelnen Bänden vielleicht gar vier.[3] Für die Praxis wird es bei dieser Sachlage das Wesentlichste sein, dass man sich eines Exemplars der Taschenausgabe versichert, welches zum ersten Druck gehört. Dass C in allen Fällen nach dem revidirten C^1 und zwar nach dessen erstem Druck gesetzt worden ist, kann nach den Acten keinem Zweifel unterliegen. Stösst man also in einem Exemplar von C^1 auf Lesarten, welche die Continuität der Textgestalt derart unterbrechen, dass man nicht auf C^1, sondern auf B als Vorlage für C schliessen würde, so hat man es eben nicht mit dem ersten Druck der Taschenausgabe zu thun.[4]

4. So wenig als bei den Ausgaben A und B, hat bei Herstellung von C^1 und C eine Revision der Druckbogen in Weimar stattgefunden. Aenderungen, die Goethe nach Absendung der Druckvorlage für C^1 oder nach Absendung des

---

[1] Ich selbst habe bis jetzt nur die Bände 5, 6 und 7 von A^1 gesehen. Band 5, der von Minor vergeblich gesuchte Druck (vgl. Weim. Ausg. 8, 341 f.), hat wie der 5. Band von A die Jahreszahl 1807. — Den 1. Band von A^1 hat Herr v. Loeper Weim. Ausg. 2, 298 ff., den 7. hat A. v. Weilen Weim. Ausg. 12, 369—385 berücksichtigt.

[2] Mittheilung der Cottaschen Buchhandlung vom 4. Juli 1840 in den Acten des Kanzler Müller-Archivs.

[3] Zwei Auflagen, von denen die zweite auf dem Titelblatt der ersten zehn Bände nicht die Jahreszahl 1827, sondern 1828 trägt, hat schon Herr v. Loeper im 2. Band der Weimarischen Ausgabe (S. 299) unterschieden und hat die letztere C^2 benannt. Neuerdings hat Adolf Strack durch briefliche Mittheilung von Stichproben beider Auflagen weitere Nachforschungen im Goethe- und Schiller-Archiv angeregt.

[4] Die Freiexemplare von C^1, die Goethe erhielt, müssen stets zu dem ersten der verschiedenen Drucke gehört haben. Da nun die Grossherzogliche Bibliothek zu Weimar zwei Exemplare besitzt, die nachweislich aus der Zahl dieser Freiexemplare stammen, so können in Zweifelsfällen diese beiden Exemplare als Massstab dienen.

revidirten Exemplars von C^1 angeordnet hat, müssen in den Acten, d. h. in den Concepten von Goethes Briefen an den Factor Reichel enthalten sein; die Annahme, dass sie uns in einem einzelnen Falle fehlten, wäre nur berechtigt, wenn sich eine Lücke in jenen Concepten wahrscheinlich machen liesse. Wir können also, die Thätigkeit der Setzer und Correctoren zusammenfassend, sagen:

Alle Abweichungen der Ausgabe C^1 von ihrer Vorlage und alle Abweichungen der Ausgabe C von dem revidirten C^1, die Goethe nicht in den Briefen an Reichel angeordnet hat, entstammen der Cottaschen Officin.

Unmittelbaren Gewinn zieht die Kritik aus diesem Satze da, wo wir die Druckvorlage für C^1 besitzen, und da, wo wir die Corrigenda, die sich bei der Revision von C^1 ergaben, kennen.[1] Ausdrücklich von Goethe gebilligte und sachlich nothwendige Aenderungen der Augsburger wird man natürlich nicht antasten; auch empfiehlt es sich bis auf Weiteres in unwesentlichen Dingen die Augsburgischen Aenderungen beizubehalten. Aber alle wesentlichen und nicht nothwendigen Abweichungen von den Druckvorlagen wird man rückgängig zu machen haben.

Band 16 entspricht dem 13. der Ausgabe letzter Hand, mit Einschaltung des grossen »Maskenzuges« von 1818 aus Band 4 und Anfügung des Requiems für Ligne aus dem gedruckten Nachlass, sowie zweier hsl. Entwürfe: »Schillers Todtenfeyer« und »Cantate zum Reformations-Jubiläum«, letztere im Zelterschen Briefwechsel skizzirt, nun sammt kleinen Ansätzen der Ausführung mitgetheilt, erstere bisher ganz unbekannt, beide von Suphan bearbeitet, der die Bruchstücke zu Schillers Andenken im Novemberheft der Deutschen Rundschau erläutert und abzurunden versucht hat. Ueber die Anordnung sagt der Redactor, Wiederholungen zu vermeiden, vorn einiges Zusammenfassende. Die Bearbeiter sind Fielitz, Heinzel, Roethe, Jacoby, Werner und an Stelle des während der lang verzögerten Drucklegung ausgeschiedenen Schröder für einen Theil der Lesarten Wahle. Es versteht sich von selbst, dass im Apparate so bewährten Philologen ein freierer

---

[1] Erhalten sind die Druckvorlagen für C^1 1. 2 (im Goethe-National-Museum), 3—5 (im Goethe- und Schiller-Archiv), 9. 11. 12. 15 [mit Ausnahme der »Novelle«]. 21—23. 29. 31—33 (im Archiv der Cottaschen Buchhandlung). — Die »Corrigenda« kennen wir, soweit Göttling briefliche Verzeichnisse davon an Goethe sandte, die dann abschriftlich Reichel mitgetheilt wurden, d h. bis zum fünften Bande; vom 6. Band an trug Göttling seine Correcturen in das revidirte Exemplar selbst ein, und von diesem hat sich nichts erhalten.

Spielraum zu gönnen war und dass Jugendentwürfe im Hans-Sachs-Stil nicht pedantisch normirt werden durften. Darin sind Heinzel und Roethe nicht ganz gleichmässig verfahren. Neue Hss., von gleichgiltigen späten Copien abgesehen, sind benutzt zum »Jahrmarktsfest«, zum »Neuesten« (beigegeben ist Kraus' Bild in Lichtdruck), zum »Satyros« u. s. w. Für »Künstlers Erdenwallen« lag eine schöne Jugendreinschrift aus Almas Nachlass vor; die ebenso erhaltene »Vergötterung« wird in Bd. 38 erscheinen. Das Material zum »Mieding« hatte schon v. d. Hellen, Schriften VII, gesichtet. Die Kochberger Hss. des »Hans Sachs« und der »Geheimnisse« waren unzugänglich, so dass die Herausgeber älteren Collationen Düntzers und Loepers folgen mussten. S. 444 ff. ist das »Pantomimische Ballet« den Lesarten eingefügt, die für die grösseren späteren Maskenzüge allerlei Schemata und viele neue Varianten bieten. Verschollen sind die Originalhss. der Karlsbader Gedichte, wie überhaupt der Nachlass der Kaiserin Maria Ludovica. Ein riesiges hsl. Material an Acten, Programmen, Bemerkungen, über Auffassung, Vortrag, Musik, Ausstattung, Promemoria für Berlin und an Blättern zum Berliner und zum Weimarischen Text hatte Fielitz zu bewältigen. So nimmt der ganze Apparat des Bandes, obwohl der Redactor auf viele kleine Kürzungen bedacht war, fast 200 Seiten ein, wichtig für die Geschichte der Goethischen Sprache und die Ausarbeitung der grossen Gelegenheitsgedichte. ERICH SCHMIDT.

Band 17. Der Triumph der Empfindsamkeit. Ueber die Quellen des Textes und seine Ausbildung habe ich in der Einleitung zu den Lesarten die nöthige Auskunft ertheilt. Wir können die Entwickelung des Werkes und Herders Antheil daran in schönster Weise verfolgen, lernen aber auch einsehen, wie die Textkritik selbst unter so günstigen Verhältnissen sich zu bescheiden und bei unanstössigen Abweichungen der Drucke von den Manuscripten oder sonstigen Druckvorlagen die Möglichkeit befugter Aenderungen bei der Correctur in Rechnung zu stellen hat. Die Erkenntniss des Werthes von B^1 konnte einige Bedenken gegen seine Lesarten nicht zum Schweigen bringen: vgl. zu 24,11. 25,13. 28,13. 48,16. 51,10. 56,18. In 43,13 halte ich Augenbrauen, in 45,2 goldnen, in 67,23 die Infinitive für das vom Dichter Gewollte, kann dies aber nicht beweisen, und musste daher die kritischen Grundsätze einhalten. Eine wichtige Verbesserung hat der Text durch Hinzufügung von 42, 19. 20 erfahren, die nur in der älteren Redaction erhalten, in der späteren durch leicht begreifliches Abirren des Schreibers von V. 18 auf 20 ausgefallen und doch wegen 42,2 und 48,19 unentbehrlich sind. Ebenso steht es mit dem Interpunktionsfehler bei 48,18, während der Fehler

bei 66, 5—7 aus dem Manuscript für den ersten Druck ver-
erbt ist. Die ältere, von Düntzer zuerst hervorgezogene
Redaction konnte ich mit Hilfe einer zweiten Handschrift
noch genauer kennen lehren und habe den ersten Act wegen
seiner starken Abweichungen von der Vulgata vollständig
abgedruckt, und zwar nach dieser neuen Handschrift, weil
auf sie die jüngeren zurückgehen. Wo meine Lesarten aus
H^1 von Düntzer abweichen, konnte ich die seinigen ver-
bessern, wie z. B. 31,28 trotz dem Reime nicht Streben, sondern
Sterben in der Handschrift steht.　　　MAX ROEDIGER.

Der Gross-Cophta. Der Text des *Lustspiels* dieses Titels
hat in den Drucken *N* bis *C* nur unbedeutende Veränderungen erfahren, und da auch keine Handschrift erhalten
ist, so bietet der neue Abdruck nichts eigentlich Bemer-
kenswerthes. Wichtig sind jedoch die ziemlich umfang-
reichen Paralipomena, die Fragmente des ursprünglich als
Oper angelegten Werkes. Sie waren bis auf die beiden cop-
tischen Lieder und auf eine Scene, die mit erheblichen Veränderungen als III, 8 in das Lustspiel aufgenommen ist, bisher
ungedruckt. — Die in den Sommer und Herbst 1787 fallenden
Niederschriften (vgl. die Briefe an Kayser und Bertuch vom
14. August und 27. Oct.) verrathen, dass des Dichters Antheil
an der Arbeit nicht so bald erlahmte. Er entwarf zwei
Scenarien, ein fünfactiges in italienischer und ein dreiactiges
unter dem Titel *Die Mystificirten* in deutscher Sprache, ver-
gegenwärtigte sich bei den wichtigsten Scenen sogleich die
musikalische Ausführung (Arie, Recitativ, Duett, Terzett u. s. w.)
und hatte sich ein so deutliches Bild von dem Bau und
Fortgang des Werkes geschaffen, dass er ohne Rücksicht auf
die Reihenfolge bald diese, bald jene Stelle aus den verschiedensten Scenen dichterisch gestalten konnte. So gewährt
uns unser Fragment, abgesehen davon, dass es einige ganz
ansprechende Partien enthält, einen reizvollen Einblick in
Goethes Art zu dichten, und verdient in dieser Hinsicht
besondere Beachtung. So scharf umrissen und klar stand ihm
das Werk von vornherein (ich gebrauche den Ausdruck zeitlich, nicht lokal) vor Augen, dass er vier Jahre später, als
er den Stoff zum Lustspiel formte, alle Hauptmotive, Höhe-
punkte, die wichtigsten Uebergänge und die Reihenfolge des
Ganzen noch genau gegenwärtig hatte und beibehielt. Die
Personen werden freilich in unserm Fragment z. T. noch
unter anderm Namen eingeführt, so wird der Domherr als
Abbé bezeichnet, und die Marquise heisst Courville. Ihr
Gatte tritt noch nicht auf, aber die Verführung der Nichte
spielt gleichwohl in der Handlung dieselbe Rolle wie später.
Die ausgeführten Stücke sind am umfangreichsten im ersten

Act, ausserdem ist am meisten bemerkenswerth die grosse Schlussscene des zweiten, die das Geistersehen in der Krystallkugel darstellt und der Scene III, 9 des Lustspiels im Ganzen und in vielen Einzelheiten entspricht. Riemers Angabe, dass diese Scene nicht zu Stande gekommen sei (Bd. 2, S. 579), erweist sich dadurch, trotz ihrer apodiktischen Bestimmtheit, als falsch. — Die ersten eilig hingeworfenen und oft kaum lesbaren Niederschriften des Opernfragments dürften nur zum Theil erhalten sein; soweit Goethe sie vollständig für eine eigenhändige Reinschrift der Hauptpartieen verwerthet hatte, scheint er sie vernichtet zu haben. Die ausser jener Reinschrift übrig gebliebenen sechs Blätter grösseren und kleineren Formats enthalten bunt durcheinander gewürfelte Schnitzel (darunter auch Notizen über Ausgaben in italienischem Gelde und einige Verse aus »Tasso«), und ihre vorliegende Gestalt lässt sich, wie gesagt, nur so begreifen, dass der Dichter bei lebhafter Beschäftigung mit den verschiedensten Partieen des Ganzen bald diese, bald jene Aeusserung, die ihm seine Phantasiegestalten zuraunten, zu Papier gebracht habe. Ich war nun vor die Frage gestellt: sollte ich die Bruchstücke in der Reihenfolge abdrucken, wie sie der rohe Zufall auf den Notizblättern des Dichters zusammengefügt hatte, oder sollte ich ihnen *die* Stelle anweisen, die sie nach des Dichters Absicht in dem Bau des Ganzen einnehmen sollten? Da über diese Absicht in der Regel nicht der geringste Zweifel bestehen konnte, so entschloss ich mich zu dem zweiten Verfahren, vertheilte die Bruchstücke auf Maassgabe des zweiten Scenars, und stellte einige nicht genauer bestimmbare Schnitzel an den Schluss der Mittheilung, die über 300 Verse umfasst. Ich verwies dabei Schritt für Schritt auf die Parallelen zum Lustspiel »Der Gross-Cophta.« Um aber anderseits auch den Inhalt der Handschriften deutlich überschaubar zu machen, vermerkte ich genau, welche Nummern der Paralipomena eine jede von ihnen enthält, und in welcher Reihenfolge diese Nummern auf den Blättern der Handschrift erscheinen. — Das neuerschlossene Fragment bereichert zwar unsere Kenntniss und verändert unsere Schätzung des Dichters kaum, aber es lässt ihn uns gleichsam aus nächster Nähe beim Schaffen belauschen, und lässt uns ein Werk zu einer Form heranreifen sehen, die ihm besser gestanden haben würde, als die deutliche, nichts verschleiernde Prosa des peinlichen Lustspiels »Der Gross-Cophta«.

Der Bürgergeneral belohnte dagegen die Arbeit des Herausgebers nur mit spärlichen Ergebnissen. Neben den Drucken *E* bis *C* lag eine Reinschrift von Vogels Hand vor, die manche Fehler enthält, aber doch immerhin in zwei Fällen zu belangreichen Besserungen anregte: das Stück spielt zunächst nicht *in*, sondern *vor* Martens Hause; und sodann waren die in allen bisherigen Drucken fehlenden Worte Röses 254,3 zu ergänzen, durch deren Wegfall auch die folgenden Worte von Görge in Unordnung gerathen waren. Die sonstigen Lesarten sind ohne Bedeutung.   ERNST ELSTER.

Die *Vögel* haben von der ersten Ausgabe (S) an nur unbedeutende Veränderungen erfahren, die Goethe vor der Drucklegung von A in S^1, von B wohl in A, vorgenommen hat. B^1 benutzte ebenfalls A als Druckvorlage, jedoch zeigt sich an manchen Stellen Uebereinstimmung mit der zweiten Goeschenschen Ausgabe (S^1). Die beiden zu meiner Ausgabe herangezogenen Handschriften, die Gothaer (H^1) und die des Goethe-Archivs (H^2), sind von Vogel geschrieben, die Gothaer von Goethe durchcorrigirt, dessen eigenhändige Aenderungen nur zum Theil Aufnahme in die Drucke gefunden haben. H^2 zeigt H^1 gegenüber an manchen Stellen schon Annäherung an die Drucke. Beide Handschriften stammen aus gemeinsamer Vorlage, wohl dem Urexemplar, das Goethe dem Fräulein von Goechhausen zum grössten Theil in die Feder dictirt hat. In den Handschriften ist eine frühere Gestalt des Stückes erhalten, über welche ich bereits im Goethe-Jahrbuch, Bd. II, S. 219—224, sowie in der Vorrede zu E gehandelt habe. Von C weicht unsere Ausgabe in folgenden Punkten ab. S. 94, 6 und S. 96, 8 habe ich mit den Handschriften »Verwegnen,« statt des adjectivischen »verwegnen« der Drucke eingesetzt. S. 99 habe ich mit den Handschriften »ryparocaudula« statt des in allen früheren Angaben überlieferten »ryparocandula« gesetzt, es ist hier jedenfalls in S ein Druckfehler begangen, der, einmal gemacht, durch die späteren Ausgaben fortlief. S. 103, 28 habe ich die Worte: »er fährt fort:« mit den Handschriften und mit SS^1AB^1 als Worte des Textes gegeben, erst C^1 hat dieselben als scenische Bemerkung mit kleinerer Schrift. S. 109, 28 bis S. 110, 2 waren die Worte: »Vierter Vogel. Berge u.s.w. bis seht ihr?«, die in allen Drucken ausgefallen sind, nach den Handschriften einzusetzen. S. 111, 18 ist »haushält« aus den Handschriften und SS^1AB^1 gegen das »aushält« von BC^1C aufgenommen worden. S. 111, 27 war »vereinzeln« mit den Handschriften und früheren Drucken herzustellen, erst C hat »vereinzelnen«, was doch wohl auf einem Druckfehler beruht.

WILH. ARNDT († 10. Januar 1895).

Ein Nachwort, zugleich Nachruf schlichtester Art, ist dem an letzter Stelle gedruckten Blatte anzuschliessen. *Wilhelm Arndt* hatte es mir schon im Sommer 1893 zugleich mit dem fertigen Manuscript der »Lesarten« zugesandt. Im Einvernehmen mit ihm wurde dann, anlässlich der Forschungen von Seuffert und Fresenius, dies Manuscript im Archiv nochmals durchgegangen und durch eine genauere Vergleichung von B^1 vervollständigt; zu gleichem Behuf übermittelte Arndt aus Karlsbad im April 94 seine Neucollation von H^1. Wegen der Vorbereitungen zum Leipziger »Historikertag« und der gleich darauf begonnenen Karlsbader Kur hatte er darauf verzichten müssen, selbst die letzte Hand anzulegen, und so ist auch die Drucklegung der Lesarten ganz vom Archiv aus, durch Julius Wahle, überwacht worden. Unerwartet — denn seine Gesundheit schien, nach der Erholung im Sommer, völlig hergestellt — ist Arndt von uns geschieden. Die Goetheforschung ist ihm »fröhliche Wissenschaft« gewesen, der er, im Nebenamt gewissermassen, aus Neigung sich widmete. Der Weimarer Ausgabe ist seine kritische Fähigkeit und sein vorräthiges Wissen über den Bereich, dessen Bearbeitung er übernommen hatte (dazu gehörte Jery und Bätely in Band 12) zu statten gekommen. Von Haus aus war ihm ein erheblicher Antheil an der Herausgabe der Briefe (Abtheil. IV) zugedacht. Als sich das Unthunliche einer Vertheilung der Briefmasse herausgestellt hatte, steuerte er gern zu der im Archiv fortan einheitlich zu besorgenden grossen Arbeit sein tabellarisches Verzeichniss von Goethes Briefen bei, ein starkes Buch, geschrieben »Leipzig, Januar—April 1879«, und freundwillig ist er, wenn er befragt und angegangen wurde, zu Auskunft und Mittheilung bereit gewesen. Immer in der gleichen anspruchslosen Weise. So wollte er schliesslich gar, der nothwendig gewordenen Mitwirkung wegen, dass bei seinem Beitrage zu Band 17 er als »Herausgeber« nicht genannt würde, und ich hatte Mühe, ihm den Wunsch auszureden. In der arbeitenden Goethegemeinde wird *Wilhelm Arndts* Name, wie bei uns im Goethe-Archiv, immer mit Ehren genannt werden. B. S.

ZWEITE ABTHEILUNG.

Band 10. In ähnlicher Weise wie im sechsten und siebenten Bande mit den botanischen Arbeiten Goethes wurde im neunten und zehnten mit den geologischen verfahren. Alles zu einem systematischen Ganzen sich Zusammenschliessende, Goethes geologische Anschauungen im Allgemeinen Charakterisirende, wurde dem neunten Bande einverleibt; alles aus der systematischen Ideenentwicklung Herausfallende wurde in den zehnten Band aufgenommen. Dieser enthält daher die den Inhalt des neunten Bandes ergänzenden und erweiternden Aufsätze und Skizzen. Sie sind von dreierlei Art: 1. Entwickelungen von Goethes Gedanken über mineralogische und geologische Grundbegriffe, im Anschluss an entsprechende Naturobjekte (S. 1—71); 2. Ansichten über die Grundgesetze des Wirkens der unorganischen Naturkräfte, die anfangen mit den Bildungsgesetzen der Krystalle und endigen mit den Ursachen der Gebirgsgestaltung (S. 73—97); 3. Darstellungen über geologische Objekte und Phänomene in ihrer Abhängigkeit von bestimmten örtlichen Verhältnissen (S. 99—207). Der wichtigste Aufsatz des ersten Abschnittes ist der bisher ungedruckte über den Ausdruck »Porphyrartig« (S. 7—17). Goethe hat ihn am 12. März 1812, angeregt durch die Schrift von Raumers »Geognostische Fragmente«, zu dictiren begonnen. (Vgl. Tagebuchnotiz.) Er enthält die terminologische Auseinandersetzung über den für Goethes geologische Betrachtungsweise wichtigsten Begriff von einer ursprünglichen unterschiedlosen Einheit der einzelnen ein bestimmtes Gestein bildenden Mineralmassen, aus der im Laufe der Zeit die Bestandtheile durch Differenzirung entstanden sind. Weitere Ausführungen dieses, der materialistisch-atomistischen Anschauung von der Aggregation der ursprünglich als getrennt angenommenen Bestandtheile eines Gesteins entgegengesetzten Gedankens enthalten die S. 18—45. Hier werden die Bedingungen dargelegt, unter denen sich die Scheidung der Bestandtheile einer Gesteinsgrundmasse vollzieht und die Störungen, die dieser Prozess erleiden kann, geschildert. Als eine Art Darlegung des Verhältnisses der einzelnen Gesteine zu einander schliesst sich der Aufsatz »King Coal« an (S. 46—50). Den Schluss des Abschnittes bilden die Bemerkungen Goethes über Begleiterscheinungen der Gletscher, Schichtung von Gebirgsmassen, Gangbildung, Zerreissen unorganischer Massen. Alles hier Beigebrachte, mit Ausnahme von S. 46—50, ist bisher ungedruckt.

Der zweite Abschnitt enthält Auseinandersetzungen über die Bildung unorganischer Formen der festen (S. 75—82), und der festflüssigen Materie (Gerinnen S. 83—84). Dann folgt der Aufsatz über die »Bildung der Edelsteine« (85—87), den Goethe auf eine Anfrage des Geologen Leonhard im März 1816 geschrieben hat. Die Gedanken, die er hier über die Entstehung einer besonderen Art von Naturkörpern ausspricht, leiten hinüber zu den Ausführungen über die bei der Gestein- und Gebirgbildung in Betracht kommenden Kräfte chemischer Art, denen das Kapitel »Chemische Kräfte bei der Gebirgsbildung« (88—89) gewidmet ist. Die Aufsätze über »Eiszeit« (90—97) enthalten die Daten, die Goethe zusammenzustellen in der Lage war, als inductive Basis für die in der Abhandlung »Geologische Probleme und Versuche ihrer Auflösung« rein deductiv aus seiner Weltanschauung im Allgemeinen entwickelten Ideen. Auch die Aufsätze dieses Abschnittes sind bisher ungedruckt.

Der letzte Haupttheil des Bandes beginnt mit Ausführungen über die geologischen Verhältnisse des Leitmeritzer Kreises, besonders über die Zinnformation (101—126). Dieses Capitel erscheint hier als geschlossene Einheit, weil es von Goethe selbst als solche aufgefasst wurde. Er hat es zu einem Actenfascikel zusammenheften lassen und am 3. Januar 1814 mit einem einführenden Briefe (der Paralipomena S. 251 mitgetheilt ist), an Knebel zur Durchsicht gesandt. S. 129—182 enthält das dem Gebiet der rein topographischen Geologie Angehörige. Blosse Verzeichnisse von Mineralien- und Gesteinssammlungen wurden hier nicht aufgenommen, sondern nur dasjenige zusammengestellt, dem ein in Goethes geologischen Ansichten wurzelnder Gedanke als Princip der Aufzählung einzelner Objecte zu Grunde liegt, oder an das sich ein solcher als Folgerung knüpft. Die Aufzeichnungen über »Mineralogie von Thüringen und angrenzender Länder« (135 ff.) sind einem Fascikel entnommen, das aus dem Anfange der Achtziger Jahre stammt. Die Angaben über böhmische Mineralien (142—150) sind im Jahre 1822 in Eger niedergeschrieben (Tag- und Jahreshefte 1822).

Anhangsweise wurde an den Schluss des Bandes gestellt, was sich in keinem der drei Abschnitte unterbringen liess, wie die Gedanken über einen Brief und ein Buch des Geologen von Eschwege (183—185), ein paläontologischer Aufsatz (186—188) und die Abhandlung über das am Tempel des Jupiter Serapis bei Puzzuoli zu betrachtende Naturphänomen, endlich eine Auseinandersetzung über geologische Methoden. Die letztere gehört an diese Stelle, weil sie darauf hindeutet, wie Goethe die deductive und inductive Methode als Einseitigkeiten erkannt, und gefordert hat, dass sie in einer höhern Naturansicht aufgehen. Der Aufsatz schliesst auf diese Weise die Bände neun und zehn zu einem Ganzen zusammen. Ungedruckt sind von diesem letzten Abschnitt die S. 99—150, 174—176, 185—188, 205—207. Die Paralipomena des Bandes enthalten geologische Vorarbeiten Goethes und Aufzeichnungen einzelner Gedanken, die sich in das Gefüge des Textes nicht einreihen liessen. RUDOLF STEINER.

DRITTE ABTHEILUNG.

Am *sechsten* Bande der *Tagebücher*, der die Jahre 1817 und 1818 enthält, sind als Herausgeber *Ferdinand Heitmüller* und *Julius Wahle* betheiligt: die Textbearbeitung war dem Ersteren, die Herstellung der »Lesarten« d. h. der kritischen und erklärenden Beigaben insgesammt, dem Herausgeber der Bände 3—5, Wahle, übertragen. Ebenmässig werden jetzt die Bände 7 und 8 im Archiv gefördert. Die sachlichen, zumal bibliographischen Ermittelungen, die Heitmüller zur

Sicherung des Textes anzustellen hat, gehen zum guten Theil in die Erläuterungen über, und andrerseits ist Wahle bei der Fixirung des Textes durchgehends auch als Revisor thätig. Getheilte, nicht getrennte Arbeit ist es, wodurch diese Bände zu Stande kommen und ein Stoff bewältigt wird, den zu behandeln kein Vergnügen ist. — Mit dem 21. März 1817 tritt in dem Aeussern des Tagebuchs eine Aenderung ein. Kräuter (Goethes Secretär) bemerkt unter diesem Datum in dem Gothaischen Schreibkalender, der bis dahin die Eintragungen aufgenommen hat: »Von hier an ist ein besonderes Heft als Tagebuch geführt worden.« Die zwanzigjährige Observanz (seit 1797) wird verlassen gelegentlich einer Fahrt nach Jena, wo Goethe vom 21. März an einen längeren Aufenthalt nahm. Das Tagebuch erhält eine actenmässige Gestalt in Folio, auf der rechten Hälfte der gebrochenen Blätter stehen die Acta und Erlebnisse des Tages, auf der linken die Expeditionen, Briefe u. dgl. Auf die innere Gestalt übt das freilich zunächst keinen Einfluss, die Fassung bleibt geschäftsmässig schematisch; aber die Möglichkeit eines behaglicheren Regimes ist doch gewonnen. Und so hat sich Goethe thatsächlich späterhin dann und wann freier ergangen in Bericht und Beschreibung, und seine Dictate nehmen die Farbe des Persönlichen, frisch Erlebten wenigstens in dem Falle an, wenn er das Tagebuch zur Begleitung der Briefe an die nächsten Angehörigen bestimmte.

Unter den aus ungedrucktem Archivmaterial gezogenen Beigaben des vorliegenden Bandes ist besonders das Schema zu einem Aufsatz zu erwähnen (S. 300—302), überschrieben: »*Paulinzelle*, den 28. August 1817,« dessen Interesse eben auch in dem Ausdruck oder doch der Andeutung persönlichen Erlebnisses und Wesens liegt. »Frühere Versäumniss (des Besuchs der Ruine). Gewohnheit diesen Tag im Freien und in der Einsamkeit zuzubringen . . . . Angenehmer ruhiger Eindruck der Ueberreste des Kirchengebäudes« u. s. w. In den späteren Tagebüchern erscheinen, auf einzelnen Strecken, Andeutungen und Ansätze solcher Art mehr ausgeführt, und auf den Bericht über den Besuch der böhmischen Bäder, Sommer 1821, mag in diesem Betracht schon jetzt hingewiesen werden.

Ein werthvoller Nachtrag zum zweiten Bande, der zum grössten Theil wenigstens erstattet, was uns im Tagebuch von 1800, vom 25. November bis 11. December fehlt, ist als »Anhang« beigegeben. Dr. Heitmüller hat bei der Bearbeitung der Urkunden von Goethes amtlicher Thätigkeit in einem Fascikel der »Schlossbauacten« ein »Kurzgefasstes Tagebuch« vom 28. November bis 10. December entdeckt und dem Abdruck die erforderliche Erläuterung beigefügt.

BERNHARD SUPHAN.

VIERTE ABTHEILUNG.

Während die Briefe Goethes aus den vier Jahren 1796 bis 1799 je einen Band füllten (11—14), haben die vier nächsten Jahrgänge 1800—1803 paarweise in zwei Bänden (15 und 16) Raum gefunden: 633 Nummern auf 698 Textseiten, mit 159 Seiten »Lesarten«, die ausser den sachlichen Erläuterungen besonders in Band 16 eine Fülle ergänzender Urkunden enthalten. 531 Nummern sind auf handschriftlicher Grundlage gedruckt, 102 mussten, da weder Reinschrift noch Concept vorhanden oder zugänglich war, nach früheren Drucken wiederholt werden, deren Zuverlässigkeit leider nicht in allen Fällen als zweifellos bezeichnet werden konnte. Die Anzahl der zum ersten Male oder doch in bedeutend vervollständigter Gestalt veröffentlichten Briefe ist in diesen Bänden auf über 40% gestiegen (256 von 633 Nummern) gegen fast 38%, in Band 12—14 und 34% in Bd. 11. Eine inhaltliche Würdigung des Neugewonnenen ist an dieser Stelle unmöglich, doch lassen sich einige Gruppen andeuten, die der Erkenntniss von Goethes Wesen und Wirken besonders wichtiges neues Material zuführen. Unter den Briefen persönlichen Charakters stehen wieder die an Christiane Vulpius in erster Linie; literarische und wissenschaftliche neue Correspondenzen hatte besonders der Aufenthalt in Göttingen und Pyrmont 1801 zur Folge; von neuen Briefen privatgeschäftlichen Inhalts sind die an Cotta und die in Sachen des Rosslaer Gutes geschriebenen zu nennen. Grossen Zuwachs zeigen sodann die Gruppen: Theater in Weimar und Lauchstedt, Schlossbau, künstlerische Preisaufgaben und Ausstellungen. Besonders reich aber ist der Gewinn auf demjenigen Gebiet der Thätigkeit Goethes, in dessen Mittelpunkt die Universität Jena steht. Wie weit dieses Gebiet sich erstreckt, mag durch den Hinweis darauf anschaulich werden, dass hierher auch die Correspondenzen gehören, zu denen die Reorganisation der Universität Charkow und das wunderliche akademische Preisausschreiben des italienischen Grafen Zenobio Anlass gaben. Andre Untergruppen führen weniger in die Ferne, wennschon sie fast das ganze Deutsche Reich umspannen: so die Wiederbesetzung der durch Batschens Tod erledigten botanischen Professur; andre bleiben im engsten Kreis, wie die Ordnung des Büttnerischen Nachlasses u. dgl. Allem voran aber steht, in der zweiten Hälfte des sechzehnten Bandes, die ungemein lebhafte Correspondenz Goethes in Sachen der Jenaischen Allgemeinen Litteratur-Zeitung und der mit ihrem Geschick verknüpften Krisis der gesammten Universität. Die hierauf bezüglichen Urkunden, im Text wie in den Anmerkungen, spiegeln ein wichtiges Stück deutscher Culturgeschichte wieder und zeigen einmal

in einem besonders deutlichen Falle, dass hierin, über
Goethe hinaus, ein Hauptwerth der Gesammtausgabe seiner
Briefe liegt. EDUARD VON DER HELLEN.

Der vorstehende Bericht ist der letzte, den *Eduard
von der Hellen* an dieser Stelle erstattet. Mit Band 16 hat
er seine Arbeit als Herausgeber der Briefe abgeschlossen und,
um zu einer freieren literarischen Thätigkeit zurückzukehren,
seine Stellung am Archiv aufgegeben (30. Sept. 94). Dreizehn
Semester hindurch war seine rüstige Kraft der Weimarer
Ausgabe gewidmet. Bei dem dritten Bande der Briefe setzte
er (im Sommer 1888) ein und half ihn zum Abschluss bringen;
nach seiner Anstellung hat er die Reihe zu Stande gebracht,
die, mit Ausnahme der aus Italien geschriebenen, die Briefe
vom 1. Januar 1779 bis Ende 1803 umfasst. Der wissenschaftlichen Leistung, die hierin niedergelegt ist, hat es an
Anerkennung so wenig gefehlt wie an dem schönsten Lohne,
den die Beschäftigung mit einem solchen Stoff gewährte; was
von mir als Nächstbetheiligtem aber hier noch gerühmt
werden darf und soll, ist der gewissenhafte Ernst, mit der
diese, an Annehmlichkeit reiche, aber ebenso mühevolle
Arbeit durchgeführt worden ist. Auf die gesammte Zeit
unsrer gemeinsamen Mühewaltung sehe ich mit reiner Befriedigung zurück, und in solchem Gedenken spreche ich
Eduard von der Hellen den Dank aus, der ihm für seine
hingebende, erfolgreiche Thätigkeit in vollem Maasse gebührt.

Die Herausgabe der vierten Abtheilung ist in stetigem
Fortgang begriffen. *Albert Leitzmann*, dem sie auf meinen
Vorschlag durch Beschluss der Redactoren für die Folge
übertragen ward, hat die bezüglichen Vorarbeiten bereits
einige Monate vor dem Ausscheiden seines Vorgängers übernommen. Vorarbeiten aber waren nicht nur zu den nächsten,
sondern, mehr oder weniger reichlich, zu allen Bänden vorhanden und in die Jahresmappen eingeordnet, und zwar nicht
bloss Materialien (Abschriften ganzer Correspondenzen), sondern
auch datirte und näher bestimmte Concepte, Nachweise über
auswärtige Handschriften, Beiträge zur Erklärung u. s. w.
Mit der nächsten Lieferung werden zwei Bände erscheinen;
Band 18, zur Zeit, wo dies geschrieben wird, fast ausgedruckt, enthält Nachträge und Verbesserungen und das Register zu der Reihe 9—18. BERNHARD SUPHAN.

B. UNGEDRUCKTES.[1]
1. BRIEFE.

An Batsch 1. März 1794. (Chr. d. Wiener Goethe-Ver. S. 4.)

A. Pick: Nachlese zu Goethes Briefen an Ramann. (Allg. Anz. f. St. u. Kr. Erfurt, 14. u. 17. Nov.)

(K. E. Franzos): Briefe von und an Goethe. Deutsche Dichtung Bd. 15 H. 1 S. 29, 30. An Mosengeil 1820; an K. Aug. betr. Pyrker 2. Dec. 1831; Theaterrapport 26. Jan. 1802; Stegmayer an Goethe 1808.

Gust. A. Müller: Goethe und die Berliner Akademie der Wissenschaften. Mit einem bisher unbekannt. Briefe Goethes. [An Hirt 3. Nov. 1806.] (Frankf. Ztg. 343, 1. Morgenbl., Beil.)

L. Geiger: Vom alten Schadow. 1. Goethe und Schadow, 10 Briefe 1815-1819. (Westerm. ill. d. Monatshefte. Oct. SS. 80 bis 95.)

2. BRIEFE. LITERATUR. NEUE AUSGABEN. GESPRÄCHE.

Goethes Briefe. Mit Einleitungen u. erklär. Anmerkung. hsg. v. A. Voigt. (In ca. 50 Lief., 1. Lief. XXII u. SS. 1—32.) Lpz., K. Fr. Pfau. Pr. Lief. —.50

Ludwig Geiger: Neue Sammlung von Goethes Briefen. (Allg. Ztg. Beil. Nr. 243.)

Goethes Briefe an Frau v. Stein, nebst dem Tagebuch aus Italien. Mit Einl. v. K. Heinemann. 1., 2., 3. Bd. 200, 236, 195 SS. Stuttgart, Cottasche Buchh. Nachf. geb. à M. 1.—

Prof. Dr. F. Zschech: Ugo Foscolos Brief an Goethe. Mail. 15. Jan. 1802. G.-J. VIII. Wiss. Beil. 2. Progr. d. Hamb. Realschule. 26 SS. 4°. M. 2.50

Zum 4. Bande des Briefwechsels zwischen Schiller u. Goethe. (Zeitschr. f. d. d. Spr. VIII, 2.)

A. Schmidt: Die Briefe von Goethes Mutter an ihren Sohn als Quelle zu seinen Werken. (Ztschr. f. d. Phil. 26, 3.)

Eckermann, J. P.: Gespräche mit Goethe in den letzten Jahren seines Lebens. Mit Einleit., Anmerk., Namen- u. Sachregister hsg. von A. v. der Linden. 3 Thle. in 1 Bd. 1. u. 2. Aufl. Leipzig, H. Barsdorf. IV, 188, 172 u. 206 SS. M. 3.20 Auch in 8 Lief. à —.40

---

[1] Nach einem Beschluss des Vorstands der Goethe-Gesellschaft wird statt der referirenden Bibliographie nunmehr blos eine Zusammenstellung der Titel gegeben. Daher musste die bisherige Mittheilung der Briefregesten ganz wegfallen; andere Abtheilungen, deren Werth nur in den Auszügen aus fernliegenden Werken bestand, wurden sehr beschränkt. Den Titeln der selbständig erschienenen Schriften wurde, wo es anging, der Preis hinzugefügt. — Zu den G.-J. XV, 321 genannten Freunden und Förderern der Bibliographie ist Herr O. Keindl in Prag getreten, dem ebenso, wie den alten Gönnern, auch an dieser Stelle bester Dank gesagt sei. Von Nutzen waren mir auch M. Kochs ausführliche Literaturangaben und die Bibliographie der Zeitschrift »Euphorion«. L. G.

C. NEUE AUSGABEN DER WERKE.

Goethes Werke. 17—20. Th. Wahrheit und Dichtung. 1—4. Theil. Hgg. v. Heinr. Düntzer. (Kürschners Dtsch.Nationallit.) Stuttgart, Union. XLVIII, 264, 312, 331, 128 SS.

Goethes Werke. 36. Theil. Hgg. von Rudolf Steiner. (Geschichte der Farbenlehre.) Stuttgart, Union. S. 1—240.

Goethes sämmtl. Werke in 36 Bdn. Mit Einleit. von K. Goedeke. 10—18. Bd. Stuttg., Cotta. XVI. 478, XII. 343, XV. 350, XII. 379, IV. 135, IV. 363, XVI. 305, XVII. 367, VI. 460 SS. à Band M. 1.10

Goethes ausgewählte Werke in 8 Bdn. 8°. Leipzig, Th. Knaur. VIII. 439, VI. 384, III. 381, III. 479, 389, III. 428, III. 367, 446 SS. Verschied. Ausgaben. 4 u. 8 Bde. M. 8—30

Goethe: Poetische Meisterwerke. Gedichte und Dramen. Strassburger Dr. u. Verlagsanst. XVIII, 901 SS. mit Bildniss. Geb. in Lwd. M. 4.50

Goethes Werke. Illustr. von ersten deutschen Künstlern. Hgg. v. H. Düntzer (in 90 Lief.). 4. Aufl. Stuttgart, Dtsch. Verl.-Anstalt. à Lief. —.50

D. EINZELSCHRIFTEN UND ERLÄUTERUNGEN.

1. ALLGEMEINES. BIBLIOGRAPHISCHES. SPRACHLICHES. METRISCHES.

Chronik des Wiener Goethe-Vereins. Hgg. v. K. J. Schröer. 12 Nummern. 48 SS. 4°. M. 4.—

Alois John: Literarisches Jahrbuch. Centralorgan für die wissenschaftlichen, literarischen und künstlerischen Interessen Nordwestböhmens und der deutschen Grenzlande. IV. Band. Eger, Selbstverlag. 8°. 106 SS. M. 1.80

Mittheilungen aus d. Goethe-Verein zu Zwickau. (Beibl. z. Zwickauer Tagebl. Red. Prof. H. K. Kellner. Nr. 4. 27. Mai.)

† Geschichte der deutschen Literatur seit dem Ausgang des Mittelalters. Von K. Borinski. Kürschners d. N. L. Bd. 163 II. Stuttgart, Union. S. 254—393: Goethe.

G. Brandes: Eine Doppelheit in d. Wesen Goethes. (Tilskueren, Kopenhag., Juli-August h.)

Karl Breul: Zum Unterricht der Engländer in der deutschen Sprache und Literatur. (Z. f. d. dtsch. Unterr. VIII. S. 155-173.)

Karl Theodor Gaedertz: Das niederdeutsche Schauspiel. Zum Culturleben Hamburgs. Neue, um zwei Vorworte vermehrte Ausgabe. 2 Bde. Hamburg, Verlagsanstalt. XVIII, 258 SS., XXXI, 286 SS. M. 8.—

Hermann Grimm: Erinnerungen und Ausblicke. Vorw. zur 5. Auflage der Vorlesungen über Goethe. (Dtsch. Rundschau, März. S. 439—452.)

† Gustav Meyer: Essays und Studien zur Sprachgeschichte u. Volkskunde. 2. Bd. Strassburg, Trübner, 1893. VI, 380 SS. M. 6.—

Car. Segré: Saggi critici di letteratura straniere. Firenze, Le Monnier. 286 SS. 16°.

Aesthetische Zeitfragen von Joh. Volkelt. München, Beck. VIII, 258 SS. M. 4.50

Geschichte der deutschen Literatur. Ein Handbuch von Wilh. Wackernagel. 2. Aufl. von Ernst Martin. 2. Band. Basel, B. Schwabe. XV, 710 SS. S. 486-503: Goethe. M. 13.20

N. E. Vende: Goethe mint nevelő. Programm-Abhandl. Budapest. 12 SS.

† Zur Charakteristik und Geschichte der Genieperiode von Arthur Wolthat. Kieler Dissertation. Wismar 1893.

† B. Zumbini: Studi di letterature straniere. Firenze, Successori Le Monnier, 1893. VII, 264 SS.

Goethe-Geburtstag-Buch, zusammengestellt von Natalie v. Milde. Weimar, Aug. Karrer. Prachtband. M. 2.50

Privat-Brevier Goethescher Aussprüche von H. Siegfried. München, Carl Rupprechts Verlag. V, 292 SS. Geb. M. 4.—

Goethes Frauengestalten. V. Dr. Louis Lewes. Stuttgart, Krabbe. XII, 471 SS. M. 5.—

G. A. Müller: Goethe als Sammler. (Antiquitäten-Ztschr. Neue Serie V. Nr. 13, S. 223 bis 228.)

F. H. Pflüger: Goethes Cylinder. (Berl. Tagebl. 13. Sept. Abendbl.)

Von Goethes Sprache und Stil im Alter. Leipziger Dissertation von Paul Knauth. Auch Progr.-Beil. des Gymnasiums in Freiberg i. S. Leipz., G. Fock. 46 SS. 4°. M. 1.60

Konrad Burdach: Zur Geschichte der neuhochdeutschen Schriftsprache in: Forschungen zur deutschen Philologie. Festgabe für Rudolf Hildebrand zum 13. März 1894. Leipzig, Veit & Co. III, 324 SS. M. 7.50

Friedrich Vogt: Von der Hebung des schwachen *e* in Forschungen s. vor. Nr. S. 150 bis 179.

Max Koch: Neuere Goethe- und Schiller-Literatur. VIII. (Ber. d. Fr. D. H. N. F. X. S. 211—274.)

K. Heinemann: Aus der neuesten Goethe-Litteratur. (Bl. f. lit. Unterh. Nr. 2 u. 15 u. 1895 Nr. 3.)

E.: Neue Werke über Goethe. (Münchn. Neueste Nachrichten Nr. 370 (12. Aug.), Seite 9.)

(Guglia): Armbruster und die Wiener Goethe-Ausgabe. (Beil. z. Allg. Ztg. Nr. 14.)

G. Schneider: Eine Parallele zu dem sokratischen Daimonion bei Goethe. (Ztschr. f. d. österr. Gymnasien. Heft 3.)

Eduard Grisebach: Katalog der Bücher eines deutschen Bibliophilen mit literarischen und bibliographischen Anmerkungen. Leipzig, W. Drugulin. VIII, 288 SS. M. 6.—

Antiqu. Cataloge:

Carlebach, Heidelberg 197: Literatur, Goethe und Schiller 90 Nummern.

List u. Francke, Leipzig 253: Dtsche. Lit. d. 18. u. 19. Jahrh. Goethe 288 Nummern.

Harassowitz, Leipzig 195: Dtsche. Lit. von 1500 an. Goethe 172 Nummern.

K. Th. Völcker in Frankfurt a. M. 194: Dtsche. Lit. Goethe 204 Nummern.

M. Weg, Leipzig, Cat. 35:

Goethe 344 Nummern, Goethe-Bildnisse 52 Nummern. Ders. Cat. 32: Faust (im Ganzen 420, darunter Goethe 201 Nummern).

Leo Liepmannssohn, Berlin. Catal. 104. Autographen 50 SS.
Verzeichniss XXI von Autographen von O. A. Schulz, Leipzig. 42 SS.

2. DRAMEN.

Paul Heyse: Goethes Dramen in ihrem Verhältniss zur heutigen Bühne. Rede, gehalten in der Generalversammlung der Goethe-Gesellsch. zu Weimar am 17. Mai 1894 (Dtsch. Rundschau, Juli, 20. Jahrg., 10. Heft. S. 14—32.)

O. Frick u. H. Gaudig: Wegweiser durch die klassischen Schuldramen. Für die Oberklassen der höheren Schulen. Bd. I. Gera, Th. Hofmann.

H. Henkel: Goethes satirisch-humoristische Dichtungen in dramatischer Form. (Arch. f. d. St. n. Sp. 92. S. 305—342; 93. S. 69—110.)

Herm. Henkel: Goethe als satirisch-humoristisch. Dichter. (Ztschr. f. vergl. Literaturgesch. N. F. VII. 2, 3.)

Ueber den befriedigenden Schluss einer Tragödie mit besonderer Beziehung auf Stücke von Lessing, Schiller, Goethe u. Shakespeare. Aus dem Nachlasse August Kobersteins. (Z. f. d. d. U. 8. S. 441—465.)

† Dichterische Gestalten in geschichtl. Treue. Elf Essays. Ein Beitrag zum Verständniss der classischen Dramen. Von Hugo Landwehr. Bielefeld u. Leipzig, Velhagen u. Klasing. 1893. VI, 191 SS. M. 2.40

† Stephan von Milletich: Die ästhetische Form des abschliessenden Ausgleiches in den Shakespear'schen Dramen. Zweite Aufl. Wien 1893. Wilh. Braumüller. 8°. 71 SS. M. 1.—

Erich Schmidt: Clavijo, Beaumarchais, Goethe. (Vom Fels zum Meer, Halbheft 8. S. 309—315).

Goethe: Egmont. Neusalza, H. Oeser. (Volksbibl. allgem. 30, 31) 90 SS. —.20

Goethe: Egmont. Ein Trauerspiel. Schulausg., besorgt von W. Buchner. Essen, G. D. Baedeker. 92 SS. —.80

Goethe: Egmont. Herausg. v. G. Bötticher. Neue Ausg. (Velhagen u. Klasings Schulausgabe 2.) XII, 100 SS. —.50

Eugen Kilian: Ein traditioneller Strich in Goethes Egmont. (Deutsche Dramaturgie, December).

Burghauser: Zu Goethes Egmont. (Ztschr. f. d. österr. Gymnasien. Heft 2.)

Jakob Minor: Der Falke. (Euphorion, S. 607.)

Goethes Faust, in ursprünglicher Gestalt nach der Göchhausenschen Abschrift. Hrsg. v. E. Schmidt. 3. Abdr. mit sehr erweit. Einleit. Weimar, Böhlau. LXXVI, 110 S. M. 2.—

Bühnen-Faust. Hsg. v. Ludw. Nelten, Dramaturg des Halleschen Stadttheaters. Halle.

Herm. Unbescheid: Goethes Faust (I. Theil) als Schullektüre. Festschrift zum siebzigsten Geburtstage Rudolf Hildebrands in Aufsätzen zur deutschen

Sprache u. Literatur, sowie zum deutschen Unterricht. Herausg. v. Otto Lyon. (3.) Ergänzungsheft zum achten Jahrgange der Zeitschrift f. d. d. U. Leipzig, B. G. Teubner. S. 199—208.

Karl Haehnel: Goethes Faust im Gymnasialunterricht. Programm des Staats-Obergymnasiums zu Leitmeritz. 31 S.

J(ulius) Baumann: Ein freimüthiges Wort über die Werthschätzung des Goetheschen Faust. (Die Wahrheit. Hsg. v. Christoph Schrempf. Nr. 26 (3. Band, Nr. 2). S. 47—54.)

Das Gerippe von Goethes Faust, eine Zeichnung unseres geschichtlichen Entwicklungsganges nach seinem inneren von F. G. Hugo Hoffmann. Frankfurt a. M., Gebr. Knauer. 130 SS. M. 2.50.

Albert Kniepf: Doctor Faust und die modernen Sozialpolitiker. (Die Gesellschaft. Hsg. v. M. G. Conrad. X. Jahrgang. S. 1204—1209.)

H. Lahnor: Goethes Faust als weltliche Bibel betrachtet. Wolfenbüttel. Programm des herz. Gymnasiums. 4°. 35 SS.

Von Goethes Faust zum Evangelium d. Johannes. (Allgemeine evangel.-lutherische Kirchenzeitung, Nr. 34—36.)

Walther Gilbert: Kritische Erörterungen zu Goethes Faust. (N. Jahrb. f. Philol. u. Pädagog. 1895. 151—152 Bd. 1. Heft.)

Ein Schlüssel zum zweiten Theil des Goetheschen Faust. (Zeitschr. f. d. Sprache. VII. 10.)

Die Walpurgisnacht im ersten Theile von Goethes Faust. Von Georg Witkowski. Leipzig, Biedermann. VI. 88 SS. M. 2.—

P. Lorentz: Lebensweisheit im zweiten Theile des Goetheschen Faust. (Preuss. Jahrbuch. 75. Bd. 2. Heft.)

† Hermann Schrader: Das Räthselhafte des Homunkulus im 2. Theile des Goetheschen Faust. (Zeitschr. f. d. Sprache, Jahrg. 1893. S. 161—169.)

E. Granichstätten: Erklärung des ersten Faustmonologs. (Chr. des Wiener Goethe-Vereins Nr. 5.)

† Die Kerkerscene in Goethes Faust. (Zeitschr. f. d. Sprache. 1893. VII. 11, 12.)

Nachtrag zu dem Aufsatze »Die Kerkerscene in Goethes Faust«. (Ztschr. f. d. Sprache. VIII. 2.)

Wold. Freih. v. Biedermann: Das Aeussere von Goethes »Faust Erster Theil«. (Euphorion. S. 337—350.)

† Hermann Schrader: Zu zwei Stellen v. Goethe. (Ztschr. f. d. Sprache, Jahrg. 1893. S. 128—130.)

† Herm. Schrader: Der zweite Faust. (Zeitschr. f. d. Sprache. 1893. Heft 8. S. 290.)

H. Schrader: Die 1. Scene des 2. Theils von Goethes Faust. (D. Sanders Zeitschr. f. d. Sprache. Heft 1.)

F. O. v. Lippmann: Ueber einen naturwissenschaftlichen Aberglauben. (Abhdlg. d. naturforsch. Ges. Halle. Bd. XX.) Halle a. S., M. Niemeyer. Sonderdruck. 8 SS.

Der Mummenschanz im zweiten Faust. (Zeitschr. f. d. Sprache. VIII. 3.)

Euphorion und der dritte Act des zweiten Faust. (Ztschr. f. d. Sprache. VIII. 10.)

Jak. Minor: Zwei Goethische Lesarten. 1. Zu Faust II (5192 Phillus = Psellus?) 2. Zum Heidenröslein. (Euphorion. S. 606 fg.)

Joh. Niejahr: Goethes Helena. (Euphorion. S. 81—109.)

† Ueber einen Vortrag R. Weltrichs, den 2. Theil des Goethischen Faust betr. (Bohemia. 12. Dez. 1893.)

Kuno Francke: Did the Hypnerotomachia Poliphili influence the second part of Faust? (Studies and notes in philology and literature. Boston. II. 121—125.)

Ernst Elster: Die Einheit des Faust. (Blätter f. literarische Unterhaltung. Nr. 37.)

Franz Muncker: Goethes Faustdichtung in ihrer künstlerischen Einheit. (Deutsches Wochenblatt. VII. 26.)

O. Fr. Walzel: Goethes Faust und seine Einheit. (Voss. Ztg. Sonntagsbeil. 39. 40.)

Ernst Elster: Zur neueren Faust-Literatur. (Blätter f. liter. Unterh. Nr. 43. S. 677—680.)

Otto Harnack: Eine neue Faust-Erklärung. (Preuss. Jahrbücher. 75. Bd. 1. Heft.)

Theobald Ziegler: Zur Faustliteratur. (Allg. Ztg. Beil. Nr. 13.)

Gg. Witkowski: Neue Faustschriften. (Euphorion. S. 625 bis 647.)

Calderon et Goethe ou le Faust et le Magicien prodigieux par Sanchez y Moguel, traduit en français par J. G. Magnabal. Paris, E. Leroux. Frs. 3.50

K.: Eine Faustaufführung in London [in Mr. Wills anglisirender Bearbeitung]. (Allg. Kunst-Chronik. H. 15. S. 446.)

Faust vor Goethe. Untersuchungen v. Joh. W. Bruinier. I. Das Englische Volksschauspiel Dr. Jh. Faust als Fälschung erwiesen. Halle, Niemeyer. VI, 107 SS. M. 2.80

Jakob Zeidler: Beiträge zur Gesch. des Klosterdramas I. Mephistopheles. (Ztschr. f. vgl. Litgesch. VI. 6.)

Karl Biedermann: Die culturgeschichtliche Bedeutung der Faustsage. (Ztschr. f. Culturg. 4. Folge. 2. Bd. 1. Heft.)

O. Heuer: Faust in der Geschichte, Sage u. Dichtung. (Ber. d. Fr. D. H. N. F. X. S. 39*—52*.) Vgl. schon G.-J. XV. 305.

O. Heuer: Zur Bibliographie des Spiesischen Faustbuchs II. (Ber. d. Fr. D. H. N. F. X. 274—277.)

Friedrich Kluge: Ein Zeugniss d. 16. Jahrhunderts über Dr. Faustus. (Zeitschr. f. vgl. Litgesch. VI. 6.)

Johannes Bolte: Ein Meisterlied von Dr. Faust. (Euphorion. S. 787 fg.)

Carl Kiesewetter: Die Geheimwissenschaften. 2. Theil der Geschichte des neueren Occultismus. Leipzig, W. Friedrich. XXVII, 749 SS. M. 16.—

R. Sprenger: Die Wurzel des Lebens [in Dr. Fausts Schwank vom Köpfen]. (Am Ur-Quell. Monatschrift für Volkskunde. Bd. V. Heft 6. S. 143 f.)

Die Faustsage und ihre poetische Gestaltung v. J. Nover. Hamburg, Verlagsanstalt und Druckerei. 46 SS. M. 1.—

Karl du Prel: Das Faust-Problem. (Allg. Ztg. Beil. 96.)

The Faust legend. (The Academy, Nr. 1157.)

Justus: Fausts Sohn. Ein dramatisches Epos in drei Theilen. 1. Theil. Dresden, E. Pierson. 132 SS. M. 1.50

Hango, H.: Faust u. Prometheus. Eine Dichtg. Wien, Hartleben. VII, 99 SS. 12°. M. 2.25

Ernst Kutschenreiter: Moderne Faust-Scenen. Dresden, E. Pierson. M. 1.50

Sturmfeder: Ein neuer Faust. Zur Karnevalsfeier d. Hallenser »Lumpia«. Frei nach Goethes Faust. (In: Deutsche Festspiel-Halle. Heft 24. [Aus: »Wallner, Karneval und Maskenball«]) Erfurt, F. Bartholomaeus. 31 SS.

Max Hasse: Die Aufführung von Goethes »Fischerin« im Park zu Tiefurt. (Gartenlaube Nr. 24.)

Goethes Götz von Berlichingen mit der eisernen Hand. Ein Schauspiel. Mit ausführlichen Erläuterungen für den Schulgebrauch und das Privatstudium v. J. Heuwes. 2. Aufl. Mit 1 Tafel. Paderborn, F. Schöningh. M. 1.35

Goethe: Götz von Berlichingen mit der eisernen Hand. Schauspiel. Mit 3 Tonbildern u. 11 Abbildg. im Text. Berlin, Literat.-Verein Minerva. 54 SS. —.50 Geb. M. 1.—

Goethe: Götz von Berlichingen. Hsg. v. K. Fischer. (Schulausg. deutsch. Klassiker. XI.) Trier, H. Stephanus. —.70

Erläuterungen zu deutschen Classikern, von H. Düntzer. 11. Bändchen: Goethes Götz v. Berlichingen. 5. Aufl. Leipzig, Wartig. 182 SS. M. 1.—

A. G. Meissner: Eine Darstellung seines Lebens u. seiner Schriften mit Quellenuntersuchungen. Von Rud. Fürst. Stuttgart, Göschen. (S. 211: Götz.)

† C. Heidt: Die älteste Fassung von Goethes »Götz« u. d. Umarbeitung v. 1773. Trierer Programm. 1893. 22 SS.

Joh. Friedrich Lahmann: Die Quelle der Adelheid-Tragödie in Goethes Götz. (Gegenwart. Bd. XLIV. Nr. 17. S. 267.)

Reinhold Pallmann: Der historische Götz von Berlichingen mit der eisernen Hand und Goethes Schauspiel über ihn. Eine Quellenstudie. Osterprogramm der Luisenstädt. Ober-Realschule. Berlin, R. Gärtner. 44 SS. M. 1.—

Goethe: Iphigenie auf Tauris (Iphigénie en Tauride). Tragédie de Goethe. Annotée et commentée par F. Clarac. Paris, Colin et Cie. 8°. 141 SS.

Goethe: Iphigenie auf Tauris, erklärt v. Max Hoferer. (A. u. d. T.: Sammlung f. d. Schulgebrauch, hgg. v. August Brunner. Heft V.) Bamberg, Buchner. 90 SS. —.50

Goethe: Iphigenie auf Tauris. Hgg. v. J. Pölzl. 3. Aufl. Wien, Alfred Hölder. (Hölders Klassiker-Ausg.) IV, 65 SS. —.50

Goethe: Iphigénie en Tauride. Nouvelle édition, publiée avec une notice et des notes en français par L. Schmitt. 4. édition. Paris, Delagrave. 8°. IV, 104 SS.

Goethes Iphigenie auf Tauris. Ein Schauspiel. Für die Zwecke der Schule erläutert und methodisch bearbeit. v. H. Vockeradt. 4. Aufl. Paderborn, Schöningh. V, 166 SS. M. 1.35

Goethe: Iphigenie auf Tauris.

Ein Schauspiel. Hsg. von V. Valentin. (A. u. d. T.: Deutsche Schul-Ausgaben v. H. Schiller u. V. Valentin. Nr. 5.) Dresden, L. Ehlermann. 81 SS. —.50

Erläuterungen zu d. deutsch. Classikern, v. Heinr. Düntzer. 14. Bdch.: Goethes Iphigenie auf Tauris. 6. Aufl. Leipzig, Wartig. 191 SS. M. 1.—

Die Heilung des Orest in Goethes Iphigenie auf Tauris, v. Prof. Paul Primer. (Progr. d. Kaiser Friedrich-Gymnasiums Frankfurt a. M.) 20 SS. 4°.

Emilie Ringseis: Ueber die Einmischung des Uebernatürlichen im Drama. (Historisch-politische Blätter f. d. kathol. Deutschl. 114. Bd. S. 260—267.) [S. 262 f. Iphigenie.]

Otto Sieroka: Die sittlichen Grundlagen des Herrschertums nach Goethes »Iphigenie auf Tauris«. Beilage z. Osterpr. des Gymnasiums zu Allenstein.

Alexander von Weilen: Zu Goethes »Laune d. Verliebten«. (Euphorion. S. 604—606.)

Wallner, E.: Maskenzüge aus Weimars klassischer Vorzeit. (In: Deutsche Festspiel-Halle. Heft 23. [Aus: »Wallner, Karneval u. Maskenball«.]) Erfurt, F. Bartholomaeus. 20 SS. —.75

Ernst Elster: Ueber eine ungedruckte Operndichtung Goethes. Forschungen f. Rudolf Hildebrand. Leipzig, Veit u. Comp. S. 277—290.

Bernhard Suphan: Zum 10. November. »Schillers Todtenfeier«. Ein dramatischer Entwurf Goethes. (Dtsch. Rundschau. J. 21. H. 2. S. 274—293.)

Fritz von Jan: Ein Modell zu Goethes Stella. (Euphorion. S. 557—564.)

Toews, P. Ueber das Verbum in Goethes Tasso. Dissertation. Heidelberg, J. Hörning. 45 SS. M. 1.—

3. GEDICHTE.

Goethe: Gedichte. Auswahl. Hgg. von R. Franz. Neue Ausg. Velhagen & Klasings Schulausgaben IV. Bd. XVI, 191 SS. mit Bildniss. —.75

Goethe-Schiller: Klassische Balladen, illustr. von Hans Loeschen. Elzevier-Ausgabe. Leipz., Herm. Seemann. M. 2.—

Goethe et Schiller: Poésies lyriques. Texte allemand publié avec des notices littéraires et des notes par H. Lichtenberger. 2. éd. Paris. Hachette et Cie. 16°. XXXIX-271 p. Frs. 2.50

Goethe: Poésies lyriques. Avec notices et notes par L. Schmitt. 6e éd. Paris, Delagrave. VIII, 52 SS.

Gedichte Goethes 1757, je eins an Grossvater und Grossmutter. (Frankf. Ztg. 28. Mai, 2. Morgenbl.).

Goethe-Brevier. Goethes Leben in seinen Gedichten, hgg. von Otto Erich Hartleben. München, K. Schüler, 1895. XVI, 408 SS. M. 4.—

Brauns, Jul.: Stenographische Unterr.-Bibliothek. 3. Bändchen: Kurzschriftliches Lesebuch nach eigenem System. 1. Lief. 2. Aufl. Gedichte von Goethe u. Schiller. Leipzig, H. Robolsky. 8°. IV, 16 SS. —.40

Deutscher Liederhort. Auswahl der vorzüglicheren deutschen Volkslieder, nach Wort und Weise aus der Vorzeit und Gegenwart gesammelt und erläutert von Ludwig Erk. Neubearbeitet und fortgesetzt von Franz M. Böhme. 3 Bde. Leipz., Breitkopf & Härtel. LXIII, 656; III, 800; IV, 919 SS. Mk. 36.—

Friedrich Bauer: Sieben Gedichte Goethes, nach ihrem Gedankengange erläutert. I. (Ztschr. f. d. österr. Gymnas. 45, 704—720.)

H. Henkel: Ueber die rednerischen Mittel der Goethischen Satire. (Ztschr. f. vergl. Litgesch. H. 2, 3. S. 206 ff.)

Wolfg. Kirchbach: Goethesche Rhetorik. (Gegenwart Bd. XLII. Nr. 47. S. 326—329.)

Jakob Mähly: Goethesche Licenzen. (Westöstliche Rundschau. I. Heft 8, S. 590—596.)

W. Freihr. v. Biedermann: Goethe und das Schriftthum Chinas. (Ztschr. f. vgl. Litgesch. N. F. VII. S. 383—401.)

O. Vogel: Die wandelnde Glocke. (Z. f. d. d. U. VIII. S. 69—76.)

Rudolf v. Payer: Zum westöstlichen Divan. (Chr. d. Wien. Goethe-Ver. Nr. 4 S. 15 fg.)

Goethes letzte Verse. (Frankf. Ztg. 12. April, Abendbl.) [Abdruck der Verse »Ein jeder kehre« vgl. G.-J. XV. 272 in Facsimile und Druck aus der Amsterdamer Wochenschrift De Portefeuille 7. April nach einem Aufsatz von M. Horn »onuitgegeven gedichten van Goethe«]

D. F. Strauss: Ungedrucktes aus dem Nachlasse. (Deutsche Revue, Febr.) Zu Goethes (Marienbader) Elegie.

†Goethes Verhältniss zur Antike. Beiträge zur Erklärung einiger Elegien von Konrad Böhm. Wien 1891 u. 92. Progr. des Mariahilfer Communal-, Real- und Obergymnasiums.

Otto Immisch: Zur Geschichte der elegischen Kunstform. Kleinere Beiträge zur Geschichte. Von Docenten der Leipziger Hochschule. Festschrift zum II. dtsch. Historikertag zu Leipzig. Nr. 3.

H. C. Kellner: Zur Frage des deutschen Nationalhymnus. [Strophe aus »Epimenides«.] (Wiss. Beil. d. Leipz. Ztg. Nr. 125.)

Rudolf Hildebrand: Gemischter Rhythmus. (Erlkönig.) (Ztschr. f. d. d. Unterr. VIII. S. 123—182.)

Rudolf Klahre: Der Erlkönig. (Ztschr. f. d. Spr. VIII. H. 7 S. 241—246, H. 8 S. 281 ff.)

Theod. Vogel: Zur Datirung von Goethes Ode »Das Göttliche«. (Z. f. d. U. VIII. S. 433 bis 441.)

Heinrich Stümcke: Goethes Heidenröslein. (Ztschr. f. d. Spr. VIII. 16. Heft. S. 226-232.)

Heideröslein s. oben Minor S. 279.

Goethes Hermann und Dorothea. Mit ausführlichen Erläuterungen für den Schulgebrauch und das Privatstudium von A. Funke. 7. Aufl. Paderborn, F. Schöningh. M. 1.—

Goethe: Hermann et Dorothée. Texte allemand, publié avec un avant-propos, des sommaires et des notes explicatives par B. Lévy. Nouv. éd. Paris, Hachette et Cie. IV, 115 S. Fr. 1.—

Goethe: Hermann und Dorothea. Mit 11 Vollbild. Berlin, Lit.-Ver. Minerva. 60 SS. —.50

Goethe: Hermann und Doro-

thea. (A. u. d. T.: Allg. Volks-
bibl., Nr. 32, 33.) Neusalza, H.
Oeser, 8°. 66 SS. —.20
 Goethes Hermann und Doro-
thea. Erklärt v. J. B. Krallinger.
Bamberg, C. Buchner. (Samml.
d. Dichtungen u. Prosawerke,
hgg. v. A. Brunner. II.) —.50
 Goethe: Hermann und Doro-
thea. Hsg. von J. Wychgram.
Bielefeld, Velhagen & Klasing.
8°. XVI, 72 SS. (A. u. d. T.:
Velhagen & Klasings Samm-
lung deutscher Schulausgaben.
Neuer Abdruck. Nr. 1.) —.50
 Goethes Hermann und Doro-
thea, erklärt und gewürdigt bei
Gelegenheit der 100jährigen
Jubelfeier des Seminars zu
Weissenfels, hgg. von J. Stoffel.
Langensalza, H. Beyer & Söhne.
IV, 92 SS. —.80
 Goethe: Hermann und Doro-
thea. Mit 8 Lichtdrucken nach
den Bildern von Arthur Frei-
herrn von Ramberg und mit
Ornamentstücken von Friedr.
Baumgarten. 10. Aufl. Berlin.
Grote. XVI, 84 SS. M. 2.50
 Goethe: Hermann und Doro-
thea. Mit 9 Lichtdruck-Voll-
bildern nach Originalen von
Emil Klein. Stuttgart, Greiner
& Pfeiffer. III, 120 SS. M. 5.50
 † Goethe: Hermann et Doro-
thée. Illustrations de Marold.
Paris, Dentu. 221 SS. Fr. 1.25
 Rud. Hildebrand: Zum Dak-
tylus. (Ztschr. f. d. d. Unterr.
VIII. S. 1—6 u. S. 89—95.)
(Hermann u. Dorothea.)
 A. Sprenger, E. Meyer: Zu
Goethes »Hermann und Doro-
thea«. (Ztschr. f. d. d. Unterr.
S. 125, 135 f.) [IV. 19, IX. 224.]
 Goethes Hochzeitslied. (Zeit-
schrift f. d. Spr. VIII. 10.)

 J. Gassner: Schillers »Spa-
ziergang« und Goethes Gedicht
»Ilmenau«. (Z. f. d. d. Unterr.
VIII. Jahrg. S. 235—237.)
 H. Düntzer: Goethes Ge-
dichte »Auf Miedings Tod« und
»Ilmenau«. (Ztschr. f. d. Philo-
logie. XXVII. 1.)
 H. C. Kellner: Goethes Dich-
tung »Die Metamorphose der
Pflanzen«. (Mittheilungen a. d.
Zwickauer Goetheverein Nr. 4.)
 Jakob Minor: Ein Gegen-
stück zu Mahomets Gesang.
(Euphorion. S. 606.)
 R. Sprenger: Zu Goethes
Musen und Grazien in der Mark.
(Ztschr. f. d. d. Unterr. VIII. 79.)
 Friedrich Bauer: Hans Sach-
sens Gespräch »Die neun gab
Muse oder Kunstgöttin be-
treffend« und Goethes »Hans
Sachsens poetische Sendung«.
(Chr. d. W. Goethe-Ver. IX.
Nr. 1, S. 3—6.)
 R. Sprenger: Zu Goethes
Sänger. (Ztschr. f. d. d. Unterr.
VIII. S. 130.)
 S. M. Prem: Ein Sesenheimer
Lied Goethes als deutsches
Volkslied in Galizien. (Silesia.
Nr. 90, 20. April.)
 Falck, Paul Theodor: Die
Jestembskysche Abschrift der
»Sesenheimer Lieder« des Dich-
ters Lenz und die Echtheit und
Chronologie der »Sesenheimer
Lieder« (von Goethe und Lenz)
nach Bielschowsky. Auf Grund
des Jestembskyschen Lenz-
Nachlasses kritisch beleuchtet.
(Aus deutscher Brust. I. S. 9-11,
26 f., 38 f.)
 Krieg: Ein angeblich von
Goethe herrührendes Gedicht.
[Tennstedt 1816 »Stimmt
Freunde an zum Lobe der Na-

jade«.] (Aus der Heimath. Sonntagsbl. d. Nordh. Courier Nr. 47.)

R. Sprenger: Zu Goethes Sterndreher-Lied. Epiphanias 1781. (Ztschr. f. d. d. U. VIII. 78.)

Erich Schmidt: Zu d. Xenien. (Euphorion. S. 78—80.)

Schmitt: Goethe-Schillers Xenien. (Gymnasium. Hgg. v. M. Wetzel. 12. Jahrg., Nr. 17.)

[Th. Distel]: Poës[el]ei. [Entstellung Goethischer Verse.] (Pirnaer Anzeiger 21. Mai.)

4. PROSASCHRIFTEN.

Goethe: Campagne de France. Avec notices et notes par L. Schmitt. 5e édit. Cours supérieur de langue allemande, conforme aux derniers programmes. Les auteurs du programme (extraits reliés par des analyses). Classe de troisième. Paris, Delagrave. VIII, 64 SS.

Goethes Dichtung und Wahrheit. Hsg. von Herm. Schiller. 1. Theil. Aus des Dichters Jugend bis zum Uebergang auf die Univers. Leipzig. 2. Theil. Des Dichters Urtheile über die deutsche Lit. b. z. J. 1775. 1. Th. mit vielen Abbild. 126 u. 86 SS. (Deutsche Schul-Ausg. von H. Schiller u. V. Valentin. 3. 4.) Dresd., L. Ehlermann. à —.50

Goethe: Aus meinem Leben. Dichtung und Wahrheit. Hsg. v. W. Nöldeke. Neue Ausgabe. 1. Bdch. (Velhagen & Klasings Schulausg. 5.) IV, 151 SS. mit Bildn. —.75

Aus Goethes Wahrheit und Dichtung. (Z. f. d. Spr. VIII. 9.)

Goethes Dichtung und Wahrheit (the first four Books) being Vol. XII of Buchheims German Classics. Edited with Introduction and Notes. Oxford. 8°. XX, 317 pp. M. 5.40

—r. Ein Stammbuch. (Wiss. Beil. d. Lpz. Ztg. Nr. 38, 29. März.) [Tielke der in D. u. W. 7. Buch (W. A. 27 S. 146) geschild. Offizier.]

Goethe: Italienische Reise. Hsg. von W. Nöldeke. (Velhagen & Klasings Samml. dtsch. Schulausg. 6.) IV, 119 SS. —.60

† Goethes italienische Reise. Von Julius Riese. Gymnasialprogramm. Rudolstadt 1893.

Goethes Lilienmärchen. (Die Grenzboten. Nr. 2, S. 31—40.)

Ueber die Einwirkung des Goethischen Werthers und Wilhelm Meisters auf die Entwicklung Edward Bulwers. Leipziger Dissertation von A. H. Goldhan. S.-A. aus Anglia, Ztschr. f. vgl. Phil. N. F. IV. Halle, E. Karars.

Hubert Rötteken: Die Charactere in Tiecks Roman Franz Sternbalds Wanderungen. (Z. f. vgl. Litg. N. F. VI. 188—242.) Behandelt wie die 3 folgg. den Einfluss von Goethes Meister.

Heinrich Prodnigg: Ueber Tiecks Sternbald und sein Verhältniss zu Goethes Wilhelm Meister. Progr.-Beil. d. Oberrealschule zu Graz. 8°. 21 SS.

† Fr. Schulthess: Zeitgesch. u. Zeitgenossen in Immermanns Epigonen. (Pr. Jahrb. Bd. 73.)

Eichendorffs Jugenddichtungen. Von Eduard Hoeber. Leipzig, Vogt. 80 SS. M. 1.80.

Ad. Lichtenheld: Zur epischen Technik und zu Goethes »Novelle«. (Ztschr. f. d. d. Unterr. VIII. S. 421—426.)

Otto Harnack: Ueber neue Goethische Sprüche. (Preuss. Jahrb. Sept. Bd. 77 H. 3.)

A. John: Aus Goethes Tagebüchern. (A. John, Lit. Jahrbuch, V. Eger. S. 25—41.)

L. G.: Es gibt für den Kammerdiener keinen Helden. (Euphorion. S. 792.)

Goethe: Die Leiden des jungen Werthers. Diamantausg. Mit Illustr. v. F. Skarbina. Berlin, G. Grote. 16°. 168 SS. M. 2.—

Karl Knortz: Deutsches und Amerikanisches. Glarus, Vogel [S. 42—53: Goethe-Werther-Erinnerungen.]

E. UEBERSETZUNGEN.

Goethe: Les années de voyage de Wilhelm Meister. Entretiens d'émigrés allemands; les bonnes femmes. Traduct. nouvelle p. J. Porchat. Paris, Hachette & Co. 390 SS. Fr. 6.—

Giuseppe Pitrè: Bibliografia delle Tradizioni popolari d'Italia. Torino-Palermo, Clausen.

Deutsche Lieder in lateinischer Uebersetzung, von Fr. Strehlke. Berlin, Bibl. Bureau. (An den Mond, Der Sänger.)

A. H(auffen): Goethe und die Slovenen. (Südösterreich. Post, Wien, 28. Jan. Nr. 7.) [Koseski und Valjave.]

Goethe: Elegie Romanc. Traduzione di Luigi S. Giusto col testo originale a fronte. Torino, L. Roux. 51 SS. L. 1.—

Goethe: Faust, from the German by J. Auster, with introd. by H. Morley. New-York, G. Routledge & Sons. II, 286 SS. 75 cts.

Goethe: Le Faust. Traduction métrique par Georges Pradez avec le texte original en regard et les portraits du poète et du traducteur. Lausanne, B. Benda. 8°. XVI, 509 SS. M. 6—

Goethe: Faust. The First Part. Transl. by A. Swanwick. Revised ed., with Retzsch's Illusts. London, G. Bell and Sons. XLIV, 167 SS. 6 sh.

Goethe: Faust. Гете Фаустъ. Драм. поэма. Ч. 1. Перев. Н. Холодковскаго. 2. Aufl. 12°. Petersb., A. Suworin.

Claire v. Glümer: François Sabatier und seine Faustübersetzung. (Westöstl. Rundschau, Heft 7. S. 549—554.)

Goethe: Die Geschwister. A testvérek. Drama egy felvonásban. Ford. Horvath D. 2. Aufl. 8°. Kecskemet, Gallia.

Goethe: Iphigenia paa Tauris. Et Skuespil. Oversat af P. Hansen. Kjöbenhavn, Gyldendal. 128 Sider i 8°. 1 kr. 50 öre.

Goethe: Hermann et Dorothée, poème en neuf chants. Traduit par Bitaubé. Paris, Berthier. 125 SS 25 c.

Goethe: Nature Aphorisms. Reported and arranged by G. C. Tobler. Done into English by B. Saunders. London, Macmillan. 32°. 6 d.

Goethe: Wahlverwandtschaften. A lélekrokonság. Regény. Forditotta Kemenczy K. Budapest, Könyves Kálmán.

Goethe: Werther. Paris, Fayard. 160 SS. (Bibliothèque universelle de poche.)

Goethe: Werther. Traduction

d'Aubry, entièrement refondue par J. Rodleinmann. Paris, Berthier. 32°. 160 p. 25 c.

Goethe: Werther no Kanashimi. Werthers Leiden in japanischer Uebersetzung v. Mori in der japan. belletrist. Wochenschrift »Shigarami Zoshi«.

II. BIOGRAPHISCHES.
A. ALLGEMEINES.

Hermann Grimm: Goethe. Vorlesungen, gehalten an der kgl. Universität zu Berlin. 5., durch einen neuen Vorbericht vermehrte Aufl. Berlin, Besser. XXVI, 542 SS. M. 7.—

S. M. Prem: Goethe. 2. Aufl. Leipzig, G. Fock. 474 SS. m. 54 Abbild. M. 5.—

A. Bossert: Goethe. (La grande encyclopaedie.) Paris, H. Lamirault & Cie. 450 livr. tome 18, 1158—1166. 4°.

R. M. Meyer: Goethe. Preisgekrönte Arbeit. 3 Bde. Berlin, Ernst Hofmann & Co. XXXI, 628 SS. m. Bildniss. M. 7.20

Goethe reviewed after sixty years by J. P. Seeley Lit. D. Regius Prof. of modern history in the university of Cambridge. Leipzig, B. Tauchnitz. (Coll. vol. 2964.) 253 SS. M. 1.60

Eugen Wolff: Goethes Leben und Werke. Mit besonderer Rücksicht auf Goethes Bedeutung für die Gegenwart. Kiel, Lipsius & Tischer. M. 5.—

S. Sänger: Vom engl. Goethe. (Frkf. Ztg. 25. Sept. 1. Morgenbl.)

B. BIOGRAPHISCHE EINZELHEITEN.

Goethe in Sturm und Drang v. Rich. Weissenfels. 1. Bd. Halle, Niemeyer. XV, 519 SS. M. 10.—

Der junge Goethe. Ein Bild seiner inneren Entwicklung v. Siegm. Schultze. (1749—1775.) gr. 8°. (IV, VII, 79; 80, 102; V, 74; 57, 80 u. 80 SS.) Halle, E. A. Kaemmerer & Co. M. 8.50

H. Th. T(raut): Goethe als Student in Leipzig. (Lpz. Tageblatt. Nr. 588, 1. Beil.)

O. Günther: Zur Geschichte des Leipziger Musenkriegs im Jahre 1768. Leipzig, K. W. Hiersemann. 46 SS. M. 3.—

† Guy Delaforest: L'Alsace. Souvenirs de la guerre de 1870, 1871. [S. 77—88: L'étudiant Goethe et l'Université en 1770.] Tours, A. Mame et fils. 1893. 239 SS. u. Abb.

Nochmals die Geschichte in Sesenheim. Eine Studie von Adolf Metz. Hamburg. (Prgr. d. Johanneums. 33 SS. 4°.) M. 2.50

W. H.: Zu Goethes Jugendleben. [Betr. das Grab v. Maria Salome Brion=Olivie.] (Antiq.-Zeitschr. N. S. Bd. V. S. 229 f.)

Urkundliche Forschungen zu Goethes Sesenheimer Idylle u. Friederikens Jugendgeschichte. Auf Grund des Sesenheimer Gemeindearchivs von Gustav A. Müller. Mit einer korrig. Copie u. einer Wiedergabe des Falckschen Friederikenportraits, sowie fünf Beigaben. Bühl, Concordia. XVI, 146 SS. M. 3.50

Sesenheim wie es ist und der Streit über Friederike Brion, Goethes Jugendlieb. Ein Beitr. zu friedlicher Einigung. Von Gust. A. Müller. Mit Titelbild und mehreren Abbild. in Lichtdruck, n. Skizzen v. M. Feurer. Bühl, Concordia. 124 SS. M. 6.—

Gustav A. Müller: Führer durch Sesenheim u. Umgebung. Ein Wegweiser zu Goethes Liebesidylle. [Strassburg], Selbstverlag. 31 SS. —.80

Julius R. Haarhaus: Auf Goethes Spuren im Süden. Reiseskizzen. (Wissenschaftl. Beilage d. Leipz. Ztg. 17, 25, 32, 40, 56, 62, 66, 68, 84, 93, 104, 115. 1895, Nr. 7.)

Goethe e il lago maggiore del Dr. Arturo Farinelli. Bellinzona, C. Colombi. 31 SS.

Goethe bei Napoleon in Erfurt am 2. October 1808. (Zeitschr. f. d. Spr. VIII. 5 u. 6. S. 161 ff. u. S. 202 ff.)

Alois John: Goethe in Hof. (Hofer Anzeiger 22. 24. Dec.)

Alois John: Goethe in Teplitz. (Teplitz-Schönauer Anz. 83, 84. 12., 20. Oct.)

Gustav Karpeles: Goethe und der Wirth »Zum rothen Ochsen« im Schlaggenwald. (Frankf. Intelligenzblatt v. 21. August.)

Alois John: Goethe und der Wirth »Zum rothen Ochsen« im Schlaggenwald. (Bote a. d. Egerthal, Falkenau. 29. Sept. Nr. 75.)

Gutbier: Die Tennstedter Badesaison im J. 1816. (Aus d. Heimath. Sonntagsbl. d. Nordhäuser Courier. Nr. 32—34.)

C. GOETHES VERWANDTE.

Goethes Stammbäume. Von H. Düntzer. Eine genealog. Darstellg. gr. 8°. Gotha, Perthes. VII, 168 SS. M. 3.—

Alexander Dietz: Johann Wolfgang Textor. (Goethes Grossvater.) (Allg. Biogr. 37. Bd. S. 630—632.)

H. Düntzer: Goethes Vater. (Westöstl. Rundschau. Nr. 4. S. 303—317.)

Ottilie Ehlen: Kaiser Karl VII. und Kath. Elis. Textor. Betrachtungen zur Erzählung einer Episode von Goethes Mutter. (Bohemia. Nr. 304.)

† Anna Conwentz: Goethes Mutter. (Schrattenthals Frauen-Zeitung. 1893. I. 11).

H. Schütz-Wilson: Frau Aja. (The Nineteenth Century. London. Nr. 206. S. 649—659.)

D. GOETHES VERHÄLTNISS ZU SEINEN FREUNDEN UND NACHFOLGERN.

Wasserzieher: Anna Amalia, Herzogin v. Sachsen-Weimar. (Zeitschr. f. weibl. Bildung in Schule u. Haus. XXII, 10.)

Rudolf Kögel: Goethe und Beethoven. Forschungen zur deutschen Philologie. Festgabe f. Rud. Hildebrand z. 13. März. S. 195—223.

Beethoven und Goethe. (Daheim. XXX. Beil. zu Nr. 34.)

Alfred Bock: Goethe und Bürger. (Der Zeitgeist. Berlin, Nr. 24. 11. Juni.)

Frau Catalani und Goethe. (Musikzeitung. XV, Nr. 7.)

Hermann Breymann: Friedr. Diez, Sein Leben und Wirken. Festrede. Lpz., A. Deichertsche Vrlgsbh. Nachf. 54 SS. M. —90

† Fouqué u. Eichendorff. Hsg. v. M. Koch 1893. (Kürschners D. N. L., Bd. 146, 1.) Stuttgart, Union.

E(ugen) I(solani): Aus der Glanzzeit d. deutschen Bühnenkunst. (Bühne u. Leben. Illustr. Wochenschr. Berlin. II. Jahrg., Nr. 23 u. 24.) (E. Genast.)

L. Fränkel: Aus dem Leben und Streben unseres letzten Bühnenklassikers Grillparzer. (Bühne u. Leben. Ill. Wochenschr., 2. Jahrg., Nr. 36, 37, 39.)

Grillparzers sämmtl. Werke. 5. Ausgabe in 20 Bänden. Hsg. u. mit Einleitungen versehen v. Aug. Sauer. Stuttgart, Cotta. Bd. 15—18.

Joh. Dembowski: Günther u. Goethe. Ethische Studien z. lyrischen Dichtung. Lyck, Progr. des kgl. Gymnasiums.

Wilh. Schrader: Geschichte der Friedrich-Universität zu Halle. 2 Thle. Berlin, Dümmler. VIII, 640 u. V, 583 SS. M. 31.—

Jeannot Emil Frhr. v. Grotthus: Heinrich Heine als deutscher Lyriker. Eine literarische Ketzerei. Zeitfr. d. christlichen Volkslebens, H. 141. Stuttgart, Chr. Belser.

Th. Schiemann: Victor Hehn. Ein Lebensbild. Stuttgart, Cotta Nachf. VIII, 348 SS. M. 5.—

Eugen Kühnemann: Herder, Kant, Goethe. (Preuss. Jahrb., Bd. 72, H. 2. S. 342—366.)

L. Erhardt: Die Entstehung der homerischen Gedichte.

Leipzig, Duncker u. Humblot. CXIII, 546 S. M. 12.—

Alfred Bock: Goethe u. Prof. Höpfner (1743—93). (Deutsche Revue, Nov. S. 232—240.)

Z. K. Lecher: Jahn und Goethe. (Frankf. Ztg., 2. Juni, Abendbl. aus d. N. fr. Presse.)

Jean Paul und seine Bedeutung für die Gegenwart von Joseph Müller. München, Dr. Lüneburg. 436 SS. M. 9.—

C. Montanus: Zur Erinnerung an Friedrich Heinrich Jacobi, geb. 1743, gest. 1819. (Frkf. Ztg. 65, Erstes Morgenbl.)

P. von Bojanowski: Carl August als Chef d. 6. preuss. Kürassir-Regim. 1787—1794. Mit Silhouette. Weimar, Herm. Böhlau. V, 147 SS. M. 3.—

Heinrich Heidenheimer: Die Verlobung und Vermählung der Prinzessin Louise von Hessen-Darmstadt mit d. Herzoge Karl August von Sachsen-Weimar. (Archiv f. hess. Gesch. u. Alterthumsk. N. F. 1. B. S. 453—465.)

Arthur Kleinschmidt: Der Segen kunstsinniger Fürsten im alten deutsch. Reiche. (Westöstl. Rundsch. I. H. 4, S. 288—291.)

R. Schlösser: Kestner, Lotte u. Gotter. (Ztschr. f. d. Phil. 27, S. 109—111.)

H. Dechent: Susanna von Klettenberg mit Bild. (Frankf. ev.-luth. Kirchenkalender für 1895, 7. Jahrg., S. 15—25, schon vorher »Christl. Welt« 38, 39.)

Heinrich Funck: Der Magnetismus und Somnambulismus in der Badischen Markgrafschaft. (S. 48 ff.: Goethes u. Lavaters Gedankenaustausch über die Gablidone.) Freiburg i. B., J. C. B. Mohr. VII, 76 SS. M. 1.20

Gustav A. Müller: J. C. Lavater als Selbstportraitist. (Frankf. Ztg. 221, 2. Morgenbl.)

M. Winkler: Goethe and Lenz. (Studies and Notes, Harvard University, vol. II.)

Ulrike v. Levetzow. (Wiener Fremdenblatt, 15, 24. Febr.)

K. J. Schröer: Ulrike von Levetzow. (Dioskuren. XXIII. Jahrg. Wien, Gerold.)

Georg Westenberger: Ulrike v. Levetzow. Zu ihrem neunzigsten Geburtstage am 4. Febr. (Ueber Land und Meer. H. 9, S. 468b—472a.)

Kaiserin Maria Ludovika v. Oesterreich 1787—1816. Nach ungedruckten Briefen. Mit 6 Abbild. Von E. Guglia. Wien, Gräser, XI, 186 SS. M. 2.—

E. Götze: Goethe und Hans Sachs. (Ber. d. Fr. D. H. N. F. 11. Bd. [1895], H. 1, S. 6*—21*.)

Hans Sachs in Weimar. Gedruckte Urkunden z. 400. Geburtstage d. Dichters, aufs neue herausgeg. v. B. Suphan. Weimar, H. Böhlau. 44 SS. M.—.80 (Von Goethe: Hans Sachsens poet. Sendung von J. Wahle hsg. und Schlussverse dazu 1828 von B. Suphan hsg.)

Heinrich Düntzer: Der Actuarius Salzmann, Goethes Strassburger Mentor. (Ztschr. f. d. d. Unterr. VIII, H. 5.)

Bernh. Stern: Aus der Kindheit des Grafen Schack. (Der Zeitgeist. 7. Mai.)

Ludwig Geiger: Vom alten Schadow. I. Schadow u. Goethe. (Westermanns Monatsh. Oct. S. 80—96.)

Schiller in seinem Verhältniss zur Freundschaft und Liebe, sowie in seinem inneren Verhältniss zu Goethe. Von Gust. Portig. Hamb., Leop. Voss, XVI, 775 SS. M. 14.—

Paul Zunk: Goethe u. Schiller. Eine Säkularerinnerung an den Beginn ihres Freundschaftsbündnisses im Sommer 1794. (Prager Tageblatt. 20. Sept.)

E. Wolff: Schiller-Vergötterung u. Goethe-Verketzerung. (Mit Portigs Replik u. Wolffs Duplik.) (Hamb. Corresp. 347, 410. Beil. d. Hamb. Nachr. B. 11.)

J. Minor: Zum Jubiläum d. Bundes zwischen Goethe und Schiller. Geschichte ihrer Beziehungen bis 1794. (Preuss. Jahrbücher. 77. Bd., S. 1—60.)

Die Entwickelung v. Schillers Aesthetik. Von Karl Berger. Weimar, H. Böhlau. VII, 325 SS. (Betr. auch Schillers Verhältniss zu Goethe.) M. 4.—

† W. Sauer: Sakuntala, Goethe u. Schiller. (Corresp.-Bl. f. d. Gel.- u. Realschul. Württembergs 1893. S. 297—304.)

Karl Theod. Gaedertz: Karl von Schlözer als Componist und ein Urtheil Goethes über ihn. (Westöstliche Rundschau. I, 5. S. 382—383.)

Gustav A. Müller: Friederike von Sesenheim. (Jung-Deutschland und Jung-Elsass. IV. S. 33—35, m. 2 Portraits; S. 55 f.)

Alois Brandl: Shakspere. Geistesheld. 8. Berlin, E. Hofmann & Co. VIII, 232 SS. M. 2.

Karl Müller: Das Shakespeare-Geheimniss. (Die Natur. 43. Jahrg., Nr. 31.)

Ernst Traumann: Die Tragödie des Menschengeistes. (Jahrb. d. deutsch. Shakespeare-Gesellschaft. Bd. XXIX/XXX, S. 255—276.)

Louis Katzenstein: Die Malerfamilie Tischbein. (Allgem. D. Biogr. 38, S. 362—371.)

Ludwig Fränkel: Karl Friedrich Gustav Töpfer (1792/1871). (Allg. D. Biogr. 38, S. 446 bis 448.)

Uhlands Werke. Hgg. v. L. Fränkel. Kritisch durchgeseh. Ausg. Leipzig, Bibl. Institut. I. 52 u. 558 SS.; II. 424 SS.

Alfred Bock: Goethe und Heinrich Voss. Zum 28. August. (Frankf. Ztg. 237, Morgenbl.)

Heinrich Düntzer: Goethe und Marianne von Willemer, 1814—1815. (Allg. Zeitg., Beil. Nr. 126, 127.)

E. STELLUNG ZU WISSENSCHAFT UND KUNST.

Bei Mutter Grün. Von M. Kronfeld. Wien, Martin. VIII, 124 SS. M. 2.—

Enthält u. A.: Göthe als Botaniker.

Joh. Kareis: Goethe und die Electricität. (Chr. des Wiener Goethe-Vereins, Nr. 5.)

Goethe als Geograph. Von Dr. Herm. Becker. (Wiss. Beil. d. Margarethenschule.) Berlin, Gärtner. 30 SS. 4°.

S. Günther: Der Kammerbühl. Eine vulcanische Studie. (Alois John, Lit. Jahrb. V. S. 42—61.)

Goethe und die Juden. (Dtsch.-soc. Blätter, Nr. 299.)

Lessings Stellung zum Judenthum. Von J. Dominikus. Dresden, Glöss. 39 SS. M. 1.—

Richard M. Meyer: Goethe als Naturforscher. (Euphorion. S. 26—46.)

Goethe als Naturfreund und Naturforscher. Ein Vortrag v. Otto Wünsche. Zwickau, Gebr. Thost. 30 SS. M. —.50

Karl Jentsch: Goethe über den Naturalismus in der Kunst. (Frankf. Ztg. 291, 1. Morgenbl.)

Paul Bailleu: Karl August, Goethe und der Fürstenbund. (Hist. Ztschr. Bd. 73. S. 14—32.)

Ernst Heilborn: Geheimrath Goethe. (Die Gegenwart, Nr. 3. S. 41—43.)

E. G[uglia]: Zur Charakteristik Goethes als Politiker. (Grenzboten 5. S. 266—269.)

Goethes religiöse Entwickelung. Ein Beitrag zu seiner inneren Lebensgeschichte von Eugen Filtsch. Gotha, Perthes. VII, 336 SS. M. 5.—

Otto Pfleiderer: Geschichte der Religionsphilosophie von Spinoza bis auf die Gegenwart. 3. Aufl. Berlin, Georg Reimer. XVI, 712 SS. M. 10.50

Christoph Schrempf: Goethe über allzustrenge Religionsmoral. (Die Wahrheit. 2. Band. (Stuttgart.) Nr. 4, S. 107—111.)

J. Herzfelder: Goethe als Socialpolitiker. (Bericht über einen Vortrag.) (Münchner N. Nachr. 13. Mai.)

W. Dilthey: Aus der Zeit der Spinozastudien Goethes. (Arch. f. Gesch. d. Philos. Bd. 7. H. 3.)

F. NOTIZEN VON ZEITGENOSSEN ÜBER GOETHE.

Wendelin Förster: Freundesbriefe v. Friedr. Diez. Zur Feier des 100jährigen Geburtstages des Begründers der romanischen Philologie Friedr. Diez hsg. Bonn, C. Georgi. 4°. 35 SS. (Betr. auch Goethe). M. 2.—

Albert Leitzmann: Ein Bericht von Therese Heyne über Weimar und Jena im J. 1783. (Euphorion. S. 72—78.)

Lavaters Briefe an die russische Grossfürstin u. Kaiserin Maria Feodorowna. Von F. Waldmann. (Schweiz. Rundsch. IV. Jahrg. Nr. 7. S. 62—80.)

Ein Brief der Sophie Laroche an den Kriegsrath Merk. Mitgetheilt v. Gust. A. Müller. (Frkf. Ztg. Nr. 198, 1. Morgenbl.)

Lenz in Briefen. Von F. Waldmann. Zürich, Verl. vom Literarisch. Bulletin d. Schweiz. VIII, 114 SS. M. 7.—

Wiener Communalkalender und städtisches Jahrbuch. 32. Jahrg. (Karoline Pichler 1806 bis 8. Hgg. v. K. Glossy.)

Schillers Sohn Ernst. Eine Briefsamml. mit Einl. v. Dr. Karl Schmidt, Oberlandgerichtsrath zu Colmar i. E. Mit Bildnissen und zwei Handschriften von Schiller u. Goethe. Paderborn, Schöningh. VIII, 531 SS. M. 6.—

III. VERSCHIEDENES.

A. BILDER UND STATUEN; GEDENKPLÄTZE.

C. Ruland: Aus dem Goethe-National-Museum. (Weim. Ztg. 4. Jan., 10. Juli.)

Hans Ellissen: Die englische Goethe-Gesellschaft. (Internat. Literaturber. Leipz. Nr. 33, 34.)

Hermann Junker: Das von Seekatz 1762 gemalte Goethe-Familienbildniss. (Ber. d. Fr. D. H. N. F. XI (1895). S. 42—56. Mit einer Kunstbeilage.)

F. Junker: Das wiederaufgefundene Goethe-Familienbildniss v. J. C. Seekatz. (Ueber Land und Meer. 73. Band. 37. Jahrgang, Nr. 12.)

J. W. v. Goethe. Lebensgrosses Brustbild. Nach d. Gemälde v. C. Jäger in Photogravüre. 54 u. 39 cm. München, Verlags-Anst. f. Kunst u. Wiss. M. 15.—

E. Lehmann: Goethes Bildnisse u. die Zarnckesche Sammlung. 1. (Zeitschr. f. bildende Kunst. N. F. V, 11.)

Gallerie moderner Meister. Phot. nach den Orig.-Gemälden. München, Photogr. Union. Nr. 3049. Frank Kirchbach: Goethe in Frankfurt (am Gartentisch). Cab.-Form. M. 1.—. Imperialf. M. 12.—

Veit Valentin: Eine neue Goethe-Büste. (Illustr. Zeitung. 103. Bd. Nr. 2687.)

. Vom Wiener Goethe-Denkmal. (N. Fr. Pr. 12. Juni. Morgenblatt.)

Albert Ilg: Die Concurrenz um d. Wiener Goethe-Denkmal. (Frkf. Ztg. 30. Mai. 1. Morgenbl.)

Das Goethe-Denkmal in Wien, nach Helmers Entwurf. Mit Abbild. (Frankf. Kleine Presse Nr. 152.)

8 Stiche zu »Werther« von Bartolozzi, ursprünglich 1792 in London in einer Sammlung englischer Stiche erschienen, wurden in d. »Salzburger Fremdenzeitung« Nr. 19 reproducirt.

Walther Schwarz: Ein interessantes Portrait. (Westermanns Monatshefte 452. S. 249—51.) (Charl. v. Stein.)

Das Goethe-Willemer-Häuschen bei Frankfurt a. M. (Gartenlaube. Nr. 18.)

B. DICHTUNGEN ÜBER GOETHE, COMPOSITIONEN, PARODIEEN, NACHDICHTUNGEN GOETHISCHER WERKE.

Gustav Adolf Müller: Die Nachtigall von Sesenheim. Goethes Frühlingstraum. Ein heiter-ernster Sang vom Rhein. Leipzig, W. Fiedler. 173 SS. mit Ornamenten und 9 Lichtdrucken; geb. M. 4.50

Gustav Adolf Müller: Des Fahrenden Burschen Lieder. 2. vermehrte Aufl. [S. 42—55: »Lieder Goethes u. Friederikens«. (Aus meinem Epos: »Die Nachtigall v. Sesenheim«.)] Buhl, J. Zenker. 53 SS. M. 1.60

Karl Hessel: Ein vergessener Dichter [muss heissen: Komponist] unvergessener Lieder. (Köln. Zeitung. 755, Erste Beil. J. W. Lyra: »Es war einmal ein König«. 1843.)

F. V. Wild-Dery: Wanderers Nachtlied f. 1 Singstimme m. Pfte. Leipzig, Wild. M. —.80

Eug. Jamber: Op. 30. Fünf Lieder f. eine Singstimme m. Pianobegleit. M. 3.—. Nr. 2: Nachtgesang »O gib vom weichen Pfuhle«. Von Goethe.

F. Klose: Elfenreigen aus d. lyrischen Vorspiel zu Faust II für Orchester. Orchester-Part. Berlin, E. Luckhardt. M. 5.40

Fr. v. Rose: Op. 2, Nr. 2. Wanderers Nachtlied. Pfte.u.St. Leipzig, Otto Forberg. M. 1.20

G. Piefke: Margarethen-Marsch über Motive a. d. Oper: Margarethe v. Ch. Gounod f. Pfte. Berlin, Bote & Bock. M. —.50

Ch. Gounod: Neue Ballettmusik zu Faust f. Pfte. zu 4 Händen. M. 2.— oder zu 2 Händen. M. 1.50. Berlin, Bote u. Bock.

E. Blau, P. Milliet et G. Hartmann: Werther, drame lyrique en 4 actes et 5 tableaux (d'après Goethe). Musique de J. Massenet. Paris, Heugel et Co. 52p. Fr. 1.—

Im Nachlass Meyerbeers hat sich eine vollständige Oper vorgefunden, die bis auf die Instrumentirung vollendet ist und die Jugend Goethes behandelt. (Frankf. Ztg. 4. Mai. Abendbl.)

Carl Maxstadts heitere Vorträge mit Musikbegleitung. Nr. 9. Faust (in bair. Mundart.) Leipzig, Dietrich. M. 1.—

Sturm: Erlkönig. Polka für 2 Zithern. Berlin, Sturm. M. —.90

G. Burwig: Nausikaa. Humor. Lied f. eine Singstimme u. Pianof. Leipzig, Junne. M. —.60

Richard Thiele: Op. 201. Faust u. Gretchen. Komisches Duett für Sopran und Bariton. Leipzig, R. Forberg. M. 3.—

D. S. Graham: The new Werther, or the wealman's wrath. London, Allenson. M. 5.

Register zu Band XVI.

I. Personen-Register.

Die hinter den cursiv gedruckten Namen stehenden Zahlen geben die Seiten an, auf denen Abhandlungen oder Mittheilungen des Betreffenden gedruckt sind. Die Namen der auf Seite 240 in alphabetischer Reihenfolge aufgeführten italienischen Uebersetzer von Werken Goethes werden hier nicht nochmals genannt. Der Festvortrag ist im Register nicht berücksichtigt.

Agricola, Joh. 189.
Altenstein, Minister 77.
Alvarez, Maler 50.
Anakreon 234.
Aparizio, Maler 50 fg.
Aristoteles 189.
Armbruster 276.
Arndt, E. M. 183.
Arndt, Wilhelm 267.
Arndt, Wilhelm 260 fg. 267. Nekrolog auf 257 fg.
Arnim, Bettina s. Brentano, Bettina.
Athanasius 10 fg.
d'Aubry 286.
Augereau, Marschall 19.
Augustinus 10 fg.
Auster, J. 285.

Baader, Fr. 74.
Bahrdt, K. Fr. 199.
Bailleu, P. 183. 290.
Bartolozzi 291.
Basedow 93. 186. Neues über Goethes Beziehungen zu den Propheten Lavater und — 198 ff.
Batsch 272. 274.
Battezzati 239.
Bauer, Friedrich 282 fg.
Baumann, Julius 278.
Baumgarten, Friedr. 283.
Bauer, Fr. Chr. 246.
Bayern, König Ludwig I. v. 50. 52.
Beaumarchais 277.

Becker, Herm. 290.
Beethoven, L. 287.
Beguelin, Amalie von 184.
Beguelin, von 184.
Bekker, Balthasar 162 ff.
Bellermann, Ludwig 252 ff.
Benecke, H. 73.
Berger, J. E. von 61. 77.
Berger, Karl 289.
Bergmann 197.
Bernays, Michael 23. 33 fg.
Bertuch 19. 265.
Biedermann, Karl 279.
Biedermann, W. von 184. 278. 282.
Bielschowsky 200. 283.
Bismarck 6.
Bitaubé 285.
Blau, E. 292.
Blose 270.
Blume, L. 198.
Blumenbach 26.
Blumner, Prof. 186.
Boas, Ed. 200.
Bock, Alfred 287. fg. 290.
Boeckh 253.
Böhm, Konrad 282.
Böhme, Franz M. 282.
Bojanowski, P. von 288.
Boisserée, S. 14. 79.
Bolte, Johannes 279.
Bonaparte, s. Napoleon.
Borhek, August Christian 165 fg.
Borinski, K. 275.
Börne, L. 101.

Bossert, A. 286.
Bötticher, G. 277.
Böttiger, C. A. 204. Goethebriefe in Sachen —'s 80—83.
Bouillaud 192.
Boyen 185.
Bránconi, Eine Reliquie der Frau v. 215 ff. Ihr Sohn 216.
Brandes, G. 275.
Brandl, Alois 289.
Brauns, Jul. 281.
Braunschweig, Karl Wilhelm Ferdinand, Herzog von 215.
Breitkopf & Härtel 241.
Brentano, Bettina 220.
Breul, K. 275.
Breymann, H. 288.
Brida, Giano 231.
Brion, Friederike 214. 286 fg. 289. 292.
Brion, Maria Salome (Olivie), Frau von G. Marx 214 fg. 286.
Browne, Thomas 193 fg.
Bruinier, Joh. W. 279.
Buchheim 284.
Buchner, W. 277.
Buff, Charlotte 288.
Bulwer, Edward 284.
Burckhardt, C. A. H. 13.
Burdach, Konrad 276.
Bürger 287.
Burghauser 277.
Burwig, G. 292.
Bury 46.
Büttner 272.
Byron 239.

Calderon 279.
Campe 198.
Campetti 74.
Camuccini 49.
Canova 49 fg.
Carducci, Giosuè 220 fg.
Carel, Georg 42.
Carganico 79.
Carlebach 276.
Carstens 49
Catalani, Frau 288.
Cecchi, E. 235.
Chaudin 48.
Cicero 122.
Clarac, E. 280.
Cocus, Matthaeus 193 fg.
Cogswell 259.
Conwentz, Anna 287.
Corneille 43.

Cotta 5. 272. Brief an 16—19. Erläuterungen dazu 19 fg.
Cottasche Buchhandlung 262 fg.
Cousin, Prof. 68 fg. 78.
Cramer, C. F. 14 fg. 38 ff.
Creizenach, W. 260.
Creuzer, G. F. 62. 76.
Curtius 258.

Dachröden, Caroline von s. Humboldt, Caroline von
David 49. 51.
Dechent, H. 288.
Delaforest, Guy 286.
Dembowski, Joh. 288.
Denon 19.
Dessau, Herzog Leopold Fr. Franz von Anhalt 198 fg.
Dessau, Fürstin von Anhalt, Gemahlin d. vor. 199. 218.
Deutschland, Kaiser Karl VII. von 287.
Devrient, Eduard 241 ff.
Devrient, Hans 244.
Devrient, Otto, Nekrolog auf 241 ff.
Dienemann, Anna, Frau v. Heinrich Gothus 196.
Dies, Maler 51.
Dietz, A. 287.
Diez, Friedr. 288. 290 fg.
Diezel 73.
Dilthey, W. 290.
Dingelstedt 242.
Diogenes, Laertius 163.
Distel, Theodor 218 fg.
Distel, Th. 284.
Dominikus, J. 290.
Dufour-Feronce 45. 47. Brief von Goethe an 44 fg.
Dufour-Feronce, Frau d. vor. 45. 47.
Düntzer, Heinrich 149 fg. 161. 165. 176. 191. 198 ff. 210 fg. 214. 246. 264 fg. 275. 280 fg. 283. 287. 289 fg.
Dürckheim, Ferdinand Eckbrecht Graf 200.

Eckart 214.
Eckermann 22. 56. 73. 158. 161. 164. 210 ff. 239. 274.
Ehlen, Ottilie 287.
Elster, Ernst 265 ff.
Elster, E. 260. 279. 281.
Engel, Frau Pastor 219.
Engel, K. 246.
Engelsches Volksschauspiel 279.

Eichendorff 284. 288.
Eichstadt 14. 73. 83.
Ellissen, Hans 291.
Epicharmos 29.
Erhardt, L. 288.
Erk, Ludwig 282.
Ersch 73.
Eschwege von 270.

Fabricius 197.
Falck, Paul Th. 283. 286.
Falk 17. 19 fg. 184.
Farinelli, A. 287.
Fasola, C. 220—240.
Ferriol 170.
Feurer, M. 287.
Fichte 210. 212 fg.
Fielitz, W. 260. 263 fg.
Filtsch, Eugen 290.
Finsler, Dr. 96. 218.
Fischer, K. 280.
Fischer, Kuno 150. 209. 212. 253.
Flemming 55.
Flin 182.
Förster, Wendelin 290.
Foscolo, Ugo 274.
Fouqué 288.
Francke, Kuno 279.
Francke, Otto 80—83.
Francke, Otto 198.
Francisci, Erasmus 167 ff.
Fränkel, Ludwig 189 fg. 197 ff. 219 fg. 245 ff. 251 ff.
Fränkel, L. 288. 290.
Franz, R. 281.
Franzos, K. E. 274.
Fresenius, A. 261 ff.
Fresenius, A. 156. 260 fg. 268.
Freytag, G. 243.
Frick, O. 277.
Fridrich, Maler 204.
Friederike, s. Brion.
Funck, Heinrich 83—96. 215 ff.
Funck, H. 200. 288.
Funke, A. 282.
Fürst, Rud. 280.

Gaedertz, K. Th. 275. 289.
Gassner 90 fg.
Gassner, J. 283.
Gaudig, H. 277.
Gaupp 87.
Gehler 74.
Geiger, Ludwig 274—292.
Geiger, L. 80. 219. 274. 285. 289.

Geist 13. 22 fg. 28.
Genast, E. 288.
Genthe, Arnold 56—79.
Gentz, Fr. 14.
Gessler, Friedrich 214.
Gessner 199.
Gilbert, Walther 278.
Glintz, Barbara, Frau von Matthäus Gothus 195.
Glossy, K. 291.
Glover, Friedrich s. Kôchy, Ch. H.G.
Glümer, Claire von 285.
Gmelin, Chemiker 171.
Gmelin, Kupferstecher 51.
Gneisenau 185.
Göchhausen, Luise von 151. 178. 267. 277.
Goedeke 237. 275.
Goldhan, A. H. 284.
Gönte (Götte) Christian und dessen Frau Ursula 195.
Göschel 125.
Goethe, Alma von 264.
Goethe, Andreas 194. 196.
Goethe, Angel Maria 196.
Goethe, August von 15. 46 fg. 163. 205.
Goethe, Christiane 19. 272.
Gothe, Dorothea Christina 196.
Gothe, Emanuel und seine Frau Anna Magdalena 196.
Goethe, Hans 193. 196.
Goethe, Hans Christian 197.
Gothe, Hans Andreas 196.
Goethe, Katharina Elisabeth (Frau Rath) 34. 163. 169 fg. 274. 387.
Gothe, Johann Christoph 196.
Goethe, Johann Kaspar 88. 287.
Goethe, Johann Heinrich 196.
Gothe, Johann Mathäus 196.
Goethe, schwed. Maler 50.
Gothes, Sibille 196.
Gothus, Angelina 196.
Gothus, Anna Maria 195.
Gothus, Christian 195.
Gothus, Elisabeth 196.
Gothus, Heinrich 195.
Gothus, Heinrich, Neffe d. vor. 196.
Gothus, Joh. Georg 195.
Gothus, Maria 196.
Gothus, Martin 196.
Gothus, Mathaeus sen. (Gothinus) 193 ff.
Gothus, Matthäus jun. 195.
Gothus, Michael 195.
Gothus, Nicolaus, Sohn d. vor. 196.

Gothus, Nicolaus 196.
Gothus, Sibilla 196.
Gothus, Valentinus 195.
Gotter 288.
Göttling 263.
Götze, B. 194.
Götze, E. 289.
Götze, Lorentz 194.
Gotze, Michael 194.
Götze, Paul 34.
Götze, Philippus 194.
Gounod, Ch. 292.
Graham, D. S. 292.
Granet 48 fg.
Granichstetten, E. 278.
Grillparzer 288.
Griessbach, Geh. Kirchenrath 57.
Griessbach, Frau d. vor. 57.
Grisebach, Eduard 209 ff. 276.
Grimm, Hermann 275. 286.
Grimm, Melchior 182.
Grimmsches Wörterbuch 252.
Grünler, Ehregott 219.
Grotthus, Jeannot E. von 288.
Guglia 276. 289 fg.
Günther 288.
Günther, Otto 198, 286.
Günther, S. 290.
Gutbier 287.

Haarhaus, Julius R. 287.
Hackert, Ph. 44. 46. 49.
Hafenreffer, Pfarrer 215.
Hager, Hermann, Nekrolog auf 258 fg.
Hahn, C. P. R. 198 fg.
Haehnel, Karl 278.
Hamann 200, 218.
Hango, H. 280.
Hansen, P. 285.
Happelius 170.
Harassowitz 276.
Hardenberg 184.
Harnack, Otto 43—52.
Harnack, O. 33. 182. 279. 285.
Hartleben, Otto Erich 281.
Hartmann, G. 292.
Häs, Bürgermeister 215.
Hasenkamp, Rector 89 fg.
Hasse, Max 280.
Haussen, A. 285.
Hegel, G. W. 118. 250. Acht Briefe an Goethe von 56—72. Erläuterungen dazu 72—79.
Hegel, Frau d. vor. 78 fg.
Hegel, K. von 73. 76.

Hegner, Ulrich 215 fg.
Hehn, Victor aus seinen Vorlesungen über Faust 107—126.
Hehn, V. 150. 169. 174 fg. 288.
Heidt, C. 280.
Heidenheimer, H. 288.
Heilborn, Ernst 290.
Heine, H. 236. 288.
Heinemann, K. 274. 276.
Heinzel, R. 260. 263 fg.
Heitmüller, Ferdinand 261. 270 fg.
Hellen, E. von der 272 fg.
Hellen, E. von der 261. 264. 273.
Helmer 291.
Helmholtz 190.
Helvetius 210.
Hengstenberg 101.
Henkel, H. 277. 282.
Henning, L. von 63. 65 ff. 72. 77. 79. 258.
Henschel, A. W. 55.
Hepach, Margarete, Frau von Nicolaus Gothus 196.
Herbart 247.
Herder 18. 26 fg. 42. 80. 82 fg. 93 ff. 164. 191. 201. 205. 264. 288.
Herzfelder, J. 188 fg.
Herzfelder, J. 290.
Hessel, Karl 292.
Heuer, O. 279.
Heuwes, J. 280.
Heyne, Therese 291.
Heyse, Paul 277.
Hildebrand, Rudolf 35. 202. 276. 277. 281. 282. fg. 287. Nekrolog auf 251 fg.
Hirt, A. 46. 274.
Hirzel, Ludwig 216.
Hirzel, S. 93. 261.
Hoeber, Eduard 284.
Hoferer, Max 280.
Hoffmann, Anna Dorothea, später verehelichte Görlitz 196.
Hoffmann, Anna Margarethe, Frau von Nicolaus Gothus 196.
Hoffmann, F. G. Hugo 278.
Hölderlin, Fr. 24. 247.
Homer 76. 253. 259. 288.
Höpfner, Prof. 288.
Horn, M. 282.
Horvath, Ford 285.
Hosäus, W. 198.
Hotze 218.
Huber 18.
Hufeland, G., Justizrath 57. 73.
Humboldt, Alexander von 54 fg.

PERSONEN-REGISTER.

Humboldt, Caroline von, Brief von Goethe an 45 fg. 46 fg. Erläuterungen dazu 43 fg. Brief an Goethe von — bruchstückweise, mit Erläuterungen 47—52.
Humboldt, Theodor von 44. 46 fg.
Humboldt, Wilhelm von 43 ff. 52. 159 fg.

Jacobi, Friedrich Heinrich 288.
Jacoby, D. 260. 263.
Jagemann 51.
Jäger, C. 291.
Jahn 288.
Jamber, Eug. 292.
Jan, Fritz von 281.
Jastrowitz, M. 192 fg.
Jean Paul (Richter) 204. 288.
Jentsch, Karl 290.
Iffland 28. 42. 184 fg. 260.
Ilg, Albert 291.
Immermann 284.
Immisch, Otto 282.
Joachim, Prinz s. Murat.
John, Alois 275. 285. 287.
John, Schreiber 7. 56.
Jonas, Fritz 33 fg. 189.
Joseph, Eugen 260.
Isolani, Eugen 288.
Jung-Stilling, J. H. 217.
Junker, Hermann 291.
Justus 280.

Kalb, Charlotte von 210.
Kalischer, S. 191. 260.
Kant, I. 211. 283.
Kareis, Joh. 290.
Karpeles, G. 287.
Katzenstein, Louis 290.
Kauffmann, Angelika 43 fg. 46.
Kaufmann, Christoph 198.
Kaulfuss und Armbruster 262.
Kayser 38. 265.
Keindl, O. 274.
Kellner, H. C. 185. 275. 282 fg.
Kemenczy, Forditotta 285.
Kern, Franz, Nekrolog auf 252 ff.
Kestner 288.
Kiesewetter, Carl 279.
Kilian, Eugen 245. 277.
Kirchbach, Frank 291.
Kirchbach, Wolfg. 282.
Klahre, Rudolf 282.
Klee, Gotthold 200.
Klein, Emil 283.
Kleinschmidt, Arthur 288.

Klettenberg, Susanna Katharina v. 103. 288. — Zehn Briefe an J. K. Lavater 83—93. Erläuterungen dazu 93—96.
Klopstock, 38 fg. 42. 114. 183. 200 fg.
Klose, F. 292.
Kluge, Friedrich 279.
Knauth, Paul 276.
Knebel, 73 ff. 176. 191. 270.
Kniepf, Albert 278.
Knortz, Karl 285.
Koberstein, August 277.
Koch, Max 182. 273. 276. 288.
Köchy, Ch. H. G. von 206 ff.
Kögel, Rudolf 152 ff. 176. 287.
Konstanz, Bischof von 91.
Körner, Ch. G. 27. 34. 161.
Körner, Th. 202.
Körte, Wilhelm 189.
Köstlin, Karl Reinhold von, Nekrolog auf 245 ff.
Köstlin, K. W. Gottlieb 245.
Kothe, Johann 193.
Kothe, Kersten 193.
Kothe, Sebastian u. seine Frau 194.
Kotzebue 182.
Krallinger, J. B. 283.
Kraus 264.
Kräuter 40. 56. 271.
Kreyssig, Fr. 253.
Krieg 283.
Kronfelder, M. 290.
Krummacher, Prediger 104.
Kügelgen 219.
Kühnemann, E. 288.
Kurland, Herzogin von 204.
Küttner, K. G. 199.
Kutschenreiter, Ernst 280.

Lachmann 253.
Lahmann, Joh. Friedrich 281.
Lahnor, H. 278.
Landi 49.
Landwehr, Hugo 277.
Lange 258.
Lannes, Marschall 19.
Laroche, Sophie von 220. 291.
Lassen 243.
Laube, H. 242.
Lavater, J. K. 190 215 ff. 288 fg. 291. — Zehn Briefe von Susanna Katharina von Klettenberg an — 83—93. — Erläuterungen dazu 93—96. — Neues über Goethes Beziehungen zu den »Propheten« Basedow und — 198.

Lavater, Frau d. vor. 88. 95. 216.
— Sohn und Vater 95.
Lecher, Z. K. 288.
Lehmann, E. 291.
Leitzmann, Albert 273. 291.
Lenz, J. M. R. 71. 283. 289. 291.
Leonardo da Vinci 32.
Leonhard, Geologe 11. 269.
Lessing, G. E. 103. 113. 277. 290.
Levetzow, Ulrike von 215. 289.
Levy, B. 282.
Lewes, Louis 276.
Lichtenberger, H. 281.
Lichtenheld, Ad. 284.
Liepmannssohn, Leo 277.
Linden, A. v. der 274.
Lionardo s. Leonardo.
Lippmann, G. O. von 189. 278.
List und Francke 276.
Litzmann 245.
Loeper, G. von 149 fg. 154. 156. 171. 173. 190. 243. 262. 264. — Eine Selbstbiographie —'s 219 fg.
Lordat, 192.
Lorentz, Joh. Michael 181.
Lorentz, P. 278.
Lorenz, Ottokar 183 ff.
Loeschen, Hans 281.
Luther, Martin 3. 5 ff. 10 fg. 103. 189. 242 fg.
Lutti, Vincenzo 235.
Lyon, Otto 252. 278.
Lyra, J. W. 292.

Madrazzo, Maler 50 fg.
Magnabal, J. G. 279.
Mähly, Jakob 282.
Malpighi 193.
Manzoni 239.
Marezoll, Consistorialrath 57. 73.
Marlowe 259.
Marold 283.
Martin, Ernst 276.
Martius, Botaniker 55.
Marx, G. 214.
Massenet, J. 292.
Matthäi, Carl 216 ff.
Matthisson 31.
Maxstadt, Carl 292.
Meigerus 173.
Meissner, A. G. 280.
Meissner, K. B. und dessen Frau Antonie geb. Schmidt 219.
Meister, Prediger 89.
Mendelssohn, Felix 55.
Menzel 101.

Merk 291.
Metz, A. 286.
Meyer, E. 283.
Meyer, Gustav 275.
Meyer, Heinrich 10. 12. 43. 106.
Meyer, Richard M. 190 ff.
Meyer, R. M. 286. 290.
Meyerbeer 292.
Milde, Natalie von 276.
Milletich, Stephan von 277.
Milliet, P. 292.
Minor, J. 31. 33. 200. 262. 277. 279. 282 fg. 289.
Montaldi, A. 238.
Montanus, C. 288.
Mori 286.
Moritz, K. Ph. 259.
Morley, H. 285.
Morsch, H. 182 ff.
Mosengeil 274.
Mottl, Felix 185.
Müller, Gustav A. 214 fg.
Müller, G. A. 200. 274. 276. 286 fg. 289. 291 fg.
Müller, Jos. 288.
Müller, Karl 289.
Müllner 101.
Münch, Ernst 203. 205.
Muncker, Franz 279.
Murat (Prinz Joachim) 19.

Napoleon I. 16. 42. 51. 183 fg. 202. 206. 287.
Neander, Michael 194.
Neri, San Filippo 239.
Nelten, Ludwig 277.
Neumann, Joh. Georg 173.
Ney, Marschall 19.
Newton 67. 76.
Niejahr, Joh. 279.
Niethammer 74 fg.
Nöldeke, W. 284.
Nostradamus (Notre Dame) 117 fg.
Nover, J. 279.

Oken 52.
Oeser, H. 277.
Ossian 38.
Oesterreich, Leopold I., Kaiser von 170.
Oesterreich, Maria Ludovica, Kaiserin von 264. 289.

Paar, Johann Graf 201 ff. 206.
Pallmann, Reinhold 280.
Paracelsus 171 ff.
Paulus, Dr. 57 73.

Payer, Rudolf von 282.
Petrovics, P. von 193 ff.
Pfaff, Chr. H. 63. 67. 76 fg.
Pfeffel 217.
Pfenninger 87. 93. 217.
Pfitzer 161 ff. 167 fg. 173. 177.
Pfleiderer 290.
Pflüger, F. H. 276.
Pichler, Karoline 291.
Pick, A. 274.
Piefke, G. 292.
Pitré, Giuseppe 285.
Platen 221.
Plessing 29.
Plutarch 162.
Pniower, Otto 149—178.
Pniower, O. 182.
Pöltzl, J. 280.
Porchat, J. 285.
Portig, Gust. 289.
Pradez, Georges 285.
Praetorius, Johannes 164.
du Prel, Karl 279.
Prem, S. M. 283. 286.
Preussen, Friedrich II., König von 40. 43.
— Friedrich Wilhelm III., König von 184 fg.
— Prinz Heinrich von 38. 43.
— Prinz Louis Ferdinand von 16.
— Königin Louise von 50. 187 fg.
Primer, Paul 281.
Prodnigg, Heinrich 284.
Prokesch - Osten, Anton Graf. Goethe und 201 ff., seine Eltern 202.
Prokesch-Osten, A. Graf von, Sohn d. vor. 203.
Purkinj, J. E. 71. 78.
Pustkuchen 101.
Pyrker 274.
Pythagoras 115. 160. 163.

Rabany 182.
Racine 165. Goethes ungedruckte Uebersetzung der Chöre von —'s Athalie 35—37. Erläuterungen dazu 37—43.
Ramberg, A. v. 283.
Ramann 274.
Rauch 50.
Raumer, Geologe 269.
Raumer, Historiker 199.
Recke, Elisa von der 204.
Redlich, Carl 39. 260.
Reichardt, J. Fr., 15. 37 fg. 43.

Reichel, Factor 263.
Reichsstadt, Herzog von 203.
Reinhard, K. F. 72 fg. 76.
Reinhart, Maler 48.
Reinwardt, C. G. C. 55.
Remigius 168.
Rhoden 49.
Richter, s. Jean Paul.
Riemer 19. 51. 56. 266.
Riepenhausen, die 48 fg.
Riese, Julius 284.
Ringseis, Emilie 281.
Rispach, Ulrich 193.
Ritschl 258.
Ritter 83.
Ritter, J. W. 74.
Rochlitz, Friedrich 219.
Roediger, M. 264 fg.
Roediger, M. 260. 264 fg.
Rodleinmann, J. 286.
Rohde s. Rhoden.
Rose, Fr. von 292.
Rosenkranz, Karl 77.
Roethe, G. 260. 264.
Rötteken, Hubert 284.
Rousseau, J. J. 165. 198 fg.
Rückert, Fr. 254.
Ruland, C. 291.
Rungenhagen 55.
Russland, Maria Feodorowna, Kaiserin von 291.

Sabatier, François 285.
Sachs, Hans 283. 289.
Salieri 39.
Salzmann, Actuar 289.
Sanchez y Moguel 279.
Sanfelice, Ettore 220.
Sänger, S. 286.
San Giusto Luigi 285.
Sauer, A. 260. 288.
Sauer, W. 289.
Saunders, B. 285.
Schack, A. F. von 289.
Schadow, G. 6. 274. 289.
Scharnhorst 185.
Scheffler 254.
Schelling 74 fg.
Schelver, Prof. 58. 74 fg.
Scherer, Carl 216. 218.
Scherer, Wilhelm 150 fg. 220. 243. 217. 257.
Scheube 197.
Schick 48 fg.
Schiemann, Theodor 107—126.
Schiemann, Th. 288.

Schiller, Charlotte von 46. 51. 205.
Schiller, Ernst von 291.
Schiller, Fr. von 13 ff. 18. 22 ff. 26. 28. 46 fg. 56. 69. 78. 101. 103. 106. 114. 118. 127. 155. 161. 167. 174. 178. 185. 205. 233. 235. 248. 251. 254. 263. 274. 276 fg. 281. 283 fg. 289. 291. — Concept eines Briefes an — (?) 28. — Brief an — 30—33. — Erläuterungen dazu 33—35.
Schiller, Kinder d. vor. 205.
Schiller, Herm. 284.
Schinkel 6.
Schlegel, A. W. von 201 ff.
Schlossar, Anton 201 ff
Schlösser 51.
Schlösser, R. 288.
Schlözer, Karl von 289.
Schmidt, A. 274.
Schmidt, Erich 241 ff. 263 fg.
Schmidt, Erich 151. 153 fg. 161. 163. 165 fg. 200. 220. 260. 277. 284.
Schmidt, Karl 291.
Schmidt von Friedberg 23 fg.
Schmitt, L. 280 fg. 284.
Schneider, G. 276.
Schneller, Julius 202 fg. 205 fg. 209.
Schoch, J. G. 197.
Schöll 172.
Schönemann, Lili 200.
Schopenhauer, Adele 210.
Schopenhauer, Arthur, Goethe und 209 ff.
Schopenhauer, Johanna 209.
Schrader, H. 278.
Schrader, Wilhelm 288.
Schrempff, Christoph 290.
Schröder, E. 260. 263.
Schröer, K. J. 150. 275. 289.
Schubarth, K. E. 69 fg. 77 ff.
Schulthess, Barbara (Babe) 87. 90. 93.
Schulthess, Fr. 284.
Schultz, Staatsrath 5 fg. 65. 67. 72. 77. 161.
Schulze, Siegmar 286.
Schulz, Friedrich 199.
Schulz, J. A. P. 38 fg. 43.
Schulz, O. A. 277.
Schumann, Friedr. Wilh. 13.
Schütz, Hofrath Chr. G. 56 fg. 73.
Schwarz, Walther 292.
Schwarzenberg, Carl Fürst 201 ff. 205 fg.

Schwegler 246.
Sebastiano, del Piombo 51.
Seebeck 75.
Seekatz 291.
Seeley, J. P. 286.
Segré, Car. 275.
Seuffert, B. 262. 268.
Seybold, J. G. 189.
Shakespeare 42. 110. 248. 277. 289.
Shelley 220.
Siegfried, H. 276.
Sieroka, Otto 281.
Sieveking, Heinrich 209 ff.
Skarbina, F. 285.
Smith, W. 259.
Spies 279.
Spinoza 290.
Sprenger, A. 283.
Sprenger, R. 279. 283 fg.
Stegmayer 274.
Stein, Charlotte von 164. 191. 274. 292.
Stein, Freiherr von 185.
Steig, Reinhold 186 ff.
Steiner, Rudolf 52 - 56. 268 ff.
Steiner, R. 213. 260. 273.
Steinhausen, G. 156.
Stephens, T. A. 258 fg.
Stern, Ad. 200.
Stern, Bernhard 289.
Sternberg, Kaspar 52. 54.
Stöber, A. 218.
Stoffel, J. 283.
Stolberg, Albrecht Ilgen, Prinz zu 193.
Stolberg, Auguste zu 104. 149 ff. 257.
Stolberg, Botho Ludwig Georg und Christophorus Grafen zu 191.
Stolberg, Friedrich Leopold, Graf zu 104. 258.
Strack, Adolf 262.
Strauss, D. F. 282.
Strehlke, Fr. 285.
Stümcke, Heinrich 282.
Sturm 292.
Sturmfeder 280.
Suphan, Bernhard 3—43. 260 fg. 267 fg. 270. 273.
Suphan, Bernhard 44. 169. 189. 200. 260 fg. 263. 281. 289.
Swanwick, A. 285.
Swieten, van 193.
Symonds, J. A. 190.
Szamatolski, S. 173.

PERSONEN-REGISTER. 301

Teichmann 208.
Textor, Joh. Wolfgang 287.
Thales 162.
Thibaut 57. 73.
Thiele, Richard 292.
Theophrast 118.
Thorwaldsen 49 fg.
Thouvenel 59.
Thudichum, Georg 99—106, vgl. Vorrede.
Tieck, Ludwig 71. 204. 284, über Goethe 201.
Tieck, Sophie 200.
Tiedge 204.
Tielke 284.
Tille, Alexander 181.
Tischbein, Malerfamilie 290.
Töbler, G. C. 285.
Töpfer, K. Fr. G. 290.
Toews, P. 281.
Traumann, Ernst 289.
Traub, H. Th. 286.
Trebra, von, Berghauptmann 7. Stelle aus einem Briefe an 7.
Trendelenburg 253.
Trousseau 192.
Türckheim, Elisabeth, s. Schönemann, Lili.
Tylesius 156.

Uhland, L. 247. 290.
Unbescheid, Herm. 277.

Valentin, Veit 127—148. 213.
Valentin, V. 281. 291.
Varnhagen von Ense 78.
Vatke, W. 73.
Veltheim, Junker von 195.
Vende, N. E. 276.
Verstappen 48 fg.
Vilmar 126.
Vischer, Fr. 243. 246. 250.
Vockeradt, H. 280.
Vogel 266 fg.
Vogel, O. 282.
Vogel, Theodor 282.
Vogt, Friedrich 276.
Vogt, Maler s. Voogd.
Voigt, A. 274.
Voigt, Fr. S. 74.
Voigt, C. G. von 60. — Goethebriefe in Sachen Böttigers an — 80—83.
Völcker, K. Th. 276.
Volkelt, Joh. 276.

Voltaire 40. 42. 104.
Voogd 49.
Voss, Heinrich 290.
Voss, J. H. 62. 76. 258.
Vronicken, Maria 195.
Vulpius 17. 19, seine Frau 19.
Vulpius, Christiane s. Goethe, Christiane.

Wackernagel, Wilh. 276.
Wagner, Cosima 185.
Wahle, J. 260 fg. 263. 268. 270 fg. 289.
Waitz, G. 257.
Waldmann, F. 291.
Wallner, E. 281.
Walzel, O. Fr. 279.
Ward, A. W. 259.
Warsberg, Anton, Baron 205.
Waser, Hedwig 215.
Wasserzieher, 287.
Weg, M. 276.
Weilen, A. von 262. 281.
Weimar, Anna Amalia, Herzogin von 16. 39. 43. 287.
— Carl August, Grossherzog von 24. 26 fg. 42. 54. 58. 60. 71. 81 fg. 102. 164. 198. 274. 288. 290.
— Carl Friedrich, Grossherzog von 57. 73.
— Luise, Herzogin von 16. 71. 82. 288.
— Maria Paulowna, Grossherzogin von 57. 74.
— Sophie, Grossherzogin von 44. 260.
Weisse 116. 121. 125.
Weissenfels, Richard 286.
Weltrich, R. 279.
Werder 242.
Werner (Geologe) 11.
Werner, R. M. 260. 263.
Werner, Zacharias 51.
Werthern, Dietrich 197.
Westenberger, Georg 289.
Wichgrav 197.
Widmann 235.
Wieland 19. 165 ff. 205.
Wilbrandt 243.
Wild-Dery 292.
Will 279.
Willemer, Marianne von 290. 292.
Winckelmann, Goethe und — 213.
Winiken, Katharina, Frau von Michael Götze 194.
Winkler, M. 289.

Witkowski, Georg 257 fg.
Witkowski, G. 156. 162. 164 fg. 167. 197 fg. 278 fg.
Wolf, Capellmeister 39.
Wolff, Eugen 286. 289.
Wolff, O. L. B. 82.
Wollank 55.
Wollheim da Fonsecca 241.
Wolthat, Arthur 276.
Wolzogen, Caroline von 45.
Wolzogen, W. von 45. 47 fg.
Wünsche, Otto 290.
Wurzbach 202.
Wychgram, J. 283.

Xenophon 165 fg.

Zacharia, J. Fr. W. 198.
Zarncke, F. 152. 219. 258. 291.
Zeidler, Jakob 279.
Zeitfuchs 193 fg.
Zeissberg 202.
Zelter 5. 8. 11. 52. 55. 176. 186 ff. 263.
Zenker, E. V. 218.
Zenobio, Graf 202.
Ziegler, Th. 132. 279.
Zimmer, H. 189.
Zimmermann, J. G. 93. 215.
Zimmermann, Robert 247.
Zollikofer, G. J. 198.
Zschech, F. 274.
Zumbini, B. 276.
Zunk, Paul 289.

II. Register über Goethes Werke und Leben.

1. Biographische Schriften.

Annalen 72. 77. 173. 201 fg. 270.
Campagne in Frankreich 29. 43. Neue Ausgabe 284.
Charakteristik, eine, problematisch 20—22. Erläuterungen dazu 22 bis 30.
Dichtung und Wahrheit 94. 125. 154. 172. 174. 189. 197. 207. 214. 216. 220. 239. 275. Neue Ausgaben u. Abhandlungen über (Bibl.) 284.
Ephemerides 172.
Italienische Reise 27. 164. 178. 238 fg. Neue Ausgabe und Abhandlung über (Bibl.) 284.
Paulinzelle, den 28. August 1817. Schema zu einem Aufsatze, Weimarer Ausgabe 271.
Reise in die Schweiz 1797, 22.
Reiseschema, zum 24 fg.
Schweiz, Briefe aus der 152. 154.
Tagebücher 7. 22. 24. 46. 74 fg. 162. 171. 185. 187. 260. 269. 285. Weimarer Ausgabe 278 fg.

Italienische Uebersetzungen 238 fg.

2. Briefe an:

Cotta 16—19. Erläuterungen dazu 19 fg.
Dufour-Feronse 44 fg.
Humboldt, Caroline von 45 fg. Erläuterungen dazu 43 fg. 46 fg.
Schiller, Friedrich von 28 (? Concept, Bruchstück) 30—33. Erläuterungen dazu 33—35.
Trebra, Berghauptmann v. (Stelle) 7.
Unbekannten Deutschen Patrioten 12 fg. Erläuterungen dazu 13—15.
Voigt, C. G. v., in Sachen Böttigers 80—83.

Ungedrucktes und neue Ausgaben 274.
Weimarer Ausgabe 260. 272 fg.

3. Briefe an Goethe von:

Hegel, acht Briefe 56—72. Erläuterungen dazu 72—79.
Humboldt, Caroline von, bruchstückweise, mit Erläuterungen 47—52.

4. Dramen:

Berliner Prolog, 1821. Weimarer Ausgabe 260.
Bürgergeneral, der, Weimarer Ausgabe 260.
Clavigo 234 fg. 237. 243. 249. 259. 261. 277.
Claudine von Villa bella 37. 235.
Egmont 103. 190. 235. 243 fg. 253. 261. 277.
Elpenor 42.
Epimenides, des, Erwachen 260. 282. Zur Deutung der Epimenidesfigur 182 ff.

Falke, der 277.
Fastnachtspiel, Weimarer Ausgabe 260.
Faust 47. 106. 220 fg. 230. 235 fg. 241 ff. 246 ff. 253. fg. 257. 259. 277. 292. Theil II, 106. Zueignung 47 fg. 107 fg. 112. Helena 103. Ans Victor Hehns Vorlesungen über — (Zueignung, Vorspiel auf dem Theater, Prolog im Himmel, Nacht) 107—126. Homunculus u. Helena, eine ästhetische Untersuchung 127—148. Die Abfassung der Scene vor dem Thore 149—178. Zwei Zeilen — 181. (So muss der Mensch mit seinen grossen Gaben etc.) Das Blenden der Erscheinung 191 fg. Baccalaureusscene im II. Theil (Schopenhauer) 210 ff. Devrients Bühnenbearbeitung 243 fg. Köstlin über 244 fg. Neue Ausgabe und Abhandlungen (Bibl.) 277 ff. Uebersetzungen 285.
Fischerin, die 280.
Geschwister, die 236. 243. Uebersetzung 285.
Gottfriedens von Berlichingen Geschichte 244.
Götz von Berlichingen 42. 103. 153. 183. 201. 236. 243 fg. 249. 260 fg. Neue Ausgabe und Abhandlungen über (Bibl.) 280.
Grosscophta, der 168 fg. Weimarer Ausgabe 260. 265 fg.
Jahrmarktsfest zu Plundersweilern. Weimarer Ausgabe 260. 264.
Jery und Bätely 258. 268.
Iphigenie auf Tauris 42. 106. 121. 236. 243. 248 fg. 253. 261. Neue Ausgabe und Abhandlungen über (Bibl.) 280 fg. Uebersetzung 285.
Künstlers Erdenwallen. Weimarer Ausgabe 264.
Künstlers Vergötterung 264.
Laune des Verliebten 236. 243. 281.
Maskenzüge 282. Weimarer Ausgabe 260. 263. 264.
Mitschuldigen, die 237.
Nachspiel zu Ifflands Hagestolzen. Weimarer Ausgabe 260.
Natürliche Tochter, die 237. 253. 261.
Operndichtung, über eine ungedruckte (Bibl.) 281.
Paläophron und Neoterpe 260.
Pandora 248.

Plundersweilern, neuestes von. Weimarer Ausgabe 260. 264.
Prolog zu den neuesten Offenbarungen Gottes. Weimarer Ausgabe 260.
Proserpina 253.
Puppenspiel, neueröffnetes moralisch politisches s. Jahrmarktsfest etc.
Satyros 260. 264.
Schillers Todtenfeier 281. Weimarer Ausgabe 260. 263.
Stella 236. 201. 281.
Tasso 38. 43. 121. 237. 243. 249. 253 fg. 261. 266. 281.
Theaterreden 260.
Triumph der Empfindsamkeit. Weimarer Ausgabe 260. 264 fg.
Vögel, die 258. Weimarer Ausgabe 260 fg. 267.
Vorspiel 1807. Weimarer Ausgabe 260.

Abhandlungen 277 ff.
Italienische Uebersetzungen 234 ff.

5. Episches.

Achilleis 154. 248. 253.
Hermann und Dorothea 15. 102. 218. Italienische Uebersetzung 237. Neue Ausgaben 282. Abhandlungen über (Bibl.) 283. Uebersetzung 285.

6. Erzählendes.

Novelle 237. 281.
Paris, der neue 238.
Unterhaltungen deutscher Ausgewanderten 166.
Wahlverwandtschaften, die 41. 46 fg. 174. 206. 238. Uebersetzung 285.
Werthers Leiden 62. 152. 154. 177. 201. 233. 238. 284 fg. 291. Uebersetzungen 285 fg.
Wilhelm Meister 149. 151 ff. 175 fg. 188. 229. 238. 248. 284 fg. Briefe von Susanna Katharina von Klettenberg 83—93. Bekenntnisse einer schönen Seele 94 fg. 103. Aphasie (Lehrjahre Buch 7 Cap. 6) 193. Wanderjahre 260. Uebersetzung 285. Lilienmärchen 281.
Wunderliche Nachbarskinder, die Novelle 237.

Italienische Uebersetzungen 237 fg.

7. Gedichte.

Abschied 225.
Adler und Taube 232.
Alexis und Dora 231.
Alles in der Welt etc. s. Sprichwörtlich.
Alter, das 234.
Amadis, der neue 222.
Am Flusse 225.
Amor als Landschaftsmaler 233 fg.
Amyntas 231.
An Belinde 226.
An den Mond 228. Uebersetzung 285.
An die Cicade 234.
An die Entfernte 225.
An die Erwählte 224.
An die Günstigen 222.
An ein goldenes Kettchen das er am Halse trug 227.
An Grossmutter 281.
An Grossvater 281.
Anliegen 233.
An Lida 233.
An Lina 228.
An Lottchen 226.
An Luna 224.
An Mignon 227.
An Grafen Paar 202.
An Schwager Kronos 120. 232.
An seine Spröde 233.
Antiker Form sich nähernd 231.
Antworten bei einem gesellschaftlichen Fragespiel 223.
Aeolsharfen 233.
April 233.
Athalie, Goethes ungedruckte Uebersetzung der Chöre von Racines — 35—37. Erläuterungen dazu 37—45.
Auf dem See 226.
Aus fremden Sprachen 234.
Ballade vom vertriebenen u. zurückkehrenden Grafen 30. 229.
Balladen 229. 281.
Becher, der 233.
Beherzigung 225. Ein gleiches 225.
Bekehrte, die 223.
Bergschloss 227.
Besuch, der 233.
Beweggrund 234.
Bildung 159 fg.
Blinde Kuh 222.
Blumengruss 226.
Blümlein wunderschön, das Lied des gefangenen Grafen 230.

Braut, die von Corinth 165. 230.
Brautnacht 224.
Bundeslied 228.
Bürgerpflicht s. Zahme Xenien.
Cantate, Plan einer Reformations — 3. 6. 8 ff. 40. Weimarer Ausgabe 260. 263.
Cantaten 231.
Carlsbader Gedichte. Weimarer Ausgabe 260. 264.
Christel 222.
Cophtisches Lied 228. 265.
Dauer im Wechsel 228.
Dem 31. Oktober 1817, 11 fg.
Den deutschen Mannen gereicht's etc. 11.
Der Schäfer putzte sich zum Tanz etc. 149. 151 ff.
Deutscher Parnass 232.
Edelknabe, der, u. die Müllerin 230.
Eigenthum 228.
Ein Gleichniss 234.
Einschränkung 228.
Elegien 231. 282.
Elegien, römische 231. Uebersetzung 285.
Elegie, Marienbader 282.
Elysium 232.
Epigrammatisch 234.
Epigramme 232.
Epigramme, venetianische 27. (Vieles hab ich etc.) 232.
Epilog zu Schillers Glocke 233. 260.
Epiphanias 228. 284.
Epirrhema 190.
Ergo bibamus. Ein Spätling zum 10. März 186 ff.
Erinnerung 226.
Erkanntes Glück 231.
Erlkönig 229 fg. 282.
Erster Verlust 224.
Euphrosyne 231.
Finnisches Lied 229.
Fischer, der 230.
Frech und froh 228.
Freude, die 234.
Frühlingsorakel 228.
Frühling übers Jahr 233.
Frühzeitiger Frühling 227.
Für ewig 233.
Ganymed 233.
Gefunden 223.
Gegenwart 225.
Geheimnisse, die 107. 248. Weimarer Ausgabe 260. 264.
Geistes Gruss 227.

Generalbeichte 228.
Gern wär ich Ueberlieferung los etc. 157 fg.
Gesang der Geister über den Wassern 232.
Gesellige Lieder 228.
Gesellschaft 234.
Geschwister, die 231.
Gleich und gleich 223.
Glück der Entfernung 224.
Glückliche Fahrt 226.
Glückliche Gatten, die 228
Glück und Traum 224.
Goldschmiedsgesell, der 223.
Gott, der, und die Bajadere 231.
Gott, Gemüth und Welt 158. (Ich wandle auf weiter bunter Flur) 234.
Göttliche, das 282.
Grenzen der Menschheit 233. 253.
Guter Rath 122.
Haideröslein 222. 252. 279. 282.
Hans Sachsens poetische Sendung 283. 289. Weimarer Ausgabe 260. 264.
Harfenspieler, der 229.
Harzreise im Winter 232.
Herbstgefühl 227.
Hermann und Dorothea, Elegie 231.
Hochzeitslied 283.
Hoffnung 228.
Jägers Abendlied 228.
Ilmenau 27. 232. 252. 283.
Johanna Sebus 230.
Im Sommer 227.
Junggesell, der, und der Mühlbach 230.
Juni 233.
Keins von allen 234.
Kenner und Enthusiast 113.
König in Thule, der 230. 292.
Königliches Gebet 253.
Kriegserklärung 223.
Kriegsglück 228.
Kunst 233.
Lebendiges Andenken 224.
Legende 260.
Legende vom Hufeisen 234.
Liebe wider Willen 224.
Liebebedürfniss 233.
Liebhaber in allen Gestalten 223.
Lilis Park 233.
Lustigen, die, von Weimar 228.
Lust und Qual 223.
Mahomets Gesang 232. 283.
Mai 233.

Mailied 226 (Wie herrlich etc.).
Mailied 227 (Zwischen Weizen etc.).
März 223.
Meeresstille 225.
Meine Göttin 130. 232.
Meine Ruh ist hin etc. 222.
Metamorphose, die der Pflanzen 234. 283.
Metamorphose, die der Thiere 234.
Miedings Tod, auf. Weimarer Ausgabe 260. 261.
Mignon 229.
Mignonlieder 229.
Misantrop, der 223.
Mit einem gemalten Band 226.
Mit einem goldenen Halskettchen 226.
Monolog des Liebhabers 26.
Morgenklagen 233.
Motto 222.
Musageten, die 233.
Musensohn, der 223.
Musen und Grazien in der Mark 283.
Muth 226.
Nachgefühl 224.
Nacht, die schöne 224.
Nachtgedanke 233.
Nachtgesang 227. 292.
Nähe 224.
Nähe des Geliebten 225.
Neue Liebe, neues Leben 226.
Novemberlied 224.
Offene Tafel 228.
Parabeln 260.
Parabolisch 234.
Pausias, der neue und sein Blumenmädchen 231.
Pilgers Morgenlied 232.
Prometheus 232.
Rastlose Liebe 227.
Rattenfänger, der 230.
Rechenschaft 187 fg.
Requiem für den Prinzen zu Ligne. Weimarer Ausgabe 260. 261.
Rettung 223.
Ritter Curts Brautfahrt 230.
Sänger, der 192. 229. 283. Uebersetzung 285.
Schadenfreude 224.
Schäfer, der 224.
Schäfers Klagelied 227.
Schatzgräber, der 230.
Scheintod 224.
Schweizerlied 229.
Seefahrt 232.

Selbstbetrug 223.
Sehnsucht 227.
Sesenheimer Lieder 283.
Sie liebt mich 234.
Sonette 232.
Sorge 228.
Sprichwörtlich 159. (Diese Worte sind nicht allein in Sachsen etc.) Zu Alles in der Welt lässt sich ertragen etc. 189 fg.
Spröde, die 223.
Sterndreher, Lied, s. Epiphanias.
Stiftungslied 228.
Stimmt Freunde an etc. (v. Goethe?) 283 fg.
Stirbt der Fuchs, so gilt der Balg 222.
St. Nepomuks Vorabend 233.
Theaterreden 260.
Theilen kann ich nicht das Leben etc. 158.
Trilogie der Leidenschaft 233.
Trost in Thränen 227.
Um Mitternacht 233.
Unschuld 224.
Vanitas, vanitatum vanitas 228.
Veilchen, das 229.
Vermischte Gedichte 232.
Verschiedene Drohung 234.
Verschiedene Empfindungen an einem Platze 223.
Vollmondnacht 234.
Vom Berge 226.
Vom Vater hab ich die Statur etc. 158.
Vorklage 222.
Wachsthum 232.
Wahrer Genuss 224.
Wandelnde Glocke, die 230. 282.
Wanderer, der 206. 233.
Wanderers Nachtlied 228. 292. Ein gleiches 228.
Wanderers Sturmlied 120. 232.
Walpurgisnacht, die erste 234.
Warnung 231.
Wechsel 225.
Wechsellied zum Tanze 223.
Wehmuth 225.
Wenn Kindesblick begierig schaut etc. 157.
Wer kauft Liebesgötter 223.
Westöstlicher Divan 204 fg. 234. 282.
Wiedergefunden 234.
Willkommen und Abschied 226.
Willst du dich deines Werthes freuen etc. (Stammbuchvers) 211.
Wirkung in die Ferne 230.
Wonne der Wehmuth 227.

Xenien 8 (was das Lutherthum etc.) 14 (auf Cramer) 15. 22. 40. 200. 284.
Zahme Xenien 209 (Trüge gern etc.) Bürgerpflicht 282. Zu Bürgerpflicht 188 fg.
Zigeunerlied 229.
Zeitmass 231.
Zeit und Zeitung 234.
Zum neuen Jahre 228.
Zueignung 222.
Zwischen beiden Welten 233.

Abhandlungen über (Bibl.) 281 ff.
Italienische Uebersetzungen 222 ff.
Neue Ausgaben 281 ff.

8. Kunst.

Kunst und Alterthum 71. 78. Italienische Uebersetzungen 239.
Propyläen 34. 154.
Sammler, der, und die Seinigen 34. 248.
Von deutscher Baukunst 26. 42.

9. Naturwissenschaftliches.

Bildung der Edelsteine. Weimarer Ausgabe 269.
Chemische Kräfte bei der Gebirgsbildung. Weimarer Ausgabe 269.
Eiszeit. Weimarer Ausgabe 269.
Entoptische Farben 75.
Farbenlehre 27. 62 ff. 71 ff. 76 fg. 79. 156. 172 ff. 275. Historischer Theil 260.
Geologische Probleme und Versuche ihrer Auflösung. Weimarer Ausgabe 269.
King Coal. Weimarer Ausgabe 269.
Metamorphose der Pflanzen 55. Italienische Uebersetzung 239.
Mineralogie und Geologie. Weimarer Ausgabe 260. 268 ff.
Morphologie, zur 204.
Naturforscher, und Aerzte, über die Bedeutung der Versammlungen, mit Benutzung eines Briefes von Sternberg 53 fg.
Naturwissenschaftl. Schriften 26.
Naturwissenschaft, zur 71, viertes Heft 64. 76.
Porphyrartig. Weimarer Ausgabe 269.
Witterungslehre, Versuch einer 192.

Italienische Uebersetzungen 239.

10. Sonstige prosaische Schriften.

Gedankenspäne 189.
Polen, Ueber die Einführung des Deutschen in 15.
Reformation, Vorschlag zur Feier der, 1817. 3—5. (Abdruck.) Erläuterungen dazu 5—12.
Sprüche in Prosa 189. 220. (Für das grösste Uebel etc.) 285.
Zum Shakespears-Tag 42.

11. Biographische Einzelheiten, Lebensbeziehungen, (persönl. u. litterarische) zu:

Basedow, Neues über Goethes Beziehungen zu den Propheten Lavater und — 198 ff.
Beethoven (Bibl.) 287.
Brion, Friederike (Bibl.) 289.
Bürger (Bibl.) 287.
Catalani, Frau (Bibl.) 288.
Cylinder Goethes (Bibl.) 276.
Doppelheit, eine in dem Wesen Goethes (Bibl.) 275.
Familiengeschichte des Geschlechts Goethes, ein Beitrag zur 193 ff.
Günther (Bibl.) 288.
Herder (Bibl.) 288.
Heyne, Therese, über Goethe (Bibl.) 291.
Höpfner, Prof. (Bibl.) 288.
Jahn (Bibl.) 288.
Kant, I. (Bibl.) 288.
Klettenberg, Susanna Katharina, Erwähnung Goethes in Briefen an Lavater, von — 86 fg. 88. 90. 93.
Lavater (Bibl.) 288. Neues über Goethes Beziehungen zu den Propheten Basedow und — 198 ff.
Lenz (Bibl.) 290.
Levetzow, Ulrike von (Bibl.) 289.
Matthäi über Goethe 217.
Naturforscher und Aerzte, Goethes Beziehungen zur Versammlung deutscher, Berlin 1828. Nach einem Aktenstücke seines Archivs 52—56.
Oesterreich, Kaiserin Maria Ludovika von (Bibl.) 289.
Pichler, Karoline, über Goethe (Bibl.) 291.
Prokesch-Osten, Anton, Graf, Goethe und 201 ff.

Sachs, Hans (Bibl.) 289.
Salzmann, Aktuar (Bibl.) 289.
Sammler, Goethe als (Bibl.) 276.
Schadow, G. (Bibl.) 289.
Schiller (Bibl.) 289.
Schlözer (Bibl.) 289.
Schopenhauer, Goethe und — 209 ff. (Baccalaureusscene in Faust II).
Shakespeare (Bibl.) 289.
Sesenheimer Idylle, zu Goethes 214 fg.
Sokratischen Daimonion, eine Parallele bei Goethe zu dem (Bibl.) 276.
Sprache und Stil im Alter (Bibl.) 276.
Studentenerlebnisse, zu Goethes 197 fg.
Tieck, über Goethe 201.
Voss, Heinrich (Bibl.) 290.
Weimar, Anna Amalia, Herzogin von (Bibl.) 287.
Winkelmann, Goethe und — 213. (Aeusserung über die Hypothese.)
Willemer, Marianne von (Bibl.) 290.

12. Verschiedenes.

Aphasie, Historische Notiz über 192 fg.
Archiv in Weimar, Mittheilungen aus dem 3—79.
Arndt, Wilhelm, Nekrolog auf 257 ff.
Ausgabe letzter Hand 262 fg. Zum Privileg der — 218.
Bildnisse (Bibl.) 291.
Bildnisse, zu einem Goethe — 219.
Biographieen etc. 286.
Biographische Einzelheiten (Bibl.) 286 fg.
Botaniker, Goethe als (Bibl.) 290.
Cataloge, Antiquarische 276 fg.
Compositionen (Bibl.) 292.
Cottasche Ausgabe 261.
Denkmal, Reformations-, Entwurf zu einem, für Berlin 7. 10 fg.
Denkmäler (Bibl.) 292.
Devrient, Otto, Nekrolog auf 241 ff.
Elektrizität, Goethe und die (Bibl.) 290.
Fürstenbund (Karl August), Goethe und der (Bibl.) 290.
Geograph, Goethe als (Bibl.) 290.
Göschensche Ausgabe 261. 267.

20*

Hager, Hermann, Nekrolog auf 258 ff.
Hildebrand, Rudolf, Nekrolog auf 251 fg.
Innere Form, zur, Anlehnung an Thomas Browne 190 fg.
Italienischer Uebersetzung, Goethes Werke in 220—240.
Juden, Goethe und die (Bibl.) 290.
Kern, Nekrolog auf 252 fg.
Klettenberg, Susanna Katharina von, 10 Briefe an J. K. Lavater mit Erläuterungen 83—96.
Köstlin, Nekrolog auf 245 ff.
Loeper, Gustav von, eine Selbstbiographie 219 fg.
Medaille zum Jubiläum der Reformation 1817, 12.
Naturalismus in der Kunst, Goethe über den (Bibl.) 290.
Naturforscher, Goethe als (Bibl.) 290.

Neue Ausgabe der Werke 275.
Politiker, Goethe als (Bibl.) 290.
Spinozastudien, aus der Zeit der (Bibl.) 290.
Reformation, Goethe und das Jubelfest der, 1817. 3—12. 39.
Religiöse Entwickelung (Bibl.) 290.
Sozialpolitiker, Goethe als (Bibl.) 290.
Uebersetzungen in verschiedene Sprachen 285 fg.
Unsere Zeit, Goethe und (1849) 99 - 106.
Verwandte Goethes (Bibl.) 287.
Weimarer Ausgabe 257 fg. Bericht 260 ff.
Wiener Goethe-Verein, Chronik des 275.
Zeitgenossen, Notizen über Goethe von 290 fg.
Zwickauer Mittheilungen, aus den 275.

Die
Epische Poesie und Goethe.

Von

Friedrich Spielhagen.

Festvortrag
gehalten in der 10. Generalversammlung der Goethe-Gesellschaft
in Weimar am 8. Juni 1895.

Die epische Poesie und Goethe.

Hätte Schiller in jenem denkwürdigen, sein ästhetisches Endurtheil über Wilhelm Meister zusammenfassenden Briefe an Goethe vom 30. November 1797 recht mit seiner Behauptung, dass »jede Romanform schlechterdings nicht poetisch sei, ganz nur im Gebiete des Verstandes liege, unter allen seinen Forderungen stehe und auch an allen seinen Grenzen participire«, so wäre damit für unsre Tage der Tod der epischen Poesie besiegelt, könnte von epischer Poesie in einem höheren Sinne nicht mehr als von einer existirenden gesprochen werden.

Denn heute giebt es keine wahrhaftige und ernsthaft zu nehmende epische Poesie ausser in der Form des Romans, wobei ich zu bemerken bitte, dass ich unter diese Bezeichnung auch die Novelle einrechne, trotz der wesentlichen Verschiedenheit der beiden nahverwandten Dichtungsarten, über die ich noch im Verlauf zu berichten haben werde.

Es kann nicht anders sein: sämmtliche Bedingungen, unter denen das eigentlich sogenannte Epos: das Volksepos zu Stande kommt, fehlen heute; Mythos und Sage, die tiefen Quellen, aus welchen es sich nährt, sind versiegt; das Volk dichtet nicht mehr mit seinem Sänger; die Buntscheckigkeit der Gesellschaft; ihre Zerklüftung in zahlreiche, durch Bildung, Vermögen, Ansehen streng geschiedene Classen; das Raffinement der Culturverhältnisse; die Theilung der Arbeit ins Endlose; der Weltverkehr, welcher die Erdfernen rastlos miteinander verbindet und an den Unterschieden der Rassen und Nationalitäten nagt, wie die steigende Fluth am Ufersaum — alles sind unüberwindliche Hindernisse für die Palingenese des Volksepos. Seine Form war und musste sein die gebundene Rede: der Vers, ein Spiegel gleichsam der Harmonie, in welcher der Dichter sich mit seinem Volke fühlte, und adäquates Ausdrucksmittel für die Schilderung einer in religiösen Satzungen und altväterlicher Sitte streng gebundenen, in ihrer räumlichen Beschränktheit vollkommen übersichtlichen Welt. Was heute, wo diese Harmonie zwischen dem Dichter und seinem Volke schlechterdings nicht mehr besteht; er für seine völlig individuelle Weltanschauung unabweislich eines individuellen Ausdrucksmittels bedarf, in gebundener Rede den Nachklang des Volksepos in unserer Seele wach zu rufen sucht — es sind, recht betrachtet, entweder alexandrinisch-epigonische Imitationen, wie Goethes Achilleis, Jordans Nibelunge; oder Culturbilder mit etwas novellistischem Zusatz, wie Hamerlings Ahasver, König von Sion; oder Bearbeitungen von Sagen- und Märchenstoffen, wie Julius Wolffs anmuthige Dichtungen; Novelletten mit stark lyrischer Beimischung, wie Alexis und Dora; richtige Novellen, wie Hermann und Dorothea; endlich humoristisch-satirische Capriccios, von denen ich nur das grösste, das unerreichbare seines Genre nennen will: Byrons Don Juan.

So denn mein Fundamentalsatz noch einmal in erweiterter Form: der legitime Erbe des alten Volksepos ist einzig und allein der moderne Roman, der seine Aufgabe, die weite Welt zu umschweifen und sich liebevoll in das kleinste Detail zu versenken, nur lösen kann, wenn er das Wort — ἔπος — ledig der Fesseln von Metrum, Rhythmus und Reim, zur völligen Freiheit entbindet als Organon des durch kein ästhetisches Dogma, keine traditionelle Gepflogenheit beschränkten, völlig freien, die Welt durch das Medium der Phantasie betrachtenden Geistes.

Uebrigens ist mir fraglich, ob es Schiller mit seiner Verwerfung des Romans als vollberechtigter Dichtungsart unerbittlicher Ernst gewesen. Man sollte es meinen, wenn er mit weit übertriebener Geringschätzung von seinem eigenen Geisterseher spricht; und wird wieder zweifelhaft, wenn er den Wilhelm Meister enthusiastisch als ein vollwerthiges Dichtwerk preist.

Mir däucht, wenn nicht in diesem Falle, der ihm vielleicht persönlich zu nahe lag, so doch in tausend andern Fällen, die sich seiner objectiven Betrachtung boten, hätte dem scharfsinnigen Aesthetiker der gewaltige Unterschied zwischen dem Romanschreiber und dem Romandichter zum Bewusstsein kommen müssen; und dass sein herabsetzendes Wort von dem »Halbbruder des Dichters« die Meister des Fachs so wenig trifft, wie das Drama um seine Würde dadurch gebracht wird, dass auf einen wirklichen dramatischen Dichter tausend Dramenfabrikanten kommen. Gerade aber die Confundirung des dichterischen mit dem nicht dichterischen Roman hat meiner Ansicht nach das Missverständniss zu Wege gebracht; und so dürfte in der reinlichen Trennung jenes von diesem die einzige Möglichkeit der Erklärung des Widerspruchs zu finden sein, wie ein Werk das »ganz in dem Gebiete des Verstandes liegt«, es dennoch fertig bringt, »das Herz mit allen Kräften der Dichtkunst zu ergreifen und einen immer sich erneuernden Genuss zu gewähren«.

Was verlange ich von einem »dichterischen Roman?«

Dies: dass er zuerst — und ich möchte sagen: und zuletzt — wie das homerische Epos, nur handelnde Personen kennt, hinter denen der Dichter völlig und ausnahmslos verschwindet, so, dass er auch nicht die geringste Meinung für sich selbst äussern darf: weder über den Weltlauf, noch darüber, wie er sein Werk im Ganzen, oder eine specielle Situation aufgefasst wünscht; am wenigsten über seine Personen, die ihren Charakter, ihr Wollen, Wähnen, Wünschen ohne seine Nach- und Beihilfe durch ihr Thun und Lassen, ihr Sagen und Schweigen exponiren müssen.

Weiter: dass die handelnden Personen, wie im homerischen Epos, ständig in Bewegung sind, so dass die Gesammthandlung — an welcher alle, jede in ihrer Weise participiren — nicht einen Augenblick ins Stocken geräth.

Die Gesammthandlung, über die laxere Praxis des homerischen Epos hinaus, wie einen bestimmten Anfang, so ein bestimmtes Ende hat.

Wenn sie ihren Lauf vollendet, wie bei jedem wahrhaften Dichtwerk, ein bedeutendes Stück Menschenleben und -Treiben übersichtlich vor dem Leser liegt, so dass es als pars pro toto zwanglos genommen werden kann.

Dass ich zu den Erfordernissen eine sprachliche Darstellung zähle, durch welche jede Absicht des Dichters mit völliger Klarheit hindurchscheint; und die, weil die Absichten des modernen Dichters überaus mannichfaltig und höchst subtil sind, auf die gebundene Rede verzichten muss, mag hier noch einmal flüchtig berührt werden; mit grösserem Nachdruck die Bedingung der obligaten plastischen und farbenkräftigen Herausarbeitung der Natur, in welche die Menschen gestellt sind, und des gesellschaftlichen Milieu, in welchem sie sich bewegen, obgleich auch die Erfüllung dieser Forderung eine nothwendige Folge des ersten Cardinalsatzes ist. Denn das Handeln des Menschen erweist sich in steter Abhängigkeit von der Natur und dem Milieu; und jenes kann vollständig, wie es doch soll, nicht dargestellt werden, ohne dass diese nicht mit in die Betrachtung und Darstellung gezogen werden müssten. Wohlverstanden: so weit die Abhängigkeit reicht. Keinen Schritt weiter! Der Frühlingsmorgen, wenn er zufällig für den handelnden Romanmenschen gleichgiltig ist, existirt auch für den Dichter nicht. Nur mit den Sinnen seiner Menschen erfasst der epische Dichter die Welt.

Ein so zu Stande gekommenes Werk aber erfüllt völlig die Bedingung, die man an ein poetisches stellen kann und muss, nämlich: dass es, wie im Ganzen, so im Einzelnen und Einzelnsten, ein Product der Phantasie sei. Im Ganzen: denn nur die Phantasie vermag, vorwärts und rückwärts schauend, ein so vielgegliedertes Gebilde zu überblicken; im Einzelnen und Einzelnsten: weil, wenn, wie zweifellos, die Poesie kein anderes Mittel hat, in der Phantasie des Lesers oder Hörers Personen lebendig zu machen, als sie handelnd darzustellen, diese Darstellung wieder einzig und allein der Phantasie gelingt. Die blosse prosaische Description vermag es nicht. Muss man doch selbst vom Porträt, wie es die Malerei oder Bildhauerkunst mit ihren so viel reicheren Mitteln zu Wege bringen, behaupten, dass es im tieferen Sinne Leben hat nur durch die Darstellung des inneren Handelns, welches als vergangenes und gegenwärtiges seine Spuren in die Erscheinung grub und gräbt.

Ich gehe noch weiter. Ein allen diesen Anforderungen völlig entsprechender Roman ist, trotz seiner Einkleidung in Prosa, als poetisches Werk dem vorzüglichsten versificirten Drama, d. h. dem poetischen Product, welches, nach Aristoteles Vorgang, so ziemlich allgemein als das Höchste der Gattung angesehen wird, durchaus ebenbürtig; ja, es wäre eine wohl aufzuwerfende Frage, ob er nicht, rein ästhetisch genommen, den Vorrang vor diesem beanspruchen darf. Man möchte es fast glauben, wenn man bedenkt, dass man die vollendeten Romane aller Zeiten und Völker beinahe an den Fingern seiner Hände herzählen kann, während es doch der Dramen, welche allen strengsten Ansprüchen genügen, eine erkleckliche Anzahl giebt.

Und welche dichterische Qualität und Potenz, derer der Dramatiker bedarf, müsste denn nicht auch der Romandichter in vollstem Maasse besitzen? Die Handlung in ihrer Totalität, darf er sie weniger klar übersehen, als dieser? Und ist die Uebersicht für ihn nicht vielleicht in dem Grade schwieriger, als seine Handlung wahrscheinlich eine viel complicirtere ist, als die jenes? Darf das Verhältniss des Einzelnen zum Ganzen ihm in jedem Augenblicke weniger gegenwärtig sein? Die Rechenschaft, die er sich von den Charakteren seiner Personen, den Motiven ihres Handelns zu geben hat, weniger klar? Wobei man noch wohl bedenken mag, dass er sich bei ihrer Darstellung nicht auf einen so geschickten Helfershelfer gelegentlich verlassen kann, wie ihn der Dramatiker an dem Schauspieler besitzt; keine willigen Comparsen ihm die Vorführung eines complicirten Auftritts erleichtern; kein Coulissenmeister ihm die Scenerie, in welcher der Vorgang sich abspielt, fertig liefert; keine geschäftige Hand ihm in seinen Zimmern die Wände decorirt und die Möbel zurechtrückt. Freilich, sieht man nur auf die augenblickliche Wirkung, wird der Romandichter immer hinter dem ästhetisch nicht höher zu schätzenden Dramatiker zurückstehen; aber auch hinter dem, welcher ohne besondere dichterische Qualitäten einzig auf den Effect gearbeitet hat. Doch dieser Effect und die oft recht unlauteren Mittel, durch welche er hervorgebracht wird — was wiegen sie auf der ästhetischen Wage?

Wie war es nun möglich, dass der scharfsinnige, feinfühlige Schiller ein so, ich will nicht sagen: wegwerfendes, aber geringschätziges Urtheil über den Roman fällen konnte?

Ich sehe darin eine Folge des Umstandes, dass die beiden grossen Freunde in ihren gemeinsamen ästhetischen Untersuchungen der dramatischen und epischen Dichtkunst hinsichtlich der letzteren fast ausschliesslich die homerischen Epen im Auge hatten, aus ihnen die epischen Gesetze deducirten und mit dem Bilde, welches sie sich von ihnen gemacht, das Drama confrontirten, anstatt für das Epos den Roman, als die heute noch einzig mögliche epische Dichtungsart, zu substituiren und ihn und seine Anforderungen mit dem Drama und seinen Anforderungen in Parallele zu stellen. Es wäre dann wohl evident geworden, dass die ästhetischen Gesetze für den alten Epiker und den modernen Romandichter genau dieselben sind trotz der so verschiedenen Bedingungen, unter denen sie arbeiten; und dass gewisse Differenzen, die riesengross erscheinen, wie das Hereinragen und Eingreifen der Götter- und Wunderwelt in das Menschentreiben, derer der moderne Romandichter freilich entrathen muss, mit dem Wesen der epischen Poesie, als solcher, schlechterdings nichts zu thun haben. Nun, da die Reduction der epischen Gesetze von den grossartigen Verhältnissen des alten Epos auf die bescheideneren Dimensionen des modernen Romans ausblieb, ergab sich für sie in der Aesthetik der epischen Poesie eine gewisse Unsicherheit und Unklarheit, aus welchen es einzig zu erklären ist, wie es möglich war, dass Schiller zu dem Schauplatz seines Geistersehers ein Local nahm, das er nie mit eigenen Augen gesehen, ein Milieu, welches er niemals hatte studieren können; sich mit einem Epos aus der Fridericianischen Zeit tragen; Goethe andererseits an eine epische Behandlung

der Tell-Sage denken, schliesslich die Achilleis in Angriff
nehmen mochte, während doch gerade Wolfs prolegomena,
aus welchen er die Autorisation zu seinem Beginnen schöpfen
zu dürfen glaubte, ihn von dessen Unmöglichkeit hätten
überzeugen sollen.

Und dieselbe Unsicherheit und Unklarheit finden wir
auch bei ihren Helfern und Mitarbeitern in der grossen
Frage. Wie muss Wilhelm von Humboldt in seinen so
überaus werthvollen »Aesthetischen Versuchen über Hermann
und Dorothea« sich winden und drehen, das bewunderte
Gedicht dem homerischen Epos gegenüber in seinem Werthe
zu behaupten? Um dann nach hundert Verclausulirungen
glücklich herauszubringen, dass es eine »bürgerliche Epopoe«
sei? Wie seltsam berührt es, wenn der scharfsinnige Rosenkranz über ein halbes Jahrhundert später bei seiner Analyse
desselben Gedichtes daran erinnern zu sollen glaubt, dass
die »Maschinerie des Wunderbaren« darin fehle! Oder
dass es »seiner Natur gemäss nur episodische Momente auf-
weise, während die Theorie des Epos bekanntlich Episoden
erfordere«, als ob nicht einfach die Kürze des Gedichtes,
welche für Episoden keinen Raum liess, die übrigens richtige
Beobachtung genügend erklärte!

Und darf man es nicht als eine Inconsequenz unsers
unvergesslichen Wilhelm Scherer betrachten, wenn er in
der »Poetik«[1] mit directer Polemik gegen meine Theorie
»die Einmischung des Dichters der epischen Erzählung in
sein Werk« als durchaus erlaubt entschieden behauptet,
und in der »Geschichte der deutschen Litteratur«[2] gelegentlich der Wahlverwandtschaften bemerkt, »Goethe verschmähe
es in diesem Werke nicht, mit directer psychologischer
Analyse hervorzutreten und dergestalt die epische Objectivität zu verletzen!«

Hätte der Treffliche doch diesen letzteren Standpunkt
immer inne gehalten! Wieviel hätte er bei der grossen
Autorität, der er sich mit so viel Fug erfreute und immer
erfreuen wird, zur Klärung der epischen Theorie beigetragen! Wieviel williger würde man mir heute zugeben,
dass jede dieser Einmischungen, jede dieser psychologischen
Analysen gleichbedeutend ist mit einer zeitweisen Auf-
hebung des dichterischen Geschäftes, da sie nicht mehr
und nicht weniger als ein Ausschalten der Phantasie hinüber
und herüber bedingt: auf Seiten des Dichters, der jetzt
nicht mehr an die Einbildungskraft seiner Leser oder Hörer,
sondern an ihren Verstand appellirt; auf Seiten dieser, die

---

[1] S. 246 ff.
[2] S. 682.

so zur Kritik herausgefordert werden und sich berechtigt fühlen, gegen die subjective Ansicht und Meinung des Dichters die eigene subjective Ansicht und Meinung auszuspielen! Scheinen mir doch gerade diese möglicherweise an und für sich ganz interessanten, vielleicht sehr geistreichen, immer aber prosaischen Intermezzi das Moment gewesen zu sein, welches für Schillers Urtheil den Ausschlag gab! Darin aber würde ich völlig auf seiner Seite stehen: ein Roman, eine Novelle, wann immer und so weit sie sich solcher prosaischen Hilfsmittel bedienen, sind keine Dichtwerke; und freilich, wenn, wie nur zu oft, dieser prosaische Unfug die poetischen Partieen überwuchert, überhaupt nicht mehr zu ihnen zu zählen.[1]

Nun aber, da im ästhetischen Reich das Gesetz höher gilt, als der Höchste unter uns, wird man mir verstatten müssen, offen zu bekennen, dass mir jene »Verletzungen der Objectivität« als ebenso viele Flecken auf dem blanken Schilde von Goethes epischer Kunst erscheinen, die mich um so mehr schmerzen, als er, der epische Dichter von Gottes Gnaden, über den Gebrauch von Hilfsmitteln, zu denen nur mindere Poeten ihre Zuflucht nehmen, wenn es mit der Handlung nicht mehr aus der Stelle will, hätte erhaben sein müssen. Und auch überall erhaben ist, wo er sich, wie in Werthers Leiden, den ersten Büchern der Lehrjahre, Hermann und Dorothea in seiner Vollkraft zeigt, während allerdings die subjective Willkür und mit ihr die laxere poetische Praxis bereits in den letzten Büchern der Lehrjahre und in den Wahlverwandtschaften zu häufigerer, den poetischen Werth der Werke beeinträchtigender Anwendung gelangen, bis sie in den Wanderjahren in einer Weise gepflegt werden, welche die schmerzliche Frage zulässt, ob wir es hier überall noch mit einer Dichtung zu thun haben.

Diesen trüben Ausgang, der seine Zweifel an dem ästhetischen Werth des Romans rechtfertigen zu wollen scheint, hat Schiller längst nicht mehr erlebt. Aber wo, wenn der Lebende von seiner hohen kritischen Warte scharfen Auges ausschaute, wären ihm bei dem gleichzeitigen Geschlecht, oder auch den litterarischen Generationen vor ihm jene der höchsten epischen Palme würdigen, ja, nur nach ihr mit heiligem Eifer ringenden Romane und Novellen erschienen? Zwar der eine Don Quixote des Cervantes! Er hätte ihm den Romandichter, wie ich ihn

---

[1] Vergl. zu diesem Thema das 24. Kap. der Poetik des Aristoteles.

definire, auf der denkbar höchsten Höhe gezeigt. Doch darf man wohl annehmen, dass Schiller, trotzdem noch zu seinen Lebzeiten verschiedene Uebersetzungen des unsterblichen Werkes herauskamen, seinen unschätzbaren ästhetischen Qualitäten niemals ein eingehenderes Studium gewidmet hat. Den Gil Blas, so erfreulich er sich durch so manches Kapitel liest, und ein so drastisches Zeitbild er, alles in allem, bietet, kann man mit dem Epos von den Thaten und Leiden des Edlen aus der Mancha doch kaum in einem Athem nennen. Und Rousseaus Héloise, ein wie vielfach hochpoetisches und culturhistorisch ewig denkwürdiges Werk es ist; die englischen Naturalisten und Humoristen: die Fielding, Smollet, Swift, Sterne; selbst der von Goethe in seiner Strassburger Zeit und auch später so hochgeschätzte Goldsmith — wie grosse Talente sie waren, und wie sie auch den Roman, jeder in seiner Weise gefördert haben — eine dauernde Anziehungskraft mochten sie auf Schiller schwerlich ausüben und ganz gewiss ihn nicht davon überzeugen, dass der Novellist des Dramatikers ebenbürtiger Bruder sei. Wie gering musste er doch von dem Roman denken, wenn er die Liaisons dangéreuses des Choderlos de Laclos zu den besseren, vielleicht guten rechnete!

Und die deutschen Romanciers? Ich darf und will mich hier nicht auf das hohe Meer der Litteraturgeschichte hinauswagen; und so mögen denn die Wieland und Jakobi, die Gellert, Hippel, Thümmel, Müller, Heinse e tutti quanti und was sie in Roman und Novelle geleistet und — gesündigt haben, bei Seite bleiben. Nur zwei Werke sei mir verstattet namentlich zu erwähnen, um das Niveau zu kennzeichnen, auf dem damals in Deutschland der Roman stand, und die Schiller in seine Horen aufzunehmen würdigte zum Beweis, dass er sie, wenn nicht für besser, so doch auch sicher nicht für schlechter hielt, als das Gros der gleichzeitigen Erzeugnisse: den »Herrn Lorenz Stark« von Engel und »Agnes von Lilien« der Frau von Wolzogen. Glauben wir nicht Staub zu schmecken, wenn wir die ehrwürdigen Bände von Schillers journalistischem Schmerzenskind nach jenem Product eines trockensten Geistes durchblättern, der sich so krampfhaft bemüht, seinen Helden dem wundervollen Mr. Bramble in Humphry Clinker anzuähneln, und wo der kraftstrotzende Verfasser dieses Romans sein breites Lachen aufschlägt, es nur zu einem hüstelnden Kichern bringt? Und der zweite Roman, der sich auf jeder Seite, in jeder Zeile, möchte man sagen, im guten, weniger guten und üblen Sinne als das Werk einer Dame ausweist, die wirklich geistreich ist, aber doch nicht genug, um zu begreifen, dass man es nicht zu jeder Zeit, an jedem Orte und um jeden Preis dürfe sein wollen, und ihre natürliche gesunde Empfindung fortwährend zu krankhafter Empfindelei ausarten lässt — dieser für uns fast unlesbar gewordene Roman wurde, als er erschien, einem der grössten Epiker aller Zeiten, wurde Goethe selbst zugeschrieben von Leuten, die vermuthlich sehr empört gewesen wären, hätte man ihnen ästhetische Urtheilskraft abgesprochen! Wenn klare nüchterne Köpfe, wie Schillers Freund Körner, sich von Anfang an nicht täuschen liessen, so waren es eben Ausnahmen.

Verurtheilen wir diese seltsamen Kunstrichter nicht zu hart! Steht man mitten im Gebirge hält man wohl einen ins Thal vorgeschobenen Ausläufer für den Hauptberg selbst. Es ist kein besonderes Verdienst, das Schöne schön und das Grosse gross zu finden, wenn bereits ein paar Generationen es uns als solches überliefert haben, uns schon auf der Schulbank die traditionelle Weisheit eingeflösst ist. Wofür denn jeder Tag lehrt, wie oft Publicum und Kritik neuen Erscheinungen rathlos gegenüberstehen.

Und eine gewisse Familienähnlichkeit findet sich denn doch zwischen den Romanen Goethes und seiner Mitbewerber um den epischen Kranz, einigermassen den Irrthum, in welchen die Zeitgenossen verfielen, erklärend und entschuldigend; ebenso wie sie es uns leicht macht, sie insgesammt sofort als Producte einer und derselben Periode zu erkennen. Das ist die »dear sensibility«; die Andacht, mit der jeder dieser Dichter in sein Inneres hineinlauscht; die wollüstige Neugier, mit der er seine Empfindungen bis ins Kleinste zergliedert; der Cultus mit einem Worte, den das Individuum mit seiner Eigenart treibt, dem gegenüber das Studium der andern und der Aussenwelt in die zweite Linie tritt; oder wie man es heute ausdrücken würde: das Vorwiegen der egoistischen Tendenzen über die altruistischen. Man sehe sich Rousseaus Héloise, Sternes Tristram, welches Werk immer dieser Zeit darauf hin an — wie grundverschieden sie auch sonst sein mögen, in diesem Punkte gleichen sie sich alle: überall sucht der Dichter im Spiegel seiner Schöpfung zuerst und zuletzt sich selbst; immer geneigt, rührselige Thränen über sich selbst zu vergiessen, wie der brave Jung-Stilling in seiner Autobiographie.

Aber liegt in dieser Concentration des Lichtes auf das dichtende Individuum nicht sowohl ein Vorzug als eine Nothwendigkeit für den modernen Epiker? Kann er im Grunde uns etwas anderes geben als sich selbst und sein Milieu, in welchem er geworden, was er ist; das heisst: die Welt sub specie seiner individuellen Erfahrungen, aus denen wieder seine individuelle Weltanschauung resultirt?

Nach meiner Kenntniss der Sache: nein! Der moderne epische Dichter — ein Gegensatz zu dem alten, für den das Ich und die Welt sich ungefähr wenigstens deckten — kann nichts anderes geben und darstellen als sich selbst und das Weltfragment, welches er überblickt. Dass dabei schwer ins Gewicht fällt, wie hoch er seinen Anschauungsstandpunkt zu gipfeln, wie weit er die Grenze seiner eigensten Erfahrungen zu ziehen verstanden hat, ist so selbstverständlich, wie wir a priori schliessen können, der unter ihnen, bei übrigens gleichen poetischen Kräften, werde der grössere in dem Masse sein, in welchem er nach der Höhe zu die Nebenbuhler überragt, nach der Breite hin sie überflügelt.

Nichts erfreulicher für den ästhetischen Forscher, als wenn er sich nachträglich mit Goethe in Uebereinstimmung findet. Er aber sagt in seinen »Sprüchen in Prosa« — lässlich vornehm, aber treffsicher, wie immer — »der Roman ist eine subjective Epopöe, in welcher der Verfasser sich die Erlaubniss ausbittet, die Welt nach seiner Weise zu behandeln. Es fragt sich also nur, ob er eine Weise habe. Das andere wird sich schon finden«.

Wir werden freilich sehen: es findet sich keineswegs immer.

Hier nun ist es vielleicht nicht überflüssig zu bemerken, dass diese Bindung des Subjects an seine individuelle Erfahrung mit weitaus minderer Straffheit für den Dramatiker gilt, der — man denke an Schillers innerliche Abneigung gegen den Wallenstein! — zu seinem Helden in einem viel kühleren Verhältnisse steht und sich betreffs der Personen auf dem zweiten Plan auch wohl mit den Umrissen einer Gestalt begnügen darf, die dann der Schauspieler ausfüllen mag; oder mit der blossen Andeutung von Lebensverhältnissen, in deren Detail einzudringen, der Zuschauer weder Veranlassung, noch Lust und Zeit hat. So gut wird es dem Romandichter nicht. Für ihn keine ehrwürdige Tradition, keine behagliche Schablone, keine unvermeidlichen Typen, keine obligatorischen Rollenfächer. Er kann sich der scharf umrissenen Darstellung aller seiner Personen, auch der weniger bedeutenden und der Klarlegung der sie beeinflussenden und bestimmenden Umstände im Einzelnen und Einzelnsten in keinem Falle entziehen; steht in jedem Moment nach jeder Richtung unter der scharfen Controle des Lesers, dessen Spürsinn an der Unsicherheit oder Unrichtigkeit der Zeichnung, an dem matten, oder falschen Colorit bald genug herausgebracht haben wird, wo der Autor über die Grenze seiner Erfahrung hinausgeschweift ist und nicht nach dem Modell gearbeitet hat.

Wir stehen damit in dem Capitel vom epischen Stoff, dessen Wahl, wie wir uns jetzt überzeugt haben, für den modernen Epiker eine völlig freie und willkürliche zwar zu sein scheint, in Wirklichkeit aber aus seiner Lebensauffassung und -Erfahrung im allgemeinen, im speciellen Falle aus seinem jeweiligen Seelenzustande überall da resultirt, wo es mit rechten poetischen Dingen zugeht.

So kann es uns denn nicht Wunder nehmen, wenn wir die eigenthümliche Beobachtung machen, dass in eben der Folge, in welcher er diese seine Stoffwelt in Angriff nimmt, will sagen: zu dichterischen Gebilden ausgestaltet, sich mit logischer Präzision die Phasen wiederholen, welche der sittliche Mensch durchzumachen und durchzukämpfen hat, bis er mit sich und der Aussenwelt im Reinen ist.

Die erste Phase wird der Kampf des jugendlichen Subjects mit der Aussenwelt sein, die hart auf sein weiches Empfinden stösst und ihn zu der Einsicht bringt, dass sie die stärkere ist; oder aber — im tragischen Falle — er gelangt zu dieser Einsicht nicht, will trotzig ihr gegenüber sein vermeintliches Recht nicht aufgeben und zerschellt an ihr.

Zweite Phase: anfangs zögerndes, endlich liebevolles Sichhingeben des Subjects an die Aussenwelt auf die Gefahr hin, sich an sie zu verlieren.

Dritte: harmonischer Ausgleich der Strebungen des Subjects mit den Anforderungen der Welt.

Vierte: nicht unbedingt nothwendiges, aber, wie wir Menschen sind, sehr wahrscheinliches gelegentliches nochmaliges Sichaufbäumen des Subjects gegen die Welt — ein Conflict, der im tragischen Falle, wie in der ersten Phase, mit der Niederlage des Subjects endet, welches eventuell, da es jetzt nicht mehr jugendlich allein, sondern mitten im Leben und innigen Connex mit andern steht, diese mit in sein Verderben zieht.

Fünfte und letzte Phase: Schlechthinnige Resignation des Subjects, das sich den grossen Gesetzen des Lebens völlig ein- und unterordnet, damit aber für sich nichts mehr bedeuten und bedeuten will.

So hat sich der Kreislauf des Lebens geschlossen und mit ihm der Cyklus, den der epische Dichter in seinen Schöpfungen zu durchmessen hat.

Es lässt sich voraussehen, dass dieser Parallelismus des Lebens und Dichtens sich rein nur herausstellen wird im Leben und Dichten einer völlig normalen, höchst kraftvollen, auf die harmonische Ausgleichung zwischen den individuellen Strebungen und den Weltanforderungen von Haus aus angelegten Natur, die so wenig nach ihren Idealen springt, wie nach ihren dichterischen Stoffen jagt, weil sie fühlt und weiss, dass mit Springen und Jagen nichts, bei geduldigem Ausharren auf dem anfangs im dunklen Drange eingeschlagenen, dann mit immer klarerem Bewusstsein verfolgten Wege alles zu erreichen ist.

Er stellt sich bei Goethe in einer Reinheit heraus, die, so viel ich sehen kann, in der gesammten Litteraturgeschichte nicht ihres Gleichen findet, so dass wir es hier mit einem typischen Falle zu thun haben, an dem wir alle andern vergleichend messen können.

Nie hat ein epischer Dichter — von diesem nur sprechen wir, und der tragische Dichter Goethe, der lyrische, der Autobiograph, der Gelehrte dürfen uns hier nichts angehen, obgleich von ihnen mutatis mutandis dasselbe zu sagen wäre — nie hat ein epischer Dichter sein Dichten so zu einem klaren Spiegel seines Lebens gemacht; sich in dem Bann der eignen Erfahrungen so treu gehalten — man ist versucht zu sagen: so unfähig erwiesen, ihn zu brechen; mit solcher Gewissenhaftigkeit nach dem Modell gearbeitet; die Welt so ausschliesslich sub specie seiner individuellen Anschauung geschildert. Den Cirkelquadraturversuch der Achilleis werden wir bei dem leidenschaftlichen Bewunderer Homers, den ein missverstandenes Gelehrtenwort auf falsche Fährte gelockt hatte, begreiflich finden. Dafür hat es ihm völlig fern gelegen, jenes hybride Genre der epischen Dichtkunst: den historischen Roman auch nur in Angriff zu nehmen; er, der im Götz und Egmont den Beweis geführt, dass er wohl ein Ohr hatte für die Stimme des Geistes vergangener Zeiten, aber dem seine Aesthetik sagte, dass eines sich nicht für alle schicke, und was dem Dramatiker recht, dem epischen Dichter noch durchaus nicht billig sei.

Ich gestehe, dass Reinecke Fuchs und gewisse Novellen in den Unterhaltungen der Ausgewanderten und in den Wanderjahren meiner Behauptung, Goethe habe in jede seiner epischen Dichtungen sein ganzes Herz gelegt, nicht recht zu entsprechen scheinen. Aber warum sollte ein so geistreicher Kopf nicht einmal auf den Einfall kommen, eine Welt, die ihm aus den Fugen zu gehen droht, in dem Hohlspiegel der Satire betrachten zu wollen, welcher die Hässlichkeit zur Carricatur steigert und damit wieder in das Reich des Idealen emporhebt. Was die Novelle betrifft, so steht sie, wie wir noch zu erörtern haben werden, unter einer Modification der grossen epischen Gesetze. Hier wollen wir uns nur gegenwärtig halten: wo am epischen Kernholz gehauen wird, da fallen Spähne, aus denen sich noch immer ein bedeutendes Stück, wie »Der Mann von fünfzig Jahren« schnitzen lässt; oder die, sind es wirkliche

Spahne und nichts weiter, in das epische Feuer geworfen, zwar nicht seine Gluth vermehren können, aber doch seine Leuchtkraft zu vergrössern scheinen.

War der Epiker Goethe in diesen wenigen Ausnahmeproductionen nicht ganz er selbst — sonst überall ist er es; ruht ganz auf sich selbst und lässt die Echtheit seines Lebens die Echtheit seiner Dichtungen verbürgen.

Und hat er nun wirklich den Kreis seiner Herzens- und Welterfahrung nach allen Seiten gleichmässig dichterisch durchmessen? Kommen wirklich sämmtliche Epochen, wie ich sie vorhin als Stationen eines normalen sittlichen Lebenslaufes aufgeführt habe, mit voller genialer Kraft, in ganzer keuscher Unmittelbarkeit bei ihm zur episch-poetischen Verklärung?

Von der ersten — dem verhängnissvollen Kampf des jugendlichen Subjects mit der ihm noch als Fremdes, Unbegreifliches, Feindliches gegenüberstehenden Welt — gibt es jeder bereitwillig zu. In »Werthers Leiden« ist der betreffende Fall so reinlich ausgesondert, mit so tiefem Verständniss, so klarer Darlegung aller entscheidenden Momente vorgeführt, dass nichts hinzu-, nichts hinwegzuthun und ein Typ geschaffen ist, der sich mit den obligaten Variationen wiederholen wird, bis auf die Culturwelt von heute eine gefolgt ist, deren Bedingungen von denen der unsern toto genere verschieden sein müssten.

Werthers Leiden sind trotz der Briefform ein Ich-Roman; für die Relation der Katastrophe musste allerdings der Dichter als Erzähler auftreten — für mein Gefühl an dem unsterblichen Werk ein ästhetisches Manco, das freilich, wie das Ganze einmal angelegt, nicht zu vermeiden war. Der Selbstmord des jungen Jerusalem hatte das Metall der Dichtung wohl in Fluss bringen können; aber ein bruchloser Guss konnte es bei diesem Zusammenschmelzen eigener Erfahrung und fremden Schicksals nicht werden. Etwas weniger scharf würde der Riss hervortreten, wäre ein Tagebuch, das bis unmittelbar vor den Tod fortgeführt werden mochte, an Stelle der Briefe getreten. Aesthetisch rein geht die Ich-Form nur auf, wenn der Erzähler zugleich der Herausgeber des Werkes ist. —

Mit der poetischen Wiederspiegelung der zweiten Lebensphase — des zögernden, endlich liebevollen Sich-hingebens des Subjects an die Welt — beginnt das Reich der Modificationen, zu denen sich das epische Schema in der Praxis ebenso verstehen muss, wie jedes andre. Der Dichter nämlich wird jetzt, um den beiden Forderungen des epischen Ideals sicherer gerecht zu werden, den poetischen Schwerpunkt etwas weiter von dem subjectiven Pol nach dem Welt-Pol rücken, indem er aus dem ursprünglichen Ich seines Helden ein Er macht.¹ Wir wissen: im Grunde ist das nur eine Spiegelfechterei; immerhin gleicht der Held in »Wilhelm Meisters Lehrjahren« auch nicht annähernd so völlig dem Menschen Goethe, wie Werther ihm glich. Er erinnert wohl noch in hundert Punkten an den zur vollen Männlichkeit wunderschnell heranreifenden Freund des jugendlichen Herzogs, an den bestimmbaren Geliebten der Frau von Stein, aber die in dem ersten Roman kaum verschleierte Identität des Dichters und des Helden ist aufgehoben. Dasselbe gilt von den Personen, zu denen er in nähere oder fernere Beziehung tritt. Lotte war Charlotte Buff, Albert: Kestner — zu Serlo, den Melinas, Laertes, Aurelie, Jarno, Graf, Gräfin u. s. w. haben ihm zweifellos ganz bestimmte Modelle gesessen. Aber könnte man auch für jede Gestalt das betreffende Urbild so genau feststellen, wie für die »schöne Seele«, es wäre damit nicht viel gewonnen: alle haben erst in den Schmelztiegel der Phantasie eingehen und sich eine Anpassung an die Zwecke des Romans gefallen lassen müssen.

Von dem Stoffe kann man dasselbe sagen. Bei Werther lässt sich von einer Wahl des Vorwurfs nicht eigentlich reden; so wenig fast, wie bei einem Liede, das, wenn es ein echtes ist: »Angedenken du verklungner Freude« — »Füllest wieder Busch und Thal« — mit elementarer Gewalt aus dem übervollen Herzen des Dichters quillt. Bei den Lehrjahren verhält es sich doch etwas anders. Zugegeben, dass das Thema: die Umbildung des in seinen Neigungen, Vorurtheilen, Idiosynkrasieen befangenen, in seinen Zielen unsicheren, seinen Mitteln vielfach fehlgreifenden Subjects zu einem in sich gefesteten, weltbürgerlichen Menschen sich dem Dichter mit zwingender Macht aufdrängte; weiter: dass auch in der Wahl seines Helden für ihn, den selbst aus bürgerlichen Kreisen Hervorgegangenen, von der Theaterleidenschaft früh Erfassten, erst später in das praktische Leben Eingreifenden, in die Welt des Adels Aufgenommenen, eine gewisse Nöthigung lag — so ist das doch cum grano salis zu verstehen. Gewiss hat der Dichter den von ihm beliebten Umstand, dass Wilhelm ein Kaufmannssohn ist, aufs trefflichste verwerthet; aber hätte er ihn einen Beamtensohn sein oder aus einer andern bürgerlichen Sphäre hervorgehen

---

¹ Eine ausführliche Schilderung des Processes habe ich in meinen »Beiträgen zur Theorie und Technik des Romans« (S. 131 ff.) versucht.

lassen — wer zweifelt daran, dass er aus dieser Wendung nicht minder werthvolles poetisches Kapital geschlagen hätte!

In dieser seiner halb gebundenen, halb freien Natur gleicht der Stoff der Fabel. Im Werther war eine gerade Linie zu durchmessen, deren Endpunkt der Tod des jungen Jerusalem fixirte; eine andre gab es nicht. Bei aller Unverrückbarkeit des Zieles in den Lehrjahren, liessen sich, um zu ihm zu gelangen, hundert Wege suchen und finden.

Ist der, für den sich Goethe entschied, der zweckentsprechende?

Er ist es in jeder Beziehung, sowohl auf die nächste Absicht des Dichters: sich selbst zu geben, als auch auf die, welche er unbewusst neben der gewussten verfolgt und, weil sie der epischen Tendenz immanent ist, verfolgen muss: vor dem betrachtenden Blick ein Weltbild zu entrollen. Bittet doch auch Homer die Muse nur, ihm den Zorn des Peliden singen zu helfen, oder die Heimkehr des Laertiaden; und die Göttin erfüllt ihm sein Gebet und giebt ihm das ganze Erdenrund mit allem, was darauf lebt und webt, und den Olymp mit seinen Göttern und die Unterwelt mit ihren Schemen in den Kauf.

Den modernen epischen Dichter innerhalb der Schranken seiner Subjectivität, die er nun einmal nicht durchbrechen kann, ohne seinen intimsten und mächtigsten Zauber preiszugeben, an den Prärogativen des alten Epikers möglichst theilnehmen zu lassen, gewährt vielleicht kein Thema so ungezwungen und ausgiebig, wie das der Lehrjahre. So sind denn auch einige der vorzüglichsten Romane, die wir besitzen — vom Simplicissimus bis Gottfried Kellers »Grünem Heinrich« — auf diesem Boden erwachsen. Muss doch in der Aufzeigung des Entwickelungsganges eines begabten, bildungseifrigen und bildungsfähigen Individuum der Dichter in die Tiefen der menschlichen Seele hinableuchten; in dem beständig wechselnden Contact, in welchen er den Helden mit der Welt zu bringen genöthigt ist — ὁ μὴ δαρεὶς ἄνθρωπος οὐ παιδεύεται — die ganze Breite des Lebens entfalten. Hier in das Einzelne zu gehen, den Process durch seine verschiedenen Stadien zu verfolgen, hiesse, nachdem hellste kritische Lichter jede fernste und dunkelste Ecke abgeleuchtet haben, Eulen nach Athen tragen. Ueber das Ganze kann ich nur aus innigster Ueberzeugung sagen, dass Goethe in diesem Werk auf der Höhe modernen epischen Schaffens steht. Freilich, die Lehrjahre sind nicht nur sein erster, sondern leider auch sein letzter eigentlicher Roman. —

Ein Roman durfte es nicht wohl sein, in welchem der epische Dichter jenen Seelenzustand des sittlichen Menschen zum Ausdruck bringt, welchen ich vorhin als dritte Sphäre und reine Mitte der gegenseitigen Durchdringung von Subject und Welt in vollkommener bruchloser Harmonie definirte. Denn dieser Zustand bezeichnet einen Culminationspunkt und ist, als solcher, etwas Transitorisches, welches gestern noch nicht war und morgen nicht mehr sein wird. Zur epischen Wiederspiegelung dieses entzückenden Phänomens ist die Novelle weitaus geeigneter.

Ich habe »Hermann und Dorothea« vorhin — gewiss zur Verwunderung eines und des andern unter Ihnen — eine Novelle genannt. Hier ist der Ort, diese Namengebung zu rechtfertigen.

Nun aber mögen wir die Goethische Definition in den Gesprächen mit Eckermann (I. 220.) »Was ist die Novelle anders, als eine sich ereignete unerhörte Begebenheit?« einfach acceptiren, oder an die erweiterte Form und psychologische Vertiefung denken, welche diese Dichtungsart in der neueren Litteratur gefunden hat, immer wird ihr Charakter bleiben, dass sie — zum Unterschiede von dem Roman, in welchem eine Entwickelung der Charaktere, mindestens des Helden stattfindet — fertige Charaktere aufeinander treffen lässt, die sich in dem Contact nur zu entfalten, gewissermassen auseinanderzuwickeln haben. Weiter: dass, damit die Wirkung des Contactes sich nicht zersplittere, nur wenige Personen in Mitleidenschaft gezogen werden dürfen, und so das Resultat bald hervorspringen, d. h. die dargestellte Handlung kurzlebig sein wird.

Ist dies nun aber die Signatur der Novelle, so wüsste ich in der That nicht, wie Hermann und Dorothea anders zu rubriciren wäre, man müsste denn in der Versification ein Criterium sehen, das die Dichtung in eine andere Gattung — sagen wir also mit Humboldt: bürgerliche Epopoe — verweist. Und dagegen möchte ich entschieden Einspruch erheben. Mag die Lyrik mit dem Vers stehen und fallen, — das Drama und wahrlich auch die Epik ruhen auf festerem Grund. Auch nicht eine der edlen Qualitäten der Dichtung braucht geopfert zu werden, wenn wir sie uns in ungebundener Rede denken: nicht das rasche Fortschreiten der bruchlosen Handlung; nicht die herrliche Plastik der Gestalten; nicht die klare Herausarbeitung der sie umgebenden Natur, oder ihres gesellschaftlichen Milieu. Wollen wir doch den ästhetischen Werth des Verses nicht zu hoch veranschlagen! doch nicht vergessen, wie oft er nur ein bauschiges Gewand ist, geistige Armuth und dichterische Ohnmacht dem weniger scharfsichtigen Auge zu verhüllen! uns daran erinnern, wie die gebundene Rede des Werther in Schönheit und eindringlicher Kraft mit der gebundenen von Hermann und Dorothea getrost den Wettstreit aufnehmen kann!

Das scheint fast eine Abschweifung. Aber auf eine besondere Eigenthümlichkeit der Novelle muss ich Ihre Aufmerksamkeit lenken: die im Verhältniss zum Roman viel lockerere Bindung nämlich, welche bei ihr zwischen der Individualität des Dichters und seinem Stoff stattfindet. Handelt es sich doch bei ihr in erster Linie um die unerhörte Begebenheit, erst in zweiter um die Individualität des Erzählers, ja, um diese so wenig, dass er die Begebenheit keineswegs selbst erlebt, nicht einmal erfunden, sondern — man denke an jene von Jahrhundert zu Jahrhundert fortgeerbten, wieder und immer wieder behandelten Stoffe! — nur gefunden und etwa noch dem Geschmack und Verständniss seines Publikums angepasst zu haben braucht.

Diese Einsicht aber in die Natur der Novelle ist nothwendig, denn sie löst den Widerspruch, in welchen ich mich verstrickt zu haben scheine, wenn Hermann und Dorothea jene von mir behauptete straffe Bindung des epischen Dichters und seiner individuellen Erfahrung an sein Werk so wenig erkennen lässt, dass — lassen wir die Modification nicht gelten — diese Dichtung allerdings in dem Schema nicht unterzubringen wäre.

Denn welche Gemeinschaft, als dass sie von Kopf zu Fuss ganze Menschen sind, hätte der Weimarer Geheimrath mit dem Gastwirthssohn Hermann? Ebenso die andern Personen der Novelle — sind sie auch ganz gewiss — anders thut es Goethe schlechterdings nicht — nach bestimmten Modellen gearbeitet, die wir in den Eltern Hermanns noch deutlich zu erkennen glauben, und wie sie der Dichter früher und später bei seinen Wanderungen rheinauf-rheinab, in den thüringischen Landstädtchen oder wo immer beobachtet hatte — wie fern stehen sie den gesellschaftlichen Kreisen, in denen er in Wirklichkeit verkehrt und aus denen er sich sonst für seine epischen Dichtungen die repräsentativen Menschen holt! Die Haupthandlung: Hermanns glückgekrönte Werbung um die Vertriebene — er hat sich nie in einer annähernd ähnlichen Situation befunden.

Dennoch, war es ein Zufall, der Goethen in der Erzählung von den Salzburger Vertriebenen das Motiv zu Hermann und Dorothea in die Hand spielte — sicher ist es keiner, wenn er auf der Höhe seiner idealen Freundschaft mit Schiller, in der Akme seines Lebens seine idealste epische Dichtung schuf.

Und finden wir beim Betreten und Durchwandern des Hauses den Hausherrn nicht anwesend — es ist so mit seinem Geiste erfüllt, mit dem Duft seiner Persönlichkeit —

wir meinen, er müsse jeden Augenblick aus dieser, aus jener Thür uns entgegentreten. Wie athmet aus jedem Verse, jedem Worte seine schöne, von keinem Dunst der Leidenschaft getrübte, reine, stille Seele! Hermann und Dorothea konnte nur von Goethe und von ihm nur in dieser Periode seines Lebens gedichtet werden. —

Wir treten aus ihr in die vierte, die aber besser als Episode zu bezeichnen wäre; für den, der sie zu durchleben hat, bei aller Süssigkeit um so qualvoller, als die gegen die Welt und ihre Satzungen sich aufbäumende Leidenschaft nicht mehr, wie in Werthers Fall, in der überschäumenden Jugendkraft und der Unbekanntschaft mit dem Leben, wenn nicht Rechtfertigung, so doch Entschuldigung findet; sondern Lebensalter und gesellschaftliche Stellung; die Philosophie der Entsagung, zu welcher man sich bekennt; die angewohnte Achtung vor der Ordnung, die man gewahrt wissen will, und wäre dabei eine Ungerechtigkeit nicht zu vermeiden — alle diese ungeheuren, für den sittlichen Menschen unüberwindlichen Mächte ihr feierliches Veto sprechen.

Auch für diesen Fall ist die auf Concentration und rasche Entscheidung dringende Novelle offenbar die geeignetste epische Form, welche denn auch vom Dichter mit sicherem Tacte gewählt wurde.

Dennoch ist die Frage erlaubt, ob die »Wahlverwandtschaften« durch straffere Zusammenziehung der Handlung und raschere Herbeiführung der Entscheidung, d. h. durch strengere Beobachtung der Natur dieser Dichtungsart nicht wesentlich gewonnen hätten. Zwar ihrer Forderung, nur wenige Personen auf den Plan zu bringen, scheint ja die sorgsamste Rechnung getragen. Dann aber — dies ist ihr nothwendiges Correlat — dürfen die etwa nöthigen Nebenpersonen weder sehr zahlreich sein, noch das Interesse in einem höheren Grade auf sich lenken. Hierin, däucht mir, hat es der Dichter versehen: Luciane, Mittler, der Graf, die Baronesse, der englische Herr, der Architect, der Gehilfe — es sind ihrer zu viele und sie nehmen einen zu breiten Raum ein. Was um so peinlicher auffällt, als eine und die andre Hauptperson zeitweise von der Bühne verschwindet. Auch kann ich nicht finden, dass die Tragik einer gestörten Ehe in den Wahlverwandtschaften zu ihrer höchsten Höhe gegipfelt ist, die wohl nur ihre ganze Furchtbarkeit offenbart, wenn der Wunsch nach Trennung nicht von den beiden Betheiligten genährt wird, sondern nur von der einen Seite, während sie für die andre die vollständige Vernichtung des Lebensglückes, auch wohl den physischen Tod bedeutet. Wie der Fall hier liegt, haben weder

Eduard noch Charlotte ein leidenschaftliches Herzensinteresse an der Aufrechthaltung der Ehe; die Bedenken und Hinderungsgründe erweisen sich als conventionelle, besten Falls moralische. Aber Convention und Moral sind für die Poesie zu abstracte Mächte, als dass sie unsre Theilnahme bis zu dem nöthigen Grad der Lebhaftigkeit erregen könnten. Auch das Motiv der Doppelliebe über Kreuz auf Grund der Wahlverwandtschaften ist zwar sehr geistreich, nur dass es leider durch seine mathematische Construction erkältend wirkt. Ein unerfreuliches Resultat, welches durch den Ottiliens Wesen beigemischten pathologischen Zug bedenklich verstärkt wird. Man urtheile über den freien Willen so oder anders: für die moderne Poesie können wir ihn nicht entbehren, wir gerathen sonst aus der Psychologie in die Psychiatrie, aus der Poesie in die Wissenschaft und noch dazu in ihre dunkelsten Gebiete. Mag »die Moderne« gierig nach dergleichen Hilfsmitteln greifen, um die Realität ihrer Gebilde scheinbar zu erhöhen und ihren Effecten die gewünschte nervenerschütternde Wirkung zu sichern — von Goethes Kunst verlangen wir einfachere Mittel. Auch ist nicht abzusehen, wesshalb der Dichter hier seine Zuflucht zu Motiven nimmt, welche ausserhalb der sittlichen Sphäre liegen, wenn er seine Zwecke innerhalb dieser vollauf erreichen konnte. So erwarte ich von der so viel zarter besaiteten Ottilie gewiss nicht, dass sie den Tod des Kindes wie die andern empfinde, für welche im Grunde nur etwas, das überall nicht hätte sein sollen, verschwunden und damit die frühere Lage wiederhergestellt ist. Dennoch liegt in der Hartnäckigkeit, mit welcher das holde Geschöpf für sich eine Schuld construirt, die für die andern — und ebenso für den Leser — nicht existirt, und durch die sie sich selbst, mit sich den Geliebten — denn sie muss, oder müsste wissen, dass er sie nicht lange überleben wird — zu Grunde richtet und Charlottens und des Hauptmanns Zukunft auf das schwerste compromittirt — in dieser Hartnäckigkeit, sage ich, liegt eine Schwäche, oder Ueberspanntheit — auch in der Gemüthssphäre berühren die Extreme sich — die wohl Mitleid erweckt, aber nicht das tragische, das allein der wahren Kunst geziemend ist.

Diese Ausstellungen sind es, welche mich verhindern, den ästhetischen Werth der Wahlverwandtschaften so hoch zu schätzen, als es gemeiniglich geschieht. Jedenfalls spüren wir in dieser Novelle, die schon so stark an der Natur des Romans participirt, wieder im entsprechenden Maasse das Walten des uns bekannten epischen Gesetzes von der straffen Bindung des Stoffes an die subjective Erfahrung des Dichters. Hier steht er wieder auf seinem Eigenen und Eigensten. Dies sind — ach! nur zu ersichtlich! — seine Herzenskämpfe; dies ist die geistige Atmosphäre, in der zu leben, das gesellschaftliche Milieu, in dem zu verkehren er gewohnt war. Dies sind sogar — wie die architectonischen und gartenkünstlerischen Excurse — seine Liebhabereien und Steckenpferde.

Und er selbst?

Es wird gewiss niemand ernstlich einfallen, wie in Werther, so sein Abbild in Eduard sehen zu wollen, dem Manne, der, nach Art so mancher vornehmen Leute, in allen andern Dingen dilettirt und es nur mit der Liebe ernsthaft nimmt; und den man so — mindestens in ersterer Beziehung — das Widerspiel seines Dichters nennen könnte.

Aber es kommen für den modernen epischen Dichter Fälle, wo er sich, gerade weil er aus seinem Allereigensten schafft und mit seinem Herzblute schreibt, einen Helden wählt, den »er selbst nicht leiden kann«, aber »so braucht« — so unähnlich braucht, will er den Geschichtenträgern und Gebehrdenspähern mit ihrem hämischen »de te fabulam narras« klüglich aus dem Wege gehen. —

Wir treten in das fünfte und letzte Stadium: das der völligen Resignation des Subjects auf individuelles Glück und seiner rückhaltlosen Hingabe an die Gesammtheit. Der Mensch in diesem Stadium hat gewiss Anspruch auf unsere Anerkennung, Dankbarkeit, Ehrfurcht, Bewunderung; aber der persönliche Zauber, der ihn umgab, als er noch für sich selbst lebte, strebte, warb, und selbst die gefangen nahm, die den treibenden Egoismus wohl herausfühlten, ja, völlig durchschauten, vielleicht gar empfindlich unter ihm litten — dieser Zauber wird sehr wahrscheinlich von ihm gewichen sein. Die junge Männerwelt wird ihm nicht mehr zujauchzen, die Herzen schöner Frauen nicht mehr für ihn schlagen.

Es ist das Schicksal, das den modernen epischen Dichter erwartet. Dem alten Epiker mochte es bei dem geringen Umfang der ihm und seinen Zuhörern bekannten Welt wohl gelingen, die Antinomie der beiden epischen Grundtendenzen: nur aus der eigenen Erfahrung und Beobachtung heraus dichten zu können und doch ein Totalbild des Lebens geben zu sollen, bis auf einen minimalen Rest zu schlichten. Ihm, dem modernen, erwächst die böse Alternative, entweder, sich in dem engen Kreis seiner Erfahrung haltend, lebenskräftig zwar zu schaffen, aber mit Verzicht auf den ungeheuren Rest, der zur Totalität des Weltbildes nothwendig wäre; oder, über ihn hinausschweifend, den festen Boden unter den Füssen zu verlieren, der für keine Kunst so unentbehrlich ist, wie für die seine.

Ist der Mann nun kein wahrer Poet und Erfinder, sondern nur ein Macher und Finder, dem es nicht verschlägt, ob sein Herz Antheil an der Sache hat, oder nicht, und steht er dabei in der Kraft seiner Jahre und seines Talentes, so schreibt er etwa eine endlose Reihe von Rougon-Macquart-Romanen; ist er ein wirklicher Dichter, und hat etwa der Anhauch des Alters die farben- und gestaltenfrohe Fabulirungslust der Jugend getrübt, so redigirt er die »Wanderjahre«, in denen ebenfalls eine Welt aufgebaut wird, aber nicht in sinnverwirrendem Detail, wie dort, sondern in Umrissen, Andeutungen, grossen Perspectiven mit Zuhilfenahme von Symbolik und Allegorie. Wie verschieden nun diese beiden Welten ausfallen mögen, eines ist ihnen gemeinsam: dass sie ein poetisches Spiegelbild der wirklichen nicht mehr sind; dort der Dichter dem fingerfertigen Reporter und gewandten Momentphotographen, hier dem grossherzigen Philanthropen und weit in die Zukunft schauenden Propheten den Platz geräumt hat.

Eine weitere Folge der Natur der epischen Kunst, als der, welche von den redenden Künsten zumeist auf das Modell (als welches wir in erster Linie ihn selbst, sodann das ihn umgebende actuelle Leben anzusehen haben) angewiesen ist, besteht darin, dass ihre Gebilde der Vergänglichkeit viel mehr ausgesetzt sind, als die der andern. Die Zeiten wandeln sich und die Menschen mit ihnen. Die von heute denken, fühlen, ja, sehen und hören bereits anders, als die im ersten und zweiten Drittel des Jahrhunderts lebenden Geschlechter. Wir Aelteren und Alten wissen davon zu sagen. Wie schwer fällt es uns oft, die Weltanschauung der inzwischen herangewachsenen Generation zu verstehen! wie unmöglich so häufig jener, sich in die unsere zu versetzen! Und diese Metamorphosen folgen einander in immer schnellerem Tempo; ein Jahr verrichtet jetzt das Werk eines früheren Jahrzehnts; ein Jahrzehnt das eines ehemaligen Menschenalters, ja, eines Jahrhunderts. Nun aber will jede Zeit zuerst und zuletzt sich selbst in dem Spiegel der epischen Dichtung sehen. Was Wunder, dass sie Werke, die ihr diesen Dienst nicht, oder nicht mehr leisten, verdriesslich, oder gleichgiltig bei Seite legt! Manzonis Promessi sposi — jeder kennt den Titel; aber wie wenige haben das Buch gelesen! Tom Jones, Humphry Clinker, in ihrer Art ausgezeichnete Romane — wer hat noch Freude daran! Gestalten, wie Copperfield, Pendennis, voll blühendsten Lebens, als wir jung waren, wie schattenhaft dünken sie den Jünglingen von heute! Selten trifft man in der Gesellschaft noch jemand, der in Balzacs, Victor Hugos, George Sands Romanen gut Bescheid wüsste, und kaum einen, dem nicht Gil Blas, La nouvelle Héloise, Candide, Faublas Bücher mit sieben Siegeln wären.

Dass die Todten diesseits des Rheines nicht weniger schnell reiten als jenseits, dafür ist in dem Lande der Dichter und Denker gesorgt.

Den Meisterstücken der lyrischen und dramatischen Kunst ist ein freundlicheres Loos geworden; jenen, weil sie unmittelbar aus der Quelle aller Kunst und Poesie: aus der Tiefe des menschlichen Gemüthes schöpfen, über welche Jahrtausende hinwegrauschen können, ohne Zusammensetzung und Farbe ihrer Quellwasser wesentlich zu verändern; diese, weil sie bei ihrer Aufgabe, dem Jahrhundert und Körper der Zeit den Abdruck seiner Gestalt zu zeigen, doch von dem, was an ihr das Vergänglichste ist: ihrem Kleide, vornehm absehen dürfen. So kann man sich wohl denken, dass die schönsten von Horaz Oden, oder Goethes Liedern, das Prooemium von Childe Harold, dieses und jenes Chanson von Béranger sogar noch nach Jahrhunderten von ihrem Perlenwerth nichts eingebüsst haben; und Menschen in die Theater strömen werden, König Lear in der Sturmnacht über die Haide rasen zu sehen; mit dem melancholischen Dänenprinzen zu fragen: ob Sein oder Nichtsein besser sei; oder mit Faust den Erdgeist heraufzubeschwören.

Nun liegt auf der Hand, dass die Chance der Dauerbarkeit für die epischen Dichtungen um so grösser sein werde, je mehr sie an den Eigenschaften participiren, welche den lyrischen und dramatischen Schutz gegen den vernichtenden Einfluss der Zeit gewähren. Auch sie müssen aus dem Herzen des Dichters fliessen, wie ein lyrisches Gedicht; auch sie aus der von dem wechselnden Wind des Tages nicht berührten Grundwelle des Lebens schöpfen, wie das Drama. Endlich: sie müssen, wie ein bestes lyrisches Gedicht, ein vorzüglichstes Drama, formvollendet, ganz geformter Stoff sein; auch nicht das kleinste Partikel in sich dulden, das nicht durch das Feuer der Phantasie hindurchgegangen und geläutert wäre; müssen, mit einem Worte, alles das aufweisen und erfüllen, was ich vorhin von dem dichterischen Roman verlangt habe.

Ist das aber richtig, so haben Goethes epische Dichtungen einen grösseren Anspruch, auf die Nachwelt zu kommen, als tausend und tausend andere. Wen muthen Werthers Leiden nicht an, wie ein mächtiges lyrisches Gedicht? Die Lehrjahre sind, wenn nicht in der Form, so doch im Geist, wie Werther, ein Ich-Roman und ein Haupt-

stück jener Generalbeichte, für die wir, nach des Dichters
Ausspruch, seine sämmtlichen poetischen Werke zu nehmen
haben; Hermann und Dorothea durchströmt dieselbe Grundwelle naiver Menschheit, die in den homerischen Epen feier-
lich rauscht; die Wahlverwandtschaften bergen, wie jede
gute Novelle, starke dramatische Elemente und haben in
demselben Maasse Theil an der Leicht- und Dauerlebigkeit
des Dramas. Von den Wanderjahren sehe ich hier ab; sie
gehören, wie wir uns überzeugten, nicht dem Publicum,
das sich an epischen Dichtungen ergötzen will; gehören
dem Leser, für welchen auch Aristoteles Politik, Platons
Staat und die Utopia des Thomas Morus geschrieben sind.

Und alles Uebrige wäre nun wirklich eiserner epischer
Bestand?

Wer darf hier wagen, als wahrhaftiger Prophet aufzutreten?

Vermuthen muss man freilich leider, es werde der Rost
der Zeit auch diesen Bestand, der uns, den Goethe-Ver-
ehrern, heute noch heilig ist, übel benagen; vielleicht —
wer weiss es? — nichts unversehrt lassend, als etwa
Werthers Leiden und Hermann und Dorothea.

Aber wenn sie auch keinem in allen seinen Theilen
zweifellos klassischen Ganzen angehören, wer möchte es
für möglich halten, dass Gestalten wie Ottilie, der Harfner,
Mignon je aus dem Gedächtnisse der Menschen schwinden
könnten!

Doch das sind weitausschweifende Fragen, die jeder
nach seiner Stellung zu Goethe so oder anders beantworten wird.

Aber eine Uebereinstimmung ist auch für eine zweite
Frage nicht zu hoffen, trotzdem sie so viel näher und im
Bereich unsrer Wissenschaft zu liegen scheint: wie steht
die epische Kunst von heute zur Goethischen? ist sie ihr
noch und wie weit tributär? Oder aber: wie weit hat
sie sich losgelöst willkürlich und zu ihrem Schaden? oder
nothgedrungen und zu ihrem Vortheil?

Das nun wäre, wollte man es in aller Ausführlichkeit
bringen, ein langes, sehr langes Capitel. Ich muss mich
hier auf einige wenige Andeutungen beschränken, ver-
suchend, so gut es gehen will, zwischen den Schwärmern
an beiden Enden die goldne Mittelstrasse zu verfolgen.

Giebt es doch solche, welche mit der Würde der
Unfehlbarkeit behaupten, es seien seit Goethe nennenswerthe
Romane und Novellen nicht mehr geschrieben worden;
andre, die im Gegentheil dafür halten: die Kunst des
Romane- und Novellendichtens datire erst — und dann

wird mit Vorliebe ein Datum genannt, das mit der Veröffentlichung des ersten Werkes des Betreffenden ungefähr zusammenfällt.

Da drängt sich denn wohl dem Unbefangenen die Vermuthung auf, dass jene zwar in Goethes epischen Dichtungen vorzüglich bewandert sein mögen, die neue Litteratur aber nur eben angeblättert haben; bei diesen aber das Umgekehrte der Fall sein dürfte. Man kann sich bei so weitem Auseinanderfliegen der Ansichten nur mit denen zu verständigen hoffen, welchen Goethes Dichtungen aus der Gelehrtenschule in das Leben folgten, ohne ihnen zum beschränkenden Dogma zu werden; vielmehr zum Ansporn, das um sie Waltende und Webende mit offenen redlichen Sinnen zu erfassen.

Sie aber werden willig zugestehen, dass, seit Goethes Hand der epische Griffel entsank, das Milieu, welches den epischen Dichter umwogt, und das er, das eigentliche Weltkind unter den Propheten, durchaus beherrschen muss, schier ins Unendliche gewachsen ist. Dabei spreche ich nicht von der Roman- und Novellenlitteratur sämmtlicher moderner Culturvölker — ein Thema, das ins Grenzenlose führen würde — sondern speciell von der unsern. Wie verhältnissmässig beschränkt war das Milieu in Goethes Tagen! an einer wie verhältnissmässig kleinen Provinz des Gebietes liess sich der grosse Meister selbst noch genügen! Die Adelswelt; das Bürgerthum in seinen höheren soliden Schichten; die Kunst, so weit sie salonfähig ist, oder dazu beiträgt, die Monotonie des Lebens der upper ten thousand in angenehmer Weise zu beleben! Zu den höchsten souveränen Kreisen blickt der epische Dichter besten Falls aus respectvoller Ferne auf; den tieferen Schichten der Gesellschaft entnimmt er wohl hie und da eine Gestalt, aber kaum je um ihrer selbst willen: nur als utilité — wie es in der französischen Theatersprache heisst — nicht als repräsentativ für die dunkle Masse, aus der sie auftaucht und von der sich der bedeckende Schleier niemals lüftet.

Seitdem zog eine Gesellschaftsklasse nach der andern, ein Beruf nach dem andern in die epische Arena. Die Mahnung, das Volk bei seiner Arbeit aufzusuchen, war im Grunde der Stoss gegen die offene Thür. Hatte doch Goethe bereits auf diesen Weg gewiesen und in den Wanderjahren dem Handwerk die poetische Weihe ertheilt, zu der die Romantiker gern ihr Amen sprachen. Das Bauernhaus, das Kaufmannscontor, die Gelehrtenstube — sie waren ja alle schon erschlossen gewesen; aber ihre letzten Geheimnisse mussten sie jetzt erst hergeben; die Schwelle fürstlicher Säle und Gemächer bildete keine

Schranke mehr für die Stoffhungrigen. Einige besonders Kühne behaupteten sogar, dass die politische Arbeit — und sie erst recht — in das Programm gehöre. Selbst die Hungrigsten durften auf Sättigung hoffen, als die Grossstadt, die im eigentlichen Sinne bis über die Mitte unsers Jahrhunderts hinaus für Deutschland nicht vorhanden gewesen war, den epischen Rittersmann und Knapp herausforderte, in ihren Schlund zu tauchen. Und die Herausgeforderten in hellen Schaaren herbeieilten und die purpurnen Tiefen nach allen Richtungen durchforschten, kostbarste Perlen, aber auch widerlichsten Schlamm zu Tage fördernd.

Doch an Breite nicht nur hatte das epische Stoffgebiet gewonnen; es war auch wesentlich vertieft worden. Die Früheren, Goethe voran, hatten die Sonne denn doch zu lieb gehabt und die Sterne; nur anzudeuten gewagt, was durch das Labyrinth der Menschenbrust nächtig wandert; waren an den Rabensteinen der Menschheit vorbei, vorbei gestrichen. Jetzt scheute man vor der Schatten dunklem Reich nicht mehr zurück; die schönen Seelen glaubte man zur Genüge zu kennen; man wollte wissen, wie es in der einer emanzipirten, in Selbstanbetung sich verzehrenden Vollblutaristokratin, wie Marie Baschkirtzeff, und wieder in den Seelen der Armen und Elenden aussah, welche mit der Noth täglich und stündlich um ihre Ehrbarkeit und Ehrlichkeit ringen. Und wenn in dem deutschen Romanhelden-Album der Raskolnikowtyp nicht zur klassischen Prägung kam, lag es nur daran, dass sich unter unsern Romanciers kein Dostojewski fand. Auch hüllen sich Sünde und Laster mit nichten immer in Lumpen; man spürte — und mit besonderem Eifer — dem Verbrechen in Sammet und Seide, der geschminkten Sünde, dem Laster nach, das sich — nach Heines Ausdruck — mit Rosenöl wusch. Gräfinnen, die sich über einen unerlaubten Kuss Gewissensbisse machen, wurden zu Fabelwesen; Philine hätte über die Gefolgschaft, die man ihr gab, verwundert das hübsche Köpfchen geschüttelt; ehrbare Frauen, waren sie sicher im Leben nicht ausgestorben, schwanden zusehends aus der Dichtung.

Aber auch die mittleren Regionen des Seelenlebens, in denen sich Tugend und Sünde auf halbem Wege begegnen, für den feineren Psychologen die interessantesten Fälle zeitigend, wurden mit nimmermüdem Eifer durchsucht. Hier war es vor allem, wo die Novelle ihre ergiebigste Ausbeute fand und, von grossen Talenten gepflegt, eine Fruchtbarkeit sondergleichen entfalten konnte, uns in Hülle und Fülle goldene Früchte in silbernen Schaalen bietend.

Ich glaube mich keines Widerspruchs schuldig zu machen, wenn ich in demselben Athem hinzufüge, dass trotzdem der Gewinn der Dichtkunst im Verhältniss zu der Masse kein so gar grosser ist. Von den Hunderten und Aberhunderten, die sich herzudrängen, hat kaum einen die epische Muse geküsst; hat kaum einer auch nur eine Ahnung von der ungeheuren Kluft, die den Roman- und Novellenschreiber von dem Roman- und Novellendichter trennt; und welches Quantum von angeborener Begabung, vor allem: welcher Aufwand von Fleiss dazu gehört, die Kluft zu überbrücken. Der, welchem die epische Dichtkunst Herzenssache ist, möchte schier verzagen, blickt er auf die wüste Schaar, welche in den ihm geheiligten Raum schwärmt, und wenn nicht in dem Adyton, zu dem es freilich nie gelangt, so doch in dem Vorhof seine Buden aufschlägt, und sein Talmi-Gold und seine Simili-Diamanten der Menge feilbietet, die mit allen Händen zugreift und freilich nicht besser ist, als die Waare.

Dennoch darf und muss ich sagen — zum Trotz der Liebedienerei, die man in Deutschland der Production des Auslandes entgegenträgt, dass der deutsche Roman, die deutsche Novelle, was den Kunstwerth betrifft — und er allein ist, wenn nicht für den Moment, doch für die Zukunft entscheidend — der ausländischen epischen Kunst nicht nur nicht nachsteht, sondern sie entschieden übertrifft. Wir haben keinen Zola, es ist wahr. Und willig gebe ich zu, dass er und die sonstigen französischen, russischen, skandinavischen Roman- und Novellenmatadore fast ohne Ausnahme sehr fleissige, sehr unterrichtete, meistens recht unterhaltende, zum Theil sogar glänzende Schriftsteller sind, und kann ihnen doch als epischen Dichtern einen hohen Rang nicht einräumen. Ihre mit solcher Gier aus allen Ecken und Enden zusammengerafften »documents humains« sind keine Kunstgebilde, wollen es ja auch gar nicht sein. So haben sie ihren Lohn dahin und werden mit ihren deutschen Nachbetern und Nachtretern der Vergessenheit verfallen, wenn die Mode gewechselt hat und das Interesse an dem Stofflichen verflogen ist. Unsre Gustav Freytag und Gottfried Keller, Paul Heyse und Theodor Storm stehen nicht nur meinem Herzen näher; ich bewundere in ihnen, die sich ehrfurchtsvoll der vis suprema formae beugen, auch die weitaus grösseren Künstler.

Nicht als ob ich alles, was sie geschrieben, für vollkommen hielte! Ich habe auch mit den Ausstellungen nicht zurückgehalten, die ich an den Werken Meister Goethes machen zu müssen glaubte.

Denn unser aller Meister ist er trotzdem und wird es immer bleiben.

Mag die Welt, die wir heute zu schildern haben, so viel bunter und reicher sein, als die ihn umgab; mögen wir desshalb mit den verhältnissmässig einfachen Farben, die er auf der Palette hatte, und welche für die bescheidenen Dimensionen seiner Gemälde genügten, nicht länger auskommen — das ist das Entscheidende nicht.

Entscheidend ist die Erkenntniss, dass des epischen Dichters einziges Geschäft darin besteht, handelnde Menschen darzustellen, die er nach seinem Bilde schuf, und zu deren Verständniss es keiner abstracten Schilderung bedarf, auch nicht der geringsten; keiner prosaischen Erklärung, auch nicht eines Wortes, weil sie sich selbst durch ihr Handeln schildern und erklären.

Wo Goethe ganz diesem Sinne ergeben war — und er war es fast immer — da hat die Sonne Homers auch ihm geleuchtet.

Wie sie den spätesten Epigonen leuchten wird, wenn sie den Gesetzen gehorsamen, welche nicht Willkür ersann, sondern die heilige Sache der Kunst selbst dictirt hat.

ZEHNTER JAHRESBERICHT

DER

GOETHE-GESELLSCHAFT.

Am 16. Mai 1894 trat der Vorstand der Goethe-Gesellschaft zu der satzungsgemässen Jahressitzung zusammen, um den Geschäftsgang des verflossenen und die Voranschläge des laufenden Jahres zu prüfen, sowie die Tagesordnung der bevorstehenden Generalversammlung festzustellen. Von den gefassten Beschlüssen hat nur einer für die Allgemeinheit der Gesellschaft eine solche Bedeutung, dass es gerechtfertigt erscheint, auf ihn kurz des Näheren einzugehen.

Wiederholt war aus den Kreisen unserer Mitglieder der Wunsch ausgesprochen worden, der in jeder Generalversammlung gehaltene Festvortrag möge allen Mitgliedern durch baldigen Abdruck in dem Goethe-Jahrbuche zugänglich gemacht werden. So berechtigt dieser Wunsch auch war, so lag eine Schwierigkeit für die Erfüllung darin, dass das Jahrbuch etwa 2 Monate *vor* der Generalversammlung erschien und der Abdruck im nächstjährigen Bande etwa 10 Monate zwischen die Abhaltung des Vortrages und sein Erscheinen gelegt, damit aber das Interesse abgeschwächt haben würde, zumal es durch die ganze oder theilweise Veröffentlichung in Zeitungen und Zeitschriften schon einigermassen befriedigt war. Wollte man also den Wunsch unserer Mitglieder erfüllen, so musste trotz mancher dagegensprechenden Bedenken, die Erscheinungszeit des Jahrbuches abgeändert werden.

Und in diesem Sinne ist der Beschluss von dem Vorstande gefasst worden.

Vom Jahre 1895 ab wird das Goethe-Jahrbuch in der zweiten Hälfte des Monats Juni ausgegeben und an die

Mitglieder versendet werden, so dass es jedesmal den in der Pfingstwoche gehaltenen Festvortrag wird enthalten können. Indem der Vorstand es so ermöglicht hat, berechtigten Wünschen entgegenzukommen, hofft er auch dem Jahrbuch damit neue Freunde zu gewinnen.

Der Vorstandssitzung schloss sich am 17. Mai die IX. Generalversammlung in dem grossen Saale der »Erholung« zu Weimar an. Leider war auch dies Mal unser verehrter Präsident, Excellenz *Dr. von Simson*, durch Gesundheitsrücksichten verhindert, an der Versammlung Theil zu nehmen, und hatte *Dr. Ruland* beauftragen müssen, die Versammlung an seiner Stelle zu leiten. Nach ehrerbietiger Begrüssung der auch diesmal die Versammlung durch ihre Gegenwart beehrenden Grossherzoglichen und Erbgrossherzoglichen Herrschaften, und den ungewöhnlich zahlreich versammelten Mitgliedern und Gästen für ihr Erscheinen dankend, wies *Dr. Ruland* mit einigen Worten auf den diesmaligen Schmuck des Saales hin, eine soeben vollendete Büste Goethes, den Dichter im Alter von etwa 60 Jahren darstellend, welche die Gefälligkeit des Künstlers, Bildhauer *Carl Rumpf* in Frankfurt a. M., unserer Versammlung zur ersten Ausstellung überlassen hatte.

Von dem Jahresberichte brauchte nur eine kurze Uebersicht gegeben zu werden, da derselbe sich schon gedruckt in den Händen der Mitglieder befand, und da ferner seine im Ganzen erfreulichen Ergebnisse zu keiner Erörterung Anlass gaben, ertheilte der Vorsitzende alsbald Herrn *Dr. Paul Heyse* das Wort zu dem von ihm freundlichst übernommenen Vortrage über «Goethes Dramen in ihrem Verhältnisse zur heutigen Bühne». Herzlicher und einstimmiger Beifall dankte dem Redner für seine geistvollen Ausführungen, die die Versammlung in dem Banne gespanntester Aufmerksamkeit zu fesseln gewusst hatten.

In dem nach kurzer Pause sich anschliessenden geschäftlichen Theil der Generalversammlung hatte zuerst die Neuwahl des Vorstandes für die Periode 1895/97 stattzufinden. Auf den von Herrn Professor *Dr. Stern* (Dresden) unterstützten Antrag Herrn Director *Vogelers* (Berlin) beschloss die Versammlung einstimmig die Wiederwahl des bisherigen Vorstandes durch Zuruf. Der Vorsitzende erklärte im Namen des Vorstandes die dankende Annahme und zugleich die Verlängerung des Mandats des Geschäftsführenden Ausschusses für die gleiche, mit 31. December 1897 ablaufende Wahlperiode.

Der eingehende Bericht des Schatzmeisters, Herrn Commerzienrath *Dr. Moritz*, über die erfreuliche Vermögenslage der Gesellschaft wie über die von dem Vorstand schon geprüfte Jahresrechnung 1893 gab zu keinen Bemerkungen Anlass und wurde dem Schatzmeister einstimmig dankende Decharge ertheilt.

Die Berichte der Vorstände der Goethe-Bibliothek, des Goethe-Archives und Goethe-Museums lagen im Wesentlichen schon in dem gedruckten Jahresberichte vor, konnten aber doch noch weitere Beweise einer gedeihlichen Entwickelung dieser Anstalten beibringen.

An das am Nachmittag abgehaltene Festmahl schloss sich im Grossherzoglichen Hoftheater eine Aufführung von Goethes Pandora mit der Lassen'schen Musik und Schillers Demetrius-Fragment.

* * *

Das mit dem 31. December 1894 abschliessende Geschäftsjahr kann, wie aus dem untenfolgenden Berichte des Schatzmeisters erhellt, in Bezug auf die allgemeine Lage nur als ein günstiges bezeichnet werden, und doch blicken wir mit Wehmuth auf dasselbe zurük. Der Tod hat uns wieder einige dreissig bewährte Mitglieder und zum Theil thätige Mitarbeiter entrissen, und unter ihnen einen der treuesten Freunde, *Seine Königliche Hoheit den Erbgrossherzog Carl August*, † 20. Nov. 1894 zu Cap St. Martin.

Von der Zeit der Begründung an hat der hohe Verstorbene Allem, was die Goethe-Gesellschaft anging, seinen Antheil zugewandt und in seiner schlicht sachlichen Art bethätigt. Seines warmen Einverständnisses und reinen Wohlwollens durfte ein Jeder, den er im gleichen Sinne thätig sah, sich versichert halten, und so hatte sich im Laufe der Jahre manches nähere Verhältniss zwischen ihm und Angehörigen der Gesellschaft gebildet, und viele aus unserem Kreise sind ihm persönlich werth geworden. Sein früher Hingang erweckte weithin die schmerzlichste Theilnahme, — wieviel mehr in einem Kreise, dem er so oft und gern näher getreten war. Mit den hohen Verwandten und mit dem Weimarer Lande beklagt die Goethe-Gemeinde den herben Verlust, und sie wird den Namen des trefflichen, ächt deutsch gesinnten, leutseligen Fürsten, in treuem Gedächtniss bewahren.

* * *

Der XV. Band des Goethe-Jahrbuches mit seinem mannigfaltigen Inhalt wurde, wie üblich, im Frühjahr, — der IX. Band der Schriften, eine erschöpfende Ausgabe von Schillers Demetrius-Fragment nebst allen Vorarbeiten, — Anfang December an unsere Mitglieder versendet. Das reiche Material zu dieser Veröffentlichung war die erste Gabe, welche das Goethe- *und Schiller*-Archiv der Goethe-Gesellschaft zur Verfügung stellte. Für die Kreise der Schillerfreunde dürfte es von Wichtigkeit sein zu erfahren, dass der mit der Herausgabe unserer IX. Schrift beauftragte Professor *Dr. Kettner*, in gleicher Weise die andern dramatischen Entwürfe Schillers zu bearbeiten beabsichtigt.

Der Herr Schatzmeister berichtet:

»Die Goethe-Gesellschaft bestand am 31. December 1894 aus 2837 Mitgliedern. Darunter befanden sich 24 Mitglieder auf Lebenszeit und 118 durch die Herren *A. Nutt* und *H. Preisinger* gemeldete englische Mitglieder.

Die Zahl der Mitglieder hat sich gegen das Vorjahr um 32 vermindert.

Am 31. December 1894 verfügte die Gesellschaft über einen Baarbestand von M. 7969.60, während M. 56,480.21 in Werthpapieren verzinslich angelegt waren; davon entfallen auf den Reservefond M. 50,564.39.

Die Zahlen bedeuten den Ankaufswerth ohne laufende Zinsen.

Ausserordentliche Geldspenden hat die Gesellschaft empfangen von Herrn Banquier Albert Holz in Breslau M. 100.—.

Bei Einziehung der Beiträge und Vertheilung der Jahrbücher und Schriften unterstützten uns mit gewohnter Bereitwilligkeit die Herren:

Hofbuchhändler Th. Ackermann, München,
Verlagsbuchhändler G. Fischer, Jena,
Buchhändler Lucas Gräfe, Hamburg,
Buchhändler Hübner & Matz, Königsberg,
Buchhändler Paul Kurtz, Stuttgart,
Hofbuchhändler G. Liebermann, Karlsruhe,
Literarische Anstalt Rütten & Loening, Frankfurt a.M.,
Rentier Ferdinand Meyer, Berlin,
Buchhändler Max Niemeyer, Halle a. S.,
Buchhändler Alfred Nutt, London,
Heinrich Preisinger, Manchester,
Banquier Bernhard Rosenthal, Wien,
Schlettersche Buchhandlung, Breslau,
Buchhändler von Zahn & Jaensch, Dresden.

Wir sprechen ihnen für ihre freundliche Mühewaltung unsern aufrichtigen Dank aus.

Der geschäftliche Verkehr mit unseren Mitgliedern verlief in zufriedenstellendster Weise ohne Störungen.«

Die *Bibliothek der Goethe-Gesellschaft* ist nach den bisher befolgten Grundsätzen von dem Director des Goethe- und Schiller-Archivs verwaltet und durch Ankäufe erweitert worden. Auf Beschluss des Vorstandes wurde ihr ein handschriftliches Werk von *C. A. H. Burkhardt* »Zur Kenntniss der Goethe-Handschriften« überwiesen, welches die Gesellschaft dem Verfasser, der sich das Recht der Veröffentlichung vorbehält, abgekauft hat. Dies Werk, in den Jahren 1885—1894 hergestellt, soll den speciell philologischen Goethe-Studien dienen, insbesondere den Arbeiten an der Weimarer Goethe-Ausgabe. Burkhardt giebt darin die Resultate seiner mühevollen Untersuchungen über die Thätigkeit der Goethischen Schreiber nebst Proben ihrer Handschriften in photographischer Nachbildung (22 Tafeln).

Zur Vermehrung des Bücherschatzes haben auch in diesem Jahre Gönner und Freunde erhebliche Beiträge gespendet, deren Namen hier mit aufrichtigem Danke zu nennen sind:

Seine K. H. der Grossherzog von Sachsen, Woldemar Freiherr von Biedermann (Dresden), H. Böhlau (Weimar), Pfarrer Dechent (Frankfurt a. M.), Deutsche Gesellschaft (Leipzig), Dr. Doebner (Hildesheim), Professor Dr. H. Düntzer (Cöln), E. Ehrlich (Reichenberg in Böhmen), Dr. A. Farinelli (Innsbruck), Professor Dr. R. Förster (Breslau), Professor Dr. L. Geiger (Berlin), Frau Lily von Gizycki (Berlin), Geh. Regierungsrath Professor Dr. H. Grimm (Berlin), Frau Obristlieutenant B. von Haller (Komotau), Dr. O. Harnack (Rom), Dr. H. Heidenheimer (Mainz), Professor Dr. Hermann Henkel (Wernigerode), Pastor Hetzel (Fürstenwalde a. d. Spree), Dr. R. Hodermann (Gotha), Professor Dr. H. C. Kellner (Zwickau), Oberlehrer Dr. P. Knauth (Freiberg i. S.), Dr. E. F. Kossmann ('sGravenhage), Dr. A. Leitzmann (Weimar), Director Dr. Julius Lessing (Berlin), Literarische Anstalt (Frankfurt a. M.), the Committee of the Manchester Goethe-Society, Professor A. Metz (Hamburg), Buchhändler Friedrich Meyer (Basel), Dr. G. A. Müller (Strassburg), Moritz Müller (Pforzheim), P. v. Petrović (Nordhausen), Dr. A. Pick (Erfurt), Professor Dr. P. Primer (Frankfurt a. M.), Dr. J. Rodenberg (Berlin), Dr. H. Rollett (Baden bei Wien), Geh. Hofrath Dr. C. Ruland (Weimar), Professor Dr. A. Sauer (Prag), Dr. E. Schulte (Freienwalde a. O.), Dr. L. Stettenheim (Berlin), Hofrath Professor Dr. B. Suphan (Weimar), Freiherr B. v. Tauchnitz (Leipzig), Dr. J. Wahle (Weimar).

Die Mittheilungen über das *Goethe- und Schiller-Archiv* Ihrer Königlichen Hoheit der Frau Grossherzogin von Sachsen, die sich hergebrachter Maassen hier anschliessen, können in gleich erfreulicher Weise mit dankbarer Nennung der der Anstalt reichlich zu Theil gewordenen Schenkungen beginnen. Zwei Stiftungen grösseren Umfangs sind zuerst zu erwähnen. Frau *S. v. Göchhausen* geb. von Sahr zu Dresden überwies, in Ausführung des Wunsches ihres am 6. April verstorbenen Gemahls, des Königl. Sächs. Oberstlieutenants *Bruno von Göchhausen-Reichard*, den Nachlass von *Louise von Göchhausen*, deren Name, seit der Auffindung des «Urfaust» zumal, allen Goethe-Freunden bekannt ist. Der Nachlass enthält ausser jenem berühmtesten Stücke eine beträchtliche Anzahl sehr werthvoller Handschriften, auch Unbekanntes von hoher Bedeutung. — Frau *Gabriele Saeltzer* geb. Falk zu Weimar stiftete den gesammten Nachlass ihres Vaters, *Johannes Falk*, bestehend in eigenhändigen Aufzeichnungen und in Briefen namhafter Zeitgenossen (Wieland, Gleim, A. W. Schlegel, Spazier, Körte); wichtig ist u. a. auch ein Fascikel aus der Zeit der Schlacht bei Jena. Diesen Stiftungen reiht sich dem Umfange nach zunächst an die Schenkung, die *Seine Königliche Hoheit der Grossherzog* mit *Zelters* Nachlass machte. Höchstderselbe spendete ausserdem 7 Briefe Goethes an Rosette Städel, 5 Briefe Klopstocks an den Rector Heimbach in Pforta, einen Brief von Ludwig Theobul Kosegarten an die Grossfürstin Maria Paulowna, und ein Exemplar der Braut von Messina, als Souffleurbuch eingerichtet.

Ihre Königliche Hoheit die Frau Erbgrossherzogin schenkte einen Brief von Schiller an Göschen und Blätter von Joh. Nicl. Götz, Gotter, Gökingk, M. Arndt und Fouqué, ferner überwies Höchstdieselbe folgende Stücke, die schon der hochselige *Erbgrossherzog Carl August* für das Archiv bestimmt hatte: Goethes Gedicht »Geognostischer Dank«, eine umfängliche Sammlung Predigten und Predigtentwürfe Herders und 2 Briefe von F. H. v. Einsiedel. *Ihre Hoheit Frau Prinzessin Heinrich VII. Reuss:* 3 Briefe von Carl August, Blätter aus Wielands Haushaltungsbuch. *Ihre Hoheit die Frau Herzogin Johann Albrecht von Mecklenburg:* einen Brief Schillers an Genast, Briefe von Gellert, Behrisch, Amalie von Helvig (Imhof), Therese Huber und Müllner. Fräulein *Louise Schöll*, Weimar, stiftete im Verein mit ihren Brüdern aus dem Nachlass Adolf Schölls: 43 Briefe von Charlotte von Stein an Knebel, 2 Gedichte derselben und Briefe von Charlotte von Ahlefeldt. Prof. *Rudolf Haym*, Halle: 27 Briefe Wilh. von Humboldts an G. H. L. Nicolovius. Prof. *Lehfeldt*, Berlin: 7 Briefe von Wilh. von Humboldt, 2 Briefe von Alex. von Humboldt an Beer. *Freiherr Dr. von Lützow*, Ostrowo, zur Vervollständigung seiner vorjährigen Stiftung: einen Brief von Wieland an Sophie Laroche. Prof. Dr. *Seuffert*, Graz: A. W. Schlegels Bemerkungen über die »Decoration zum Jon«. *H. de Voogd van der Straaten*, 'sGravenhage: einen Brief von Concordia Elis. von Schardt (Mutter von Charlotte von Stein) an von Breitenbauch. Frau *von der Schulenburg*, Crossen a. d. Elster: Visitenkarte Goethes 1819. Abschriften von Briefen bedeutenden Inhalts, Briefe von Angehörigen der Goethe'schen Familie u. a. wurden überwiesen von *Freiherrn Ludwig von Ahlefeldt*, Weimar (aus dem Reventlow'schen Familienarchiv besorgt von Dr. Bobé, Kopenhagen); Geh. Hofrath *Dr. Gille*, Jena; Geh. Regierungsrath *Dr. Kuhn*, Weimar; *Dr. G. A. Müller*, Strassburg i. E.; *Dr. A. Pick*, Erfurt; Rechtsanwalt *Dr. Arn. Ziese*, Rendsburg.

Im Anschluss hieran ist zu erwähnen, dass dem Archiv das der »*Nederlandsche Maatschappy tot bevordering der Geneeskunst*« gehörige Exemplar von Goethes Abhandlung über den Zwischenkiefer als Depositum anvertraut worden ist, jenes Exemplar, das in Goethes Auftrag, Januar 1785, durch Merck an Petrus Camper gesandt wurde. Der stattliche Grossfolioband enthält den deutschen Text, ferner die für Camper angefertigte lateinische Uebersetzung, besonders werthvoll aber ist sie wegen der beigegebenen Zeichnungen von Waitz, 10 Tafeln mit 18 Figuren in vorzüglicher Ausführung. Unveröffentlicht sind davon die Tafeln I. II. IV. V. IX. Von Interesse sind ferner die eingehefteten Blätter von der Hand des berühmten niederländischen Anatomen, der sich bekanntlich von der Entdeckung Goethes nicht überzeugen wollte. »Historischen und wissenschaftlichen Motiven nach soll das Manuscript im Goethe-Archiv bewahrt werden«: mit dieser Erklärung hat *Dr. C. E. Daniëls*, Amsterdam, der Director-Bibliothekar der Gesellschaft, die Uebergabe im November 1894 vollzogen. Und er betont, im Hinblick auf die vorbehaltene Gutheissung durch die nächste Generalversammlung, es werde der »Niederländischen Gesellschaft« zu einer freudigen Genugthuung gereichen, ihren Antheil an den Bestrebungen der Frau Grossherzogin thätig zu bezeugen.

Auch die Bestände zur neueren Literatur haben, Dank den erfolgten Zuwendungen, namhaften Zuwachs erfahren, besonders *Immermanns* Nachlass durch Geschenke des hochseligen *Erbgrossherzogs Carl August* und Ihrer Excellenz der Frau Generalin *L. von Seydlitz,* geb. von Sybel, Wiesbaden (46 Briefe von Immermann an Amalie von Sybel, Handschriftliches zu »Tristan und Isolde«, und die fröhlichen Acten der »Zwecklosen Gesellschaft«); sodann *Hebbels* Nachlass, durch die von Frau *Christine Hebbel,* Wien, gestifteten Briefe des Dichters an Elise Lensing (84 Nummern). Die Sammlung von *Gottfried Kellers* Handschriften vervollständigte *Professor Jacob Bächtold,* Zürich, durch Zuwendung von Stücken des Druckmanuscripts von »Martin Salander« (Kap. 1—4. 20, 21); *Dr. Eugen Joseph,* Strassburg i. E., schenkte aus dem Nachlass seines Schwiegervaters Carl Candidus Briefe an denselben von E. M. Arndt, Jac. Grimm, Friedr. Rückert, Gottfr. Keller, Liszt. *Fräulein Louise Schöll,* Weimar, 3 Briefe von Gustav Schwab an Adolf Schöll. *Ernst Seyffardt,* Düsseldorf: Briefe von Carl Wilhelm, dem Componisten der »Wacht am Rhein«.

Der Vorstand der *Deutschen Schiller-Stiftung* übergab in die Obhut des Archivs, unter Wahrung des Eigenthums der Schiller-Stiftung, den literarischen Nachlass *Fritz Reuters.* Die Inventarisation dieses Nachlasses im Archiv hat *Franz Sandvoss* besorgt.

Bücher und Drucke schenkten dem Archiv:

S. K. H. der Grossherzog, J. K. H. die Frau Grossherzogin, J. K. H. die Frau Erbgrossherzogin, Ackermannsche Buchhandlung, *Carl Schüler* (München), *Professor A. Boethlingk* (Karlsruhe), *Geh. Hofrath P. v. Bojanowski* (Weimar), *Professor Dr. Ernst Elster* (Leipzig), *Fräulein Elise Fritz* (König i. Odenwald), *Freiherr L. von Gleichen-Russwurm* (Bonnland), *Geh. Regierungsrath Prof. Dr. H. Grimm* (Berlin), *Dr. E. v. d. Hellen* (Florenz), *Dr. F. G. von Herder* (Grünstadt i. d. Pfalz), *Th. Heyse* (St. Petersburg), *G. Hirzel* (Leipzig), *Professor Dr. G. Kettner* (Schulpforta), *Fräulein Charlotte u. Sophie Krackow* (Weimar), *Dr. R. Krauss* (Stuttgart), *H. Lempertz* (Cöln), *Dr. E. Müller* (Tübingen), *Dr. A. Pick* (Erfurt), *Geh. Rath Basilius von Reutern* (St. Petersburg), die *Syndics of the Cambridge University Press, Professor Dr. Friedrich Thudichum* (Tübingen), Verlagshandlung *Velhagen & Klasing* (Leipzig), *Dr. G. Witkowski* (Leipzig).

Bestätigt sich in dieser stattlichen Reihe von Gaben

und Zuwendungen ein unablässiges Interesse an dem Archiv als der Sammelstätte der werthvollsten Literaturdenkmäler, so ist ferner auch noch mit gebührendem Danke die wirksame Beihülfe zu erwähnen, die den Arbeiten der Anstalt stetig zu Gute kommt. Der Grossherzogliche Archiv-Director *Dr. C. A. H. Burkhardt* steuerte das für die Kenntniss von Goethes amtlicher Thätigkeit wichtige »Chronologische Verzeichniss der Sitzungstage des Geheimen Conseils von 1776—1785« bei, das er aus den Registranden zusammengestellt hat; *Professor Jaro Pawel*, (Wien), *Dr. Reinhold Steig*, (Berlin), *Dr. G. A. Müller*, (Strassburg), versahen uns mit Abschriften auswärtiger Urkunden; *Excellenz Graf Werthern* (Beichlingen, † 2. Februar 1895), *Stadtrath Dr. Julius Gensel* (Leipzig), *Geheimrath Robert Schnitzler* (Cöln), sandten die zur classischen Literatur gehörigen Stücke ihrer Autographen-Sammlungen zur Abschriftnahme. Amtsrichter *Wilhelm Hensel* (Bromberg) übersandte die umfänglichen Goethe-Collectaneen, die sein Vater, der 1893 verstorbene Professor *Carl Hensel*, in vieljähriger Arbeit angelegt hat, und stellte dieselben auf unbeschränkte Zeit zur Verfügung.

In stetem Fortgange befinden sich die Arbeiten an der im Auftrage der Frau Grossherzogin erscheinenden Ausgabe von Goethes Werken. Die zweite Abtheilung (Naturwissenschaftliche Schriften) um deren Herausgabe sich *Rudolf Steiner* ein namhaftes Verdienst erworben hat, nähert sich dem Abschluss. Die dritte (Tagebücher), zu deren Bearbeitung *Dr. Ferdinand Heitmüller* herangezogen ist, wird rascher als bisher gefördert. Bei der vierten Abtheilung ist als Nachfolger Eduard von der Hellens *Dr. Albert Leitzmann* eingerückt, seit dem 1. Oktober 1894 als Assistent am Archiv angestellt, bisher Docent an der Universität Jena. Ueber *Eduard v. d. Hellens* Thätigkeit in diesem Bereich ist an anderer Stelle (oben S. 273) berichtet worden; hier aber ist mit einem Worte herzlichen Dankes der treuen Hingabe und sachkundigen Mitwirkung zu gedenken, die er während der sechs Jahre seiner dienstlichen Zugehörigkeit bewährt und wodurch er sich selbst ein ehrendes Andenken gestiftet hat. Als freiwilliger Genosse hat *Dr. August Fresenius* sich bei uns angesiedelt und in nachhaltiger Weise seine Arbeiten zur Textkritik gefördert, denen es an Anerkennung bei der philologischen Goethe-Gemeinde nicht fehlen wird. Mehreren Bänden der ersten Abtheilung, die zur nächsten Jahreslieferung gehören, fliesst der Gewinn, den diese mühsamen Forschungen ertragen haben, unmittelbar zu. Im Druck befinden sich zur Zeit von den »Werken« Band 13 II (Theaterbearbeitung von Kotzebues »Schutzgeist«, Lesarten und Paralipomena der in 13 I veröffentlichten Stücke) und Band 18 (Die Aufgeregten. Das Mädchen von Oberkirch, aus dem Nachlass. Unterhaltungen deutscher Ausgewanderter. Die guten Weiber. Novelle. Der Hausball. Reise der Söhne Megaprazons.) Anschliessen werden sich Band 25 (Wilhelm Meisters Wanderjahre II), Band 5 II (Gedichte: Lesarten und Paralipomena zu Band 4 und 5 I) und Band 37 (Aus der Frühzeit: Lyrisches und Dramatisches, einschliesslich der »Geschichte Gottfriedens von Berlichingen« und des »Urfaust«).

So ist die Fertigstellung des üblichen Jahresertrags von 9—10 Bänden gesichert.

Das Haus, welches Ihre K. H. die Frau Grossherzogin zur Bewahrung der kostbaren litterarischen Schätze und als Werkstätte ihrer Bearbeitung errichtet, ist vor dem Winter 1894 unter Dach gebracht; zur Zeit werden die Arbeiten im Innenbau rüstig gefördert, so dass die Vollendung im Spätherbst dieses Jahres zu erwarten steht.

Aus den stillen Arbeitszimmern des *Goethe-National-Museums* ist nicht viel zu berichten, was für weitere Kreise von Bedeutung wäre. Sichten der Bestände, systematisches Verzeichnen und Ordnen zu handlichem Gebrauche schreitet stetig vorwärts, — es wird immer leichter, die sich mehrenden Anfragen rasch und zweckdienlich zu beantworten. Was aber der Direktion zur aufrichtigen Freude gereicht, ist, dass sie wieder eine ganze Anzahl bedeutender Geschenke zu verzeichnen und den edlen Gebern auch an dieser Stelle nochmals im Namen aller Goethe-Freunde zu danken hat.

S. K. H. der Grossherzog überwies eine seit 25 Jahren auf der Wartburg verwahrte Sammlung von 21 Originalsilhouetten Weimarischer Persönlichkeiten aus den 80er Jahren des vorigen Jahrhunderts; bei der sorgfältigen Ausführung doppelt werthvoll, weil die Namen der Dargestellten seiner Zeit sofort beigeschrieben wurden, was leider bei fast allen Schattenrissen der Goethe'schen Sammlung versäumt wurde, und uns heute die Bestimmung vieler unmöglich macht,

I. K. H. die Frau Grossherzogin übergab zur Aufbewahrung zwei Goethe'sche Handzeichnungen, darunter eines der seltenen Aquarelle aus der Zeit des Römischen Aufenthaltes, — welche Se. Maj. der Deutsche Kaiser Ihrer Königlichen Hoheit zum Geschenk gemacht hatte; — ferner zwei Entwürfe von Goethe-Denkmalen in Gypsabgüssen, aus dem Carus'schen Nachlasse stammend, der eine von Rauch, aus der Zeit der Berathungen wegen des Frankfurter Denkmals (1824), der andere von E. Rietschel für die Dresdener Harmonie-Gesellschaft; — endlich eine Photographie des Goethe'schen Stammhauses in Artern.

Zu grosser Freude gereichte allseitig eine Stiftung, welche die Hinterbliebenen *Adolph Schölls*, — *Prof. Fritz Schöll* in Heidelberg, Geh. Legationsrath *Robert Schöll* in Berlin und Frl. *Louise Schöll* in Weimar, — im Sinn und zum Gedächtniss ihres Vaters machten: sie übergaben dem Goethe-National-Museum das Exemplar von Kolbes Goethe-Portrait, welches seiner Zeit aus dem Besitze des Kanzlers Müller in den ihres Vaters übergegangen und von ihm mit Recht stets sehr hoch gehalten war. In der reichen Sammlung von Goethe-Bildnissen im Museum ist es sicher eins der allerwichtigsten.

Ferner schenkten Herr und Frau *Eduard Springmann* in Elberfeld eine treffliche verkleinerte Nachbildung des Schaper'schen Goethedenkmals im Berliner Thiergarten; — Herr *Dr. Gustav Adolph Müller* in Strassburg eine Sammlung Sesenheimer Ansichten in Separatdrucken; — Frl. *H. Lehnert* in Berlin drei Bildnisse des Medailleurs H. F. Brandt; — Herr Hofbuchhändler *H. Hofmann* in Weimar eine Abschrift des in dem Archiv seines Hauses bewahrten, sich über 30 Jahre erstreckenden Contos Goethes, eine für die Catalogisirung der Bibliothek des Dichters nützliche und willkommene Gabe; — die *Literarische Anstalt Rütten & Loening* in Frankfurt den XV. Band des Goethe-Jahrbuches sowie G. Brandes' Goethe in Dänemark.

Auch die *Goethe-Gesellschaft* konnte zu wiederholten Malen dem Museum werthvolle Bereicherungen zuführen: einen ersten Abguss der von Carl Rumpf modellirten Goethe-Büste; — fünf Zeichnungen des Medailleurs H. F. Brandt, aus dem Jahre 1825: Portraits von Carl August und Goethe, Studien zu der bekannten Jubiläumsmedaille; — eine sehr schöne Originalsilhouette auf Goldgrund der Gothaischen Oberhofmeisterin von Buchwald; — ein in Leipzig zum Vorschein gekommenes Aquarellportrait einer älteren Dame, auffallend an Goethes Mutter erinnernd, ohne dass sich bis jetzt weder die Provenienz noch der Name hätte zuverlässig bestimmen lassen.

Mögen alle die Stifter der reichen Gaben sich nicht nur des wärmsten Dankes aller Besucher des Goethe-National-Museums vergewissert halten, sondern sich auch des Bewusstseins erfreuen, dass die ihnen theuren Gegenstände nirgends in treuerer Obhut bewahrt, nirgends in würdigerer Umgebung gesehen werden können als in den Räumen des Goethehauses zu Weimar.

Weimar, 15. April 1895.

Im Auftrage des Geschäftsführenden Ausschusses:
Dr. C. Ruland.

MITGLIEDER-VERZEICHNISS

DER

GOETHE-GESELLSCHAFT.

(Abgeschlossen Mai 1895.)

Protector:

Seine Königl. Hoheit der Grossherzog Carl Alexander von Sachsen-Weimar-Eisenach.

Vorstand:

Präsident:

Präsident des Reichsgerichts a. D., Wirkl. Geh. Rath Dr. *Eduard von Simson*, Excellenz, in Berlin.

Vice-Präsidenten:

Geh. Hofrath Dr. *C. Ruland*, Director des Grossherzoglichen Museums und des Goethe-National-Museums in Weimar.

Geh. Rath Freiherr Dr. *W. von Biedermann* in Dresden.

Vorstands-Mitglieder:

Geh. Staatsrath Dr. *Eggeling*, Curator der Universität in Jena.
Wirkl. Geh. Rath Professor Dr. *Kuno Fischer*, Excellenz, in Heidelberg.
Freiherr Dr. *L. von Gleichen-Russwurm*, Königl. Bayerischer Kämmerer, in Weimar.
Dr. *Paul Heyse* in München.
Professor Dr. *Erich Schmidt* in Berlin.
Wirkl. Geh. Rath Dr. *Carl von Stremayr*, Präsident des K. K. obersten Gerichtshofes, Excellenz, in Wien.
Hofrath Professor Dr. *B. Suphan*, Director des Goethe- und Schiller-Archivs in Weimar.
Professor Dr. *Veit Valentin* in Frankfurt am Main.

Geschäftsführender Ausschuss in Weimar.

Vorsitzender: Geh. Hofrath Dr. *C. Ruland.*
Stellvertreter: Geh. Hofrath, Oberbibliothekar *P. von Bojanowsky.*
Schriftführer: Ministerialdirector Dr. *K. Kuhn.*
Schatzmeister: Commerzienrath Dr. jur. *R. Moritz.*

Verlagsbuchhändler *H. Böhlau.*
General-Intendant *Bronsart von Schellendorf.*
Archivdirector Dr. *H. Burkhardt.*
Oberhofmeister Freiherr *H. von Donop.*
Hofrath Professor Dr. *B. Suphan.*
Oberhofmarschall Wirkl. Geh. Rath Graf *O. v. Wedel*, Exc.

Mitglieder:

Seine K. u. K. Majestät Wilhelm II., Deutscher Kaiser und König von Preussen.
Ihre K. u. K. Majestät Augusta Victoria, Deutsche Kaiserin und Königin von Preussen.
Ihre K. u. K. Majestät Victoria, Kaiserin und Königin Friedrich.
Seine K. u. K. Apost. Majestät der Kaiser von Oesterreich, König von Ungarn.
Seine Majestät der König von Schweden u. Norwegen.
Ihre Majestät die Königin von Italien.
Ihre Majestät die Königin Marie von Neapel.
Ihre Majestät die Königin von Rumänien.
Ihre Kaiserliche Hoheit die Frau Grossfürstin Elisabeth Maurikiewna von Russland.
Seine Königliche Hoheit der Grossherzog von Baden.
Ihre Königliche Hoheit die Frau Grossherzogin von Baden.
Seine Königliche Hoheit der Grossherzog von Mecklenburg-Schwerin.
Seine Königliche Hoheit der Grossherzog von Oldenburg.
Seine Königliche Hoheit der Grossherzog von Sachsen.
Ihre Königliche Hoheit die Frau Grossherzogin von Sachsen.
Ihre Königliche Hoheit die Frau Erbgrossherzogin von Sachsen.
Seine Königliche Hoheit Prinz Alexander von Preussen.
Ihre Königliche Hoheit die Frau Herzogin Carl Theodor in Bayern.
Ihre Königliche Hoheit Frau Herzogin Amalie von Urach.

Seine Königliche Hoheit Alexander Friedrich, Landgraf von Hessen.
Ihre Königliche Hoheit die Frau Gräfin von Flandern.
Seine Hoheit der Herzog von Sachsen-Altenburg.
Ihre Kaiserlich Königliche Hoheit die Frau Herzogin Marie von Sachsen-Coburg und Gotha, Herzogin von Edinburg, Grossfürstin von Russland.
Ihre Hoheit die Frau Herzogin Wittwe von Sachsen-Coburg und Gotha.
Seine Durchlaucht Fürst Reuss j. L.
Seine Hoheit der Erbprinz von Sachsen-Meiningen.
Seine Hoheit der Herzog Johann Albrecht von Mecklenburg-Schwerin.
Ihre Hoheit die Frau Herzogin Johann Albrecht von Mecklenburg-Schwerin.
Seine Durchlaucht der Prinz Heinrich VII. Reuss.
Ihre Hoheit Frau Prinzessin Heinrich VII. Reuss.
Ihre Hoheit Frau Prinzessin Moritz von Sachsen-Altenburg.
Ihre Hoheit Prinzessin Marie von Sachsen-Meiningen.
Seine Hoheit Prinz Hermann von Sachsen-Weimar.
Seine Hoheit Prinz Ernst von Sachsen-Weimar.
Seine Hoheit Prinz Ernst von Sachsen-Meiningen.
Seine Hoheit Prinz Friedrich von Sachsen-Meiningen.
Seine Durchlaucht Erbprinz Heinrich XXVII. von Reuss j. L.
Seine Hoheit Prinz Friedrich Carl von Hessen.
Ihre Hoheit die Frau Erbprinzessin von Schaumburg-Lippe.
Ihre Hoheit die Frau Erbprinzessin-Wittwe von Anhalt.
Ihre Durchlaucht die Frau Prinzessin Hermann zu Solms-Braunfels.
Seine Hoheit der Herzog zu Schleswig-Holstein.

Ehren-Mitglieder:

von Gleichen-Russwurm, Freiherr Dr. L., Königl. Bayerischer Kämmerer in Greifenstein ob Bonnland.
Leo Graf *Henckel von Donnersmarck*, General-Adjutant und General-Lieutenant, Excellenz, in Weimar.
Ulrike *von Levetzow*, Stiftsdame, auf Schloss Triblic in Böhmen.

Mitglieder auf Lebenszeit:

Seine K. u. K. Apostol. Majestät der Kaiser von Oesterreich, König von Ungarn.
Ihre K. K. Hoheit die Frau Herzogin Marie von Sachsen-Coburg und Gotha, Herzogin v. Edinburg, Grossfürstin v. Russland.
Seine K. Hoheit Alexander Friedrich, Landgraf von Hessen.

Berlin:	*Friedlaender*, Frau Professor.
	Maas, Heinrich, Fabrikbesitzer und Handelsrichter.
	von Rheinbaben, Geh. Regierungsrath.
Budapest:	*Kornfeld, Sigmund*, Director der Ungarischen Allgem. Creditbank.
Bukarest:	*Sturdza, Demetrius*, Kgl. rumän. Staatsminister a. D., Excellenz.
Charlottenburg:	Frau Geh. Reg.-Rath *von Siemens*.
Dorpat:	Dr. *Woldemar Masing*.
Frankfurt a. M.:	Gg. *Albert Keyl*.
Godesberg b. Bonn:	Frau *Lucy Frentzen*, geb. Hoesch.
Hamburg:	Dr. jur. *Adolf Axel von Dehn*.
München:	Fräulein *Marie von Ritter*.
	Dr. *M. Schubart*.
Nassau:	Frau Gräfin *L. G. von Kielmansegge*.
Nieder-Ingelheim:	Frau Baronin *von Erlanger-Bernus*.
Nikolajew:	*Rudolf Wolfgang Reyher*.
Nordhausen a. Harz:	*Paia von Petrovics*, Redacteur.
Siegersleben b. Eilslb.:	Frau Kreisrichter *M. Führling*.
Weimar:	Frau *M. von Göben*.
	Seine Erlaucht Graf *Görtz von Schlitz*.
Wien:	Ihre Durchlaucht Frau Fürstin *M. zu Hohenlohe-Schillingsfürst*, geb. Prinzessin *Wittgenstein*.
	Dumba, Nicolaus, Reichsrath, Herrenhaus-Mitglied.
	Frau *Rosa von Gerold*, geb. Henneberg.
	Frau *Anna Jägermayer*.

☞ Die Namen der Mitglieder auf Lebenszeit sind in der nachstehenden Liste nochmals cursiv abgedruckt.

DEUTSCHES REICH.

Aachen.
Messow, Franz G.
Stadtbibliothek.

Achern i/Baden.
Wagner, G., Privatier.

Allenstein i/Ostpr.
Szostakowski, Amtsger.-Rath.

Altenburg
(Sachsen-Altenburg).
Landesbibliothek, herzogliche.
v. Scheffler, kgl. preuss. General der Infanterie z. D., Excellenz.

Altenplatow b/Genthin.
Schering, Emil, Studirender a. d. Universität.

Altlandsberg b/Berlin.
Loewy, Dr., Amtsrichter.

Altona.
Callisen, Frau Dr.
Matthiessen, Dr., Gymnasial-Oberlehrer a. D.
Sieveking, Carl, Rechtsanwalt und Notar.

Amtitz i/Lausitz (Kr. Guben).
Heinrich, Prinz zu Carolath-Schönaich, Durchlaucht, Freier Standesherr und Majoratsherr.

Andernach.
Schlecht, Frau L.

Annaberg (Erzgebirge).
Warmann, Eduard.

Annettenhöh b/Schleswig.
v. Brockdorff, Frau Baronin.

Apolda.
Deinhardt, Frau Dr. Maria.
Stechow, Oscar, Oberbürgermstr.

Arnstadt.
Marthaei, Kgl. Reg.-Baumeister.

Ars a/Mosel (Lothringen).
Carlebach, Dr. Ed., Notar.

Aschaffenburg.
Reber, Dr. Joseph, Director.

Augsburg.
Bauer, Ludwig, Rechtsanwalt.
Flesch, Gustav, Bankier.
Herzfelder, J., Rechtsanwalt.
Stadtbibliothek.

Bamberg.
Marschalk v. Ostheim, Freiherr Emil.

Barby a/Elbe.
Thierbach, Otto.

Barmen.
v. Eynern, Ernst, Stadtverordneter, Mitglied des Abgeordnetenhauses.
Frank, Max, Amtsrichter.
Nordhaus, Hermann, Kaufmann.
Rittershaus, Emil, Schriftsteller.
Stadtbibliothek.

Bautzen.
Fritzsche, Georg, Gymnasialoberlehrer.
Klee, Dr. Gotthold, Professor, Gymnasialoberlehrer.
Kunz, Dr. Heinrich, Staatsanwalt.

Bayreuth (Bayern).
Gymnasialbibliothek.
Wagner, Siegfried.
Würzburger, Frau Jenny, Rechtsanwaltswittwe.

Bellin b/Bärwalde (Neu-Mark).
v. Kahle, Fräulein Julie.

Berlin.

Abraham-Römer, Dr. jur. A., Journalist.
Aegidi, Dr. L., Professor, Geheimer Legationsrath.
Alexander, Felix, Procurist.
v. Asten, Fräulein Julie.
Bach, Dr. Th., Director des Falk-Realgymnasiums.
Baerwald, S.
Bahlsen, Dr. Leopold, Gymnasiallehrer.
Bardt, Dr. C., Gymnasialdirector.
Barschall, Fräulein Alma.
Becker, Carl, Beamter der Handelsgesellschaft.
Becker, Fräulein Hanna.
v. Beckerath, A.
Behrend, Adolf, Buchhändler.
Belger, Dr. Chr., Oberlehrer.
Bellermann, Dr. B., Director des Königstädtischen Gymnasiums.
Berent, Fräulein Selma.
Bernhard, Arthur, Bankier.
Bernhard, Stud. jur. Ludwig.
Bernstein, Frau Professor, Dr. C.
Bibliothek, Königliche.
Bibliothek, Städtische der Goeritz-Lübeck-Stiftung (O. Goeritz).
Bibliothek des Kgl. Realgymnasiums.
Bibliothek des Kgl. Wilhelms-Gymnasiums.
Bielschowsky, Dr., Oberlehrer.
Biltz, Dr. Carl.
Blumenthal, Dr. Oskar, Director des Lessing-Theaters.
Bodländer, Rechtsanwalt.
Booth, Fräulein Esther.
Borchardt, Dr. Oskar.
Borchardt, Frau Comm.-Rath Rud.
Boretius, Fräulein Charlotte.
Bornemann, Fräulein Mimi.
v. Bothmer, Ernst, Wirkl. Legat.-Rath.
Brahm, Dr. Otto, Schriftsteller.
Brandt, Hermann, Kaufmann.
Brandt, Dr. phil. Ludwig.
Braumüller, Dr., Professor, Oberlehrer.
v. Braunschweig, Kaiserl. Gesandter z. D.
Breiderhoff, Frau Dr.
v. Bremen, Geh. Ober-Reg.-Rath.
Breslauer, Bernhard, Rechtsanwalt.
Broicher, Otto, Kammergerichtsrath.

Berlin.

v. Brühl, Gräfin Hedwig, Palastdame, Excellenz.
Buhlmann, Georg, Fabrikbesitzer.
v. Bunsen, Dr. Georg.
Bunsen, Fräulein Marianne.
Bürgers, Max, Bankier.
Cassirer, Ernst.
Cassirer, Fritz, cand. phil.
v. Chelius, Prem.-Lieut.
Cohn, Albert, Buchhändler.
Cohn, Alexander Meyer, Bankier.
Cohn, Alfred, Procurist.
Cohn, Dr. Heinrich, Rechtsanwalt.
Collin, D., Verlagsbuchhändler.
Coste, Dr. David, Lehrer am Askanischen Gymnasium.
v. Cramm-Burgdorf, Freiherr, Herzogl. Braunschweig. Gesandter.
Daffis, Dr. Anton.
Daffis, Dr. jur. Eduard, Gerichts-Assessor.
v. Dallwitz, Frau W., geb. v. Gräfe.
Darmstädter, Dr. Ludwig, Fabrikbesitzer.
Davidson, George, Chef-Redacteur des Berliner Börsen-Couriers.
Delbrück, Dr., Staatsminister, Excellenz.
Delbrück, Frau Staatsminister, Excellenz.
Delbrück, Frau Geh. Commerzienrath Luise.
Delbrück, Heinrich, Landrichter.
Delbrück, Ludwig, Bankier.
v. Donop, Dr. L., Professor.
Doss, Fräulein Marie.
Dümmler, Dr. E., Professor.
Eberty, Dr. E., Syndikus.
Eger, W.
Eggers, Dr. Karl, Senator.
Eisenmann, Dr. Carl, Assessor.
Elias, Dr. phil. Julius.
Elias, Max, Rentier.
Ellinger, Dr. Georg, Realschullehrer.
Eloesser, Dr. phil. Arthur.
Engel, G., Professor an der Königlichen Hochschule für Musik.
Epstein, Stud. jur. Max.
Ernst, Eberhard, Verlagsbuchhdlr.
Euchel, F., Justizrath.
Ewe, E., Privatier.
Feig, Dr. M., Sanitätsrath.
Feist, Richard, Referendar.
Fleischhammer, Dr., Geh. Hofjustizrath.

Berlin.

Hinsch, Alexander, Kaufmann.
Fränkel, Dr. Max, Professor.
Fraenkel, Max, Maurermeister.
v. Frankenberg, Rittmeister im Garde-Kürassierregiment.
Franzos, Dr. K. E., Schriftsteller.
Frenkel, H., Bankier.
Frenzel, Frau Bertha.
Frenzel, Dr. Karl.
Freund, Ernst.
Frey, Dr. Karl, Professor.
v. Friedberg, Dr., Staatsminister, Excellenz.
Friedenthal, Frau Margaretha.
Friedländer, Frau Professor.
Friedländer, Max, Amtsgerichtsrath.
Friedländer, Frau Adelheid.
Friedländer, Dr. phil. Max, Privatdocent der Musikwissenschaft.
Friedmann, Dr. Alfred, Schriftsteller.
Fuchs, Dr. phil. M.
Gärtner, Heinrich, Landschaftsmaler.
Geiger, Dr. Ludwig, Professor.
Geiger, Frau Professor Dr. Martha.
Gerb, Fräulein Franziska.
Gernsheim, Dr. Fr. W., Professor.
Gesenius, Stadtältester, Director des Berliner Pfandbrief-Amtes.
Glaser, Dr. Adolf, Redacteur.
Glaue, Arthur, Buchhändler.
Gloeden, Lehrer an der Sophienschule.
v. Gneist, Dr. R., Professor, Geh. Oberjustizrath.
Goering, Dr. Robert, Chemiker.
v. Goldbeck, Ober-Reg.-Rath.
Goldbeck, Dr. Ernst, Gymnasial-Oberlehrer.
Goldberg, Alfred, Kaufmann.
Goldschmidt, Professor, Geheimer Justizrath.
Goldschmidt, Arthur, Schriftsteller.
Goldschmidt, Rob., Bankier.
Goldschmidt, Frau Tacie.
Gothein, Kgl. Bergmeister.
Gottheiner, Fräulein Marie.
Gottheiner, P., Stadt-Bauinspector.
Gotthelf, M.
Gottschalk, Gustav, Kaufmann.
Grandke, Geh. Ober-Finanzrath.
Grimm, Dr. Herman, Professor, Geheimer Regierungsrath.
Groebenschütz, Oberverwaltungsgerichtsrath.

Berlin.

v. Guldencrone, Frau Baronin.
Guttmann, Frau Marie.
Haase, Frau Rentier Henriette.
Hagen, Werner G. A.
Halir, Professor K.
Hartleben, Otto Erich, Dichter.
Hartmann, Dr. phil. Hugo.
Haskel, Frau Carl.
Hausmann, Frau Luise.
Heerwart, Dr. Adolf, Wirkl. Geheimer Rath, Excellenz.
Heinitz, Franz, Rechtsanwalt.
Heimann, A., Rechtsanwalt.
Hellmuth, Frau Martha (Martha Schlesinger).
Henning, Theodor, Architect.
Herrmann, Dr. phil. Max, Privatdocent an der Universität.
Hertz, Hans, Verlagsbuchhändler.
Hertz, Wilh., Verlagsbuchhändler.
Heydemann, Dr. phil. V.
Hißer v. Gaertringen, Dr. F., Freiherr.
Hirschfeld, Philipp.
Hoffmann, Dr. Ed., Geh. Reg.-Rath.
Hofmann, Rudolf, Verlagsbuchhändler.
v. Holst, Mathias, Baumeister.
v. Hopfen, Dr. Hans, Schriftsteller.
Horsfall, Charles.
Hübler, Dr. jur. Bernhard, Professor. Geh. Ober-Reg.-Rath.
Humbracht, Baron Joseph, Kgl. preuss. Kammerjunker, Regierungs-Assessor.
Jablonski, Berthold.
Jacobi, Fräulein Clara.
Jacobi, Leopold, Kaufmann und Stadtverordneter.
Jacoby, Dr. Daniel, Gymnasial-Professor.
Jaffé, Frau Dr. Helene.
Jagor, Dr. F.
Jaquet, Dr. med. M., Sanitätsrath, pract. Arzt.
Imelmann, Dr. J., Professor am Joachimsthal'schen Gymnasium.
Joachim, Dr. Joseph, Professor an der Kgl. Hochschule für Musik.
Jonas, Dr. Fr., Städtischer Schulinspector.
Jonas, Frau Clara.
Jordan, Dr. Max, Geheimer Ober-Regierungsrath.

Berlin.

Isaac, Julius, Fabrikbesitzer.
v. Kalckreuth, Frau Gräfin B., geb. Meyer.
Kalischer, Dr. S.
Kallmann, Eugen, Rechtsanwalt.
Kapp, Fräulein Ida.
Kaskel, Frau Carl.
Kastan, Dr.
v. Kaufmann, Dr., Professor.
Kayser, Dr. Paul, Wirklicher Legationsrath und vortragender Rath im auswärtigen Amt.
Kehrbach, Dr. phil. Karl.
Kekulé, Dr. Reinhard, Professor.
Kekulé, Stephan, Lieutenant.
Kerb, Robert, Fabrikbesitzer und Handelsrichter.
Kern, Cand. phil. Reinold.
Kestner, Dr. phil. Ernst.
v. Keudel, Wirkl. Geh. Rath, Exc.
von dem Knesebeck, Kabinetsrath I. M. der deutschen Kaiserin.
Koegel, Dr phil. Fritz.
Koehne, Frau Clara.
Koenigs, Fräulein Elise.
Koepp, Dr. Friedr.
Kraft, Bernhard, Rechtsanwalt.
Kraft, Stud. med. Ludwig.
Krauel, Dr. R., Geheimer Legationsrath im auswärtigen Amt.
Krause, Dr. jur.
Krause Dr. jur. Paul, Rechtsanwalt.
Kriegel, Stud. phil. Fr.
Kronecker, Fräulein Elisabeth.
Kronfeld, Dr., Rechtsanwalt.
Kronheim, Georg.
Kübler, Dr., Professor, Director des Wilhelm-Gymnasiums.
v. Kühlewein, Regierungsrath.
Kükelhaus, Theodor, Cand. phil.
Leffmann, Gustav, Kaufmann.
Lehmann, Gustav, Geh. Kirchenrath.
Lehmann, Paul, Buchhändler.
Leo, Dr. F. A., Professor.
Leske, Dr., Landrichter.
Lesse, Justizrath, Rechtsanwalt und Notar.
Lesser, Adolf, Reichsgerichtsrath a. D.
Lesser, Paul Ph.
Lessing, Frau Alma, geb. Marschall v. Biberstein.
Lessing, Landgerichtsdirector.
Lessing, Dr. phil. Oscar.

Berlin.

Levin, Albert, Rentier.
Levin, Dr. Moritz, Prediger.
Levy, Martin.
Levy, Richard, Bankier.
Levy, Richard, vereideter Wechsel-Makler.
Levyson, Frau Dr. Auguste.
Lewald, Theodor, Regierungs-Rath.
Lewinsohn, E., Amtsrichter.
Lewinsohn, L., Fabrikbesitzer.
Lewinstein, G., Gymnasiast.
Lichtenthal, Simon, Kaufmann.
Liebermann, Dr. F.
Liepmannssohn, Leo, Buchhändler.
Lisco, Dr. Hermann, Geh. Justizrath.
Lobe, F., Rechtsanwalt.
Loeffler, Cand. phil. Ludw.
Loewenstein, Dr. Otto.
Lorentz, Dr. phil. P., Gymnasiallehrer.
Maas, Heinrich, Fabrikbesitzer und Handelsrichter.
Maass, Dr. Felix, Rechtsanwalt.
Manasse-Waldeck, erster Vorsitzender des Literar. Vereins »Schiller«.
Marcus, Dr. Georg, Landgerichtsrath.
Martius, Frau Margaretha, geb. Veit.
Marx, S.
Matthiae, Dr. Otto, Professor, Oberlehrer.
Meder, Albert, Kunsthändler.
Meder, Louis, Kunsthändler.
v. Meier, Dr. jur. Ernst, Geh. Ober-Reg.-Rath, Universitäts-Curator a. D.
Meirowsky, Frau Ernestine geb. Soutonsky.
Mendelssohn-Bartholdy, Frau Marie.
Menzer, Stud. phil. Paul.
Meyer, Dr. jur. Alexander.
Meyer, Frau Dr. Alexander.
Meyer, Carl, Fabrikant.
Meyer, Ferdinand, Rentier.
Meyer, Georg.
Meyer, Dr. Ludwig.
Meyer, Ludwig, Kaufmann.
Meyer, Frau Geh. Ober-Regierungsrath Marie.
Meyer, Paul, Rechtsanwalt.
Meyer, Dr. Richard M., Privatdocent.
Meyer, Frau Dr. Richard.

Berlin.

Meyer-Michaelis, Frau Elise.
Michaelis, Dr. Carl Theodor.
Möbius, Dr. Karl, Professor, Director der zool. Abth. des Museums für Naturkunde.
Möller, Dr. W., Oberlehrer am Königsstädtischen Gymnasium.
v. Moltke, Frau Landrath Julie.
v. Moltke, Reg.-Rath.
Morris, Dr. M, prakt. Arzt.
Morsch, Dr. Hans, Realgymnasiallehrer.
Müller, Conrad, Oberlehrer am Joachimthal'schen Gymnasium.
Müller, Dr. Hans, Professor.
Müller, Wilhelm, Geh. Regierungsrath im Hausministerium.
Müller-Grote, Carl, Verlagsbuchhändler.
Munk, W., Landrichter.
Nathan, Dr. P.
Naumann, Geh. Ober-Reg.-Rath.
Nehring, K., Oberlehrer.
Nelke, Frau Emma.
Neubauer, Dr. Richard, Professor am Gymnasium zum Grauen Kloster.
Neumann, Dr. H., Rechtsanwalt.
Niemann-Seebach, Frau Marie, Kgl. Hofschauspielerin.
Noeldechen, Frau Stadtrath Marie.
Nothmann, Siegfried, Fabrikant.
Ohrtmann, Dr. W., Geheimer Sanitätsrath.
Oldenberg, C. M.
Osborn, Dr. phil. Max.
Paetel, Emil, Verlagsbuchhändler.
Paetow, Dr. phil. Walter, Schriftsteller.
Paetsch, Dr. J., Prof., Sanitätsrath.
Parey, Dr., Verlagsbuchhändler.
Pernice, Dr. A., Professor, Geh. Regierungsrath.
Peters, Dr. Carl, Afrikaforscher.
Peters, Johann, Oberverwaltungsgerichtsrath.
Pfaff, Albert, Commerzienrath.
v. Pflugk-Harttung, Professor, Kgl. Staats-Archivar.
Philipp, Fräulein Marie.
v. Philippsborn, Ernst, Geh. Ober-Reg.-Rath.
Pieper, Oberlehrer.
Pietsch, Ludwig, Maler.
Pietsch, Dr. P., Professor.

Berlin.

Pilger, Dr., Prov.-Schulrath.
Pindter, Dr. jur. Ludw., Kammergerichts-Referendar.
Plessner, Dr., prakt. Arzt.
Pniower, Dr. phil. Otto.
Poppenberg, Dr. phil. Felix, Schriftsteller.
Posner, Dr. med. Karl, prakt. Arzt.
Preuss, Dr. R, Assistent an der Kgl. Bibliothek.
Pringsheim, Frau Paula.
Rading, F.
vom Rath, Adolf.
vom Rath, Frau Anna.
Reimann, Rud, Fabrikbesitzer.
Reissert, Dr. Arnold, Privatdocent.
Reschke, Max, Schiffskapitän a. D.
Reschke, Oscar.
v. Rheinbaben, Geh. Regierungsrath.
Richter, Frau Professor.
von Richthofen, Freifrau, geb. Mendelssohn-Bartholdy.
Riesenfeld, Hugo, Kaufmann.
Riesser, Frau Dr.
Ring, Louis, Bankdirector.
Robert-tornow, Walter.
Rodenberg, Dr. Julius.
Rödiger, Dr. Max, Professor.
Rohde, John, Director.
Roenneberg, Frau Melida, Schulvorsteherin.
Rössler, Dr. Constantin, Geheimer Regierungsrath.
Rosenbaum, Dr. phil. Richard.
v. Rotenhan, Freiherr, Unterstaatssecretär im Auswärtigen Amt.
Rothstein, Dr. Max, Privatdocent.
Rubensohn, Hermann.
Saegert, Fräulein, Anna.
Schaper, Fritz, Professor, Bildhauer.
Schaum, Frau Professor Clara.
v. Schelling, Dr., Justizminister, Excellenz.
Schelske, Dr. R., Privatdocent.
Scherer, Frau Geh. Reg.-Rath Marie.
Schermann, Leo, vereideter Fonds-Makler.
Schiff, Alfred.
Schiff, Dr. med. Emil, Schriftsteller.
Schiff, Georg, Referendar.
Schiff, Julius, Bankier.
Schleicher, Dr. Iwan.
Schlenther, Dr. phil. Paul, Schriftsteller.

Berlin.

Schlenther, Amtsgerichtsrath.
Schlesinger, Frau Alice.
Schlesinger, P., Gymnasiallehrer.
Schlesinger-Trier, Karl, Bankier.
v. Schlippenbach, Frau Gräfin.
Schmidt, Dr. Erich, Professor.
Schmidt, Frau Dr. Julian.
Schmidt, Dr. Max C. P., ord. Lehrer am Askanischen Gymnasium.
Schmidtlein, Dr. med. C., Arzt.
Schmieden, Kgl. Baurath.
Schneider, Dr. E.
Schöll, Robert, Geh. Legationsrath.
Schöne, Dr., Wirkl. Geheimer Ober-Regierungsrath, Generaldirector der Kgl. Museen.
Schönlank, Alexis, Schauspieler.
Schönlank, Frau Consul William.
Schröder, Dr. Otto, Professor am Joachimthalschen Gymnasium.
Schroeder, Dr.
Schubert, Kammergerichtsrath.
Schulhoff, Fräulein E.
Schultzen-v. Asten, Frau Professor.
Schulze, Adolf, Professor an der Kgl. Hochschule für Musik.
Schütte, Dr. med. Paul, Sanitätsrath.
Schwabe, Frau Mathilde.
Schweitzer, Eugen, Kaufmann.
Schwieger, Dr Paul, Oberlehrer am Friedrich-Wilhelm-Gymnasium.
Seckt, Dr. Felix, Oberlehrer am Friedrich-Wilhelm-Gymnasium.
Selckmann, Fräulein E.
Sello, Dr. F., Rechtsanwalt.
Seminar, Kgl., für Germanistische Philologie.
Servaes, Dr. phil. F.
Siemenroth, Franz, Verlagsbuchhändler.
Silberstein, Dr. Max, Rechtsanwalt.
Simon, Frau Adele.
Simon, Dr. Hermann Veit, Rechtsanwalt.
Simrock, Fritz, Musikverleger.
v. Simson, Dr. Eduard, Wirkl. Geh. Rath, Präsid. des Reichsgerichts a. D., Excellenz.
v. Simson, August, Justizrath und Notar.
v. Simson, Fräulein Elisabeth.
v. Simson, Fräulein Margarethe.
v. Simson, Fräulein Marie Sophie.
v. Simson, Dr. jur., Referendar.

Berlin.

Sobernheim, Siegfried, Handelsrichter.
Sommerstorff, Otto, Mitglied des Deutschen Theaters.
Soulange-Bodin, Frau Marthe.
Spannagel-Karthaus, Frau Auguste.
Stange, Max, Lehrer an der Kgl. Hochschule für Musik.
Steig, Dr. Reinhold, Gymnasiallehrer.
Stein, Philipp, Redacteur.
v. Steinau-Steinrück, Frau Dr. Martha.
Stengel, Dr. Paul, Oberlehrer am Joachimthalschen Gymnasium.
Stern, Dr. med. E.
Stern, Dr. med. Julius.
Sternheim, Siegmund, Bankier.
Stettenheim, Julius, Redacteur.
Stettenheim, Dr. phil. Ludwig.
Stettiner, Frau Mathilde.
Stobwasser, Hans.
Strassmann, Dr. med. Paul, Augenarzt.
v. Sybel, Dr. Heinrich, Wirkl. Geh. Ober-Regierungsrath, Director der Staatsarchive.
Sydow, Frau Elisabeth, geb. Fuhrmann.
Tiktin, Paul, Referendar.
Tobler, Dr. A., Professor.
Todt, Carl, Gymnasiallehrer und Adjunct.
Toeche, Dr. Theodor, Königlicher Hofbuchhändler.
Toennies, Frau Adelheid, geb. Cremer.
Türk, Rechtsanwalt.
v. Uhden, Dr. jur. Richard.
Ullrich, Dr. phil. Richard.
Universitätsbibliothek, Königliche.
Vahlen, Dr., Professor, Geh. Regierungsrath.
Victoria-Lyceum.
Vierling, G., Professor.
Violet, Dr. Franz.
Vogeler, Julius, Schuldirector.
Vogeler, Richard, Director einer höheren Mädchenschule.
Voigt, Frl. Margarethe.
Wagner, Dr. A., Professor, Geh. Regierungsrath.
Wagner, Dr. B. A., Professor.
Wahlländer, Frau Geh. Rath.
Wappenhans, Oberlehrer.

Berlin.

Wattenbach, Dr. W., Professor, Geh. Regierungsrath.
v. Wedel, Graf E., Kaiserl. Ober-Stallmeister, Excellenz.
Wehrenpfennig, Frau Geheimrath, geb. Kopp.
Weigert, Dr. Max, Fabrikbesitzer.
Weinhagen, Ernst.
Weinhold, Dr. Karl, Professor, Geh. Regierungsrath.
Weisstein, Gotthilf, Schriftsteller.
Wellmann, Dr. E., Professor am Königstädtischen Gymnasium.
Welti, Dr. Heinrich.
Werner, Dr. R.
Wesendonck, Frau Mathilde.
Wesendonck, Otto.
Wessely, Dr. Hermann.
Wetzel, Johannes, Gymnasiallehrer.
v. Weyrauch, Dr., Unterstaatssecret.
v. Wildenbruch, Dr. Ernst, Legationsrath.
Wilmanns, Dr. A., Professor, Generaldirector der Kgl. Bibliothek.
Wolff, Charles.
Wolff, Justizrath.
Wolff, Dr., Oberstabsarzt.
Wollmann, Siegfried, Kaufmann.
Zimmermann, Dr. A., Consul.
Zupitza, Dr. Julius, Professor.

Bernburg.

Köhler, Fr., Director der höheren Töchterschule.

Bielefeld.

Loebell'sche Bibliothek.
Ransohoff, Dr. phil. Georg.

Blankenburg a/Harz.

Wellmer, A., Schriftsteller.

Blasewitz.

Schmid, Dr. jur. Carl.

Bochum i/Westf.

Broicher, Frau Elise.
Leseverein.

Böblingen i/Württemberg.

Bacher, Dr. jur. Albert, Amtsrichter.

Bogenhausen b/München.

Weigand, Wilhelm, Schriftsteller.

Bonn.

Akadem.-germanistischer Verein.
Aufrecht, Dr. Theodor, Professor.
Berger, Dr. phil. Arnold E., Privatdocent.
v. Bissing, Friedr. Wilh., Freiherr, Stud. phil.
Franck, Dr. Joh., Professor.
Grafe, Dr., Professor.
Harkort, Frau Commerzienrath P.
Hüffer, Dr. Hermann, Professor, Geh. Justizrath.
Kayser, Dr. H., Professor.
Leo, Fräulein Therese.
Litzmann, Dr. B., Professor.
Loeschke, Dr. G., Professor.
Magnus, Gustav, Justizrath.
Prym, Dr. Eugen, Professor.
Rosenmund, Dr. phil., Richard, Privatgelehrter.
Schultze, Dr. Fr., Prof., Director der med. Klinik.
Seminar, Kgl. germanistisches der Universität.
Universitäts-Bibliothek, Königliche.
Usener, Dr. Hermann, Professor.
Warburg, George, Student.
Wilmans, Dr. W., Professor.
Zitelmann, Dr. Ernst, Professor.

Borghorst (Westf.).

Wutte, Johannes.

Schloss Bothmer bei Klütz. (Mecklenburg-Schwerin.)

v. Bothmer, Frau Gräfin Bertha.

Brake b/Lemgo.

Roller, Dr., Director.

Brandenburg a/H.

Heyne, Dr., Domherr, Director der Ritter-Academie.
Köpke, Fräulein Suse.

Braunschweig.

Aronheim, Dr. med. Felix.
Bergmann, Ernst, Gymnasiallehrer.
Blasius, Dr. Wilhelm, Professor.
Frühling, Hermann, Hôtelbesitzer.
Huch, Dr. jur. Richard, Rechtsanwalt und Notar.
v. Krosigk, Major a. D.
Magnus, Karl, Bankier.
Westermann, Friedrich, Verlagsbuchhändler.

Bremen.

Deetjen, Gustav.
Frese, Fräulein Anna.
Fritze, Dr. phil. Edmund, Professor.
Fritze, Frau Johs.
Graef, Frau Sophie.
Hackfeld, Frau M., geb. Pflüger.
Hartlaub, Dr. G.
Jacobi, Justus, Pastor an der St. Stephani-Kirche.
Klevenhusen, Frau Georg, Kaufmanns-Wwe.
Krug, E., Director der Deutschen Bank.
Lammers, Hermann.
Oelze, Wilhelm, Kaufmann.
Pauli, Dr. jur., Senator, Bürgermeister.
Pflüger, J. C., Kaufmann.
Rassow, Gustav.
Ruperti, Fräulein Amalie, Privatiere.
Sattler, W., Professor.
Stadtbibliothek.

Breslau.

Bienko, Dr., Polizeipräsident.
Breslauer Dichterschule.
Cohn, Dr. Ferdinand, Professor.
v. Flottwell, Regierungspräsident.
Franck, Fräulein A. H.
Friederici, Frau Stadtrath Anna.
Friedenthal, Adolf, Kaufmann.
Germanistisches Seminar der Universität.
Gesellschaft der Freunde.
Hamburger, Dr. phil. Paul.
Heyne, Alfred, Staatsbahn-Betriebs-Secretär.
Holz, Albert, Bankier.
Jänicke, Karl, Stadtrath.
Immerwahr, Leopold, Kaufmann.
Kielmann, Fräulein Anna.
Koch, Dr. Max, Professor.
Ladenburg, Frau Geheimrath, Professor M.
Lucée C., Buchhändler.
Milch, Dr. phil. Louis, Privatdocent an der Universität.
Molinari, Frau Commerzienrath.
Morgenstern, E., Verlagsbuchhdlr.
Neisser, Dr. med., Professor.
Pakscher, Dr. phil. A., Privatdocent.
Partsch, Dr. med. Carl, Professor.
Pinder, Frau Caroline.
Ponfick, Emil, Professor, Medicinalrath.

Breslau.

Pringsheim, Max, A., Kaufmann.
Richter, Dr., Professor.
Rösler, Frau Marie.
Sackur, Frau Margaretha.
Sagawe, Dr. Konrad, Gymnasiallehrer.
Schneider, Lothar.
Seidel, Eisenbahnbau- und Betriebsinspector.
Silbergleit, Frau Seraphine.
Sitte, Otto, Opticus.
Stadt-Bibliothek.
Stern, Frau Charlotte.
Storch, A., Director.
Trewendt, Ernst, Verlagsbuchhdlr.
Universitäts-Bibliothek, Königl.
Urbach, Fräulein Rosa.
Viktoria-Schule, Städtische höhere Mädchenschule.
Vogt, Dr. F., Professor.
Wendriner, Dr. phil. R.
Zimpel, Frau Professor Helene.

Bretten.

Kahn, Dr. Franz, Amtsrichter.

Bromberg.

Belling, Frau Oberlehrer Dr. Marie.

Bückeburg.

Lücke, Dr. O., Gymnasialdirector.

Büdesheim (Oberhessen).

v. Oriolla, Frau Gräfin W.

Burgsteinfurt (Westfalen).

Eschmann, Dr. Gustav.

Calw (Württemberg).

Weizsäcker, Dr. Phil. Paul, Director des Reallyceums.

Cannstatt.

Geiger, Emil, i/Fa. L. Bosheuyers Buchhandlung.

Cassel.

Förster, Auguste, Lehrerin.
v. Hutten-Czapski, Graf Rittmeister und Escadronchef.
Landesbibliothek, Ständische.
Magnus, Dr, Landrichter.
Muff, Dr., Professor, Gymnasial-Director.
Rinald, Victor.
Schmitt, Dr. phil. H., Gymnasiallehrer.
Stölting, G., Consistorialrath.

Charlottenburg.
Boeckh, Dr. R., Professor, Geh. Regierungsrath.
Brandis, Dr. phil. K.
Cohn, Frau Stadtrath Dr. Anna.
Cornicelius, Dr. phil. Max.
Goldberg, Fräulein Olga.
Grisebach, Hans, Architekt.
Heinemann, Felix, Redacteur.
Hirschfeld, Dr. Otto, Professor.
Lehrerbibliothek des Kgl. Gymnasiums.
Lepsius, Reinhold, Maler.
Lessmann, Otto, Herausgeber der Allg. Deutschen Musik-Zeitung.
v. d. Leyen, Dr., Geh. Ober-Regierungsrath.
March, Otto, Kgl. Baurath.
Mommsen, Dr. Theodor, Professor.
Neumann-Hofer, Otto, Redakteur.
Sachau, Dr. phil. E., Professor.
Serlo, Walter, Reg.-Referendar.
Siemens, Frau Geh. Reg.-Rath.
Spielhagen, Friedrich, Schriftsteller.
Strehlke, Dr. F., Gymn.-Dir. a. D.
Thür, Fräulein Anna.
Weber, Dr. jur. M., Stadtrath von Berlin.
v. Wedel, Frau Margarete.
Wolff, Julius.
Zabel, Dr. Eugen, Redacteur.
Zimmermann, Frau General Johanna.

Chemnitz
Bibliothek des Kgl. Gymnasiums.
Kirchner, Dr. Carl, Professor, Oberlehrer.
Kühn, Dr. Bernhard, Landrichter.
Morell, Georg.
Opitz, Dr. med. W.
Stadtbibliothek.
Ullrich, Dr. phil. H., Oberlehrer.
Wächter, Dr. med. R.
Wiede, Otto.

Coblenz.
Deiters, Dr. Hermann, Geh. Reg.-Rath.
Wahl, G., Realgymnasiallehrer.

Coburg.
Beck, Dr. Heinrich, Professor.
v. Unruh-Wiebel, Freiherr, Kammerherr, Rittmeister a. D.

Colmar i/Elsass.
Weber, Dr. Wolf, Landgerichtsrath.

Cöln a/Rhein.
Bürgers-Stein, Frau Geh. Justizrath J.
Deichmann, Theodor, Bankier.
Düntzer, Dr. Heinrich, Professor, Bibliothekar.
Herbertz, Otto.
Herstatt, Arthur, Landgerichtsrath a. D.
Heuser, Frau Eugenie, geb. Nicolovius.
Heuser, F. Robert.
Heuser-Nicolovius, Robert.
Leiden, Franz D., Kaufmann.
Lempertz sen., Heinrich, Rentner.
Lewinger Ernst, Oberregisseur.
Meuser, Paul, Rechtsanwalt.
v. Mevissen, Dr. G., Geh. Commerzienrath.
v. Mevissen, Fräulein Mathilde.
v. Mevissen, Frau Therese.
Oelbermann, Emil.
Peill, Wilh., Kaufmann.
Pfeifer-Schnitzler, Frau Paula.
Rogge, Frau Clara, geb. Plantier.
Schneider, Frau Professor Lina.
Schnitzler, Eduard.
Schnitzler, Frau Amtsrichter Robert.
Schnitzler, Robert, Geh. Rath.
Schnitzler, Dr. jur. Victor, Gerichts-Assessor.
Schuch, Paul, Regierungsrath.
Stein, Frau Elise, geb. v. Mevissen.
Stein, Frau Julicka, geb. Leiden.
Wüllner, Dr. Franz, Professor, Kapellmeister.

Cooslin (Pommern).
Hochdanz, Dr., Gymnasialoberlehrer.

Comptendorf (Kreis Cottbus).
v. Berndt, Alfred, Prem.-Lieutenant.

Cottbus.
Sommerfeld, Otto, Fabrikbesitzer.

Crefeld.
Goecke, Rudolf, Kaufmann.
Peltzer, Dr. jur. Rudolf.

Culmitzsch b/Berga a/Elster.
Hoffmann, Max, Pfarrer.

Danzig.
Baum, Dr. med., Oberstabsarzt a. D., Chefarzt des Stadtlazareths.
Berndt, Fräulein Gustel.

Danzig.
Bibliothek des städtischen Gymnasiums.
v. Gossler, Dr., Staatsminister a. D., Excellenz.
Jüncke, Wilhelm.
Löschins Bibliothek des Realgymnasiums zu St. Johann.
Stadtbibliothek.

Darmstadt.
Bergstrasser, A., Hofbuchhändler.
Edward, Hugo, Hofschauspieler.
Hepp, C.
Hofbibliothek, Grossherzogliche.
Literarischer Verein.
Merck, Dr. phil. C. E.
Merck, Dr. Louis.
Merck, Wilhelm.
Rieger, Dr. Max.
Roquette, Dr. Otto, Professor, Geh. Hofrath.
Wulckow, Director Dr.

Deersheim b/Wassersleben a/Harz.
v. Gustedt, Frau, geb. v. d. Schulenburg.

Dessau.
Antoinettenschule, Herzogl.
Friedrichs-Gymnasium, Herzogl.
Meinert, Carl, Fabrikbesitzer.
Oechelhäuser, Geh. Commerzienrath.
v. Oechelhäuser, W., General-Director der Deutschen Continental-Gasgesellschaft.
Popitz, Frau Margarethe.
Quincke, Wolfgang, Oberregisseur des Herzogl. Hoftheaters.
v. Vignau, Kammerherr, Major z. D.
v. Vignau, Frau Margarethe.

Detmold.
Gymnasium Leopoldinum.
v. Meysenbug, Freiherr, Major.
Runnenberg, W., Rechtsanwalt.

Donaueschingen.
Bissinger, C., Director des Progymnasiums.
Hentig, Präsident.

Dortmund.
Gymnasial-Curatorium.
Nagel, Bernhard, Amtsgerichtsrath.

Dresden.
Amen, Frau Dr.
Arndt, Jul. Max, Grosskaufmann.
Aulhorn, Ernst Rud., Oberprimaner.
Aulhorn, Paul Rud., Fabrikbesitzer.
v. Biedermann, Freiherr B., Major.
v. Biedermann, Dr., Freiherr W., Geh.-Rath.
Bondi, Dr. phil. Georg.
v. Boxberg-Zschorna, Frau Oswine, geb. Keil.
Diestel, Dr. Professor.
Ehlermann, Dr. phil. Erich, Verlagsbuchhändler.
v. Einsiedel, Fräulein Helene.
v. Finck-Nöthnitz, Freiherr, Kammerherr.
Förster, Dr. med. Fritz.
Förster, Dr. med. Richard, Hofrath.
Franck, Dr. Albert, Rentier.
v. Gerbel-Embach, Dr. N.
v. Gerber, Frau Staatsminister, Excellenz.
Gmeiner-Benndorf, Frau Commerzienrath Rosa.
Götze, Dr. Edmund, Professor beim Kadettencorps.
v. Haber, Baron R., Premierlieutenant a. D.
Hasper, Dr. Theodor, Professor.
Hassel, Dr. Paul, Geh. Regierungsrath, Director des Hauptstaatsarchivs.
Heyl, Frau Anna geb. Hübler.
Jaensch, Emil, Buchhändler (i/Fa. v. Zahn & Jaensch).
Jensen, Paul, Kgl. Hofopernsänger.
Kayser-Langerhanns, Frau Sanitätsrath Agnes.
Knoop, Wilhelm, Consul.
v. Könneritz, Fräulein Marie, Staatsdame a. D.
Körner-Museum der Stadt Dresden.
Krausse, Robert, Bildnissmaler.
v. Kyaw, Frau Landgerichtsdirector, geb. v. Carlowitz.
Leopold, Dr., Professor, Geheimer Medicinalrath.
Lesky, Wilhelm, Rechtsanwalt.
Lindau, Dr. Paul.
Lücke, Dr. Herm., Professor.
v. Mangoldt, Fräulein Helene.
Mannl, Johannes.
v. Massenbach, Freifrau, Excellenz.
Meinert, Dr. med. E.
Osterloh, Dr. med. Paul.

Dresden.

Overbeck, Fräulein Camilla.
Palm, Frau Baronin, geb. Gräfin Berlichingen.
Paul, A., Königl. Sächsischer Hofschauspieler.
Pechwell, Dr. jur. Alfred, Königl. Sächs. Ober-Kriegsgerichtsrath.
Posse, Dr. phil., Regierungsrath.
Pusinelli, Dr. med., prakt. Arzt.
Rachel, Dr. Paul, Oberlehrer.
Richelsen, Christel, Regisseur am Kgl. Hoftheater.
Ritterstädt, Dr., Geh. Finanzrath.
Sauer, Frau Dr.
Schanze, Dr. jur. Oscar, Kaiserl. Reg.-Rath a. D.
Scheidemantel, K., Kammersänger.
Schmidt, Heinrich, Lehrer.
Schnorr v. Carolsfeld, Dr. Franz, Professor, Kgl. Oberbibliothekar.
Schramm, Frau Dr. Martin.
Schramm, Otto E., Ingenieur.
v. Schultzendorff, W., Kammerherr.
Schwender, G. E.
Siefert, Rich., Kaufmann.
Singer, Dr. phil. Hans W.
Sontag, Carl, Hofschauspieler.
Stern, Dr. A., Professor.
v. Steun, Eduard.
Stürenburg, Dr. H., Professor, Rector der Kreuzschule.
Undeutsch, Max, Rechtsanwalt.
Villers, Dr. Alexander.
Vogel, Dr. Theodor, Professor, Geh. Schulrath.
Vollmöller, Dr. Karl, Professor.
Vorländer, H., Rittergutsbesitzer.
v. Weber, Freiherr, Oberstlieutenant z. D.
Woermann, Dr. Karl, Prof., Director der Kgl. Gemäldegallerie.
Würzburger, Dr. Eugen, Director des städt. Statistischen Amtes.
v. Zahn, Robert, Buchhändler (i/Fa. v. Zahn & Jaensch).
Zschille, Frau Therese, geb. v. Einsiedel.
Zschuppe, Arno, Schriftsteller.

Duisburg a/Rh.

Feller, W., Professor, Gymnasial-Oberlehrer.
Vijgen, Dr. jur. Max, Gerichtsassessor.

Dulzen b/Preuss. Eylau.

Rosenow, Frau Johanna, geb. Fredenhagen.

Düsseldorf.

Böninger, Ferdinand, Fabrikbesitzer.
Künstler-Verein »Malkasten«.
v. Oettingen, Dr. W., Professor.

Eberswalde.

Klein, Dr. J., Gymnasialdirector.

Eisenach.

Hossfeld, Dr. Carl, Gymnasiallehrer.
Kieser, Hugo, Archidiakonus.
Koelner, Dr., Arzt.
Kürschner, Joseph, Prof., Geh. Hofrath.
Michels-Schnitzler, Frau Kaufmann Julius.
Schneidewind, Dr. E., Gymnasial-Professor.
Schwabe, Fräulein Luise, Institutsvorsteherin.
Streck, Carl, Apotheker.
Weber, Dr. H., Hofrath, Gymnasialdirector.

Eisenberg (Sachsen-Altenburg).

Frenzel, Carl, Stadtrath.
Gymnasial-Bibliothek.

Elberfeld.

Blank, Frau Alexander.
Graf, Dr., Geh. Sanitätsrath.
Martens, Dr. Ludwig, Professor, Gymnasial-Oberlehrer.
Neuhaus, Frau Otto.
Schlieper, jun., Frau Gustav.
Simons, Walter, Commerzienrath.
Weychardt, Conrad.
Wieruszowski, Alfred, Landrichter.
Zurhellen, Dr. Joh., Justizrath.

Ellwangen.

Frik, G., Rechtsanwalt.

Emden.

Bibliothek des Königl. Wilhelms-Gymnasiums.

Emmendingen.

Feldbausch, Dr. Otto, Arzt a. d. Irrenanstalt.

Erdeborn (Rittergut) b/Ober-Voeslingen a/See.

Marckwald, Fräulein Marie.

Erfurt.

Barth, M., Reg.-Rath.
Burkhardt, Dr. med. Friedrich, Augenarzt.
Gymnasium, Königl.
Kütter, Frau Gustav.
Lochner, K., Eisenbahndirector.
Lucius, Geh. Commerzienrath.
Pick, Dr. Albert, Wissenschaftlicher Lehrer.
Stürcke, Hermann, Geh. Commerzienrath.

Erlangen.

Penzoldt, Dr. F., Professor.
Rosenthal, Dr. J., Professor.
Universitäts-Bibliothek, Königliche.
Vogel, Frau Professor Dr. W.

Eutin.

v. Beaulieu-Marconnay, Freiherr, Grossherzogl. Oldenburgischer Ober-Jägermeister.

Finsterwalde i/Neumark.

Rhode, Fräulein Anna.

Flonheim (Rheinhessen).

Knell, Dr. Karl, pr. Arzt.

Frankenthal (Rheinpfalz).

Baum W., I. Kgl. Staatsanwalt.

Frankfurt a/M.

Stadt Frankfurt a/M.
Abendroth, Moritz, Buch- und Kunsthändler.
Albert, Frau Elisabeth.
Auerbach, Fritz.
Baer, Simon Leopold, Buchhändler.
Baerwald, Dr. Hermann, Realschul-Director.
de Bary, Dr. med. Joh. Jacob.
Beil, Dr. med. W.
Beit, Frau Eduard.
Berghoeffer, Dr., Bibliothekar der Freiherrl. Carl v. Rothschild'schen öffentlichen Bibliothek.
v. Bethmann, Freiherr Simon Moritz.
Bibliothek, Freiherrl. Carl v. Rothschildsche öffentliche.
Bibliothek des Freien Deutschen Hochstifts.
Bibliothek der Polytechnischen Gesellschaft.
Braun, Landgerichts-Präsident.
Braunfels, Otto.
v. Brüning, Frau Dr. Clara.

Frankfurt a M.

Bürgerverein.
Burghold, Dr. Julius, Rechtsanwalt.
Cahn-Blumenthal, Heinrich, Kaufmann.
Carl, Dr. med. August.
Cohnstaedt, Ludwig, Redacteur.
Detloff, Adolf, Buchhändler.
Dietz, Dr. Alexander, Rechtsanwalt.
Dondorf, Bernhard, Rentier.
Donner-v. Richter, Otto, Historienmaler.
Dotter, Fräulein Doris.
Eckhard, Frau Dr., Ober-Landesgerichtsraths-Wwe.
Ehlers, Dr. R., Consistorialrath.
Ellissen, August.
Emden, Heinrich.
Flersheim, Robert.
Frankfurter Zeitung (Redaction).
Fries, Jacob, Ingenieur u. Fabrikant.
Fulda, Dr. Ludwig, Schriftsteller.
Geiger, Dr. Berthold, Rechtsanwalt, Justizrath.
Goldschmidt, Dr. jur. Hermann, Gerichtsassessor.
Goldschmidt, Marcus Moritz, Bankier.
v. Guaita, Frau Pauline.
Günther, Ferdinand, Kunsthändler.
Hahn, Louis Alfred, Bankdirector.
Hammeran, Dr. phil. A.
Hanau, Heinrich A.
Herxheimer, Dr. med. S., pr. Arzt.
Hochhut, J. D., Kaufmann.
Hoffmann, Frau Dr. Therese, Geh. Sanitätsraths-Wwe.
Jung, Dr. phil. Rudolf, Stadtarchivar.
Kahn, Bernhard, Bankier.
Kahn, Julius.
Keyl, Georg Albert.
Koch, Frau Anna Louise, geb. v. St. George.
Koenitzer, Carl Wolfgang.
Kohn-Speyer, S.
Lentz, A., Professor.
Levy, Dr. med. A. M.
Lichtenstein, Leopold, Kaufmann.
Liebmann, Dr., Landrichter.
Lucius, Dr. Eugen.
Maier, Gustav, Bankier.
v. Marx, Ritter Ernst.
v. Marx, Ritter Heinrich.
v. Marx, Ritter Louis, Rentier.
May, Eduard Gustav.
Mayerfeld, Anton, Kaufmann.

Frankfurt a/M.
Meister, Frau C. F. Wilhelm.
Melber, Walter Wolfgang.
Merton, W., Kaufmann.
v. Mumm, P. H.
Neher, Ludwig, Architect.
Neumann, Dr. jur. Paul, Rechtsanwalt.
Osterrieth, Eduard.
Osterrieth-Laurin, August.
Oswalt, Frau Wwe. Brandine, Verlagsbuchhändlerin.
Oswalt, Dr. jur. H., Rechtsanwalt.
Pallmann, Dr. phil. Heinrich.
Pfeiffer, C. W.
Philippi, Fräulein Helene.
Rawitscher, Dr., Landgerichtsrath.
Reinhardt, Dr. phil. Carl, Director des städt. Gymnasiums.
Reitz & Köhler, Buchhandlung.
Rosenmeyer, Dr. med. Ludwig.
Rothschild, August, Bankier.
Rumpf, K., Bildhauer.
Sachs, Dr. Otto, Rechtsanwalt.
Sanct-Goar, Ludolph.
Sauer, Julius, Kaufmann.
Schmidt-Metzler, Dr. Moritz, Sanitätsrath.
Scholderer, Dr. Emil, Director.
Schölles, Frau Dr. Henriette, Sanitätsraths-Wwe.
Scholz, Dr. Bernhard, Professor.
Schott, Siegmund.
Schultheiss, Albrecht.
Siebert, Dr. jur. Jacob, Justizrath.
Speyer, Georg, Bankier.
Stern, Theodor, Bankier.
Stiebel, Dr. med. Fritz.
Textor, C. W.
Trommershausen, Dr. E., Oberlehrer am Gymnasium.
Valentin, Dr. Veit, Professor.
Varrentrapp, Dr. A., Stadtrath.
Völcker, Georg, Buchhändler.
Vohsen, Dr. med. Carl.
Weigert, Dr. Carl, Professor der Anatomie an der Senckenbergischen Stiftung.
Weiss, Dr. Guido.
Wohl, Jacques.

Frankfurt a/O.
Dittmer, Geh. Ober-Regierungsrath.
Hoffmann, Paul, Lehrer.
Kempner, L., Kaufmann.
Kühn-Schuhmann, Frau Antonie.
Scheller, Fräulein Emilie.

Freiberg i/S.
Heisterbergk, Ulrich, Rechtsanwalt.
Knaudt, Dr. phil. Paul, Gymnasial-Oberlehrer.
Müller, Dr. Th., Oberlandesgerichts-Präsident.

Freiburg i/Br.
Hettler, Eugen, Fabrikant u. Kaufmann.
Kaerner, W., Buchhändler.
Kluge, Dr. F., Professor.
Lorenz, Frau Major Margarethe.
Manz, Dr. med. Otto.
Meyer, C. M. Robert.
Rümelin, Dr., Professor.
Schmitt, Dr. H, Professor.
v. Simson, Dr. B, Professor.
Studniczka, Frau Professor Lili.
Treutler, Ludwig, Director des Stadttheaters.
Universitäts-Bibliothek, Grossherzogliche.
Weissenfels, Dr. phil. Richard.

Freiburg i/Schlesien.
Realprogymnasium.

Freienwalde a/O.
Quedefeld, Dr. G., Professor, Gymnasial-Oberlehrer.

Friedberg (Hessen).
Trapp, Carl, Fabrikbesitzer.

Friedenau b. Berlin.
Raabe, Dr. phil.

Fulda.
Landesbibliothek, Ständische.

Fürth i/Bayern.
Besels, Heinrich, Kaufmann.
Türkheim, Leo.

Georgengarten b/Dessau.
v. Ditfurth, Fräulein Else, Hofdame I. K. H. der Landgräfin v. Hessen.

Gera (Reuss j. L.).
Bibliothek des Fürstl. Reuss-Pl. Gymnasiums.
Ferber, Walter, Commerzienrath.
Golle, Rugold, Kaufmann.
v. Meysenbug, Freiherr, Ober-Hofmarschall.
Müller, Rudolf, Justizrath, Rechtsanwalt und Notar.
Schlotter, Dr. jur. Alfred, Rechtsanwalt und Notar.

Gernsbach i. B.
Funck, Heinrich, Professor.

Giessen.
Behaghel, Dr. Otto, Professor.
Bock, Alfred, Schriftsteller.
v. Bradke, P., Professor.
Collin, Dr. J., Privatdocent.
Gaffky, Dr., Professor.
Höhlbaum, Dr., Professor.
Löhlein, Dr. med. Hermann, Professor.
Oncken, Dr. Wilhelm, Professor.
Schmidt, Dr. jur. Arthur, Professor.
Siebeck, Dr. H., Professor.
Strack, Dr. Adolf, Realgymnasiallehrer.
Universitäts-Bibliothek, Grossh.

Bergisch-Gladbach.
Zanders, Frau Marie.

M.-Gladbach.
Quack, Wm., Commerzienrath.

Gleiwitz.
Freund, Dr., Sanitätsrath.
Winkler, Siegfried.
Zuckerkandl, Victor.

Glogau i/Schl.
Cohn, Frau Rechtsanwalt Caroline.
Kempner, Frau Bankier Ida.
Sachs, Leopold (i/Fa. Sachs & Gellin.)

Glückstadt.
Gymnasium, Königliches.

Godesberg b/Bonn.
Frentzen, Frau Lucy, geb. Hoesch.

Göppingen.
Gutmann, Frau Fabrikant Bernhard.

Görlitz.
Kuhn, Dr. phil. Karl.
Neumann, Fräulein Clara.
Rörig, A., Kgl. Eisenb.-Verkehrs-Inspector a. D.

Gotha.
Bibliothek des Gymnasium Ernestinum.
Bibliothek, Herzogliche.
v. Ebart, Freiherr P., Kammerherr.
Ehwald, Dr. R., Professor.
Fleischmann, Julius.
Gilbert, Dr., Professor.

Gotha.
Purgold, Dr. K., Director des Herzoglichen Museums.
Rohrbach, Dr. phil. Carl E. M., Gymnasiallehrer.
Schuhmann, Frau Sophie geb. Junghans, Schriftstellerin.
Schwarz, Dr. med., prakt. Arzt.

Göttingen.
Dilthey, Dr. Karl, Professor.
Droysen, Dr. med. Felix, Professor und prakt. Arzt.
Ehlers, Dr., Professor.
Frensdorff, Dr. F., Professor, Geh. Justizrath.
Hentze, Dr. Kr., Professor.
Leo, Dr. F., Professor.
Lexis, Dr., Professor.
Michels, Dr. Victor, Privatdocent.
Röthe, Dr., Professor.
Seminar, Königliches, für deutsche Philologie.
Universitäts-Bibliothek, Königliche.
v. Wilamowitz-Möllendorf, Frau Professor Dr.
Wildhagen, Dr., Rechtsanwalt.
Wohlwill, stud. jur. Paul.

Greifenstein ob/Bonnland.
v. Gleichen-Russwurm, Freiherr Alexander, Kgl. bayr. Kammerjunker.

Greifswald.
Berndt, Frau Professor Marie.
Bibliothek des germanistischen Seminars.
Gerstaecker, Dr., Professor.
Heimann, Oskar.
Maas, Dr. E., Professor.
Pernice, Frau Geheimrath Agnes, geb. Bennecke.
Reifferscheid, Dr. A., Professor.
Universitäts-Bibliothek, Kgl.

Grimma b/Leipzig.
Fürstenschule.
Schmidt, Rudolph, Rechtsanwalt u. Notar.

Grossalsleben (Anhalt).
Exter, Pastor.

Grosskarben (Hessen).
v. Leonhardi, Freiherr Moritz, Gutsbesitzer.

Gross-Lichterfelde b/Berlin.
Jaffé, Rechtsanwalt.
Marcus, Frau Paul.
Meissner, Dr. Carl, Professor.
Müller, Paul, Gymnasiallehrer.
Quincke, Walter, Kaufmann.
Rudorff, Ernst, Professor an der Kgl. Hochschule für Musik.

Gross-Medunischken
(Kreis Darkehmen, Ostpreussen).
v. Bujak, geb. v. Fahrenheid, Frau Rittergutsbesitzer.

Grünstadt (Bayern).
Chally, P., Kgl. Studienlehrer.
Steigenberger, Franz, Kgl. Studienlehrer.

Guben.
Driese, Emil, Kaufmann.

Gumbinnen (Ostpr.).
Bibliothek des Gymnasiums.
Hecht, Dr. phil. Max, Gymnasial-Oberlehrer.
Lewald, Dr. Otto, Regierungsrath.

Gundelsheim b/Gunzenhausen.
Putz, Karl, Pfarrer.

Güstrow (Mecklenburg).
Schaumkell, Ernst, Lic. theol., Gymn.-Oberlehrer.

Haggn (Schloss) b/Bogen a/Donau.
v. Schrenk, Freiherr Leopold, Kgl. bayr. Hauptmann a. D. und Gutsbesitzer.

Hainholz (vor Hannover).
Seligmann, Sigmund, Fabrikant.

Halberstadt.
Zimmer, Frau Rittmeister.

Halensee b/Berlin.
Mauthner, Fritz, Schriftsteller.

Halle a/S.
Ackermann, Dr. Th., Professor, Geh. Medicinalrath.
Bertram, Frau Constanze, Oberbürgermeisterswittwe.
Bethke, L., Bankier.
Bibliothek des Stadtgymnasiums.
Burdach, Dr. Konrad, Professor.
Deetjen, Carl, stud. phil.
Dyck, Dr. Franz.

Halle a S.
Erdmann, Dr. H., Privatdocent.
Flitner, Cand. med. Fritz.
Friedberg, Dr. R., Professor.
v. Fritsch, Dr. K., Professor.
Genzmer, Dr. A., Professor.
Goeschen, Assessor.
Gosche, Fräulein Agnes.
Gräfe, Dr. A., Professor, Geh. Medicinalrath.
Grenacher, Dr. H., Professor.
Gründig, A., Administrator der Buchdruckerei des Waisenhaues.
Hartwig, Dr. O., Geh. Rath, Oberbibliothekar.
Haym, Dr. R., Professor.
Heine, Frau Professor Sophie.
Hessler, Dr. H., Privatdocent.
Hiller, Frau Professor Dr. E.
Kohlschütter, Dr. E., Professor.
Kraus, Dr. Gregor, Professor.
Kühn, Dr. J., Geh. Regierungsrath.
Lehmann, Heinrich, Bankier.
Leser, Dr. Edmund, Privatdocent.
v. Lippmann, Dr. Edmund, Director der Zuckerraffinerie.
Lothholz, Dr., Professor, Gymnasialdirector a. D.
Meier, Dr. phil. John.
Mekus, Dr., Arzt.
Müller, Carl, Redacteur der Saale-Zeitung.
Nasemann, Dr., Gymnasialdirector.
Nickel, M. Philipp, Kaufmann.
Niemeyer, Fräulein Marianne.
Niemeyer, Max, Buchhändler.
Pott, Dr. jur. R., Professor.
Robert, Dr. Karl, Professor.
Ross, Frau Professor Emma, geb. Schwetschke.
Savan, Dr. phil. Franz.
Scheller, Dr., Oberstabsarzt.
Schlieckmann, Geh. Justizrath.
Schmeitzer, Geh. Ober-Finanzrath.
Schulze, August, Director der Zuckerraffinerie.
Schwarz, Dr. E., Professor
Sievers, Dr. E., Professor.
Strauch, Dr. Philipp, Professor.
Thost, Dr.
Universitäts-Bibliothek, Königliche.
Voigt, Rechtsanwalt.
v. Voss, Fräulein Elisabeth.
Wagner, Dr. Albrecht, Professor.
Welcker, Dr. H., Professor, Geh. Medicinalrath.

Hamburg.

Arndt, Oskar (i/Fa. Arndt & Cohn).
Behn, Dr. jur. Hermann.
Behrmann, G., Hauptpastor.
v. Berenberg-Gossler, John, Bankier.
Berkefeld, O.
Bertheau, Dr. theol. Carl, Pastor.
Böhl, Ferdinand.
Brackenhoeft, Dr. jur. E., Rechtsanwalt.
Bülau, Dr. med. Gotthard.
v. *Dehn, Dr. jur. Adolf Axel.*
Elkan, Ed. Ferdinand.
Ellmenreich, Frau Franziska, Schauspielerin.
Fertsch, F. (i/Fa. Fertsch & Laeisz).
Gerstenberg, Dr. phil. Heinr.
Gloede, Dr. phil. Hermann.
Goldschmidt, Dr. phil. Adolf.
Gräfe, Lucas, Buchhändler.
Groothoff, H., Architekt.
Gruner, Dr. Th. W.
Hahn, Emil.
Hartmann, Dr. jur. K., Rechtsanwalt.
Hertz, Frau Dr. Elisabeth.
Hertz, Dr. G., Senator.
Heylbut, Dr. phil G.
Hinrichsen, Siegmund, stellv. Vorsitzender der Handelskammer.
Hottenroth, Hans, General-Agent.
Jacobi, Leopold, Bankier.
Jaffé, Dr. K.
Kiehn, Heinrich.
Koehne, Ernst, Kaufmann.
Köster, Paul, Kaufmann.
Kreusler, Fräulein L.
Lehmann, Frau Dr. Emil.
Lehmann, Dr. jur. Siegfried.
Levy, Dr. H. B.
May, Anton.
Meissner jun., Otto, Buchhändler.
Merschberger, Dr. G., Professor.
Metz, Adolf, Lic. theol., Professor am Johanneum.
Mönckeberg, Dr. Rudolf.
Münchmeyer, A.
Oehrens, Dr. med. Wilhelm.
Oppenheim, Emil.
Oppenheim, Frau Marie.
Petersen, Rudolf, Director.
Pflüger, Dr. M.
Rebattu, Dr. Alb., Pastor zu St. Gertrud.
Redlich, Dr. C., Director der höheren Bürgerschule.
Robinow, Hermann, Kaufmann.

Hamburg.

Röpe, G. H., Hauptpastor.
Rudolph, G. A., Buchhändler.
Sasse, Wilhelm.
Scharlach, Dr. jur., Advokat.
Schenk, Dr. Adolf.
Schiff, Fräulein Jenny.
Schroeder, Dr., Senator.
Schwabach, Frau Reg.-Rath Henriette.
Seligmann, Frau Clara.
Sieveking, Dr. med. Wilhelm.
Söhle, Dr. jur. Martin.
Sokolowsky, Dr. phil. Rudolf.
Sporri, Dr. H., ev. Prediger.
Stadtbibliothek.
Steitz, Fräulein Marie.
Stemann, Dr., Landgerichtsdirector.
Suse, Dr. Theodor.
Thöl, Dr., Oberlandesgerichtsrath.
Warburg, Siegmund Rudolf.
Weisser, Dr., Kgl. preuss. Stabsarzt.
Wentzel, Dr, Wilh. Joh.
Wohlwill, Dr Adolf, Professor.
Wolffson, Dr. A.
Wolffson, Dr. J.

Hamm i/Westf.

Benecke, Prof. Dr., Director des Kgl. Gymnasiums.
Hanow, Oberlandesgerichts-Senats-Präsident.

Hanau a/M.

Kühne, Frau Rittmeister, geb. Freiin Marschall.
Leisler, Frau Helene.
Osius, Rechtsanwalt und Notar, Justizrath.
v. Wittich, Frau Luise.

Hannover.

v. Bennigsen, Rudolph, Oberpräsident, Excellenz.
Graetzel v. Graetz, Dr. P.
Juncken, Frau Johanna, geb. Maudt.
Kühnemann, Dr. phil. Eugen, Privatdocent.
v. Lüdinghausen-Wolff, Baron, Oberstlieutenant und Chef des Generalstabs des 10ten Armée-Corps.
Mejer, Dr. O., Consistorialpräsident.
Meyer, Erich, Gymasial-Oberlehrer.
Ratjen, Adolf, Landgerichtsdirector.
Schaefer, H., Professor, Gymnasial-Oberlehrer.

Hannover.
Schläger, Dr. med. Hermann.
Schmorl u. v. Seefeld, Nachf., Buchhändler.
Wülbern, Senator.

Harzburg a/Harz.
Grundner, Dr. F., Forstmeister.

Hattenheim.
Wilhelmy, A., Procurator.

Heidelberg.
Arnsperger, Dr. phil. Walther.
Braune, Dr. W., Professor.
Buhl, Dr. H., Professor.
Erb, Dr. Wilhelm, Professor.
Erdmannsdörffer, Dr. B., Professor.
Fischer, Dr. Kuno, Professor, Wirkl. Geh. Rath, Excellenz.
Fürst, Dr., Rechtsanwalt.
Gegenbauer, Dr. Karl, Professor, Geh. Rath.
Germanisch-Romanisches Seminar an der Universität.
Gernandt, Dr. phil. Carl.
Groos, Karl, Buchhändler.
Hausrath, Dr. Adolf, Professor, Kirchenrath.
Hoffmeister, H., Lederfabrikant.
v. Holle, Baron.
Knaps, Fräulein Anna.
Koehler, Dr. Karl, Professor.
Meyer v. Waldeck, Dr. F., Professor, Kollegienrath.
Meyer, Dr. jur. G., Professor, Hofrath.
Meyer, Dr. V., Professor.
Petters, Otto, Buchhändler.
Rohde, Dr., Professor, Geh. Hofrath.
Rosenbusch, Dr. H., Professor, Geh. Hofrath.
Schöll, Dr. F., Professor.
Schubert, Dr. phil.
Schwinger, Richard, Privatmann.
Universitäts-Bibliothek, Grossherzoglich Badische.
v. Walberg, Freiherr, Dr. Max, Professor an der Universität.
Wunderlich, Dr., Privatdocent.
Zweig, Dr. Egon.

Heidenheim.
Meebold, Frau Commerzienrath Natalie.
Meebold, Fräulein Ulla.

Heilbronn.
Harmonie-Gesellschaft.

Heinrichau b/Breslau.
Eberhardt, Julius, Generaldirector.
Gottwald, Superintendent und Schlossprediger.

Heinrichsdorf b/Wilhelmsfelde (Reg.-Bez. Stettin).
Lenke, Fräulein Jenny.

Hildesheim (Hannover).
Schiefler, Gustav, Landgerichtsrath.

Höchst a/Main.
Epting, Max, Chemiker.

Hoerde (Westf.).
Vohwinkel, Dr. med. Karl, prakt. Arzt.

Hohenfichte (Sachsen).
Hauschild, Max E., Commerzienrath.

Hohen-Pähl, Schloss b/Wilshofen (Oberbayern).
Czermak, Ernst, Gutsbesitzer.

Husum (Schleswig-Holstein).
Tönnies, Fräulein Elisabeth.

Jena.
v. Bardeleben, Dr. K., Professor.
Delbrück, Dr. B., Professor.
Devrient, Dr. phil. H.
Eggeling, Dr. H., Geh. Staatsrath, Curator der Universität.
Eucken, Dr. R., Professor, Geh. Hofrath.
Fischer, G., Verlagsbuchhändler.
Fürbringer, M., Professor, Hofrath.
Gille, Dr., Geh. Hof- und Justizrath.
Götz, Dr., Professor.
Haacke, K., Regierungsrath a. D.
Haeckel, Dr. Ernst, Professor.
Kaufmann, Dr. Fr., Professor.
Kinkel, Walter.
Kniep, Dr., Professor.
Knorr, Dr. L., Professor.
Liebenam, Dr. W., Professor.
Liebmann, Dr. Otto, Professor, Hofrath.
Lorenz, Dr. O., Professor.
Merian-Genast, Dr. Hans.
Richter, Dr. G., Gymnasialdirector, Hofrath.

Jena.
Rosenthal, Dr. Eduard, Professor.
Schlösser, Dr. Rudolf, Privatdocent.
Stickel, Dr. G., Professor, Geh. Hofrath.
Stoy, Dr. Heinrich.
Stoy, Dr. Stephan.
Universitäts-Bibliothek.
Walter, Dr. phil. Johannes, Professor.
Wilhelm, Dr. Eugen, Professor.

Illenau b/Achern.
Schüle, Dr. H., Geh. Hofrath.

Ilmenau.
»Gemeinde Gabelbach« Gesellschaft.

Grube Ilse b/Cottbus.
Strack, Frau Hauptmann Fanny geb. Hertz.

Insterburg.
Bibliothek des Kgl. Gymnasiums.

Itzehoe.
Claussen, Dr. med., Sanitätsrath.

Kappeln (Schleswig-Holstein).
Thomsen jun., Dr. med. Julius, prakt. Arzt.

Karlsruhe i B.
Bernays, Dr. Michael, Professor.
Bielefeld, Jos., Verlagsbuchhändler, K. K. österr.-ungar. Consul.
Blankenhorn, Dr. Adolf, Professor.
v. Bodmann, Freih. J. Ferd., Grossh. bad. Kammerherr und Mitglied der I. Kammer.
Boeckh, Stadtrath.
Bürklin, Frau Dr. A.
v. Chelius, Rich., Hofjunker und Legations-Secretär.
v. Edelsheim, Freiherr, Grossh. bad. Obersthofmeister, Excellenz.
v. Eisendecher, Frau, geb. Freiin v. Eickstedt, Excellenz.
Eller, Dr. Carl, Oberlandesgerichtsrath.
Ettlinger, Fräulein Anna.
von und zu Gemmingen, Freiherr, Oberstkammerherr, Excellenz.
Göller, L., Ministerialrath.
Hauser, Joseph, Grossh. badischer Kammersänger.
Heinsheimer, Max, Oberlandesgerichtsrath.

Karlsruhe i B.
Liebermann, Gustav (i/Fa. A. Bielefelds Hofbuchhandlung).
Mainzer, Fräulein Helene.
Ministerium der Justiz, des Kultus und Unterrichts.
Molitor, Fräulein Fanny.
v. Oechelhäuser, Dr. A., Professor am Polytechnicum.
Ordenstein, Heinrich, Director des Conservatoriums für Musik.
Regensburger, Dr. Leopold, Rechtsanwalt.
Schnorr von Carolsfeld, Frau Malvina, königl. bayr. Kammersängerin.
Seubert, Emil, Ministerialdirector.
Weill, Dr. Fr., Rechtsanwalt.
Weltzien, Alexander.
Wendt, Dr. Gustav, Geh. Hofrath.

Kehl a/Rh.
Frick, Ludwig, Fabrikant.

Kiel.
Erdmann, Dr. Oscar, Professor.
Gering, Dr. H., Professor.
Kirchhoff, Frau Capitän zur See.
Krogmann, Ernst, Gerichtsassessor.
Mühlau, Dr. F., Professor.
Niepa, Alexander, Chefredacteur.
Rossbach, Dr. O., Professor.
Scheppig, Dr. phil. Richard, Professor, Oberlehrer.
Schlossmann, Dr., Professor.
Schöne, Dr. Alfred, Professor.
Stange, H., Professor.
Toeche, Paul, Hofbuchhändler.
Universitäts-Bibliothek, Königliche.
Wolff, Dr. Eugen, Privatdocent.

Kirchheimbolanden (Rheinpfalz).
Bibliothek der Kgl. Lateinschule.
Moschel, R., Königl. bayr. Rentbeamter.

Klein-Oels b/Ohlau i/Schlesien.
Yorck v. Wartenburg, Graf Hans.
Yorck v. Wartenburg, Graf Paul.

Klein-Sägewitz b/Kattern (Reg.-Bez. Breslau).
Lewald, Georg.

Kohlhöhe b/Gutschdorf (Schles.).
v. Richthofen-Damsdorf, Freiherr, Ober-Reg.-Rath.

Königsberg i/Pr.
Alscher, Dr. Walter, Rechtsanwalt.
Baumgart, Dr. Hermann, Professor.
Beer, Justizrath, Rechtsanwalt und Notar.
Bibliothek der städtischen Realschule.
Bibliothek des Altstädt. Gymnasiums.
Bibliothek des Kneiphöfischen Gymnasiums.
Bibliothek des Realgymnasiums auf der Burg.
Bibliothek des städt. Realgymnasiums.
Bibliothek des Königl. Wilhelms-Gymnasiums.
Brode, Max, Dirigent der Kgl. Sinfonie-Konzerte.
Frohmann, Dr. med. Julius.
Goldberg, Julius, Bankier.
Gruenhagen, Dr., Professor, Geheimrath.
Güterbock, Dr. jur., Professor, Geheimrath.
Hübner & Matz, Buchhandlung.
Königl. u. Universitäts-Bibliothek.
Lehnert, Dr. phil. Max, Gymnasial-Oberlehrer.
Rümpler, Alex, Redacteur.
Samuel, Dr., Professor.
Schöndörffer, Dr. Otto, Gymnasiallehrer.
Simon, Frau Rittmeister Marie, geb. Burchardt.
Stern, Frau Dr. Agnes, geb. Wiehler.
Teppich, Frau Emil.
Töchterschule, städt. höhere.
Vogel, Rudolf, Rechtsanwalt.

Schloss Könitz i/Thüringen.
Reiss, Dr. Wilhelm, Geh. Reg.-Rath.

Konstanz.
Brandes, Wilhelm, Bankdirector.
Fischer, Dr. med. Gg.

Bad Kösen
Schütze, Dr. med. Carl.

Krotoschin (Posen).
Jonas, Dr., Professor, Gymnasialdirector.

Kusel (Rheinpfalz).
Heydel, J., Kgl. Bezirksamtmann.

Lahr i/Baden.
Stadtbibliothek.

Landau (Pfalz).
Zahn, August, Landgerichtsrath.

Landeshut i/Schlesien.
Realgymnasium.

Langenburg (Württemberg).
zu Hohenlohe-Langenburg, Frau Fürstin Leopoldine, Grossherzogliche Hoheit.

Lauban i/Schlesien.
Wissenschaftlicher Verein.

Legefeld b/Weimar.
Reusse, Rudolf, Pfarrer.

Leipzig.
Abraham, Dr. Max, Verlagsbuchhändler.
Andresen, Waldemar.
v. Bahder, Dr. Karl, Professor.
Baur, Fräulein Marie.
Beer, Fräulein Dora.
Beer, Dr. Rudolph, Gymnasial-Oberlehrer.
Berlit, Georg, Gymnasial-Oberlehrer.
Bibliothek des Kgl. Gymnasiums.
Bibliothek des Nikolaigymnasiums.
v. Biedermann, Freiherr F. W., Verlagsbuchhändler.
Binding, Dr. Karl, Professor.
Borchers, Bodo, Hofopernsänger a. D., Gesangslehrer.
Brockhaus, Dr. Eduard, Verlagsbuchhändler.
Brockhaus, Rudolf, Verlagsbuchhändler.
Brugmann, Dr. Oskar, Oberlehrer am Nikolaigymnasium.
Cohnheim, Frau Professor.
Credner, Hermann, Verlagsbuchhändler.
Curschmann, Dr. med., Professor.
Degenkolb, Dr., Professor.
Dix, Paul, Rechtsanwalt.
Dodel, Friedrich Wilhelm jun., Kaufmann.
Doering, Dr. B., Professor, Gymnasial-Oberlehrer.
Dolega, Dr. med. Max.
Dürr, Alphons, Stadtrath.

Leipzig.

Dürr, Dr. Alphons, Buchhändler.
Eelbo, Bruno, Architect.
Elster, Dr. Ernst, Professor an der Universität.
Flechsig, Dr. phil. Eduard.
Fränkel, Dr. Albert, Schriftsteller.
Friedberg, Dr. Emil, Professor, Geh. Hofrath.
Geibel, Frau Leonore, geb. Weisz.
Geibel, Frau Marianne.
Gensel, Dr. jur. Julius, Sekretär an der Handelskammer.
Georgi, Dr., Rechtsanwalt.
Giesecke, Herm. F. (Firma Giesecke & Devrient).
Goetz, Ernst.
Goetze, Fräulein Auguste, Kammersängerin.
Haessel, H., Verlagsbuchhändler.
v. Hahn, Dr. F., Reichsgerichtsrath.
v. Hase, Dr. Oskar, Verlagsbuchhändler.
Heinemann, Dr. phil. Karl.
Heinichen, B., Königl. Stations-Assistent.
Herbst, Günther, Kaufmann.
Hering, Stud. phil. Robert Eugen.
Hirzel, H., Verlagsbuchhändler.
v. Holstein, Frau Hedwig.
Institut, bibliographisches.
Junck, Dr. jur., Rechtsanwalt.
Jungmann, Dr., Professor, Rector zu St. Thomae.
Kettembeil, Dr. jur. Johannes, Assessor.
Köhler, Hugo, Buchhändler.
Köhler, K. F., Buchhändler.
König, Wilhelm.
Krehl, Dr. Ludolf, Professor, Geh. Hofrath.
Lange, Dr. Robert.
Lemke, Julius, Director der Leipziger Feuer-Vers.-Anstalt.
Leskien, Dr. A., Professor.
Liebisch, Bernhard, Buchhändler.
Limburger, Rechtsanwalt.
Lipsius, Dr. Hermann, Professor, Geh. Hofrath.
Lorentz, Alfred, Buchhändler.
Loewenstein, Reichsgerichtsrath.
Müller, Dr. jur. Carl Otto, Geh. Hofrath, Professor.
Nachod, Frau Consul Marie.

Leipzig.

Pfalr, Dr. Franz, Professor, Director der Realschule.
Prüfer, Dr. jur. Arthur.
Reincke, Frau Reichsgerichtsrath.
Reisland, O. R., Verlagsbuchhändler.
Ribbeck, Dr. O., Professor, Geh. Rath.
Röder, Emil, Commerzienrath.
Romberg, E. L., Geh. Justizrath.
Rost, Adolph, Buchhändler (J. C. Hinrichs'sche Buchhandlung).
Schaefer, F. W. E., Buchhändler.
Scheibner, Dr. Wilhelm, Professor, Geh. Hofrath.
Schmidl, Stud. phil. Josef Wendelin.
Schmidt, Stud. jur. Reinhard Benno.
Schneider, Dr. Arthur, Privatdocent.
Schneider, Carl, Kaufmann.
Schreber, Frau Dr. Pauline.
Schulz, Hermann, Buchhändler.
Schunck, Fräulein Cornelia.
Schuster, Dr. phil. Hermann, Institutsdirector.
Schwabe, Frau Susanne, geb. Klemm.
Schwarz, H., Reichsgerichtsrath a. D.
Seelig, Dr. Justizrath, Rechtsanwalt beim Reichsgericht.
Seemann, Arthur, Verlagsbuchhändler.
Seminar, Königl. Deutsches.
Simon, Dr. jur. Gustav Wilhelm, Rechtsanwalt.
Simon, Frau Stadtrath Hedwig, geb. Simon.
Staackmann, L., Buchhändler.
Stadt-Bibliothek.
Staegemann, M., Director des Stadttheaters.
Steffen, Dr. Georg, Gymnasial-Oberlehrer.
Stenglein, Reichsgerichtsrath.
Stumme, Stud. med. Emmrich Gerhard.
v. Tauchnitz, Bernhard, Freiherr, Verlagsbuchhändler.
Titze, Adolf, Verlagsbuchhändler.
Tröndlin, Dr., Bürgermeister.
Universitäts-Bibliothek, Kgl.
Voerster, Alfred, Buchhändler.
Voerster, Karl, Buchhändler.
Vogel, Dr. Julius, Directions-Assistent.
Voigt, Dr. phil. Hans, Gymnasial-Oberlehrer.
Volkelt, Dr. Johannes, Professor.

Leipzig.
Wagner, Franz, Commerzienrath, Stadtrath.
Wagner, Dr. med. Paul, Privatdocent.
Walter, Geh. Ober-Postrath.
Weber, Dr. phil. Robert.
Wendtland, Dr. jur., Assessor.
Wiesand, Dr. jur., Kaiserl. Reichsgerichtsrath.
Windscheid, Frau Dr. Bernhard, Professors-, Geheimraths-Wwe.
Witkowski, Dr. Georg, Privatdocent.
Wülker, Dr. Richard, Professor.
Wundt, Dr. Wilh., Professor.
Zschierche, Nachf. (Georg Müller), Buchhändler.

Lennep.
Rudolph, A., Oberst z. D.

Liegnitz.
Rawitscher, Frau Assessor.
Rohricht, Justizrath.

Lindau i/B.
Brüller, Max, Kgl. Bezirks-Thierarzt.

Linden b/Hannover.
Bibliothek des Königl. Kaiserin Augusta-Victoria-Gymnasiums.
Grasshof, Dr., Gymnasialdirector.
Haase, Frau Helene.
Laporte, Rechtsanwalt.

Löcknitz (Pommern).
v. Eickstedt-Peterswaldt, Frau Gräfin, geb. v. Eisendecher.

Lübben (Niederlausitz).
Schneider, Florentin, Landesbestallter der Niederlausitzer Stände.

Lübeck.
Achilles, Dr. E.
Benda, Dr. jur. J., Landrichter.
Curtius, Frau Senator Dr.
Fehling, Dr., Rechtsanwalt.
Hoffmann, Dr. Paul, Director der Ernestinenschule.
Pabst, Dr. jur. Gustav.
Schillerstiftung, Lübeckische.
Stooss, Dr. jur. Alfred, Rechtsanwalt und Notar.

Luckenwalde b/Frankfurt a/O.
Neuhaus, M., Rittmeister a. D.
Pariser, Frau Elise, geb. Mende.
Simonson, Frau Amtsrichter Gertrud, geb. Mende.

Ludwigsburg (Württemberg).
Wolff, Franz, Sec.-Lieutenant im Dragoner-Reg. »Königin Olga«.

Ludwigshafen a/Rh.
Jacquet, Adolf, Commerzienrath.

Lüneburg.
Frederich, Otto, Hofweinhändler.
Gravenhorst, K., Justizrath.

Lyck (Ostpreussen).
Dembowski, Dr. Johannes, Oberlehrer.
Gymnasium, Königliches.
Wiebe, Emil, Buchhändler.

Magdeburg.
Aefner, Hermann, Kaufmann.
Aufrecht, Dr.
Berndt, R., Director der Magdeb. Feuer-Vers.-Gesellschaft.
Grünhut, Dr. Leo, vereid. Gerichts-Chemiker.
Hindenburg, Frau Carl, geb. Reimann.
Hürse, K., Königl. Musikdirector.
Krühne, Richard, Gerichtsassessor.
Sträter, Dr. phil. E., Oberrealschullehrer.
Trosien, E., Geh. Reg.- und Provinzialschulrath.
Waetzold, Dr. St., Prof., Prov.-Schulinspektor.

Mainz.
Cornelius, Dr. Karl.
Feldheim, C. F., Geh. Commerzienrath.
Heidenheimer, Dr. phil. Heinrich.
Hess, Dr. Carl.
Scholz, Carl (Firma Jos. Scholz).
Stadtbibliothek.
Strecker, Fräulein Lina.

Mannheim.
Bibliothek, öffentliche.
Darmstaedter, Dr., Rechtsanwalt.
Diffené, Dr. K.
Hecht, Dr. Felix, Hofrath, Bankdirektor.
Hirsch, Emil.
Hirsch, Louis, Kaufmann.
Hoftheater-Comité, Grossh. Bad.
Jacobi, Hermann, Hoftheater-Regisseur.
Kahn, Dr. Richard, Rechtsanwalt.
Köhler, Martin, Kaufmann.

Mannheim.

Ladenburg, Frau Commerzienrath Ida.
Lenel, Alfred, Kaufmann.
Lenel, Dr. phil. Walter.
Loewe, M. (Firma Loewe & Eschelmann).
Maier, Georg Ludwig.
Mathy, Johann Wolfgang.
Neumann, Dr. Karl.
Reimann, Frau Dr. Clara, geb. Diffené.
Reiss, Fräulein Anna.
Reiss, Karl, Konsul.
Staudt, Dr. med. J., prakt. Arzt.

Marburg i/Hessen.

Cohen, Dr. H., Professor.
Fränkel, Dr. Carl, Professor.
Germanistisches Seminar der Universität.
Gymnasium, Königliches.
Kochendörffer, Dr. Karl, Bibliothekar.
Köster, Dr. Albert, Professor.
Küster, Dr. Ernst, Professor.
v. Lilienthal, Dr. Carl, Professor.
Rathke, Dr., Professor.
Schröder, Dr. Eduard, Professor.
Souchay, C. C., Gutsbesitzer.
Universitäts-Bibliothek, Kgl.
Wenck, Dr. C., Professor.

Marklissa.

Kauffmann, Wilhelm, Fabrikbesitzer.

Markowitz (Prov. Posen).

v. Wilamowitz-Möllendorf, Freiherr, Kgl. Kammerherr, Oberpräsident der Provinz Posen, Excellenz.

Maulbronn i/Württemberg.

Palm, Aug., Professor, Ephorus des theologischen Seminars.

Meerane i/S.

Scheitz, Dr. Emil, Apotheker.

Meesendorf b/Backschütz (Schlesien.)

Waldersee, Frau Gräfin Helene, geb. v. Wilamowitz-Möllendorf.

Meiningen (Sachsen-Meiningen).

Baumbach, Dr. Rudolf, Hofrath.
Kircher, Dr., Geh. Regierungsrath.

Meiningen (Sachsen-Meiningen).

Martiny, Fr., Eisenbahn-Maschinen-Ingenieur.
Wüllner, Dr. Ludwig, Herzogl. Meining. Hofschauspieler.

Meissen.

Bibliothek der Kgl. Fürsten- und Landesschule.

Memel.

Gymnasialbibliothek, Kgl.
Halling, Director der höheren Töchterschule.
Valentin, Richard.

Merseburg.

Barth, Frau Generaldirector.

Mülhausen i/Elsass.

Deecke, Dr. W., Gymnas.-Director.
Kestner, Dr. Hermann, Sanit.-Rath.

Mülheim a/Ruhr.

Curtius, Dr. Rud., Reg.-Assessor.

Muhrau b/Striegau i/Schl.

v. Kramsta, Fräulein Marie.

München.

Ackermann, Theodor, Kgl. Hofbuchhändler.
Barnstorff, D., Wwe.
Bernstein, Max, Schriftsteller.
Bittmann, Friedrich.
v. Bürkel, Ludwig, Kgl. Bayer. Ministerial-Director.
Cornelius, Dr. C. A., Professor.
Eller, Frau Henriette, Oberhofgerichts-Advocatenwittwe.
Faehndrich, H. A., Amtsrichter a. D.
Fiedler, Dr. Conrad.
Fiedler, Frau Dr. Conrad.
Fraenkel, Dr. Ludwig, Hochschul-Docent.
v. Gietl, Ritter Max, Ministerialrath.
Göppinger-Meebold, Frau Adelheid.
Gotthelf, Cand. phil. Fritz.
Grätz, Dr. Leo, Universitäts-Professor.
Haaser, Ernst, Journalist.
Hanfstängl, Edgar, Hofrath.
Hauck, Dr. Carl.
Hausmann, Frau Justizrath Dr. Betty.
Hertz, Dr. Wilhelm, Professor.

München.
Heyse, Dr. Paul.
Hof- und Staatsbibliothek, Kgl.
v. Hülsen, G., Lieutenant.
Kappelmeier, Georg, Brauerei-Director.
Klarmann, J., Hauptmann und Adjutant.
Lehner, Johann, Director der Bayer. Notenbank.
Lehrerbibliothek, Städtische.
Levi, Hermann, K. General-Director.
Linz-Godin, Frau Oberst A.
v. Loën, Freiherr, Grossh. Sächs. Kammerjunker.
v. Malsen, Baron, Kgl. Bayer. Oberhofmarschall, Excellenz.
v. Marogna, Graf.
v. Marogna, Gräfin Angela, Hofdame I. K. Hoheit der Frau Herzogin Carl Theodor in Bayern.
v. Mayer, Dr. Carl, Kgl. Staatsrath.
Muncker, Dr. Franz, Professor.
v. Naegeli, Frau Professor Henriette.
Oelschläger, Dr. phil. Hermann.
Oertel, Heinrich, cand. phil.
v. Oettingen, Frau M.
Oldenbourg sen., R., Verlagsbuchhändler.
Paul, H., Professor.
v. Perfall, Freiherr, General-Intendant der Königl. Hofmusik, Excellenz.
Quidde, Dr. phil. L.
Rau, Frau Anna.
v. Ritter, Fräulein Marie.
Savits, Jocza, Oberregisseur des Kgl. Hoftheaters.
Scherer, Dr. Georg, Professor.
Schmidt, Dr. med. Oswald.
Schubart, Dr. M.
Solbrig, Dr. Veit, K. Ober-Stabsarzt.
Steinitzer, Paul, K. K. österr. Major a. D.
Sulger-Gebing, Dr. phil. Emil.
Traube, Dr. Ludwig.
Universitätsbibliothek, Königl.
Voss, Dr. Richard, Schriftsteller, Bibliothekar der Wartburg.
Waldthausen, Justus, Kaufmann.
Weltrich, Richard, Kgl. Professor.

Münchenbernsdorf
(Grossh. Sachsen).
v. der Gabelentz-Linsingen, Lieut. im Hus.-Reg. v. Ziethen.

Münster i/Westphalen.
Andresen, Dr. Hugo, Professor.
Drescher, Dr. phil. Carl, Privatdocent.
Lüdicke, Max, Eisenbahndirections-Präsident.
Paulinische Bibliothek, Kgl.
Pietsch, Kgl. Baurath.
Schmedding, Frau Reg.-Rath Laura, geb. Hüffer.

Nassau.
v. Kielmannsegge, Frau Gräfin L. G.

Nastätten (Prov. Nassau).
Cathrein, Joseph.

Naumburg a/S.
Bennecke, Justizrath.
Borkowsky, Dr. E., Oberlehrer.
Bröse, G., Oberlehrer.
Kirchner, Fräul. Elisabeth.
Köster, Dr., Geh. Sanitätsrath.
Lehmann, Ober-Landesgerichtsrath a. D.
Pilling, Dr. C., Gymnasial-Lehrer.
Remertz, Rechtsanwalt.
Seelmann, Fräulein C. L. Gertrud.
Sturm, Dr. Aug., Rechtsanwalt und Notar.

Naundorf (Bez. Dresden).
v. Lindenfels, Freiherr, Kgl. Oberförster.

Naunhof
bei Leipzig.
Francke, Carl, Versicherungsbank-Director a. D.

Neisse.
Bischoff, Anton, Justizrath.

Neuburg (Stift) b/Heidelberg.
v. Bernus, Freiherr.

Neuendorf (Bezirk Köslin).
v. Osterroht, Gotthilf.

Neuhausen b/Königsberg (Ostpr.).
Bon, Frau General-Landschaftsdirector.

Neusalz a/Oder.
Wenck, W., Prediger.

Neustrelitz.
Götz, Dr. G., Obermedicinalrath.

Niederbreisig.
Huyssen, W., Ingenieur.

Nieder-Ingelheim.
v. Erlanger-Bernus, Frau Baronin.

Niederlössnitz b/Kötzschenbroda.
v. Biedermann, Freiherr, General.

Niederwalluff.
Marcuse, H., Consul.

Niep b/Crefeld.
Boscheidgen, Dr. jur. Hermann, Gerichtsreferendar.

Nordhausen a/H.
Gymnasium, Königl.
Kneiff, Rudolf.
Mylius, C., Landgerichtsrath.
v. Petrovics, Paja, Redacteur.
Schenke, Hermann, Premier-Lieutenant, Stadtrath und Brennereibesitzer.

Nürnberg.
Enderlein, Oberlandgerichtsrath.
Hopf, Frau Lili.
Lechner, Max, Gymnasialdirector.
Merzbacher, Sigm., Rechtsanwalt.
Pegnesischer Blumenorden (Literar. Verein).
Rau, Rudolf, Rechtsanwalt.
Stadt Nürnberg.
Wendriner, Ferd., Kaufmann.

Oberlahnstein (Rheinprovinz).
Lessing, A.

Offenbach a/M.
Weber, Frau Rechtsanwalt Dr.

Ohrdruf.
Gymnasium Gleichense, Herzogl.

Oldenburg i/Grossh.
v. Alten, F., Oberkammerherr, Excell.
v. Beaulieu-Marconnay, Eugen, Freiherr, Oberlandesgerichts-Präsident, Excellenz.
Becker, Landesgerichts-Präsident.
Bibliothek, Grossherzogliche öffentl.
Jansen, Emmi (Emil Roland).
Kelp, W., Apotheker.
Leesenberg, Dr. phil. F. A.
Mosen, Dr. R., Ober-Bibliothekar.
Schwartz, A., Hofbuchhändler.
Thorade, Bankdirector.
Wolken, E., Kaufmann.

Oppeln (Prov. Schlesien)
Thal, Dr. jur., Regierungs-Referendar.

Osnabrück.
Crespel, A., Referendar.

Ostenwalde b/Melle.
Bibliothek Ostenwalde.

Ottmachau (Prov. Schlesien).
v. Humboldt, Freiin Mathilde.

Parchim (Mecklenburg).
Garthe, Frau Baurath Caroline, geb. Mencke.

Penzig i. d. Oberlausitz.
Drevin, Helmuth, Apotheker.

Pforzheim.
Fischer, Dr. Franz, Director der Irrenanstalt.
Német, Wilhelm, Privatier.
Waag, Alfred, Architect, Director der Kunstgewerbeschule.

Plagwitz b/Leipzig.
Keil, Dr. phil. Alfred.

Plauen i/Sachsen.
Hofmann-Stirl, Frau Professor Helene, Kammersängerin.
Rentsch, Dr. phil. Joh., Gymnasial-Oberlehrer.

Pless i/Schlesien.
Fielitz, Dr. W., Professor.

Poppenbüttel b/Hamburg.
Henneberg, Albert, Gutsbesitzer.

Porstendorf b/Jena.
v. Wurmb, Freiherr, Schlosshauptmann auf Dornburg.

Posen.
Günke, Fritz, Referendar.
Kantorowicz, Frau Lina.
Lewald, Dr. Felix, Regierungsrath.

Potsdam.
Bertz, Eduard, Schriftsteller.
v. Blücher, Rittmeister im Garde-Husarenregiment.
König, Dr. Robert, Daheim-Redacteur a. D.
Nathan, Frau Hedwig.
Philippi, G.

Prenzlau.
Busch, Richard, Landgerichtsrath.

Räcknitz b/Dresden.
v. Biedermann, General-Major a. D.

Rastenburg i/Ostpr.
Kowalski, Carl, Kaufmann.

Rathenow.
Rhein, Frau Clara.

Ratibor.
Suchsland, Adolf, Landrichter.

Ratzeburg (Lauenburg).
Wassner, Dr. Julius, Gymnasialdirector.

Rechtenfleth b Bremen.
Allmers, Hermann.

Rehnsdorf b. Elstra (Sachsen).
v. Boxberg, Georg, Rittergutsbesitzer.

Reichenbach i/Schlesien.
Preu, Dr. med., Sanitätsrath.

Remagen a Rh.
Linden, Fräulein Lina, Pensionats-Vorsteherin.

Retzin b/Priegnitz.
zu Putlitz, Frau Baronin.

Reutlingen.
Kusel, Fräulein Lucie.

Risstissen b/Ulm a/D.
Schenck v. Stauffenberg, Dr. Fr., Freiherr.

Rösrath b/Cöln a/Rh.
Benfey, Frau Else, geb. Benfey.

Rossla a/Harz.
Schüddekopf, Dr. Carl, Gräfl. Bibliothekar.

Rostock i/Mecklenburg.
Berlin, Dr. Rudolf, Professor.
Kipper, Dr. Julius, Gymn.-Director.
Müller, Dr. phil. Walter.
Stiller'sche Hof- und Universitäts-Buchhandlung.
Universitäts-Bibliothek, Grossh.
Wilbrandt, Dr. Adolf.

Rotenburg i Hannover.
Boehrs, Dr. D., Kreisphysicus.

Rudolstadt.
Bibliothek, Fürstl. öffentliche.

Ruhrort a/Rh.
de Gruyter, Albert.
de Gruyter, Dr. Walter, Kaufmann.

St. Johann a/Saar.
v. Veltheim, Frau Baronin.

Satzkorn b/Potsdam.
Brandhorst-Satzkorn, W., Rittergutsbesitzer.

Schleiz.
Paetz, G., Kammerpräsident.

Schleswig.
Bergas, Julius, Buchhändler.
Hoe'sche Bibliothek.
Kammer, Dr., Professor, Provinzialschulrath.
Voigt, Dr. Carl, Reg.-Assessor.

Schlettstadt.
Kapff, Dr., Stabsarzt.

Schlobitten i/Ostpreussen.
zu Dohna, Frau Gräfin Emmy.

Schneidemühl.
Löbner, Dr. Heinrich.

Schnepfenthal b/Waltershausen.
Ausfeld, Dr. Wilhelm, Schulrath.

Schönbach b/Löbau i/Schlesien.
Rade, M., Lic., Pfarrer.

Schönebeck b/Magdeburg.
Saalwächter, Otto, Fabrikbesitzer.

Schönfeld b/Leipzig.
Lazarus, Dr. Moritz, Professor.

Schönwerder b/Dölitz i/Pommern.
v. Bonin, Frau, geb. v. Zanthier.

Schreitlangken b/Willkischken i/Ostpreussen.
Dressler, Frau.

Schulpforta.
Kettner, Dr. Gustav, Professor.
Landesschule, Königliche.
Schreyer, Dr. Hermann, Professor.
Volkmann, Dr. Dietrich, Rector der Landesschule.
Zimmermann, Justizrath, Procurator der Landesschule.

Schwedt a/O.
Quehl, sen., Dr. Otto.
Zschau, Dr. Hermann, Director des Hohenzollern-Gymnasiums.

Schweidnitz i/Schl.
Kletschke, Landgerichtsrath.

Schwenda b/Stolberg a'Harz.
Hausmann, J., Pastor.

Schwerin i/M.
v. Ledebur, Freiherr, Kammerherr, Intendant des Hoftheaters.
Oldenburg, Grossherzogl. Oberzolldirector
v. Pritzbuer, Friedrich, stud. jur. et cam.
Schröder, Dr., Regierungsrath.

Seesen a Harz.
Philippson, Dr. phil. Emil, Director der Realschule.

Seifersdorf b/Radeberg (Sachsen).
v. Brühl, Graf Carl.

Seyda (Bezirk Halle).
Matzdorff, Dr. med. Hans.

Siegen i W.
v. Erdberg, Stud. phil. Robert Adalbert.

Siegersleben b/Eilsleben.
Fuhrling, Frau Kreisrichter M.

Skalmierzyce (Prov. Posen).
Peretz, Moritz.

Sondershausen.
Budde, Regierungsrath.
Laue, Rath Fr., Oberbürgermeister.
v. Viebahn, Major.

Warte Sonnenblick (Eisenbahn-Stelle Sulzbach i/Taunus).
Volger, Dr. G. H. Otto, Naturforscher.

Springe (Hannover).
Kaufmann, Karl, Fabrikbesitzer.

Stallupönen.
Kalau v. Hofe, Cand. des höhern Schulamts.

Stassfurt.
Stengel, Rudolf, Fabrikbesitzer, Konsul a. D.

Steglitz b/Berlin.
Dahms, Dr. Rudolf, Professor.
Hoffmann, Dr. Otto, Professor, Gymnasialoberlehrer.

Steglitz b/Berlin.
Paulsen, Dr. Friedrich, Professor. Progymnasium.
Schwarz, Arthur, Kaufmann.
Weber, W., Oberbürgermeister a. D.
Wendeler, Dr. Camillus.

Stendal.
Wendorff, Landgerichts-Präsident.

Stettin.
Gerstäcker, Otto, Amtsgerichtsrath.
Jobst. R., Professor.
Keddig, C. A., Director.
Klauwell, Rudolf, Kaufmann.
Kurtz, Frau Kaufmann Reinhold.
May, Rudolf, Kaufmann.
Preusser, Fräulein Marie.
Schleich, Dr. med. Karl Ludwig, Sanitätsrath.
Steffen, Frau Dr. Sanitätsrath P.
Weber, Otto, Landgerichtsrath.

Stockach i/Baden.
Ottendörfer, Dr. Hermann, Ober-Amtsrichter.

Stolberg i/Harz.
Albrecht Ilger, Prinz zu Stolberg-Stolberg, Durchlaucht.
Bode, Fritz, Fürstl. Stolberg'scher Kammerdirector.

Stolno, Post Klein-Czyste, Kreis Kulm i/Westpreussen.
Strübing, Fräulein Frieda.

Stolp (Pommern).
Bibliothek des Kgl. Gymnasiums.
Pickert, W., Gymnasial-Oberlehrer, und Bibliothekar.

Strassburg W/Pr.
Gymnasium, Königliches.

Strassburg i/E.
Brodrück, Georg, Hauptmann.
Budde, Dr. Karl, Professor.
v. Dursy, Eugen, kaiserl. Ministerialrath.
Friedlaender, Dr., Professor, Geh. Rath.
Henning, R., Professor.
Jacob, Dr. Carl.
Joseph, Dr. Eugen, Privatdocent.
Martin, Dr. E., Professor.
Michaelis, Dr. Adolf, Professor.

Strassburg i. E.
Muller, Dr. G. A., (für das Sesenheimer Goethe-Museum.)
Roffhack, Dr. jur., Regierungsrath.
Seminar, Germanistisches an der Universität.
Stilling, Dr. J., Professor.
Trübner, Karl J., Verlagsbuchhändler.
Universitäts- u. Landesbibliothek, Kaiserliche.
Varrentrapp, Dr. C., Professor.
Wetz, Dr. W., Privatdocent.
Weyer, Dr., Landesgerichtsrath.
Ziegler, Dr. Theobald, Professor.

Stuttgart.
Abert, Hofcapellmeister.
Becher, Fräulein Emmy.
Bibliothek, Königliche öffentliche.
Bibliothek der Kgl. Technischen Hochschule.
Clason, Arthur, Kaufmann.
Deahna, Dr., prakt. Arzt.
Donndorf, A., Professor.
Douglas, Theobald, Privatier.
Eisenlohr, Karl.
Gerock, Dr. Christof, prakt. Arzt.
Gerschel, Oskar, Antiquar und Buchhändler.
Hartmann, Dr. Julius, Professor.
Haussmann, Conrad, Rechtsanwalt.
v. Klumpp, Dr. Otto, Director.
Krabbe, C., Verlagsbuchhändler.
Kröner, Adolf, Verlagsbuchhändler und Commerzienrath.
Kröner, Alfred, Buchhändler.
Kurtz, P., Buchhändler.
Lang, Dr. Wilhelm.
Mayer, Paul, Regierungsrath.
Müller, Gustav, Kaufmann.
Müller-Palm, Adolf, Professor.
Museums-Gesellschaft.
Nast, A., Buchhändler (in Firma Göschen'sche Verlagsbuchhdlg).
Proelss, Johannes, Redacteur.
v. Riecke, Dr. Karl, Staatsminister.
Rominger, jun., Nathanael.
Rommel, Dr. Otto
Schall, Dr. Rich., Rechtsanwalt.
Schoenhardt, Dr., Oberlandesgerichtsrath.
Schott, Frau Amalie.
Schulz, F. G., Commerzienrath.
Siegle, Gustav, Geh. Commerzienrath.

Stuttgart.
Spemann, W., Verlagsbuchhändler.
Steiner, Dr. K., Director, Geh. Commerzienrath.
Stockmayer, M. E., Rechtsanwalt.
Straub, Dr. L. W., Professor.
Vetter, Leo, Kaufmann.
v. Westenholz, Freiherr, Dr. Friedr.
Wildermuth, Dr. H. A., Arzt.
Zeller, Dr. Eduard, Professor, Excellenz.
Zweifel-Heer, Frau Jetty.

Tangerhütte b/Magdeburg.
v. Arnim, Frau Marie.
Kleinschmidt, Hofrath.

Tempelburg (Pommern).
Berg, Karl, Amtsgerichtsrath.

Thalstein b/Jena.
v. Tümpling, Kaiserl. Legationsrath a. D.

Thann i/Elsass.
Curtius, Dr., Kreisdirector.

Tharandt.
Hucho, Dr. Heinrich, Amtsrichter.

Thorn.
Bischoff, Landrichter.

Tiefurt b/Weimar.
Graness, Kammergutspächter.

Trachenberg (Schlesien).
v. Hatzfeld, Frau Fürstin, Durchlaucht, geb. Gräfin v. Benckendorff, Oberhofmeisterin I. M. der Kaiserin Augusta Victoria.

Tübingen.
Froriep, Dr. August, Professor.
Geib, Frau Professor L.
Geiger, Dr. Karl, Universitäts-Bibliothekar.
Hüfner, Dr. G., Professor.
Oesterlen, Dr., Professor.
Siemerling, Dr. E., Professor.
v. Sigwart, Dr., Professor.
Spitta, Dr., Professor.
Universitäts-Bibliothek, Königliche.
Vöchting, Dr. H., Professor.

Tutzing b/München.
Ebers, Dr. Georg, Professor.

Rittergut Ulbersdorf i/Sachsen.
v. Gontard, Alexander.

Ulm a D.
Ulrich, Gustav, Bankier (Firma Flesch & Ulrich).

Vegesack b Bremen.
Werry, F., Real-Gymn.-Oberlehrer.
Wilmanns, Dr. med. Georg.

Verden a Aller.
Echte, Landrichter.

Vieselbach.
Starke, Dr. med., Bezirksarzt.

Vogtshof (Herrnhut) Sachsen.
Bertram, M., Fabrikdirektor.

Voltersdorf b. Freienwalde i/Pommern.
Kieckebusch, Frau Gertrud, geb. Lüdecke.

Vorra b/Hersbruck (Bayern).
v. Soden, Freiherr, Kais. deutscher Gouverneur.

Wandsbeck.
Gymnasium.

Wehlau (Ostpreussen).
Moldaenke, Gymnasiallehrer, Professor.

Weilburg a/Lahn.
Bibliothek der Landwirthschafts-Schule.

Weimar.
v. Ahlefeld-Dehn, Baron Louis.
d'Albert, Eugen, Hofpianist.
Anding, Karl, Kaufmann.
Apelt, Dr. phil. O., Professor.
Aulhorn, Max, Major a. D.
v. Biegeleben, Frau Auguste, geb. Buhr.
Böhlau, H., Verlagsbuchhändler.
v. Bojanowski, P., Geh. Hofrath, Oberbibliothekar.
v. Bothmer, Graf M., Hofreisemarschall S. K. H. d. Grossh. von Sachsen.
v. Bothmer, Gräfin E., Staatsdame I. K. H. der Frau Erbgrossherzogin von Sachsen-Weimar, Excellenz.
v. Boxberg, Dr., Geh. Staatsrath.
Brock, Paul, Hofschauspieler und Ober-Regisseur.

Weimar.
Bronsart v. Schellendorf, Kammerherr, General-Intendant des Grossh. Hoftheaters.
Brüger, E., Geh. Justizrath.
v. Bülow, Frau Landrath, geb. v. Carlowitz.
Burckhard, Dr. jur. W., Geh. Rath.
Burkhardt, Dr. H., Archivdirector.
v. Burt, Major z. D.
v. Bylandt-Rheydt, Graf, Premierlieutenant, Flügel-Adjutant Sr. K. H. des Grossherzogs von Sachsen.
v. Conta, Dr. A., Geh. Medicinalrath.
Dietrich, Albert, Bankier.
v. Donop, Freiherr Hugo, Oberhofmeister I. K. H. der Frau Grossherzogin.
von und zu Egloffstein, Reichs-Freiherr Dr. phil. Hermann.
Emminghaus, Fräulein Marie.
Ernst, H., Pfarrer.
Felber, Emil, Verlagsbuchhändler.
Francke, Dr. Otto, Gymnasiallehrer.
Franke, Fräulein Marie.
Fresenius, Dr. phil. A.
v. Freytag-Loringhoven, Freiin Maria.
v. Freytag-Loringhoven, Freiin Mathilde.
v. Fritsch, Frau Oberforstmeister, geb. v. Herda.
Froriep, Fräulein Clara.
Fuss, Martin, Pianist.
Geister, Carl, Rentier.
Genast, Frau Ministerialdirector A.
v. Göben, Frau M.
Görtz von Schlitz, Graf, Erlaucht.
Gottschalk, G., Rentier.
le Goullon, Fräulein Charlotte.
Graue, Paul, Diaconus.
v. Gross, Dr. R., Freiherr, Wirkl. Geh. Rath, Staatsminister, Excell.
v. Gross, Freiin Melanie, Stiftsdame.
Haberstolz, Dr. med. A.
v. Hannecken, Fräulein Minette.
Hardtmuth, Frau Charlotte, geb. Voelkel.
Hartmann, A., Rentier.
Heitmüller, Dr. phil. Ferdinand.
v. Helldorff, Freiherr, Oberschenk.
Hertel, Friedrich, Hofphotograph.
Hesse, Dr. B., General-Superintendent, Geh. Kirchenrath.
v. Holleben, Frau, geb. v. Kunow.

Weimar.

v. Höltzke, Baron C., Wirkl. Geh. Rath, Kaiserl. Russischer Minister-Resident, Excellenz.
v. Holzhausen, Baron Alexis, Kammerherr.
Hotzel, Dr. med. A.
Hummel, Karl, Professor.
Hunnius, Dr. jur. Joh., Geh. Finanzrath.
Huschke A., Hofbuchhändler.
Isles, Miss Alison.
Kohl, Ernst, Eisenbahn-Director, Ober-Baurath.
Kramsta, Frau Maria.
Krause, O., Kanzleirath.
Krehan, Arno.
Krieger, Fräulein Karoline.
Kriesche, E., Baurath.
Küchling, Robert, Hofrath, Secretär I. K. H. der Frau Grossherzogin von Sachsen.
Kuhn, Dr. jur. K., Ministerial-Director.
Kuhn, O., Geh. Finanzrath.
Lämmerhirt, Dr. phil. Gustav.
Lassen, Dr. Eduard, General-Musikdirektor z. D.
Leitzmann, Dr. Albert, Assistent am Goethe- u. Schiller-Archiv.
v. Loën, Freifrau Marie, Excellenz.
Loring, Frau S., Rentière.
Matthes, Dr. P., Geh. Medicinalrath.
Mensing, Wilhelm, Privatier.
eurer, Dr. H., Professor.
v. Milde, Fr., Kammersänger.
v. Minckwitz, Wirkl. Geh. Rath, Kgl. Sächs. Gesandter, Excell.
Mirus, Dr. A., Gerichts-Assessor a. D., Schriftsteller.
Moritz, Dr. jur. R., Commerzienrath.
Müller, Theodor, Hofjuwelier.
Müller-Hartung, Karl, Professor, Hofrath, Director der Grossh. Musikschule.
v. Müller-Schubart, Frau Baronin, geb. Gräfin v. Bothmer.
Neuffer, Dagobert, Hofschauspieler.
Niemeyer, Garten-Director.
v. Nostiz, Major a. D., Kammerherr.
Obrist, Dr. Aloys.
Obrist, Frau Dr. Hildegard.
v. Palézieux-Falconnet, Oberst u. Flügel-Adjutant Sr. K. H. des Grossherzogs von Sachsen.

Weimar.

Pause, A., Oberst z. D.
Pause, Frau Oberst.
v. Pappenheim, Fräulein Julie.
Pfeiffer, Dr. Ludwig, Geh. Hof- u. Medicinalrath.
Preller, Frau Professor.
Rasch, Hermann, Buchhändler.
Raschdau, Frau Geh. Legationsrath.
Rassow, Dr., Geh. Oberschulrath, Geh. Hofrath.
Reuter, Fräulein Lilly.
v. Richthofen, Freifrau K.
Ritter, Dr., Professor, Director des Sophienstifts.
Rothe, K., Geh. Staatsrath.
v. Rott, Fräulein Amelie.
Rottmann, A., Rentier.
Ruickoldt, Dr. med. W., pract. Arzt.
Ruland, Dr. C., Geh. Hofrath, Director des Grossherzoglichen Museums und des Goethe-National-Museums.
Sältzer, O., Geh. Hofrath.
Sandvoss, Dr. Franz.
zu Sayn-Wittgenstein-Berleburg, Prinz Otto, Durchlaucht, Oberst und Flügel-Adjutant Sr. K. H. des Grossherzogs von Sachsen.
Scharf v. Gauerstedt, Rittergutsbesitzer.
v. Scheffler, Dr. phil. Ludwig, Privatgelehrter.
Schenk, Dr. E., Staatsrath, Ministerial-Director.
Schmid, Dr. jur. J., Geh. Reg.-Rath.
Schmid, Regierungsrath.
Schöll Fräulein Louise.
Schomburg, Dr., Geh. Staatsrath.
v. Schorn, Fräulein Adelheid, Stiftsdame.
Schubert, Dr. phil. O., Professor, Gymnasiallehrer.
Schütz, Frau Rath W.
Schwabe, Dr. B., Oberstabsarzt.
v. Schwendler, Fräulein E.
Schwier, K., Photograph.
Slevogt, Dr. K., Geh. Regierungsrath.
Sophienstift.
Stapff, A., Rechtsanwalt.
Stavenhagen, W., Rentier.
Steiner, Dr. Rudolf, Schriftsteller.
Stier, Paul, Geh. Regierungsrath.
Stollberg, J., Geh. Finanzrath.

Weimar.

v. Strachwitz, Frau Gräfin, geb. Gräfin Henckel von Donnersmarck.
v. Strauch, W., Oberlandjägermeister, Excellenz.
Suphan, Dr. Bernhard, Professor, Hofrath, Director des Goethe- und Schiller-Archivs.
Thelemann, Ludwig, Buchhändler.
v. Thüna, Dr. Freiherrr, Bezirksdirector a. D.
Tiedemann, H., Inspector der Leipziger Feuer-Versicherungs-Anstalt.
Trümpler, Frau Anna.
Voigt, Heinr., Verlagsbuchhändler.
Vulpius, Fräulein Helene.
Wachter, Frau Justizrath Bertha.
Wahle, Dr. Julius.
v. Wasmer, Fräulein L.
v. Watzdorff, Fräulein A., Staatsdame.
v. Wedel, Graf O., Wirkl. Geh. Rath, Ober-Hofmarschall, Excellenz.
Weniger, Dr. L., Professor, Hofrath, Gymnasialdirector.
Weniger, Fräulein Elisabeth.
Wülcker, Dr. Ernst, Grossherzogl. Archivrath.
v. Wurmb, Frau E., geb. Gräfin v. Bothmer.
v. Zedlitz, Frau Oberhofmeister, Excellenz.

Weinheim (Baden).

Goebel, Dr. phil., Gymnasialoberlehrer a. D.

Weissenhaus b/Döhnsdorf (Holstein).

zu Platen-Hallermund, Graf Carl, Erlaucht.

Wernigerode.

Henkel, Dr., Professor, Gymnasialdirector a. D.
zu Stolberg-Wernigerode, Fürst Otto, Durchlaucht.

Westend b/Charlottenburg.

Werckmeister, Frau Emmie.

Wiesbaden.

Bickel, Dr. Gustav, prakt. Arzt.
Clüsener, Ludwig, Rentier.
Conrady, Dr. Max, Geh. Sanitätsrath.

Wiesbaden.

Crüger, G., Generallieutenant a. D., Excellenz.
Frank, Dr. Georg, Docent.
Fresenius, Dr. R., Professor, Geh. Hofrath.
Gecks, Leonhard, Buchhändler.
Giessen, Hans, Kammersänger.
Guttmann, Rechtsanwalt.
Kamp, Fräulein Enrichetta.
Konopacka, Fräulein Anna.
Lugenbühl, Frl. Helene, Rentnerin.
Pfaff-Beringer, Otto.
Pfeiffer, Dr. Emil, Sanitätsrath.
Preyer, Dr. W., Professor, Hofrath.
Schleiden, Fräulein Eleonore.
Seehaus, Dr. phil. Adolf.
Wankel, Hauptmann a. D.
Weidenbusch, H.
v. Woehrmann, Baron.

Wilhelmshaven.

Borckenhagen, Frau Corvetten-Capitän.

Wilmersdorf b/Berlin.

Lisko, Walter, Rechtsanwalt.

Wittenberg.

Guhrauer, Gymnasialdirector.
Herrosé, Rudolf, Verlagsbuchhändler.

Wittstock i/M.

Plessner, Amtsrichter.

Wohlau i/Schl.

Arlt, Albrecht, Gymnasiallehrer.

Wolfenbüttel.

Gräf, Dr. phil. Hans.

Worms.

v. Heyl, Major.
Heyl zu Herrnsheim, Freiherr.
Reinhart, Frau Nicolaus.

Wülfel b/Hannover.

Oehlmann, Ad., Apotheker.

Wundlacken i/Ostpreussen.

zu Dohna, Frau Gräfin Gertrud.

Würzburg.

Prym, Dr. Friedrich, Professor.
Roetteken, Dr. Hubert, Privatdocent.
Schönborn, Dr., Professor, Geh. Medicinalrath.

Würzburg.
Stahel, Oscar, Kgl. Hof- und Verlags-Buchhändler.
Universitäts-Bibliothek, Königliche.

Wurzen.
Bock v. Wülfingen, Frau Hauptmann.

Dominium Zakrzewo
b/Wytaszyce (Prov. Posen).
Carst, Frau Dr. Marta.

Zittau i/Sachsen.
Franz, Osc.Wilh., Amtsgerichtsrath.
Güttich, C., Buchhändler.

Zittau i Sachsen.
Neumann, Dr. phil., Realgymnas.-Oberlehrer.
Stadtbibliothek, öffentliche.

Zschopau.
Gensel, Richard, Buchhändler.

Zweibrücken (Rheinpfalz).
Henigst, Oscar, Kaufmann.

Zwickau.
Becker, Stud. phil. Erwin Joh.
Goethe-Verein.
Kellner, Dr. phil. H. C., Professor und Gymnasial-Oberlehrer.

ÖSTERREICH-UNGARN.

Baden b/Wien.
Landes-, Real- und Ober-Gymnasium, Nieder-Österreichisches.
Rollet, Dr. Hermann, Stadtarchivar und Museums-Custos.

Balince, Post Slatina.
Förster, Frau Eugen.

Bielitz i/Ostr. Schlesien.
Prem, Dr. S. M., Prof. an d. K. K. Staatsgewerbeschule.

Bozen (Süd-Tyrol).
Kinsele, Dr. Anton, Advocatur-Concipient.

Budapest.
v. Benczúr, Frau Gyula, Künstlergattin.
Heinrich, Dr. Gustav, Professor.
Kornfeld, Sigmund, Director der Ungarischen Allgem. Creditbank.
Politzer, Sigmund, Bankier.

Czernowitz.
Gymnasium, K. K.
Hilberg, Dr. J., Professor.
Paschkis, Dr. Moritz, Advocat und Rechtsconsulent.
Universitäts-Bibliothek, K. K.
Walter, Richard, Fabrikant.

Döbling b Wien.
v. Gionima, Eugen, Landgerichtsrath.

Eibenschütz b Brünn (Mähren).
Wlach, Dr., Rechtsanwalt.

Gaya (Mähren).
Koch, Dr. Carl, Advocat und Bürgermeister.

Gleichenberg (Steiermark).
v. Hausen, Frau Bertha.

Graz.
Adamek, Dr. Otto, Professor.
v. Attems, Dr., Graf Ignaz.
v. Attems, Frau Gräfin Rosa.
v. Gnad, Dr. Ernst, Ritter, K. K. Landesschulinspector, Hofrath a. D.
Hermann, Frau Maria.
Hofmann, Dr. Karl B., Professor.
Landes-Bibliothek, Steiermärkische.
Landes-Oberrealschule.
Mack, Fräulein Marianne.
Neuhold, Franz, Bankier.
Philologen-Verein, Academischer.
Schlossar, Dr. Anton, Custos der K. K. Universitäts-Bibliothek.
Schönbach, Dr. Arnold E., Professor, Regierungsrath.
Seminar für deutsche Philologie an der K.K. Karl-Franz-Universität.
Seuffert, Dr. Bernhard, Professor.
Universitäts-Bibliothek, K. K.

Gries b/Bozen (Tyrol).
Jansen, Dr. phil. A., Professor.

Hermannstadt.
Baron Samuel v. Brukenthal'sches Museum.

Jaworzno (Galizien).
Stein, Ernst Eduard, Generalsecretär.

Innsbruck (Tyrol).
Loewit, Dr. Moritz, Professor.
Staats-Gymnasium, K. K.
Wackernell, Dr. Jos. E, Professor.

Klagenfurt (Kärnthen).
Obermayer, Victor, Ingenieur i. P. der Ungarischen Staatsbahn.

Krakau.
Creizenach, Dr. Wilhelm, Professor.
v. Gorski, Dr. phil. Konstantin.
Seminar, germanistisches an der K. K. Universität.

Krumpendorf b/Klagenfurt.
Rauscher v. Stainberg, Eduard.

Leitmeritz i/Böhmen.
Lehrerbibliothek des K. K. Staats-Obergymnasiums.

Lemberg.
Seminar für deutsche Philologie.
Werner, Arnold, Kaufmann.
Werner, Dr. Richard Maria, Professor.

Matzen b/Brixlegg (Tyrol).
v. Lipperheide, Freiherr Franz, Verlagsbuchhändler aus Berlin.

Miskolcz (Ungarn).
Popper, Dr. Josef, Director des allgemeinen Hospitals.

Neusatz (Ungarn).
Savić, Dr. Milan, Schriftsteller.

Nograd Berczel (Ungarn).
v. Marschall, Frau Baronin Mathilde.

Oberdöbling b/Wien.
Bettelheim, Dr. Anton, Schriftsteller.

Olmütz.
Staats-Gymnasium, Deutsches.
v. Zierotin, Frau Gräfin Ernestine.

Pötzleinsdorf b/Wien.
Mautner, Jenny.

Prag.
Feilchenfeld, Frau Bankdirector Henriette.
Fürst, Dr. phil. Rudolf.
Hatschek, Dr. Berthold, Professor der Zoologie an der K. K. Universität.
Hauffen, Dr. Adolf, Privatdocent an der deutschen Universität.
Hruschka, Alois, Professor.
Keindl, Ottomar, General-Agent der Leipziger Feuer-Ver.-Anst.
Krauss, Dr. phil. Ernst, Privatdocent.
Lambel, Dr. Hans, Professor.
Lese- und Rede-Halle der deutschen Studenten in Prag.
Rabl, Dr. C., Professor.
Sauer, Dr. August, Professor.
Schnabel, Dr. Isidor, Professor.
Seminar für deutsche Philologie.
Toischer, Dr. Wendelin, Professor.
Universitäts-Bibliothek, K. K.
Urban, Dr Karl.
v. Zdekauer, Frau Anna, geb. Artus.

Ranshofen (Ober-Österreich).
Wertheimer, Frau Franziska.

Ravelsbach (Nieder-Österreich).
Slaby, Engelbert, Volksschullehrer.

Salzburg.
Jäger, Dr. Anton, Hof- und Gerichtsadvocat.
Werner, Alexander, Civilingenieur.
zu Wrede, Fürst Friedrich, Durchlaucht.

Scheibbs (Nieder-Österreich).
Baumeister, Johann, K. K. Bezirksrichter.

Skomorochy (Galizien) Post Potokzlotz.
v. Antoniewicz, Dr. Johann, Gutsbesitzer.

Szczakora (Galizien).
Pick, Frau Dr. Ottilie.

Schloss Tribuswinkel b Baden b/Wien.
Quirini, Frau Rittmeister Hermine, geb. Borckenstein.

Weissenbach a/d. Enns (Steiermark).
Sauerländer, Walter.

Weisskirchen i/Mähren.
Staats-Gymnasium, K. K.

Wien.

Adler, Frau Emma.
Aster, Frau Emma.
v. Adrian-Werburg, Baron Ferdinand.
v. Arenberg, Prinz Joseph, Durchlaucht.
Bauer, Moritz, Director des Wiener Bankvereins.
Beer, Dr. A., Professor, Hofrath.
Benndorf, Dr. O., Professor, Hofrath.
Berl, Richard.
v. Bezecny, Freiherr, Wirkl. Geh. Rath, Mitglied d. Herrenhauses. General-Intendant der Hoftheater, Excellenz.
Bibliothek der K. K. Theresianischen Academie.
Bibliothek des K. K. Staats-Gymnasiums im VIII. Bezirk.
Blume, Dr. Ludwig, Professor.
Boschan, Wilh., Kaiserl. Rath.
Brandeis, Stud. phil. Arthur.
Brüch, Dr. Hermann, Hof- und Gerichts-Advocat.
Brunnenmeister, Dr. E., Professor des Strafrechts.
Chrobak, Frau Professor Nelly.
Club, Wissenschaftlicher.
Daubrawa, Dr. Alfred.
Demuth, Theodor (Firma Gerold & Comp., Buchhandlung).
Dumba, Nicolaus, Reichsrath, Herrenhaus-Mitglied.
v. Egger-Möllwald, Dr. Alois, Ritter, K. K. Regierungsrath.
Eissler, Arthur.
Faber, Frau Bertha.
Federn, Dr. S.
v. Feifalik, Ritter Hugo, Hofrath, Secretär Ihrer Majest. d. Kaiserin.
Feinberg, Frau Anna.
Figdor, Frau Betty.
v. Fleischl, Frau Ida.
Freund, Theophil.
Frick, W., K. K Hofbuchhandlung.
Gaber, Dr. Karl, Auskultant.
v. Gerold, Frau Rosa, geb. Henneberg.
Gilhofer & Ranschburg, Buchhdlg.
Ginzberger, T., Inspector der Kaiser Ferdinand-Nordbahn.
Glaser, Frau Geh. Raths-Wwe. Wilhelmine, Excellenz.
Goetheverein, Wiener.
Göttmann, Karl, Scriptor der Kaiserl. Hofbibliothek.

Wien.

Gomperz, Dr. Theodor, Professor.
Guglia, Dr. E., Professor.
v. Hartel, Ritter, Dr. W., Professor, K. K. Hofrath, Director der K. K. Hofbibliothek.
Hartmann, Ernst, Hofschauspieler und Regisseur.
v. Heinzel, Ritter, Dr. Richard, Professor.
Heuberger, Richard, Musiker.
Hofbibliothek, Kaiserl. Königl.
Hofmann, Dr. med. Julius, Hofrath.
zu Hohenlohe-Schillingsfürst, Frau Fürstin A., geb. Prinzessin Wittgenstein, Durchlaucht.
Holzmann, Dr. Michael.
Horn, Joseph.
v. Hoyos, Graf Rudolph.
Jägermayer, Frau Anna.
Kaiser, Frau Hermine.
Kalbeck, Dr. Max, Schriftsteller.
v. Kinsky, Fürst Ferdinand, Durchlaucht.
v. Kinsky, Frau Fürstin Marie, Durchlaucht.
Koenig, Rudolf.
Konegen, Karl, Buchhändler.
Krastel, Fritz, Hofschauspieler.
v. Lanckorónsky, Dr., Graf Carl.
Langer, Frau Irma.
Lehrerbibliothek des K. K. Staats-Gymnasiums im II. Bezirk.
Lewinsky, Joseph, Hofschauspieler und Regisseur.
v. Lützow, Dr. C., Professor.
v. Mauthner-Markhof, Frau Editha, geb. Baronin v. Sustenau.
Mayer, Dr. phil. F. Arnold.
Mayer, Dr. Karl O.
v. Merey, Alexander, Wirkl. Geh. Rath, Sectionschef im Reichs-Finanzministerium, Excellenz.
Minor, Dr. Jacob, Professor.
Neumann, Karl.
Oppenheim, Joseph, Redacteur.
Payer von Thurn, Rudolf, Beamter im K. K. Ministerium für Cultus und Unterricht, Redacteur der Chronik des Wiener Goethe-Vereins.
Pinder, Rittmeister.
Plutzar, Dr. Ernst, Hof- und Gerichts-Advocat.
v. Popper-Castrone, Frau Baronin Blanche.

Wien.

Porubszky, Frau Dr. Oberkirchenrath Bertha.
Poschacher, Frau Louise, geb. Ried.
Reiter, Dr. Siegfried, Prof. Cand.
Reitzes, Fräulein Gisela.
Reitzes, Frau Marguerita.
Richter, Fraulein Helene.
Rieger, Dr. Karl, Professor.
Robert, Emerich, Hofschauspieler.
Rosche, Hermann, Ober-Ingenieur der K. F. Nordbahn.
Rosenthal, Bernhard, Bankier.
Russ, Dr. Victor, Gutsbesitzer, Mitglied des Abgeordnetenhauses.
Russo, Isidor.
zu Salm-Lichtenstein, Fürstin, Durchlaucht.
Schiff, Frau Lina.
v. Schneider, Dr. Robert, Ritter, Custos der Kaiserl. Antikensammlung.
Scholz, J., Erzherzogl. Secretär und Bevollmächtigter.
Schöne, Hermann, Hofschauspieler.
Schröer, Dr. K. J., Professor.
Schulz v. Strasznitzki, Dr. Johann, Sectionsrath im K. K. österr. Ackerbau-Ministerium.
Schwab, Albert, cand. jur.
Seegen, Dr. Joseph, Professor.
Seidel, Ludwig, Buchhändler.
Seminar für deutsche Philologie an der K. K. Universität.
Senigaglia, Lionello, Professor.
v. Sizzo-Noris, Frau Grafin Marie.
v. Skene, Louis.
v. Sonnenthal, Ritter Adolf, Hofschauspieler und Regisseur.
Speidel, Dr. Ludwig, Schriftsteller.
v. Spiegl, Edgar, Chefredacteur.

Wien.

v. Stern, Frau Leopold.
Streicher, Frau Karoline.
v. Stremayr, Dr. Karl, Minister a. D., Präsident des K. K. Obersten Gerichts- und Kassationshofes, Excellenz.
Thimig, Hugo, Hofschauspieler.
Todesco, Frau Baronin Sophie.
v. Trauschenfels, Dr. Eugen, Oberkirchenrath.
Unger, Dr. Josef, Prof., Ministera.D., Präsident des Reichsgerichts, Wirkl. Geh. Rath, Excellenz.
Universitatsbibliothek, K. K.
Walzel, Dr. phil. O. F.
v. Weilen, Ritter Dr. Alexander.
v. Weiss-Starkenfels, Freiherr Alfons, K. K. Minist.-Secretär im Ackerbau-Ministerium.
Weiss v. Tessbach, Ritter Dr. Adolf.
Weiss v.Wellenstein, Frau Stefanie.
Wickhoff, Dr. Franz, Professor.
Wolter, Frau Charlotte, K. K. Hofschauspielerin.
Zweybrück, Dr. Franz.
Zwierzina, Dr. phil. Konrad.

Wiener-Neustadt.

v. Hornau, Ritter Karl Gerbert, K. u. K. Hauptmann, Lehrer an der Theresianischen Militar-Academie.
Nieder-Österr. Landes-Oberreal- und Fachschule für Maschinenwesen.

Schloss Zalabér.

(Südbahnstation Szt Jóan Ungarn).
v. Gutmann-Gelse, Frau Laczi, geb. Rosa Klein.

SCHWEIZ.

Aarau.

Cantons-Bibliothek, Aargauische.

Au Zürichsee.

Moser, Fräulein Fanny.

Basel.

Burckhardt, Dr. jur. C., Rathsherr.
Kögel, Dr. Rud., Professor.
Lese-Gesellschaft.
Meyer, Fr.

Basel.

Thommen, Dr. phil. Rudolph.
Volkland, Dr. Alfred, Kapellmeister.
Wackernagel, Dr. R., Stadtarchivar

Bern.

Hirzel, Dr. Ludwig, Professor.
Stadt-Bibliothek.

Chur.

Hitz, L., Buchhändler.

Frauenfeld.
Linnekogel, Otto, Fabrikbesitzer.

Freiburg.
Streitberg, Dr. W., Professor.

Genf.
Beard, Ernst Alfred, Privatier.
Bouvier, Bernhard H., Professor an der Universität.
Soret, J. Louis.

Kilchberg b/Zürich.
Meyer, Dr. Conrad Ferdinand.

Lausanne.
Cart, Dr. William, Professor.

Solothurn.
Cantons-Bibliothek.

St. Gallen.
Stadt-Bibliothek (Vadiana).

Teufen (Canton Appenzell).
Roth, Dr., prakt. Arzt.

Winterthur.
Radecke, Dr. phil. Ernst, Städtischer Musikdirector.
Stadt-Bibliothek.

Zürich.
Baechtold, Dr. J, Professor.
Bertheau, Dr. F., Spinnereibesitzer.
Blünner, Dr. Hugo, Professor.
Bodmer, Dr. Hans.
Hirzel, Dr. Paul, Schulpräsident.
Schoeller, Rudolf.
Stadt-Bibliothek.
Vögeli-Bodmer, A., Oberst.
Widmer, C., Director der schweiz. Rentenanstalt.

BELGIEN.

Antwerpen.
Rooses, Max, Conservateur du Musée Plantin.

Brüssel.
Caratheodory-Effendi, Kaiserl. Türkischer Gesandter, Excellenz.

Brüssel.
v. Geldern, Gräfin Bertha.
Gevaert, Franz Aug., Professor, Directeur du Conservatoire Royal de Musique.
v. Treutler, Lieutenant.
Wieniawski, Frau Joseph.

DÄNEMARK.

Kopenhagen.
Bibliothek, Grosse, Königliche.
Hansen, P., Professor.
Hansen, S., Buchhalter.
Henriques, L., Wechselmakler.

Kopenhagen.
Hirschsprung, Oscar H., Fabrikant.
Schmidt, Rudolf, Schriftsteller.
Wimmer, Dr. Ludwig, Professor.
Zeuthen, L., Oberger.-Anwalt.

FRANKREICH.

Nizza.
v. Arnoldi, Frau Gräfin.
Schropp, Ralph, Privatier.

Paris.
Andler, Charles.
Barine, Frau Arvède.
École Normale Supérieure.
Goldschmidt, Eugène.
Goldschmidt, Leopold, Bankier.
Mendel, Mme. Henry.
Neumann, Albert, Kaufmann, in Fa. Charles Levy & Frère.

Paris.
Pease, Frau Mary.
Saling, Jaques, Professor.
Wiesenthal, Alfred, Kaufmann.

Sens a/Yonne.
Legras, Jules, Professor.

Suresnes (Seine).
Bondy, A. E., Bankbeamter.

Valentigny.
Bovet, Alfred.

GRIECHENLAND.
Piraeus-Athen.
Lüders, Dr. Otto, Kaiserl. Geh. Regierungsrath und General-Consul.

GROSSBRITANNIEN.

Bowdon b/Manchester.
Güterbock, Alfred.

Cambridge.
Breul, Dr. phil. Karl, M. A.
Browning, Oscar, M. A.

Cravenhurst b/London.
Flügel, Charles, Rentier.

Dublin.
Lyster, Thomas William, M. A.

Edinburgh.
Bormann, Fräulein Margarethe.
Schlapp, Otto.

Glasgow.
Robertson, Mrs. R. A.
Rottenburg, Fritz.
Rottenburg, Paul.
Tille, Dr. Alexander.

London.
Armbruster, Carl, Kapellmeister.
Behrens, A.
Broicher, Fritz.

London.
Buchheim, Dr. C. A., Professor am King's College.
Cyres, Lord St.
Freund, Max.
Holzmann, Dr. Moritz.
Lecky, Mrs.
Lehmann, Rud., Maler.
Robb, Mrs.
Rudolph, H.
Schütz-Wilson, H.
Stern, James, Bankier.
Weiste, D.

Manchester.
Bibliothek des Owens College.
Schiller-Anstalt.

Newcastle o/Tyne.
Merz, Dr. Theodor.
Owen Seaman, Esq.

Oxford.
Bodleian Library.
Caird, Professor E., L. D.
Parker, James & Co., Buchhändler.
Taylor-Institution.

Mitglieder der English Goethe-Society, welche, als zugleich der deutschen Goethe-Gesellschaft angehörig, durch Mr. A. Nutt bei letzterer angemeldet sind:

Bristol.
Cann-Lippincott, R. C.

Cambridge.
Lee, Miss Jane.
Ward, Miss.
Welsh, Miss.

Cheltenham.
Macgowan, W. S., M. A.

Dublin.
Dowden, Prof. E., L. D.
Dowden, Miss.
Lister, Thomas Wilson.
National Library.
Trinity College Library.
Webb, T. E., Judge.

Dulverton.
Owen, Rev. J.

East Twickenham (Surrey).
Alford, R. G.

Edinburgh.
Morris, Rev. A. B.

Eltham (Kent).
v. Orsbach, Rev. E.

Glasgow.
Blackie, Walter, Verlagsbuchhändler.
Robertson, Dr. J. G., M. A.

London.
Althaus, Prof. Dr. ph. F.
Buss, Miss.
Chadwick, Miss M.
Coupland, Dr. W. C., M. A.
Ferguson, Miss Phémie.
Hertz, Miss.
Joachim, Mrs.

London.
Jordan, P. L. W., Kaiserl. deutscher Generalconsul.
Kirby, W. F.
Kroeker-Freiligrath, Mrs. K.
Lawrence, Miss Mary.
Lewes, Prof. V. B.
Leycester, Rafe.
Librarian Reform-Club.
London Library.
Mathews, Mrs. A. N.
Metcalfe, Miss F.
Mensch, R. A.
Meyer, H.
Moenich, Oscar.
Momerie, Rev. Prof. A. W., M. A.
Mond, L.
Mond, Mrs. L.
Montefiore, C. J.
Moon, Rob. O.
Morgan, Miss.
Northcote, Stafford, The Right Hon. Sir.
Oswald, Dr. Eugen, M. A.
Plattnauer, R.
Ritchie, Mrs. Anna.

London.
Swanwick, Miss Anna.
Tatton, R. G., M. A.
Walhouse, M. J.

Marlborough b/London.
Mullins, W. E., M. A.

Oxford.
Boulton, Mrs.
Müller, Prof. F. Max, M. A.
Shields, Cuthbert, C. C. C.

Richmond (Surrey).
Thorne, Dr. L. T.

St. Helen's (Lancashire).
Binney, Hudson A.

Staines b/London.
Dittel, Prof. T. H.

Watford.
Herkomer, Prof. H., M. A., R. A.

Windsor.
Vaughan, E. L.

Mitglieder der Manchester Goethe-Society, welche, als zugleich der deutschen Goethe-Gesellschaft angehörig, durch Herrn H. Preisinger bei letzterer angemeldet sind:

Aberystwith.
Herford, Prof. C. H., L. D.

Buxton.
Hofmann, O.

Leeds (Yorkshire).
Schüddekopf, Dr. A. K.

Liverpool.
Meyer, Kuno, Ph. D.

Manchester.
Baerlein, Max.
Baerlein, Mrs. S.
Bibliothek der Manchester Goethe-Society.
Bythway, Edward.
Cornish, Rev. F. F.
Dehn, Rudolf.
Eckhard, Gustav.
Hanemann, A.
Heywood, Mrs. Charles.
Horkheimer, Ernest.
Kessler, Mrs.

Manchester.
Keutgen, C. T.
Kolp, N.
Kullmann, Julius.
Lange, Mrs. Stephanie.
Levinstein, Iwan.
Liebert, Emil, Consul.
Mappes, F.
Milner, George.
Preisinger, H.
Reiss, Gustav.
Robinow, M.
Roskill, Charles.
Schelling, G.
Schmölder, L.
Schuster, Prof. A.
Simon, Heinrich.
Simon, Louis.
Snell, Rev. Herbert H., M. A.
Stephens, T. A., B. A.
Toller, Prof. T. N.
Ward, Prof. A. W., Litt. D. L. L. D.
Wichern, Miss.
Wilkinson, T. R.
Wilkinson, Mrs. T. R.

ITALIEN.

Florenz.
van der Heim de Diuvendyck, Frau Baronin, geb. v. Schlieckmann.
v. d. Hellen, Dr. Eduard.
Hildebrand, Adolf, Prof., Bildhauer.
v. Kaufmann, Ludwig, Rentier.
v. Nolde, Baron Wilhelm.
v. Zoubow, Frau Marie.

Neapel.
Dohrn, Dr. Anton, Professor.
Kellner, August, Kgl. dänischer Vice-Consul.

Rom.
Dausch, Konstantin, Prof., Bildhauer.
Guerrieri-Gonzaga, Frau Marchesa E.
Harnack, Dr. Otto.
Hüffer, Wilhelm.
Jennison, Miss Lucy W.
Mengarini, Frau Dr. Margherita.
Telmann, Dr. Konrad, Schriftsteller.

Venedig.
v. Hatzfeld-Trachenberg, Frau Fürstin Marie, Durchlaucht.

NIEDERLANDE.

Amsterdam.
van Hall, Dr. jur. J. N., Redacteur.
Hartog, Jacques, Docent für Musikgeschichte am Conservatorium.
Hertz, Dr., Professor, Director der med. Universitäts-Klinik.
Nijhoff, P., Buchhändler.

Baarn b/Amsterdam.
van Lier, Fräulein Fanny, Lehrerin d. deutschen Sprache u. Literatur.

Groeningen.
v. Haarst, J. W. G., Universitäts-Bibliothekar.
Symons, Dr. B., Professor.

Haag.
Bibliothek, Königliche.
Blum, J. H., Gymnasiallehrer a. D.
Clifford, Madame, geb. von der Onvermeulen.
de Constant-Rebecque, Baronesse Petronella Sara Maria D.
de Grovestins, Baronin Sirtema.
van Hensbrock, P. A. M., Buchhändler.
Kossmann, Dr. phil. E. F., Gymn.-Lehrer und Privatdocent.

v. Randwyck, Frau Gräfin J., geb. Baronesse v. Hogendarp.
Scheurleer, D. F., Bankier.

Haarlem.
Kleine, Dr. Smit, Schriftsteller.
Tidemann, Dr. theol. u. Pfarrer.

Hilversum.
Byvanck, Dr. W. G. C.

Leiden.
Breuning, H. H., Docent am Gymnasium.
v. Doesburgh, S. C., Buchhändler.

Schloss Slangenburg
b/Doetinchem (Gelderland).
von der Goltz, Frau Gräfin.

Utrecht.
Je Jonge, Dr. jur. F. W.

Warnsveld b/Zütphen.
v. Westerholt v. d. Boggelaar, Frau Baronin.

Zütphen.
Henny, Fräulein Agnes.

NORWEGEN UND SCHWEDEN.

Christiania.
Boeck, Dr. Cäsar.
Universitäts-Bibliothek.

Stockholm.
Bibliothek, Königliche.
Gyldén, Frau Professor Therese, geb. v. Knebel.

RUMÄNIEN.

Bukarest.
Sturdza, Demetrius; Kgl. Staatsminister a. D., Excellenz.

RUSSLAND.

Dorpat.
v. Anrep-Ringen, Frau.
v. Bradke, Fräulein M.
Christiani, Stud. phil. Wilhelm.
Curonia (Corporation).
Fraternitas Rigensis (Studentische Corporation).
Hörschelmann, Dr. W., Professor, Wirkl. Staatsrath.
v. Liphart-Rathshof, R.
Lundmann, Chr., Oberlehrer.
Masing, Dr. Woldemar.
Meyer, Dr. Leo, Professor, Wirklicher Staatsrath.
Muyschel, Fräulein M., Institutsvorsteherin.
v. Oettingen, Dr. Alex., Professor.
v. Oettingen, Max.
Schlüter, Dr. Wolfgang, Universitäts-Bibliothekar.
Sintenis, F., Oberlehrer, Staatsrath.
Universitäts-Bibliothek, Kaiserliche.

Fellin (Livland).
Felliner Literarische Gesellschaft.

Friedenthal (Livland).
v. Nasackin, Reinhold.

Schloss Gross-Roop (Livland).
v. Rosen, Freiin Ady, Edelfräulein.

Schloss Grünhof b/Mitau (Kurland).
v. Medem, Frau Reichsgräfin Alexandrine, geb. Fürstin v. Lieven, Durchlaucht.

Helsingfors (Finnland).
Universitäts-Bibliothek.

Kersel (Livland).
v. Bock, H., Landrath, Excellenz.

Libau (Kurland).
Friede, Fräulein Lucie.

Loddiger (Livland).
Girgensohn, Dr. Hans, Kirchspiel-Arzt.

Menzen i/Livland.
v. Wulf, Dr. phil. Max.

Mitau.
v. Medem, Frau Reichsgräfin Jenny, geb. Baronin von Offenberg.

Moskau.
Bachmann, Georg, Staatsrath.

Narva.
Zimmermann, Carl Arthur, Apotheker.

Nikolajew.
Reyher, Rudolf Wolfgang.

Odessa.
Meyer Dr. Heinr., Wirkl. Staatsrath, Excellenz.
Schmidt, Dr. Carl.

Riga.
v. Budberg, Baron Gotthard, Generallieutenant a. D., Excellenz.
Dannenberg, Hugo, Oberlehrer.
v. Freytag-Loringhoven, Baron Alexander.
v. Freytag-Loringhoven, Baron Carl, Rechtsanwalt.
Hartmann, J.
v. Lieven, Fürstin Constanze, Durchlaucht.
Lovis, Frau Professor Adeline.
Martersteig, Max, Director des Stadttheaters.
v. Meyendorff, Freiin Sophie.
v. Nolcken, Baron Georg, Majoratsherr auf Esern.
Nölting, Fräulein Bertha (E. Heldt).
Wehrlin, Eduard, Oberlehrer.

Saratoff (Iljiusche).
David, Theod., cand. minist.

Sommerhof (Livland).
v. Wolff, Freiin Eleonore.

Smilten (Livland).
Bergmann, Eugen, Apotheker.

St. Petersburg.
Bibliothek, Kaiserl. öffentliche.
Feldmann, Carl, Schuldirector.
Heyse, Th., Kaufmann.
Kiréjew, Alexander, Generallieutenant, Excellenz.
Koenig, Josef, Schuldirector, Wirkl. Staatsrath, Excellenz.
v. Korff, Frau Baronin Louise, Hofdame I. Kaiserl. Hoh. der Frau Grossfürstin Elisabeth Mauriekiewna von Russland.
Kroug, Frau Dr. Elfriede.
v. Meyendorff, Baron Mich.

v. Radecki, Dr. med. Staatsrath.
v. Reutern, Basil, Geh. Rath.
v. Strauch, Eugen, Wirkl. Staatsrath, Excellenz.
v. Struve, Dr. Nicolaus, Professor.
v. Tenischeff, Frau Fürstin, Durchlaucht.

v. Wolkenstein-Trostburg, Frau
  Gräfin, geb. v. Buch, Excellenz.

Schloss Tarwast i/Livland
(via Fellin).
v. Mensenkampff, Frau Gabriele, geb.
  Fürstin v. Lieven, Durchlaucht.

SPANIEN.

Madrid.
Gayangos de Riaño, Frau Emilia,
  Excellenz.

Madrid.
v. Radowitz, Kaiserl. Deutscher Bot-
  schafter, Wirkl. Geh. Rath, Exc.

TÜRKEI.
Constantinopel.
Bartsch, Dr. jur. Rud., Rechtsanwalt.
Grosser, Dr. Julius, Correspondent der Kölnischen Zeitung und Director
  der Agence de Constantinople.

AFRIKA.

Süd-Afrika
Port Elisabeth.
Rolfes, Mrs. Werner.

Tanger-Marokko.
v. Tattenbach, Frau Ministerresident,
  Gräfin.

AMERIKA.

Andover.
Ripley, A. L., Professor.

Ann Arbor.
Library of University of Michigan.
Thomas, Calvin, Professor.

Auburndale (Mass.).
Morris, Miss Helen B.

Aurora (N. Y.).
Piutti, Fräulein Elise, Lehrerin.

Baltimore.
Faust, Albert B.
Gudemann, Dr. Alfred, Docent an
  der John-Hopkins University.
Hilken, Fräulein Marie.
Hofmann, Julius, Pastor.
John-Hopkins University.
Reinhardt, Dr. Ferdinand.
Wood, Henry, Professor.

Beloit (Wisc.).
Beloit College Library.

Berkeley (Californien).
Library of University of California.
Richardson, George M.

Boston (Mass.).
Adams, Miss Sarah Holland.
v. Blomberg, Freiin Eva.
Gardner, Frau J. L.
Higginson, Mrs. Henry L.
Vogel, Franz, Assistent, Prof. of
  modern Languages.

Brooklyn.
Genung, Charles H.

Bryn Mawr (Pa.).
Bryn Mawr College.
Chamberlin, Miss Rosa.
Collitz, Dr. phil. Hermann, Prof.

Cambridge (Mass.).
Harvard College.

Chicago.
Frank, Henry L.
Spiering, Theodor B.
Stanley, W. M., Attorney at Law.
Vocke, William, Attorney and
  Counsellor at Law.

Clinton (N. Y.).
Brandt, H. C. G., Professor.

Ithaka (N. Y.).
Cornell University Library.
Hart, Professor Dr. J. M., Cornell University.
Hewett, Dr. W. T., Professor.
White, Dr. Horatio Stevens, Prof.

Knoxville (Tennessee).
Hennemann, Dr. John B.

Madison (Wisc.).
Rosenstengel, W. H., Professor.
Wilkens, Dr. Friederich H., Professor.

Milwaukee (Wisc.).
Grant v. Tetzel, Frau Frances.
Mendel, Henry M.
Weis, C.

New Haven (Conn.).
Gruener, Gustav J., Instructor in Yale College.
Palmer, A. H., Professor.
Yale-University.

New Orleans (La.).
v. Meysenbug, Freiherr E., K. K. österr.-ungar. Consul.
Tulane-University.

New York.
Astor Library.
Baumgarten, W.
Bayard-Taylor, Mrs.
Billgvist, C. E.
Boyesen, Hjalmar Hjörth, Professor am Columbia College.
Bronc, Miss.
Columbia College.
Dreier, L.
Goebel, Dr. Julius.
Lemcke, Ernst, Buchhändler.
Lincoln-Steffens, Mrs.
Loewy, Benno, Counsellor at Law.
Miller, C. R., Redacteur der New York Times.
Palmer, A. M.

Ringer, S., Professor.
Roe, Fräulein Laura B. C.
Roelker, A.
Sachs, Dr. Julius.
Stechert, Gustav E., Buchhändler.
Stern, S. M., Director of Stern's School of Languages.
Wakemann, T. B.
Zickel, S., Buchhändler.
Zollikofer O.

Palo Alto (Calif.).
Flügel, Dr. Ewald, Professor der Stanford University.
Leland Library Stanford jr. University.

Philadelphia (Penns.).
Ebbinghausen, Adéle D.

Princeton (N. J.).
Library College of New Jersey.

Richmond (Indiana).
Gerber, Dr. A., Professor.

San Francisco.
Allister, Elliott Mc., Attorney and Counsellor at Law.

St. Louis (Mo.).
Langton, John J. P., B. A.
Renth, Henry.

Swarthmore (Pa.).
Jones, R.

Toronto (Canada).
van der Smissen, W. H., Professor. Bibliothekar der Universität.
Universitäts-Bibliothek.

Washington.
v. Holleben, Baron, Kaiserl. Deutscher Gesandter, Excellenz.

Williamstown (Mass.).
Rice, R. A., Professor.
Williams College.

ASIEN.

Japan.

Tokio.
Christlieb, Max, Pfarrer.

Indien.

Calcutta.
Rathsam, Theodor, Kaiserl. Deutscher Consul.

Bombay.
v. Syburg, F., Kaiserl. Consul.

AUSTRALIEN.

Apia (Samoa-Inseln.).
Schmidt-Leda, Dr., Kaiserlich Deutscher General-Consul.

Sydney.
Trechmann, Ernst, Professor an der Universität.

Melbourne.
Hartung, Ernst.

Sendungen an die nachstehend verzeichneten Mitglieder sind von der Post als **unbestellbar** an den geschäftsführenden Ausschuss zurückgegeben worden. Um Mittheilung der jetzt gültigen Adressen wird dringend gebeten, da anderen Falls die betreffenden Namen in der Mitgliederliste werden zu streichen sein.

Berlin.	Rechtsanwalt A. Heimann.
	Dr. F. Jagor.
	Dr. phil. Ernst Kestner.
	Wirkl. Geh. Rath v. Keudell, Exc.
	Geh. Legationsrath Dr. Krauel.
	Cand. phil. Th. Kückelhaus.
	Fabrikbesitzer L. Lewinsohn.
	Hans Stobwasser.
	Siegfried Wollmann.
Bremen.	Pastor Justus Jacobi.
Breslau.	Fräulein A. H. Franck.
Hamburg.	Emil Bahn.
	Dr. Adolf Schenk.
Heidelberg.	Dr. phil. Schubert.
	Dr. Egon Zweig.
Leipzig.	Stud. phil. Joseph Wendelin Schmidt.
München.	Dr. Carl Hauck.
Oppeln.	Referendar Dr. Thal.
Pforzheim.	Privatier Wilhelm Német.
St. Johann.	Frau Baronin von Veltheim.
Weimar.	Pianist Martin Fuss.
Wien.	Frau Baronin Blanche von Popper-Castrone.
	Frau Lina Schiff.
Wiesbaden.	Dr. Adolf Seehaus.

LITERARISCHE ANSTALT, RÜTTEN & LOENING, FRANKFURT A/M.

Goethe-Jahrbuch.
Herausgegeben von Ludwig Geiger.

XIV. und XV. Bd. in Leinwand gebunden à M. 10.—.

Inhalt des vierzehnten Bandes:

Mit dem Bildnisse Goethe's in Lichtdruck nach Gräfin Julie von Egloffstein.
I. Neue Mittheilungen: 1. Mittheilungen aus dem Goethe- und Schiller-Archiv: Ueber die verschiedenen Zweige der hiesigen Thätigkeit. Ein Vortrag von Goethe. Herausgegeben von E. von der Hellen. — Einundzwanzig Briefe von Marianne von Eybenberg, acht von Sara von Grotthus, zwanzig von Varnhagen von Ense an Goethe, zwei Briefe Goethes an Frau von Eybenberg. Herausgegeben von Ludwig Geiger. — 2. Mittheilungen aus dem Goethe-National-Museum: Verse und Niederschriften Goethes zu Zeichnungen. Herausgegeben und erläutert von C. Ruland. — 3. Verschiedenes: Sechs Briefe Goethes. Mitgetheilt von O. Günther, H. Hüffer, A. Pick. Nebst einer Notiz zu Goethes Briefen von O. Günther und einer Abhandlung von H. Hüffer.
II. Abhandlungen: Goethe's Art zu arbeiten. Von Richard M. Meyer. — Goethe's Gedicht: Deutscher Parnass. Von Daniel Jacoby. — Goethe's Festspiel: Des Epimenides Erwachen. Von H. Morsch. — Zur Faustsage. Von R. M. Werner.
III. Miscellen, Chronik, Bibliographie; Register. Achter Jahresbericht der Goethe-Gesellschaft.

Inhalt des fünfzehnten Bandes:

Mit dem Bildniss der schlafenden Christiane in Lichtdruck nach einer Handzeichnung Goethes.
I. Neue Mittheilungen: Mittheilungen aus dem Goethe- und Schiller-Archiv: Skizzen zur dritten Epistel von Goethe. Herausgegeben von Carl Redlich. — „Gedankenspäne" von Goethe. Herausgegeben von Bernhard Suphan. — Ouvrages poétiques de Goethe. Herausgegeben von Bernhard Suphan. — Napoleons Unterhaltungen mit Goethe und Wieland und Fr. v. Müllers Mémoire darüber für Talleyrand. Herausgegeben von Bernhard Suphan. — Sieben Briefe von Fichte an Goethe; zwei Briefe von Fichte an Schiller. Herausgegeben von Rudolf Steiner. — Acht Briefe F. A. Wolfs, sieben Briefe A. Hirts, vier Briefe Goethes an Hirt. Herausgegeben von Ludwig Geiger.
II. Abhandlungen: Goethe und der Graf St. Leu. Von Bernhard Suphan. — Aus Victor Hehns Vorlesungen über Goethe. Herausgegeben von Theodor Schiemann. — Zu dem Gedichte Ilmenau 8. September 1783. Von Rudolf Hildebrand. — Goethes Erzählung „Die guten Weiber". Von Bernhard Seuffert. — Selbsterlebtes in Goethes „Tasso". Von Wilhelm Büchner. — Goethes Kunstanschauung in ihrer Bedeutung für die Gegenwart. Von Otto Harnack. — Der Leipziger Studentenaufruhr von 1768. Von Georg Witkowski. — Carl Matthaei. Von Carl Scherer.
III. Miscellen, Chronik, Bibliographie; Register. Neunter Jahresbericht der Goethe-Gesellschaft.

Im Verlage von WALTHER FIEDLER in LEIPZIG erschienen soeben nachstehende Werke in zweiter Auflage:

Berühmte Liebespaare
von E. von Hohenhausen.
Dreizehn geschichtliche Bilder.

Preis Mark 4.—. In Original-Prachtband mit Goldschnitt Mark 5.—.

Die berühmten Liebespaare haben den Namen der Baronin E. v. Hohenhausen in alle Welt hinausgetragen. Die Verfasserin bezauberte das grössere Publikum durch die Kürze des Ausdrucks, den Reiz ihres eleganten und unterhaltenden Stils, die Lebhaftigkeit der Darstellung und erwarb sich die Zustimmung der Gelehrten durch die Gewissenhaftigkeit ihrer Schilderungen wie namentlich auch durch die Reinheit und Wahrheit ihres historischen Gefühls. Frau von Hohenhausen schuf gewissermassen eine litterarische Specialität. Viele haben es ihr nachzumachen versucht, doch nur Wenige erreichten sie in der absoluten Beherrschung des Stoffes, und Keiner übertraf sie an Zartheit, in der vollendeten Dezens ihrer geschichtlichen Auffassung. Die berühmten Liebespaare erschienen in erster Auflage in mehreren Bänden. Um das Werk auch den weitesten Kreisen zugängig zu machen, war es angemessen, dasselbe in neuer Auflage, in einer einbändigen Ausgabe erscheinen zu lassen und dabei natürlich diejenigen Artikel, welche vorzugsweise berechtigtes Aufsehen erregten und die warme Beachtung eines *Oscar von Redwitz*, *Adalbert von Hamdem* und vieler anderer deutscher Poeten errangen — als mustergültig in Form und Gesinnung . . . (wir nennen nur *Aspasia* und *Perikles* — *Gräfin Ahlefeldt* und *Karl Immermann*, *George Sand* und *Alfred de Musset*) in diese neue Sammlung mitaufzunehmen.

Die berühmten Liebespaare wurden vielfach *als ein ganz besonderes Juwel deutscher Geschenklitteratur bezeichnet.*

Die Nachtigall
von Sesenheim.
Goethe's Frühlingstraum
Ein heiter-ernster Sang vom Rhein
von
Gustav Adolf Müller.

Mit 7 Vollbildern (Ansichten der durch Goethe's Liebe berühmten Orte) und anderen Illustrationen.

Original-Prachtband mit Goldschnitt.

Preis 4 Mark 50 Pfge.

Liebhaber-Ausgabe (in Elfenbein-Imitation geb.) Preis Mark 6.50.

Goethe's letzter Liebe Ulrike v. Levetzow auf Schloss Triblitz zugeeignet.

Nach dem übereinstimmenden Urtheil der Kritik der hervorragendsten Schriftsteller wie Zeitungen ist dieser kostbar ausgestattete, im Tone von Scheffel's Trompeter gehaltene episch-lyrische Sang ein Buch, *dem ein Platz in jedem Hause gebührt!*

Von den ca. 180 nur lobenden Kritiken lassen wir nachstehend die des »Deutschen Dichterheims« folgen:

Ein trautes Lied aus grosser Zeit. Es thut doch wohl, der alte Zauberklang! Wir danken dem Verfasser dafür, dass er uns jene einfache und doch so ergreifende Liebesgeschichte in so würdiger Weise wieder nähergerückt hat. Der Stoff, obwar durch die Persönlichkeit seiner Helden für alle Zeiten vor Vergessenheit bewahrt, wird nun vollends zum lieben Eigenthum des deutschen Volkes werden, damit es sich, wenn es von Hast und Jagd des Lebens eine Stunde feiert, an altem Idealismus und an alter Schlichtheit labe. G. A. Müller hat seine dankbare Aufgabe in sehr gelungener, ansprechender Weise gelöst. Die Schilderung der Situationen ist in hohem Grade naturgetreu, die Seelenmalerei zeugt von feiner Beobachtung und tiefer Kenntniss der Charaktere und Sitten. Gerade dieser Vorzug des Buches hat mich besonders gefesselt und angeheimelt, und ich fühle mich besonders berufen, ihn hervorzuheben, weil die Erinnerung an eigene Brautjahre eine überaus ähnliche Geschichte mit anfängt.

Die tadellose Behandlung der vierfüssigen Trochäen lässt uns die technische Fertigkeit, der von schlichtem und doch oder eben darum so hochpoetischem Glanze mild erhellte Humor, der in Thränen lacht, lässt uns die reine dichterische Kraft des Verfassers erkennen. Die prächtige Ausstattung des Werkes wird dazu beitragen, dass es zu einem Lieblingsbuche der deutschen Familie werde. A. v. Majersky.

G. J. Göschen'sche Verlagshandlung, Stuttgart.

Schriften zur Kritik und Litteraturgeschichte.
Erster Band.

Zur neueren Litteraturgeschichte
von Michael Bernays.

Geheftet M. 9.—,
in feinem Liebhaberband M. 10.20.

Professor Michael Bernays bietet hier den ersten Theil einer auf vier Bände berechneten Sammlung von „**Schriften zur Kritik und Litteraturgeschichte**", die von der wissenschaftlichen Welt lange und mit Spannung erwartet wurde. Da das Forschungsgebiet des berühmten Gelehrten, der den ersten Lehrstuhl für die junge Wissenschaft der deutschen Litteraturgeschichte, zu München, inne hatte, sich über alle europäischen Litteraturen erstreckt, so wird das Unternehmen eine unvergleichliche Mannigfaltigkeit der Stoffe bieten. Ungedrucktes, die Frucht jüngster Arbeit, wird neben älteren, Epoche machenden Leistungen stehen. So wird der vorliegende erste Band, der ganz dem klassischen deutschen Schriftthume, und zwar dem Genius Goethes und Schillers gewidmet ist, zwei neue tiefgreifende und weit ausblickende Arbeiten bringen. Obzwar das Werk sich zunächst an die gelehrte Welt wendet, so wird doch auch das gebildete Publikum, das an litteraturgeschichtlichen Gegenständen und an einer vollendet schönen Darstellung Freude hat, aus den Arbeiten des Professor Michael Bernays Belehrung und Erquickung schöpfen.

Verlag von SCHMIDT & GUNTHER, Leipzig.

WEIMAR-ALBUM.

Blätter der Erinnerung an

Carl August und seinen Musenhof.

Von August Diezmann.

Gewidmet

Sr. Königl. Hoheit dem Grossherzog Carl Alexander.

Mit zahlreichen Stahletichen.

In Prachtband geb. 15 Mk. oder in 12 Lief. à 75 Pf.

FERDINAND SCHÖNINGH in Paderborn.

Werthvoll für jeden Litteraturfreund.

SCHILLERS SOHN ERNST.

Eine Briefsammlung mit Einleitung.

Von Dr. Karl Schmidt, Oberlandes-Gerichts-Rath.

Mit Bildnissen und 2 Handschriften von Schiller und Goethe.

Ein starker Band br. 6 Mk., geb. 7,60 Mk.

Ein höchst werthvoller Beitrag zur Schillerliteratur. Das Werk enthält nur bisher noch ungedruckte Briefe; die Handschriften waren bisher noch nicht veröffentlicht.

Im Verlag von ADOLF TITZE in Leipzig erschien kürzlich:

Die Geschichte des Erstlingswerks.

Selbstbiographische Aufsätze

von

RUD. BAUMBACH — FELIX DAHN — GEORG EBERS — MARIE V. EBNER-ESCHENBACH — ERNST ECKSTEIN — TH. FONTANE — KARL EMIL FRANZOS — LUDW. FULDA — PAUL HEYSE — HANS HOPFEN — W. JENSEN — HERM. LINGG — KONR. FERD. MEYER — OSSIP SCHUBIN — FRIEDR. SPIELHAGEN — HERM. SUDERMANN — RICH. VOSS — ERNST WICHERT — JUL. WOLFF.

Herausgegeben von Karl Emil Franzos.

Mit den Jugendbildnissen der Dichter. Gr. 8°. Geh. 6 Mk. Geb. 7 Mk. 50 Pf.

Wissenschaftliches Antiquariat von FRANZ DEUTICKE in Wien,

I. Schottengasse 6.

Grosses Lager guter Litteratur.

Kataloge gratis und franco.

Ankauf von Bibliotheken und einzelnen Werken.

LITERARISCHE ANSTALT, RUTTEN & LOENING, FRANKFURT A. M.
VERLAGSBUCHHANDLUNG.

In unserem Verlage erschien:

Menschen und Werke.

Essays

von

Georg Brandes.

Mit dem Gruppenbild der 17 im Buche besprochenen Schriftsteller in Glanzlichtdruck.
Zweite durchgesehene und ergänzte Auflage.
Gr. 8°; 1895.
Gebunden in Leinwand Mk. 11.—.

1. GOETHE UND DÄNEMARK. 2. LUDWIG HOLBERG. 3. ADAM OEHLENSCHLÄGER: ALADDIN. 4. FRIEDRICH NIETZSCHE. 5. EMILE ZOLA. 6. GUY DE MAUPASSANT. 7. PUSCHKIN UND LERMONTOW. 8. FJODOR DOSTOJEWSKI. 9. LEO TOLSTOI. 10. DAS THIER IM MENSCHEN. 11. KRISTIAN ELSTER. 12. ALEXANDER L. KIELLAND. 13. J. P. JACOBSEN. 14. AUGUST STRINDBERG. 15. HERMANN SUDERMANN. 16. GERHART HAUPTMANN.

»Eine Kritik der Kritik! Man hat oft boshaft darüber gelächelt, über dieses sonderbare sich potenziren. Der erste Kritiker zergliedert ein Kunstwerk, der zweite analysirt die Zergliederung, der dritte wiederum zergliedert diese Analyse, und so kann dieses Spiel hübsch in infinitum fortgesetzt werden, ohne dass mehr erreicht worden wäre, als viel bedrucktes Papier. Und freilich: dort wo Kritik nur einfache erklärende Zergliederung ist, oder nur einfaches Urtheil — d. h. gut oder auch schlecht, wenn auch in viele und vielerlei Worte gekleidet — dort ist Kritik der Kritik fast lächerlich. Ganz anders aber dort, wo Kritik selber Kunst wird, selber Schöpfung ist mit selbständigem Sein. Und bei Brandes steht die Kritik auf dem höchsten Niveau der Kunst. Seine Essays sind viel weniger Kritiken im landläufigen Sinne, als feinpsychologische Novellen. Dass diese Novellen stets ein oder mehrere Schriftsteller zum Mittelpunkte haben, thut ihrem Werth gewiss keinen Abbruch. Und ich denke, gar viele der von Brandes besprochenen Schriftsteller und Werke werden schon längst nicht mehr lebendige Litteratur sein, sondern eingesargt in der Registratur der Litteraturgeschichte ruhen, wenn man Brandes' Essays noch lesen und sich an denselben noch künstlerisch ergötzen wird.«

(Westöstliche Rundschau.)

Verlag von JOSEPH BAER & Co., Frankfurt a. M.

Goethes Faustidee
nach der ursprünglichen Conception aufgedeckt und nachgewiesen

von Wilhelm Gwinner.

XII u. 507 Seiten gr. 8°. brosch. Preis M. 7.50.

INHALT:

I. Wandlungen der Goethischen Faustidee: 1. Einleitung und Fassung des Problems. — 2. Fr. Vischer. — 3. Jul. Schmidt. — 4. K. Biedermann. — 5. Kuno Fischer.

II. Goethes Faustidee nach der ursprünglichen Conception: 1. Entwicklung der Grundidee. — 2. Die Geisterbeschwörungen. — 3. Die Verschreibung. — 4. Die Verjüngung. — 5. Die Liebestragödie. — 6. Die Walpurgisnacht. — 7. Die Schlussscenen. — 8. Die Nebenscenen. — 9. Die dreifache Einleitung zur Tragödie.

DRESDNER VERLAGSANSTALT (V. W. Esche). Dresden-A. 16.

Novität! **Prof. Dr. H. Düntzer:** Novität!

Goethe, Karl August und Ottokar Lorenz.

Preis 2 Mk.

Diese geistvolle Schrift Prof. Düntzers, der bekanntlich einer der hervorragendsten Goetheforscher ist und auf dem Gebiete als eine Autorität ersten Ranges gilt, enthält nicht nur eine erschöpfende Kritik der Publication des Jenaischen Prof. Lorenz: Goethes Polit. Lehrjahre, sondern stellt auch zum ersten Male das geniale Verhältnis des deutschen Dichters zu dem jungen Fürsten in übersichtlicher Entwicklung anschaulich dar. Das Buch ist für Jeden, der Goethe verehrt, unentbehrlich.

LITERARISCHE ANSTALT, RÜTTEN & LOENING, FRANKFURT A. M.

GOETHE-FORSCHUNGEN

von Woldemar Freiherr v. Biedermann.

In Leinwand gebunden Mark 9.—.

Inhalt:

Zwei Gedichte Goethes.
Quellen und Anlässe Goethescher Dramen.
Dramatische Entwürfe.
Goethe mit Zeitgenossen.
Vermischtes zur Goethe-Forschung.

LITERARISCHE ANSTALT, RÜTTEN & LOENING, FRANKFURT A. M.

Die Bühnengeschichte des Goetheschen Faust
von Wilhelm Creizenach. Geheftet M. 1.50.

Die Frage, in wie weit Goethes Faust auf die Bühne gebracht werden könne und solle, ist in der letzten Zeit viel erörtert worden, und hat das lebhafte Interesse der weitesten Kreise erregt. Der Verfasser hat sich bestrebt, das ganze auf diese Frage bezügliche, weitzerstreute Material klar und übersichtlich zusammenzustellen, die mannigfachen Schicksale Fausts auf der Bühne anschaulich zu schildern und hat namentlich auch die bisher gar zu wenig in Betracht gezogene Vorfrage, in wie weit Goethe selbst den Faust als Bühnenwerk betrachtet wissen wollte, zum Gegenstand einer eingehenden Untersuchung gemacht.

DRAMATISCHER NACHLASS

von

J. M. R. Lenz.

Zum ersten Male herausgegeben und eingeleitet
von
Karl Weinhold.
Geheftes M. 7.—.

Anfang October dieses Jahres versteigere ich im Auftrage der Hinterbliebenen die von

Dr. Carl Bernstein,
Professor an der Königl. Friedrich-Wilhelms Universität zu Berlin,

hinterlassene Bibliothek von circa 750 Nummern.

Den Hauptbestandtheil derselben, neben vielen anderen kostbaren Werken der deutschen und ausländischen Literatur in prächtigen Einbänden, bildet eine

Spezielle Goethe-Bibliothek.

Dieselbe umfasst circa

Dreihundert und fünfzig Original-Ausgaben (darunter die grössten Seltenheiten) der Goethe'schen Schriften in ausserordentlich schönen und meist mit gediegenem Luxus und feinstem Geschmack gebundenen Exemplaren.

Wenn auch nicht so vollständig, wie die Hirzel'sche und die Weimarer Sammlungen (obgleich wiederum manches enthaltend, was diesen Sammlungen fehlt), so dürfte doch eine auch nur annähernd so schöne Sammlung in Deutschland noch niemals auf dem Büchermarkt erschienen sein.

Der sorgfältig und mit bibliographischer Genauigkeit gearbeitete Katalog steht Liebhabern auf frankirte Bestellung beim Unterzeichneten gratis und franko zu Diensten.

Eine geringe Anzahl von Exemplaren des Katalogs ist auf schönem Velinpapier abgezogen, die zum Preise von 2 Mark käuflich sind.

BERLIN, Mai 1895.

Leo Liepmannssohn. Antiquariat.
SW. Bernburger Strasse 14.

Verlag von Wilhelm Hertz in Berlin.
(Besser'sche Buchhandlung.)

Clemens Brentanos Frühlingskranz aus Jugendbriefen ihm geflochten, wie er selbst schriftlich verlangte (Neudruck der Ausgabe von 1844). (Mit einem Vorwort von REINHOLD STEIG.) Geh. M. 3.60, geb. in Leinwand M. 4.60, geb. in Halbkalbleder M. 6.60.

Goethes Briefwechsel mit einem Kinde. *(Bettina von Arnim.)* Seinem Denkmal. Vierte Auflage. Herausgegeben von HERMAN GRIMM. Elegant geheftet M. 6.—, in Leinwand gebunden M. 7.20, in feinsten hellen Halbkalblederband gebunden M. 9.—.

Herman Grimm, Goethe. Vorlesungen, gehalten an der Königlichen Universität zu Berlin. Fünfte Auflage. 1894. Geheftet M. 7.—, gebunden M. 8.20, gebunden in Halbkalbleder M. 10.—.

Briefe Goethes an Sophie von La Roche und Bettina Brentano nebst dichterischen Beilagen, herausgegeben von G. VON LOEPER. 8°. Elegant geheftet M. 6.—, gebunden M. 7.20.

Goethe und Gräfin O'Donell. Ungedruckte Briefe mit dichterischen Beilagen, herausgegeben von R. M. WERNER. Mit zwei Portraits. 8°. Elegant geheftet M. 6.—, gebunden in Leinwand M. 7.20, in fein Halbkalbleder M. 11.—.

Reinhold Steig, Goethe und die Brüder Grimm. 1892. Geheftet M. 5.—, gebunden in Leinwand M. 6.—.

Erinnerungen und Leben der Malerin Louise Seidler. Aus handschriftlichem Nachlass zusammengestellt und bearbeitet von HERMANN UHDE. Zweite umgearbeitete Auflage. 8°. Elegant geheftet M. 7.—, gebunden M. 8.20.

Jugenderinnerungen eines alten Mannes. *(W. v. Kügelgen.)* Fünfzehnte Auflage. Volksausgabe. Elegant geheftet M. 3.—, nett gebunden M. 4.—.

Goethes und Carlyles Briefwechsel. 1887. Geheftet M. 6.—, in Leinwand gebunden M. 7.20, in Halbfranzband gebunden M. 9.—.

Otto Brahm, Schiller. In zwei Bänden. Band I. 1888. Geheftet M. 4.—, gebunden M. 5.—. Band II. Erste Hälfte. 1892. Geheftet M. 3.60, gebunden M. 4.60.

Adolf Schöll, Goethe in Hauptmomenten seines Lebens und Wirkens. Gesammelte Abhandlungen. Gross 8°. Elegant geheftet M. 9.—, in Leinwand gebunden M. 10.20, in feinstem Halbkalblederband gebunden M. 12.—.

LITERARISCHE ANSTALT, RÜTTEN & LOENING, FRANKFURT A. M.

GOETHES BRIEFE
AN
FRAU VON STEIN.

Herausgegeben von
Adolf Schöll.

Zweite vervollständigte Auflage, bearbeitet von
Wilhelm Fielitz.

2 Bände. Mit dem Bildniss der Frau von Stein nebst 2 Silhouetten. 1883—85. Preis: geh. M. 16.80, geb. in Leinw. M. 18.—, geb. in feinem Hlbfrz. M. 22.80.

»Die Briefe Goethes an Charlotte von Stein« — sagt Herman Grimm — »bilden eines der schönsten und rührendsten Denkmale, welches die gesammte Literatur besitzt. Man wird diese Briefe lesen und kommentiren, solange unsere heutige deutsche Sprache verstanden werden wird.... Wie eine breite ununterbrochene Melodie empfangen wir zehn Jahre lang Goethes Leben nach dieser Richtung. So völlig sehen wir Tag und Nacht den Gedanken an diese Frau ihn umschweben, dass es scheint, als thue und denke er überhaupt nichts Anderes, als was diese Briefe enthalten. Das Ganze gewinnt den Anschein einer dichterischen Kontinuität. Was er irgend erlebt, nimmt die Gestalt einer Mittheilung an Frau von Stein an.... Unter ihrer Theilnahme sehen wir die Dichtungen langsam wachsen, die als sicherer Gewinn dieser zehn Jahre dastehen und die das Höchste sind, was die deutsche Literatur an Dichtungen besitzt«. —

GOETHES ANTHEIL
an
Lavaters Physiognomischen Fragmenten

von

Eduard von der Hellen.

Mit einigen dreissig Abbildungen, darunter drei bisher unbeachtete Goethe-Bildnisse.

Frankfurt a. M. 1888.

Geheftet in eleganter Ausstattung M. 6.—

Verlag der J. G. Cotta'schen Buchhandlung Nachfolger in Stuttgart.

Soeben erschienen'

Goethes
„Geheimnisse" und seine „Indischen Legenden."

Von Dr. **Hermann Baumgart**,
o. ö. Professor an der Universität zu Königsberg i. Pr.

Preis geheftet 2 Mark.

Ueber Goethes Fragment »Die Geheimnisse« und seine »Indischen Legenden« existierte bis jetzt keine irgendwie eingehende Untersuchung. Baumgarts Schrift gestaltet sich zu einer Monographie über Goethes Stellung zur Religion überhaupt und insbesondere zum Christenthum; der Zusammenhang mit Herders »Ideen« wird in derselben gezeigt, zugleich eine bis ans Ende gleich gebliebene religiöse Ueberzeugung des Dichters erwiesen.

Zu beziehen durch die meisten Buchhandlungen.

LITERARISCHE ANSTALT, RÜTTEN & LOENING, FRANKFURT A. M.

Goethe in Italien.
Nach dem Gemälde von H. W. TISCHBEIN.

Aufgezogen auf grauen Karton, Grösse 48 auf 65 Centimeter.

Preis M. 8.—

Goethe in Italien.
(Verkleinerte Reproduktion.)

Das Original-Oelgemälde, früher im Besitze des Freiherrn M. C. v. Rothschild, ist jetzt Eigenthum des Städel'schen Kunstinstituts zu Frankfurt am Main.

Im Verlag der Literarischen Anstalt, Rütten & Loening in Frankfurt a. M. erschien:

Studien zur Kritik der Moderne

von

Hermann Bahr.

I. Kritisches. II. Litteratur. III. Malerei. IV. Theater.
VIII u. 328 Seiten gr. 8°.
Mit Portrait des Verfassers in Glanzlichtdruck.
Gebunden in Leinwand Mk. 7.—

Unter den mannigfachen Besprechungen des Buches wollen wir nur zwei hervorheben:

Die **Gesellschaft** (1894, 12. Heft) schreibt:

Seit H e i n r i c h H e i n e ist wohl kein Kritiker mehr aufgestanden in deutschen, pardon, europäischen Landen, der uns pikantere und geistvollere Deutungen dieser bezaubernden Zeichenkunst zu bieten vermöchte. Was Hermann Bahr von seinem Freunde Barrès rühmt, ist er bekanntlich selbst: parfait magicien d'ironie morale. Ein Zauberer und Tänzer, den unser Herr Zarathustra-Nietzsche leider nicht mehr mit heilem Hirn erlebt hat. Gleichviel wie sich einer zu Bahr stellt; ein Erlebniss und ein Glücksfall ist dieser wunderlich herrliche Geist für alle heilen Hirne und starken Herzen. So selten ist seine Art und so entzückend, dass eine taube Nuss in ihrer bewundernswerten Vergüldung von seinem Gabenbaum uns werthvoller dünkt, als ein Scheffel Kartoffel vom nahrhaftesten Acker. . . . .

Die **Wiener Abendpost** (Nr. 246, 25. Oct. 1894) urtheilt:

Hermann Bahr's »Studien zur Kritik der Moderne« schlürfen sich wie ein Glas Schaumwein, und doch bilden sie einen starken Band, und enthält dieser gar Manches, gegen das sich Urtheil und Geschmack auflehnt. Es liegt eben eine Fülle von geistigem Temperament in dem Buche, das jede Zeile prickelnd belebt und damit den Leser zum Mitthun fortreisst, sei es in Zustimmung oder Widerspruch. Solch geistiger Bewegungsmacht begegnet man bei deutschen Schriftstellern — ihre übrigen Vorzüge in Ehren — nur selten. . . . .

LITERARISCHE ANSTALT RÜTTEN & LOENING, FRANKFURT a/M.

In unserem Verlag hat zu erscheinen begonnen:

Allgemeines Künstler-Lexicon.

Leben und Werke
der
berühmtesten bildenden Künstler.

Dritte umgearbeitete
und bis auf die neueste Zeit ergänzte Auflage
vorbereitet von
Hermann Alexander Müller
herausgegeben von
Hans Wolfgang Singer.

Der erste Band, 491 Seiten stark, die Buchstaben A—F umfassend, liegt fertig vor; Preis M. 10.80.

Die erste Hälfte des zweiten Bandes, der die Buchstaben G—N enthält, G—J kommt im Juni zur Versendung, die zweite Hälfte im Spätherbst d. J.

Anfangs 1896 wird die erste Hälfte des dritten Bandes, der die Buchstaben O—Z und Nachträge bringt, erscheinen und hoffen wir zuversichtlich das ganze Werk bis Juli 1896 zu Ende zu führen.

www.ingramcontent.com/pod-product-compliance
Lightning Source LLC
Chambersburg PA
CBHW032143010526
44111CB00035B/984